JN096580

超図解インテリア用語辞典

俗語、略語、
カタカナ語も充実
4500語
図表1000点

町田ひろ子
インテリアコーディネーター
アカデミー

X-Knowledge

＼覚えておきたい！／

表情のある仕上げ材

左官

調湿性、防火性に優れ、風合いや材料が自然素材との観点から床、壁、天井などの仕上げ材として使用される。漆喰、珪藻土などが代表的。自然素材の他、施工性や工期短縮を考慮した樹脂系もある。コテを使用し、塗り上げるため、塗り方や道具によって多彩な表情をつくる。光との組み合わせにより陰影がより表情を豊かにし、奥行きが生まれる。

漆喰押さえ仕上げ

漆喰を代表とする最も基本的な仕上げ。金ゴテで押さえ、なめらかに仕上げる。(a)

磨き仕上げ

コテで磨き手擦りを繰り返し行う、漆喰の仕上げのなかでは最も手間と技術を要する方法。(a)

刷毛引(はけび)き仕上げ

表面が乾く前に刷毛目を利用し、平行に繊細な線を描く仕上げ。刷毛により表情が変わる。

扇仕上げ

コテで、扇（半円）を描くようにパターンを付ける方法。大きさやピッチにより柄を楽しめる。

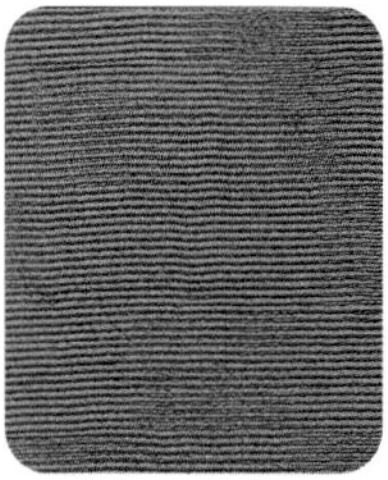

櫛引き仕上げ

櫛コテを利用し刷毛より、力強く、深い線を引く仕上げ。(a)

ワラスサ仕上げ

珪藻土などにワラ(藁)を混入させた仕上げ。ワラが割れを軽減する役割も。

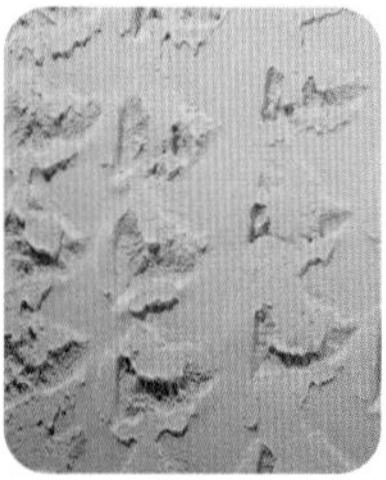

ローラー仕上げ

ローラーでテクスチャを付けたもの。ローラーに立体的なデザインが施されている。

掻き落とし仕上げ

川砂などの骨材を混入した材にコテやブラシで表面を掻き落とし荒らす仕上げ。

壁紙

色、柄、機能、素材など選択肢の多い壁紙。部屋の用途により調湿、防汚、抗菌などへの配慮は不可欠。部屋の一部分だけを張り分けることで、空間に変化とアクセントが生まれる。エンボス加工や無機質、自然素材を活用したものは、質感と陰影の両方を備えている。

無機質壁紙

鉱物や珪藻土、ガラスなど無機質系の素材を原料にした壁紙。写真は、細かいウロコ状になった雲母を使用。(b)

桐壁紙

桐を薄くスライスし、編み込んだり貼り合わせたりして柄を構成した壁紙。桐のもつ光沢と木目方向で柄に奥行きが生まれる。

ビニル壁紙（エンボス加工+パール）

精巧なエンボス加工にパール素材を加えたもの。複数の加工により表現が広がる。(b)

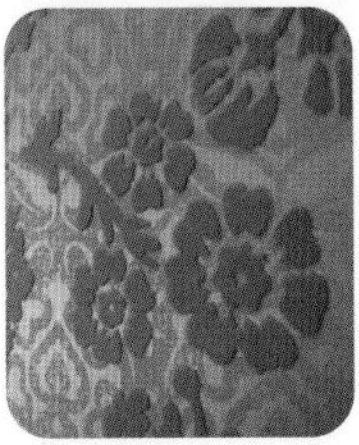

フロック加工

柄を浮き立たせ、ベルベッドのような触感を加えたもの。壁紙の伝統的な加工のひとつ。(c)

ガラス

型板加工、エッチングなどにより透明感と独特の表情が生まれる。

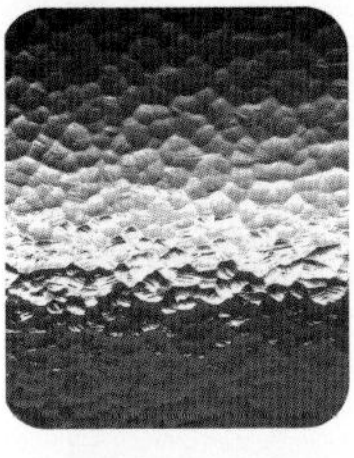

型板（かたいた）ガラス

ガラスの製造工程のなかで、デザインを施した型を通すことで模様をつくる。

金属

金属により表面加工や錆（サビ）の色、出方が異なるのが魅力。

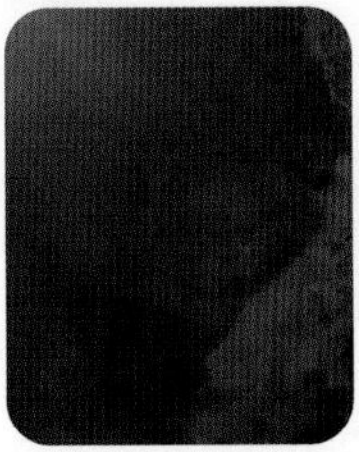

金属加工（腐食処理）

金属に薬品などで腐食処理を施した仕上げ。金属の種類や腐食処理で表情も様々。

木材

年輪や木目、色を自然紋として表面加工や組み合わせで表情をつくる。

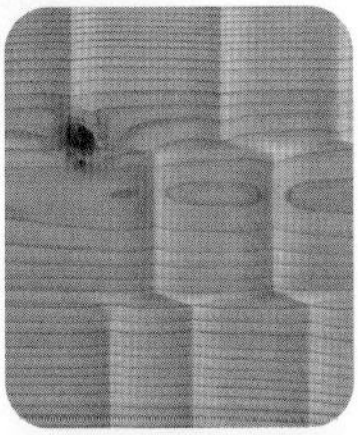

名栗（なぐり）仕上げ

板面を突きノミやチョウナで削ることで表情をつくる加工仕上げ。(d)

寄木張り（パーケット）

様々な木片を利用し、柄を構成する張り方。フローリングによく見られる。(e)

写真提供：(a) 原田左官工業所／(b) 株式会社トミタ／(c) デザイナーズギルド／(d) 株式会社マルホン／(e) 伊丹木材株式会社

＼覚えておきたい！／

代表樹種の色味チャート

淡い

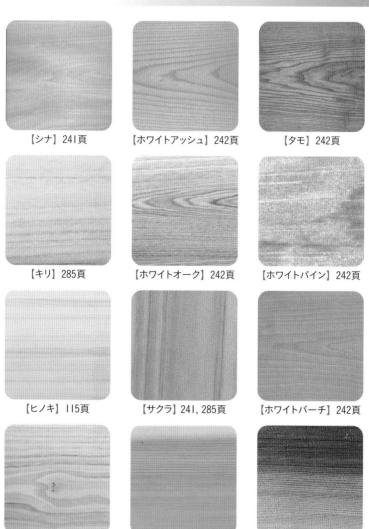

【シナ】241頁

【ホワイトアッシュ】242頁

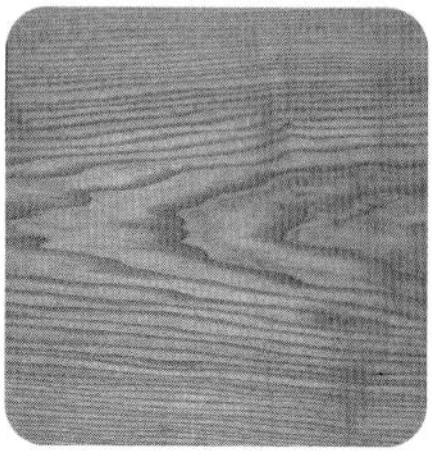

【タモ】242頁

【キリ】285頁

【ホワイトオーク】242頁

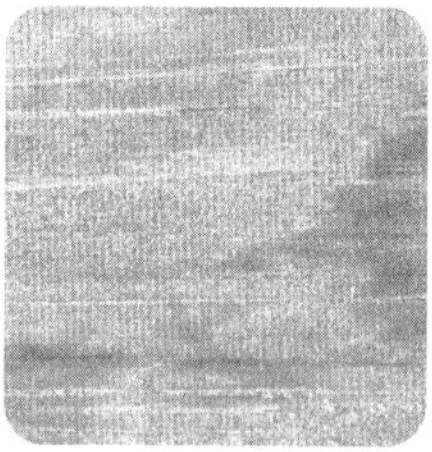

【ホワイトパイン】242頁

【ヒノキ】115頁

【サクラ】241, 285頁

【ホワイトバーチ】242頁

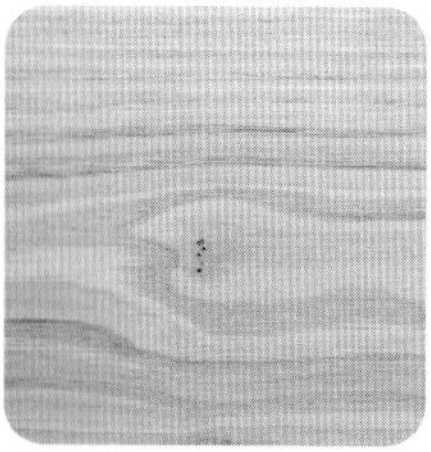

【クリ】241頁

【スギ】115頁

【ベイスギ】115頁

木材選びのポイント

- □ 木の濃淡、木目、色合いは参考程度。実際に木材を使用する場合は、同じ樹種でもかなり異なるので、必ずサンプルなどで確認する。
- □ 構造用で使用する木材は、しなやかで粘りのある針葉樹を中心とし、強度も確認する。
- □ 内装・建具・家具用で使用する木材は、第一に木目と色合いを基準に考える。無垢材だけでなく、天然木化粧合板としても使われるが、この場合は流通しているものであるかを確認する。使用時には木目の方向にも気を付けなければならない。なお、色付けでは、同じ色であっても樹種や木の部位などでかなり異なるので注意する。

濃い

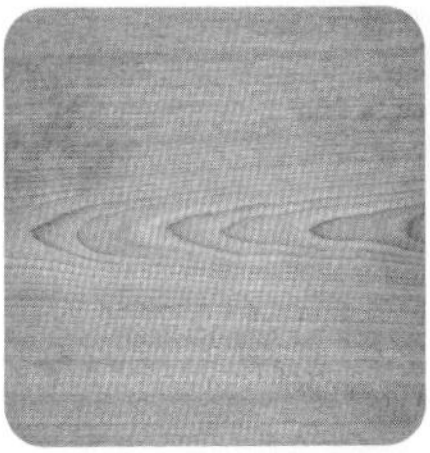

【カバ】242頁

【クルミ】242頁

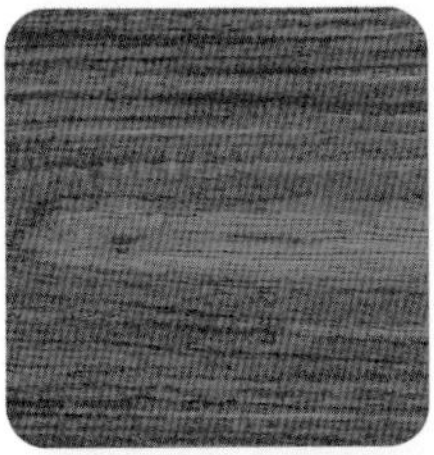

【カリン】242頁

【ブナ】115, 285頁

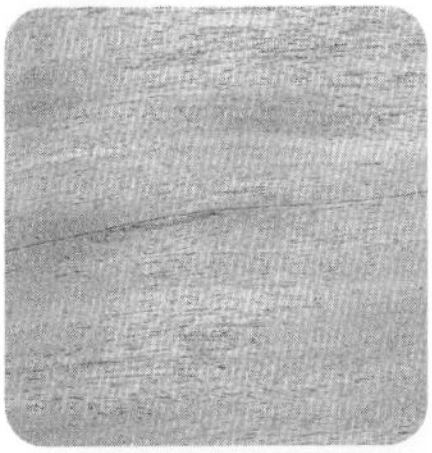

【マホガニー】241, 285頁

【ブビンガ】242頁

【レッドオーク】242頁

【ブラックチェリー】242頁

【ローズウッド】241頁

【ケヤキ】115, 120, 285頁

【チーク】242, 245, 285頁

【ウォルナット】242, 285頁

＼ 覚えておきたい！ ／

色彩に関する図

インテリアコーディネーターの業務を行う際に役立つ、色の考え方に関する基礎となる図を紹介します。各図の概要については、20 頁からの「02 色彩」をご参照ください。

同時対比の代表例

明度対比

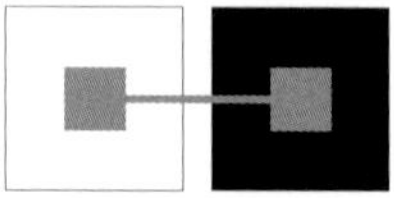

周囲の色の影響を受けて本来よりも暗く、または明るく見える現象。例：白が背景の灰色は暗く、黒が背景の灰色は明るく見える。

色相対比

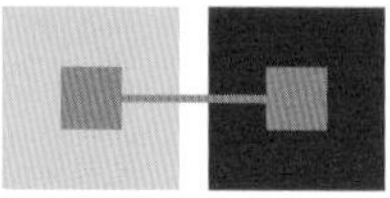

隣り合う色が影響し、色相がずれて見える現象。例：黄色が背景の橙色は赤みが、赤が背景の橙色は黄色みが増して見える。

彩度対比

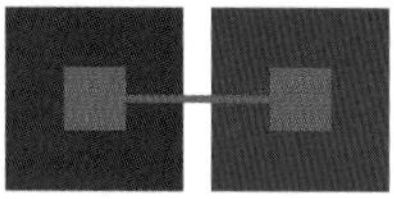

隣り合う色によって同じ色の彩度が異なって見える現象。例：背景が無彩色だと彩度が高く高彩度だと低下して見える。

補色対比

隣り合う色が補色（色相環で反対に位置する）のとき彩度が高まって見える現象。例：赤と緑が隣り合うと中央の緑が高彩度に見える。

色相・明度・彩度の同化

色相の同化

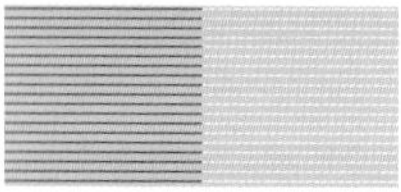

左右の正方形は同じ黄緑色の背景だが、左は青みがかかり、右は黄みがかかって見える。

明度の同化

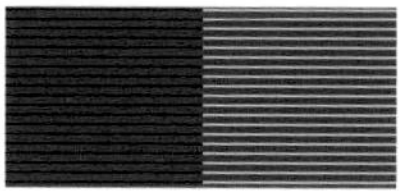

左右の正方形はどちらも同じ赤の背景だが、左は暗く、右は明るく見える。

彩度の同化

同じ紫色の背景だが、左はくすんで、右は鮮やかに見える。

視覚効果の代表例

視認性

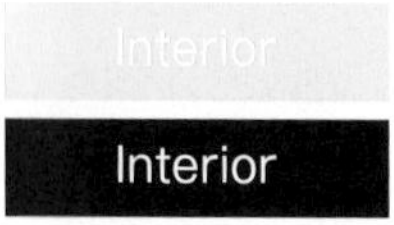

彩度が高い黄色と低い紫に、白い文字をのせて比較。彩度の差が大きい青のほうがはっきり見え、視認性が高いといえる。

色の面積比

同じ色でも面積が大きいほうが明るく鮮やかに見え、小さいほうが暗く見える。

リープマン効果

図形と周辺の色相が異なり、明度の差が小さい場合は不明瞭（左）、差が大きい場合は明瞭（右）に見える。

トーンの考え方

トーン（明度と彩度の組合せ）による色相環を、縦の明度軸と横の彩度軸に沿って並べたもの。彩度が低くなると無彩色に近づき、明度が高いほど白くなる。

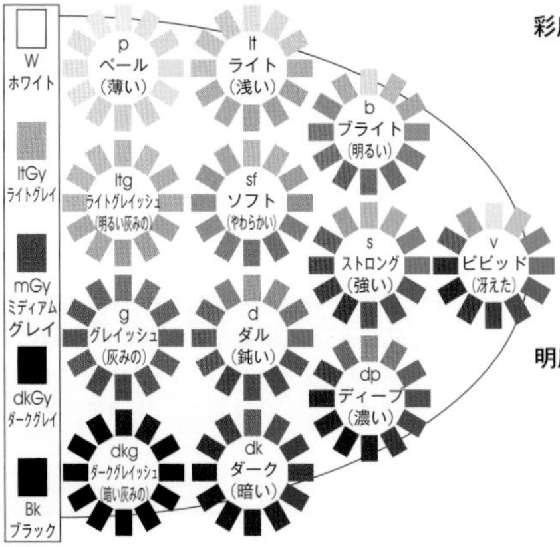

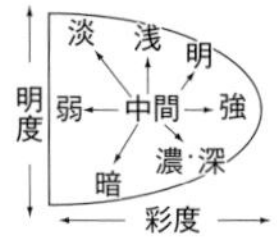

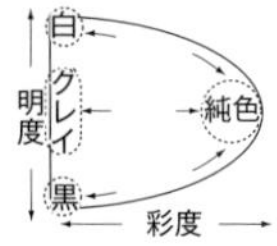

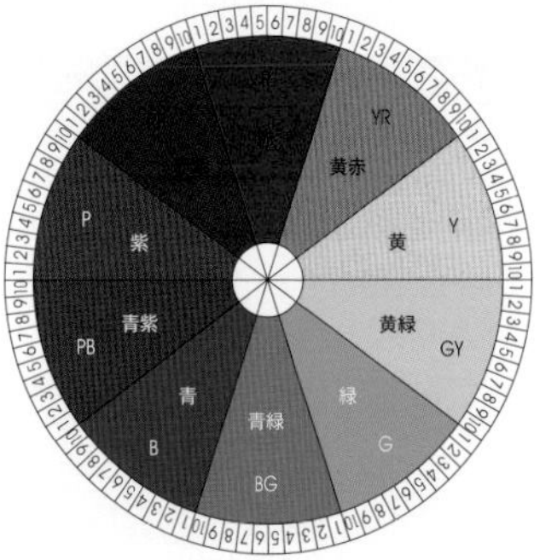

マンセル色相環

色合い（色相）を円状に表した色相環。基本の10色を10分割した100色で表示している。

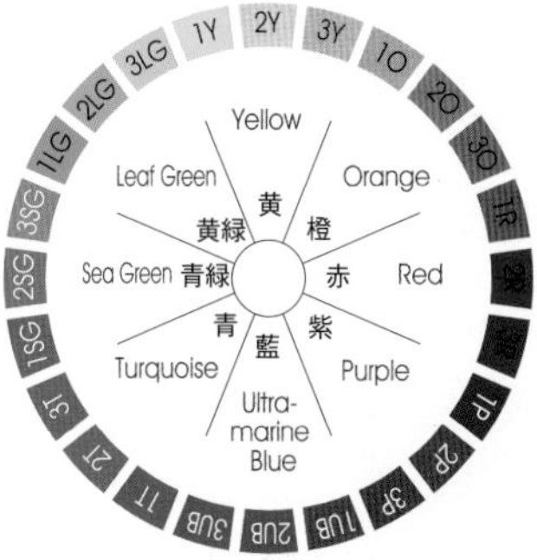

オストワルト色相環

基本の8色相を3分割した24色相で表す。たとえば、黄の色相は「1Y、2Y、3Y」と表記する。

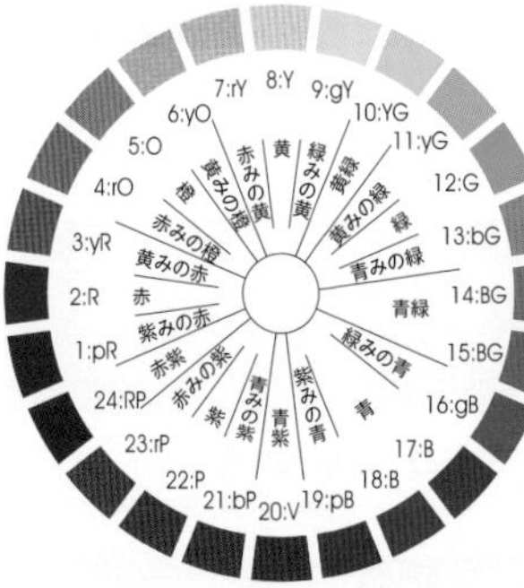

PCCS 色相環

24色相による色相環。色相－明度－彩度（Sを付ける）という順に表記する。無彩色の場合は、明度の頭にnを付ける。

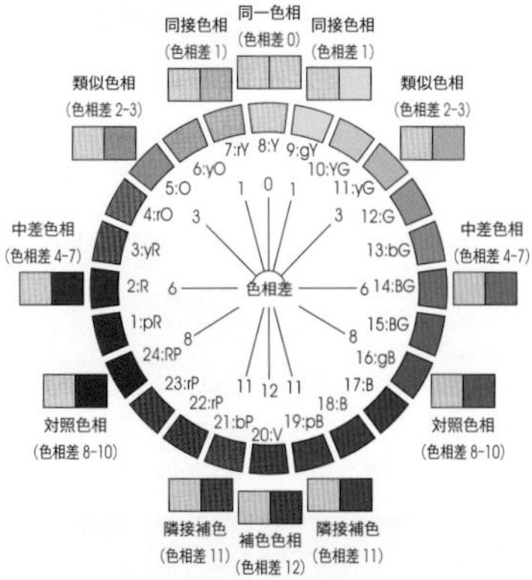

色相を基準とした配色

PCCS色相環をもとに色相差を表したもの。色相差が0の色は同一色相、色相差が12のものは補色色相となる。

資料提供　日本色研事業株式会社

＼覚えておきたい！／

慣用色の代表例（JISの慣用色名より）

代表的な慣用色名（慣用色名／系統色名／マンセル値）

- 桃色（ももいろ）
  （やわらかい赤/2.5R 6.5/8）
- 紅色（べにいろ）
  （鮮やかな赤/3R 4/14）
- 蘇芳（すおう）
  （くすんだ赤/4R 4/7）
- 茜色（あかねいろ）
  （濃い赤/4R 3.5/11）
- 朱色（しゅいろ）、バーミリオン
  （鮮やかな黄みの赤/6R 5.5/14）
- 鴇色（ときいろ）、ピンク
  （明るい紫みの赤/7RP 7.5/8）
- 緋色（ひいろ）、スカーレット
  （鮮やかな黄みの赤/7R 5/14）
- 弁柄（べんがら）、紅殻色（べんがらいろ）
  （暗い黄みの赤/8R 3.5/7）
- 金赤（きんあか）
  （鮮やかな黄赤/9R 5.5/14）
- 山吹色（やまぶきいろ）
  （鮮やかな赤みの黄/10YR 7.5/13）
- 鬱金色（うこんいろ）
  （強い黄/2Y 7.5/12）
- 緑青色（りょくしょういろ）（ろくしょう）
  （くすんだ緑/4G 5/4）
- 萌黄色（もえぎいろ）
  （黄緑/4GY 6.5/9）
- 鶯色（うぐいすいろ）
  （くすんだ黄緑/1GY 4.5/3.5）
- 青磁色（せいじいろ）
  （やわらかい青みの緑/7.5G 6.5/4）
- 鉄色（てついろ）
  （ごく暗い青緑/2.5BG 2.5/2.5）
- 浅葱色（あさぎいろ）
  （鮮やかな緑みの青/2.5B 5/8）
- 納戸色（なんどいろ）
  （強い緑みの青/4B 4/6）
- 藍色（あいいろ）、インディゴ
  （暗い青/2PB 3/5）
- 群青色（ぐんじょういろ）
  （濃い紫みの青/7.5PB 3.5/11）
- 江戸紫（えどむらさき）
  （濃い青みの紫/3P 3.5/7）
- 古代紫（こだいむらさき）
  （くすんだ紫/7.5P 4/6）
- 利休鼠（りきゅうねずみ）
  （緑みの灰色/2.5G 5/1）
- 銀鼠（ぎんねず）
  （明るい灰色/N6.5）

はじめに

ライフスタイルの多様化に伴って、住宅業界で必要とされる知識は広範囲となってきました。

たとえば、内装、家具、照明、ファブリックスなどの室内を構成するものから、建物にかかわるような建築・技術用語、または社会的要素にかかわるマーケティング、法規、基礎知識となる歴史など、理解しておかなければならないたくさんの専門用語があります。インテリアコーディネーターをはじめ、建築、流通、不動産、あるいは住宅に関わる様々なクリエイターの方がスムーズに業務をこなすには、このような幅広い知識が必須です。

本書は、日頃から一級建築士やインテリアコーディネーターとして活躍している講師陣が集まって、使用頻度や重要度を協議し、用語の選定・執筆。特に重要と思われる用語については、イラストや表などを掲載し、よりわかりやすい解説に心掛けました。全三章の構成で、パート1はインテリアデザインの基本、パート2はインテリアとそれに関わる建築の基礎知識、パート3ではビジネスに関わる内容として分類しています。

手軽なサイズで携帯しやすく、姉妹本である『インテリアコーディネーター合格テキスト』と同様に、インテリアコーディネーター資格取得を目指す方はもちろん、実践の現場にいる多くの方も活用できる内容となっています。

もしかすると最初のうちには、こうした現場で飛び交う業界用語がまるで外国語のように聞こえてしまうことがあるかもしれませんが、本書に掲載された用語を最低限押さえておけば、次第に話の内容が理解できるようになり、円滑に業務を進められるようになることでしょう。

読者のみなさまには、本書を試験対策だけではなく、実務の傍らでも日々活用できる実践的な用語集として役立てていただければ幸いです。

町田ひろ子インテリアコーディネーターアカデミー
町田瑞穂ドロテア

CONTENTS

デザイン：
TYPE FACE
（AD：渡邊民人 D：谷関笑子）
DTP：
TK クリエイト（竹下隆雄）
キャラクターイラスト：
MADE-IN（高橋哲史）

Part 1
インテリアの基本

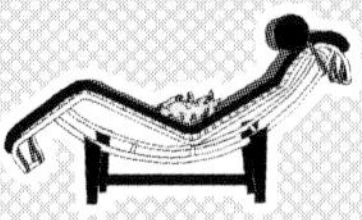

01 インテリアと造形

あ

アカンサス

キツネノマゴ科ハアザミ属(アカンサス属)植物の総称。アカンサスの葉は造形的で美しく、古代ギリシャで、オーダーのコリント式の柱頭やバロックの文様などに使われる。のちに図案化され、葉飾りの文様となった。

麻の葉

あさのは

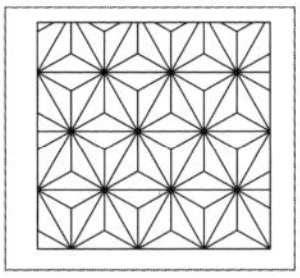

正六角形を組み合わせた幾何学文様のこと。麻の葉を連想することから名付けられた。

> **豆知識** 麻と赤ちゃん
>
> 
>
> 植物の麻はすくすくとまっすぐに伸びる性質があることから、赤ちゃんの成長を願う意味が込められている。そのため、産着の柄に使われることも多い。

網代

あじろ

竹や木などを編んで網の代わりとしていた網代を文様化したもの。網代模様は、江戸時代の能装束や紋綸子(もんりんず)の地紋などに用いられている。

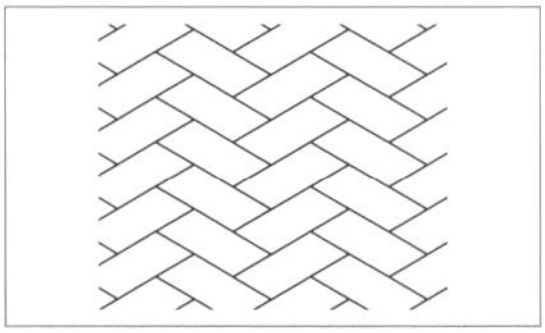

アシンメトリー

左右対象になっていない非対称の状態のこと。⇒**シンメトリー**

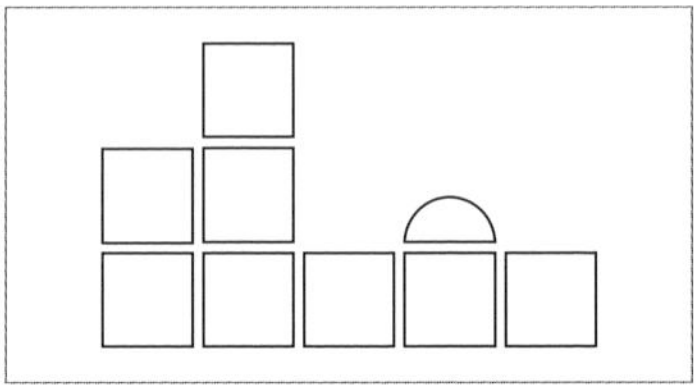

アラベスク

モスクなどのイスラム建築に欠かせない装飾のひとつ。植物をモチーフにした幾何学模様が反復している。

アンバランス

釣り合いがとれていないこと。不均衡。

市松

いちまつ

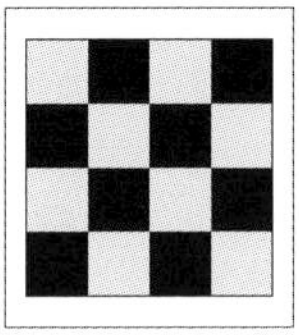

格子模様の一種で、二色の正方形または長方形を交互に配した文様のこと。江戸時代の歌舞伎役者が舞台で白と紺の正方形の市松文様の袴を履いていたことで、着物の柄として流行した。

ヴォイド

空の、空洞という意味。外側からは見えないが、内部が空洞になっている空間のことを「ヴォイドな空間」という。

鱗文

うろこもん

重なる三角形を図案化したもの。世界中で昔からある文様で、魔除けなどの呪術性がある。

繧繝

うんげん

同じ色を淡色から濃色、濃色から淡色のように、色彩の濃淡の変化を表す彩色法のこと。雲の切れ間から光が射し込んでいる様子をデザインしたものなどがある。

黄金比
おうごんひ

人間が潜在的に「美しい」と感じる比率のこと。比率は「≒1.618(約5:8)」とされている。ギリシャのパルテノン神殿、パリの凱旋門、ミロのヴィーナスは黄金比で構成される。ゴールデン・セクションともいう。

黄金比長方形

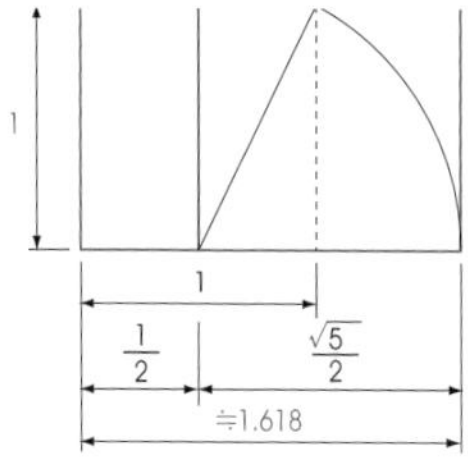

豆知識　黄金比の使用

黄金比は、生活のいろいろなところで使われている。身近なところでは、名刺、パスポート、コミック本、クレジットカードなどが黄金比でできている。

オービソンの図形
おーびそんのずけい

正方形が円の影響を受けて凹んで見える錯覚のこと。

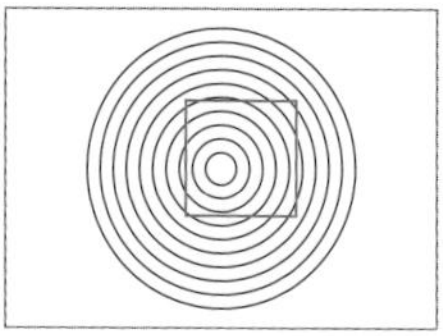

オポジション

縦線と横線などの対照的要素が組み合わされて配列されるリズムのこと。

か

階調
かいちょう

色の濃淡の変化のこと。一般的には256階調(8ビット)で、RGBの場合は256×256×256階調で1,677万7,216色(フルカラー)になる。白と黒では2階調となる。⇒**グラデーション**

籠目
かごめ

竹や籐で編んだ籠の網目を図案化したもの。魔除けの印とされる。

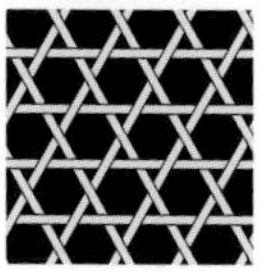

唐草模様
からくさもよう

⇒**つる草模様**

桿状体
かんじょうたい

目の網膜にある視細胞のひとつで、光の明暗を感知する。

亀甲
きっこう

亀の甲羅のこと。または、六角形状のものを表す。

級数比
きゅうすうひ

ある規則にも基づいて構成される比例のこと。たとえば、1:2:3:5:8:13……のように、それぞれの項が前の2項の和に等しくなる級数の比率をフィボナッチ級数といい、この2項の比率は限りなく黄金比(1:1.618)に近い。

木割
きわり

日本建築のプロポーション(設計技法)のひとつで、建物の各部材の寸法を比例によって決めること。多くの場合は、床柱の見付け(柱の横幅)を基準として、長押や落掛けなどの部材の寸法が決められる。各寸法は、床柱の見付けの太さの何割といった計算で求められる。

均衡
きんこう

⇒**バランス**

朽木
くちき

朽ちた木や板の形を文様化したもので、縦に流れるものと横に流れるものがある。横の朽木形文と雲の見分け方は、途切れているかどうかでわかる。朽木形文は模様が途切れず続いている。平安時代から几帳の模様などに使われていた。現在は白生地の地紋や、小

紋などの模様に用いられる。

グラデーション

色の濃淡や同じ形が段階的に変化している状態のこと。動的で流動感に富む。⇒階調

グラデーション（色の律動）

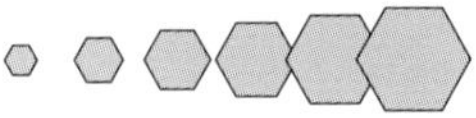

グラデーション（形の律動）

ゲシュタルト心理学

げしゅたるとしんりがく

形態を知覚する際に、性格やそのときの気分によって異なった捉え方をするとされる心理学説。「ルビンの壺」などの図形がある。⇒反転図形

ルビンの壺

見方によって地と図が入れ替わり、
壺や向かい合う人の横顔に見える。

恒常視

こうじょうし

人間は目に映ったままの形状をそのまま認識するわけではなく、経験的に正確な形状に置き換えて判別することができる。こうした知覚の特性を恒常視という。

ゴールデン・セクション

⇒黄金比

コントラスト

正反対の要素の色相を組み合わせて、力強くて刺激的な雰囲気をつくること。

さ

錯視

さくし

人間は、見る対象を実際とは違った形として捉えることがある。この視覚に関する錯覚のこと。視覚に起こる錯覚のことをいい、長さ、方向、面積、色彩、動きなどの視覚的な印象が、客観的なものとは異なって認識される。ただし、知覚自体は正しく行われるので、正常な知覚であるといえる。また、錯視を起こさせる図形を錯視図形という。

> **豆知識　錯覚のデザイン**
>
> 内装材の色や図柄のパターンによって、錯覚を起こすことがある。たとえば、横線や縦線を強調すると、同じ大きさの部屋が広く見えたり、狭く見えたりする。このような「錯覚のデザイン」を利用して、インテリアデザインの効果を高められる。

視覚

しかく

光の刺激となって生じる感覚のこと。光のエネルギーが網膜上の感覚細胞に対する刺激となって生じる。「視覚」という言葉は、形態覚、運動覚、色覚、明暗覚などの総称として用いられる。

七宝

しっぽう

日本の伝統的有職文様のひとつ。工芸品や服飾に用いられるが、幾何学模様の図柄を刺繍して縫い込む刺し子の図案が一般的である。

シミラリティ

同じ要素を組み合わせて調和をとること。安定感と優しさをもたらす。類似調和ともいう。

視野

しや

目に見える範囲のこと。人間は、立位や座位の状態では、水平視軸からやや下方10〜15度程度に視線を向ける傾向がある。

> **豆知識　視野の範囲**
>
> 人間の視野は立位や座位の状態で、水平視軸から上方へ46〜55°、下方へ67〜80°、左右は両眼で200°程度の範囲である。

蛇の目
じゃのめ

蛇の目のように太い輪の形をした図形のこと。同心円を基調にした模様である。

シュレーダーの階段
しゅれーだーのかいだん

錯視によって、普通の階段のようにも、天井に付いている逆さ階段のようにも見える図形のこと。

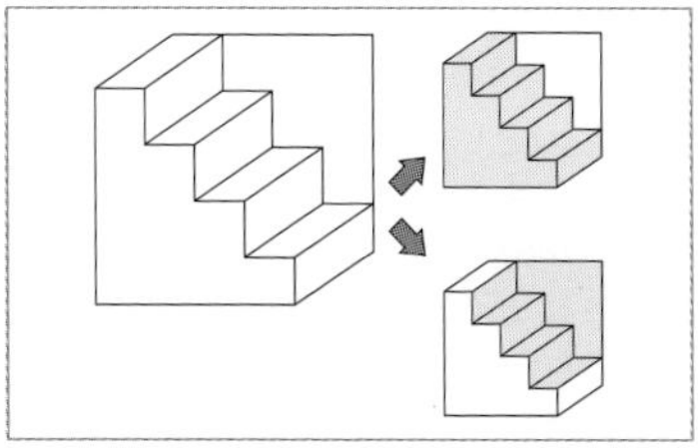

シンメトリー
均衡状態の代表的なもの。左右対称の形状で、静止感や安定感がある形態。西洋建築やインテリアの歴史において、ギリシャ、ローマ、ゴシック、ルネサンスにおいて、数多くの作品が対称につくられている。対称。⇒**アシンメトリー、ゴシック様式、ルネサンス様式**

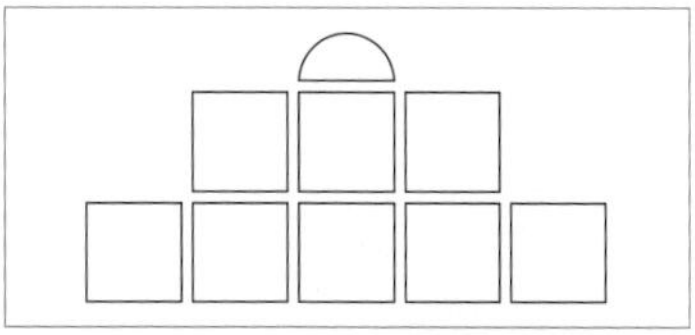

青海波
せいがいは

半円形を三重に重ね、波のように反復させて図案化した波文の一種。雅楽の衣装に使われる。

整数比
せいすうひ

1:2:3などの整数による比率のこと。実用的な規格化のものに用いられる。

線対称
せんたいしょう

ある一本の直線を軸に折り返した時、元の図形と一致する図形。たとえばアルファベットのAやBは、図形として線対称な形をしている。

ソリッド
固体。または、固体状であるさま。

た

対称
たいしょう

⇒**シンメトリー**

対比調和
たいひちょうわ

⇒**コントラスト**

多義図形
たぎずけい

錯視や見方によって異なった形に見える絵や図のこと。⇒**娘と老婆**

千鳥
ちどり

鶴がたくさん並んでいるように見える模様のこと。

注視点
ちゅうしてん

人が何かをよく見ようとした時に、視線の動きが止まる場所。

ツェルナーの図形
つぇるなーのずけい

錯視によって、方向の異なる斜線の影響で、平行線が平行に見えなくなる図形のこと。

つる草模様
つるくさもよう

唐草模様のこと。つる草の茎や葉が絡み合って曲線を描く文様。

デルブックの図形
でるぶっくのずけい

錯視によって、対比させて同じ大きさの円が異なった大きさに見える図形のこと。

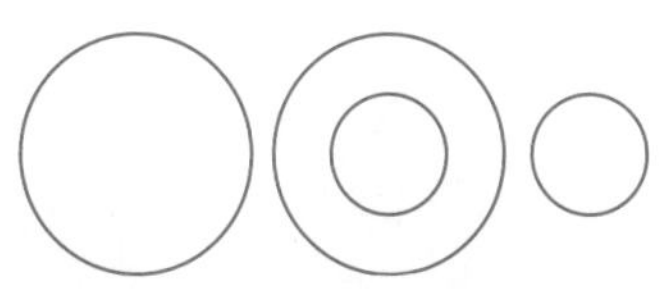

大きな円はより大きく、小さな円はより小さく見える。

点対称
てんたいしょう

ある一点を中心に180度回転した時、元の図形と一致する図形。正方形や正八角形がその例。

巴
ともえ

コンマや勾玉(まがたま)のような形をした日本の文様のこと。

トランジション
曲線的に広がっていくリズムのこと。

トレーサリー
ゴシック建築において、尖頭アーチやアーチ形の窓の上部にはめ込まれる装飾用の石の組子のこと。骨組みと骨組み、骨組みと窓枠の間にステンドグラスをはめ込む。狭間飾りともいう。

な

ネッカーの立方体
ねっかーのりっぽうたい

錯視によって、交わっている2本の線のどちらを手前か奥か判断することで、向きが2通りに異なって見える立方体のこと。

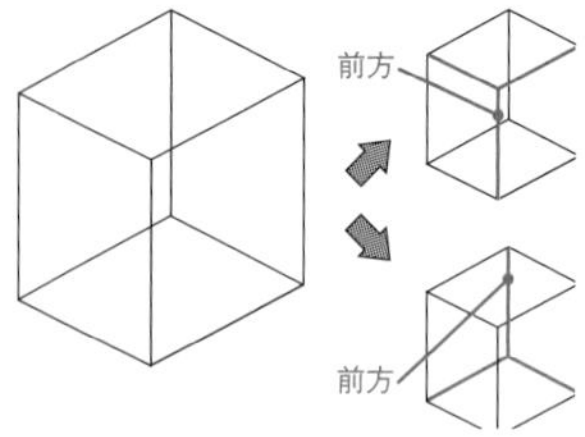

立方体の向きを2通りに解釈できる。

は

ハーモニー
全体的な統一美や統一感。構成されたものの全体と部分、部分と部分の釣り合いを図ること。調和。

白銀比
はくぎんひ

黄金比と同様に美しい比率とされるもので、ルート長方形($\sqrt{2}$長方形)ともいう。長方形の短辺を1として、長辺を$\sqrt{2}$の無理数にした長方形で、その比率は「≒1.414(約5:7)」になる。紙の規格(JIS規格A判・B判)にも用いられている。紙の短辺同士を合わせるように折ってもその比率は変わらない。

狭間飾り
はざまかざり

⇒トレーサリー

パターン
模様の絵柄を繰り返し使うこと。

バラエティ
統一感が強すぎると単調になるので、雰囲気を和らげるために加える要素のこと。変化。

トレーサリーの例

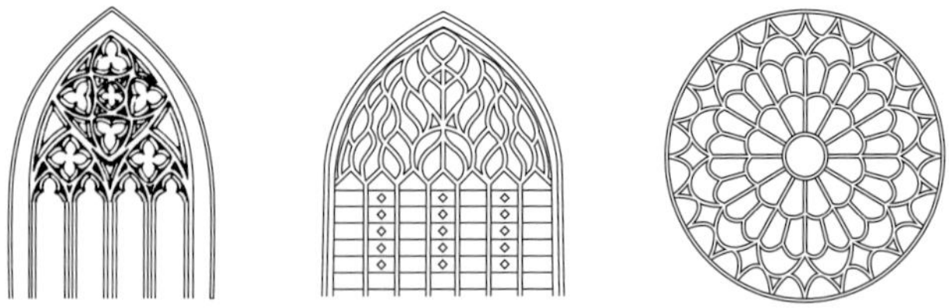

ゴシック建築の特徴をなす尖頭アーチやアーチ形の窓の上部を飾るトレーサリーには、幾何学模様、フランボワイヤン(火炎模様)、バラ窓がある。

バランス

2つ以上の形や色の釣り合いがとれている状態のこと。均衡ともいう。

反転図形

はんてんずけい

地(=背景)と図が反転して見える図形。視覚心理を研究したゲシュタルト心理学で有名な「ルビンの壺」と呼ばれる図形はその代表である。

> **豆知識　反転図形になりやすい条件**
>
> 
>
> 明度が高いもの、面積が小さいもの、対称形のもの、囲まれているもの、下部で連続するものなどは反転図形になりやすい。

桧垣

ひがき

網代のようにヒノキの薄板を斜めに編んでつくり、それを木製の枠に張って文様化したもの。地紋に用いることが多い。

非対称

ひたいしょう

⇒アシンメトリー

不均衡

ふきんこう

⇒アンバランス

フラクタル

自然界におけるさまざまな複雑な形状は、同じパターンの図形で表すことができるとされる数学的な概念のこと。こうした図形は、全体像と図形の一部分が似通っており、その性質を自己相似性と呼ぶ。

プロポーション

部分と部分、部分と全体との数量関係のこと。比例。⇒**黄金比**、**白銀比**

ブンド図形

ぶんどずけい

錯視によって、扇状の線の影響を受け、平行線が窪んで見える図形のこと。

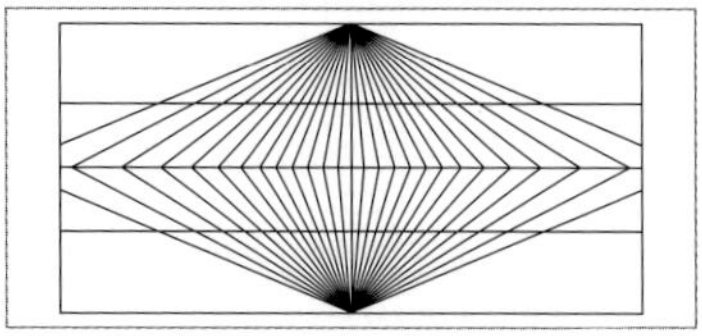

ヘフラー図形

へふらーずけい

錯視によって、小さい曲線の形状が同じでも、周りの大きい曲線によってその形状が違って見える図形のこと。

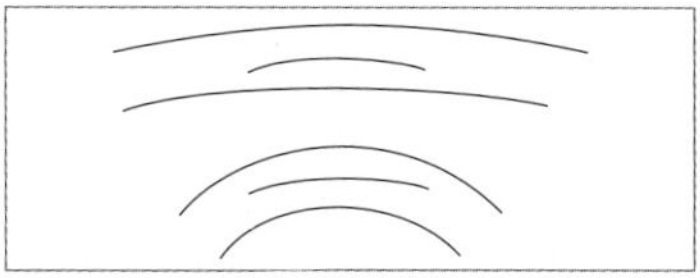

へリング図形

へりんぐずけい

錯視によって放射線状の線の影響を受け、平行線が膨らんで見える図形のこと。

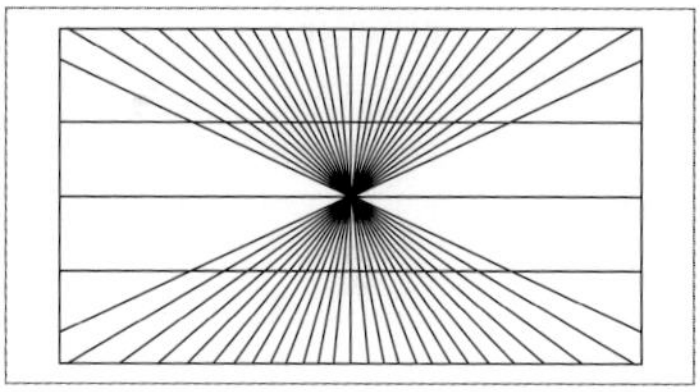

白銀比($\sqrt{2}$長方形)

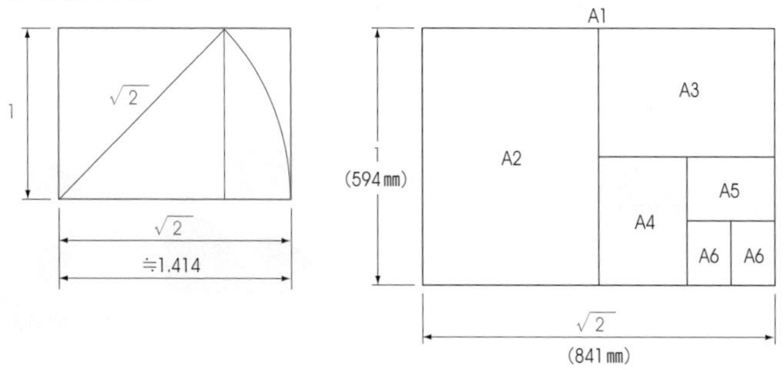

$\sqrt{2}$長方形　　紙の白銀比

ヘルムホルツの図形
へるむほるつのずけい

錯視によって、正方形を横線で分割すると縦長に、縦線で分割すると横長に見える図形のこと。

ペンローズの三角形
ぺんろーずのさんかっけい

錯視によって、角材で組んであるように見えるが、実際にはありえない組み方をしている三角形の図形のこと。

放射対称
ほうしゃたいしょう

対称軸が複数ある図形。星形など幾何学形の他、ウニやヒトデ、植物の花弁など自然界にも多く存在する。

ポッゲンドルフの図形
ぽっけんどるふのずけい

錯視によって、白い縦帯の影響で斜線が一直線に見えない図形のこと。

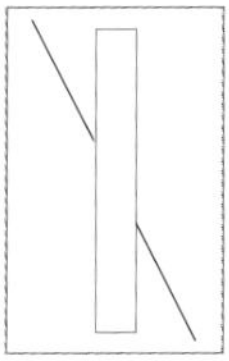

ま

松皮びし
まつかわびし

松の皮が剥がれた様子を図案化したもの。辻が花染め・織部焼のデザインとして用いられる。

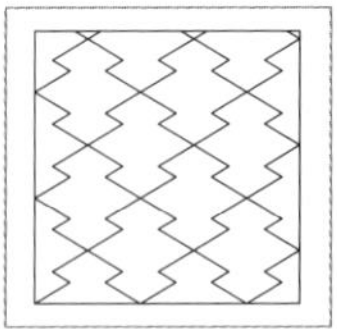

マッハの本
まっはのほん

錯視によって、本がこちら側に開いているようにも、向こう側に開いているようにも見える図形のこと。

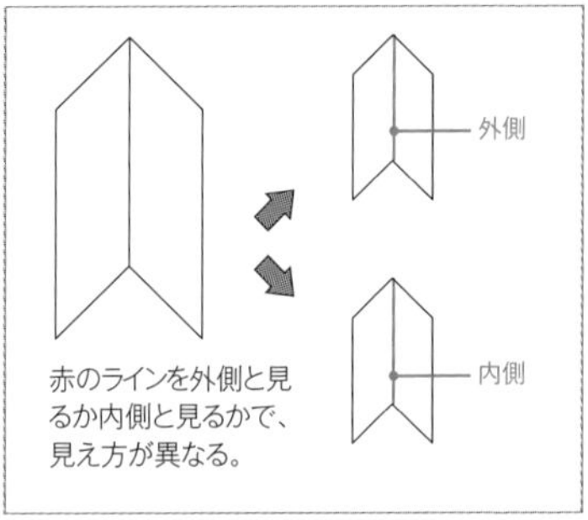

まんじつなぎ

梵語の「卍」の字を斜めに崩して四方に連続して文様にしたもの。永遠に連続するさまから、慶事礼装の地紋として使われる。

ミュラー・リヤーの図形
みゅらー・りやーのずけい

錯視による矢印の向きによって、同じ長さの線が異なる長さに見える図形のこと。

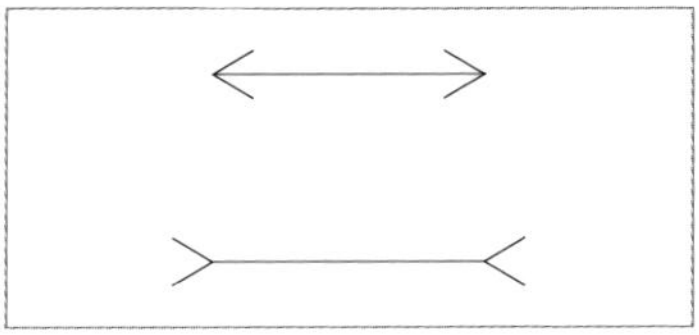

矛盾図形
むじゅんずけい

錯視によって、実際にはありえない形を表現した絵や図のこと。

娘と老婆
むすめとろうば

錯視によって、若い娘が向こうに向いているようにも、老婆がうつむいているようにも見える図形のこと。⇒**多義図形**

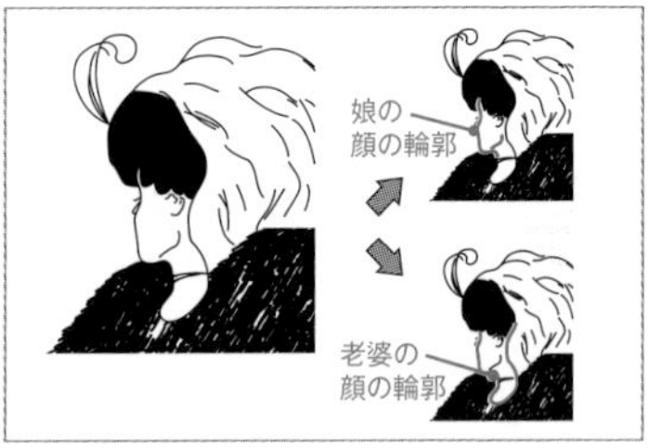

モチーフ

文学・美術などにおける、創作の動機となった主題、主調、主想。絵画、彫刻、文学、音楽などの分野で、創作の動機となる作者の内的衝動である。

文様
もんよう

調度、器物、衣服などの表面に装飾された図形のこと。同じ図柄の反復(=繰返し)によって構成されるものを指すことが多い。模様ともいう。⇒リピテイション

や

有職文様
ゆうそくもんよう

公家階級の服装、調度、輿車などに用いられた伝統的文様のこと。能の装束などにも用いられる。立涌(たてわく)、亀甲などがある。

ユニティ
一貫性のこと。造形美の基本を成すもので、ひとつのまとまった形に調和させること。統一。

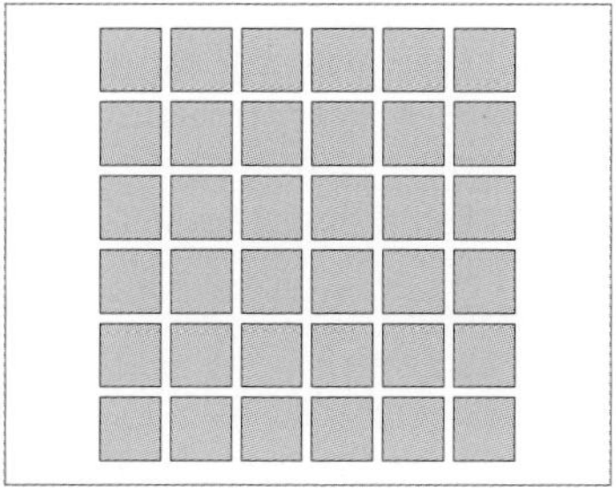

ら

雷文
らいもん

中国の伝統的な幾何文様のこと。縁飾りや地文として用いられる。

ラディエーション
放射線状に中心から外側に向かっていく波紋のようなリズムのこと。

リズム
連続した形の変化のこと。律動ともいう。パターンとしては、リペティション、グラデーション、オポジション、ラディエーション、トランジションなどがある。

リピート
繰り返すこと、反復すること。一定の間隔で絵柄を繰り返し使うことを指す。たとえば、「壁紙・カーテンの絵柄のリピート」などという。

リペティション
同じ形や色などを繰り返すこと。秩序感、連続感、躍動感が生まれる。反復。⇒リズム

リペティションの例

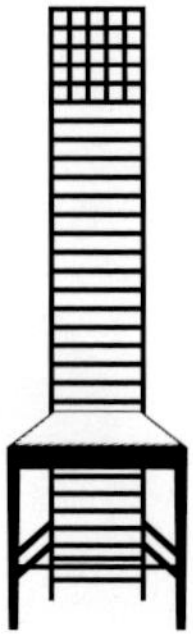

ヒルハウス　1902年
(チャールズ・レニー・マッキントッシュ)

類似調和
るいじちょうわ

⇒シミラリティ

ルート長方形
るーとちょうほうけい

⇒白銀比

Part 1
インテリアの基本

02 色彩

あ

RGB
あーるじーびー

色光の3原色は、赤(R)、緑(G)、青(B)であり、略してRGBと呼ばれる。色は混ぜ合わせると明るくなるが、RGBすべてを混色すると白になる。⇒**色光の3原色、加法混色**

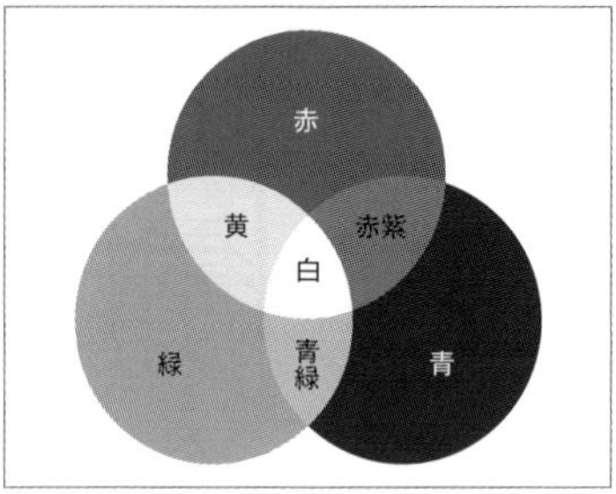

藍色
あいいろ

慣用色名のひとつ。系統色名は暗い青で、マンセル値は2PB 3/5。(口絵8頁参照)

茜色
あかねいろ

慣用色名のひとつ。系統色名は濃い赤と呼ばれる。マンセル値は4R 3.5/11。(口絵8頁参照)

アクセントカラー
インテリアに視覚的なインパクトを与える色。強調色のこと。色彩計画の5パーセント程度を占める。空間に変化をつけたい場合などに、色相、明度、彩度を対照的な配色にする。クッションなど小面積のアクセサリーなどで使われる。⇒**ベースカラー、アソートカラー**

浅葱色
あさぎいろ

慣用色名のひとつ。系統色名は鮮やかな緑みの青と呼ばれる。マンセル値は2.5B 5/8。(口絵8頁参照)

アソートカラー
インテリアの個性を表す配合色のこと。ベースカラーの効果を高めて安定させる。色彩計画の25パーセント程度を占める。家具やカーテンなどの中面積に使われる。⇒**アクセントカラー**

アルバート·H·マンセル
アメリカの画家、美術学者(1858〜1918)。1905年に色を色相(Hue)、明度(value)、彩度(chroma)を用いて系統的に体系化した。⇒**マンセル表色系**

安全色彩
あんぜんしきさい

色の象徴性を利用して社会生活を安全かつ快適に過ごすための色彩言語のこと。公共の場所における災害防止と、緊急体制の施設で使用される。具体的には、JISによって安全色が定められている。たとえば、「赤」は防火、禁止、停止、危険、高度の危険、緊急などを意味する。

色の感情効果
いろのかんじょうこうか

色が人間の感情に影響を与えるということ。赤、橙、黄などは太陽や火が連想されるため暖かさを感じる暖色(系)といい、青、青緑、青紫などは水や氷が連想されるため寒色(系)という。また、緑や紫は暖寒があいまいなことから中性色と呼ばれる。

色の三属性
いろのさんぞくせい

色の3つの性質で、色相、明度、彩度のこと。⇒**色立体、色相、明度、彩度**

色の面積効果
いろのめんせきこうか

色の面積が大きい場合と小さい場合によって、明度や彩度が異なって感じること。一般的には、面積が大きいほど明度と彩度が高く見える。暗い色はより暗く感じる。そのため、小さな色見本では、色を指定するのが難しいこともある。(口絵6頁参照)

色立体
いろりったい

色の三属性である色相、明度、彩度を規則的に配列した3次元の立体のこと。縦軸は明度であり、中心軸となる。この中心からの距離で彩度が表わされ、その周囲に色相が配列される。マンセル色立体、オストワルト色立体がある。⇒**マンセル表色系**

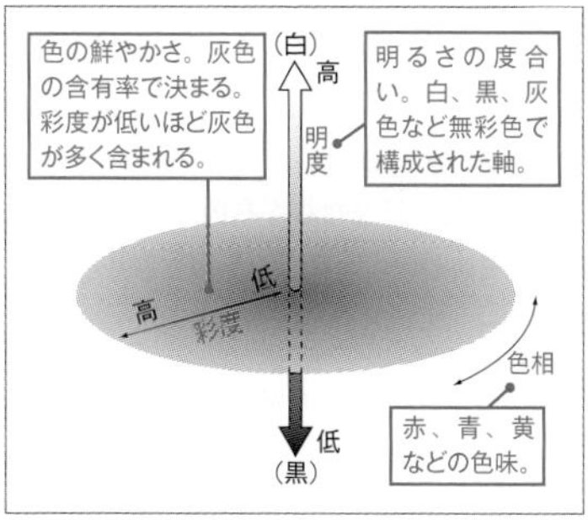

インターカラー
国際流行色委員会によって、選ばれた色のこと。

ヴィルヘルム·オストワルト
ドイツの化学者(1853〜1932)。

鶯色
うぐいすいろ

慣用色名のひとつ。系統色名はくすんだ黄緑で、マンセル値は1GY 4.5/3.5。鶯の羽根のようなくすんだ黄緑色をしている。鶯の背の色に近い色名には鶯茶がある。さらに黒みを増したものに千歳茶がある。両方とも江戸時代の流行色であった。(口絵8頁参照)

鬱金色
うこんいろ

慣用色名のひとつ。系統色名は強い黄で、マンセル値は2Y 7.5/12。ショウガ科の球根草植であるウコンの根茎から採った染料で染めた、濃くて鮮やかな黄色をしている。(口絵8頁参照)

江戸紫
えどむらさき

慣用色名のひとつ。系統色名は濃いくすんだ青みの紫で、マンセル値は3P 3.5/7である。古代紫よりも明るい。なお、歌舞伎の「助六由縁江戸桜」で助六が巻いている鉢巻の色は、代表的な江戸紫である。(口絵8頁参照)

鉛丹色
えんたんいろ

慣用色名のひとつ。系統色名は強い黄みの赤で、マンセル値は7.5R 5/12である。赤色顔料のひとつであり、四酸化三鉛の鉛丹のような明るい赤橙色をしている。

縁辺対比
えんぺんたいひ

明度差のある色を順序よく並べると、境界面は明るい色側は暗く、暗い色側は明るくみえる。そのため、色と色の境界線が明瞭になる。

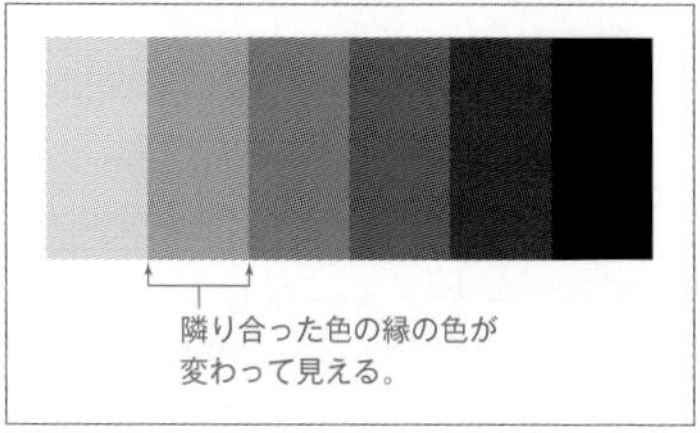

隣り合った色の縁の色が変わって見える。

オストワルト色立体
おすとわるといろりったい

白、黒、純色を各頂点とする正三角形で表す色立体のこと。明度をa、c、e、g、i、l、n、pの8段階で表す。

オストワルト表色系
おすとわるとひょうしょくけい

F•W•オストワルトが考案した表色系のこと。すべての色は、理想的な黒、理想的な白、完全色(純色)の3つの要素の混合量で表される。ヘリングの心理反対色説を根拠に、色相は赤と緑、黄と青を対向線上に配し、8色の基本色を3等分して24色相としている。(口絵7頁参照)

か

可視光線
かしこうせん

視覚に作用して色の感覚を引き起こす、電磁波の波長域のこと。可視光線の光を受けて、人間は目と脳で色を知覚する。人間の可視領域は、赤外線と紫外線に挟まれており、380〜780nmである。生物によって可視領域は異なる。⇒**ナノメートル(nm)**

加法混色
かほうこんしょく

複数の色光による混色のこと。混色の度合いを加えると、より明るさが増す。原色は赤(R)、緑(G)、青(B)の3色で、混色すると白色光になる。加法混色には、同時加法混色、継時加法混色、中間混色がある。⇒**減法混色**

> **豆知識　白く見えるメカニズム**
>
> 
>
> 直進する光が物体に当たったとき、その光は物体の表面に「反射する」「吸収する」「透過する」のいずれかとなる。物体の色が白く見えるのは、長波長から短波長のすべてが反射されたときとされるが、実際には波長のいくつかは吸収されるので、それ以外の大部分の波長が反射して白く見えるのである。

カラーコーディネーション
インテリアの空間構成で、効果的な色彩調整をすること。

カラーシミュレーション
コンピュータグラフィックスなどで事前に着色するなど、色彩計画を行なって評価すること。

カラースキーム
色彩計画のこと。一般には、全体的なイメージから、色のイメージや各部の色、素材の決定に至るまでの計画内容である。

カラーハーモニー
⇒**色彩調和**

カラーチャート
⇒**色標**

寒色
かんしょく

色の感情効果のひとつ。水や氷などを連想させ、冷たく感じる色である。青緑、青、青紫などの沈静色。⇒**暖色、三次静色**

慣用色名
かんようしきめい

古くから日常的に用いられている色名のこと。由来や意味のある固有色名を意味する。JIS規格によって、中心的な代表色はマンセル値が決められている。本来はある程度の幅をもった色を表す。⇒**系統色名、固有色名、伝統色名**

基調色
きちょうしょく

⇒**ベースカラー**

基本色名
きほんしきめい

白、黒、赤、黄、緑、青、紫などのように、基本的な色の区別を表す色彩用語のこと。基本色彩語ともいう。

強調色
きょうちょうしょく

⇒**アクセントカラー**

金赤
きんあか

慣用色名のひとつ。系統色名は鮮やかな黄赤で、マンセル値は9R 5.5/14である。黄みを帯びた鮮やかな赤。（口絵8頁参照）

銀鼠
ぎんねず

慣用色名のひとつで江戸時代に流行した伝統色。系統名は明るい灰色で、マンセル値はN6.5。銀色を帯びたねずみ色で、光沢感のある明るい灰色を含む。（口絵8頁参照）

群青色
ぐんじょういろ

慣用色名のひとつ。系統色名は濃い紫みの青で、マンセル値は7.5PB 3.5/11である。青色顔料のひとつである群青のような鮮やかな藍青色。（口絵8頁参照）

継時対比
けいじたいひ

ある色をしばらく見続けたあとに別の色を見たとき、最初に見た色の残像で影響を受けるという現象。⇒**対比**

系統色名
けいとうしきめい

すべての色を系統的に分類して、客観的に表現できるようにした色名のこと。13の基本色名（赤、黄、黄赤、黄緑、緑、青緑、青、青紫、赤紫、紫、黒、白、灰）に、「薄い」や「明るい」などの特定の修飾語を付けて表される。

原色
げんしょく

混ぜ合わせて、あらゆる色をつくることができる基本的な色のこと。他の色を混色しても、つくりだすことはできない。

減法混色
げんぽうこんしょく

色材（顔料、染料、絵具、インキなど）の3原色であるシアン（C）、マゼンタ（M）、イエロー（Y）の混色によって起こる現象のこと。一部の光を吸収させることで、別の色をつくりだす。混色することで、明るさが減少することから命名された。⇒**加法混色**

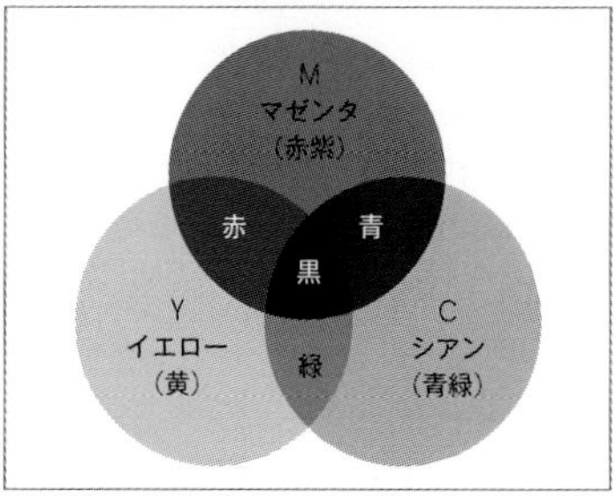

光源色
こうげんしょく

太陽や照明のように、自ら(光源)から出ている光の色のこと。⇒**物体色、表面色**

後退色
こうたいしょく

低明度の色は、後退し遠ざかるように見える。これを後退色といい、実際の面積より小さく感じる。寒色系が後退色。⇒**進出色**

興奮色
こうふんしょく

人の感情に影響を与える暖色系の色。赤・橙・黄など、暖かさを感じ、気持ちを高ぶらせる。⇒**沈静色**

古代紫
こだいむらさき

慣用色名のひとつ。系統色名はくすんだ紫で、マンセル値は7.5P 4/6。古くからある紫根(しこん)染で、鈍い赤みの紫。京紫もこの色の範囲に入る、本紫に近い色である。(口絵8頁参照)

固有色名
こゆうしきめい

顔料や染料などの原材料名、動物、植物、鉱物、自然現象、人名や地名など、連想されるものの名前を用いた色名のこと。昔から使われてきた伝統色名、慣用的に使われてきた慣用色名なども固有色名に含まれる。⇒**慣用色名、伝統色名**

混色
こんしょく

2つ以上の色を混ぜ合わせること。⇒**加法混色、減法混色**

さ

彩度
さいど

色の鮮やかさの度合いのこと。鮮やかな赤や鈍い赤などがある。彩度は有彩色にある性質で、無彩色にはない。また、最も彩度が高い色相は純色という。⇒**色の三属性、純色、有彩色、無彩色**

彩度対比
さいどたいひ

彩度の異なる色相を配色したときに、鮮やかな色はより鮮やかに、濁った色はよりにぶくみえること。(口絵6頁参照)

珊瑚色
さんごいろ

慣用色名のひとつ。系統色名は明るい赤で、マンセル値は2.5R 7/11である。赤珊瑚の骨軸のような明るい赤色をしている。コーラルピンクよりも赤みが強い。なお、日本人の黒髪によく映えることから、かんざしに多く用いられた。

残像
ざんぞう

色や光の刺激によって知覚が生じたあとに、刺激をとってもその刺激に対する知覚が残っていること。もとの刺激と同様な残像を陽性残像といい、異質の残像を陰性残像という。

シアン

慣用色名のひとつ。系統色名は鮮やかな緑みの青で、マンセル値は7.5B 6/10である。澄んだ青緑色をしている。赤の補色したもので、絵具やインキなどの3原色のひとつである。⇒**色材の3原色**

CIE表色系
しーあいいーひょうしょくけい

1931年に国際照明委員会(CIE)によって定められた表色体系のこと。光の3原色であるRGB表色系と、工業分野ではRGBを新たにXYZに置き換えて表示されるXYZ表色系が用いられる。

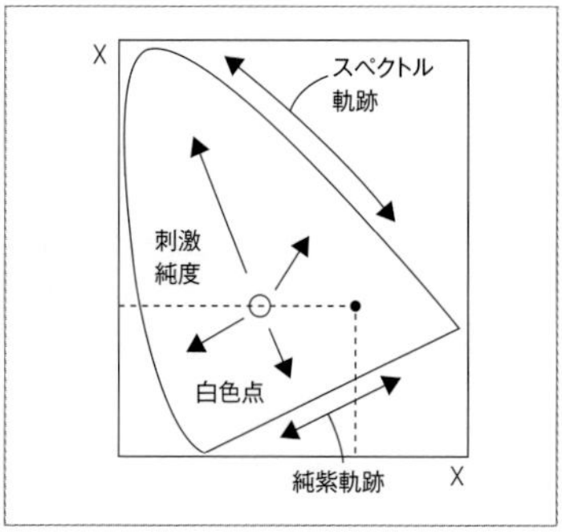

CMY
しーえむわい

色材の3原色のこと。シアン(Cyan:青緑)、マゼンタ(Magenta:赤紫)、イエロー(Yellow:黄)があり、略してCMYという。色材を混ぜ合わせると暗くなる。⇒**色材の3原色、減法混色**

視覚
しかく

目で物を見る感覚の働き。人間の器官の中で、情報を最も多く、素早く得ることができる感覚器官。主に明暗、色、形、運動、遠近を統合する。目の解像力の視力、物が見える範囲の視野、色や光を感知する光覚、色覚の4つの要素がある。

色光の3原色
しきこうのさんげんしょく

赤(Red)、緑(Green)、青(Blue)の3色のこと。可視光線のうち、長波長は赤、中波長は緑、短波長は青紫にみえる。原色を混ぜ合わせると、あらゆる色をつくることができる。また、3色を混色すると、白色光(White)になる。TVやパソコンの液晶画面などはRGBの同時加法混色によってつくられている。このように、RGBの色の範囲を色再現域という。

色彩調和
しきさいちょうわ

人間に心地良い感じを与える色彩の組合わせ。同じ色相ながら明度や彩度の異なるものが調和したり(同一色相の調和)、色相環で近い位置にある色相が調和するとされる。カラーハーモニーともいう。

色材の3原色
しきざいのさんげんしょく

水などに溶ける染料、不溶性である顔料(絵具、塗料)などの着色材料における3原色のこと。シアン(Cyan)、マゼンタ(Magenta)、イエロー(Yellow)がある。原色を混ぜ合わせると、あらゆる色がつくることができる。また、3原色を混色すると、すべて吸収されて黒になる。⇒**減法混色、CMY**

色相
しきそう

赤、青、黄のような色味のこと。⇒**色の三属性、有彩色**

色相環
しきそうかん

赤、橙、黄、黄緑、緑、青緑、青、青紫、紫、赤紫などの純色を色相順に配列した環のこと。

色相対比
しきそうたいひ

異なる色相を2色以上並べたときに、お互いが影響し合って、本来の色相とは変化して見える現象のこと。背景の色相の心理補色が残像として現れて、心理補色の方向に寄った色に見える。(口絵6頁参照)⇒**対比**

色標
しきひょう

色を表示する色彩の標準資料のこと。色の指示や伝達などを行う際に活用する。ある規則に基づいて色標を配列したものをカラーチャートという。

視認性
しにんせい

色の見え方には、誘目性、識別性があり、いずれも明度差、色相差によって、色が異なって見える。視認性とは、色の見つけやすさのこと。背景において対象物がどれだけ離れていても見えるかが、つまり背景色との明度差に左右される。一般的には地の色と図の色の三属性の差が大きいほど視認性が高くなる。黒と黄色は視認性が高く(見やすい)、黄色と白は最も低い(見えにくい)組み合わせである。(口絵6頁参照)

豆知識 色の心理効果を分析する

色彩の心理的効果を多面的に分析する方法をSD法という。これによって、色彩の感情的な側面をとらえることができるので、色彩デザインにおけるイメージ評価や目標設定に活用される。反対となる用語(「動的—静的」、「軽—重」、「固い—柔らかい」など)をスケール化して測定する。⇒SD法

朱色
しゅいろ

慣用色名のひとつ。JIS系統色名はバーミリオンと呼ばれる鮮やかな黄みの赤で、マンセル値は6R5.5/14である。鉱物や辰砂(しんしゃ)から採取した硫化水銀の顔料で、朱肉や朱塗の漆器などに見られる。(口絵8頁参照)

収縮色
しゅうしゅくしょく

「大きさの知覚」の現象のひとつ。実際の面積よりも、小さく感じる色のことである。色

相は寒色系、黒などで、明度は低明度が収縮して見える。重さや硬さのイメージにつながる。⇒**膨張色**

修正マンセル表色系
しゅうせいまんせるひょうしきけい

1940〜1943年頃に、アメリカ光学会(OSA)によってつくられた新しい表色系のこと。マンセル表色系は、感覚的等色差系列に相当な不規則性があったので修正された。JIS標準色標は、修正マンセル表色系を採用したものである。⇒**マンセル表色系**

純色
じゅんしょく

同一色相において、最も彩度の高い色のこと。

順応
じゅんのう

環境の変化に対応するために、目の網膜が自動で感度を調節すること。明るさや暗さに対する反応を明暗順応という。⇒**明順応、暗順応**

進出色
しんしゅつしょく

高明度の色は、手前に出てくるように感じる。これを進出色といい、低明度より面積が広く感じる。暖色系が進出色。⇒**後退色**

錐体
すいたい

網膜にある、円錐の形をした視細胞のこと。網膜には、その他に棍棒の形をした桿体がある。錐体は光に対する感度は高くないが、色を捕えることができる。桿体は光の明暗に反応をする。⇒**暗順応、暗所視**

蘇芳
すおう

慣用色名のひとつ。系統色名はくすんだ赤で、マンセル値は4R 4/7である。マメ科の樹の蘇芳を煎じてつくられる。奈良時代から用いられている伝統色名である。(口絵8頁参照)

スペクトル

輻射熱(可視光線、X線、紫外線、赤外線)などを、分光器を通して波長によって分け、波長順に並べたもの。7色(赤、橙、黄、緑、青、藍、紫)の波長順に並ぶ光の帯である。(下図参照)

青磁色
せいじいろ

慣用色名のひとつ。JIS系統色名では青竹色(あおたけいろ)で、柔らかい青みの緑を中心に、濃淡、青み、緑みと色域が広い。マンセル値は7.5G 6.5/4である。中国産の薄緑の釉薬を掛けた青磁器の色。日本では秘色(ひそく)と呼ばれ、珍重された。(口絵8頁参照)

清色
せいしょく

純色に、黒や白を加えた濁りのない色のこと。明清色は白だけを加えた色であり、暗清色は黒だけを加えた色である。⇒**濁色**

セパレーション

⇒**分離効果**

た

対照色相の調和
たいしょうしきそうのちょうわ

色相の関係が対照的に異なる色同士の配色のこと。PCCS24色の色相環では、色相差が8〜10の開きのある色の組み合わせで、互いに異なるため、ダイナミックなイメージとなる。(口絵7頁参照)⇒**補色色相の調和**

光の構成

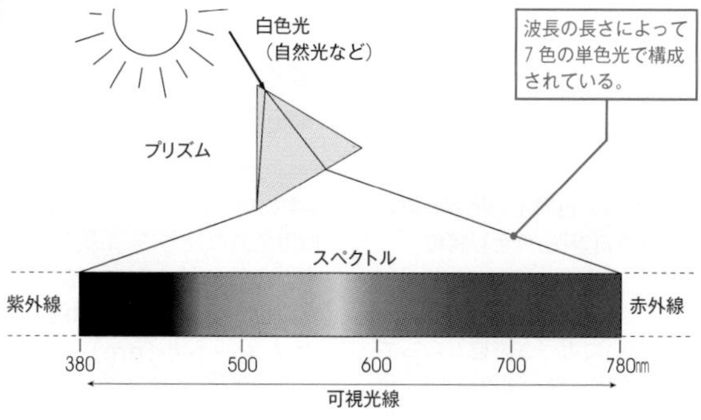

対比
たいひ
周囲の影響を受けて、色が異なった色に見える現象のこと。対比の種類には、同時対比と継時対比がある。(口絵6頁参照)⇒**同時対比、継時対比**

暖色
だんしょく
色の感情効果のひとつ。赤、橙、黄色など、太陽や火を連想させ、暖かさを感じる色である。⇒**寒色**

中間色
ちゅうかんしょく
純色や清色に灰色を加えた色。濁色ともいう。

中性色
ちゅうせいしょく
色の感情効果のひとつ。暖かくも冷たくも感じられない色を指す。緑系や紫系の色相。

中明色
ちゅうめいしょく
暗くもなく明るくもない、中間の明度の色のこと。マンセル表色系では、明度4〜6段階の明るさである。

沈静色
ちんせいしょく
色の心理効果のひとつ。気持ちを落ち着かせる感情効果を有する色で、一般的には寒色系である。⇒**興奮色**

鉄色
てついろ
慣用色名のひとつ。系統色名はごく暗い青緑で、マンセル値は2.5BG 2.5/2.5。(口絵8頁参照)

伝統色名
でんとうしきめい
日本に古くから慣用的に伝わっている色のこと。⇒**慣用色名**

同一色相の調和
どういつしきそうのちょうわ
同じ色相において、明度や彩度で色に変化を付けて調和させること。調和感を得やすいが、明度も同じにすると色同士の境界があいまいになる。(口絵7頁参照)⇒**色彩調和**

同化
どうか
異なる2色が、お互いに近づき影響し合って、色の差がなくなる方向に働く現象のこと。色相の同化(色相が近寄っていく)、明度の同化(明るさが近寄っていく)、彩度の同化(鮮やかさが近寄っていく)などがある。点や線の大きさ、見ている距離などに関係する。(口絵6頁参照)

透過色
とうかしょく
色ガラスなど透明な物体を光が透過することで見える色のこと。⇒**物体色**

等色相面
とうしきそうめん
色立体を縦に垂直な平面で切断したときに表れる面のこと。この面上の色はすべて色相が同じになる。マンセル等色相面は、縦軸が明度、横軸が彩度を表す。

同時対比
どうじたいひ
色の対比のひとつ。隣接する色の誘導色に染められることで、ある色の明るさ、色合い、冴えが強調されて、明度感覚が変化する現象を指す。⇒**明度対比、色相対比、補色対比、対比**

トーン
色の調子を示すもの。明度と彩度の複合概念から明彩調とも呼ばれる。各24色相の最高彩度(純色)を基準のビビッドトーンとして、白、グレイ、黒の無彩色を加えて色の調子を変え、同じような色の調子を持つ色を各色相からひとつずつ集めてグループ化したもの。有彩色が12トーン、無彩色が5トーンある。(口絵7頁参照)

鴇色
ときいろ
慣用色名のひとつ。系統色名は明るい紫みの赤で、マンセル値は7RP 7.5/8。特別天然記念物、国際保護鳥であるトキが飛ぶときに風切羽や尾羽に見られる色。(口絵8頁参照)

ドミナントカラー
配色全体の印象を決める色。主調色、支配色。

な

なす紺
なすこん
慣用色名のひとつ。系統色名はごく暗い紫で、マンセル値は7.5P 2.5/2.5である。茄子の皮のような濃い紫みの紺色。

ナノメートル(nm)
波長の単位。1ナノメートル(nm)は100万分の1ミリである。

納戸色
なんどいろ

慣用色名のひとつ。系統色名は強い緑みの青で、マンセル値は4B 4/6である。家具や調度品を収納する物置や居室の納戸など、薄暗い色合いに由来する伝統色名である。(口絵8頁参照)

は

配合色
はいごうしょく

⇒**アソートカラー**

配色
はいしょく

2つ以上の色の組合わせのこと。調和、不調和の関係を考察する。考察の対象には、色相、明度、彩度、トーンの他、同一色相でトーン差を比較的大きく配色するトーンオントーンなど慣用的なものがある。(口絵7頁参照)

豆知識　配色テクニックの留意点

インテリアの配色を考える際は、色の面積や位置の他、材質や光などの条件にも注意する。たとえば、大きい面積は明度、彩度ともに高く見えるが、表面形状が凸凹していると反射しにくいため、明度、彩度が低く見える場合がある。そのため、壁紙などを小さいサンプルのみで決めると、実際には色が明るすぎることもある。

白色光
はくしょくこう

太陽や照明のように、光源から出ている色味のない光のこと。白色光は、プリズムに当たると屈折して、赤、橙、黄、緑、青、紫の色を出すスペクトル(色の帯)になる。⇒**物体色**

PCCS
ぴーしーしーえす

配色調和を考案した体系のこと。

practical color coordinate system。1964年に日本色彩研究所が考案した、日本色研配色体系の略称。三属性や系統色名で表示される。明度と彩度を組み合わせたトーン(色調)と、色相とトーンの2系統で色彩調和の基本系列を表すのが特徴。色相(Hue)は24色相、明度(Lightness)は9段階だが、最終的には17段階、彩度(Saturation)は9段階である。明暗、強弱、濃淡などの調子を示し、色相ごとに12のトーンに分けられる。(口絵7頁参照)

緋色
ひいろ

洋色名のスカーレットのこと。系統色名は鮮やかな黄みの赤で、マンセル値は7R 5/14である。(口絵8頁参照)

表色系
ひょうしょくけい

色を定量的に表示する色彩体系のこと。マンセル表色系やオストワルト表色系、PCCS、CIE表色系などがある。(口絵7頁参照)

表面色
ひょうめんしょく

物の表面から反射された光によって見える色のこと。⇒**光源色、物体色**

ひわ色
ひわいろ

黄みの強い明るい緑。

物体色
ぶったいしょく

物体の表面から光を反射したり、透過したりすることで知覚される色のこと。物体色には、表面色と透過色がある。⇒**光源色、表面色、透過色**

プリズム

三角柱状のガラスのこと。光がプリズムを通ると、屈折率の違いで虹色のスペクトルが生じる。⇒**スペクトル**

プルキンエ現象
ぷるきんえげんしょう

明所視と暗所視で、色に対する目の感度が変化すること。暗いところでは、青(短波長領域)に対する感度が高まって、赤よりも明るく感じられる。⇒**暗所視**

分離効果
ぶんりこうか

色と色の間に、無彩色(白や灰、黒など)や目立たない別の色(金や銀など)を差し入れて、それぞれの色を分けて調和させる方法のこと。対照色相の調和を和らげる際などに用いられる。セパレーションともいう。

ベースカラー

最もインテリアの基調、土台となる色で、基調色のこと。色彩計画の70パーセント程度を占める。空間をまとめる大きな面(床、壁、天井など)の色を指す。

紅色
べにいろ
慣用色名のひとつ。系統色名は鮮やかな赤で、マンセル値は3R 4/14である。紅花から採れる色素の色で、「くれない」ともいう。(口絵8頁参照)

弁柄、紅殻色
べんがら、べんがらいろ
慣用色名のひとつ。系統色名は暗い黄みの赤で、マンセル値は8R 3.5/7。酸化第二鉄を成分とする、黄色みを帯びた赤色顔料で、紅殻の色である。ベンガル(バングラデシュ)に産したことから命名された。

膨張色
ぼうちょうしょく
「大きさの知覚」のひとつ。実際の面積よりも、大きく感じる色のこと。色相は暖色系や無彩色の白などで、明度は高明度である。軽さや柔らかさのイメージにつながる。⇒**収縮色**

補色
ほしょく
色相環の反対側にある色を組み合わせること。また、2色を混色すると色味がなくなり無彩色になることもいう。物質の場合は灰色や黒になり、光の場合は白になる。(口絵7頁参照)

補色残像
ほしょくざんぞう
ある色を見続けた後で別の色を見ると、はじめに見た色の補色が残像として残る現象のこと。⇒**残像**

補色色相の調和
ほしょくしきそうのちょうわ
対照色相において、色相同士が補色関係になる調和のこと。PCCS色相環では、ちょうど180度の対称位置にあり、色相の変化が最も大きいので、派手で刺激的なイメージとなる。(口絵7頁参照)

補色対比
ほしょくたいひ
補色したときに、隣り合う色の彩度が実際の色よりも高まって見える現象のこと。

ま

マンセル表色系
まんせるひょうしょくけい
アメリカの画家アルバート・H・マンセルによって、体系化された色の系統のこと。赤(R)、黄(Y)、緑(G)、青(B)、紫(P)の5つを基本色相にして、黄赤(YR)、黄緑(GY)、青緑(BG)、青紫(PB)、赤紫(RP)の中間色相を加えた10色相を基本とし、さらに10等分した100色相まで表現される。これらを順に円形で並べたものを色相環というが、真向いの位置にある2色を混色すると無彩色になる。色標では完全な白や黒をつくることはできないので、1.0〜9.5の数値で表現される。彩度は無彩色を0とし、色相と明度によって最大値が異なる。色の三属性は、「色相　明度／彩度」で表される。(口絵7頁参照)

ムーンアンドスペンサーの色彩調和論
むーんあんどすぺんさーのしきさいちょうわろん
アメリカの色彩学者によって提唱された理論。明快な幾何学的な関係を重視して、色彩(色相、明度、彩度)には同一、類似、対照という調和域があり、その間に挟まれたあいまいな関係の配色は不調和域であるということ。「美度計算」で調和や不調和を割り出す方法を考案した。

無彩色
むさいしょく
明度はあるが、色味や彩度のない、白や灰、黒のような色のこと。⇒**有彩色**

明彩調
めいさいちょう
⇒**トーン**

明度
めいど
明るさの度合いのこと。明るい赤、暗い赤などがある。最も高明度の色が白であり、低明度の色が黒である。無彩色、有彩色の両方にある性質である。⇒**色の三属性**

明度対比
めいどたいひ
明度の異なる色を配色したときに、明るい色はより明るく、暗い色はより暗く感じられる現象のこと。(口絵6頁参照)

萌黄
もえぎ
慣用色名のひとつ。系統色名は強い黄緑で、マンセル値は4GY 6.5/9である。草や木の葉の萌え出る強い黄緑色を指す伝統色名。暗い緑色は萌葱(もえぎ)色という別の色。(口絵8頁参照)

桃色
ももいろ

慣用色名のひとつ。系統色名は柔らかい赤で、マンセル値は2.5R 6.5/8である。桃の花のような柔らかな赤で、実際の桃の花よりも濃い色を指す。古くから用いられており、桃花色ともいう。(口絵8頁参照)

豆知識　ハーマングリッド効果

明度対比のひとつに、ハーマングリッド効果がある。これは、下図にある白い帯が交差する部分が、やや黒ずんでみえる対比効果のこと。この黒の格子図形をハーマングリッドと、交差部分の灰色の点をハーマンドットという。

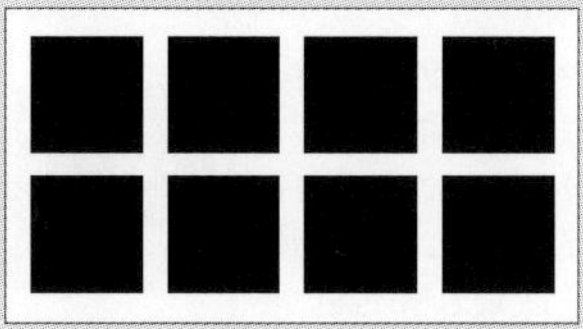

や

山吹色
やまぶきいろ

慣用色名のひとつ。系統色名は鮮やかな赤みの黄で、マンセル値は10YR 7.5/13である。バラ科の落葉低木のヤマブキの花の色を指す。小判などの金貨の別称である。万葉の時代から日本人に親しまれた植物であり、平安朝では襲(かさね)の色目の名称にも花山吹というものがあった。表が朽葉色、裏が黄色の組み合わせである。(口絵8頁参照)

有彩色
ゆうさいしょく

赤、橙、黄、青、紫など、色みのある色のこと。明度や彩度もある。⇒**無彩色**

誘目性
ゆうもくせい

心理的に目立つ、注意を促す度合いを数値化したもの。一般に、有彩色や暖色系、高明度、高彩度のほうが、無彩色、寒色系、低明度、低彩度より誘目性が高い。

ら

リープマン効果
りーぷまんこうか

図形と周辺の色相が異なっており、明度の差が小さい場合に、境界線がちらついて不明瞭となる現象のこと。差が大きい場合は明瞭に見える。(口絵6頁参照)

利休鼠
りきゅうねずみ・りきゅうねず

慣用色名のひとつ。系統色名は緑みの灰色で、マンセル値は2.5G 5/1である。茶道の創始者である千利休にちなんだ伝統色名。侘び、さびにつながる色である。(口絵8頁参照)

流行色
りゅうこうしょく

一般的に流行している色のこと。流行予想色の意味合いでも使われる。日本流行色協会(JAFCA)では、ファッションやインテリアの流行予想色を発表している。

緑青色
りょく(ろく)しょういろ

慣用色名のひとつ。系統色名はくすんだ緑で、マンセル値は4G 5/4である。銅や銅合金が酸化して表面に生じたさびのくすんだ緑色をしている。孔雀石から採れる緑色顔料で、絵画や装飾に用いられる。(口絵8頁参照)

類似色相の調和
るいじしきそうのちょうわ

色相が類似している色同士を調和させること。PCCS24色相の色相環では、色相差が2〜3離れた関係に該当する。適度な色相差があるので、統一感と同時に変化に富む、なじみやすい調和になる。(口絵7頁参照)

豆知識　「支配的な」色?

色や形、質感などを共通条件にして、全体的に統一感を与えるものをドミナントカラー(主調色)という。特に多色使いの場合、統一感や馴染み感を出すために重要となる。ひとつの支配的な色相に全体を整える「ドミナントカラー配色」と、配色全体のトーンを統一する「ドミナントトーン配色」がある。

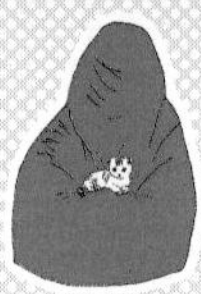

建築とインテリアの歴史 ①日本

あ

胡床
あぐら

折畳み式の腰掛けのこと。携帯用座具。座の部分に革縄などを張って、脚を交差させて折り畳めるようになっている。「こしょう」ともいう。

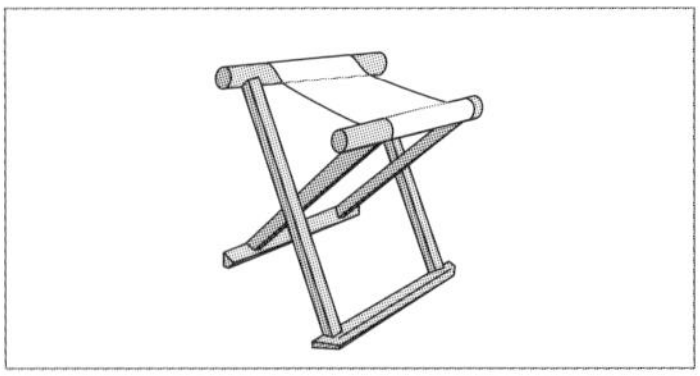

校倉造
あぜくらづくり

柱を用いず、木材を井桁（いげた）に組み上げて壁とした構造の建物。日本では弥生時代頃から倉庫などに用いられた。奈良時代に建てられた東大寺正倉院は、現存する代表的な建物。同じような工法は、中国・北欧・ロシアなど木材の豊富な地域で見られる。

倚子
いし

腰掛けの一種で、天皇や公卿などが用いる座具のこと。4脚で四角く、背もたれと左右に肘掛けが付いている。座所には茵（しとね）を敷いていた。

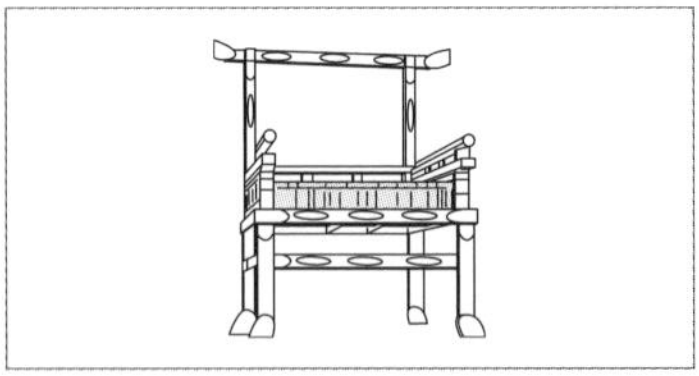

入側
いりかわ

書院造における、濡れ縁と座敷の間にある1間幅の通路のこと。畳敷きにした場合は縁座敷ともいう。

卯建
うだつ

町家などで見られる、建物の両側に袖壁を立ち上げて小屋根を付けている部分のこと。防火の目的があるが、装飾の意味合いもある。富や格式の象徴のひとつとされていた。また、隣家との境界に取り付けられた土造りの防火壁も卯建という。

繧繝縁
うんげんべり

鮮やかな配色と独特の紋様の繧繝錦でつくった畳の縁、またはそれを付けた畳のこと。畳縁のなかで、最も格が高いとされている。

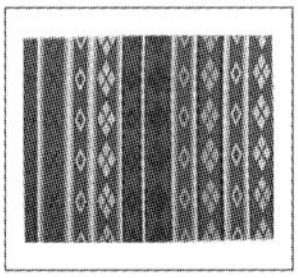

円座
えんざ

座るときに使う座臥具のこと。い草、すげ、まこもなどの葉を丸く渦巻状にして縫い綴じた円形の敷物である。直径は3尺（約90センチ）程度。

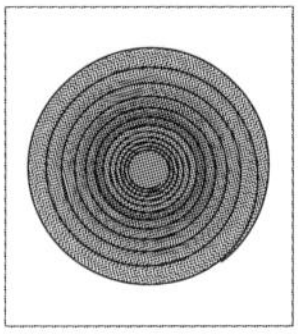

縁座敷
えんざしき

⇒入側（いりかわ）

大阪城
おおさかじょう

豊臣秀吉が築城した城。大坂夏の陣で焼失した。徳川2代将軍の秀忠によって再建が行なわれ、1629年に完成した。別称は金城あるいは錦城という。

置き畳
おきだたみ

人が座る場所のところにだけ敷かれた畳のこと。平安時代の寝殿造から使われるようになったが、室町時代以降は敷き畳が一般的となった。

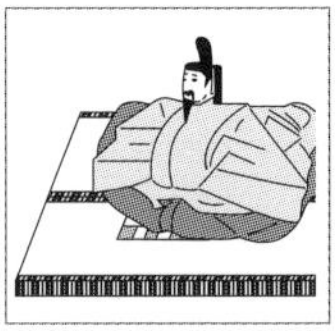

豆知識　置き畳と身分

置き畳の厚さや縁は、身分によって分けられていた。天皇、皇后、上皇など最高位の人が用いる畳には厚く、縁には繧繝縁が使われた。

押板（床）
おしいた（ゆか）

座敷飾りと呼ばれる、和室にある軸と花を飾る板を備えた部分のこと。三具足（香炉、花瓶、燭台）を乗せる、机状の長い奥行の浅い厚板が敷かれている。現在の床の間の前身に当たる。

折敷
おしき

食器を乗せる、ヒノキの片木（へぎ）などでつくった縁付きの盆または膳。細い幅の板で囲って縁としている。

折上げ天井
おりあげてんじょう

一部の中央部分を上方へ凹ませた天井のこと。四周が天井回り縁より丸形に湾曲されている。

か

会所
かいしょ

会合などで利用される建物や部屋のこと。平安時代には、寝殿造の建築で来客と主人が対面するところとなっていた。日常の「ケ」ではなく、行事に使った「ハレ」の場所である。

角柱
かくばしら

底辺が多角形の柱のこと。

春日造
かすがづくり

日本の神社建築様式のひとつ。屋根が曲線を描いて反っており、正面に片流れの庇（ひさし：向拝）が付いている。庇と大屋根は一体である。春日大社に代表される建築様式。

合掌造
がっしょうづくり

日本の住宅建築様式のひとつ。小屋内を積極的に利用するために、切妻屋根とした茅葺きの家屋である。白川郷・五箇山の合掌造り集落は、1995年12月にユネスコの世界遺産（文化遺産）に登録された。

両手を合わせたような形状。
岐阜県の飛騨白川郷など豪雪地域に分布。

桂離宮
かつらりきゅう

17世紀の初めから中頃までにつくられた離宮のこと。桂離宮の書院は、書院造りを基調に数寄屋（茶室）風を取り入れている。

豆知識　桂離宮の松琴亭（しょうきんてい）

桂離宮の松琴亭には、モダンな市松模様が使われ、桂棚にはコクタンやシタンなどの舶来の木材が使用されている。

花頭窓（火灯窓）
かとうまど

日本の寺社や城郭、住宅などの建築における、上枠を火炎形（火灯曲線）、または花形（花頭曲線）にした特殊な窓。円覚寺舎利殿、慈照寺銀閣などに見られる。寺社建築、城郭建築、住宅建築などに見られる。火頭窓、華頭窓、架灯窓、瓦灯窓などとも表記される。

かぶと造
かぶとづくり

寄棟造や入母屋造の屋根のうち、妻側の屋根を切り上げて、屋根裏の通気や採光のために壁面に開口部を設けたもの。この部分が兜に似ていることから命名された。東日本の農家に多く見られる形式である。

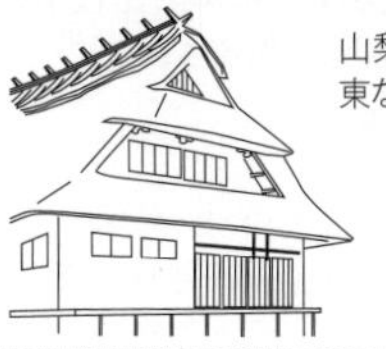
山梨県など北関東などに分布。

壁代
かべしろ

平安時代の障屏具のひとつ。垂れ幕状で現代のカーテンに当たるものである。

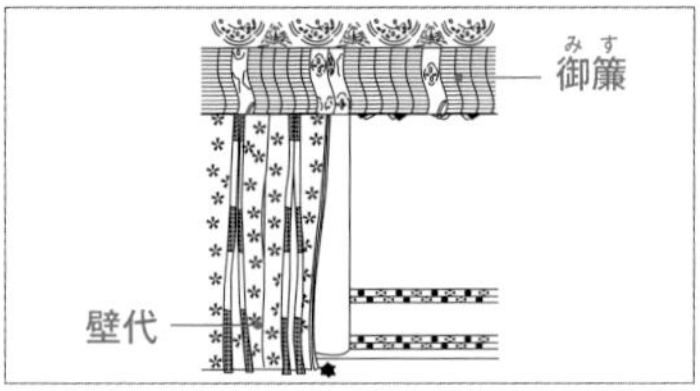

唐櫃
からびつ

被せふたの付いた大型の箱で、4本または6本の脚があるもの。衣服、書物、甲冑（かっちゅう）などを入れていた。⇒**和櫃**

唐様
からよう

⇒**禅宗様**

枯山水
かれさんすい

水を使用することなく、石や砂などで山水の風景を表現する庭園様式である。龍安寺や大仙院などの庭で知られる。

几帳
きちょう

平安時代の障屏具のひとつ。可動式の間仕切りで、2本のT字型の柱に薄絹を下げて風や視線を遮ると同時に、装飾としても用いられた。

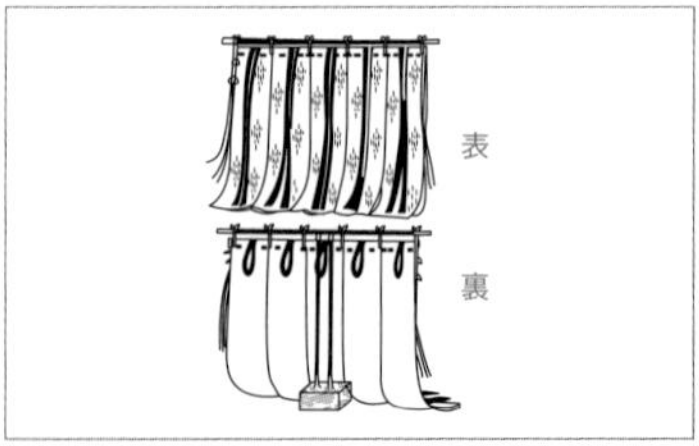

旧開智学校
きゅうかいちがっこう

松本の大工の棟梁である、立石清重（たていしせいじゅう）が伝統的な技術を駆使して建築した擬洋風建築。2019年、近代学校建築として初めて国宝に指定された。

旧グラバー邸
きゅうぐらばーてい

イギリスの貿易商人、T・B・グラバーが設計した日本最古の木造西洋建築。正面玄関を設けないクローバー型が特徴である。国の重要文化材に指定されている。

擬洋風建築
ぎようふうけんちく

明治初期に、大工の棟梁が西洋建築を真似して洋風デザインの要素を取り入れたもの。外観に下見板を付けたり、小さな窓に窓上飾りを付けたり、塔やバルコニーを備えたりして、洋風デザインを取り入れている。⇒**旧開智学校**

曲ろく
きょくろく

僧が用いるイスのこと。背もたれの笠木がカーブしているか、または背もたれと肘掛けがカーブした1本の棒でつながっている。脚をX字形に交差させたものが多い。

供饗
くぎょう

⇒**衝重（ついがさね）**

くど

竈（かまど）。または竈の後方にある煙の排出部のこと。京都などでは「おくどさん」と呼ぶ。

くど造
くどづくり

佐賀県南部に広く分布する民家の形式。草ぶきの棟はU字形となっている。屋根の形が「くど」（竈）に似ていることから、命明された。

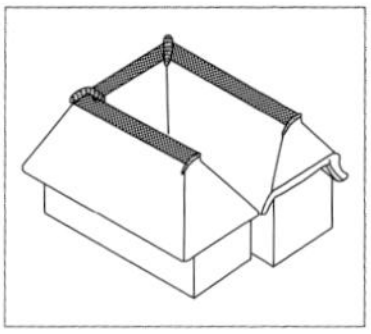

ケ（褻）

普段の生活である「日常や私的な生活場面」を表している。⇒**ハレ（晴）**

型而工房
けいじこうぼう

東京高等工芸学校の教員をしていた建築家の蔵田周忠を中心に、小林登、松本政雄、豊口克平らが参加して結成されたデザイングループ。規格化による生産の合理化を目的としたデザインを目指した。

KMチェア
けーえむちぇあ

ラタン（籐）で編まれたアームレスチェア。⇒**剣持勇**

Kシリーズ（オバQ）
けーしりーず（おばきゅー）

ハンカチをつまみ上げたようなドレープのあるデザイン照明。⇒**倉俣史朗**

交椅
こうい

折畳み式のイスのこと。

公団住宅
こうだんじゅうたく

1955年に、日本住宅公団(現・都市再生機構)が建設して、賃貸・分譲で供給した住宅のこと。第2次大戦後の住宅不足緩和を目的に住宅政策が行なわれた。食寝分離と個別就寝を掲げて間取りが計画された。

格天井
ごうてんじょう

太めの角材で正方形の格子を組み、鏡板をはめた伝統的な天井様式のこと。社寺建築や城郭建築、書院造の大広間などの天井に多く使われている。二条城二の丸御殿、日光東照宮外陣などの格天井が有名である。

高麗縁
こうらいべり

畳の縁の一種で、白麻布に黒の小紋を染めたもの。寺院や一般住宅の床の間に使用されている。

権現造
ごんげんづくり

神社建築様式のひとつ。本殿と拝殿を石の間でつなぎ、屋根はひと続きの入母屋造になっている。日光東照宮が有名。

さ

座臥具
ざがぐ

座るときに用いられるもの。平安時代では、茵(褥)、円座、胡床、倚子などを使っていた。

座敷飾り
ざしきかざり

室町時代以降、主に書院造の座敷などに飾り付けられたもの。基本的には、掛軸と三具足(花瓶、燭台、香炉)を飾った。この形式は、今日の床の間の飾り方のもととなっている。

室礼(舗設)
しつらい(しつらえ)

ハレの日などに、住居を飾り立てること。平安時代に、儀式や行事の際に寝殿造に調度を配置して、部屋を整えることを「しつらい(しつらえ)」といわれていたことに由来する。

茵(褥)
しとね

座臥具の一種。正方形で綿の入っていない織物製の敷物。

蔀戸
しとみど

平安時代における、寝殿造の外回りにある主要建具。細かく組んだ格子の裏に板を張って、主に外側に向けて押し上げて開くことができる戸のことである。建物本体の長押(なげし)から、3カ所の吊金物でL字形に吊り上げられている。

修学院離宮
しゅがくいんりきゅう

江戸時代、後水尾上皇によって造営された侘び寂の代表的な数寄屋造。3つの離宮からなり、借景の手法を採り入れた庭園も美しい。

主殿造
しゅでんづくり

室町時代の武家住宅の様式として、建築史で提唱された様式のこと。建物内は複数の部屋に仕切られており、角柱を使用して書院造の座敷飾り(床の間、違い棚、付け書院など)を設けて、畳が敷き詰められている。書院造の主要な特徴を備えているが、寝殿造の要素もある。

如庵
じょあん

織田信長の弟である織田有楽によってつくられた茶室で、国宝となっている。

書院
しょいん

座敷飾り(床の間、違い棚、付書院、帳台構えなど)が設けられている居間のこと。

書院造
しょいんづくり

日本の鎌倉時代から室町時代にかけて成立した住宅様式のこと。一般的には、床の間などのある座敷を指すが、厳密には武家住宅の建物全体の様式のことである。

書院窓
しょいんまど

書院造の付書院に明かり障子をはめた窓のこと。

城郭建築
じょうかくけんちく

防御力強化のために、天守、櫓、土蔵、住居、塀などで構成された建造物の総称。頑丈なだけでなく、城主の武力・権力の象徴として美しく立派に仕上げられている。また、政治の拠点としても必要とされた。

床几
しょうぎ

座臥具のひとつ。脚2本をX状に組み、座の部分に革や布を張って腰掛けとしている。移動時は折り畳んで携帯することができる。

上段の間
じょうだんのま

書院造で、下段の間により、框(かまち)の高さの分だけ床を高くした座敷のこと。主君が家臣と謁見した間である。

障屏具
しょうへいぐ

室内を仕切って人の視線を遮るもののこと。平安時代では、屏風、几帳、壁代、御簾などを使っていた。

食寝分離
しょくしんぶんり

食事する空間と、就寝をする空間を別々に設けるという考え方のこと。1942年に西山夘三が提唱した。

寝殿造
しんでんづくり

平安時代の高位貴族の住宅様式のこと。正式なものは、敷地の中央には寝殿(正殿)と呼ばれる主人の建物が南の庭に面して建てられていた。東西には、対屋(たいのや)と呼ばれる子どもたちの建物を、北には妻が住む対屋を配し、寝殿も含めて渡殿(わたどの)という渡り廊下でつながっている。

神明造
しんめいづくり

日本の神社に見られる建築様式のこと。屋根の形状が切妻造(きりづまづくり)で、平入りになっている。伊勢神宮の皇大神宮(内宮)、豊受大神宮(外宮)という両宮の正殿(本殿)は、他の神明造とは異なり、独自の様式になっているので、唯一神明造という。

数寄屋造
すきやづくり

書院造に草庵風茶室の手法を取り入れた建築様式のこと。「侘び寂」、「きれいさび」と呼ばれるものがある。「侘び寂」では、床柱に丸柱か面皮柱が使われ、欄間や建具は単純で洒落た意匠のものが多い。一方「きれいさび」では、床柱に角柱が使われており、建具は狩野派による美しく豪華な絵で彩られ、欄間には一枚板の両面に異なる彫刻が施されている。「侘び寂」の代表的な例には桂離宮や修学院離宮、「きれいさび」の例には西本願寺飛雲閣などがある。

> **豆知識　侘び寂とは?**
>
> 侘び寂は日本の美意識のひとつで、質素で静かなものを指す。侘びとは物質的な享楽を捨て、簡素で落ち着いた深みがあることで、寂とは古びて閑雅で趣があること。

厨子
ずし

仏像、仏舎利、教典、位牌などを中に安置する仏具の一種。歴史的な作品としては、法隆寺の玉虫厨子や正倉院の赤漆文欟木御厨子が有名である。

厨子棚
ずしだな

棚の一部に両開きの扉が付いた入れ物(厨子)のこと。手箱や香道具、硯箱などを飾る格式の高い調度品である。大名や公家の婚礼道具としても使われていた。

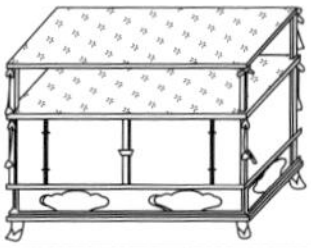

住吉造
すみよしづくり

日本の神社建築様式のひとつ。切妻造・妻入りで、破風や垂木には反りがなく、直線的な外観。住吉大社が代表例。

禅宗
ぜんしゅう

中国と日本の仏教宗派のひとつ。

禅宗様
ぜんしゅうよう

日本の伝統的な寺院建築の様式のひとつ。唐様(からよう)ともいう。細い材による繊細な意匠、反りが強い屋根、花頭窓などに特徴がある。鎌倉時代後半に、禅宗寺院で取り入れられた。正福寺(しょうふくじ)地蔵堂や円覚寺舎利殿(いずれも国宝)などが代表的である。

千利休
せんのりきゅう
安土桃山時代の茶人。簡素静寂を重んじる「侘び茶」という茶の形式を確立。茶道具だけでなく、茶室や作法にも詫びを取り入れた。

草庵風茶室
そうあんふうちゃしつ
茶の湯に素朴さを求めてつくられた茶室のこと。丸太、竹、土壁などの材料を使って、四畳半以下を基本としている。⇒待庵

た

待庵
たいあん
妙喜庵にあり、千利休がつくったとされる極小(2畳)の茶室で現存する日本最古の草庵風茶室。2畳の茶室、1畳の次の間、1畳の勝手で構成されている。国宝に指定されている。

醍醐寺
だいごじ
京都市伏見区東方にある醍醐山に広大な境内をもつ寺院。古都京都の文化財として世界遺産に登録されている。豊臣秀吉による「醍醐の花見」の行われた地としても有名。

大社造
たいしゃづくり
日本の神社建築様式のひとつ。出雲大社本殿が代表例である。ほぼ正方形の古典的な日本家屋に近い「田の字」形で、切妻造で妻入りとなっている。妻の中央に柱があるので、入口は向かって右側に設けられている。

対屋
たいのや
寝殿造の主寝殿の周りに配置される建物のこと。北側には妻、東西には子どもの対屋が設けられている。

大仏様
だいぶつよう
日本の伝統的な寺院建築のひとつ。東大寺大仏殿は、それまでの和様の建築様式とは異なり、南宋の様式で建てられたが、この大仏殿で使われた様式のことである。天竺様ともいう。

高杯
たかつき
皿に1本脚の付いた御供物用の仏具のこと。

高床式住居
たかゆかしきじゅうきょ
湿気を防ぐために、家の床下部分を吹抜けにして、通気性を高めた建築方法のこと。弥生時代に、穀物を蓄えるための倉として用いられたとされている。

出文机
だしふづくえ(いだしふづくえ)
付書院の原型。中世、僧侶や貴族などの住宅の広縁に張り出して設けられた造付けの机のこと。開口部に明かり障子を入れ、その下に机を置いた。のちに書院と呼ばれるようになり、座敷飾りの付書院となった。

三和土
たたき
玄関や台所などの土間のこと。土と石灰とにがりを混ぜ合わせたものでつくられる。3種類の材料を混ぜ合わせることから「三和土」と書く。

畳(平安時代)
たたみ(へいあんじだい)
天皇、皇后、上皇など最高位の人が用いる置き畳のこと。縁には繧繝縁が使われていた。畳の厚さや縁は、身分によって異なっている。

立働き式台所
たちはたらきしきだいどころ
かつての炊事作業は座って行なわれていたが、大正時代の生活改善活動によって、座って炊事をする台所が立働き式に変わっていった。さらに都市化が進んで水道、ガス、電気が設備されるようになると、座り流しから立ち流しへと改善されている。

塔頭
たっちゅう
祖師や高僧の死後、その弟子が師の徳を慕って、禅寺の敷地内に建てた小院のこと。のちに寺院の敷地内にある、高僧が隠退後に住んだ子院のことも塔頭と呼ばれるようになった。

竪穴式住居
たてあなしきじゅうきょ
円形に地面を50センチほど掘り下げ、その中に複数の柱を建てて、円錐形の屋根を付けた住居のこと。建物の中に炉があり、屋根

から煙を排出したので、室内で調理したり、暖をとったりすることができた。

棚
たな

寝殿造では器を置く棚、または収納できる日用の家具のこと。書院造では、床の間の脇壁に設置された違い棚のことを指す。

田の字型住居
たのじがたじゅうきょ

障子や襖などの開放性のある建具で仕切りをつくって、寝間、台所、座敷などに4分割した住居のこと。田の字のように区切られた形式となっている。間仕切りの建具を取り払えば、ひとつの空間となる。四間取り住居ともいう。

田の字型の間取り

違い棚
ちがいだな

書院造における標準的な棚のこと。2枚もしくは3枚の棚板が段違いに配されている。寝殿造の調度品だった棚や厨子が建築化されたもので、違い棚や天袋、地袋などで構成されている。⇒**本床**

茶室
ちゃしつ

日本式の茶道において、茶事の主催者(主人、亭主)が茶を出して客をもてなすための部屋。

中門造
ちゅうもんづくり

東北地方や新潟県で見られる民家の形式のひとつ。主屋の一部に中門と呼ばれる突出部があり、先端に馬の出入れ口を設けて内部を厩などにした。

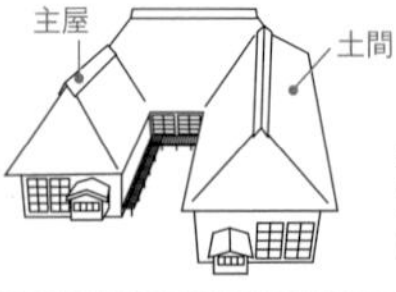

北陸から東北地方の日本海沿岸に分布。

帳台
ちょうだい

平安時代に貴人の座所や寝所として、屋内に置かれた調度のこと。現在の天蓋付きベッドにあたる。御帳台(みちょうだい)または御帳ともいう。

帳台構え
ちょうだいがまえ

書院造の上段の間にある座敷飾りのひとつ。床の間に向かって右側に設置された、小部屋に通じる出入口にある装飾的な引違い戸である。もとは帳台(寝室)への入口だったが、装飾化して座敷飾りのひとつとなった。武者隠しともいう。

聴竹居
ちょうちくきょ

藤井厚二が竹中工務店在籍中(昭和3年)に大山崎に建てた実験住宅の自邸。重要文化財。自然環境と家族の住まい方に配慮した設計をした。

調度
ちょうど

平安時代、寝殿などで使用した装飾や道具のこと。室礼とほぼ同義に用いられていた。また鎌倉時代には、弓矢とその関連道具のことを調度と称した。

頂相
ちんそう

禅僧の肖像画、または肖像彫刻のこと。本来は見られない仏の頂(頭部)の相貌や顔などを表現したものである。

衝重
ついがさね

供物や食器を載せるのに用いる、脚付きのヒノキ製の配膳道具・祭祀道具のこと。箱状の台の上に折敷が付いている。台の四方に空けたものを四方、孔のないものを供饗(くぎょう)という。

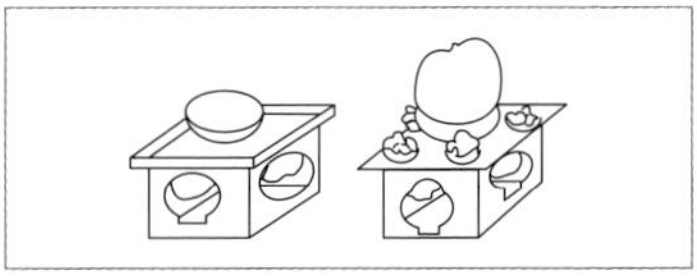

衝立
ついたて

平安時代の障屏具のひとつ。支脚台の上に襖障子や板障子などを立てて、目隠しや間仕切りに使われていた。

妻入り
つまいり

切妻屋根の妻側にある入口のこと。⇒**平入り**

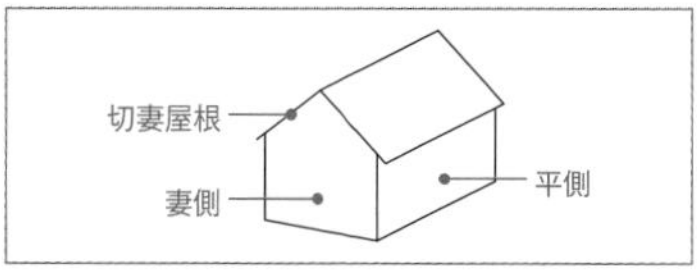

妻戸
つまど

寝殿造で、建物の妻側の側面に設けられた両開きの唐戸のこと。⇒**唐戸**

DK型住宅
でぃーけーがたじゅうたく

ダイニングキッチンと個室で構成された住宅の間取りのこと。たとえば、2DKならば2つの個室とダイニングキッチン、3DKならば3つの個室とダイニングキッチンがある間取りを示す。初期の公団住宅では、2DK住宅が採用された。

天下の三名棚
てんかのさんめいだな

桂離宮の桂棚、修学院離宮の霞棚、醍醐寺三宝院奥辰殿の醍醐棚のこと。造形が美しいことで知られている。

天竺様
てんじくよう

⇒**大仏様**

同潤会
どうじゅんかい

関東大震災の復興支援のために設立された財団法人のこと。鉄筋コンクリート造の集合住宅を建設し、住宅を供給した。

同仁斎
どうじんさい

足利義政の東山殿が、慈照寺となり東求堂と銀閣(観音堂)が現存する。東求堂の1室に同仁斎があり、座敷飾りを備えた日本最古の部屋と言われている。

通り庭
とおりにわ

間口が狭く、細長いウナギの寝床のような町屋に、人や物の移動や風の通り道のために、考案された道のこと。表口から裏口へ通り抜けることができる。

床の間
とこのま

畳の部屋に見られる座敷飾りのひとつ。客間の一角につくられ、床柱、床框などで構成されている。掛け軸や活けた花などを飾る場所である。鎌倉時代から室町時代に様式として定着したとされ、室内の格式化や作法が生まれた。正式には床(とこ)といい、床の間は俗称である。

な

長持
ながもち

衣類などを入れる長方形の箱のこと。ふたも付いている。

中廊下式住宅
なかろうかしきじゅうきょ

中廊下を挟んで南側に居室、北側に浴室、便所、納戸、玄関などを設けた形式の住宅のこと。明治末期から大正時代の中流階層の住宅に多く見られる。

名古屋城
なごやじょう

愛知県名古屋市中区・北区にある城。「金鯱城」「金城」という通称でも呼ばれていた。国の特別史跡に指定されている。

二階厨子
にかいずし

寝殿造の室内家具のひとつ。2段になった棚の下側に、両開きの扉を付けた脚付きの棚である。

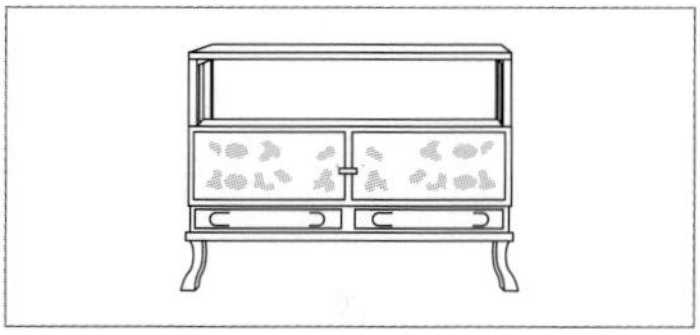

二重折上げ天井
にじゅうおりあげてんじょう

折上げ天井の四周を二重に折り上げた天井のこと。社寺建築などに見られ、最も格式高い天井。

塗籠
ぬりごめ

寝殿造の主寝殿において、寝室や納戸として利用された土などを厚く塗った壁で囲まれた空間のこと。

は

挟み箱
はさみばこ

武家が公用で外出する際に、お供の者にかつがせた物品箱のこと。長方形の箱の両側に環がついていて、それにかつぎ棒を通して使

床の間の種類

本床

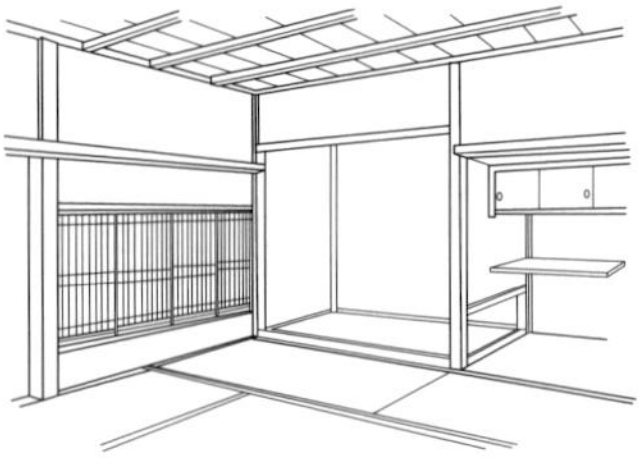

代表的な床。図は平書院。

蹴込み床

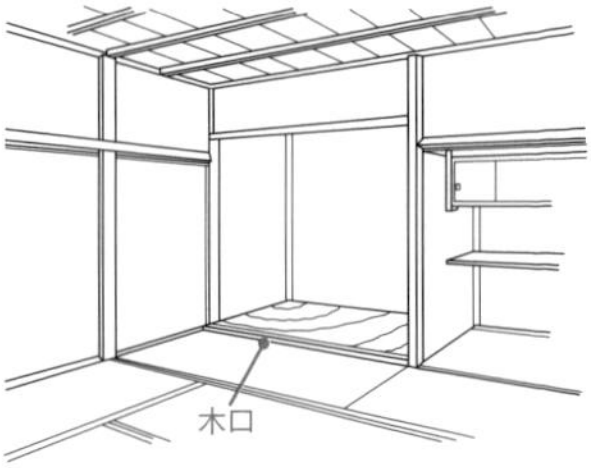

床地板の木口を見せる。

踏込み床

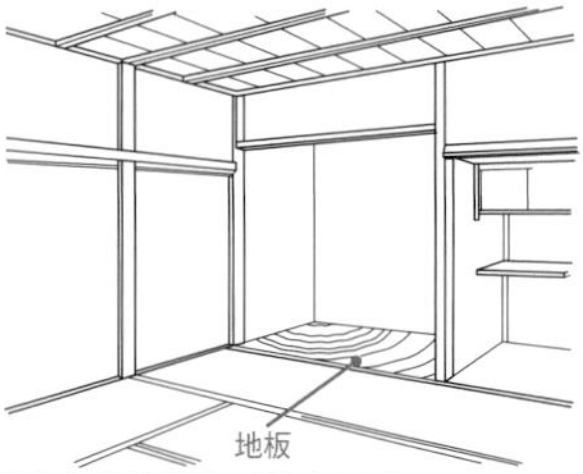

畳と床地板を同一面に納める。

袋床

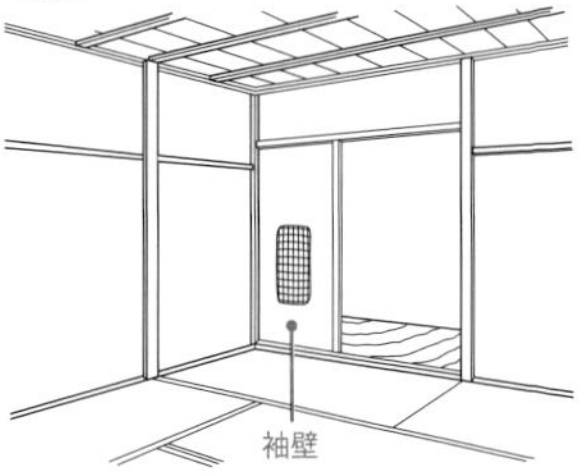

袋のように袖壁を設ける。

釣り床

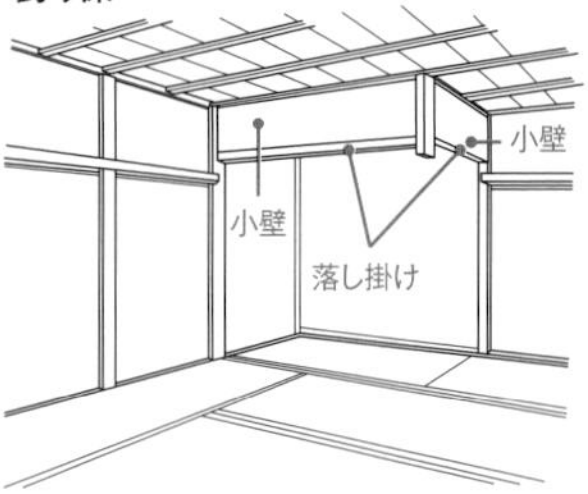

落し掛けと小壁で構成。

織部床

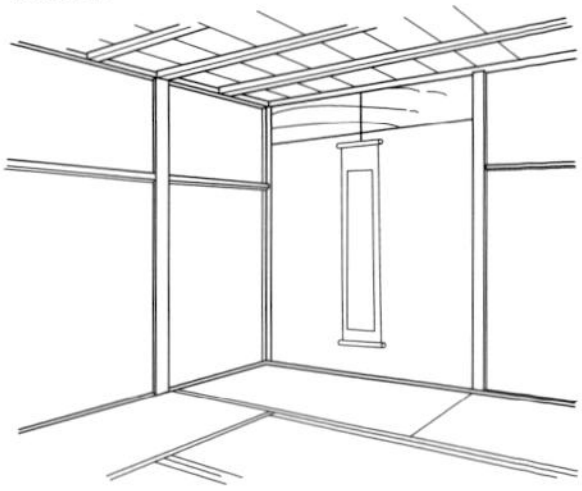

壁上部に幅20㎝ほどの板を取り付け、床の間に見立てる。

置き床

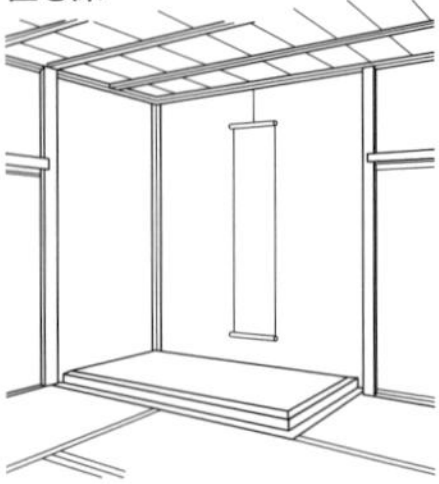

家具のように移動が可能。

洞床（ほらどこ）

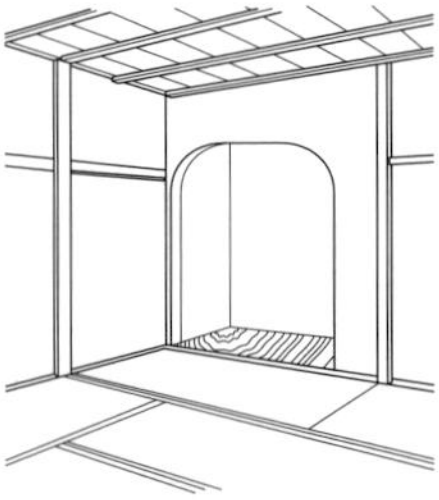

壁土で木部を塗り込める。

龕破床（がんわりどこ）

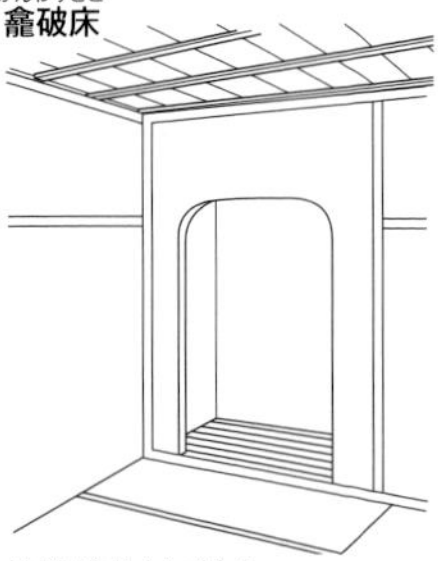

袖壁が両方に付く。

われていた。

八幡造
はちまんづくり

日本の神社建築様式のひとつ。切妻造、平入りの2棟の建物を前後に連結させてひとつの社殿にしたもの。中間に1間の相の間がある。国宝の宇佐神宮が代表例。

ハレ(晴)

公という意味で、儀礼や祭事、年中行事などの非日常の場のこと。⇒**ケ(褻)**

櫃
ひつ

物を入れておく箱のこと。なお、炊き上がったごはんを移し替えるのも「お櫃」といわれる。

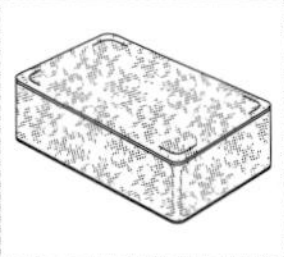

姫路城
ひめじじょう

兵庫県姫路市にある城。ユネスコの世界遺産に登録されている。別名・白鷺城(はくろじょう・しらさぎじょう)という。

平入り
ひらいり

切妻屋根の平側、建物の長手方向にある入口のこと。⇒**妻入り**

広間
ひろま

武家屋敷に見られる、玄関部分に設けられた広い接客の間のこと。書院造の表向きの部屋を指す。

広間型住居
ひろまがたじゅうきょ

農家や民家の平面形式のひとつ。土間に接する広い部屋(広間)をもつ間取り。

衾
ふすま

平安時代に、就寝時に体の上に掛けた夜具の一種。長方形の1枚の布地で、現在の掛布団のようにして体に掛けて用いられていた。

文化住宅
ぶんかじゅうたく

大正時代中期以降に流行した住宅のこと。一部に洋風のデザインを取り入れた、一般向け和洋折衷住宅である。

平地住居
へいちじゅうきょ

竪穴を掘らずに、地表を床面として構築された住居のこと。始めに壁をつくり、その上に屋根を乗せてつくられる。

方椅
ほうい

背もたれと肘掛けの付いた四脚形式のイス。

方丈
ほうじょう

1丈四方(4畳半ほど)の面積のこと。または、その広さの部屋や建物を指す。

本棟造
ほんむねづくり

長野県の中信地方から南信地方にかけて分布している民家の形式のこと。切妻屋根の妻入り、ゆるい勾配の屋根、雀おどしと呼ばれる棟飾り、正方形の間取りなどが特徴とされる。

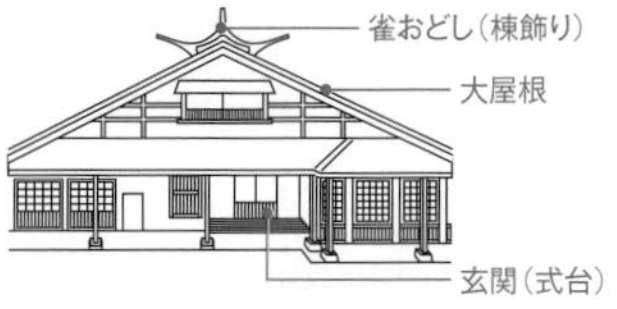

長野県の松本盆地から伊那谷に分布。

ま

曲り家
まがりや

岩手県南部に多く見られる、母屋と馬屋が一体となったL字型の住宅のこと。

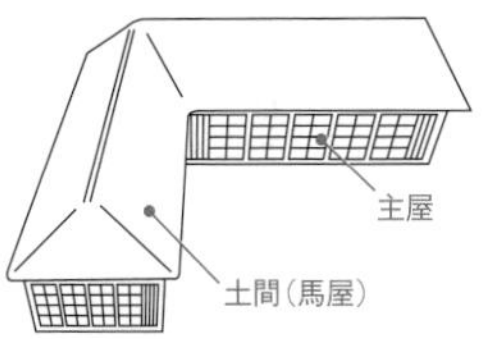

岩手県の中北部に分布。

町家
まちや

商人や町人の住宅のこと。現在も京都などに昔ながらの町家が残るが、狭い間口、奥行が長い通り庭と居間の組合せという独特な形状が特徴である。

丸柱
まるばしら

断面形状が円形の柱のこと。平安時代の寝殿造に使われた。しかしその後、用材の不足や製材技術の発展によって、丸柱から角柱に材料が代わった。

御簾
みす
平安時代の障屏具のひとつ。簾のようなものである。⇒**壁代**

三具足
みつぐそく
仏具の呼称のひとつ。香炉、燭台(火立)、花立が各ひとつずつで1組となる。

蜜庵
みったん
大徳寺塔頭龍光院にある茶室。小堀遠州の作と伝えられており、国宝にも指定されている。

民家
みんか
一般の庶民が暮らす住まいで、江戸時代の農家や町家の類のこと。

民藝運動
みんげいうんどう
1926年に、柳宗悦らを中心に「日本民藝美術館設立趣意書」が発表されたのが始まりとされる運動のこと。「民藝」という新しい美の概念の普及と、「美の生活化」を目指した。

武者隠し
むしゃがくし
⇒**帳台構え**

母屋
もや
平安時代の寝殿造などに見られる、中央部の高い空間のこと。その周囲をとりまく、庇(ひさし)が一段低い空間を庇の間という。

や

大和棟
やまとむね
瓦屋根の上にきつい勾配の茅葺き屋根を、妻側に瓦葺きの袖壁(高塀)を付けた形式の民家のこと。奈良県や大阪府などで見られる。高塀造ともいう。

遣戸
やりど
鴨居と敷居の溝に沿って開閉する板張りの引戸のこと。

洋風建築
ようふうけんちく
明治時代以降に導入された西洋風の建築のこと。この時代は西洋の学術や文化の導入によって西洋化されたが、建築分野においても、政府に招かれた外国人技術者や建築家の手によって多くの建物が建てられてた。

わ

渡殿
わたどの
平安時代の寝殿造で、主寝殿と対屋を結ぶ廊下のような建築。

和櫃(大和櫃)
わびつ(やまとびつ)
脚のない櫃のこと。⇒**唐櫃**

和洋折衷
わようせっちゅう
日本風と西洋風の様式を一緒に取り入れること。大正時代以降、サラリーマンや都市部の中流層が洋風の生活に憧れ、一部洋風を採り入れた和洋折衷の文化住宅が都市郊外に多くつくられるようになった。しかし、家の中では靴を脱ぎ、畳でくつろぐという生活スタイル自体はほとんど変わらなかった。これは、関東大震災後のモダンな集合住宅である同潤会アパートや、都心部の店舗兼住宅(看板建築)でも同様である。

建築とインテリアの歴史 ②西洋

あ

アーケード

同一のアーチが横に連続してできている形態のもの。または、ひと続きのアーチが覆う歩道などの道路を指す。アーケードは古くから知られていたが、その構造的、装飾的な可能性に注目したのはローマ人である。彼らがアーケードを建築様式の最も重要な特質に発展させた。

柱で支えられる半円アーチを連続させたもの。

アーチ工法

あーちこうほう

開口部の頂部を山なりの形状に石やレンガで組み上げる工法のこと。

アーツ・アンド・クラフツ

19世紀後半に、イギリスの詩人、思想家、デザイナーのウィリアム・モリス（1834～1896）によって主導されたデザイン運動のこと。美術工芸運動ともいう。産業革命の結果、大量生産による安価で粗悪な製品が多く普及した。この動きに反して、ウィリアム・モリスがジョン・ラスキンの思想に共鳴して、手工業による品質の高い製品を制作し、販売をすることを試み、20世紀のデザイン運動に影響を与えた。ウィリアム・モリスがデザインした植物などの柄の壁紙は、今も人気がある。

アール・デコ

1925年にパリで開かれた「現代装飾美術・産業美術国際展」を特色付けた装飾スタイルのこと。基本形態の反復、同心円、ジグザグなど、幾何学的なデザインに特徴がある。1925年様式とも呼ばれる。東京都庭園美術館が代表例。

アール・ヌーボー

19世紀末から20世紀初めにかけて、フランスを中心に欧州で流行した新しい芸術様式のこと。アール・ヌーボーはフランス語で「新しい芸術」を意味し、パリの美術商、サミュエル・ビングの店名「メゾン・ドゥ・ラール・ヌーボー」に由来する。鉄やガラスなどの素材を用いて、有機的な植物が絡み合い流れるような曲線を多く使うデザインに特徴がある。同じようにドイツ・オーストリアでも、ユーゲント・シュティール（若い様式）と呼ばれた運動が起こった。東京駅丸の内駅舎はアール・ヌーボーが取り入れられている。

アダム様式

あだむようしき

18世紀後半に、イギリスの新古典主義建築家、アダム兄弟によって確立された室内装飾様式のこと。イギリスの伝統をもとに、古代ローマやエジプト、エトルリア風の建築、装飾の各要素を組み合わせた独創的なものである。オスタレー邸が代表例。

アトリウム

古代ローマ時代における住居の中庭のこと。中庭は玄関奥に配置された広間で、大きな天窓があり、その下には雨を受ける水盤が置か

イスラム建築のアーチ

尖頭アーチ

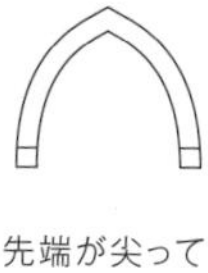

先端が尖っている。

オジーアーチ

タマネギのような形状。

馬蹄型アーチ

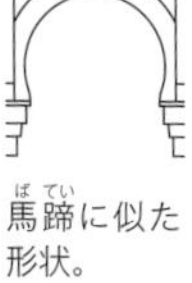

馬蹄（ばてい）に似た形状。

多葉アーチ

花弁を連ねたような形状。

れていた。床には大理石が敷き詰められ、人々が集まる社交場だった。現在では、壁面や天井にガラスを使用した、吹抜けのあるエントランスホールのことをアトリウムと呼ぶ。

アメリカン·モダン

第2次世界大戦のアメリカで、高度の技術力と資本力を背景に、合成樹脂(プラスチック)やアルミなどの新素材を利用して、シンプルな形態を追求した造形表現のこと。代表するデザイナーには、プライウッド・チェアやラウンジ・チェアで知られるチャールズ&レイ・イームズや、チューリップ・チェアをデザインしたエーロ・サーリネンなどがいる。

アラベスク模様

あらべすくもよう

イスラム様式独特の装飾模様のこと。イスラム教では偶像崇拝が禁止されているため、アラベスクと呼ばれる抽象的で平面的な装飾文様が発展した。幾何学文様、植物文様、組み紐文様、文字文様の四種類がある。

アラベスク模様の例

アルハンブラ宮殿

あるはんぶらきゅうでん

スペインのグラナダにある、13世紀のアルアマール王によって建設された宮殿。歴代の王によって拡張された。城塞の役割もあり、内部には住宅、官庁、軍隊、厩舎、モスク、学校、浴場、墓地、庭園など、さまざまな施設を備えている。ユネスコ世界遺産に登録されている。

アンピール様式

あんぴーるようしき

19世紀初めのナポレオンの時代に、フランスを中心にヨーロッパで流行した建築、家具、装飾などの様式のこと。装飾のモチーフは古代ギリシャ・ローマで、直線的で力強く端正なものである。帝国の威信を表現する豪華で荘重な装飾に特徴がある。エトワール凱旋門、マドレーヌ寺院などが有名。

アンピール様式のビューロー(フランス)。

イオニア式

いおにあしき

柱頭にある渦巻状の装飾が特徴的な形式のこと。ドリス式の柱身より細い。

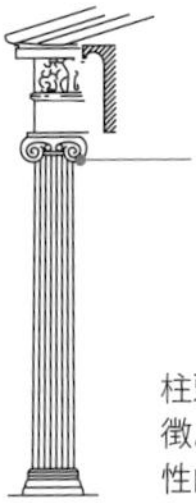

柱頭にある渦巻状の装飾が特徴。ドリス式の柱身より細く女性的。

イスラム様式

いすらむようしき

7世紀以降、イスラム教文化の進展とともに、モスク(礼拝所)などを中心に形成された様式のこと。オリエント、北アフリカ、スペイン南部などに広まって、アラベスクと呼ばれる模様で飾られることが多い。

イタリアン·モダン

20世紀初めに、イタリアのミラノから中心に広まった芸術運動のこと。イタリア近代建築の父とされるジオ・ポンティ、カッシーナ社で数多くの家具デザインを発表しているヴィコ・マジストレッティやトビア・スカルパ、オリベッティ社やルノー社のデザインも手掛けたマリオ・ベリーニらが有名。

岩のドーム

いわのどーむ

東エルサレムにある、カアバ、モスクに次ぐ、イスラム教第3の聖地のこと。7世紀末に完成した。集中式平面がある神殿で、聖なる岩を祀る。平面は2つの正方形を45度ずらして形成された八角形で、中央円形の内陣を二重の歩廊が取り囲む形式となっている。

インスラ

古代ローマで下層階級や中流階級の人々が住んでいた多層型共同住宅のこと。

ヴィクトリア様式

ヴぃくとりあようしき

19世紀後半、イギリス最盛期とされるヴィクトリア女王時代の建築、デザインなどの様式のこと。ネオ・ゴシックの様式をベースにした装飾手法が多い。⇒**ゴシック・リヴァイバル**

ウィリアム・アンド・メアリー様式

うぃりあむ・あんど・めありーようしき

イギリスのウィリアム3世と、その皇后であるメアリー2世の統治下(1689〜1702年頃)に流行した、家具、装飾、銀器などの様式のこと。バロック期のフランス、ルイ14世様式の影響を強く受けている。

ウィンザーチェア

17世紀後半より、イギリスのウインザー地方で製作され始めた木製のイスのこと。背もたれの笠木が曲木で、挽物の丸棒が縦に並んだ簡素で実用的なイス。1720年代にアメリカへ渡って改良され、18世紀後半から19世紀前半にかけて、アメリカ植民地時代の代表的家具として愛用された。

ウィーン分離派

うぃーんぶんりは

⇒**ゼツェッション**

> **豆知識　分業で制作**
>
> ウィンザーチェアは、工程ごとに専門の職人がいて、分業体制で制作されていた。

ヴェルサイユ宮殿

ヴぇるさいゆきゅうでん

ルイ14世によって建てられた宮殿のこと。バロック建築の代表作で、フランス絶対王政の象徴的建造物ともいわれる。贅の限りを尽くした豪華な建物と、広大で美しい庭園は有名である。1661年からルイ・ル・ヴォーが設計を開始して、シャルル・ル・ブランが内装を担当。「鏡の間」が有名。

ヴォールト

半円や尖頭アーチ断面を水平に押し出して長さを出したもの。

エリザベス様式

えりざべすようしき

エリザベス1世の治世(1558〜1603)において、イギリスの建築、装飾、家具などに見られる様式のこと。エリザベス様式は、造形的にはゴシックスタイルで、単純な構造と実用性に重点が置かれ、重厚で豪華な家具や調度に特徴がある。

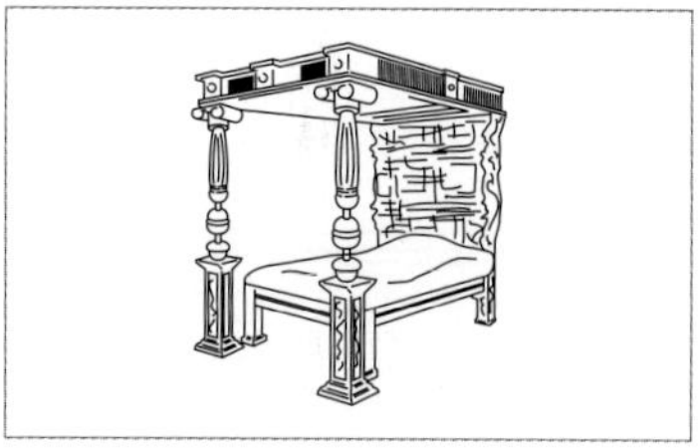

エンタブラチュア

柱頭の上部へ水平に構築される部分のこと。ドリス式、イオニア式、コリント式の、3つの古典的オーダーに分かれる。モールディングや帯状の装飾が施され、アーキトレーブ、フリーズ、コーニス部分により構成され、オーダーの柱部分の割合により定義される。

オーダー

神殿を特徴付ける円柱の構成体系のこと。エンタブラチュア、柱身、基壇の3つの部分から構成されている。円柱と梁の構成方式によってドリス式、イオニア式、コリント式に分けられるが、主に柱身の太さや柱頭の装飾などによっても分類される。神殿の各部分の寸法は柱下部の直径を基準に、各部分の寸法が比例的に決められる。

オジーアーチ

イスラム教建築などでよく用いられるアーチのこと。アーチの上部の傾きが反転した曲線になっている。凸状の曲線と凹状の曲線の組合わせによる。その形状から「葱花アーチ」ともいう。ゴシック後期のイスラム教建築に多く見られる。

か

カクトワール
フランスで生まれた、裾の広がったスカートでも座れるよう考慮されたイス。フランス語で「おしゃべり」という意味である。

カッサパンカ
ルネサンス期におけるチェスト付き長イスのこと。背もたれと肘掛けが付いている。

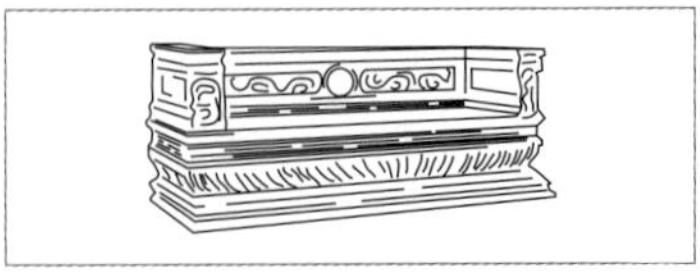

カッソーネ
チェスト付きの長イスのこと。

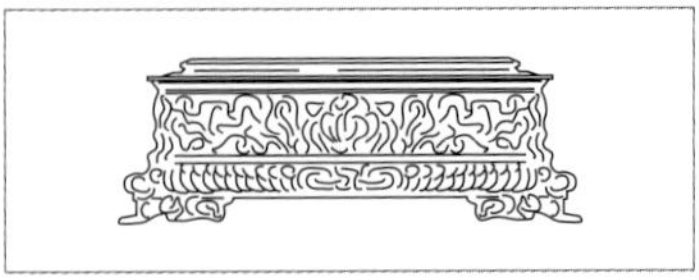

カブリオール・レッグ
アンティーク家具の脚のデザインのこと。猫脚と呼ばれる、猫の足のように細くしなやかなS字形の曲線を描いている。ロココ様式の家具に見られる最大の特徴である。カブリオーレ・レッグともいう。

框組工法
かまちぐみこうほう
建具や家具の扉や障子などの周囲を形成する枠のこと。上側の横材を上框、左右の縦材を縦框、下側の横材を下框、中央の水平材を中框という。框にはめ込まれる薄材は鏡板という。

カラカラ浴場
からからよくじょう
イタリアの首都ローマにある、古代ローマ時代の大浴場の遺跡のこと。3世紀（212〜216年）にローマ皇帝カラカラによって造営された公衆浴場である。浴場の他に、図書館、劇場、集会場などが備えてあった。

ギリシャ十字
ぎりしゃじゅうじ
キリスト教でよく用いられる十字のひとつ。正教会で用いられるが、西方教会（カトリック教会、聖公会、プロテスタント）でもラテン十字と同じくらい使われる。横木と軸木が同じ長さで、中央で交差するように構成されている。

近代建築の五原則
きんだいけんちくのごげんそく
ル・コルビュジェが提唱した住宅の原理五原則。ピロティ・屋上庭園・水平連続窓・自由な平面構成・自由な立面の5つを提案した。

近代建築の三大巨匠
きんだいけんちくのさんだいきょしょう
一般的にル・コルビュジェ（1887〜1965）、フランク・ロイド・ライト（1867〜1959）、ミース・ファン・デル・ローエ（1886〜1969）の3人を指す。ヴァルター・グロピウス（1883〜1969）を加えて四大巨匠とすることもある。

クイーン·アン様式
くいーん·あんようしき
イギリスのアン女王の治世（1702〜14）においてみられた美術・工芸様式のこと。ロココ様式がベースになっていた。ガブリオール・レッグや彫刻など上品で優雅なデザインが特徴。

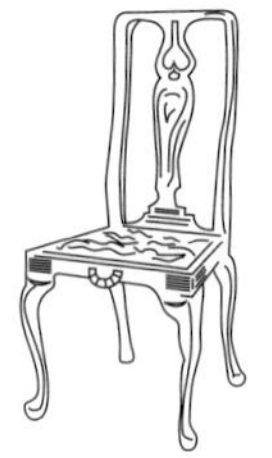
クイーン・アン様式のイス（イギリス）。

クーポラ（キューポラ）
半球ドームや丸屋根のこと。

クリーネ
半臥式の寝イスのこと。当時、食事はイスに横たわって行なわれていたので、ベッドとイスの中間のような寝イスだった。

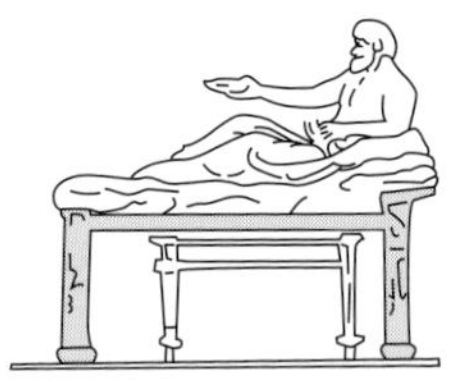

クリスモス
ギリシャ時代の上流社会の婦人のイスのこと。脚と背の湾曲した優美な形に特徴があるる。のちのイスの形状に影響を与えた。

豆知識　曲木の技法

古代ギリシャのクリスモスは、背もたれや前後の脚の先まで美しい弧を描いたラインが優雅だが、これは曲木の技法で仕上げられている。

交差ヴォールト
こうさヴぉーると

同一形状の筒型ヴォールトを2つ直交させた形状のこと。荷重を四隅で支えるので、天井下空間を広くとることができる。⇒**リブ･ヴォールト**

ゴシック･リヴァイバル

18～19世紀前半にかけて、中世ゴシック様式の装飾や建築形態を復興させようとした新古典主義のこと。ネオ･ゴシックともいう。

ゴシック様式
ごしっくようしき

12世紀後半～15世紀にかけて、フランスを中心に西ヨーロッパで栄えた様式のこと。建築では、尖頭アーチ（ポインテッドアーチ）、リブ･ヴォールト、フライング･バットレスなどを多用して、天井の重さをうまく逃がすことで壁を薄くし、大きな窓を付けられるようにした。建物内部は明るく、教会などの窓にはステンドグラスやトリーサリーが用いられた。パリのノートルダム大聖堂、シャルトル大聖堂などが代表的。

ゴブラン織
ごぶらんおり

ジャン･ゴブランの名にちなんだ織物の手法、つづれ織のこと。ウールやシルク、コットンなど種々の色糸を用いて、人物や風景などを表した精巧な織物である。壁飾りとしても使用された。本来、ゴブラン織とは、17～18世紀に、国王の庇護を受けてつくられたタピスリー（ヨーロッパの綴織）のことを指す。

コモード

小型の引出しが付いた整理箪笥のこと。17世紀にルイ14世によってつくられた。ルイ15世の時代には、ロココ様式のものが流行している。数個の引出しがついており、全体に曲線的で優雅な装飾のものが多い。

コリント式
こりんとしき

柱頭にアカンサスの葉の装飾が特徴な形式のこと。3つのスタイルの中で柱身が一番細い。女性的である。

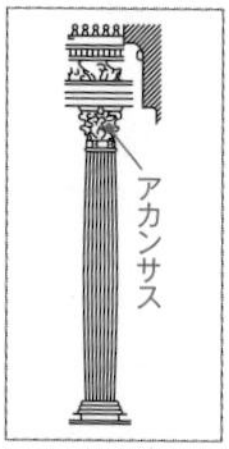
アカンサス

コロセウム

古代ローマ時代につくられた円形闘技場。コロシアムの語源であり、1世紀（78～82年）に建設された。その大きさは、長径約188メートル、短径約156メートルの楕円形、高さは48メートルで、約4万5,000人を収容でき

ゴシック様式の大聖堂の構成

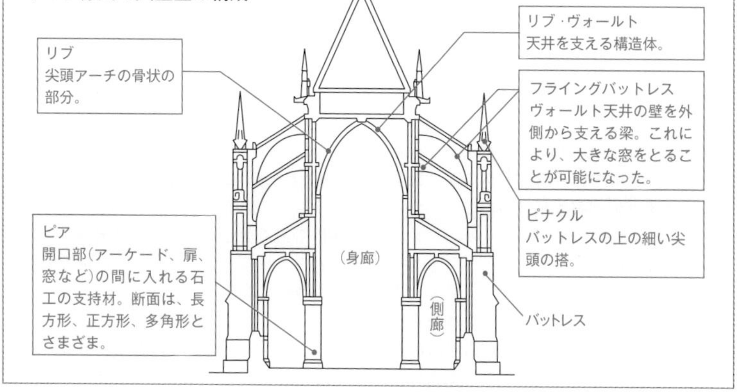
リブ
尖頭アーチの骨状の部分。
リブ･ヴォールト
天井を支える構造体。
フライングバットレス
ヴォールト天井の壁を外側から支える梁。これにより、大きな窓をとることが可能になった。
ピナクル
バットレスの上の細い尖頭の搭。
ピア
開口部（アーケード、扉、窓など）の間に入れる石工の支持材。断面は、長方形、正方形、多角形とさまざま。
（身廊）
（側廊）
バットレス

た。ユネスコ世界遺産に登録されている。

コロニアル様式
ころにあるようしき

17〜18世紀、イギリスの植民地時代にアメリカで発達した建築・工芸様式のこと。19世紀初めにヨーロッパから移入された建築や家具などをアメリカ化した様式もコロニアル様式と呼ばれるが、アーリーアメリカン様式ともいう。

コンソール
燭台や置き時計などを置いた壁付けの飾り台のこと。

ロココ様式のコンソール（フランス）。

さ

サヴォナローラ
多足脚をX字に交差させたイスのひとつ。名称は、高僧サヴォナローラが使用したことに由来する。

サンタ・マリア・デル・フィオーレ大聖堂
さんた・まりあ・でる・ふぃおーれだいせいどう

イタリアのフィレンツェにあるキリスト教カトリックの教会。ブルネレスキが設計した八角形の二重殻のクーポラがある大聖堂のこと。パンテオンの円形ドームの影響を受けている。花のサンタマリア教会という意味で、フィレンツェ大聖堂とも呼ばれている。

サンマルコ寺院
さんまるこじいん

イタリアのヴェネト州の州都ヴェネツィアで最も有名な大聖堂。ギリシア十字形の平面で、ビザンチンの影響を強く受けているが、時代ごとの改修によって、ロマネスク、ゴシック、ルネサンス各様式を取り入れており、独特のスタイルをもつ。柱、天井一面には黄金のモザイク画が施されている。

シェーカー様式
しぇーかーようしき

18世紀後期から19世紀にかけて、アメリカのシェーカー教徒によってつくられた家具や建築の様式のこと。単純な構造で直線が多用された、シンプルで実用的な機能性に特徴がある。シェーカーチェアが代表的な家具。

シェラトン様式
しぇらとんようしき

イギリスの家具作家のトーマス・シェラトンが古典主義を受け継いだ、直線的で簡潔、優美なデザインの様式のこと。

シェラトン様式のイス（イギリス）。

シカゴ派
しかごは

1880年代から1890年代にかけて、米国イリノイ州シカゴで生じた建築傾向のこと。1871年、シカゴは大火災に見舞われ、都市の再開発を背景に鉄骨造の建築が盛んとなった。この時代に、従来の建築とは異なる新しい建築様式を推進した建築家一派を指す。

シノワズリ
17世紀後半から19世紀初頭にかけて流行した、ヨーロッパの美術における中国趣味の美術様式のこと。ロココ様式と融合して、建築、家具、装飾などに用いられた。

ジャコビアン様式
じゃこびあんようしき

イギリスのジェームズ1世の治世（1603〜25）における建築・工芸の様式のこと。

ジャコビアン様式のライティング・キャビネット（イギリス）。

シャルトル大聖堂
しゃるとるだいせいどう

フランスの都市シャルトルにある、フランス国内で最も美しいゴシック建築のひとつとされる大聖堂のこと。ユネスコ世界遺産に登録されている。

シャルル・ル・ブラン
フランスの画家、室内装飾家、美術理論家。ルイ14世の第一画家としてヴェルサイユ宮殿、ルーヴル宮殿などの内装を担当した。現在の芸術アカデミー(王立絵画・彫刻アカデミー)やゴブラン工場の設立運営にも関わり、17世紀フランス工芸・美術界に強い影響を与えた。

集中式
しゅうちゅうしき

平面が円形や正方形、多角形などで構成された形式のこと。中央の天井はドーム状となっている。

ジョージアン様式
じょーじあんようしき

英国王ジョージ1世の即位(1714)からジョージ4世の没年(1830)までの時代につくられた、建築、家具、銀器などを総称した英国特有の様式のこと。

新古典主義
しんこてんしゅぎ

⇒ネオクラシシズム

スカンジナビアン・モダン
20世紀初頭に、スウェーデン、デンマーク、ノルウェー、フィンランドで生まれた家具の様式のこと。シンプルで機能的、自然の素材を生かしたデザインが特徴である。ハンス・J・ウェグナーのピーコックチェアや、アルネ・ヤコブセンのセブンチェアなどが有名。

ステンドグラス
鉛を用いて着色ガラスの小片を結合し、絵や模様を表現したもの。ガラスの表面が平面ではないので、外部の光を受けて、複雑で美しい色彩を出すことができる。ゴシック様式の教会にある窓装飾にステンドグラスが使われるようになった。代表的なステンドグラスを施した教会にシャルトル大聖堂、ブールジュ大聖堂、カンタベリー大聖堂などがある。

ゼツェッション
19世紀末～20世紀初頭にかけて、ドイツ語圏で起こった芸術運動。1897年にウィーンで、画家グスタフ・クリムトを中心に結成された新しい造形表現を主張する芸術家グループが、「古典主義から離れよう」という運動を起こした。ウィーン分離派ともいう。

尖頭アーチ
せんとうあーち

2つの円弧を組み合わせて頂部をとがらせたアーチ。ポインテッドアーチともいう。

た

タペストリー
壁掛けなどに使われる、室内装飾用の織物のこと。防寒や防湿の目的を兼ねていた。日本における綴織(つづれおり)に当たるものである。タペストリーは、表面に出ている横糸によってカラフルな模様や絵柄となっている。縦糸は横糸に隠れて見えない。タペストリーを織る場合、縦糸には木綿の糸や亜麻(リンネル)の糸が使われ、絵柄をつくる横糸には羊毛(ウール)や木綿、絹糸、金糸、銀糸などが使われる。15世紀フランスの「貴婦人と一角獣」などが有名である。

多葉アーチ
たようあーち

内側にいくつかの円弧を並べた花弁を連ねたような形状のアーチ。

ダンテスカ
X脚の折畳み式のイスのひとつ。座と背に皮を張り、クッションを敷いて使う。名称は、文豪ダンテが愛したことに由来。

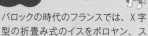

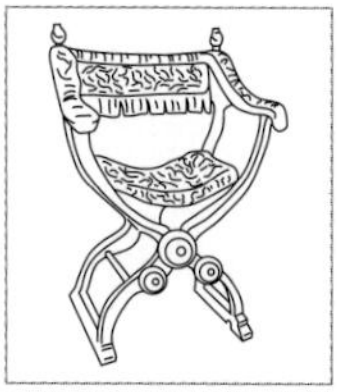

> **豆知識　ポロヤンとタブレ**
>
> バロックの時代のフランスでは、X字型の折畳み式のイスをポロヤン、スツールはタブレと呼ばれた。

チェスト
中世ヨーロッパにおいて、衣類などを整理するのに用いられた、引出し式の箪笥のこと。長方形のふた付きの箱で、腰掛けやテーブルにもなる万能家具である。ロマネスク様式のチェストは半円アーチを連続させたアーケードに特徴がある。⇒**ロマネスク様式**

チッペンデール様式
ちっぺんでーるようしき

18世紀中頃を中心に広まった、イギリスの家具様式のこと。名称は、イギリスの家具デザイナー、トーマス・チッペンデールの名前に由来する。イスの背もたれ部分に付いたリボンを絡ませたような「リボンバック」や、「中国風のイス」などが有名である。

チッペンデールのリボンバックチェア（イギリス）。

ディフロス（4脚スツール）

でぃふろす（よんきゃくすつーる）

ギリシャ時代における作業用の背もたれのない四脚式の折りたたみイスのこと。

デーニッシュ・モダン

20世紀初めに、デンマークやスウェーデンなど北欧諸国で起きたデザインの運動。「より使いやすく、より美しい日用品を！」がスローガンであった。

デ・ステイル

De Stijlと書く。第一次世界大戦後のオランダで、雑誌「デ・ステイル」が創刊されたことに伴う芸術活動。直線的な構成と原色に限定した色彩で、単純で抽象的な表現を追求した。主なメンバーに画家のピエト・モンドリアン、建築家でデザイナーのヘリット・トーマス・リートフェルトらがいる。

赤と青のイス 1918年

デ・ステイル運動の代表作品（ヘリット・トーマス・リートフェルト）

ドイツ工作連盟

どいつこうさくれんめい

20世紀初めに、ドイツで設立された、モダンデザインの発展上で大きな足跡を残した団体のこと。ヘルマン・ムテジウスを始め、ヴァン・デ・ヴェルデ、オルブリヒ、ベーレンス、グロピウス、ブルーノ・タウトなどの建築家の他、実業家や芸術家、デザイナー、評論家らが参加した。

ドムス

古代ローマ時代における上流階級および中流階級の住宅のこと。アトリウム（大きな広間）、ペリスチリウム（中庭）の周囲に部屋が配置されていた。床には大理石のモザイク、壁にはフレスコ壁画（漆喰で描く絵）が描かれていた。

ドリス式

どりすしき

最も古く基本的なオーダーのこと。上方が細く、中央部分にわずかな膨らみのある太い柱（エンタシス）が特徴。男性的である。⇒パルテノン神殿

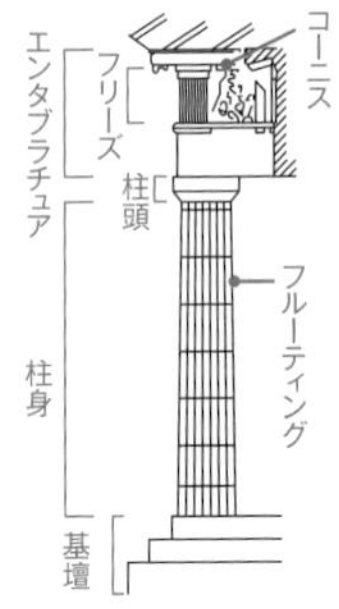

円柱の中央部が膨らむエンタシスとフルーティングが特徴。

トレーサリー

ゴシック建築において、尖頭アーチやアーチ形の窓の上部にはめ込まれた装飾用の石の骨組みのこと。ステンドグラスは、骨組みと骨組み、骨組みと窓枠の間にはめられる。狭間飾りともいう。

な

ネオクラシシズム

18世紀中期以降、古代ローマ遺跡の発掘などの影響を受け、古代ギリシャ・ローマの様式を取り入れた古典的な様式。新古典主義様式ともいう。

ネオ・ゴシック

⇒ゴシック・リヴァイバル

猫脚

ねこあし

⇒カブリオール・レッグ

ノートルダム大聖堂

のーとるだむだいせいどう

パリのシテ島にあるローマ・カトリック教会の大聖堂のこと。ゴシック建築を代表する建築物で、バラ窓と美しいステンドグラス、側面を覆うように立つ尖塔群、フライング・バットレスなどの特徴がある。「パリのセーヌ河岸」という名称で、周辺の文化遺産とともにユネスコの世界遺産に登録されている。

は

ハーフティンバー
イギリス、ドイツ、フランスの中世木造住宅の建築に多用された手法のこと。柱、梁、筋かい、間柱、窓台など軸組みとなる部分を外観にして、その間を煉瓦で充填したり、白いスタッコ塗りに仕上げたりしたものである。

ハイボーイ
18世紀にアメリカで用いられた、脚付きの背の高い衣装箪笥のこと。⇒**ローボーイ**

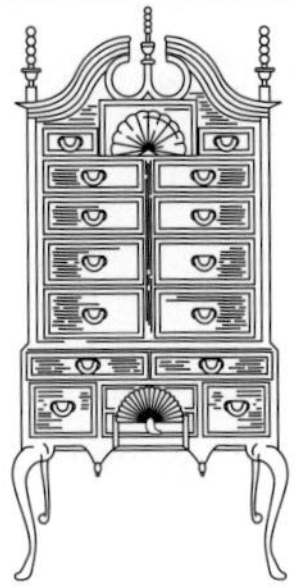
クイーン・アン様式のひとつ。

バウハウス
1919年、建築家ヴァルター・グロピウスが構想してワイマールに設立した学校のこと。バウハウスとは、ドイツ語で「建築の家」を意味する。「芸術と技術の新しい統一」を理念に、工芸、写真、デザインなどを含む美術と建築に関する総合的な教育を行なったが、1933年にナチス政権によって閉鎖された。

ハギア・ソフィア大聖堂
はぎあ・そふぃあだいせいどう

トルコ、イスタンブールに残るビザンチン建築の代表的大聖堂のこと。「ハギア・ソフィア」とは「聖なる叡智」を意味する。325年にコンスタンティヌス1世（大帝）が建設（360年竣工）したが、何度もの火事と地震で崩壊と増改築を繰り返した。現存する寺院は、バシリカ式と集中式を組み合わせて、煉瓦と石造で建設された。

バシリカ式
ばしりかしき

教会建築の平面形式のひとつ。中央の身廊を左右の側廊によって取り囲む。身廊と側廊は列柱によって分けられる。バジリカ式、長堂式ともいう。

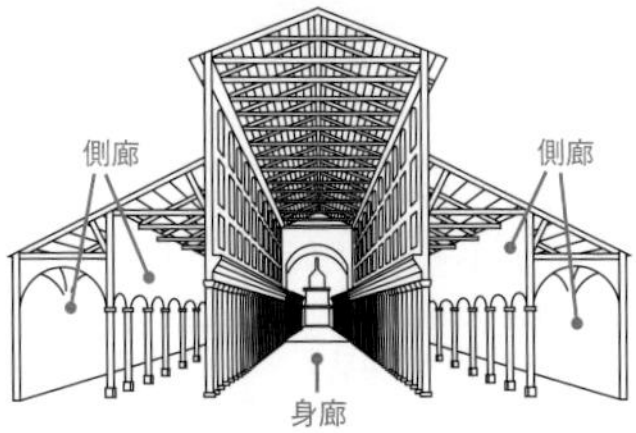

ローマ建築では、バシリカは裁判所や取引所に用いられた集会施設、またはそのような機能そのものを指す。

バットレス
控え壁のこと。壁の安全性を高めるため、適当な間隔で壁面から突出させた柱状や袖壁状の部分。扶壁（ふへき）ともいう。

馬蹄型アーチ
ばていけいあーち

馬蹄のような形状をしたアーチのこと。半円アーチの変形である。

バラ窓
ばらまど

ゴシック建築において、トレーサリー（狭間飾り）がバラの花状になっている丸窓のこと。ステンドグラスをはめ込んだものもある。

パルテノン神殿
ぱるてのんしんでん

紀元前5世紀（447〜432年）に、ギリシャ古代都市国家アテナイのアクロポリスに建てられた神殿のこと。アテネの守護神・アテナを祀る。3段の基壇の上にドリス式の柱が並ぶ。ユネスコの世界遺産である。

パンテオン
紀元前25年頃に建築された神殿のこと。直径43.2メートルの円堂と、半球形のドームが載った構造をしている。ドーム頂部には唯一の光源となる円頂窓があり、この窓は「パンテオンの目」という。ユネスコ世界遺産に登録されている。

ビーダーマイヤー様式
びーだーまいやーようしき

19世紀前期フランスのアンピール様式、イギリスのリージェンシー様式と並んで、ドイツ・オーストリアで発展した様式のこと。簡潔で機能性に富んだ形式として、市民の生活に浸透した。

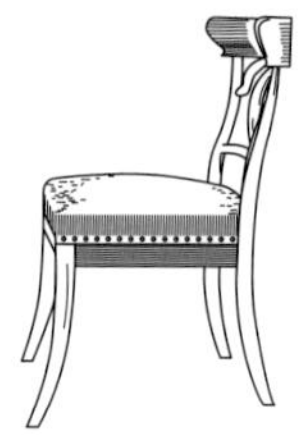

ビーダーマイヤー様式のイス（ドイツ）。

ピサ大聖堂
ぴさだいせいどう

イタリア中部のトスカーナ地方の都市ピサにある白色の大聖堂のこと。ロマネスク様式の大理石が積まれている。礼拝堂、墓地、鐘楼が並ぶ広場は「奇跡の広場」とも呼ばれる。

ピサの斜塔
ぴさのしゃとう

イタリアのピサ市にある、大聖堂が傾いている鐘楼のこと。最上階部分だけが垂直となっている。高さは地上58.36メートル、直径は約15メートル、階段は273段である。塔があるドゥオモ広場全体は、ユネスコの世界遺産に登録されている。

ビザンチン様式
びざんちんようしき

4世紀頃から始まった東ローマ帝国（ビザンチン帝国）における建築や装飾の様式のこと。地中海東側のギリシャやトルコに見られる。建築物では、大ドームやモザイク壁画がある、ハギア・ソフィア大聖堂（イスタンブール）やサン・マルコ大聖堂（ベネチア）に代表される。家具では、木材、金属、象牙などに金、銀、宝石で装飾した象嵌（ぞうがん）や彫刻などの表面装飾がよく見られる。

ビセリウム
ローマ時代における青銅の幅の広いスツールのこと。元老院議員や執政官などが権威の象徴を表すイスだった。使用者によって座の高さに差が付けられたという。

ピナクル
塔上にある細い小尖塔のこと。

フィリッポ・ブルネレスキ
初期ルネサンスにおけるイタリアの建築家、彫刻家、金細工師。フィレンツェやローマを中心に活動した。フィレンツェ大聖堂（サンタ・マリア・デル・フィオーレ）聖堂ドームの設計で名を馳せる。

フォンテーヌブロー宮殿
ふぉんてーぬぶろーきゅうでん

フランスで最も大きな宮殿。室内装飾は、彫刻、金工、絵画、漆喰装飾、木工を組み合わせ、屋外庭園には図案化された花壇のパルテアなどを取り入れた。世界遺産に登録されている。

フライングバットレス
ヴォールト天井の壁を外側から支える補強用の飛梁のこと。これによって、大きな窓を付けることが可能になった。

フランボワイヤン
火炎の形状に似ているトレーサリー（狭間飾り）の装飾のこと。「炎の燃え上がるような」という意味である。

フレスコ画
ふれすこが

西洋の壁画などに使われる絵画手法のひとつ。砂と石灰を混ぜたモルタル（漆喰）で壁を塗って、乾かないうちに水だけで溶いた顔料で絵を描く方法のこと。石灰層に顔料の一粒一粒が閉じ込められるため、色が美しい。漆喰は乾燥が始まると、表面に固い透明な皮膜ができる。それが絵の保護層となって、長期間保存できるほどの耐久性をもつようになる。ルネサンス期のミケランジェロの作品が有名。

ヘップルホワイト様式
へっぷるほわいとようしき

18世紀後半、新古典主義に基づいて、家具作家のジョージ・ヘップルホワイトが発展させた様式のこと。盾型やハート型の背をしたイスなど、独特のスタイルをしている。木象嵌を施した甲板や、彫りのある細身の脚などに特徴がある。

ヘップルホワイトのイス（イギリス）。

ペリステュリウム
古代ローマ時代における、上流階級の富裕層の住宅にある列柱廊に囲まれた中庭のこと。アトリウムの後方に中庭と部屋を追加したもので、アトリウムよりも大きな造りである。後方のペリステュリウムには彫刻や噴水などが置かれていた。

ポインテッドアーチ

⇒**尖頭アーチ**

ポスト・モダニズム

チャールズ・ジェックス著「ポスト・モダニズムの建築言語」がきっかけとなり、1980年代に国際的に定着した潮流。古典主義的な装飾や建築の回復する傾向を指す。

ポスト・モダン

現代という時代を、近代が終わった「後」の時代として定義する言葉。「モダン(近代)の次」という意味である。機能主義、近代合理主義に基づいたモダニズム建築に対する反動として現れ、多様性、装飾性、折衷性などを特徴とする。

ま

マニエリスム

ルネサンスからバロックにかけての芸術的な手法のこと。ルネサンスにおいて、芸術は頂点を極めて完成されたと考えられたが、その手法の反復と洗練はやがて独創性や新鮮さを失い、そこからマンネリという言葉が生まれた。イタリア語の「マニエラ(maniera:手法・様式)」に由来する。マンネリズムの語源でもある。

ミケランジェロ

イタリアの彫刻家、画家、建築家、詩人。さまざまな分野で優れた芸術作品を残している。彫刻で最も有名な作品は「ピエタ」(1498〜1499年、サン・ピエトロ大聖堂)と「ダヴィデ像」(1504年、アカデミア美術館)、フレスコ画ではシスティーナ礼拝堂の「システィーナ礼拝堂天井画」と、祭壇壁画「最後の審判」などがある。

メダリオン(メダイヨン)

アダム様式でつくられたメダリオン(卵型)がデザインされた背イスのこと。

モザイク

石、陶磁器(タイル)、ガラス、貝殻などの小片を寄せ合わて埋め込まれた、絵や模様を表す装飾手法のこと。建築物の床や壁面、あるいは工芸品の装飾に使われた。古くから宗教画や幾何学模様などが描かれており、特にモスクの外壁などの装飾として有名である。

モスク

イスラム教徒の礼拝所や礼拝堂のこと。回廊に囲まれた四角形の広い中庭と礼拝堂で構成される。金曜日の正午の集団礼拝に使われる。

や

有機的建築

ゆうきてきけんちく

自然と調和した形と精神を表した建築、自然と共存する建築哲学のこと。フランク・ロイド・ライト(1867〜1959)が提唱した。

ら

ラダーバック

ladder back

はしご状の背あるいは、その形状をもったイスのこと。スラットバックとも呼ばれる。イギリスの建築家チャールズ・レイニー・マッキントッシュによる「ヒルハウス」がその代表例。(19、351頁参照)

ラテン十字

らてんじゅうじ

キリスト教でよく用いられる十字のひとつ。主に西方教会(カトリック教会、聖公会、プロテスタント)を中心に用いられることから、ラテン十字、ローマ十字ともいう。横木が軸木のやや上方に付いており、縦長に構成されている。⇒**ギリシャ十字**

リージェンシー様式

りーじぇんしーようしき

19世紀初期のイギリスで生まれた、フランスのアンピール様式にネオクラシシズムの傾向を取り入れた様式のこと。

リネンホールド

框組工法で框にはめ込まれる、鏡板表面の彫刻装飾のこと。襞(ひだ)模様である。

リブ

尖頭アーチの骨状の部分のこと。

リブ・ヴォールト

ロマネスクで登場した交差ヴォールトの稜線をリブ(筋)で補強した形状のこと。これによって、天井部分の軽量化が可能となった。

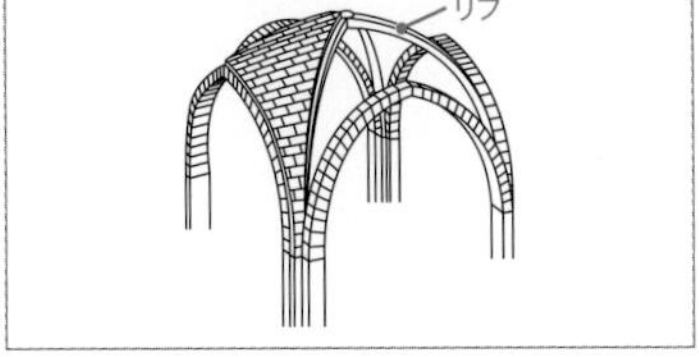

ルイ15世様式
るい15せいようしき

18世紀中期、フランスのルイ15世時代(1715～1774)における建築、装飾、家具などの様式のこと。軽快、優美な様式で、柔らかな曲線が特徴である。

> **豆知識　ロココ様式**
>
> 
>
> 18世紀フランスで始まった古典装飾からの脱却。曲線を多用した優雅な装飾と家具ではガブリオール(猫脚)が特徴。

ルイ14世様式
るい14せいようしき

フランス国王ルイ14世統治下における、建築や室内装飾、家具、工芸の装飾様式。フランス、バロック美術の最盛期に当たる。ヴェルサイユ宮殿が代表例。豪華で重厚、象嵌や金銀が使われた華麗な装飾が好まれた。

ルイ14世様式のコモード(フランス)。

ルイ16世様式
るい16せいようしき

フランスのルイ16世の時代(1774～1792)における、建築、装飾、家具などの様式のこと。ルイ15世紀様式の曲線美から一転、直線的でシンプルなスタイルとなる。ネオクラシシズムの始まりの時期といわれる。

ルネサンス様式
るねさんすようしき

15世紀～16世紀にかけて、イタリアのフィレンツエを中心に発展した芸術の様式のこと。ギリシャ・ローマの古典文化の再生や復興を唱え、ヨーロッパ全土で開化した。建築物には、古代建築のオーダーやシンメトリーの構成、強調された水平線などの特徴がある。

> **豆知識　キューラルレッグス**
>
> 
>
> ルネサンス様式で、脚がX型をした折り畳み式のイスのことをキューラルレッグスという。ダンテスカチェア、サボナローラチェアなどはこれに当たる。

レクタス
ローマ時代の青銅の半臥式の寝イスのこと。貴族が使用した。

ローボーイ
18世紀にアメリカで流行した、背の低い脚付きの整理箪笥のこと。⇒**ハイボーイ**

ロカイユ
室内装飾や家具、工芸品などに用いられた貝殻型、模造石状の装飾のこと。ルネサンスやバロック期は岩石や貝殻による幻想的な装飾の意味合いがあった。名称は、ヴェルサイユ宮殿の庭にある、貝殻模様の人造石ロカイユに由来する。ロココの語源でもある。

ロマネスク様式
ろまねすくようしき

10世紀末から12世紀にかけて、ヨーロッパ各地に見られた建築・美術様式のこと。建築物は石造の厚い壁や半円アーチ、石造のヴォールト、交差ヴォールトなどが特徴。フランスのサン・トロフィーム教会、イタリアのピサ大聖堂、スペインのサンティアゴ・デ・コンポステラ大聖堂などが代表例。家具においては、建築にも多用されたアーケードをモチーフにした装飾が特徴的。

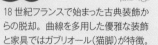

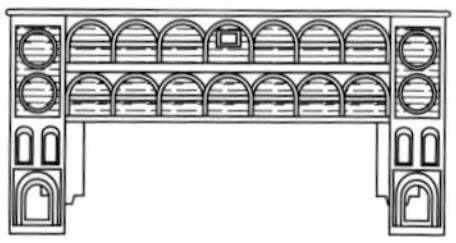

ロマネスク様式のチェスト。

環境への取組み

あ

アクティブソーラーシステム
集熱器や蓄熱槽、ポンプなど、機械を使って太陽熱を集め、蓄え、取り出して積極的に利用するシステムのこと。そのための機械には、太陽熱温水器や太陽熱発電などがある。⇒ソーラーシステム

一次エネルギー
いちじえねるぎー

自然界にあり加工などをしていないエネルギー源。薪、石炭、石油、天然ガス、水力、太陽光、地熱、風力など。加工した電気などは 二次エネルギー。

一次エネルギー消費量
いちじえねるぎーしょうひりょう

建築物の設備機器のエネルギー消費量を一次エネルギーに換算した値。小さいほど省エネの程度は高い。地域・用途等で決めた基準一次エネルギー消費量で除した値はBEIと呼ぶ。

APF値
えーぴーえふち

Annual Performance Factorの略。通年エネルギー消費効率のこと。エアコンの評価基準は、使用の際に必要となる冷暖房能力を、年間で消費する電力量（期間消費電力）で割って算出される。

エコキュート
自然冷媒（CO_2）を利用したヒートポンプ式の給湯器のこと。貯湯タンクとヒートポンプユニットで構成される。夜間の電気を利用するためCOPが高く、電気ヒーターでお湯を沸かす電気温水器より省エネルギー性も高い。⇒ヒートポンプ

エコマーク認定制度
えこまーくにんていせいど

生産から廃棄に至る過程で、環境の負荷が少なくて保全に役立つと認められた製品やサービスを認定する制度のこと。認定されたものには環境ラベルが付けられる。

エネファーム
内蔵の家庭用燃料電池から発電された熱で

エネファームのしくみ

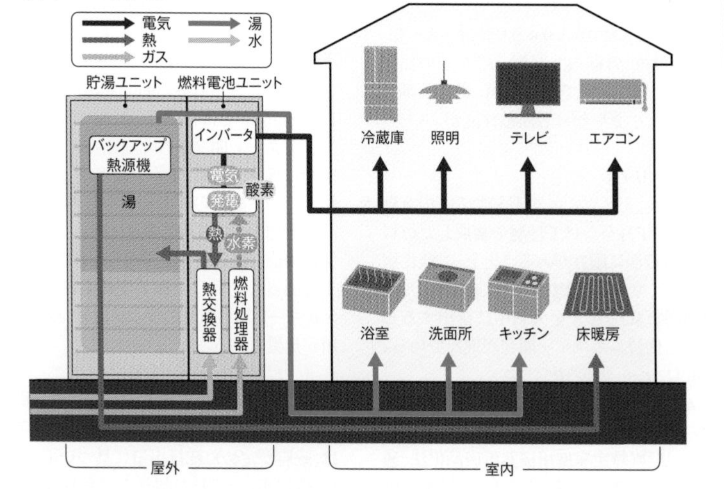

給湯する装置のこと。燃料はガス。

SDGs
えすでぃーじーず

すべての人々にとってより良い、より持続可能な未来を築くための開発目標。貧困や不平等、気候変動、環境劣化、繁栄、平和と公正など17の目標を設定。

LCC
えるしーしー

Life Cycle Costの略。製品やサービス、建物などのライフサイクル(構想、企画、研究開発、設計、生産、構築、調達、運用・保全、廃却)において、発生する費用。生涯費用ともいう。

温室効果ガス
おんしつこうかがす

地表面から放出される赤外線を吸収して、地球の外へ逃げる熱を地表面に戻す働きがある気体のこと。主に水蒸気、二酸化炭素、メタン、一酸化二窒素、ハイドロフルオロカーボン類、パーフルオロカーボン類、六フッ化硫黄などがある。京都議定書では、水蒸気を除く上記の温室効果ガス(6種)の排出が規制されている。

か

カーボン・ニュートラル
二酸化炭素が排出・吸収されることによって相殺される(プラスマイナスゼロになる)こと。大気中の二酸化炭素の増減に影響を与えないということを意味する。

外皮平均熱貫流率(U_A値)
がいひへいきんねつかんりゅうりつ(ゆーえーち)

住宅の外皮(外壁・窓・屋根・床)からの熱損失全体を外皮面積で割った値。省エネ基準に使われ、小さい値ほど断熱性能がよい。

化石燃料
かせきねんりょう

石油、石炭、天然ガスなど、動植物などの有機物が長い年月をかけて地層で変成した燃料のこと。資源に限りがあることと、二酸化炭素(CO_2)、窒素酸化物(NO、NO_2、N_2O_4)、硫黄酸化物(SO_2)などを大気中に排出することから、代替エネルギー開発が進んでいる。

家電リサイクル法
かでんりさいくるほう

廃棄物の減量、資源の有効利用を推進するための法律(特定家庭用機器再商品化法、通称:家電リサイクル法)のこと。一般家庭や事務所から排出された家電製品の有用な部分や材料をリサイクルするという目的がある。エアコン、テレビ(ブラウン管、液晶、プラズマ)、冷蔵庫・冷凍庫、洗濯機・衣類乾燥機が対象となる。

換気熱損失
かんきねつそんしつ

換気により住宅から失われる熱量。住宅の熱損失を示す外皮平均熱貫流率の算定からは除かれているが、熱損失の大切な要素。

環境基本法環境基準
かんきょうきほんほうかんきょうきじゅん

人間の健康を保護したり、生活環境を保全したりするために設けられた基準。環境基本法で定められており、大気の汚染、水質の汚濁、土壌の汚染、騒音などの改善を目指す。

環境マネジメントシステム
かんきょうまねじめんとしすてむ

環境方針を作成、実施、達成、見直し、維持するうえでの、組織の体制、計画活動、責任、慣行、手順、プロセス、資源などマネジメントシステムのこと。環境の持続的観点からISO/TC207によって開発された規格。EMSともいう。

環境リテラシー
かんきょうりてらしー

持続可能な社会に向けて、環境問題についての見識や教養をもつこと。

気密性能
きみつせいのう

住宅では、相当隙間面積(C値)のこと。住宅の床1㎡あたり何㎠の隙間があるか示す。

CASBEE
きゃすびー

Comprehensive Assessment System for Built Environment Efficiencyの略。産官学共同プロジェクトで開発された建築物の環境を客観的に評価、格付けする手法のこと。室内の快適性や景観への配慮なども含めた建物の品質を総合的に評価するシステムである。建築環境総合性能評価システムとも呼ばれ、国土交通省住宅局によって支援される。省エネルギーや環境負荷の少ない資材、設備の使用が推奨される。

キャップ・アンド・トレード
温室効果ガスの排出権取引における取引手法のひとつ。排出の規制対象となる企業には、政府が定めた総排出量に基づいて、排出枠(排出量の上限)が割り当てられる。この上限はキャップといい、排出枠の一部を取引（トレード）するため、このように呼ばれる。

京都議定書
きょうとぎていしょ

気候変動枠組条約に関する議定書のこと。1997年に京都市で開かれた第3回気候変動枠組条約締約国会議（COP3：地球温暖化防止京都会議）で議決され引き継がれた。先進国だけではなく、途上国にも温室効果ガス排出削減が求められている。

クールチューブ
暑い外気を地中に埋めたチューブを通して冷気に変える省エネのシステム。

クールピット
地下ピットで暑い外気を冷やし、室内へ供給する省エネのシステム。

グリーン購入法
ぐりーんこうにゅうほう

「国等による環境物品等の調達の推進等に関する法律（グリーン購入法）」のこと。循環型社会の形成を目的とする。生活者に対しては、商品やサービスを購入する際に環境負荷の少ない商品を購入することを促す。一方で、企業に対しても、環境負荷の少ない製品開発を促している。

建築物省エネ法
けんちくぶつしょうえねほう

建築物のエネルギー消費性能の向上に関する法律。従来の省エネ法(エネルギーの使用の合理化等に関する法律)の建築部分が平成27年に移行制定された。2022年には、2025年までに大幅に改正することが決定。

国連気候変動サミット
こくれんきこうへんどうさみっと

2021年10月に開催。日本の目標は2050年カーボンニュートラルの実現。2030年における温室効果ガスを2013年比で46%削減すること。

COP
こっぷ

Conference of the Parties（締約国会議）の略。1997年の地球温暖化防止京都会議はCOP3と呼ばれ、京都議定書が採択された。2023年までにCOP28が開催された。

さ

再生可能エネルギー
さいせいかのうえねるぎー

自然環境の現象から取り出して、何度も再生できるエネルギーのこと。太陽光や太陽熱、水力、風力、バイオマス、地熱などある。石油や石炭などに比べて、地球環境への負荷の少ない、クリーンなエネルギーである。

再生可能エネルギー特別措置法
さいせいかのうえねるぎーとくべつそちほう

再生エネルギー業者から電気エネルギーを一定期間、固定価格で買い取るよう、電気業者に義務付けた制度のこと。「再生可能エネルギー電気の利用の促進に関する特別措置法」の略称。

3R
さんあーる

3Rとは、リデュース（Reduce：廃棄物発生の抑制）、リユース（Reuse：再使用）、リサイクル（Recycle：再資源化）の頭文字を指す。

COP
しーおーぴー

Coefficient of Performanceの略。電気駆動の圧縮式ヒートポンプ（冷凍機やエアコンに使われる）の性能を示す指標となる係数のこと。圧縮機に入力した電気エネルギーに占める冷暖房の熱出力の割合を示し、通常値は2〜5程度である。

資源有効利用促進法
しげんゆうこうりようそくしんほう

大量生産、大量消費、大量廃棄型社会から、循環型社会へと移行するために制定された法律のこと。3R政策ともいう。

次世代省エネルギー基準
じせだいしょうえねるぎーきじゅん

建築主が住宅に関するエネルギーの使用を合理化するために判断する基準、設計、施工の指針のこと。

住生活エージェント
じゅうせいかつえーじぇんと

住生活についての専門知識を持つ代理人（エージェント）として、取引を対等かつ円滑に行う事業者のこと。住生活環境を選ぶ際に、生活者と供給者の間にある情報格差を埋める。

住宅履歴書
じゅうたくりれきしょ
いつ、誰が、どのように、住宅の新築、改修、修繕、点検などを行なったかがわかるように、設計図書や施工内容に関するすべての情報を記録、蓄積するもの。「住まいの履歴書」ともいう。

ジュール(J)
エネルギーの単位。物体に1ニュートンの力を加え1メートル移動させたときの仕事量が1ジュール(J)。1 cal＝約4.2J。

省エネラベル
しょうえねらべる

JIS規格として、エネルギー消費機器の省エネ性能を示すラベルのこと。「エネルギーの使用の合理化及び非化石エネルギーへの転換等に関する法律」によって定められた機器が対象となる。

自立循環型住宅
じりつじゅんかんがたじゅうたく
周囲の気象や敷地特性などの住宅の立地条件および住まい方に応じて、極力自然エネルギーを活用したうえで、適切な建物と設備により、居住時のエネルギー消費量(CO_2排出量)を大幅削減が可能な住宅。

新エネ法
しんえねほう
「新エネルギー利用等の促進に関する特別措置法」の略称。代エネ法で石油エネルギーに依存しないことが目指されたが、長期的な目標をスピードアップするために制定された。エネルギーの継続的な安定供給を目的としている。

スマートハウス
情報ネットワークを活用して、住宅内の家電や設備機器などのエネルギー消費を管理したり、最適に制御したりする住宅のこと。エネルギー消費を抑えるだけでなく(省エネ)、太陽光発電などでエネルギーを生み出したり(創エネ)、蓄電池などを使ってエネルギーを貯める技術を組み合わせる。

ZEH
ぜっち
Net Zero Energy Houseの略。断熱性・住宅設備の性能向上に加え太陽光発電などでエネルギーを生み出し住宅内の一次消費エネルギー量の収支がゼロになることを目指す住宅。

セル
太陽電池を生む最小単位。これを並べて板状にしたものが太陽電池モジュール。

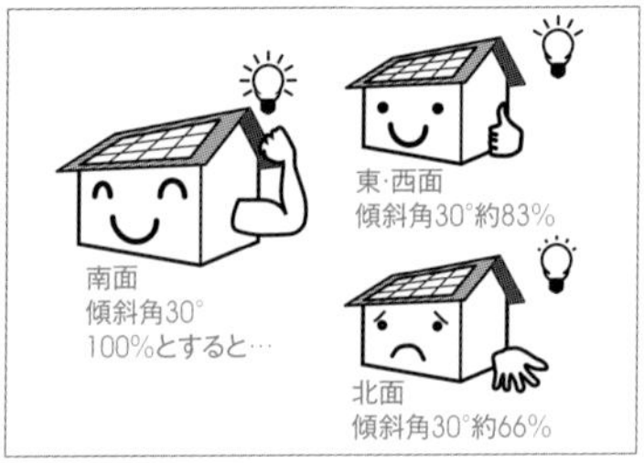

ソーラーシステム
太陽エネルギーを給湯や冷暖房、発電などに利用するシステムのこと。太陽熱を集めたり、蓄えたり、取り出したりして使用する場合に、人工的な機械を使わずにすべて自然の力で利用するパッシブソーラーと、機械を使って積極的に利用するアクティブソーラー(太陽熱温水器や太陽熱発電など)がある。⇒**アクティブソーラーシステム、パッシブソーラーシステム**

ソーラーパネル
屋根の上で太陽の光を受けて電気を受けるモジュールのこと。太陽光を電力に変換する太陽光発電セルと、フレーム、ガラス、バックシートなどの部材で構成されたパネル状のものがある。単に「モジュール」と呼ばれることもある。

た

代エネ法
だいえねほう
「石油代替エネルギーの開発及び導入の促進に関する法律」の通称。2度のオイルショックを契機に、法的な枠組みとして、石油エネルギーに依存しない代替エネルギーの開発や導入促進を目的に制定された。

太陽エネルギー
たいようえねるぎー
太陽を利用して使われるエネルギーのこと。太陽熱を利用するソーラーシステムと、太陽光発電によるエネルギーがある。

太陽光発電
たいようこうはつでん
太陽電池を利用して、太陽光を直接的に電

力に変換する自給可能な再生可能エネルギー発電方式のこと。発電時の燃料が不要で、運転中も温室効果ガスを排出しない。需要の大きい昼間に発電するため、昼間のピーク電力を緩和することができる。蓄電装置などとともに活用することで、独立した電源として利用することも可能。

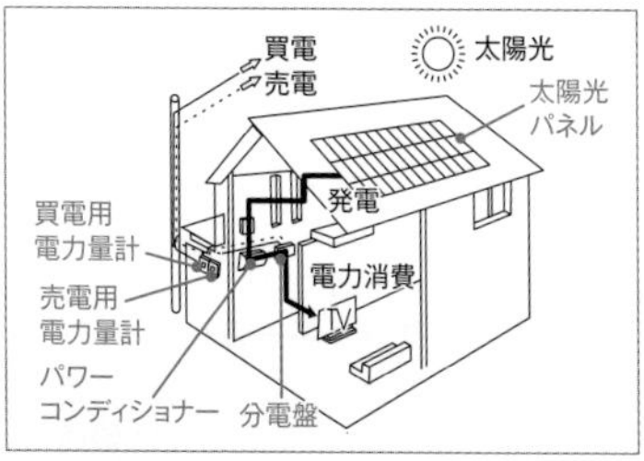

太陽電池
たいようでんち
半導体によって、太陽光のエネルギーを吸収して直接的に電力に変換すること。乾電池のように蓄電するものではない。

太陽熱コレクター
たいようねつこれくたー
太陽の赤外線を熱源として集熱して、水や空気を温める装置のこと。太陽熱温水器。

蓄電池
ちくでんち
電気を蓄えて、必要なときに使う(放電する)ことができる電池のこと。一般的に使用されている、乾電池や充電式のリチウムイオン電池、車に搭載されているバッテリーなども蓄電池の一種である。

地中熱
ちちゅうねつ
浅い地盤中に存在する、低温の熱エネルギーのこと。地下10〜15メートルの地中温度は、年平均気温にほぼ等しい。夏場や冬場の地上と地中の温度差は10〜15度で、この温度差を利用して冷暖房などに用いられる。(下図参照)

地熱発電
ちねつはつでん
地中深くから得られた高温の熱や蒸気を利用した発電方法のこと。日本は、火山が多く、高温の熱を得やすい。温泉地などで見かける蒸気も、地熱による蒸気のひとつである。

低炭素建築物
ていたんそけんちくぶつ
主に新築や増築を対象として、省エネ基準を超える性能があるだけでなく、低炭素化に資する措置を講じた建物のこと。低炭素化に資する措置とは、節水対策、エネルギーマネジメントなどを指す。二酸化炭素の排出の抑制に資する建築物ともいう。その認定基準は、定量的評価項目(必須項目)である外皮の熱性能及び一次エネルギー消費量の条件に加え、8つある選択的項目のうち2つを満たすこと。

デシカント除湿方式
でしかんとじょしつほうしき
冷媒を使わずに、水分を吸着する材料を使用して除湿する方式のこと。この材料は、デシカント(ゼオライト)という。

トップランナー制度
とっぷらんなーせいど
商品化された製品のうち、最も優れた製品(トップランナー)のエネルギー消費効率を基準とし、メーカーにこの基準以上の開発を求める制度。住宅設備機器も多く対象となっている。

地中熱ヒートポンプのしくみ

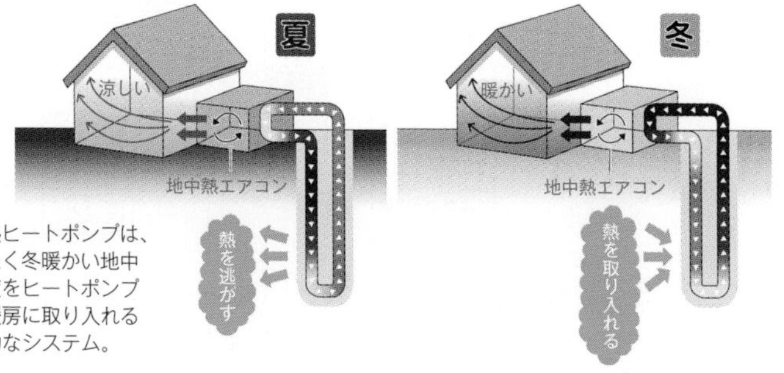

地中熱ヒートポンプは、夏冷たく冬暖かい地中の温度をヒートポンプで冷暖房に取り入れる効率的なシステム。

トロンプウォール
日中直射日光で壁面を暖め、夜間に壁面からの熱で室内を暖めるパッシブソーラーのこと。⇒**パッシブソーラーシステム**

な

二次エネルギー
にじえねるぎー

自然界にあるエネルギー源(一次エネルギー)を加工したエネルギー。電力、ガスなど。

日射遮蔽性能
にっしゃしゃへいせいのう

冷房効果低下の原因(夏期、大きな開口部から日射熱が室内に侵入することなど)を抑制する性能のことをいう。窓ガラスの日射透過率を小さくして、日射遮蔽するだけでなく、室内の熱も外に逃がさないLow-E複層ガラスや庇、ルーバーなども効果的である。

日射取得係数(μ)
にっしゃしゅとくけいすう(みゅー)

住宅に侵入する日射量合計を床面積で除した数値。主に夏期の室内環境の判断に使われるので夏期日射取得係数として使われる。

燃料電池
ねんりょうでんち

水素と酸素を化学反応させて、発電する装置のこと。乾電池のような使い切り型や、充電型のリチウムイオン電池などと違い、継続的に発電する。

は

バイオマス
再生可能な生物由来の有機資源(化石燃料を除く)のこと。廃棄物系と栽培作物系に分かれる。廃棄物系には農林水産物系のもみ殻、家畜糞尿、間伐材や産業系の汚泥、木屑、生ゴミ、廃油など、食品産業系には食品加工廃棄物、繊維工場系のセルロース(古紙)、廃材などがある。

豆知識 バイオマスエネルギーの利用

バイオマスエネルギーの利用の他、植林や自然エネルギーの導入も、人間活動による二酸化炭素の排出量を相殺できることから、カーボン・ニュートラルと呼ぶことがある。

バイオマス発電
ばいおますはつでん

バイオマスを燃料として、燃焼やガス化によって発電する方式のこと。光合成によってCO_2を吸収するため、この方式で発電するとCO_2は排出されない。⇒**カーボン・ニュートラル**

ハイブリッド
2つの異なるものを組み合わせることで、新たなものをつくりあげること。

パッシブソーラーシステム
太陽熱を暖房や給湯などに利用するソーラーシステムのひとつ。人工的な機械などは使わずに、建物の構造、間取り、方位などの

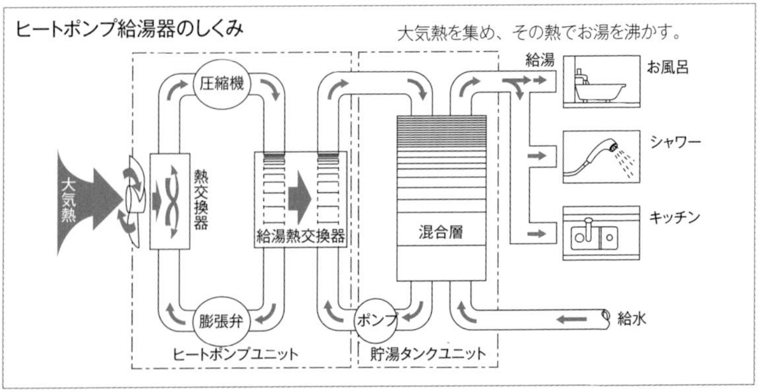

工夫によって、太陽熱や自然風などの自然エネルギーを取り入れることで、室内の温熱環境を快適にすることができる。蓄熱技術を向上させなければならないが、環境汚染の心配は少ない。⇒**アクティブソーラーシステム、ソーラーシステム**

PAL＊
ぱるすたー

非住宅建築物の省エネ基準を判断する外皮基準の指標。年間熱負荷係数（PAL）を改良した指標。

パワーコンディショナー
ソーラーパネルで発電した電気（直流）を家庭で使う交流に変換するインバーター機器。

ヒートアイランド
都市の気温が郊外よりも高くなる現象のこと。「熱の島」を意味する。地図上に気温の分布を描いた際、高温域の都市を中心に、島のような形状になることに由来する。

HEAT20
ひーと20

「一般社団法人 20年先を見据えた日本の高断熱住宅研究会」の略称。断熱性能を基本にした指標G1、G2、G3（G3が高性能）を提案。

豆知識 ヒートアイランドの要因

都市部は地表面の多くがアスファルトなどに覆われているため、気温が上昇すると熱をため込む。また、水を蒸発することによって気温を抑える働きのある緑地や河川の減少や、車や家電から出される熱の増大も理由のひとつである。

ヒートポンプ
住宅用エアコンや冷凍機などに用いられる、熱を汲み上げる熱源機器のこと。代替フロンや二酸化炭素などの冷媒が、液体から気体に蒸発する際に周囲から気化熱を奪い、気体から液体に凝縮する際に周囲に凝縮熱を放出するという性質を利用する。ヒートポンプの効率はCOPで示され、熱を発生させる電気ヒーターに比べて、ランニングコストが低い。なお、冷媒に二酸化炭素を利用した給湯器をエコキュートという。

フロンガス
冷蔵庫を冷やす代表的な冷媒として利用されるガスのこと。オゾン層を破壊する。

平均日射熱取得率（ηA）
へいきんにっしゃしゅとくりつ（いーたえー）

省エネで使われる住宅に入る日射の量の指標。住宅の総日射取得量を外皮面積（天井、壁、床、窓）で割った値。

HEMS
へむす

Home Energy Management Systemの略。住居内で消費されるエネルギーをIT技術によって「見える化」し、管理するシステムのこと。

BELS
べるず

Building-Housing Energy-efficiency Labeling Systemの略。省エネ性能を第三者評価機関が評価し認定する制度（建築物省エネルギー性能表示制度）のこと。

ま

モジュール
規格化され、交換可能な部品のこと。たとえば太陽光ソーラーパネルは、太陽電池のモジュールとも呼ぶ。

モジュール変換効率
もじゅーるへんかんこうりつ

照射された太陽光エネルギーのうち、どれくらいを電気エネルギー（電力）に変換できるかを示したもの。太陽光発電モジュール1平米当たりの変更効率を指す。

Part 2
インテリアと建築の基本

05

平面計画

あ

IADL
あいえーでぃえる

Instrumental Activities of Daily Living の略。バスに乗って買い物に行く、電話を掛ける、食事の仕度をする、家計を管理するといった動作のこと。ADLは食事、入浴、排泄など日常的の基本動作のことだが、これらを応用した動作が必要とされるより広義の活動を意味する。

ISO
あいえすおー

International Organization for Standardization の略。単位や用語、教育などの標準化を推進する国際的な機構のこと。国際標準化機構の略。組織は、非政府の民間組織であり、本部はスイスのジュネーブにある。

豆知識 ISOのモジュール

現在ISO（国際標準化機構）規格により、10センチ単位の新しいモジュールが提案されている。大文字の「M」で表現され、1Mは10センチ、3Mは30センチを表す。

アイコリドール
インテリア空間などにおける、人間の視線の動きや軌跡のこと。人間の視線は一般的に、前から後ろへ、暗いものから明るいものへと動く法則性がある。こうした視覚的な動きを踏まえて、インテリアの配置などが計画される。

IC
アイシー

集積回路のこと。Integrated Circuitの略。住宅設備ではICチップを埋め込んだ玄関の電気錠などとして活用され、カード式やタグ式などがある。

ICF
あいしーえふ

International Classification of Functioning, Disability and Health の略。国際生活機能分類のこと。人の健康状態を系統的に分類するモデルである。介護保険制度では、ICFに基づいて、「リハビリテーション実施計画書」が作成される。

アイストップ
人間の視線を引き付けるために用いられるデザイン的な要素のこと。一般的には、色や形などを周辺と対比させることで、視線を集中させたり、留めたりする。

アイランド型
あいらんどがた

キッチンレイアウトのひとつ。厨房設備において、流し台や調理台を島（アイランド）のように配置する形式を指す。大人数向きで、周囲に広がりをもたせるものである。⇒1列型、2列型、L型、U型、ペニンシュラ型

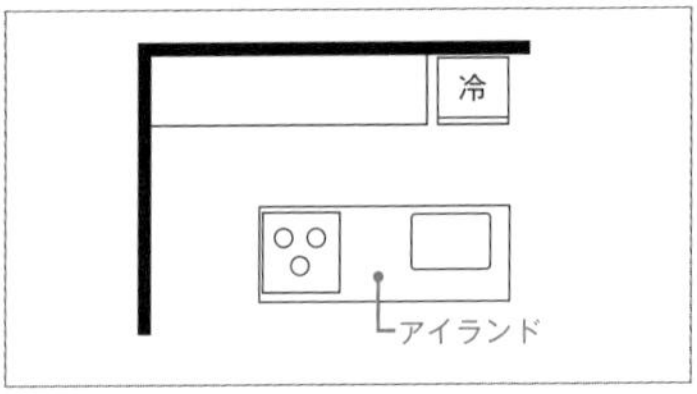

アイレベル
人間の視点の高さのこと。人間の姿勢（立位、座位、イス座など）によって、視線の高さは異なる。ELと略される。

上がり框・上框
あがりがまち

玄関と土間の段差の先端部分（上り口）に取り付けられる部材（框）のこと。木材、石材などがある。

安芸間
あきま

JAS規格の畳寸法のひとつ。主に山陽地方の瀬戸内海に面した地域で使用されている。JAS1種で、種類は六一間、長さ1,850（6.1尺）ミリ、幅925ミリの寸法である。

アクセスフリー
公共の建築物などにおいて、身体障害者の利用にも考慮した設計のこと。

アナログ
ある情報を「1」か「0」または「オン」か「オフ」の2つのデータで表す情報処理方式。

アプローチ
住宅計画における、道路や広場などの公共スペースから、各住戸の出入口に至る道路やその周辺のこと。一般的には近接性のことを指す。

アメニティ
２つの意味をもつ。①快適性、住み心地のよさ、居住性の良さを表す。②宿泊施設などで用意されるサービス小物のアメニティグッズのこと。

泡消火器
あわしょうかき

二酸化炭素を多く含んだ泡を放出する消化設備。一般火災や油火災などに適する。

移乗動作
いじょうどうさ

ベッドと車イスの間、車イスと便器の間などを乗り移る動作のこと。動作を行なった人が、移動前後で接している平面が変わるときに用いられる。

一次災害
いちじさいがい

災害によってもたらされる直接的被害のこと。

1列型
いちれつがた

キッチンレイアウトのひとつ。シンクや加熱機器を1列に配置する形式のこと。横方向の動きは大きいが、作業はしやすい。⇒**2列型、L型、U型、アイランド型、ペニンシュラ型**

狭い面積に対応できる。作業台の長さは3.6mが限度。

移動介助
いどうかいじょ

自力での移動が不能（困難）な患者や高齢者、障害者の移動を助ける行為のこと。

田舎間
いなかま

JAS規格の畳寸法のひとつ。全国的に使用されている。JAS規格の3種で、種類は五八間、長さ1,760（5.8尺）ミリ、幅880ミリの寸法である。関東間、江戸間などの通称がある。

居間
いま

江戸時代以降の住居における、日常的に使用する部屋のこと。昔の民家では茶の間と寝室を兼ねることが多かった。現在では、リビングルームとして家族団らんや接客の場所など、用途が広がっている。

インチ
inch（in）

ヤード・ポンド法の長さの単位のひとつ。1インチ＝約25.4ミリメートル。

インテグレーション
社会福祉の対象者に対して、対象者が地域社会で生活できるよう援助すること。また、ハンディキャップのある人が日常生活に支障がないように、地域住民、関連機関、団体が問題解決に当たること。

インテリア
建物の内部空間や室内のこと。一般的には空間だけでなく、内装や装飾されるものなども含まれる。対義語はエクステリア。

インテリアプランニング
インテリア計画。使用目的に応じて、機能性と快適性を中心に、建築などの内部空間をどう設計するかを検討、計画する。

豆知識　分譲マンションの留意点

区分所有者（各住戸の所有者）が自由に取り扱える専有部分と、全員の共有で使用する共有部分に分類される。リフォームなどを行う場合、管理規約を十分に調査、確認をしてあらかじめ申し出をするなど、工事工程に注意や配慮が必要。

インフォーマルケア
家族や近隣や地域社会、ボランティアなどが行う、非公式的な援助のこと。公的機関や専門職以外の援助を指す。⇒**フォーマルケア**

内法
うちのり

2つの部材（柱と柱の間や敷居と鴨居の間など）において、一方の部材の内側の面から、他方の部材の内側の面までの距離のこと。こうした寸法の押さえ方は内法制と呼ばれる。

ADL
えーでぃえる

Activities of Daily Livingの略。食事、排泄、整容、移動動作、家事など、人間が毎日の生活を送るために必要とされる基本的動作のこと。日常生活動作と訳される。

ABC消火器
えーびーしーしょうかき

多様な出火原因に対応する粉末タイプの消化設備。一般的に、Aは普通火災、Bは油火災、Cは電気火災に対応することを意味する。

APDL
えーぴーでぃえる

Activities Parallel to Daily Livingの略。調理、掃除、洗濯などの家事動作や、買い物、交通機関の利用などのこと。ADLよりも広い生活圏での活動を指す。生活関連活動と訳される。

AVルーム
えーぶいるーむ

主に視聴覚を目的に、オーディオやビデオ機器などを利用する部屋。防音性能などに配慮しなければならないこともある。

ST
えすてぃ

Speech Language Hearing Therapistの略。音声機能、言語機能、聴覚の障害者に対して、その機能の維持向上を図るために、必要な検査、助言、指導などの援助を行う人のこと。

SDS
えすでぃーえす

安全データシート(Safty Data Sheet)の略。化学物質及び化学物質を含む混合物を譲渡または提供する相手方に提供するための文書。
⇒化学物資安全性データシート

江戸間
えどま

JAS規格の畳寸法のひとつ。全国的に使用されている。JAS規格の3種で、種類は五八間、長さ1,760(5.8尺)ミリ、幅880ミリの寸法である。関東間、田舎間などの通称がある。

エドワード・T・ホール

人間のコミュニケーションにおける距離を4つに分類した文化人類学者、Edward Twitchell Hall Jr.。

MSW
えむえすだぶりゅー

Medical Social Workerの略。医療ソーシャルワーク、または医療ソーシャルワーカーの略。

L型
えるがた

キッチンのレイアウトのひとつ。ワークトップやフロアキャビネットをL字型に配置し、シンクと加熱機器を分離して設置するものである。比較的短い動線で作業することができるが、コーナーの使い方には工夫を要する。**⇒1列型、2列型、U型、アイランド型、ペニンシュラ型**

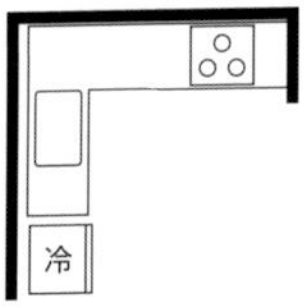

エルゴノミクス
ergonomics

人間工学のこと。ヨーロッパを中心に使われる言葉で、人間の自然な動きのなかで使いやすいデザインや技術を考える学問。ヒューマンファクター(Human Factor)とも呼ばれる。

L字型家具配置
えるじがたかぐはいち

応接や団らんの場において、ソファや安楽椅子をL字型に家具配置すること。視線が直接的に向かい合わないので、くつろいだ印象になる。

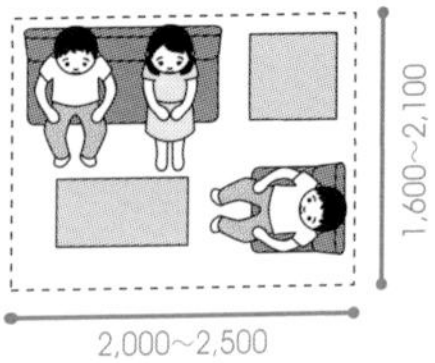

比較的近い距離での会話となるため、コミュニケーション重視型。

L続き型住居
えるつづきがたじゅうきょ

現代の日本住居に見られる平面形式のひとつ。和室2室の続き間のタイプと、団らんの場が洋室のタイプがあり、伝統と近代が折衷されている。

LD
えるでぃ

くつろいだり(Living)、食事をしたりする(Dining)場を、ひとつにまとめた空間のこと。

LDK
えるでぃーけい

くつろいだり(Living)、食事をしたり(Dining)、調理したりする(Kitchen)場を、ひとつにまとめた空間のこと。

嚥下障害
えんげしょうがい

飲食物がうまく飲み込めない、むせる、飲み込んだものが食道につかえるといった障害のこと。

ORT
おーあーるてぃ

Orthoptistの略。医師の指示に従って、両眼視機能の障害者に、矯正訓練や必要な検査などの援助を行う人のこと。

OT
おーてぃ

Occupational Therapistの略。作業療法士のこと。体や精神に障害のある者が応用的動作能力や社会的適応能力を回復できるよう、治療や訓練、指導、援助などを行う。

オストメイト
がんや事故などで消化管や尿管が損傷して、排泄のための開口部(ストーマ:人工肛門、人工膀胱)を造設した人のこと。単に、人工肛門保有者、人工膀胱保有者とも呼ぶ。また、オストメイト対応トイレをオストメイトと略することもある。

踊り場
おどりば

階段途中に設けられ、踏面を大きくした平坦な場所のこと。

か

ガードプレート
ドアとドア枠の間にできる隙間を埋めるためのプレート。サムターン回しの針金の差し込みやバールを差込んでこじ開けたりられるのを防ぐ役割がある。

介護保険法
かいごほうけんほう

加齢に伴う体の機能の衰えや、日常生活に支障が生じた人に、介護サービスを支給する新たな社会保険制度のこと。2000年4月から実施されている。

介護保険施設
かいごほけんしせつ

介護保険法による施設サービスを行う施設のこと。都道府県知事の指定が必要となる。介護保険施設には介護老人福祉施設、介護老人保健施設、介護医療院の3種類がある。介護療養型医療施設は2023年度で廃止。

介護保険住宅改修費
かいごほけんじゅうたくかいしゅうひ

介護保険で支給される住宅改修工事費のこと。手摺の取り付け、段差の解消、滑りの防止、扉の取替え、洋式便器などへの取替えなど、小規模な住宅改修が対象となる。20万円までを上限に支給される。

臥位姿勢
がいしせい

生活姿勢のひとつ。寝た状態、横たわった状態の姿勢のこと。肘を立てる場合もある。

> **豆知識　安眠条件と姿勢について**
>
> 
>
> 安眠するための理想的な寝姿勢は、腰が布団の接地面から2～3センチ離れた状態。体が沈み込むような柔らかすぎるベッドは安眠にはあまり向かない。

階段室型
かいだんしつがた

集合住宅の平面形式のひとつ。階段を1つ挟んで、左右2つの住戸に出入りできる。通路面積を少なくでき、プライバシーや採光、通風などを確保しやすい。

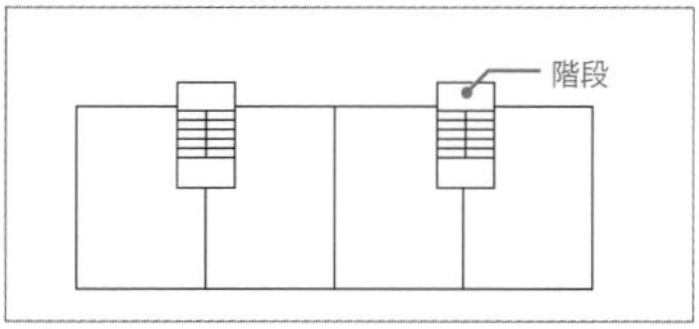

快適性
かいてきせい

居住性や快適性のこと。生理的側面と心理的側面がある。室内環境から地域や都市環境まで幅広い範囲を指す。近年、社会性や文化性を含めて、広義の意味で用いられる場合が多い。アメニティーともいう。

回遊動線
かいゆうどうせん

売り場を快適かつ効率的に回りながら、購買できるように計画された通路のこと。「客導線」、「回遊導線」と表記することもある。

化学物質安全性データシート
かがくぶっしつあんぜんせいでーたしーと

事業者に適切な管理を促進するために、他の業者に譲渡や提供する際に事前提出を義務付けられている化学物質に関する情報。Material Safety Data Sheet(略称MSDS)と呼ばれていたが、2012年、SDSに統一された。⇒SDS

囲み型家具配置
かこみがたかぐはいち

応接、食事や会議の場において、4方向から相互に向き合って家具を配置すること。人数が多い場合などに用いられる。

火災報知設備
かさいほうちせつび

火災時に警報音などで知らせる装置のこと。住宅用として、居室天井にセンサーが設置されている。センサー部分で完結する簡易タイプや、インターホンなどに連携させるタイプがあり、センサータイプは熱に反応するもの(熱感)と煙に反応するもの(煙感)がある。

家事室
かじしつ

ユーティリティのこと。洗濯やアイロンがけなど家事作業を行うための空間。

下腿高
かたいこう

膝から床面までの寸法のこと。おおよその下腿高の寸法は、人体寸法の略算値0.25H(H:身長)で算出される。

肩幅
かたはば

両肩の端から端までの幅をいう。略算値では、0.25×身長となる。

片廊下型
かたろうかがた

集合住宅の平面形式のひとつ。各階までは階段やエレベーターを使い、廊下を通って各住戸に達することができる。各住戸が並んで配置されているため、通路面積が必要となる。通路側の部屋はプライバシーが保ちにくい。

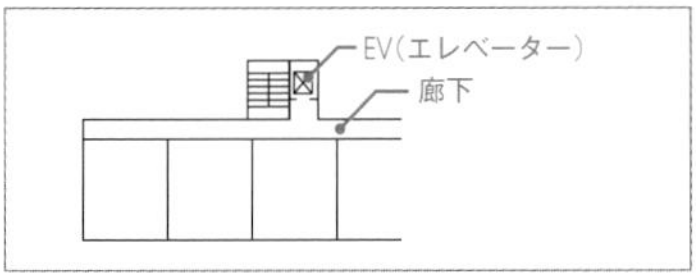

可変型住宅
かへんがたじゅうたく

居住者のライフスタイルの変化や多様なニーズに対応できるように、あらかじめ考慮された住宅のこと。都市再生機構のKEPな

住宅改修の種類

手摺の取り付け	廊下、トイレ、浴室、玄関、玄関までのアプローチなどに転落防止もしくは移動または移乗動作に役立つよう設置するもの。
段差の解消	居室、廊下、トイレ、浴室、玄関などの各室間の床の段差を解消するためのもの。敷居を低くする工事、スロープを設置する工事、浴室の床のかさ上げに必要とされる工事など。
滑りの防止、移動の円滑化などのための、床または通路面の材料の変更	居室においては畳敷きから板製床材、ビニル系床材などへの変更、浴室においては床材の滑りにくいものへの変更、廊下などにおいては滑りにくい床材への変更など。
引戸などへの扉の取替え	開戸、引戸、折戸、アコーディオン·カーテンなどに取り替えるといった扉全体の取替えの他、ドアノブの変更、戸車の設置なども含まれる。 ※ただし、自動ドアの動力部分の費用は対象とならない。
洋式便器などへの便器の取替え	和式便器を洋式便器に取り替える場合など ※和式便器から暖房便座、洗浄機能などが付いている洋式便器への取替えは含まれるが、すでに洋式便器である場合のこれらの機能などの付加は含まれない。汲取り式から水洗化または簡易水洗化の費用は対象とならない。
その他上記の住宅改修に付帯して必要となる住宅改修	·手摺の取り付けのための下地補強工事。 ·浴室の床の段差解消に伴う給排水設備工事。 ·床材の変更のための下地の補修や根太の補強または通路面の材料変更のための路盤整備の工事。 ·扉の取替えに伴う壁または柱の改修工事。 ·便器の取替えに伴う給排水設備工事、床材の変更工事。

どが代表例である。

ガレージ

簡単な屋根だけを設けた車庫のこと。カーポート。

ガレージのレイアウト(約15畳)

広さは、駐車される車（将来の買い替えも見越して）の大きさにより検討する。また、電気自動車の可能性も考慮して、車に充電するための電源を確保しておくとよい。

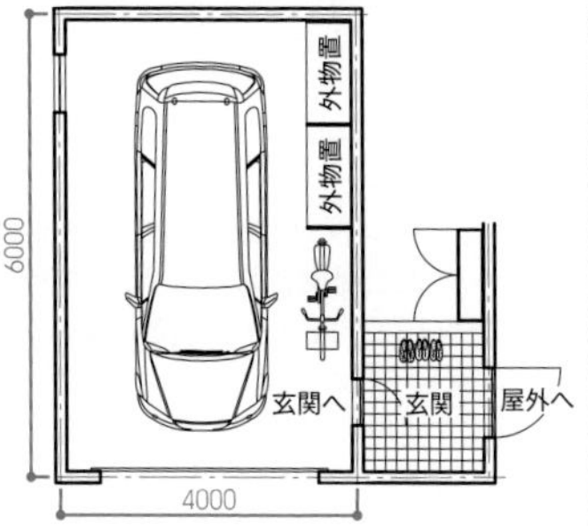

眼高
がんこう

眼の高さから床面までの寸法のこと。おおよその眼高の寸法は、人体寸法の略算値0.9H(H:身長)で算出される。

関西間
かんさいま

JAS規格の畳寸法のひとつ。主に関西、中国、山陰、四国、九州地方で使用されている。JAS規格の1種で、種類は本間、長さ1,910(6.3尺)ミリ、幅955ミリの寸法である。京間、本間などの通称がある。

関東間
かんとうま

JAS規格の畳寸法のひとつ。全国的に使用されている。JAS規格の3種で、種類が五八間、長さ1,760(5.8尺)ミリ、幅880ミリの寸法である。江戸間、田舎間、狭間などの通称もある。または、関東地方の木造在来構法の柱割の寸法体系を指し、「シングルグリッド心押え」を用いる。⇒**柱割、シングルグリッド**

危険物型
きけんぶつがた

日常災害の分類のひとつ。火傷、感電、ガス中毒、溺水などが該当する。⇒**日常災害**

椅座位姿勢
きざいしせい

生活姿勢のひとつ。イスに腰を掛けたり、壁に寄り掛かったりした状態の姿勢のこと。

基準線
きじゅんせん

平面に投影された空間または構成材の位置を決定するための基準とする線のこと。

キッチン

調理や炊事を行う作業中心の場のこと。台所。

気密性
きみつせい

気圧差による空気の透過に対して生じる抵抗の度合いのこと。または、空気が漏れない性能を指す。建築やインテリアでは、寸法の適合性や安全性、耐久性などの性能を考慮しなければならない。なお、気密性はJIS(日本産業規格)の性能検査に含まれている。

机面高
きめんこう

テーブルやデスクの甲板上面から床面までの高さのこと。略算値は0.4Hで算出。

豆知識　家具の高さ

座卓は食事をする際、正座やあぐらなどの姿勢をとるので、300～350ミリの高さの商品が多い。姿見は身長の2分の1の高さがあれば、全身を見ることができる。

QOL
きゅーおーえる

Quality of Lifeの略。生活全体の質を高めようとする概念のこと。物理的、経済的な豊かさなど個々が自立して生活できるような条件だけでなく、満足感や安心感などの精神面との調和を図る。「生活の質」「人生の質」「生命の質」などと訳される。

京間
きょうま

JAS規格の畳寸法のひとつ。主に関西、中国、山陰、四国、九州地方で使用されている。JAS規格の1種で、種類が本間、長さ1,910(6.3尺)ミリ、幅955ミリの寸法である。または、関西地方の木造在来構法の寸法体系を指す。畳の寸法を基準に、部屋の大きさや柱の位置などを決める「ダブルグリッド面押さえ」を用いる。⇒**畳割、ダブルグリッド**

躯体
くたい

建築物の主要構造、または骨組みのこと。

組立基準線
くみたてきじゅんせん

図面を描く際に寸法や位置の基準となる線。特に柱や壁を組み立てるために必要となる。

クリアランス
部材などを取り付ける場合における、ゆとり、空きや寸法公差のための空き、工事用のための空きなどのこと。

グリッド
格子や格子状の線のこと。⇒**シングルグリッド、ダブルグリッド、グリッドプランニング**

グリッドプランニング
基準となる寸法による碁盤目のようなグリット(格子状)上に、柱や壁を配置する方法で設計すること。⇒**シングルグリッド、ダブルグリッド**

グループホーム
数人の障害者などが一定の経済的負担を負って共同生活を行う住宅(アパート、マンション、一戸建など)のこと。同居または近隣に居住している専任の世話人により、食事の提供、相談などの生活援助が行われる。

車イス
くるまいす

歩行を代替えする車付きのイス。操作方法によって、手動で操作をする自走型、介助者が後ろから操作する介助型、モーターで車輪を回転させる電動型などの種類がある。

クロルピリホス
有機リン系の殺虫剤で、防蟻剤としての役割をもつ。シックハウス症候群を起こす原因のひとつであり、居室を有する建物では使用を禁止されている。

ケアハウス
老人福祉法で規定された軽費老人ホームの一種。60歳以上の配偶者がいて、身体機能が低下している高齢者が、自立した生活を送れるように構造や設備が施された施設である。全室個室化され、車イスの利用が可能なだけでなく、プライバシーなど自立した生活ができるよう尊重されている。

豆知識 ケアハウスのなりたち

ケアハウスは、住宅機能と福祉機能を兼ね備えた第一種福祉施設だが、住宅という概念に近い。自分のライフスタイルを継続しながら、豊かな老後を送るための終の棲家として考えられた。

ケアプラン
個々のニーズに合わせて、適切な保険、医療、福祉サービスが提供されるよう、ケアマネジャーを中心に作成された介護計画のこと。

ケアマネージメント
生活困難な利用者が迅速かつ効果的に、保険、医療、福祉サービスをうまく調整して援助を行う方法のこと。

ケアマネジャー
介護支援専門員のこと。本人や家族の心身の状況や生活の環境などに応じてケアプランを作成し、生活困難な利用者が必要な保険、医療、福祉サービスの調整を図る。

ケアワーカー
社会生活において、専門的な援助が必要な人に、社会福祉の立場から、個別事情に即して助言、支援する援助者のこと。CWと略すこともある。

傾斜路
けいしゃろ

斜めに勾配を付けた通路のこと。歩行困難な人の階段代わりとなる。

化粧室
けしょうしつ

化粧や身支度をするための空間。トイレや洗面所を指すこともある。

手動車イス(大型)の寸法(JIS規格)

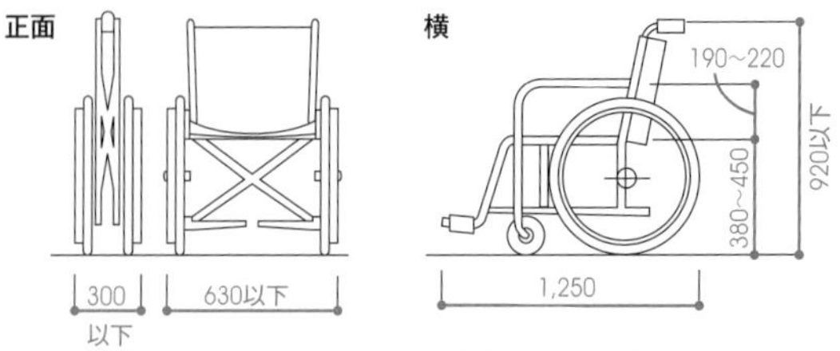

間
けん
尺貫法で使う長さの単位のひとつ。1間＝約1,818ミリメートル。

玄関
げんかん
内部（家庭）と外部（社会）を接続する空間のこと。人や物が出入りするところである。日本では靴を脱ぐという生活習慣があるため、この場所で土間と室内の床に分かれる。防犯対策を施したり、明るさや演出などにも注意したりしなければならない。

玄関ホール
げんかんほーる
玄関と廊下の間に位置する場所のこと。一般的には、来客者への簡単な対応や挨拶を交わすための場所である。靴やコート、傘などの収納物が置かれることが多い。また、車イスの方向転換などを考慮するときには、少なくとも柱の心々で1,820×1,820ミリが必要となる。

現寸図
げんすんず
各種の図面を作製する際に、実際の寸法で描かれた図面のこと。家具などの図面など詳細な部分を描くために用いられる。

肩峰高
けんぽうこう
肩の高さから床面までの寸法のこと。おおよその肩峰高の寸法は、人体寸法の略算値0.8H（H：身長）で算出される。

コア
建築物の中央部において、共用施設や設備スペースなどが設けられた部分のこと。核という意味がある。

豆知識　水廻りコア

水廻りコアとは、水廻りの設備をパイプなどが集中する縦孔のパイプシャフト（PS）付近に集中させて計画すること。設備とPSまでの排水管が短いことや、管の勾配確保が容易となり床に段差処理をしなくて済むなど、合理的な設計手法である。

コアシステム
建築計画のひとつの方法。エレベーターや階段などの動線処理を機能させるものである。その他、耐地震力をもたせた構造コア（耐震壁）、配管を合理化したコア（便所や浴室）などがある。⇒**コア**

公差
こうさ
構成材を製作すると誤差が生じるものだが、これを考慮したうえで決められる標準のこと。たとえば、空きの寸法を決める基準として製作誤差（最大と最小の許容誤差）がある。また、組立てを行う場合には、位置の誤差を考慮した組立誤差がある。

公室
こうしつ
居間や食堂など、家族や来客で使われる部屋のこと。⇒**私室**

公衆距離
こうしゅうきょり
文化人類学者エドワード・T・ホールによって提唱された、人間のコミュニケーションにおける距離の分類のひとつ。一方的に伝達する場合など、公的な場でとられる距離を指す。近い距離では370～760センチ、遠い距離では760センチ以上。⇒**密接距離、個体距離、社会距離**

構成材（エレメント）
こうせいざい
建築を構成するすべての部分。ネジなどの小さい部品から、建材、ユニットなど多岐に渡る。パーツ類やユニット家具など、まとまったものを指す場合が多い。JISでは、幅、高さ、奥行の3方向が決まっているものを構成材と定義し、面材や線材と区別している。

構成材基準面
こうせいざいきじゅんめん
構成材を納めるための基準となる面（線）のこと。構成材の大きさや位置を決めるときの基準となる。

高層住宅
こうそうじゅうたく
低層住宅（1～2階建て）、中層住宅（3～5階建程度）、それよりも高い住宅などのこと。近年では、20階以上のものを超高層住宅と呼ばれる。

高齢者
こうれいしゃ
65歳以上の人のこと。65歳以上75歳未満は前期高齢者、75歳以上は後期高齢者というように分ける場合もある。

コートハウス

建物や塀などで囲まれた中庭(コート)を持つ都市型住宅のこと。中庭の周辺に部屋を配置する住戸形式を指す。

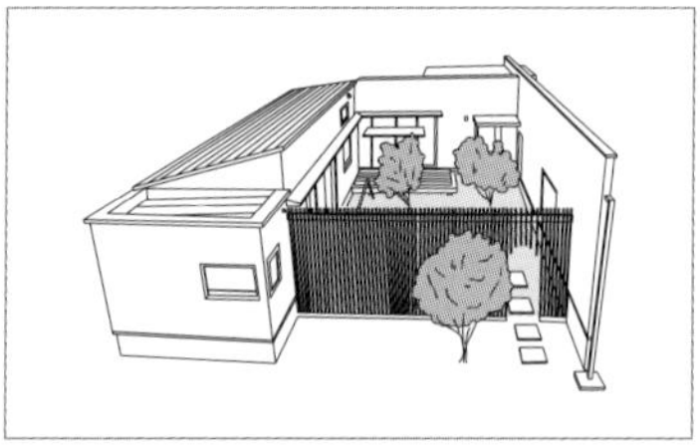

コーポラティブハウス

組合方式で建てられる集合住宅のひとつ。入居希望者が組合を結成して、土地の購入や設計、工事までを行う。

腰高

こしだか

床面から1.2メートル程度の高さの壁面のこと。

個体距離

こたいきょり

人間のコミュニケーションにおける距離の分類のひとつ。相手の表情が詳しくわかり、臭いが感じとれる距離である。近い距離では45〜75センチ、遠い距離では75〜120センチ程度。⇒**密接距離、社会距離、公衆距離**

子ども室

こどもしつ

子どもの学習、遊び、就寝など、多目的に使われる空間。子どもの成長に合わせて部屋を変更できるようにしておくとよい。

コの字型家具配置

このじがたかぐはいち

応接や団らんの場に、一方向を空けて、ソファや安楽イスを三方向に家具配置すること。広い空間の大人数向きである。

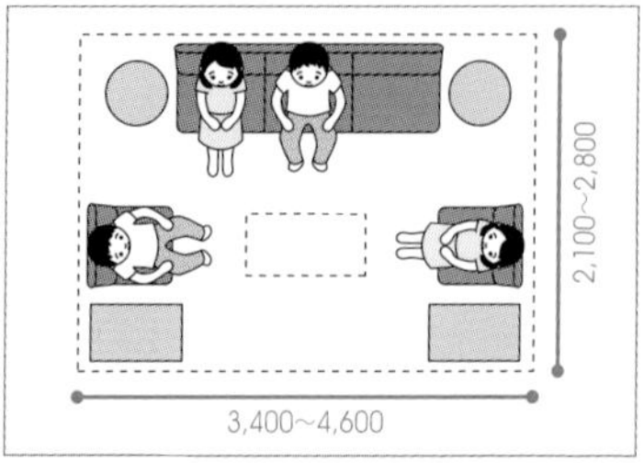

コミュニケーション能力

こみゅにけーしょんのうりょく

知識や経験、スキルなどに基づき、言語と非言語両方のメッセージを理解し、活用する能力。相手との結びつきを創出するために必須の能力であり、インテリアコーディネート業務においては対顧客、対業者などさまざまなシーンで求められる。

コモンスペース

集合住宅などにおいて、各居住者が共用するために設けられた道路や通路、庭などの空間のこと。

さ

サービスヤード

サービスヤードとは、キッチンや家事室などと直結した外部の庭のことである。物干しやごみ出しなど、動線の効率化が図れる。

座位基準点

ざいきじゅんてん

左右の座骨結節の中央における、座位を測定するための基準点のこと。

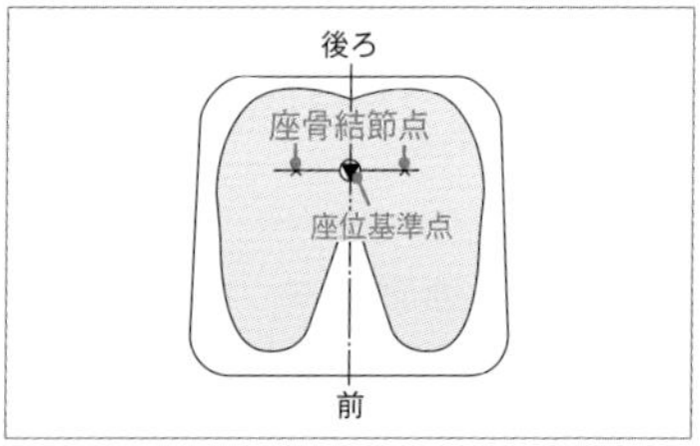

子どもの成長と部屋の使われ方の変化

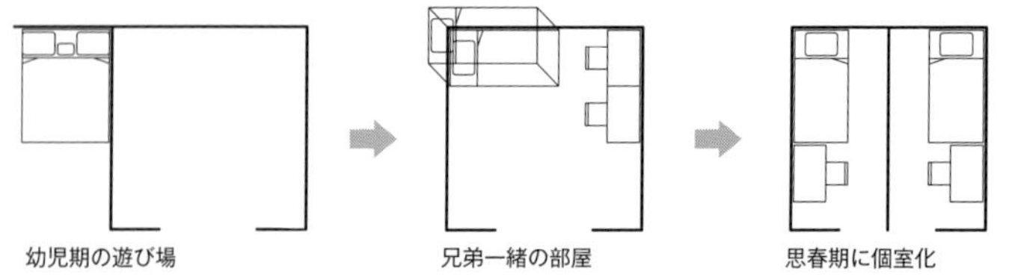

最小空間

さいしょうくうかん

ある動作ができる最低限度の空間のこと。無理な姿勢や操作を強いられるために、余分な労力を要する。

サイズ

形を示すために必要な寸法の総称。長さや太さなどを数値で表す。

> **豆知識　さまざまな設計寸法**
>
> 設計寸法には、法律で決められたものや、JIS の規格寸法、標準的な寸法などがある。JIS 規格の寸法だと、机の場合は、事務机の高さは 700 ミリで、学習机は 0 号 400 ミリから 60 ミリ単位で規定されている。また、ベッドの寸法は、ベビーベッドでは格子の間隔は 85 ミリ以内、2 段ベッドの床板の高さは 1,200 ミリ以下、洋風便器の便座の高さは 350 ミリと 370 ミリの 2 種類と規定されている。

最大作業域

さいだいさぎょういき

手を最大限に伸ばして届く範囲のこと。

佐賀間

さがま

JAS規格の畳寸法のひとつ。主に佐賀、長崎地方で使用されている。JAS規格の1種で、種類は六二間、長さ1,880（6.2尺）ミリ、幅940ミリの寸法である。

作業域

さぎょういき

ある一定の位置で体の各部を動かしたときにできる、平面的、立体的につくられる空間領域のこと。

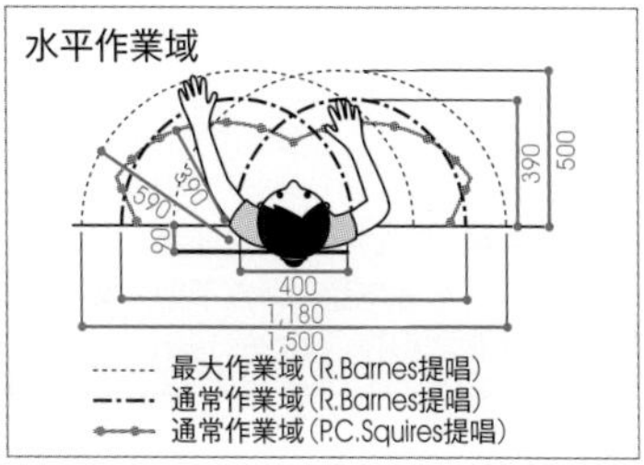

作業点

さぎょうてん

手とまな板など、器具との接点のこと。

座高

ざこう

イスに掛けたときの座骨結節点（座位基準点）から頭頂までの高さのこと。おおよその座高の寸法は、人体寸法の略算値0.55H（H：身長）で算出される。

座骨結節点

ざこつけっせつてん

座ったときに、左右の座骨とイスの座面が接する部分のこと。座面に掛かる体重を支える支点となる。（前頁図参照）

サニタリー

インテリアでは、浴室、脱衣室、洗面所、トイレなど水廻り空間の総称。

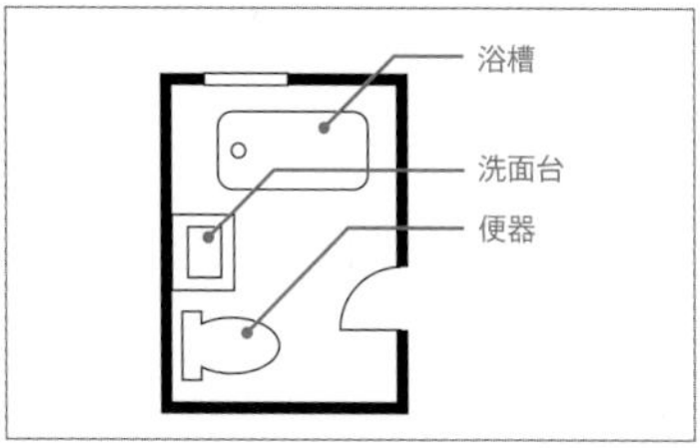

指極

しきょく

両手を左右に広げたときの指先から指先までの寸法のこと。身長にほぼ等しい。おおよその指極の寸法は、人体寸法の略算値H（身長）で求められる。

私室

ししつ

就寝、更衣、休息などを行なう個人的な空間のこと。主寝室、子ども室、老人室などがある。個室ともいう。

> **豆知識　私室計画の注意点**
>
> 私室の設計は部屋の用途に合わせて考慮する必要がある。主寝室の計画は、高いプライバシーの確保が必要であり、就寝、更衣、化粧などの用途の他、娯楽や書斎などの併用もある。子ども室の計画は成長を考慮し、独立性や共用性を変化させられるよう工夫する必要がある。

自助具

じじょぐ

身体障害者や高齢者などが自立的に日常の生活動作が行なえるよう考案された補助的

器具や道具のこと。

姿勢
しせい

人の体全体が示す形態のこと。生活姿勢には、立位姿勢、椅座位姿勢、平座位姿勢、臥位姿勢の4つに大別される。

指先点高
しせんてんこう

指先から床面までの高さのこと。おおよその指先点高の寸法は、人体寸法の略算値0.4H（H：身長）で算出される。

視線の調整
しせんのちょうせい

スムーズなコミュニケーションが行なえるよう配慮して計画された視線の方向や高さなどのこと。

室空間
しつくうかん

住宅を建築的に捉えた時に、ひとつの部屋を指す。たとえばリビングダイニングはひとつの室空間であり、単位空間としてはリビングとダイニングで別と考える。

失見当識
しっけんとうしき

今がいつで、ここがどこか、現在どういう状況下に置かれているかという、空間、時間、状況を正しく認識できなくなる状態のこと。認知症や意識障害などで現れる兆候のひとつである。

室内空気汚染物質
しつないくうきおせんぶっしつ

化学物質や揮発性有機化合物など、人の健康に悪影響を及ぼす空気内物質のこと。ホルムアルデヒド、トルエン、キシレンなどがあり、これらが室内に滞在すると倦怠感、めまい、頭痛など体調不良が起こる。

シニア住宅
しにあじゅうたく

高齢者向けの集合住宅であり、高齢者対応住宅のひとつ。⇒**ペア住宅**

遮音性
しゃおんせい

音の伝わりを遮断する性能のこと。建築やインテリアでは、寸法の適合性や安全性、耐久性などの性能を考慮する必要がある。

社会距離
しゃかいきょり

人間のコミュニケーションにおける距離の分類のひとつ。普通の声で話し合える距離である。近い距離では120〜215センチ、遠い距離では215〜370センチ程度。⇒**密接距離、個体距離、公衆距離**

視野狭窄
しやきょうさく

視野が周辺や中心から狭くなる視野障害のこと。網膜色素変性症、緑内障、網膜剥離などの他、視神経路の障害によって起こる。

尺
しゃく

日本で古くから使われてきたモジュールのひとつ。1尺＝約303ミリメートル。

尺貫法
しゃっかんほう

日本で古くから使われてきた長さ、重さ、量の単位の体系のこと。長さは尺、量は升、重さは貫を基本単位としている。一度廃止されたが、土地や建物などに限って使用が認められている。1間＝6尺＝約1,820ミリ、1坪＝1間×1間＝約3.3平米＝畳2枚分である。

集視ポイント
しゅうしぽいんと

店舗などにおいて、顧客の視線を引き付ける位置のこと。

住戸
じゅうこ

集合住宅において、各居住の一戸一戸のことを指す。

集合住宅
しゅうごうじゅうたく

住戸が2戸以上集合して1棟を構成する住宅のこと。アパートやマンション、コーポラティブハウス、タウンハウスなどの種類がある。

豆知識 集合住宅の分類

集合住宅の分類方法には、階数、断面形式、平面形式の3つがある。階数による分類は、低層住宅・中層住宅・高層住宅など、断面形式による分類は、フラット・メゾネット・テラスハウス・スキップフロア、平面形式は、階段室型・片廊下型・中廊下型・集中型・ツインコリドー型に分けられる。

集中型
しゅうちゅうがた

集合住宅の平面形式のひとつ。階段やエレベーターを中央に置いて、周囲に住戸を配置

した形式を指す。⇒**中央ホール型**

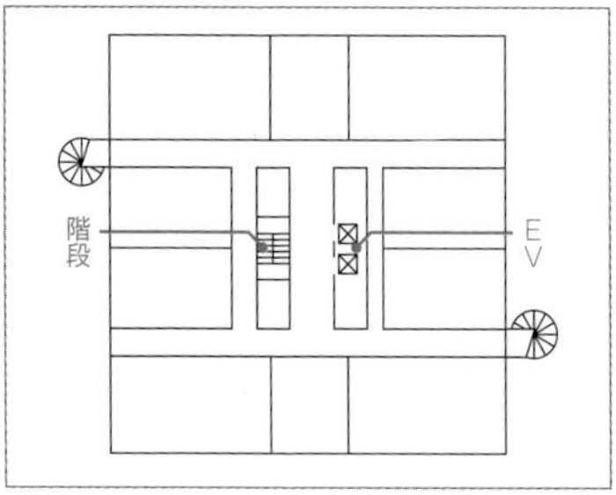
階段
EV

重心
じゅうしん

成人の場合、新た全体の中心よりやや上、へその少し下にある。身長160センチの人の場合、高さ90センチあたりとなる。

褥瘡
じゅくそう

長期間の臥床(ベッドの上で横たわっている)などによって、体の骨ばった部分に接続的な圧迫が加わり、血液の循環障害で組織が壊死(えし)すること。

主寝室
しゅしんしつ

夫婦のための寝室のこと。

障害者基本法
しょうがいしゃきほんほう

障害者の福祉増進が目的の法律。障害者の自立や社会参加などを支援する施策を推進するのが基本的理念である。「障碍者基本法」とも表記する。

消火設備
しょうかせつび

火災をしずめて、延焼を防ぐために用いられる設備。消防法により、消火設備に関する基準が定められている。

上肢挙上高
じょうしきょじょうこう

腕を斜め上に上げて伸ばしたときの指先から床面までの寸法のこと。おおよその上肢挙上高の寸法は、人体寸法の略算値1.2H(H:身長)で算出される。

食寝分離
しょくしんぶんり

住宅の住み心地や質を保つために、食事をする室空間と寝る室空間を分けること。

シルバーハウジング

60歳以上の高齢者が、自立して安全、快適な生活を営めるよう配慮された公的賃貸住宅のこと。住宅の構造は、高齢者を考慮したトイレや浴室となっているだけでなく、緊急通報システムの設置など安全面での配慮、生活相談・団らん室の設置などと工夫されている。

シングルグリッド

柱や壁を立てるために、均一な間隔で格子状(グリッド)に引かれた基準線のこと。設計手法は容易であるため、一般的に使われている。シングルグリッド心押えやシングルグリッド面押えがあり、代表例には関東間の木造軸組構法がある。⇒**ダブルグリッド、グリッドプランイング**

進行性疾患
しんこうせいしっかん

病気の慢性的な進行によって、症状や障害が徐々に重度化し、寝たきりの状態になる可能性がある疾患のこと。筋ジストロフィー、脊髄小脳変性症などがある。

寝室
しんしつ

睡眠をとるための個室のこと。夫婦の寝室を主寝室(マスターベッドルーム)という。就寝の他、休息のためのスペースなど他の用途を設ける場合も多い。

人体寸法
じんたいすんぽう

人体の各部の寸法のこと。(次頁図参照)

スキップフロア

集合住宅の断面形式のひとつ。各住戸とも

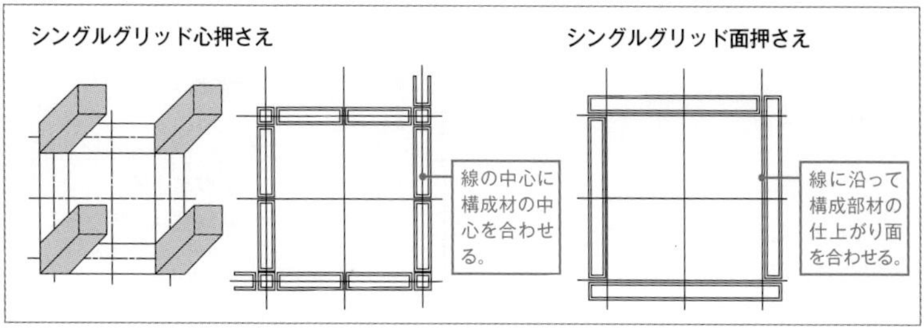
シングルグリッド心押さえ
線の中心に構成材の中心を合わせる。
シングルグリッド面押さえ
線に沿って構成部材の仕上がり面を合わせる。

段差を付けた間取りである。または、各住戸を半階ずつずらした床で上下階に分けた形式となっている。⇒メゾネット、フラット

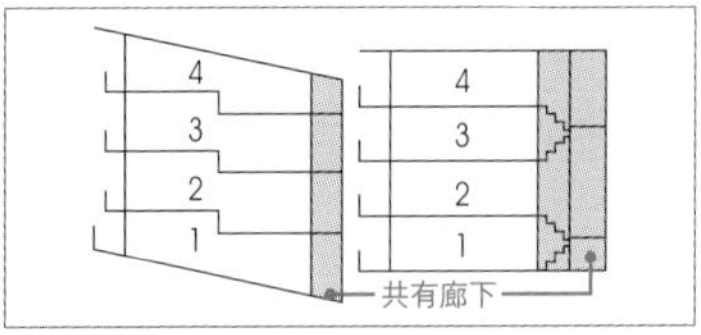

スプリンクラー

火災時に、自動的に水を散布するとともに、警報で火災を知らせる設備のこと。住宅用として、居室などの天井部にノズルが設置されている。

隅切り
すみきり

壁の隅や端部をカットすること。

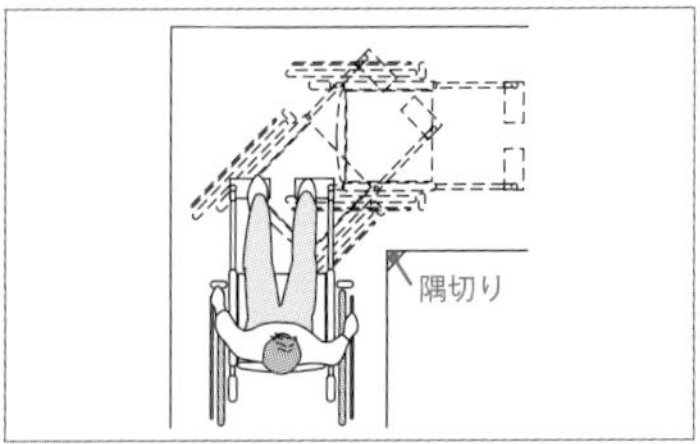

スリーインワン

洗面所、浴室、トイレをひとつの空間にしたユニットのこと。ホテルやワンルームマンションなどで使われる。

スロープ

傾斜路のこと。床は滑りにくい材料で仕上げて、手摺などを設ける必要がある。

生体認証式
せいたいにんしょうしき

個人を認証する方法ひとつ。人相、指紋、声、瞳の虹彩、静脈など個人の身体的特性をもとに個人を特定する技術。

性能計画
せいのうけいかく

寸法の適合や安全性、耐久性など、性能を満たすための計画。JISの性能検査は、断熱性・遮音性・気密性・耐火性・耐久性である。

接触型
せっしょくがた

日常災害の分類のひとつ。ぶつかり・挟まれ・鋭利物による傷害などが該当する。⇒日常災害

接地型住宅
せっちがたじゅうたく

⇒独立住宅、集合住宅

背もたれ点
せもたれてん

イスに座ったとき、上体を支持するイスの背もたれが中心となる点のこと。背もたれに

人体寸法の略算値

| 身長 | =H | 肩幅 | =0.25H |
| 基準値 | | | |

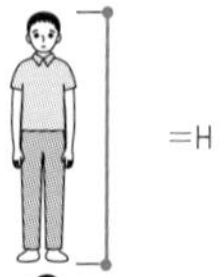

眼高（がんこう）　眼の高さから床面までの寸法　=0.9H

下腿高　膝から床面までの寸法　=0.25H

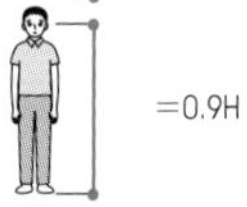

肩峰高（けんぽうこう）　肩の高さから床面までの寸法　=0.8H

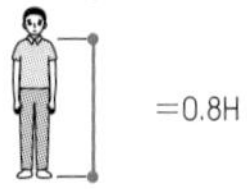

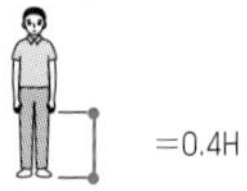

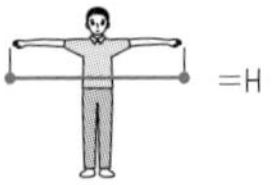

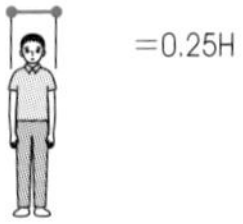

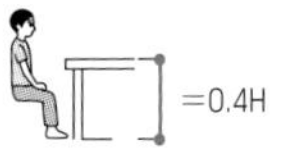

机面高（きめんこう）　テーブルやデスクの甲板上面から床面までの寸法　=0.4H

指先点高（しせんてんこう）　指先から床面までの寸法　=0.4H

座高　=0.55H

指極（しきょく）　両手を左右に広げたときの寸法　身長にほぼ等しい　=H

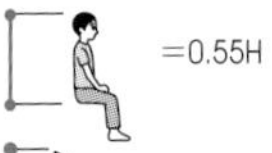

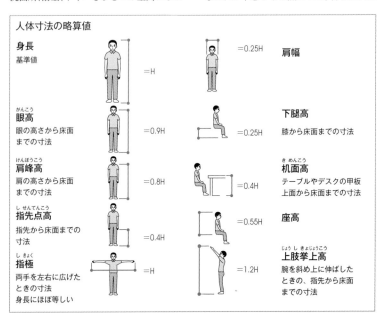

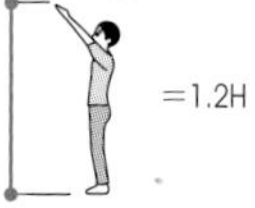

上肢挙上高（じょうしきょじょうこう）　腕を斜め上に伸ばしたときの、指先から床面までの寸法　=1.2H

は、第2～3腰椎部を支持する役割がある。JISでは、座位基準点より21～25センチ上方に規定されている。

洗面所
せんめんじょ
洗面、更衣、化粧などの他、脱衣室を兼ねた洗面脱衣室や、トイレと一体化した化粧室(パウダールーム)などのこと。換気計画や照明計画、素材の耐水性、清掃性など、機能的な配慮が必要となる。

洗面脱衣室
せんめんだついしつ
洗面所と脱衣室の機能を兼ね備えた空間のこと。

ゾーニング
計画段階において、各部分の機能や目的などに応じて、配置を区分けして考えるという作業のこと。

ソシオフーガル
人間が集団で行動する場合の集合の形のひとつ。プライバシーを守り、集中しやすい離反状態で、遠心的である。

ソシオペタル
人間が集団で行動する場合の集合の形のひとつ。人間同士が向き合って、コミュニケーションがとりやすい求心的な状態をいう。

> **豆知識 ソシオペタル型の応用**
> ソシオペタル型は、コミュニケーションしやすいため、会議室や団らん、食事の場などで用いられる。机を挟む形の場合は論争などになりやすく、L字型の場合は親近感が増すため、団らんや親しい会話に向いている。

た

ターミナルケア
終末期の医療、看護、介護のこと。治療の見込みがなく、死期が近づいた患者に対して、延命治療中心でなく、患者の人格を尊重した看護(ケア)中心の包括的援助を行う。

体圧分布
たいあつぶんぷ
支持面に対し、体重がどこにどれくらいの圧力をかけているかを示す分布状態こと。

耐火性
たいかせい
火の熱に耐えられる性能のこと。建築やインテリアでは、寸法の適合性や安全性、耐久性などの性能計画が必要のため、耐火性はJISの性能検査に挙げられている。⇒**断熱性、遮音性、気密性、耐久性**

耐久性
たいきゅうせい
物理的・化学的な力に対して時間的に耐える力を表す性能である。建築やインテリアでは、寸法の適合性や安全性、耐久性などの性能計画が必要のため、耐久性はJISの性能検査に挙げられている。⇒**断熱性、遮音性、気密性、耐火性**

対向型家具配置
たいこうがたかぐはいち
テーブルを中心にはさんで、相互に向かい合った形で家具配置すること。やや形式ばった会話や食事、商談などに向いている。

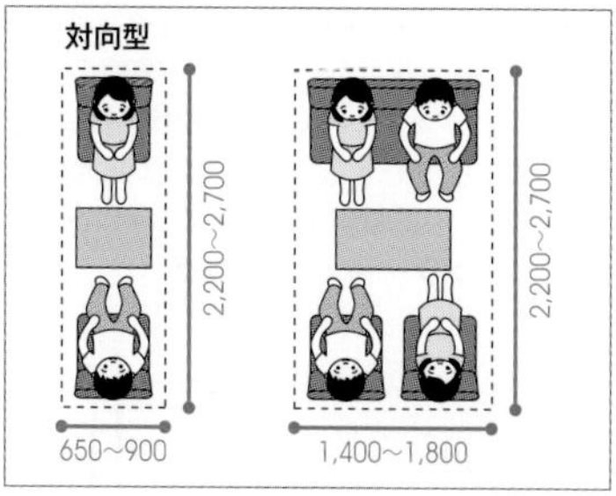

台所
だいどころ
調理や炊事をする室空間のこと。作業中心の場となるため、機能性や防火性、耐水性、メンテナンス性が求められる。設計の寸法は、立位作業の作業点が基本となる。成人男性の作業点は高さが80～90センチで、成人女性は成人男性より5センチ低い。厨房やキッチンともいう。

ダイニング
食事をする室空間のこと。

ダイニングキッチン
食事をしたり(D)、調理をしたりする(K)場を、ひとつにまとめた空間のこと。DKとも表記する。

タウンハウス
低層の連続住宅で、集合住宅のひとつである。各戸は地面に接し、専用の庭がある。さらに共用の庭などのコモンスペースを持つ。

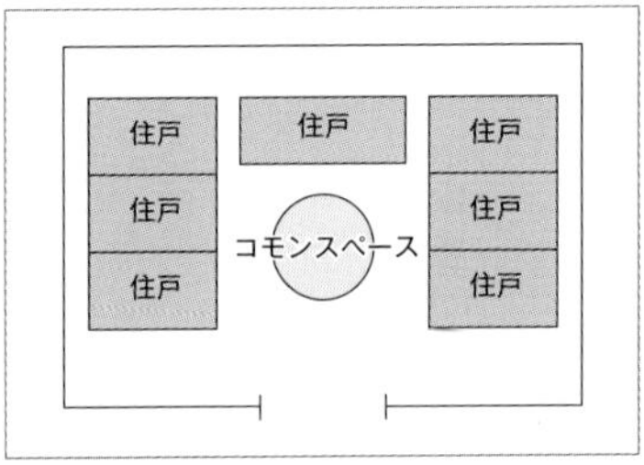

畳敷様
たたみじきよう

畳の敷き方のこと。吉の敷き方を祝儀敷き、凶の敷き方を不祝儀敷きという。一般的な住宅では、祝儀敷きが用いられる。

畳割
たたみわり

一定の規格の畳を基準として、部屋の大きさや柱の位置などを決める平面計画のこと。⇒**京間、ダブルグリッド**

ダブルグリッド

あらかじめ壁などの厚みを想定して、二重線で引いた格子状(グリッド)の基準線のこと。この方法であれば、必ず一定の内法寸法を確保することができる。代表例には関西間でつくられる木造軸組構法がある。⇒**シングルグリッド、グリッドプランニング**

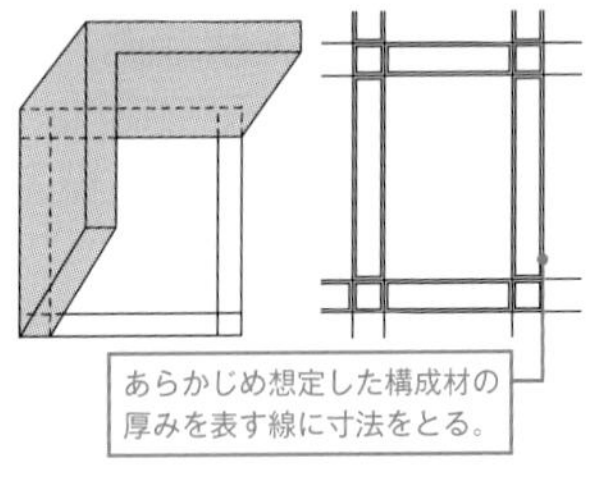

あらかじめ想定した構成材の厚みを表す線に寸法をとる。

単位空間
たんいくうかん

まとまった生活を行うための空間のこと。空間構成の基本単位となるものである。ダイニングキッチンには2つの単位空間が含まれており、ひとつの部屋になる場合がある。「単位空間」と「部屋」を区別するために、部屋のことを「室空間」と呼ぶこともある。

豆知識　オープンプラン

空間を機能別に区切ることなく、オープンにして、広く使う空間計画のことである。このような空間をユニバーサルスペースなどともいう。

団地間
だんちま

JAS規格の畳寸法のひとつ。公団公営住宅や建売で使用されている。JAS規格の3種で、種類は五六間、長さ1,700(5.6尺)ミリ、幅850ミリの寸法である。

断熱性
だんねつせい

熱が移動するのをどのくらい抑えられるかを表す性能である。建築やインテリアでは、寸法の適合性や安全性、耐久性などの性能を考慮しなければならない。なお、断熱性はJISの性能検査に含まれている。⇒**遮音性、気密性、耐火性、耐久性**

中央ホール型
ちゅうおうほーるがた

⇒**集中型**

中京間
ちゅうきょうま

JAS規格の畳寸法のひとつ。主に中京地区、東北、北陸地方の一部、沖縄で使用されている。JAS規格の2種で、種類は三六間、長さ

柱割と畳割

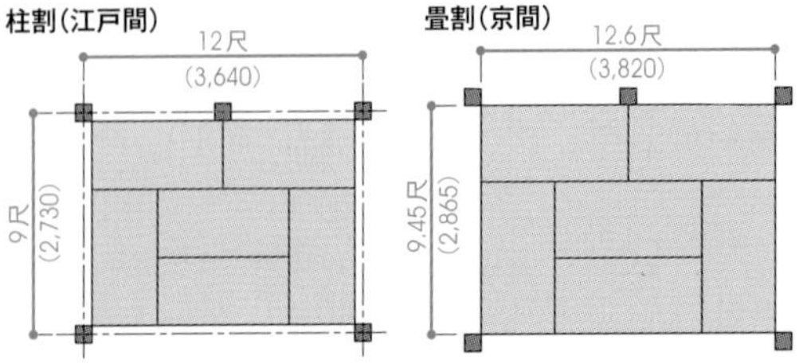

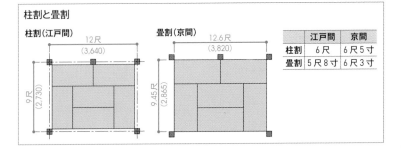

	江戸間	京間
柱割	6尺	6尺5寸
畳割	5尺8寸	6尺3寸

1,820(6尺)ミリ、幅910ミリの寸法である。

直列型家具配置

ちょくれつがたかぐはいち

一方向のみを向かせて家具を配置すること。狭い空間でもコンパクトに配置できる。

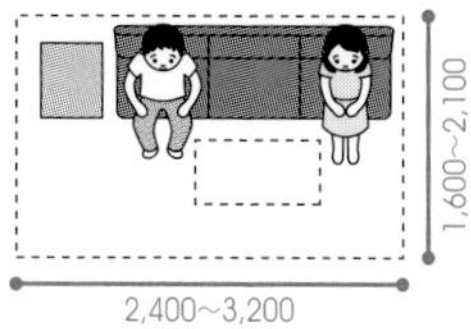

ツインコリドー型

ついんこりどーがた

集合住宅の平面形式のひとつ。廊下を2列にして、内部の吹抜けを囲むように住戸を配置する形式である。

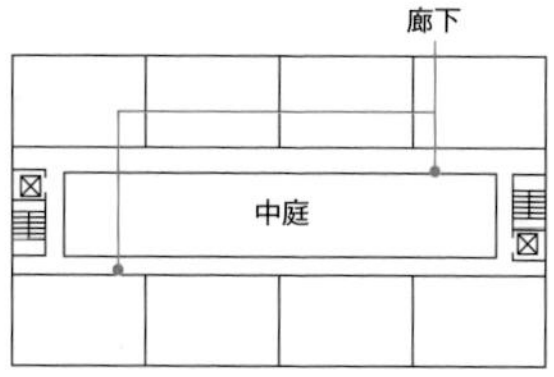

通常作業域

つうじょうさぎょういき

肘を曲げた状態で、手が楽に動かせる範囲のこと。日常よく使うものは、通常作業域に置いておくと便利に活用することができる。

DK型住宅

でぃーけーがたじゅうたく

ダイニングキッチンの間取りがある住宅のこと。1DK、2DKと表記し、数字は個室の数を指す。

手摺

てすり

転倒を予防したり、移動や移乗を容易にするために、壁に設置される支持棒。廊下や通路、トイレ、浴室などに付けられる。

手摺の高さ

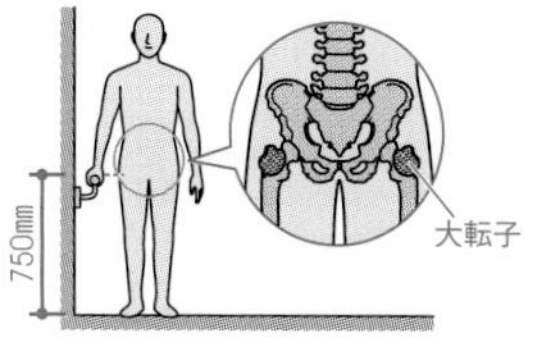

手摺の高さは750mmが標準。大腿骨（だいたいこつ）上部の大転子（だいてんし）部の高さが最適。また、手や肘から先の前腕を手摺に載せて移動する場合は、肘を曲げた高さである約1,000mmにするとよい。

浴室の手摺

またぎ込み用の竪手摺の取り付け位置は、浴槽の縁より200 ~ 300mm離す。

手摺の端部形状

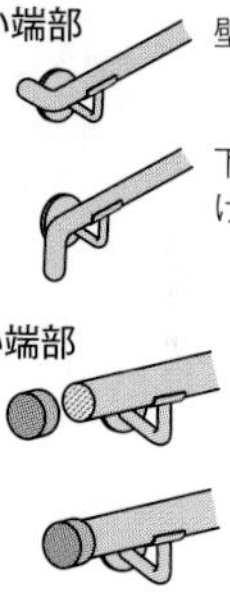

手摺の種類

形状	特徴	使用場所	手摺の直径
ハンドレール (hand rail) 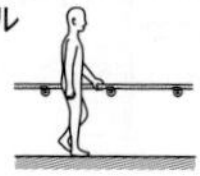	・体の位置を移動させるとき、手を滑らせながら使用する。 ・太いほうが安定感がある。	門扉から玄関までのアプローチ、廊下、階段。	φ 32 ~ 36 mm
グラブバー (grab bar) 	・移乗動作や立ち座りの動作時にしっかりとつかまって使用する。 ・握ったときに親指と他の指が軽く重なる程度の太さにする。	玄関、トイレ、洗面・脱衣室、浴室など。	φ 28 ~ 32 mm

手摺の取り付け位置の補強

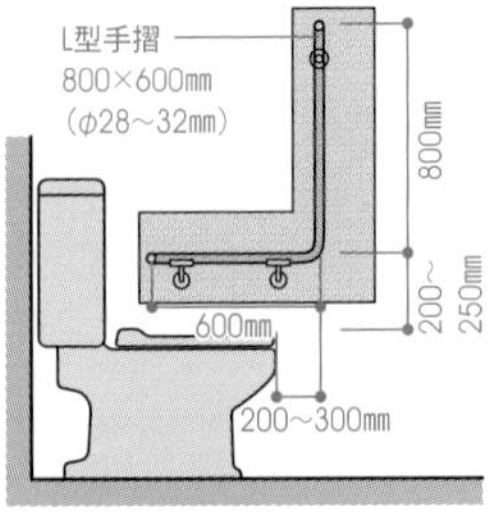

使いやすい位置に手摺が動かせるように、補強範囲を広くする。

テラス

地上よりも高い位置にある自然の平坦部分や、人工的に盛り上げた部分のこと。

テラスハウス

集合住宅のひとつ。2つ以上の低層住戸を横に配置した連続住宅である。各戸は地面に接しており、専用の庭を有している。

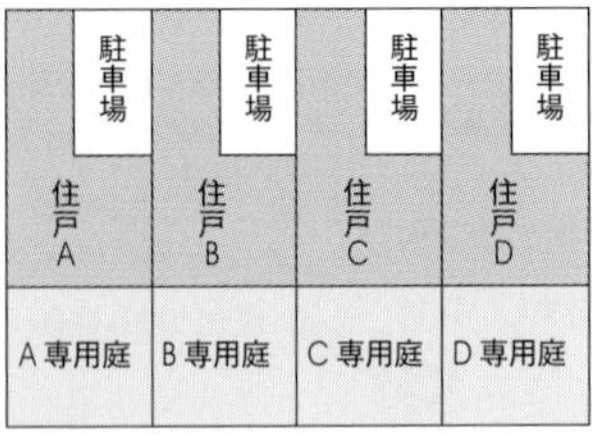

転倒防止金具

てんとうぼうしかなぐ

家具や家財が、地震や災害、建物の老朽化などの影響で転倒するのを防ぐための金具。

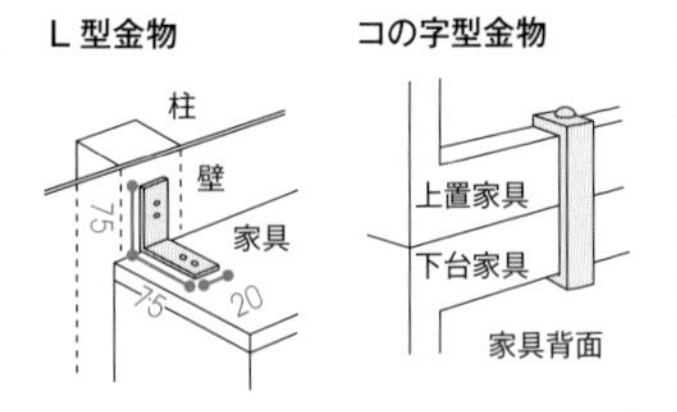

トイレ

大便・小便を行う空間の総称。和式、洋式がある。車イスでの使用や介助などに備えて、配慮、計画しなければならない。

同向型家具配置

どうこうがたかぐはいち

一方向の同じ向きに、イスやソファなどの家具を配置すること。一方向に注目させたい場合に適用される。スクール型ともいう。

動作域

どうさいき

人間が一定の場所にあって身体の各部位を動かすことができる空間領域のこと。

動作空間

どうさくうかん

作業や動作に必要な空きやゆとりを加えた空間(領域)を示したもの。人の動作域(動作寸法)に道具や家具の寸法を加える。(下図参照)

動作寸法

どうさすんぽう

動作域を寸法的に示したものである。

動線

どうせん

建築空間における、人や物の動きの軌跡のこと。プランニングの基本概念に活用される。

動作空間の考え方

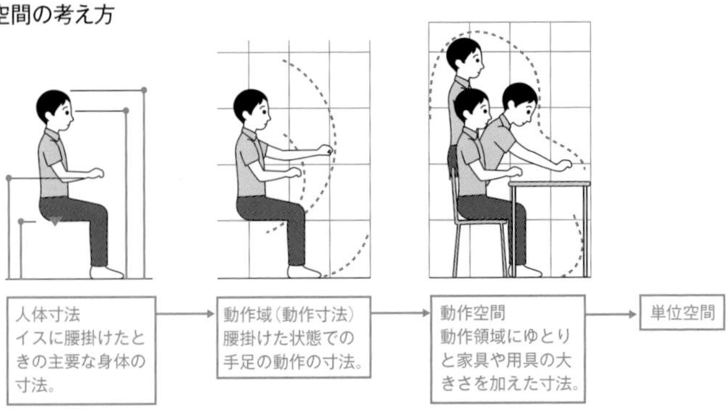

動線にはサービス動線やプライベート動線など、目的別のものがある。一般的には、性質の異なる動線が交差しないよう配慮しなければならない。

動線計画
どうせんけいかく

建築空間において、人や物の動線を分析、検討して合理的な動線となるよう、家具や設備などの位置を計画すること。

独立住宅
どくりつじゅうたく

1戸の独立した住宅のこと。各戸が大地に接地していることから、接地型住宅ともいう。**⇒接地型住宅、集合住宅**

土間
どま

屋外と屋内の中間的な場所。一般的には土足のままで使用する。歴史的には地面と同じ扱いの屋内の部屋という意味をもつ。

トリプレット
集合住宅の断面形式のひとつ。1住戸が3層に渡る住戸形式である。**⇒メゾネット、フラット**

な

中廊下型
なかろうかがた

集合住宅の平面形式のひとつ。中廊下を挟んで、両側に住戸を配置する形式。

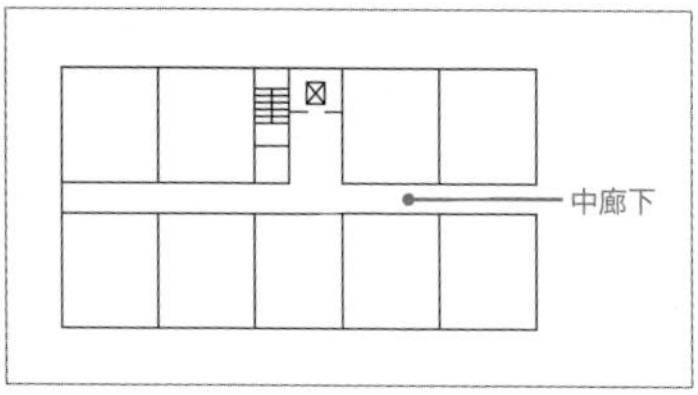

逃げ
にげ

納まりのための余裕または寸法のこと。

二次災害
にじさいがい

災害や事故が起こった際に派生して起こる災害。

二世帯住宅
にせたいじゅうたく

同一建物に、典型的には親世帯と子世帯の二世帯の家族が、世帯を別にして住む住宅。

日常災害
にちじょうさいがい

日常生活において、起きる災害のこと。転落や転倒などの落下型、ぶつかりやこすりなどの接触型、やけどや感電などの危険物型の大きく3つに分類される。特に、高齢者の浴室での事故が多い。**⇒非常災害**

2列型
にれつがた

キッチンレイアウトのひとつ。中央に通路を設け、シンクや加熱機器を対面にして、2人で分担作業がしやすい配置となっている。通路（2列間の距離）は、ひとりで作業する場合は800〜900ミリに、2人以上で作業する場合は900〜1,200ミリにする必要があるとされている。**⇒1列型、L型、U型、アイランド型、ペニンシュラ型**

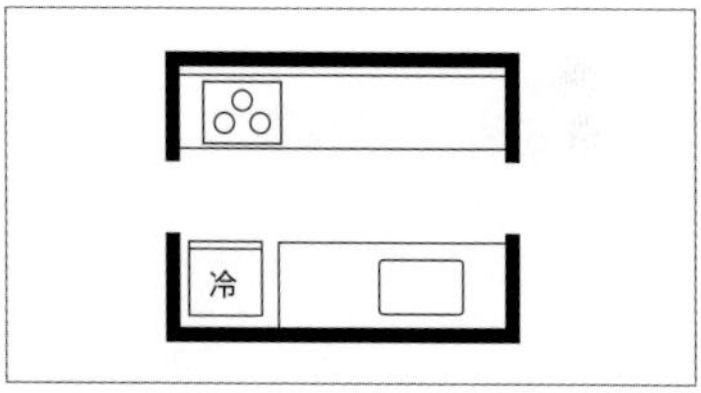

人間工学
にんげんこうがく

人間の立場から、人間と物との関係を考えて、役立てようとする学問のこと。身長、座高、体重などを基本に考える。使い勝手の科学ともいわれる。アメリカではHuman engineering、ヨーロッパはergonomicsと呼ばれる。

ノーマライゼーション
障害者や高齢者など、社会的にハンディキャップのある人が、あるがままの姿で、他の人々と同等の権利を享受することができるようにするという考え方、方法のこと。

法
のり

傾斜の度合い（法面：傾斜面）のこと。または、長さ（内法、外法など）も指す。

ノンスリップ
階段の踏面の先端に取り付けられる滑止めのこと。溝やプラスチックなどがある。

は

パーソナル・スペース
環境心理学者R・ソマーが提唱した空間概念

のこと。人間には他人が容易に入り込めない、体を取り巻く気泡のような、目に見えない領域がある。この領域は不整形に広がっており、性別、人種、文化などによって異なる。

パウダールーム

身だしなみや化粧などができる、豊かなトイレ空間や洗面空間のこと。

柱割

はしらわり

柱の心々間の距離を基準の長さとして、部屋の大きさや柱の位置などを決める平面計画のこと。部屋の大きさによって、畳の大きさが異なる。(74頁図参照)⇒**関東間**、**シングルグリッド**

バスグリップ

浴槽に取り付けられた手摺のこと。浴槽への出入りや浴槽内での動作を補助する。

> **豆知識　浴室の段差**
>
> 
>
> 浴室の出入口の段差は歩行で20ミリ以下、車イスで5ミリ以下とする。出入口に設けられる排水溝のグレーチングは、長手方向に平行となっている空き間隔が狭い細角パイプやT型パイプがよい。

パティオ

スペインの住宅の中庭のこと。

パブリックスペース

誰もが自由に出入りできる公共の空間のこと。住宅では、居間や食堂など、来客や家族共用の空間を総称して用いられる。⇒**プライベートスペース**

バリアフリー

公共の建築物や道路、個人の住宅などで、高齢者や障害者に配慮した設計のこと。具体的には、車イスで通行可能な道路や廊下の幅の確保、段差の解消、点字の案内板の設置などがある。

バリアフリー住宅

ばりあふりーじゅうたく

小さな子供から高齢者、障碍者など幅広い人々が安全で快適に日常生活を自力で行なえるような住宅のこと。床面の段差解消や手摺の設置以外に、車イスで移動するために出入口や廊下幅などにある不便な障壁を取り除いたバリアフリーで設計される。

PT

ぴーてぃ

①Physical Therapistの略で理学療法士のこと。医学的リハビリテーション技術者に付与される名称で、理学療法という専門技術を行うことが認められている。②Physical Therapyの略で理学療法のこと。体に障害のある人が基本的動作能力を回復できるよう、治療体操や電気刺激、マッサージ、温熱など、物理的な刺激を加える。

ヒートショック

住環境における急激な温度変化により血圧の乱高下や脈拍の変動が起こることをいう。心筋梗塞や脳出血など深刻な疾患につながる危険性がある。

引込み戸

ひきこみど

壁を袋状にして、その中に収納できる建具のこと。⇒**引戸**

引戸

ひきど

溝やレールに沿って移動して開閉する建具の総称。片引戸、引違戸、引込戸などがある。

非常災害

ひじょうさいがい

火災や地震災害、風水害など、外的な要因で起こる災害のこと。⇒**日常災害**

左回りの法則

ひだりまわりのほうそく

人間の行動に共通した癖や行動特性のことであるポピュレーションステレオタイプのひとつ。人は無意識に行動する時、左回りを好む傾向があり、それをマーケティングや行動心理で利用する際にこう呼ぶ。

ピロティ

Piloti

2階以上の建築物において、柱で地上部分を開放した外部空間のこと。

フィート

feet(ft)

ヤード・ポンド法において長さを表す単位。1フィート＝約304.8ミリメートル。

フィボナッチ数列

ふぃぼなっちすうれつ

前2項の和が、次の項の数値となる数列のこと。0、1、1、2、3、……と続く。この数列には、隣り合う2項の比が黄金比に近づくという性質がある。数学者のフィボナッチの名から命名された数列である。

フールプルーフ
空間や機器などを設計、生産、使用する際に、健常者だけでなく、子どもや高齢者などの社会的弱者にも配慮して、安全を確保できるよう計画すること。

豆知識　フェイルセーフ

基本的な安全性能が十分に確保されていても、人間のミスにより危険な状況となることがある。フェイルセーフとは、それをあらかじめ想定し、設備や家具などに安全性をもたせるという設計思想である。

フォーカルポイント
インテリア空間において、人の視線が集中する場所のこと。空間に安定感や落ち着き感を与えることができる。

フォーマルケア
公的機関が行う制度に基づいた社会福祉サービスのこと。⇒**インフォーマルケア**

吹抜け
ふきぬけ

建物内部において、2層以上を通して開放された部分や空間のこと。

福祉住環境コーディネーター
ふくしじゅうかんきょうこーでぃねーたー

高齢者や障害者に対して、住みやすい住環境を整備するための提案を行うアドバイザーのこと。各種専門家（建築士やケアマネージャーなど）と連携しながら、利用者に適切な住宅改修プランを作成したり、福祉用具や介護保険を含む、さまざまな施策情報などについて情報提供する。

福祉用具
ふくしようぐ

障害者や高齢者、傷病者の生活支援のための用具、機器のこと。たとえば、車イス、補聴器、入浴イス、自助具などがある。

福祉六法
ふくしろっぽう

生活保護法、児童福祉法、身体障害者福祉法、知的障害者福祉法、老人福祉法、母子及び父子ならびに寡婦福祉法の6つの法律のこと。

プライベートスペース
個人的な室空間のこと。寝室、子ども室など、プライバシーが求められるスペースの総称である。⇒**パブリックスペース**

フラット
集合住宅の断面形式のひとつ。住戸の各世帯が1層で完結している形式である。⇒**メゾネット、スキップフロア**

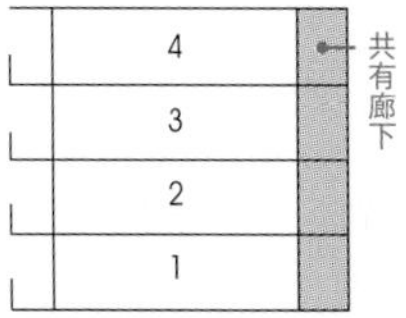

プラン
⇒**平面図**

フレキシビリティ
建築やインテリアにおいて、使用していくうちに変化が起きたら、空間を自由に変えられるようにすること。たとえば、家具の配置を変えたい場合に備え、自由度を確保する。

分散型家具配置
ぶんさんがたかぐはいち

応接や団らんの場にソファや安楽イスを分散して配置すること。暖炉を囲む習慣のある西洋に多い。

福祉用具の例

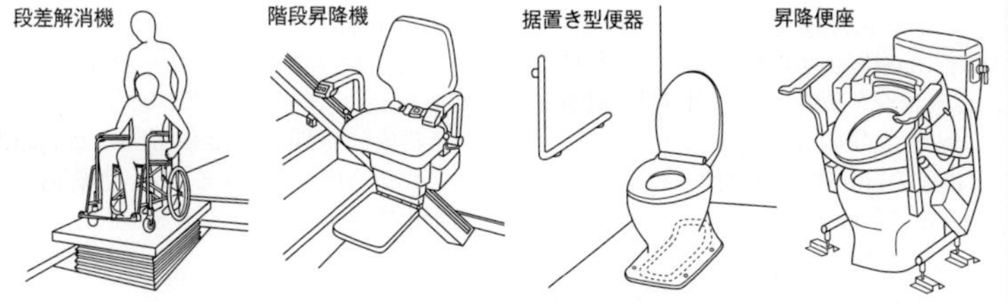

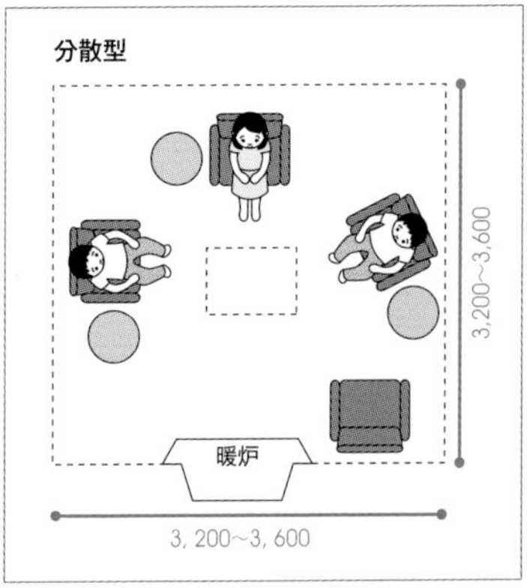

ペア住宅
ぺあじゅうたく

高齢者対応住宅のひとつ。子ども世帯と別居しながらも隣居する住宅である。⇒**高齢者住宅、バリアフリー住宅、シニア住宅**

平座位姿勢
へいざいしせい

生活姿勢のひとつ。正座やあぐら、しゃがみ、四つん這いなど、下肢を折り曲げた姿勢のことである。

平面図
へいめんず

目の高さが約1.5メートルの水平面の平面を表現した図面のこと。間取りを示す。

ペニンシュラ型
ぺにんしゅらがた

キッチンレイアウトのひとつ。壁面から作業面の一部が半島(ペニンシュラ)のように突出して、居室側に解放されている形式である。⇒**1列型、2列型、L型、U型、アイランド型**

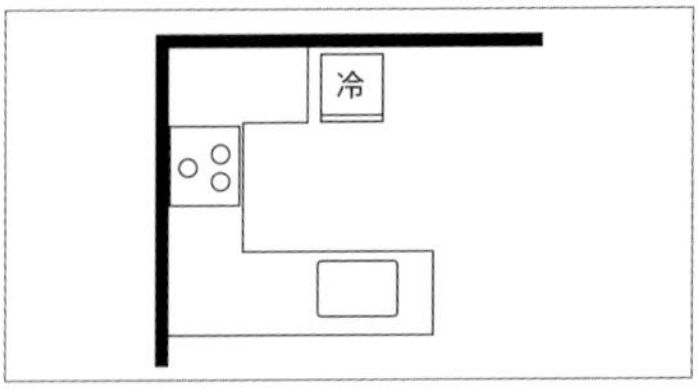

ホームヘルパー
高齢者、心身障害者(児)を支援する職種のこと。各家庭を訪問して、入浴、排泄、食事などの保護、衣類の洗濯、住居などの掃除、生活必需品の買い物、関連機関への連絡、相談や助言などを行う。

ホームリフト
住宅用の介護や荷物運搬のための小型昇降機のこと。

補助錠
ほじょじょう

主錠の他に取り付けられる鍵のこと。これによって、防犯性を高めることができる。防犯対策に効果的なパーツである。

ポピュレーション·ステレオタイプ
人間の行動や動作に共通した、くせや特性のこと。文化や民族の違いによって差が現れる。家具や機器類、部品を計画する際に考慮される。

ホワイエ
サロン風の広い接客空間や劇場入口からロビーに至る、通行するための広い空間のこと。

ま

密接距離
みっせつきょり

人間のコミュニケーションにおける距離の分類のひとつ。体を密接にさせたり、手で触れ合えたりする距離である。近い距離では0センチ、遠い距離では15～45センチ程度。⇒**個体距離、社会距離、公衆距離**

メゾネット
集合住宅の断面形式のひとつ。複層住宅を指し、各世帯とも上下2層で内部階段がある。

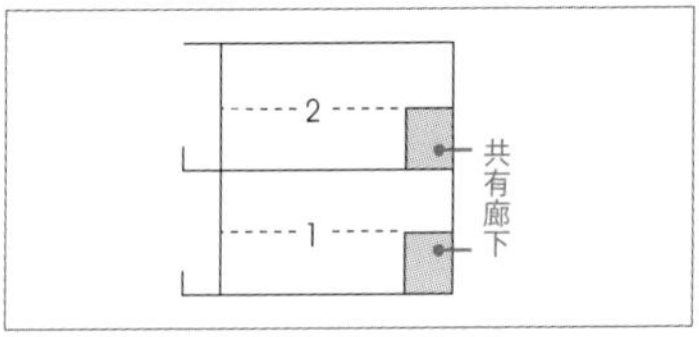

モデュール
建築空間や構成材の寸法を決める単位として活用されるもの。元々は単位や比率を意味し、構成材を定めるための寸法や寸法の体系である。2つに大別される。ひとつは、ISO(国際標準化機構)規格の1モデュールを10センチとして、整数倍によって決められる。もうひとつは、日常使う寸法の集合体をセットした全体を指す。

モデュラーコーディネーション
建築やインテリアにおいて、モデュールを用いて構成材や空間の大きさ、位置などを調整して建築空間を構成すること。建築生産の合理化やコストダウンなどを目的としている。MCと略される。

モデュロール

フランス人建築家ル・コルビュジェによって提案された、デザインするための寸法単位のこと。人体（フランス人）の標準寸法（身長183センチ、へその高さ113センチなど）を基準に、導き出された数値群である。黄金数列で構成されている。

や

U型
ゆーがた

キッチンレイアウトのひとつ。Uの字型に配置している形式である。作業動線が短いので1人作業向きのレイアウトとなっている。複数人だとぶつかりやすいので、広い面積が必要である。**⇒1列型、2列型、L型、アイランド型、ペニンシュラ型**

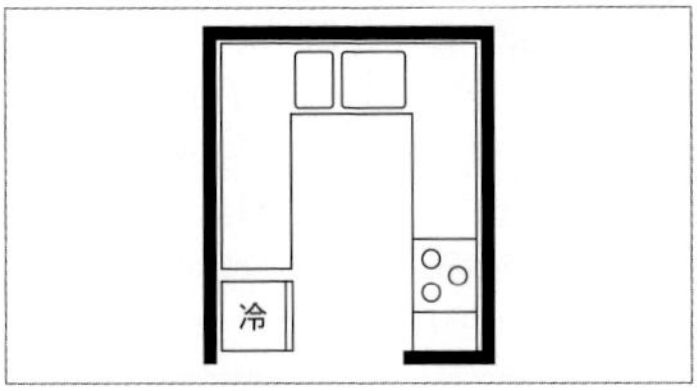

ユーティリティ

住宅において、洗濯やアイロンがけ、裁縫など、一連の家事作業を行う居室のこと。一般には家事作業をまとめて、短い動線で行き来できると家事効率が向上するために、キッチンや洗面脱衣室に近接して設けることが多い。「家事室」ともいう。

ユニットケア

施設内で10人程度の入居者が1つのユニットとなり、食事や入浴、施設内の行事といった日常生活を送って、家庭的な雰囲気のなかで介護を行うスタイルのこと。各自に個室が与えられており、それぞれの個性や生活のリズムを尊重しながら生活することを目指している。

ユニットバス

⇒浴室ユニット

ユニバーサルデザイン

障害の有無にかかわらず、あらゆる人が使いやすいよう、形状や機能を配慮した造形、設置のこと。ノースカロライナ州立大学のユニバーサルデザインセンター所長であったロナルド・メイスによって提唱された概念である。デザイン対象を障害者に限定していない点が、一般にいわれている「バリアフリー」とは異なるので注意。

> **豆知識　ユニバーサルデザインの原則**
>
> 
>
> ユニバーサルデザインには、以下の7原則がある。①どんな人でも公平に使えること（Equitable use）、②使ううえで柔軟性があること（Flexibility in use）、③使い方が簡単で直感的に使えるものであること（Simple and intuitive）、④わかりやすい情報が提供されていること（Perceptible information）、⑤うっかりミスを許容できること（Tolerance for error）、⑥体への過度な負担を必要としないこと（弱い力でも使えること（Low physical effort）、⑦大きさと寸法の使い勝手がよいもの（Size and space for approach and use）。

要介護状態
ようかいごじょうたい

介護保険法で規定されている、身体上や精神上の障害によって、入浴や排泄、食事などの日常生活に支障があると見込まれる状態のこと。

洋風便器
ようふうべんき

日本の便器の分類のひとつで、便座に腰を掛けて使用する便器のこと。男子小用は、便座をあげて立位で使用することもできる。

浴室
よくしつ

入浴や衛生のための室空間のこと。浴槽内で体を洗うことができて、洗い場がない洋風スタイルと、体を温める浴槽と洗い場がある日本特有の和風スタイルに分けられる。浴室は、空間を内法寸法で把握して、設備を外法寸法で計画される。浴室のつくりには、大きく分けて在来工法と浴室ユニットがあるが、近年は浴室ユニットが多くなっている。

浴槽
よくそう

入浴に使用するバスタブや湯船のこと。和風、和洋折衷、洋風の3つの形状に分類される。設置タイプには、床に置く据置式、洗い場から浴槽の縁まで400ミリ前後埋め込む半埋込み式、洗い場と段差が少ない埋め込み式などがある。材質は、人造大理石、ポリエステル(FRP)、ステンレス、鋳物、ホーロー、木(サワラ、ヒノキ)など。(下図参照)

浴槽各部の名称

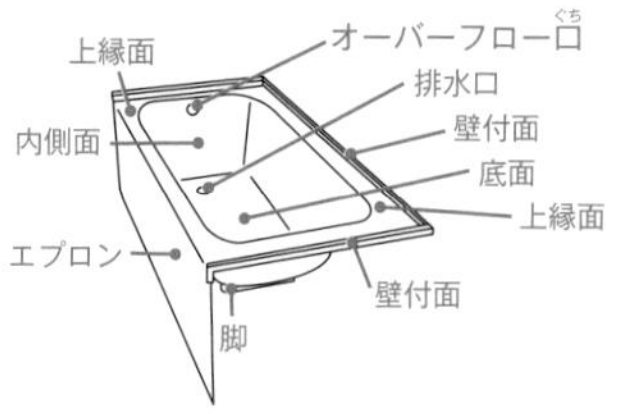

呼び寸法
よびすんぽう

建築構成材や部品など製作するときに基準となる寸法。製品の実寸や設計図上で示される寸法とは異なり、一般に切りのよい近似の数字で示される。

ら

落下型
らっかがた

日常災害の分類のひとつ。転倒、転落、落下物打撲などが該当する。⇒**日常災害**

立位姿勢
りついしせい

生活姿勢のひとつ。直立や歩行時など、足で上体を支持している姿勢のことである。

立体作業域
りったいさぎょういき

垂直作業域と水平作業域を組み合わせた空間のことである。

リビングルーム

居間のこと。団らんやくつろぎのための室空間を指す。

豆知識 リビングルームの種類

本来リビングルームとは、接客を重視した部屋のことであり、フォーマルリビングともいう。一方、家族の集まりを重視したリビングルームは、ファミリールームという。接客と家族の集まりを兼用で使用する場合は、シッティングルームという。

略算値
りゃくさんち

身長を基準とした、人体の主要な部位のおおよその寸法を略算した値。人体の各部位の高さは、身長にほぼ比例する関係にある。

豆知識 人体の重心位置

身長 160 センチの人で、約 90 センチの高さが重心位置となる。へその少し下に位置する。この寸法は、転落防止の観点から、ベランダなどの手摺の高さに用いられる。

両眼視差
りょうがんしさ

左右両目の網膜に映る像の違いのこと。人が物や空間を見る際は、像が微妙に異なって見えるが、この視差によって立体的に奥行を知覚することができる。

レイアウト

敷地のなかに建築物、工作物、植物などを配置すること。室内に置いては、家具などを配置すること。また、商品配列計画のこともいう。

浴槽の設置方法

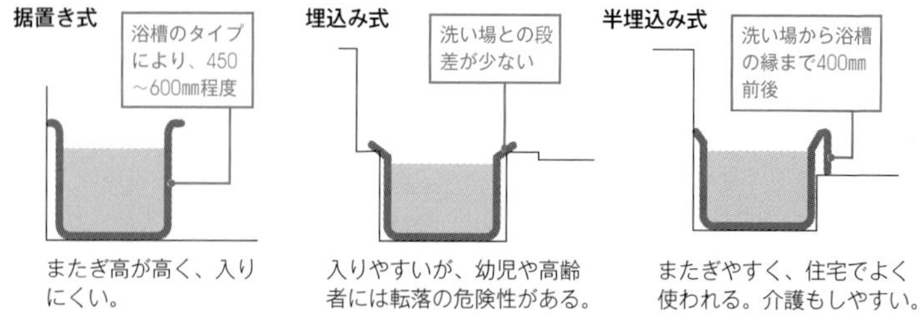

連続住宅
れんぞくじゅうたく

⇒テラスハウス

廊下
ろうか

人や物などが通過する空間、または空間と空間をつなぐ空間のこと。最低限の廊下の幅は750ミリとされている。一般的に、歩行用の手摺を設置する場合、手摺用の幅として100ミリ分を多めにとって850ミリとする。

老人室
ろうじんしつ

住宅内における高齢者の個室。身体機能の低下に伴って、他の家族との生活リズムが異なるため、就寝や接客、洗面、便所やミニキッチンなどを設けて、生活に支障がないように配慮をする。車イスや介助の対応もできるようにしておくとよい。

老人福祉施設
ろうじんふくししせつ

高齢者福祉を目的とする施設のこと。老人デイサービスセンター、老人短期入所施設、養護老人ホーム、特別養護老人ホーム、軽費老人ホーム、老人福祉センターの6種がある。

ロッキング移動
ろっきんぐいどう

地震時における家具の動きのひとつ。歩き移動、滑り移動などで、家具を移動させる。その際は、ガラスの破壊や避難通路の閉鎖などに注意しなければならない。

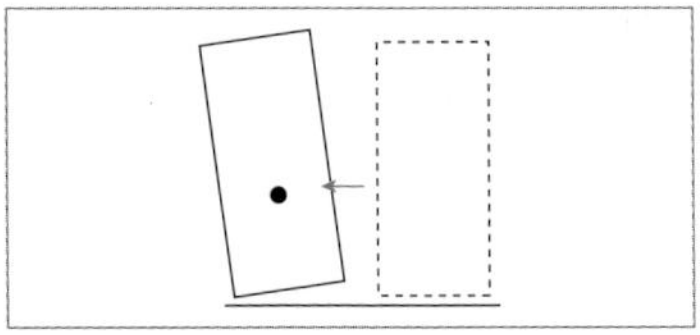

ロバート・ソマー
Robert Sommer

パーソナル・スペースを提唱した環境心理学者。著書に『人間の空間』などがある。

ロン・メイス
⇒ユニバーサルデザイン

わ

ワークトライアングル
流し台(シンク)、加熱機器(レンジ)、冷蔵庫を結ぶ三角形の動線のこと。作業性の良し悪しを判断するのに重要な要素で、合計した数値が3.6〜6.6メートルの範囲内になるのが適当とされている。たとえば、流し台と加熱調理器の距離は1.2〜1.8メートル、加熱調理器と冷蔵庫の距離は1.2〜2.7メートル、冷蔵庫と流し台の距離は1.2〜2.1メートルなどとされる。

和風便器
わふうべんき

日本の便器の分類のひとつで、しゃがみ込み式の日本の伝統的な便器のこと。

ワンドア・ツーロック
1つの扉に2つの鍵を付けること。防犯対策で活用される玄関ドアの錠前である。

Part 2
インテリアと建築の基本

06 室内環境計画

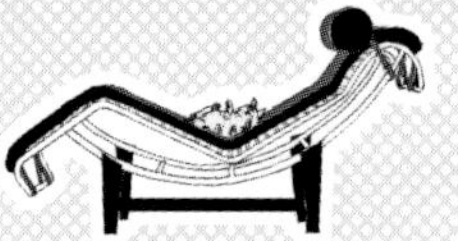

あ

アスベスト
天然に存在する繊維状の鉱物のこと。石綿。耐熱材、耐火断熱材、絶縁材、補強材など幅広い建築材料などに使われてきたが、吸い込むと肺がんや中皮種などの健康被害を引き起こす可能性があり、現在は製造・取り扱いなどが建築基準法などで規制されている。

暗順応
あんじゅんのう

長時間暗いところにいると、目が慣れて、物が見えるようになる現象のこと。眼球の網膜上にある桿体(かんたい)細胞に光を感じる物質が増えることで次第に見えるようになる。⇒**明順応**

暗所視
あんしょし

およそ0.01cd/㎡以下の輝度の状態に、明暗を識別する桿体(かんたい)の働きで対象を見ること。桿体は、光受容細胞が多く分布する中心窩(か)周辺に分布し、周辺視野になる。対象の細胞は判別しにくく、色覚は生じない。⇒**プルキンエ現象**

暗騒音
あんそうおん

特定の場所にいるとき、聞こうとする音以外の騒音のこと。たとえば、テレビを視聴中に話しかけられても聞こえないことがある。この場合は話し声が暗騒音。

板振動型吸音
いたしんどうがたきゅうおん

合板、ボード類、ビニールシート類などの板や膜が振動することによって吸収される音のこと。中低音の音を吸引するが、音の吸引率は一般的に他の材料よりも小さい。

ウインドキャッチャー
建物の周囲で一番吹きやすい風向に合わせて、開口部に縦すべり出し窓や袖壁を設けることで、窓や壁にぶつかった風を部屋の中に取り込む手法。

ウェーバー・フェヒナーの法則
うぇーばー・ふぇひなーのほうそく

人間がある刺激を受けたときに反応する感覚の度合いと、その刺激の大きさとの関係を量的に示した心理学の法則のこと。たとえば、暗い場所では少しの光でも感じられるが、明るい場所では少しの明るさの変化は感じられない。

内断熱
うちだんねつ

家の外周部分の柱や梁の間にグラスウールなどの断熱材を入れる工法のこと。柱や梁は外気に触れているので、完全に遮断されているわけではない。⇒**外断熱**

A特性
えーとくせい

A特性音圧レベルのこと。騒音は人間の感覚的なものである。そのため騒音の大きさは、音の物理的な大きさではなく、人間の聴感(3〜4キロヘルツ程度の感度)に近い周波数に重み付けがなされた騒音レベルで示す。⇒**等ラウドネス曲線**

SET*
えすいーてぃすたー

標準新有効温度。ET*(新有効温度)に、異なる作業量、着衣量を考慮して、温熱感覚の比較を可能にした表示方法のこと。相対湿度50パーセント、椅座状態、着衣量0.6クロ(clo)、気流静穏の状態を標準とする。なお、クロとは、衣服の熱抵抗値を表す指標のこと。

NC値
えぬしーち

noise criteria levelの略。室内の騒音を表す指標。値が小さいほど静かであることを示す。たとえば、オフィスで我慢できる騒音の限度はNC-40程度、防音スタジオなどではNC-15〜NC-25程度とされている。

エンタルピー
enthalpy

水蒸気を含んだ湿り空気の全熱量のこと。湿り空気には、空気自体が持つ顕熱とそこに含まれる水蒸気の持つ潜熱があり、この合計が全熱量となる。

音の三属性
おとのさんぞくせい

音の強さ、音の高さ、音色の3つの要素のこと。音の種類は、この3要素ですべて決められる。

> **豆知識　音の性質**
>
> 音とは、水面の波紋と同様に波動となって空気中を伝わっていくもので、人の耳で聞こえる範囲のものをいう。壁などに当たると、一部は反射し、一部は吸収され、一部は壁の反対側へ透過する。

温度差換気
おんどさかんき

室内と室外の温度差を利用して行う換気方法のこと。建物の内外で温度差があると、室内の暖かい空気は建物の上方の壁面から外へ逃げようとする。他方、建物の下方では、外の冷気の圧力が大きくなって室内に冷気が流れ込む。

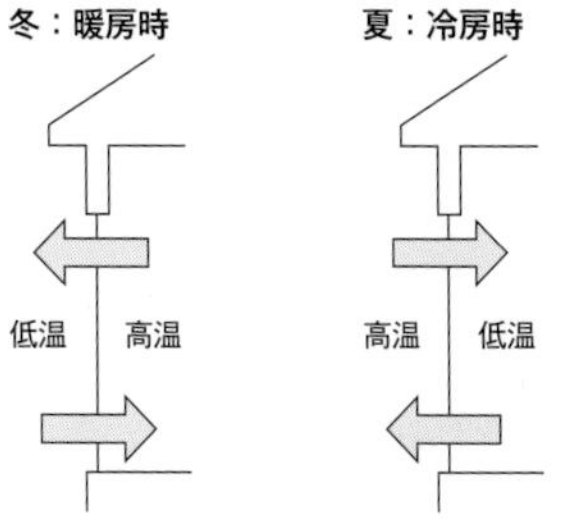

暖房時には、室内の温かい空気は上昇するため下部の開口から冷たい空気が入り込み、上部から温かい空気が排出される。冷房時には、室内の冷たい空気は下降し、上部の開口から温かい空気が入り込む。冷たい空気は下部から排出される。

温熱(度)感覚の四要素
おんねつ(ど)のよんようそ

気温、湿度、気流、輻射熱のこと。人間の温度感覚を左右する温熱要素であり、これら4要素で温熱環境が評価される。⇒**感覚温度**

温熱環境指標
おんねつかんきょうしひょう

温度、湿度、風速などの物理的な指標に対して、人間の生理的な感じ方を指標としたもの。ET、ET＊、CET、SET＊などの指標がある。⇒CET、SET＊

> **豆知識　温熱環境**
>
> 品確法や省エネ法住宅において、よく使われる用語である。主に室内の温度や熱に配慮して断熱性能を上げたり、気密性を適切にしたりする。

か

カクテルパーティ効果
かくてるぱーてぃこうか

人間が音声を選択的に聴取すること。たとえば、騒がしい場所でも、自分に関係する内容であれば聞き取ることができる。

可照時間
かしょうじかん

地表のある地点において、太陽の中心が地平線・水平線に達して空に昇った時点から、再び地平線・水平線に達して没したときまでの時間のこと。すべての障害物がないと仮定したときに、直射日光を受けている時間ともいえる。

ガラリ

羽状の板を斜めに連続させてつけ、換気と目隠しの役目を両立させた通気口。ドアや窓の一部あるいは全体につける。

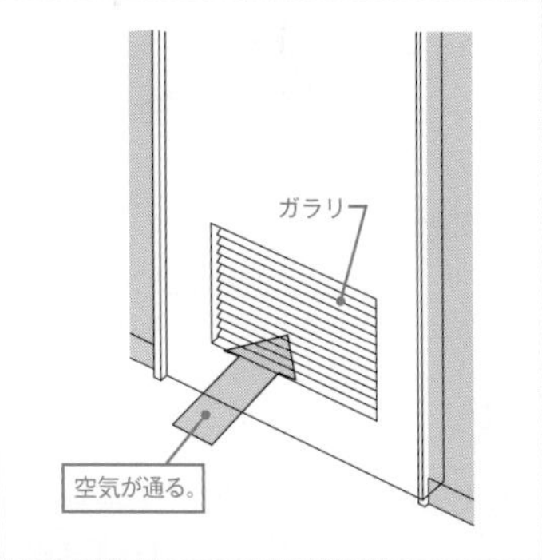

感覚温度
かんかくおんど

温度、湿度、気流の3要素を組み合わせて、快適さの程度を体感温度で表した指標のこと。人間の寒暖の感覚は、温度だけでなく、湿度・気流・輻射などの物理的条件にも左右される。⇒**温熱(度)感覚の四要素**

換気回数
かんきかいすう

部屋の空気がどれだけ入れ替わったかを示す指数のこと。1時間当たりに、部屋の容積(面積×天井の高さ)分の空気が何回流入・流出したかで表される。住宅の居室において、換気回数を毎時0.5回以上換気できる設備を設置することが、建築基準法で義務付けられている。

住宅の必要換気回数（目安）

※1時間当たり

浴室・便所	居間・寝室	食事室	台所（火気使用時）
2回	2～4回	5回	40回

乾球温度
かんきゅうおんど

気体(空気)の湿度のこと。乾湿温度計(乾湿計)における乾球側の示す温度で、いわゆる空気の温度を示す。対の指標には湿球温度や放射温度、グローブ温度などがある。記号はt、単位は℃(DB)で示される。⇒**湿球温度**

機械換気
きかいかんき

自然換気のように自然の力で換気を行うのではなく、機械を使って計画的に室内を換気すること。代表的な方法には、換気扇を設けて強制的に換気する方法がある。

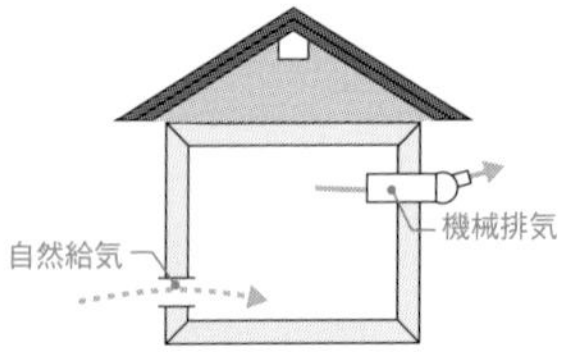

機械動力で排気と自然給気を行う。

輝度
きど

平面状の光源における概念で、光源の明るさを表す心理物理量のひとつ。光度を光源の面積で割ることで算出される。単位はカンデラ毎平米(cd/㎡)である。

揮発性有機化合物
きはつせいゆうきかごうぶつ

常温常圧で空気中に容易に揮発する物質の総称のこと。主に人工合成されたものを指す。近年、シックハウス症候群の1要因として問題視されている。VOCと略される。⇒**高揮発性有機化合物**

吸音
きゅうおん

音、すなわち空気の振動が物質にぶつかってエネルギーを失うこと。その際に、音は熱エネルギーに変換される。⇒**吸音率**

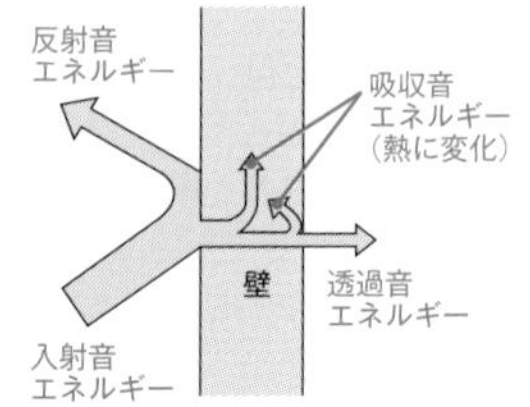

音（波動エネルギー）が物質に当たると物質内に熱が生じ、波動は弱まる。

吸音材
きゅうおんざい

音エネルギーを減衰・吸音する材料のこと。室内の音響対策や反響音防止、残響音の調整に欠かせないものである。⇒**多孔質型吸音**

吸音率
きゅうおんりつ

室の天井や壁の内装に用いられる材料の吸音性を表す指数。材料に入射する音の強さをI、材料の表面で反射する音の強さをRとした場合、1−(R/I)で示される。⇒**吸音**

給気
きゅうき

室内を換気するために外気あるいは調整した空気を供給すること。

吸気
きゅうき

換気機器が吸気口より空気を吸い込むこと。

Q値
きゅーち

住宅の断熱性能を示す数値で、熱損失係数という。値が小さいほど断熱性能が高いことを表す。外壁や天井、床など各部位で熱が逃げる量(熱損失量)を計算し、その合計を延べ床面積で計算する。

給排気
きゅうはいき

給気と排気をあわせたものを指す。

共鳴
きょうめい

振動体と同じ振動数で振動するものがあると、振動がますます大きくなるが、それが音

として聞こえる現象のこと。⇒共鳴型吸音材

共鳴型吸音

きょうめいがたきゅうおん

共鳴現象を利用した吸音のこと。共鳴現象を利用した吸音材のことは、共鳴型吸音材という。共鳴によって空気自体が激しく振動することで摩擦熱を発生させて、音のエネルギーを消費させる。代表的な材料には有孔ボードなどがある。⇒共鳴

許容騒音レベル

きょようそうおんれべる

建築物の内部において、人間が許容できるとされている最大の騒音レベルのこと。許容値は、騒音の性質、建物の型、使用目的の違いによって異なる。⇒騒音

豆知識　音の大きさと騒音

大きな音が2つ重なっても、騒音の度合いはそれほど増えない。たとえば、50デジベルの音と50デシベルの音が合わさっても100デシベルにはならず、対数計算では53デシベルにしかならない。

均斉度

きんせいど

照明の明るさのムラを示す指標のひとつ。照度分布や輝度分布の均一の程度を表す値。

空気汚染

くうきおせん

冷暖房対応の空調機に置き換わったり、家屋の気密化が進んだ結果として発生した空気の汚れのこと。汚染原因物質が燃焼機器から発生する窒素酸化物（NOx）などの汚染物質から、建材や家具などから発生するホルムアルデヒドなどの有機化合物へと変わってきている。

空気音

くうきおん

⇒空気伝搬音

空気伝搬音

くうきでんぱおん

空気中を伝わって、建物の壁や窓を透過して室内に伝わる音のこと。室外の車の騒音や集合住宅などの隣戸から聞こえる話し声など。

グレア

物が見えにくい不快なまぶしさのこと。ある光の状態がグレアとなるかどうかは、周辺の総合的な環境と各人の生理的状態で決まる。たとえば、テレビやパソコンディスプレイの画面の映り込み。

軽量床衝撃音

けいりょうゆかしょうげきおん

床を這って階下に伝わる床衝撃音のひとつ。スプーンなどを床に落としたときの「コツン」、スリッパで歩いたときの「パタパタ」など、比較的軽めで高音域の音である。記号はLL。⇒重量床衝撃音

結露

けつろ

温かく湿った空気が冷たいものに触れたときに現れる水滴のこと。目に見える結露（表面結露）と、建物の内部で起こる結露（内部結露）の2つがある。

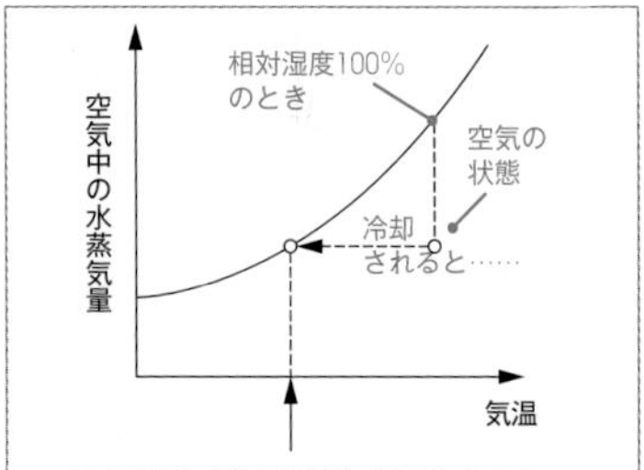

この温度（露点温度）以下になると、空気は水蒸気を含むことができなくなるため水滴が現れる。

顕熱

けんねつ

物質の状態を変えずに、温度を変化させるために費やされる熱量のこと。たとえば、水をやかんで沸騰させた場合、「水」という液体の状態は変わらずに温度だけが変化するが、その温度変化は実際に温度計で計ることができる。（90頁図参照）⇒潜熱

コインシデンス効果

こいんしでんすこうか

ガラスなどの剛性材料に、ある周波数の音波が入射するときに起きる共振状態のこと。その材料の屈曲振動と入射音波の振動が一致することで起きる。

高揮発性有機化合物

こうきはつせいゆうきかごうぶつ

常温で揮発する有機化合物のこと。VVOCともいう。WHO（世界保健機構）では、室内空気汚染の観点から、沸点がマイナス～50度未満の範囲の有機化合物（ホルムアルデヒ

ドなど)と定義している。⇒**揮発性有機化合物**

高気密住宅
こうきみつじゅうたく

建具や天井と壁の接合部分の隙間が少なく、気密性に優れている住宅のこと。ただし、隙間がなくなるので、機械換気など計画的な換気システムを導入しなければならない。

光束
こうそく

光源からある方向に放射されたすべての光の明るさを表す心理的な物理量のこと。単位は、国際単位系ではルーメン(lm)、またはカンデラ・ステラジアン(cd・sr)とされている。

光束発散度
こうそくはっさんど

光を受けた壁や机上面から反射する光束の値。面の照度に反射率を掛ける。単位はlm/㎡。

光度
こうど

光源(発光体)から特定の方向に放たれた光の明るさを表した物理量のこと。物理量のこと。単位は、国際単位系(SI)ではカンデラ(cd)とされている。なお、LEDの明るさは一般的にミリカンデラ(mcd)で表す。

コールドドラフト

室内の低い部分に冷たい空気が降りていくこと。断熱性の高い外壁面に比べると窓部分は熱損失が大きいので、冷たい窓ガラスに触れた空気は、暖房器具などで暖められた室内の空気よりも水分の比重が重くなる。そのため、窓の下から床面へと冷たい空気が下降移動し、さらに床面に広がり、人に不快感を与える。

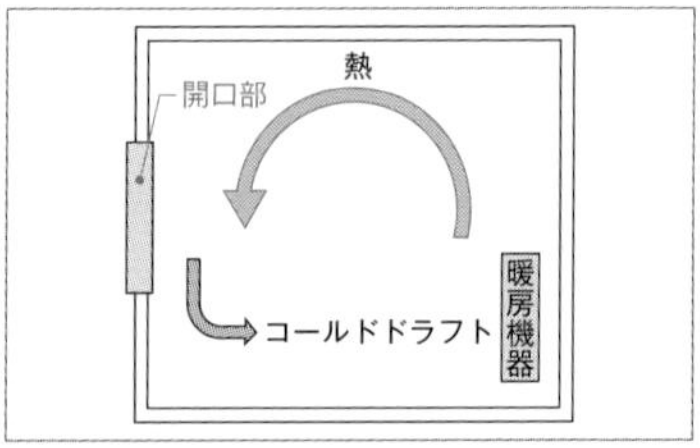

固体伝搬音
こたいでんぱおん

設備機器の騒音、給排水音、床衝撃音、扉の開閉音、エレベーター音などがあり、個体の振動が床や壁などを通じて空気中に放射するメカニズムで発生する音。

さ

採暖
さいだん

こたつやストーブのように直接熱源で体を温めること。エアコンのように部屋を暖めるのは暖房。

作用温度(OT)
さようおんど(おーてぃー)

気温・対流・放射を考慮した温熱環境の指標。気温が同じでも壁面放射や対流で体感温度は違う。この体感を一定の環境空間での気温に対応させた仮想の温度。

残響
ざんきょう

音源が振動しなくなったあとも、天井や壁などからの反射が繰り返されて、音が引き続き

湿り空気線図

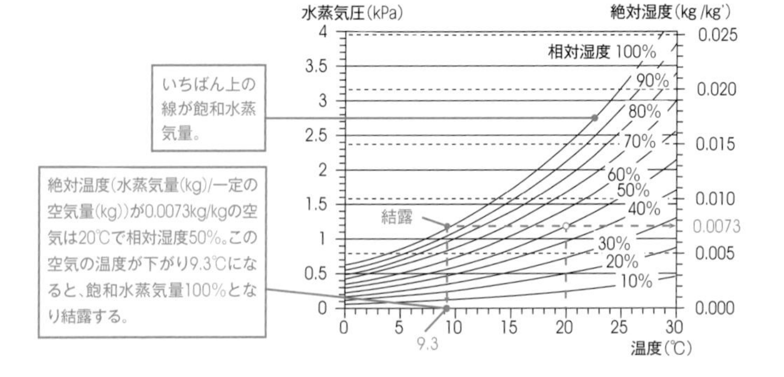

聞こえる現象のこと。

CET(修正有効温度)

しーいーてぃー(しゅうせいゆうこうおんど)

ET(有効温度)に放射の影響を加味したもの。放射はグローブ温度計で測定する。グローブ温度計とは、直径15センチの中空の黒色塗銅板製の球に寒暖計を挿入して計測される温度で表示される。

C値

しーち

建物の床面積1平米当たりに存在する隙間面積のこと。単位はc㎡/㎡。C値が小さいほど気密性は高くなる。たとえば、延べ床面積が120平米の建物であれば、C値が2.0の場合、建物全体で隙間面積は240平米となる。

自然換気

しぜんかんき

自然通風や空気の温度差による煙突効果で行う換気のこと。機械換気と比較すると省エネではあるが、常に一定風量を確保することができない。パッシブ換気ともいう。

自然動力による給排気

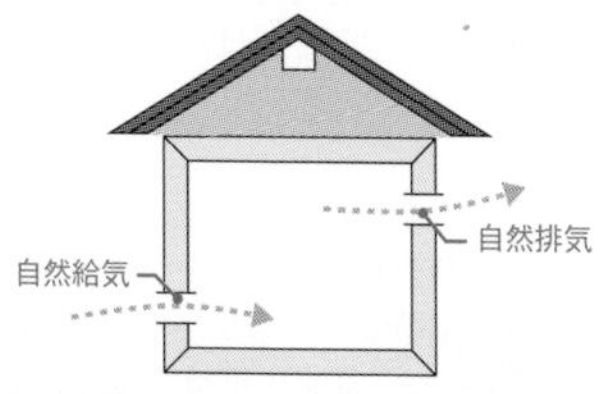

豆知識　通風の重要性

温かい空気は日本特有の湿気を含んでおり、滞留すると人間にとって不快なものである。また、木などが腐るカビの原因にもなる。そのため、湿った温かい空気は滞留させない工夫が必要となる。

湿球温度

しつきゅうおんど

乾湿温度計(乾湿計)における湿球側の示す温度で、いわゆる水滴の温度を示す。水滴を空気中におくと、水が蒸発して潜熱によって水滴の温度が空気の温度より低くなるが、そのときの温度である。乾球と湿球の温度差から、空気の湿度を計測することができる。⇒湿度、乾湿温度

湿度

しつど

空気の湿り具合を数字で表したもの。その気温における、飽和水蒸気量に対する水蒸気量の割合である。

湿り空気線図

しめりくうきせんず

湿り空気の状態がわかるようにした線図のこと。図上には、乾球温度、湿球温度、露点温度、絶対温度、相対湿度、エンタルピーなどを記入する。温度差などの2つの値を定めることで、他の値をすべて求めることができる。

遮音

しゃおん

音の伝わりを遮断すること。騒音を遮断する能力を遮音性能と呼び、D値(空気音の遮音を表す数値)で表わされる。住宅において遮音性能を要求される部位には、外壁、開口部・窓、内壁、床などがある。⇒D値

遮音等級L値

しゃおんとうきゅうえるち

床材、床構造の遮音性能を示す数値のこと。上階の床の音が下階でどれくらい聞こえるどうかの尺度とされている。数値が小さいほど遮音性能が高い。たとえば、L-40であれば、子どもが走り回る音が遠くからかすかに聞こえる程度に遮音される。⇒遮音

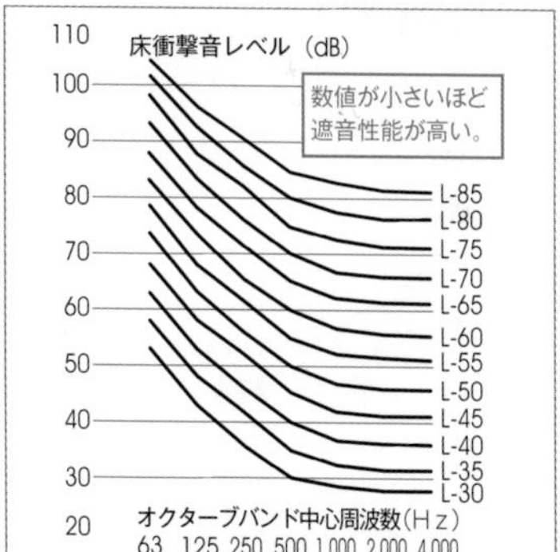

遮音等級D値

しゃおんとうきゅうでぃーち

隣室間の遮音性能を示す数値のこと。125Hzから2Hzの周波数バンドにおける室内音圧レベル差の値から評価する。数値が大きいほど遮音性能が高い。たとえば、D-55であれば、ピアノ音がわずかに聞こえる程度に遮音される。⇒D値、遮音

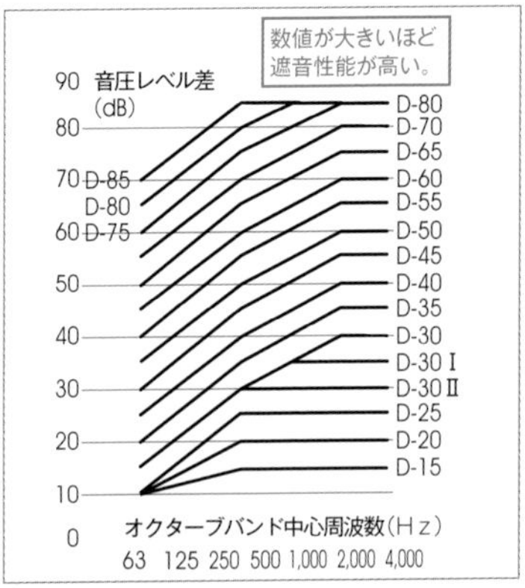

重量絶対湿度

じゅうりょうぜったいしつど

乾燥した空気中に含まれる水蒸気の割合。⇒容積絶対湿度

重量床衝撃音

じゅうりょうゆかしょうげきおん

床や壁を媒体にして伝わってくる固体音のうち、人間が飛び跳ねたときの音や、重い物を落としたときの音。床の材質が硬くて重量があるほど遮音効果は高くなる。鉄筋コンクリート造のマンションなどでは、床のコンクリートスラブが厚いほど遮音性はよい。記号はLH。Hは「Heavy-Weight」を意味する。⇒軽量床衝撃音

豆知識 床の騒音

軽量床衝撃音は、吸音材や遮音材を工夫すると、ある程度防ぐことができる。一方で重量床衝撃音は、床の厚さに左右されるため、浮き床などの処理をしない限りは、騒音を防ぐことはできない。

重力換気

じゅうりょくかんき

重力を利用した換気方法のこと。下部から取り入れた冷たい空気が室内で暖められて軽くなり上部へ流れるという、上昇気流を活用する。部屋の高さの差が大きいほど、温度差が大きくなって高い効果が得られる。⇒温度差換気

照度

しょうど

平面状の物体に照射された光の明るさを表す心理的な物理量のこと。単位面積当たりに照射された光束と等しい。単位は、国際単位系ではルクス(lx)またはルーメン毎平方メートル(lm/m²)である。

照度基準

しょうどきじゅん

人間の諸活動が安全、容易、かつ快適に行なえるような視環境をつくりだすための明るさの基準のこと。従来の推奨照度だけを規

潜熱と顕熱

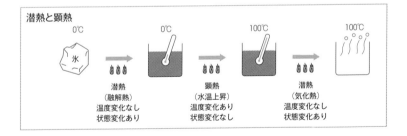

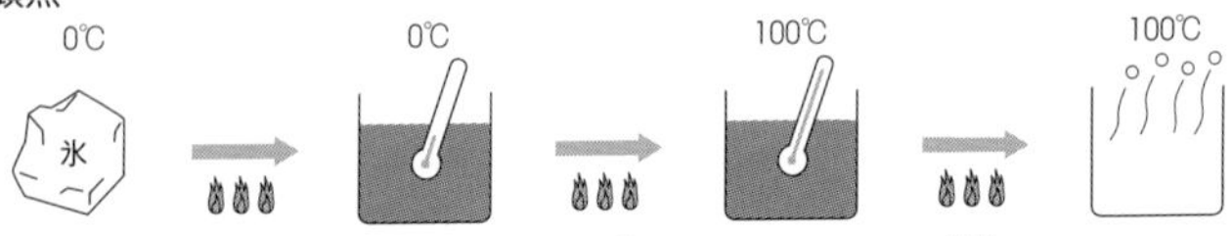

室内許容騒音レベル

dB(A)	20	40	50	60	80
うるささ	無音感	特に気にならない	騒音を感じる	騒音を無視できない	完全に騒音と感じる
会話への影響	会話に支障なし	10m離れて会話可能	普通会話(3m以内)	大声会話(3m)	会話困難
電話への影響	会話に支障なし	会話に支障なし	会話可能	会話やや困難	会話困難

定した照度基準だけでなく、照度均斉度、不快グレア、平均演色評価数などの照明の質的要件も加わっている。

振動型吸音材
しんどうがたきゅうおんざい

板状や膜状のサンプルとその背後に入る空気層でつくられた吸音材料のこと。比較的低い周波数域で高い吸音率を示す。

新有効温度(ET*)
しんゆうこうおんど(いーてぃーすたー)

ET(有効温度)の3要素に加えて、放射熱、着衣量(clo)や作業強度(met)も勘案した指標のこと。人体の発汗状態と皮膚表面温度が同じになる、相対湿度50パーセントのときの気温で示される。

絶対湿度
ぜったいしつど

空気中にどれだけの水が存在しているかを示す指標。空気1キロに含まれている水蒸気の量のこと。単位はkg/kgである。密閉した空気を加熱すると、飽和水蒸気の量が多くなる。そのため、相対湿度は低下するが、絶対湿度は変わらない。⇒**相対湿度**

全天空照度
ぜんてんくうしょうど

直射光を除いた空からの光(天空光)による地上の水平面照度で、一般に快晴時より薄曇りの時のほうが明るい。

潜熱
せんねつ

物質が固体から液体、液体から気体、固体から気体、あるいはその逆方向へと状態変化(相変化)する際に必要とする熱のこと。温度変化は伴わない。たとえば、氷が水に変化するとき、変化している間は加熱されているにもかかわらず、温度は一定値のままである。(前頁図参照)⇒**顕熱**

騒音
そうおん

好ましく感じられないうるさい音のこと。騒音の大きさの尺度としては騒音レベルが用いられ、その単位はデシベル(dB)で表す。(前頁表参照)

騒音レベル
そうおんれべる

周囲の音の大きさのことを「音圧レベル」(単位はdB)というが、それを人間の聴覚に合わせて補正した評価尺度のこと。⇒**遮音**

相対湿度
そうたいしつど

ある温度における、空気中に含むことができる最大の水蒸気量(飽和水蒸気量)に対する、実際の水蒸気量の割合のこと。単位はパーセントで表す。⇒**絶対湿度**

外断熱
そとだんねつ

建物の断熱層の位置、もしくはその工法を意味する。主にコンクリート構造物など熱容量の大きい建物の外側に断熱層を設けて建物を外気から断熱することで、建物の熱を逃がさないようにする方式。木造の外張断熱と区別している。⇒**内断熱**

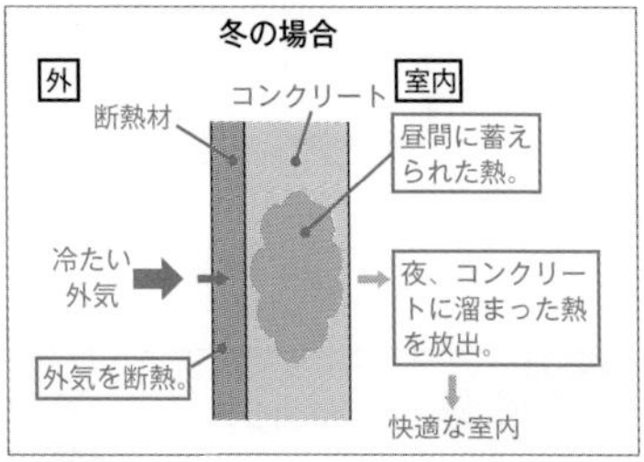

た

対流
たいりゅう

空間内に循環の流れが生じる状態のこと。温度の上がった軽い気体や液体は上昇し、温度の低いものは下降するが、これによって空間やその中の熱が移動する。

ダイレクトゲイン

冬場に窓から日射を直接室内に取り込んで、床、壁などに蓄熱させて暖房効果を高める方法のこと。

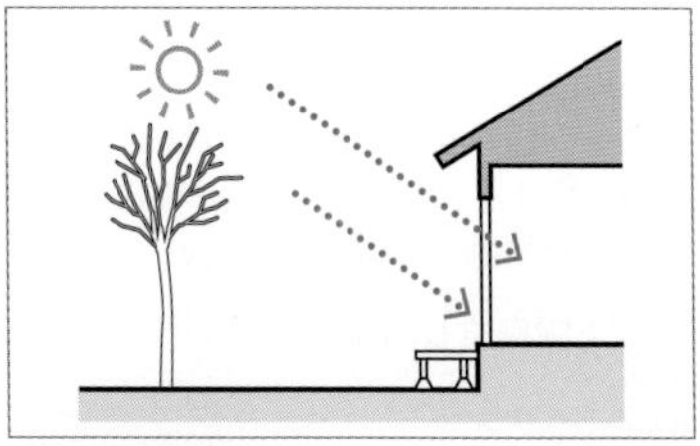

多孔質型吸音
たこうしつがたきゅうおん

無数の孔があって表面積が多い多孔質の材料を使って、吸音すること。空気分子と繊維との摩擦や粘性抵抗によって吸音される。

高音域の吸音に有効。⇒**吸音材**

断熱材
だんねつざい

熱の伝導を抑える材料のこと。繊維系断熱材（密度の低いウール状繊維で熱伝導率の低い空気を簡易に閉じ込める）や、発泡系断熱材（固体の中に気体の小泡が多量に入った）が広く利用されている。

住宅の断熱材（内断熱）

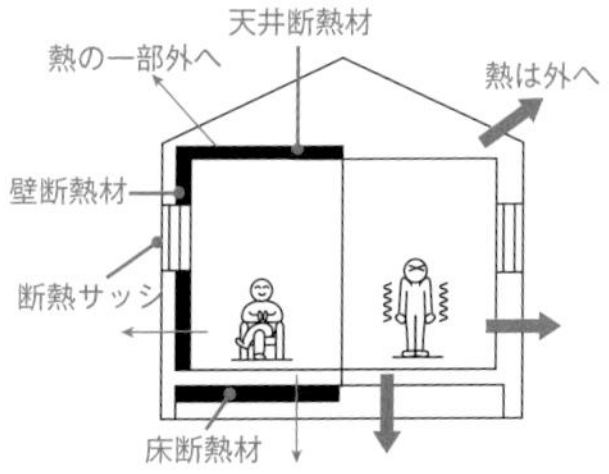

豆知識 Low-Eガラス

Low Emissivity（低放射）の略称。表面に特殊な金属膜をコーティングしたガラス。ペアガラスと組み合わせると、断熱性がより高まる。

蓄熱
ちくねつ

熱を蓄えること。最大需要時に蓄えを利用することで、熱源設備の容量を縮小することができる。深夜電力利用の蓄熱装置や建物駆体に蓄熱することが可能。

昼光照明
ちゅうこうしょうめい

昼間に太陽から発する光を利用して、物体とその周辺を見えるように照らすこと。人工光による照明とは異なり、時間的、位置的に制約を受けるので照度や光色は安定していないが、経済的、心理的な面で優れており、昨今注目されている。

昼光率
ちゅうこうりつ

全天空照度に対する、室内のある位置の水平面照度の割合。採光の目安となる。

定常
ていじょう

時間的に一定して変わらない安定した状態。自然科学用語だが安定した室内環境を表す用語としても使われる。

D値
でぃーち

隣室間の音を遮断する性能を示す数値のこと。数値が大きいほど遮音性能が高い。⇒**遮音、遮音等級D値**

デシベル（dB）

2つの物理量を比較する尺度。音の大きさを表す単位としても用いられる。⇒**騒音**

天球
てんきゅう

地球上のある位置における観測者を中心とする半径無限大の仮想の球面。天体が仮想の球面に貼り付いたかのように見え、天体だけでなく各季節の太陽の軌道などを表すことができる。

伝熱
でんねつ

熱エネルギーが、空間のある場所から別の場所に移動する現象のこと。伝熱のしくみは、熱伝導（伝導伝熱）、熱伝達（対流伝熱）、熱放射（放射伝熱）の3種類に分類される。

透過損失
とうかそんしつ

遮音材の性能を示す数値のこと。部屋の外側から入り込んだ音（入射音）と、材料を通って内側に入った音（透過音）の大きさの差（音圧レベル差）で表わされ、材料の質量に比例する。単位はdB。

透湿抵抗
とうしつていこう

室内と室外の湿気の通しにくさを表す。湿気は量が多いところから少ないところへ移動するが、その量や時間は移動する材の透湿抵抗によって変わる。その程度は、1平米あたり、1時間に1グラムの水分（湿気）を通すのに、どれくらいの気圧差（mmHg）が必要かで表される。単位はm^2・h・mmHg/g。

等ラウドネス曲線
とうらうどねすきょくせん

音の大きさのレベルを示す基準となるもの。人の聴覚は周波数によって感度が異なるので、物理的に同じ音圧でも周波数によって感じる音の大きさが異なる。そこで、音の周波数を変化させたときに、等しいラウドネス（人間の聴覚による音の大きさ、騒音のうるささ）になる音圧レベルを測定して等高線として結んだ曲線にして示す。

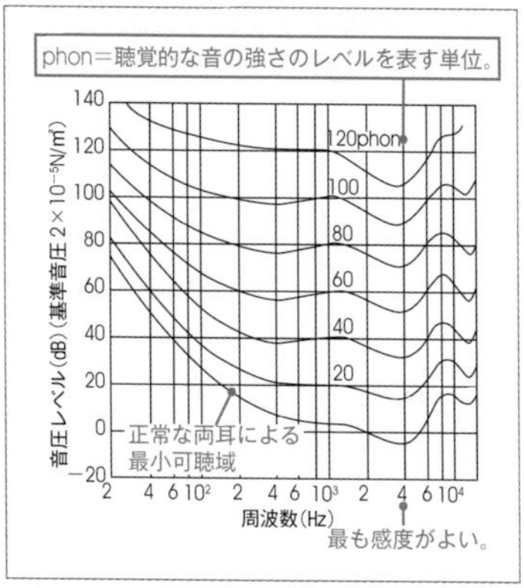

な

内部結露
ないぶけつろ

室内の水蒸気が壁の内部に浸入して、外気温の影響で室内よりも温度が低い壁内部で結露すること。壁内部に防湿層を設けて水蒸気の浸入を防止したり、壁内部に通気層を設けて浸入した水蒸気を外部に排出するといった対策が必要。⇒**結露**

日射
にっしゃ

地表面または大気中における太陽の輻射(エネルギーの放出)のこと。直射光、散乱光、反射光がある。約0.3マイクロメートルから約4マイクロメートルの範囲に入る波長の放射となる。

季節による日射の変化

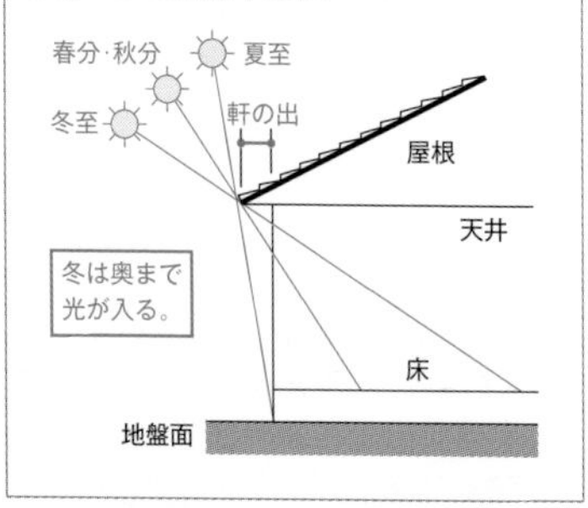

日射熱取得率
にっしゃねつしゅとくりつ

ガラス窓に入射した日射熱が室内側へ流入する割合のこと。その率が大きいものほど、日射熱を室内に取り入れるので、暖房を重視する地域・部屋に適している。

日照
にっしょう

太陽光の直射光(直射日光)が地表に当たっている状態のこと、またはそれ自体のこと。1平米当たり120ワット以上の直射光が当たっている場合を指す。影が観察される程度の光である。

日照時間
にっしょうじかん

気象台やアメダスなどの日照計で計測された、観測日に照った時間数のこと。日の出から日没までの間で、日照計で測定される直達日射量が120W/㎡以上である時間と定義されている。日照時数ともいう。

熱貫流
ねつかんりゅう

壁体を通じて熱が片方の空気からもう片方の空気へ伝わる伝導過程のこと。高温の空気側から低温の空気側へ壁体を通じて熱が伝わるが、その際に壁体内部が熱伝導する。

⇒**熱貫流率、熱貫流抵抗**

熱貫流抵抗
ねつかんりゅうていこう

熱貫流率の逆数で、熱の伝わりにくさを示す数値。この値が大きいほど熱が伝わりにくく、断熱性がよい。単位は、㎡·K/Wである。(次々頁表参照)⇒**熱貫流、熱貫流率**

熱貫流率
ねつかんりゅうりつ

温度差のある空間(室内と室外など)を隔てる材料(壁や窓)の熱の伝わりやすさを表す数値のこと。熱伝導率は材料自体を評価する数値であるが、熱貫流率はISOでも材料の厚さを評価する。単位は、(U値)W/㎡·Kである。(次々頁表参照)⇒**熱貫流、熱貫流抵抗**

熱損失
ねつそんしつ

住宅の屋根、天井、外壁、床、窓などを通して逃げる熱や、換気、隙間風によって持ち去られる熱のこと。⇒**Q値**

熱損失係数
ねつそんしつけいすう

住宅の断熱性能を数値的に表したもの。一般的に「Q値」といわれている。値が小さいほど断熱性能が高いことを表す。外壁や天井、床などの各部位の熱の逃げる量(熱損失量)を計算して、各部位の合計を延床面積で割って計算する。

熱伝達抵抗
ねつでんたつていこう

熱伝達率の逆数で、これが大きいと表面の熱のやりとりが少なくなる。単位は㎡・K/Wである。(次頁表参照)⇒**熱伝達率**

熱伝達率
ねつでんたつりつ

単位面積当たりの壁表面でやりとりされる熱量のこと。これが大きいほど、表面での熱のやりとりが多くなって、壁の断熱性が低下する要因となる。単位は、W/㎡・Kである。(次頁表参照)⇒**熱伝達抵抗**

熱伝導
ねつでんどう

物質の移動を伴わず、高温側から低温側へ熱が伝わる移動現象のこと。正確には、エネルギーが移動するわけだが、巨視的には熱伝導として捉える。⇒**熱伝導率、熱伝導抵抗**

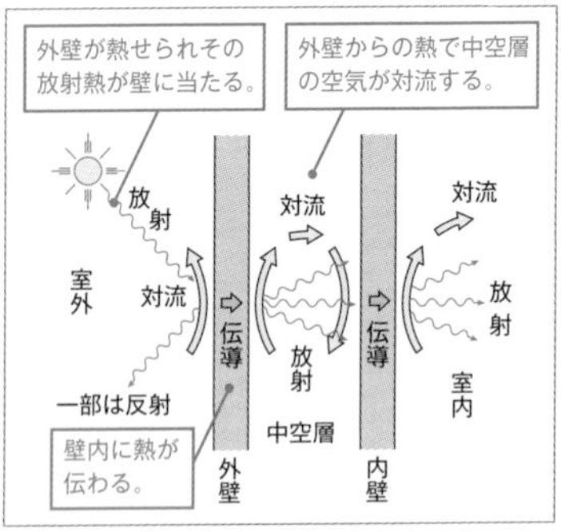

熱伝導抵抗
ねつでんどうていこう

固体や静止した流体において、温度差によって熱が伝搬されていく際の熱の伝わりにくさを示す。物体の厚さを熱伝導率で除した値となる。単位は㎡・K/Wである。(次頁表参照)⇒**熱伝導、熱伝導率**

熱伝導率
ねつでんどうりつ

熱伝導における熱の伝わりやすさを表す数値のこと。厚さ1メートルの板の両端に1度の温度差(温度勾配)があるときに、その板の1平米に1秒間に流れる熱量を示す。単位は、W/(m・K)である。(次頁表参照)⇒**熱伝導、熱伝導抵抗**

熱負荷
ねつふか

所定の温度を保つとき、必要となる熱量(顕熱負荷)と水分(潜熱負荷)の総量のこと。暖房負荷と冷房負荷がある。単位は、単位時間当りの熱量(kcal/h)となる。

熱放射
ねつほうしゃ

熱せられた物体から出る電磁波のこと。熱を運ぶ過程は、大きく分けて熱伝導、移流、対流、熱放射がある。熱輻射ともいう。⇒**熱伝導**

熱容量
ねつようりょう

物体の温度を1度上げるのに必要な熱量のこと。単位はJ/K(ジュール毎ケルビン)である。⇒**比熱**

豆知識　パッシブソーラーとは?

機械設備を用いらず、太陽光を蓄熱して利用すること。これによって、冷暖房費の軽減にも役立つ。熱容量の大きな建物には不可欠なものである。

は

排気
はいき

内部の空気を外部に排出すること。また、燃焼機器などで燃焼ガスを排出すること。給気と合わせて給排気という。

波長
はちょう

波動(波)の山から山までの距離。1秒間に繰り返す波の数=周波数(Hz)が大きいと波長は短くなる。電磁波、音波は波動。

パッシブ換気
ぱっしぶかんき

⇒**自然換気**

ヒートブリッジ

外壁と内壁の間にある材などが熱を伝える現象のこと。断熱材以外の柱・梁などは建物内外を熱が伝わりやすいために起きる。熱橋ともいう。

日影曲線
ひかげきょくせん

建物の日影図を作成する際に、水平面に鉛直に立てた棒の先端の影の軌跡を示した曲線のこと。「にちえい」曲線とも読む。

日影図
ひかげず(にちえいず)

建築物による生じた影を時刻ごとに平面図に書き込んで図化したもの。建物の高さ、形状、日影が最大となる冬至日の太陽の方位角と影の倍率(建築物の位置する緯度、経度によって異なる)などから作成する。⇒**日影曲線**

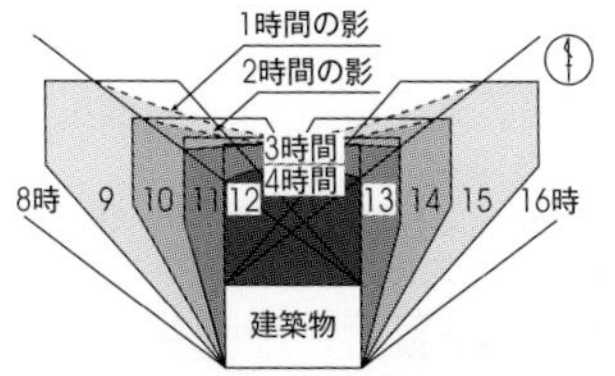

たとえば10時から14時までの影が重なるところでは1日4時間以上が影となる。

比視感度曲線
ひしかんどきょくせん

明るい場所に順応したときに人間の目が最大感度となる波長で感じる強さを「1」として、光の各波長の明るさを感じる強さを1以下の数値で表したもの。

必要換気量
ひつようかんきりょう

室内の空気を衛生的にするために、最低限換気しなければならない空気の量のこと。人間の呼吸によって二酸化炭素の濃度は高くなっていくが、建築基準法では住宅の二酸化炭素濃度は1,000ppm以下に抑えるように定められている。

比熱
ひねつ

物体の単位質量に対する熱容量のこと。

風配図
ふうはいず

ある地点、ある期間の風の方向(卓越風)などを示す図。住宅の採風方法などにも役立つ。

風力換気
ふうりょくかんき

風力を利用した換気のこと。建物の外部で風が吹いていると建物に風圧がかかるが、そのとき建物の風上側には建物を押す力、風下側では引く力がかかっている。そのため、建物の隙間を通して風上側から空気が入り、風下側から空気が出て換気が行なわれる。

熱の伝わり方に関する用語

熱伝導率	物単独の	熱の伝わりやすさ
熱伝導抵抗	物の一定の厚さの	熱の伝わりにくさ
熱貫流率	物が複合してできた壁などの	熱の伝わりやすさ
熱貫流抵抗	物が複合してできた壁などの	熱の伝わりにくさ(上記の逆数)
熱伝達率	物の表面の一定の広さの外気への	熱の伝わりやすさ
熱伝達抵抗	物の表面の一定の広さの外気への	熱の伝わりにくさ(上記の逆数)

各種建築材料の熱伝導率(乾燥状態)

材料	密度(kg/㎥)	熱伝導率(W/m・K)	
アルミニウム	2,700	210	高い
鋼	7,860	48	↑
コンクリート	2,400	1.3	
板ガラス	2,540	0.78	
木材	550	0.15	
ガラス繊維	20～50	0.04～0.05	
フォームポリスチレン	30	0.037	
硬質ウレタンフォーム	25～50	0.027	↓
空気	1.3	0.022	低い

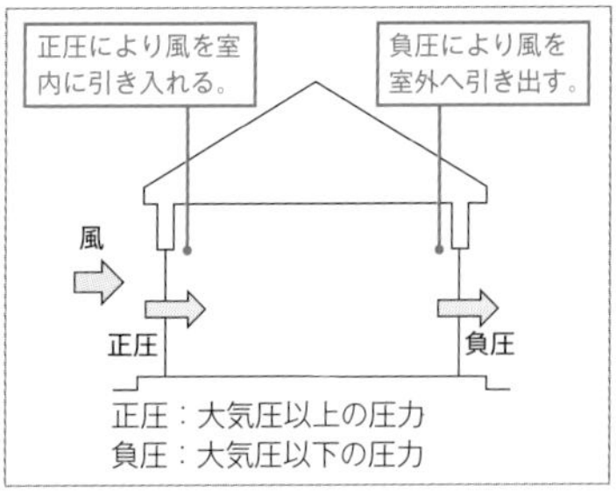
正圧により風を室内に引き入れる。
負圧により風を室外へ引き出す。
風
正圧
負圧
正圧：大気圧以上の圧力
負圧：大気圧以下の圧力

輻射熱
ふくしゃねつ

物体から物体へ放射された熱エネルギーのこと。温度がある物体からは、その温度に応じた赤外線が出ている。輻射冷暖房とは物質を介することなく、高い温度から低い温度に熱移動する性質を利用して、室内を冷やしたり暖めたりする方法である。床暖房、パネルヒーターなどがある。

ベイクアウト

室内温度を人工的に30～35度まで上げ(内装材が痛まない程度の温度)、化学物質(揮発性有機化合物:VOC)などの放出を加速させたあと、換気を行う方法のこと。繰り返し行うことで、シックハウスのもとになる化学物質の量を短期間で減らすことができる。最低1週間から10日間程度ベイクアウトすることで効果があるといわれている。

ペリメーターゾーン

広い部屋において、空調の熱負荷を計算する際に、外界条件が変化すると影響が出やすい外周部分のこと。一般的には、外壁から3.5～5メートル程度内側に入った部分である。なお、外界の影響を受けにくい内部のことをインテリアゾーンという。

ヘルツ(Hz)

国際単位系(SI)における周波数・振動数の単位。1ヘルツは、「1秒間に1回の周波数・振動数」と定義される。名称は、電磁気学の分野で重要な貢献をした、ドイツ人物理学者ハインリヒ・ヘルツに由来する。

防湿気密シート
ぼうしつきみつしーと

壁内への水蒸気流入を防いで壁内結露を防止する際に用いるシートのこと。水蒸気を通さない厚さ0.1ミリ以上のポリエチレンやアルミ圧着フィルムなどが使われる。フィルムの継ぎ目は、下地のある場所で10センチ以上重ねて、さらに上から面状の部材で固定する。⇒**透湿防水シート**

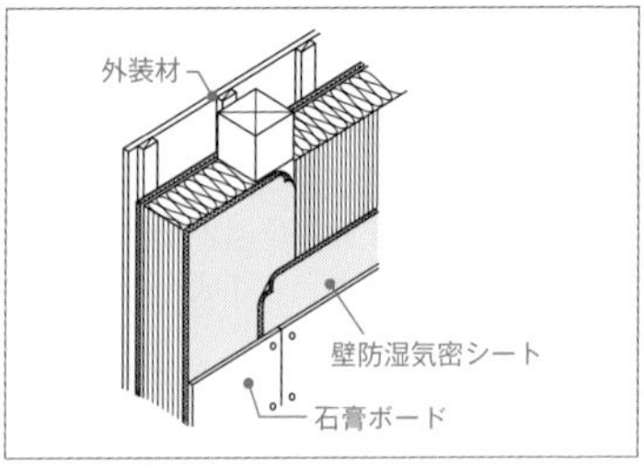
外装材
壁防湿気密シート
石膏ボード

飽和水蒸気圧
ほうわすいじょうきあつ

空気が水蒸気を限界まで含んだ状態を飽和状態といい、そのときの水蒸気の圧力のこと。

飽和水蒸気量
ほうわすいじょうきりょう

⇒**容積絶対湿度**

ホルムアルデヒド

家具材や建築資材、壁紙を貼るための接着剤、塗料などに含まれている化学物質のこと。住宅の高気密化などが進むに従い、建材などから発生する化学物質による室内空気汚染と健康影響であるシックハウス症候群の原因物質のひとつとされている。

ホン
phon

ラウドネスのレベルの単位。ホーンともいう。かつては「ホン」が騒音レベルの単位としても使われていたので混同されるが、ラウドネスレベルと騒音レベルは定義が異なるので注意。

ま

マスキング

通常聞こえる音が他の音で聞こえなくなること。小さい音は、大きい音でかき消される。

明視照明
めいししょうめい

作業などを行う場所を明るくする照明。住宅では勉強部屋に使う。

明所視
めいしょし

光量が十分あり、色覚が能な状態。⇒**暗所視**

明順応
めいじゅんのう

暗いところから急に明るいところに出たとき、まぶしさが次第に薄れて、明るさに慣れて物が見えるようになること。⇒**暗順応**

> **豆知識** 照明環境の変化
>
> 
>
> これまでの日本の住宅は蛍光灯による白くて均一な照明だったが、最近では、夜は落ち着きのある暖色系の明かりにするようになっている。

や

有効温度(ET)
ゆうこうおんど

気温、湿度、風速の3温熱要素を組み合わせて人の感覚を表す指標のこと。湿度100パーセント、風速0メートル/秒のときの体感温度。湿度100パーセントを基準としているが、一般環境とは掛け離れているため、長時間滞在する際の温冷感とは一致しない。そのため、湿度50パーセントを基準とする新有効温度(ET*)が用いられるようになった。⇒**新有効温度**

容積絶対湿度
ようせきぜったいしつど

大気の単位容積に含まれる水蒸気の量を重量で示したもの。単位はg/㎥である。飽和水蒸気量ともいう。⇒**湿り空気線図**

予測平均温冷感申告(PMV)
よそくへいきんおんれいかんしんこく

温熱環境の評価指標。PMVは予測温冷感申告、PPDは予測不快者率(不満・不快を感じる人の割合)。PMVは室温、放射熱、湿度、気流、着衣量、作業量の6要素を考慮して人が感じる寒暖を7段階評価で表す。PPDはある温熱環境に何%の人が不満かを表す。ともにオフィスの環境評価などに使われる。

ら

ライトシェルフ
太陽光を反射・拡散させ室内の奥を明るくするための窓にとりつく庇。

ラウドネス
loudness

人が感じる音の強さのこと。

ラドルクス
光束発散度を示す単位のひとつ。

立体角投射率
りったいかくとうしゃりつ

水平面のA点より見える遮蔽なしの空を半球の面とし、それが水平面に投射された円の面積Sに対する、A点を囲む建物のある窓から見える半球面の底円への投射面積sの比率。採光の根拠となる昼光率の計算に使われる。天窓が側窓より明るい理由ともなる。

ルーメン(lm)
光の量を計測する単位のひとつ。光源が発する光の出力量(光束)を計測する単位に用いられる。1ルーメンとは、点灯したロウソクを1メートル先に置いたときの手もとの明るさのことである。⇒**光束**

ルクス(lx)
照度の単位のこと。日本の計量単位令では、1平米の面に1ルーメンの光束が到達したときの照度を1ルクスと定義している。光束がたくさん到達すれば照度も高くなる。⇒**光束、照度**

露点温度
ろてんおんど

水蒸気が凝結して物体の表面に露を結び始めるときの温度のこと。水蒸気を含んだ空気の温度が下がると起こる。⇒**湿り空気線図**

インテリア関連の法規

あ

一級建築士
いっきゅうけんちくし
国土交通大臣の免許を受けた資格者のこと。複雑で高度な技術を要する建築物を含め、すべての施設の設計や工事監理の業務を行うことができる。

一般廃棄物
いっぱんはいきぶつ
産業廃棄物以外の廃棄物のこと。一般家庭からのもの、事務所や商店など事業用のもの、し尿に大別される。

移転
いてん
建物を解体せず、そのままの状態で敷地内及び別の敷地に移動させること。

液化石油ガス法
えきかせきゆがすほう
プロパンガス用品の安全性について規制した法律のこと。「液化石油ガスの保安の確保及び取引の適正化に関する法律」の略称だが、液石法とも略される。

エコまち法
えこまちほう
都市の低炭素化の促進に関する法律の略称。低炭素化を促進し健全な都市を目指すのが目的。⇒低炭素化法

延焼のおそれのある部分
えんしょうのおそれのあるぶぶん
隣接する建築物などが火災した場合に延焼する可能性が高い部分のこと。隣地境界線や道路中心線から、1階は3メートル以下、2階以上については5メートル以下の距離にある部分を指す。

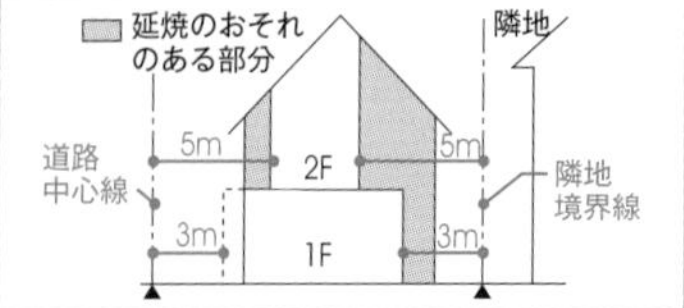

豆知識 延焼のおそれのあるライン
延焼のおそれのあるラインは2階のほうが広くなっている。これは、炎が上昇するためである。

延焼防止建築物
えんしょうぼうしけんちくぶつ
外部からの延焼と内部の火災への対策をとることで耐火建築物とほぼ同様の安全性があるとした建築物。建築基準法建第61条に拠った新基準。

か

改正耐震改修促進法
かいせいたいしんかいしゅうそくしんほう
大規模地震に備えて、都道府県に建築物などの耐震の施策を義務付ける法律のこと。学校や病院などの建築物や住宅の耐震診断、改修を短縮化、数値目標を盛り込んだ計画を作成しなければならない。「建築物の耐震改修の促進に関する法律の一部を改正する法律」の略称。

階段の幅員
かいだんのふくいん
建築基準法において、階段の幅員には、建築の用途や規模によって異なる基準がある。たとえば、住宅の階段の幅員や踊場は75センチ以上と決められている。

住宅の階段の各部寸法

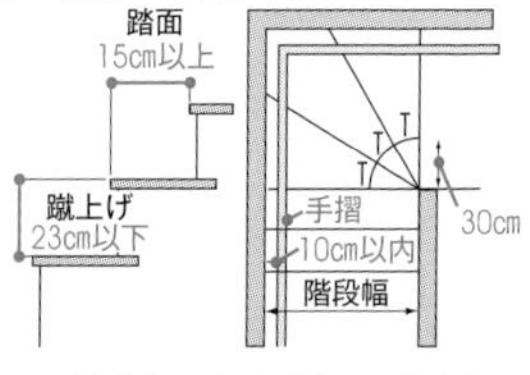

回り階段の踏面は狭いほうから30cmの位置で測る。

改築
かいちく
建物の全部、または一部を取り壊したあとに、位置、用途、構造、階数、規模などが大きくは変わらない建物を建てること。

界壁
かいへき
共同住宅や長屋住宅の各住戸の間を区切る壁のこと。建築基準法において、共同住宅などの戸境壁は、遮音上の問題が発生しないよう、隙間のない構造にしたり、耐火構造や準耐火構造、防火構造としたり、小屋裏や天井裏を設置しなければならないとされている。

火気使用室
かきしようしつ
コンロ、固定式ストーブ、壁付暖炉などのある部屋のこと。建築基準法によって、内装制限を受ける。⇒**内装制限**

豆知識　IHの使用

IH クッキングヒーターを設置しても、その部屋は火気使用室になると判断されることがあるので要注意。

確認申請
かくにんしんせい
⇒**建築確認申請**

確認済証
かくにんずみしょう
建築確認申請の内容が法令に適合していることを認めた証明書のこと。特定行政庁や指定確認検査機関によって認定される。証明書には正本と副本があり、行政側と建築主側がそれぞれを保管する。

火災報知器
かさいほうちき
火災を感知、発見した人間が発信機を使って、警報を発したり、消防機関に通報したりする機器のこと。自動火災報知設備や住宅用火災警報器、消防機関に通報する火災報知設備などがある。

火災予防条例
かさいよぼうじょうれい
消防法に基づいて、各自治体で定められている条例のこと。

瑕疵
かし
建築等で本来備わるべき機能等に欠陥や不具合があること。瑕疵担保とは売買等の時点で気づかなかった瑕疵を発見されるまで保留にすること。

ガス警報器
がすけいほうき
漏れた燃料用ガスや不完全燃焼によって生じた、一酸化炭素を検知して警報を発する装置のこと。都市ガスでは、天井面から20〜30センチ以内、LPガスは床面から30センチ以内に取り付ける。

ガス事業法
がすじぎょうほう
ガス事業についての法律。都市ガス用品を安全に使用するよう定めている。

仮設建築物
かせつけんちくぶつ
建築基準法第85条で、災害時の応急的な仮設建築物や工事現場内に設ける事務所、仮設店舗、一時的な博覧会建築物などが該当し、原則として1年以内の期間を定めて特定行政庁(役所)の許可を事前に受けた建築物。

割賦販売法
かっぷはんばいほう
割賦販売における、公正で健全な取引の維持と消費者の保護を目的とした法律のこと。月賦やクレジットなどの「割賦販売」について、商品の引渡しや代金支払いのトラブルが多いことから、取引秩序の維持や消費者保護を目的として制定された。

家庭用品品質表示法
かていようひんひんしつひょうじほう
家庭用品の品質に関する表示の適正化を図ることで、一般消費者の利益の保護を目的とした法律のこと。

換気
かんき
室内の空気環境を良好に保てるよう、汚染空気を屋外に排出して、新鮮な空気を屋内に給入すること。自然換気方式や機械換気方式などがある。

環境基本法
かんきょうきほんほう
環境保全についての基本理念、施策の基本事項などを定めた法律のこと。環境に関する各種施策の総合的・計画的な推進、環境影響評価の推進、経済的措置などが規定されている。

完成保証制度
かんせいほしょうせいど

工事業者倒産などにより住宅建築工事が中断したときに、最小限の追加負担で住宅を完成できるようにする制度。

緩和規定
かんわきてい

法の条文規定の一部を緩和する規定。たとえば、緩和の条件を満たせば地下室は容積率算定用の床面積に含まないなど。多々ある。

既存不適格
きぞんふてきかく

建築時には適法だった建物が、その後の法令の改正や都市計画変更などによって、現行法に対して不適格な部分が生じていること。現在の建築基準法に違反しているが、特例によって違法建築ではないとされる。

北側斜線制限
きたがわしゃせんせいげん

北側の敷地に日影などの影響が出ないよう、建物の高さを制限しなければならないこと。第1種・第2種低層住居専用地域では、北側前面道路の反対側の境界線、または北側隣地境界線の5メートル上空を起点とし、勾配1.25の斜線以下とする。

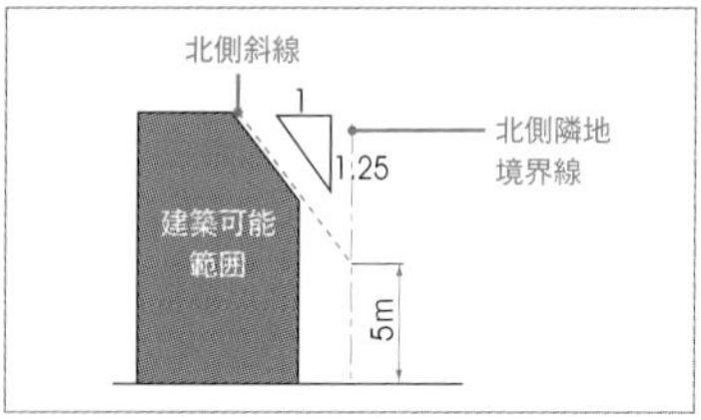

居室
きょしつ

居住、執務、作業、集会、娯楽などを目的に継続的に使用する部屋のこと。なお、廊下、トイレ、浴室、洗面室は居室には含まれない。

豆知識 居室に広さは関係がない

居室扱いとなるには、広さは関係がない。玄関ホールや納戸、サービスルームなど居室と表記されていない部屋は、採光、換気、天井の高さなどが居室の基準を満たしていないというわけだ。

クーリングオフ制度
くーりんぐおふせいど

割賦販売や訪問販売などによる購入の申込みや契約を解除できる制度のこと。一定期間内のうちに申請すれば、説明なしの無条件で契約解除が可能。

蹴上げ
けあげ

階段における段の高さのこと。住宅の蹴上げ寸法は、建築基準法上では、23センチ以下と決められている。

蹴込み
けこみ

階段の踏板先端から垂直ラインが立ち上がっている部分のこと。足のつま先が当たりそうな場所である。蹴込み寸法は3センチ以内とする。

検査済証
けんさずみしょう

完了検査後に、敷地、構造、建築設備について、建築物が法令に適合していることを認めた証明書のこと。建築主事や指定確認検査機関によって認定される。

建設業法
けんせつぎょうほう

建設工事が適正に施工され、建設業が健全な発展に資することを目的に制定された法律のこと。建設業者の許可条件、請負契約の適正化の確保、請負契約に関する紛争の処理、施工技術の確保、建設業者の経営事項の審査や監督などが定められている。

建築
けんちく

建築物を新築、増築、改築、移転すること。

建築確認申請
けんちくかくにんしんせい

建築物の着工前に、建築計画が法律に適合しているかを、自治体では建築主事、民間では指定確認検査機関に提出して、建築確認を受けるための申請手続きのこと。建築物の建築、大規模の修繕及び模様替え、用途変更などの場合に行う。確認済証の交付を受けなければ、着工することができない。

建築基準法
けんちくきじゅんほう

建築物の安全性を確保するために、建築物の敷地、構造、設備、用途などについて、最低限守らなければならない基準を示している法律のこと。

建築基準法施行令
けんちくきじゅんほうせこうれい

建築基準法の規定が守られるよう、具体的な方法や方策を定めたもの。

建築協定
けんちくきょうてい

地域の環境維持などのために土地所有者等の合意を得て、建築基準法に規定されていないルールをつくり安定的維持のために、特定行政庁の認可を受ける制度。

建築計画概要書
けんちくけいかくがいようしょ

建築確認申請時に提出する建築物の概略を記載した図書。一般の閲覧が可能なため平面図などの建物内部の情報は記載されない。

建築工事届
けんちくこうじとどけ

建築確認申請に伴い、工事の概要を都道府県知事に届ける書類。

建築士
けんちくし

建築士法によって定められた免許資格の総称。建築物の設計や工事監理などの業務を行うことができる。建設大臣の免許を受ける一級建築士、都道府県知事の免許を受ける二級建築士、木造建築士などがある。⇒**一級建築士、二級建築士**

建築士法
けんちくしほう

建築物の設計や工事監理などを行う技術者の資格について定めた法律のこと。業務を適正に行う他、建築物の質を向上させることを目的としている。

建築主事
けんちくしゅじ

建築基準法に基づいた建築計画の確認などを行うために、知事や市町村長が任命した者のこと。

建築設備
けんちくせつび

建築物に設けた設備のこと。電気、ガス、給水、排水、換気、暖房、冷房、消火、排煙、汚物処理などの設備や、煙突、昇降機、避雷針などがある。

建築物
けんちくぶつ

土地につくられた工作物のうち、屋根、柱、壁を有するもの。

建築物除却届
けんちくぶつじょきゃくとどけ

建築物を除却する場合に都道府県知事に届け出なければならない書類。建築基準法第15条に規定。

建築面積
けんちくめんせき

建築物の外壁や、これに代わる柱中心線に囲まれた水平投影面積(真上から建物に光を当てた際に地盤面に映る影部分の面積)のこと。地場面から1メートル以下であれば、地下階の面積は除外することができる。また、外壁の中心線から1メートルを超えた庇やバルコニー部分などは、その先端から1メートル後退した部分までを除いて建築面積に算入される。

建蔽率
けんぺいりつ

建築物の外壁や、またはこれに代わる柱中心線に囲まれた水平投影面積のこと。建蔽率は用途地域ごとに制限値が定められている。ちなみに、特定行政庁が指定した角地や、それに準じた敷地、防火地域内の耐火建築物は、建蔽率を10パーセント割増することができる。

建築面積の考え方

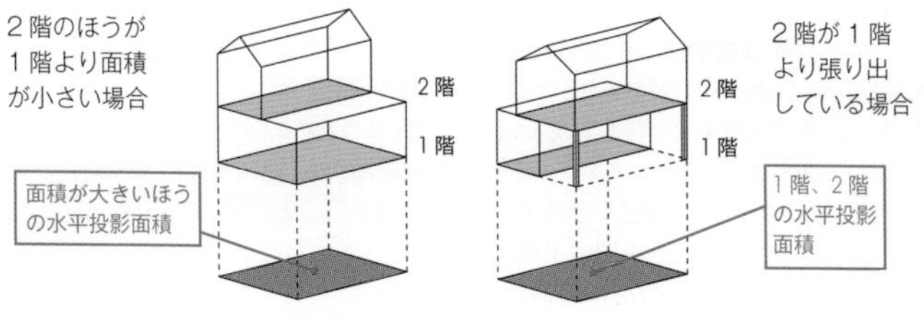

工事監理
こうじかんり
建築工事が設計図書通りに実施されているかを確認する業務。建築士の専権業務。工事現場を監督する工事管理とは区別される。

工事施工者
こうじせこうしゃ
発注者と建築工事に関する請負契約を行い建築工事を行う者。工務店、建設会社、ゼネコンのこと。工事を自ら行う者も含む。

構造設計一級建築士
こうぞうせっけいいっきゅうけんちくし
一定規模以上の建築物の構造設計を専門に扱える建築士のこと。設計や、構造関係規定への適合性の確認を行うことができる。木造で高さ13メートル超または軒高9メートル超、鉄骨造で階数4以上、RC造またはSRC造で高さ20メートル超などの建築物が対象。

後退距離
こうたいきょり
道路や隣地との境界線から、外壁を一定の距離だけ後退させなければならないこと。その距離は、日照や通風、建築基準法上の採光、防災、斜線制限などの規制や算定によって定められている。

高度地区
こうどちく
建築物の高さの最高限や最低限が定められている地区のこと。日照保護や都市景観上などの理由による。地区の指定や高度の制限内容は、都市計画法によって市町村が決定する。高度地区斜線とは、真北方向から受ける斜線制限である。

勾配
こうばい
傾斜面の傾きの程度、または斜面のこと。建築基準法において、傾斜路の勾配は8分の1を超えないよう決められている。

小型家電リサイクル法
こがたかでんりさいくるほう
使用済み小型家電製品（携帯電話やデジタルカメラ、ゲーム機、電話機など）の再資源化を促進するために制定された法律のこと。自治体や認定業者が回収して、含まれているベースメタル（鉄や銅など）、レアメタル（金、銀、リチウム、プラチナなど）などをリサイクルすると定めている。「使用済小型電子機器等の再資源化の促進に関する法律」の通称。

豆知識　家電リサイクル法の対象

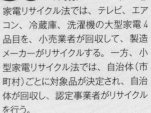

家電リサイクル法では、テレビ、エアコン、冷蔵庫、洗濯機の大型家電4品目を、小売業者が回収して、製造メーカーがリサイクルする。一方、小型家電リサイクル法では、自治体（市町村）ごとに対象品が決定され、自治体が回収し、認定事業者がリサイクルを行う。

告示
こくじ
国等の機関が必要な事項を公示したもの。建築では「建設省告示（建告）第○号」「国土交通省告示（国交告）第○号」等がある。

個人情報保護法
こじんじょうほうほごほう
個人情報を取り扱う事業者が守るべきルールを定めた法律のこと。2017年の改正により、個人情報を扱うすべての事業者が対象となった。「個人情報の保護に関する法律」の略称。

固定資産税
こていしさんぜい
土地建物を所有している人にかかる地方税。

小屋裏物置（収納）
こやうらものおき（しゅうのう）
建築基準法関係の緩和規定で使われる用語。天井高さ（1.4m以下）等の規定を守った屋根裏などの収納は階数や床面積の対象とならない。

さ

採光
さいこう
窓から自然光を採り入れて室内を明るくすること。建築基準法では、建物の用途ごとに採光のための窓などを設けるよう定められている。

最高高さ
さいこうたかさ
地盤面から、建物本体の最も高いところまでの高さのこと。

豆知識 **道路斜線のルール**

道路斜線は、地盤面ではなく道路面の高さから建築物の軒先に引かれるものである。なお、棟飾り、防火壁の屋上突出部、その他これに類する屋上突出部は高さに算入しない。

採光補正係数
さいこうほせいけいすう

有効採光面積を算出する際に、開口部面積に乗ずる係数のこと。用途地域ごとの係数、窓の直上にある建築物の各部から隣地境界線までの水平距離などから求められる。

産業廃棄物
さんぎょうはいきぶつ

事業活動に伴って生じた廃棄物のうち、燃え殻、汚泥、廃油、廃酸、廃アルカリ、廃プラスチック類などの廃棄物のこと。

産業廃棄物管理票
さんぎょうはいきぶつかんりひょう

産業廃棄物の適正な処理を推進する目的で定められた制度で使われる伝票のこと。マニフェスト伝票ともいう。これを用いることで、廃棄物処理の流れを確認して、不法投棄などを未然に防ぐことを目指す。

敷地
しきち

一般的には、建築物が建っている土地のこと。建築基準法上では、「1の建築物または用途上不可分の関係にある2以上の建築物のある一団の土地」と定義されている。また、道路に接している部分は2メートル以上なければならない。

シックハウス症候群
しっくはうすしょうこうぐん

住居内における、室内空気汚染に由来するさまざまな健康障害の総称。建材や家具、日常品などから発生する揮発性化学物質やダニ、カビ、換気不足などが原因とされている。

指定確認審査機関
していかくにんしんさきかん

建築主事の専権事項であった建築確認等の業務が、建築基準法改正により民間でできるようになった機関。

私道
しどう·わたくしどう

個人や法人が所有する土地に設置された道。道路位置指定を得れば、建築基準法上の道路扱いとなる。

地盤面
じばんめん

建築物が周囲の敷地と接する位置の高さのこと。水平な場合は地面の高さのことを指すが、傾斜のある場合は建物が接している周囲の高さの平均となる。建築物に接する地盤面の高低差が3メートル以内の場合は、その平均の高さを地盤面とする。他方、高低差が3メートル超の場合、高低差3メートル以内ごとに区分して、各区分内の平均の高さを地盤面とする。

借地権
しゃくちけん

建物の所有を目的として、地主から土地を借りて使用する権利のこと。居住するためであれば、その土地に建物を建てたり、改築や建替えを行ったりすることができる。地上権を転貸したり、登記、売買したりすることも可能となる。

住生活基本法
じゅうせいかつきほんほう

住生活を安定的なものにしたり、向上させたりすることで、国民経済の健全な発展に寄与することを目的とする法律のこと。良質な住宅の供給や居住環境の保護、住宅購入の利益、居住の安定、耐震、省エネ、中古住宅の流通など、多岐に渡って規定されている。

住宅瑕疵担保責任保険
じゅうたくかしたんぽせきにんほけん

品確法によって定められた保険のこと。事業者は瑕疵に対する10年間の住宅瑕疵担保責任を負い、責任を履行する資力を確保するために、保険か供託のいずれかの措置をとることが義務付けられている。

住宅瑕疵担保履行法
じゅうたくかしたんぽりこうほう

住宅の売主業者や建設業者に資力の確保を義務付ける法律のこと。こうした業者は瑕疵担保を履行するために保険に入るか、もしくは保証金の管理を国家機関（供託所）に委ねるよう定められている。「特定住宅瑕疵担保責任の履行の確保等に関する法律」の略称。⇒品確法

住宅性能表示制度
じゅうたくせいのうひょうじせいど

品確法によって、住宅の品質評価基準が示される任意の制度のこと。構造や防火、劣化

対応などの10項目に渡る評価検査がある。国に登録された第三者機関の登録住宅性能評価機関が実施する。認定されると、住宅性能評価書が交付される。（下図参照）

住宅用火災警報器
じゅうたくようかさいけいほうき

共同住宅や戸建住宅に設置されている警報器のこと。煙や熱を感知して、音声やブザー音が鳴る。設置場所は、各居室、台所、階段の天井面など、火災を有効に感知できるところで、詳細は各市町村の条例による。

> **豆知識　消防法改正**
>
> 
>
> 2011年の消防法改正によって、すべての住宅に火災警報器を設置するよう義務付けられた。

重要事項説明義務
じゅうようじこうせつめいぎむ

建築物の新規設計や工事監理の受託契約前に、建築主に対して、法令事項を含む所定の内容（重要事項）を説明し、記載内容の書面を交付すること。管理建築士や、建築士事務所に所属する建築士には重要事項を説明する義務がある。

出資法
しゅっしほう

出資金の受入れ、預り金、浮貸し、金銭貸借の媒介手数料、金利について規制するための法律。「出資の受入れ、預り金及び金利等の取締りに関する法律」の略称。

主要構造部
しゅようこうぞうぶ

壁、柱、床、梁、屋根、階段などのこと。構造上重要な部材とされている。間仕切り壁や最下階の床などは含まれない。

準延焼防止建築物
じゅんえんしょうぼうしけんちくぶつ

外部からの延焼と内部の火災への対策をとることで準耐火建築物とほぼ同様の安全性があるとした建築物。建築基準法建第61条によった新基準。

準耐火建築物
じゅんたいかけんちくぶつ

耐火建築物よりも耐火性能が低い建築物のこと。耐火・断熱性の高い材料で被覆された鉄骨造や、軽量コンクリートや発泡セメント板のような耐火性の高い材料で床と外壁が覆われた建築物、不燃材などで主要構造部が被覆された木造なども含まれる。

準耐火構造
じゅんたいかこうぞう

政令で定められた、準耐火性能の技術的基準に適合する壁・柱・床などの構造のこと。国土交通大臣が、構造方法を定めたり、認定したりする。

準不燃材料
じゅんふねんざいりょう

建築基準法で定められた、不燃材料に準じた性能をもつ建築材料のこと。木毛セメント板、石膏ボード、セルロースファイバーなどがある。通常の火災が発生してから、10分間燃焼せず、有害な変形や溶融、亀裂、有害な煙、ガスなどが生じないものを指す。国土交通大臣が定めたり、認定したりする。

準防火地域
じゅんぼうかちいき

都市計画法に基づく地域地区のひとつ。防火、防災の目的で、階数や延床面積によって、

住宅性能表示制度

10分野の性能項目について等級や数値で表示。ただし必須項目は2015年に大幅に緩和され、囲みの4項目となった

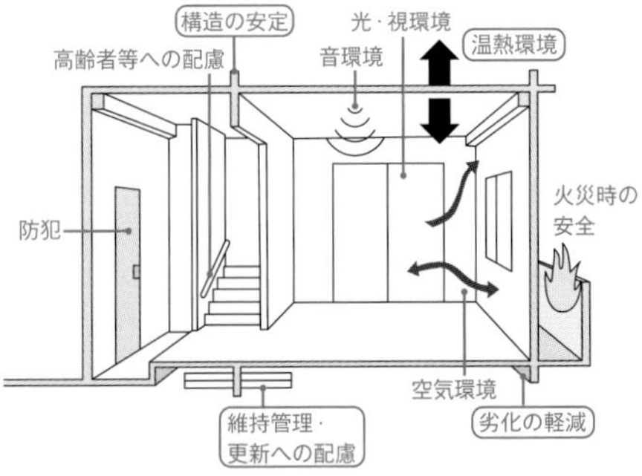

不燃材料、防火設備の使用や防火構造、耐火建築物、準耐火建築物の構造的制限が定められている。

> **豆知識　登録商標**
>
> 
>
> 普段何気なく使っている言葉には、メーカーの登録商標も。たとえば「シリカ電球」はパナソニックの白熱ランプ、「サークライン」は東芝ライテックの環形蛍光ランプのことである。

消費者基本法
しょうひしゃきほんほう

消費者の権利の尊重と自立支援を基本理念とした、消費者政策の基本となる事項を定めた法律のこと。

消費者契約法
しょうひしゃけいやくほう

消費者と事業者の情報力や交渉力の格差を前提として、消費者の利益擁護を図ることを目的とした法律のこと。

商品安全三法
しょうひんあんぜんさんぽう

消費者保護の原則に基づいて、商品の安全確保を図る目的で制定された3つの法律。「消費生活用製品安全法」「化学物質の審査及び製造等の規制に関する法律」「有害物質を含有する家庭用品の規制に関する法律」のことを指す。

消防同意
しょうぼうどうい

建築確認前に、建築物(防火対象物)の安全を確保する目的で、消防機関に建築の同意をもらうこと。建築計画における消防上の問題点を確認して、消防設備に問題がないことを認めてもらう。

消防法
しょうぼうほう

火災を予防、警戒、鎮圧し、国民の生命や身体、財産を保護するための法律。

条例
じょうれい

地方公共団体が定める自主的な法。建築基準法関連では建築基準条例などがある。

新築
しんちく

更地に建築物を新たにつくること。

スプリンクラー

水に高圧を掛けて飛沫にし、ノズルから散布する装置のこと。消火設備のひとつ。建築物の天井などに設置され、火災時に自動的に水を噴出する。

政令
せいれい

法律を実施するために内閣が制定する令。建築基準法施行令がこれにあたる。省レベルで出すものは省令で施行規則がある。

セットバック

建築物の外壁を、敷地境界線から後退させて建てること。または、建築物の上部を段状に後退させること。⇒**後退距離**

> **豆知識　建築不可の土地**
>
> 
>
> 建築基準法において、敷地に接する道路の幅員が4メートル未満の場合、道路の中心線から2メートルの範囲内に建物を建築してはならないと規制されている。この範囲内では、建物だけでなく、門や塀なども建築できない。

設備設計一級建築士
せつびせっけいいっきゅうけんちくし

一定規模以上の建築物の設備設計を専門に扱える建築士のこと。設計や設備関係規定への適合性の確認を行うことができる。階数3以上、かつ5,000平米超の建築物が対象。

増築
ぞうちく

既存の建物全体を取り壊すのではなく、その一部を改造して床面積を増やすこと。

た

耐火建築物
たいかけんちくぶつ

主要構造部(壁、柱、床、梁、屋根など)に一定の耐火性能がある建築物のこと。一般的には、鉄筋コンクリート造、レンガ造、コンクリートブロック造などの建物を指し、分譲マンションなどが該当する。

耐火構造
たいかこうぞう

政令で定められた、耐火性能の技術的基準に適合する鉄筋コンクリート造、レンガ造などにおける壁、柱、床などの構造のこと。国土交通大臣が、構造方法を制定、認定する。

大規模の模様替え
だいきぼのもようがえ

同じ位置でも、異なる構造や材料、形状、寸法などを用いて、性能や性質を回復する工事のこと。同じ位置、形状、寸法、材料を使った工事を「修繕」という。

大規模の修繕
だいきぼのしゅうぜん

既存建築物の主要構造部の1つ以上のうち、面積などが半分を超える工事のこと。事前に建築確認の手続きなどが必要である。

耐震偽装問題
たいしんぎそうもんだい

建築基準法に定められた耐震基準を満たさない、マンションやホテルなどが建設されていた問題のこと。2005年に、ある一級建築士が構造計算結果を改ざんして、構造計算書を偽装していたことが発覚した。その後、建築士の罰則強化など、建築士法が改正され、建築確認審査が厳格化された。

建物の区分所有等に関する法律
たてもののくぶんしょゆうなどにかんするほうりつ

⇒**区分所有法**

地下階
ちかかい

床面が地盤面下にあり、床面から地盤面の高さがその階の高さの3分の1以上ある場所のこと。住宅において、地下階の天井が地盤面から1メートル以下の高さであれば、床面積の3分の1を限度に容積緩和の対象となる。

中間検査
ちゅうかんけんさ

工事の工程において、各行政庁が床面積や工法の現場確認を行うこと。中間検査に合格しないと、それ以降の工事を行うことができない。

長期優良住宅促進法
ちょうきゆうりょうじゅうたくそくしんほう

長期に渡って、良好な状態で使用できる長期優良住宅の認定基準や、認定長期優良住宅に対する税の特例措置などが定められた法律のこと。「長期優良住宅の普及の促進に関する法律」の略称。

直通階段
ちょくつうかいだん

階数が3以上の建築物や特殊建築物、採光無窓居室のある階などで、避難階また地上に直通する最短距離で避難に支障なく到達できる階段。

定期借地権
ていきしゃくちけん

借地借家法で規定された借地権の一種。通常の借地契約とは異なって更新がなく、事前に契約期間が確定するので、「正当事由」の有無にかかわらず、確実に土地が返還される。借地の供給を拡大することで、土地の有効利用の促進を図ることが目的とされている。

低炭素化法
ていたんそかほう

都市の低炭素化の促進を図って、健全な発展に寄与することを目的とした法律のこと。省エネルギー性の向上を目的とした基準に適合する建築物を新築する場合などに、所管行政庁が低炭素建築物新築等計画を認定する。「都市の低炭素化の促進に関する法律」の略称。⇒**エコまち法**

手摺の高さ
てすりのたかさ

バルコニー、吹抜けなどにおいて、落下防止や歩く人がつかむために取り付けた柵、または柵の上に渡した横棒のことを手摺という。建築基準法において、手摺は床面から110センチ以上の高さに設置するよう決められて

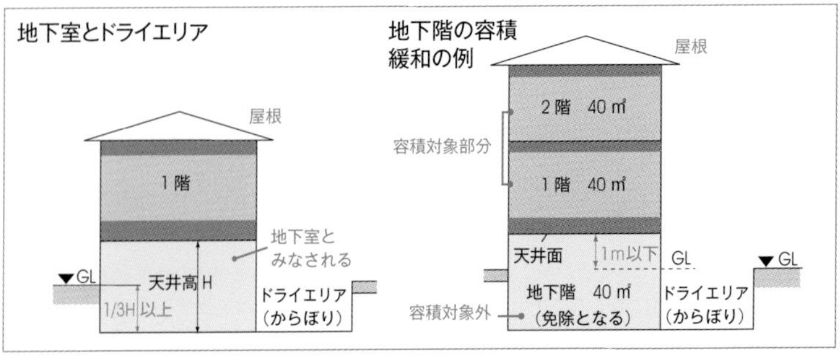

いる。階段の手摺の高さについては、特に定められていない。

田園住居地域
でんえんじゅうきょちいき

都市計画法の改正で、13番目の用途地域として定められた。(2018年より)農地と都市の調和を図る地域。

電気工事士法
でんきこうじしほう

電気工事に従事する者の資格や義務、電気工事の欠陥による災害の発生の防止について定めている法律のこと。

電気用品安全法
でんきようひんあんぜんほう

電気用品の安全確保についての法律。電気用品の製造、輸入、販売を事業として行う場合の手続きや罰則が定められている。

天空率
てんくうりつ

建築設計において、天空の占める立体角投射率のこと。かつての斜線制限の範囲内で建てられる建築物と同等以上の天空率を確保できる場合は、斜線制限は緩和される。これにより形状の自由度と空間の有効活用が可能となる。

天井高さ
てんじょうたかさ

床仕上げ面から天井仕上げ面までの垂直距離のこと。一般の居室では2.1メートル以上と定められている。斜天井など、1室の天井高が異なる場合は平均の高さとする。

平均天井高さの測り方

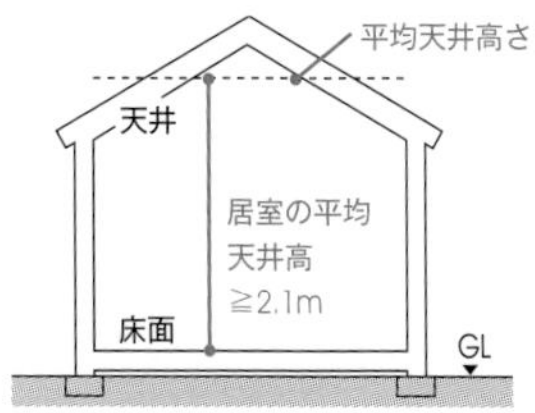

天窓
てんまど

屋根面の開口部のこと。トップライト、頂光ともいう。建築基準法において、天窓の採光補正係数は3とされている。

道路
どうろ

建築基準法においては、①道路法に基づく道路、②都市計画法に基づく道路、③既存道路、④事業予定道路、⑤位置指定道路、⑥みなし道路などがある。また、幅員が4メートル以上のものに限る。

道路斜線制限
どうろしゃせんせいげん

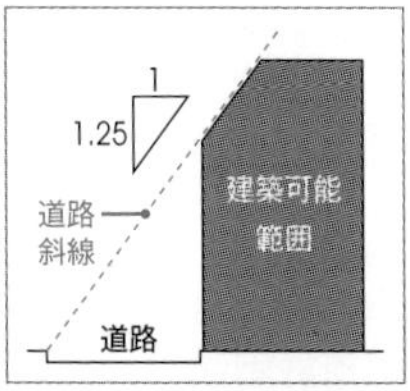

道路面の日照などを確保するために、建築物の高さを制限しなければならないこと。前面にある道路の反対側の境界線から、一定勾配の斜線以下の高さにする必要がある。たとえば、住居系用途地域では斜線制限は1.25、商業系用途地域は1.5とされている。道路境界線から建築物までの距離応じて、斜線制限は緩和される。また、道路境界線から建築物を敷地内に後退した部分(セットバック)を設け、道路斜線の緩和規定を受けることもできる。

特殊建築物
とくしゅけんちくぶつ

学校、体育館、病院、劇場、集会場、百貨店などの用途に特殊性がある建築物のこと。なお、共同住宅や自動車車庫などを含むものは戸建住宅といい、事務所などは特殊建築物に含まれないので注意。

豆知識 特殊建築物の制限

特殊建築物とは、不特定多数の人が利用する施設や、火災発生の危険度が高い建物などで、防火や避難に関して厳しい制限がある。

特定家庭用機器再商品化法
とくていかていようききさいしょうひんかほう

⇒家電リサイクル法

特定行政庁
とくていぎょうせいちょう

建築主事(確認についての事務を行う人)がいる行政機関のこと。市町村に建築主事がいなければ、都道府県の関係事務所が特定行政庁となる。

特定商取引法
とくていしょうとりひきほう

取引の公正性と消費者被害の防止を図るための法律。業者と消費者の間に紛争が生じやすい取引(訪問販売など)について、勧誘行為の規制、紛争を回避するための規制、クーリングオフ制度の紛争解決手続きなどを設けるよう定めている。

都市計画区域
としけいかくくいき

用途地域、防火地域、準防火地域など、都市計画法に基づいて、都道府県知事によって定められた区域のこと。一体の都市として、総合的に整備、開発、保全したり、住宅都市、工業都市などとして新たに開発、保全する目的で定められる。

都市計画法
としけいかくほう

都市機能の健全な発展と秩序ある環境の整備を目的とした、総合的な街づくりの法律。

都市再開発法
としさいかいはつほう

市街地の計画的な再開発について、土地の合理的かつ高度な利用と、都市機能の更新を図ることを目的とする法律のこと。

ドライエリア

地下室の採光、換気、防湿などのために、外壁に沿って堀り下げられた空間のこと。空堀(からぼり)とも呼ばれる。ドライエリアが一定の規定を満たしていれば、地下階を居室として扱うことができる。⇒**地下階**

な

内装制限
ないそうせいげん

建築基準法において、室内に面する壁・天井の部分に、燃えにくい内装材(防火材料)を使用しなければならないこと。階数が3階建て以上の建物や、台所や浴室などで火を使用する設備や器具を用いる場合などに制限される。なお、IHクッキングヒーターが内装制限を受けるかどうかは、各自治体で判断が異なるので確認が必要となる。(次頁図参照)

難燃材料
なんねんざいりょう

建築基準法で定められた、燃えにくい建築材料のこと。難燃合板、難燃繊維板、難燃プラスチック板などがある。通常の火災が発生してから、5分間燃焼せず、有害な変形、溶融、亀裂、有害な煙、ガスなどが生じないものを指す。建設大臣が定めて認定する。

販売形態と特定商取引法

販売形態	内容	クーリング・オフ	備考
訪問販売	消費者の自宅などに販売員が訪問し、法律で指定する商品などを販売する。キャッチセールスやホームパーティ方式の販売も含む	代金3,000円以上で8日まで可能	ホームパーティ方式とは、ホスト役の顧客に友人などを自宅に集めてもらい、コンサルタントが実演販売を行うこと。「アンケートに協力お願いします」と言って呼び止め、営業所などに連れて行き、商品の勧誘を行ったり、契約させたりするようなキャッチセールスも訪問販売に当たる
通信販売	新聞、雑誌、インターネットなどで宣伝し、郵便や電話などで申込みを受け付ける方法	返品の特約がなければ8日	インターネット・オークションに関しても対象となることがある
電話勧誘販売	電話で勧誘し、申込みを受け付ける方法。電話ののちに、郵便などで申し込む場合も含む	代金3,000円以上で8日まで可能	
連鎖販売取引(マルチ商法)	販売員が次の販売員を勧誘するという形式で、販売組織を連鎖的に拡大する	20日	「入会すると商品が安く買えるので、それを人に売れば儲かる」などと言って勧誘し(特定利益)、取引をするためにお金を負担させる方法(特定負担)
ネガティブ・オプション(送り付け商法)	注文もしないのに業者が一方的に商品を送り、その代金を請求する商法		代金を支払う義務はない

二級建築士

にきゅうけんちくし

建築士法に定められた国家資格で、都道府県知事の免許を受けた資格者。一定規模以下の木造の建築物、鉄筋コンクリート造など、主に日常生活に最低限必要な建築物の設計や工事監理に従事することができる。

2室採光

にしつさいこう

採光面積を算定する際、引違い、襖などの開口部で2室が接続している場合、その合計面積を1室と見なすことができる。

22条区域

にじゅうにじょうくいき

建築基準法22条と23条で規定されている、屋根や外壁を不燃材料でつくるなどを義務付けた区域のこと。準防火地域よりはやや緩い防火基準となっている。

24時間換気

にじゅうよじかんかんき

換気扇などの機械を使って、室内の空気を計画的に入れ替えて、常に新鮮な空気を維持できるよう換気すること。

豆知識　換気設備の義務

建築基準法において、すべての居室（L、D、K、洋室、和室など）には、1時間当たり0.5回以上の換気設備の設置が義務付けられている。トイレや洗面所、押入も、1時間当たり0.3回以上の換気設備の設置が必要となる。

日影規制

にちえいきせい

近隣の日照を確保するために、中高層建築物の高さや形態を制限すること。近隣の敷地に生じる日影を一定時間内に抑える目的。

豆知識　日影規制の時間帯

条例で指定された区域内にある一定の高さ以上の建築物においては、冬至の日の午前8時～午後4時（北海道のみ午前9時～午後3時）、その場所に一定時間以上継続して影が生じないようにしなければならない。

ダイニングキッチンの内装制限

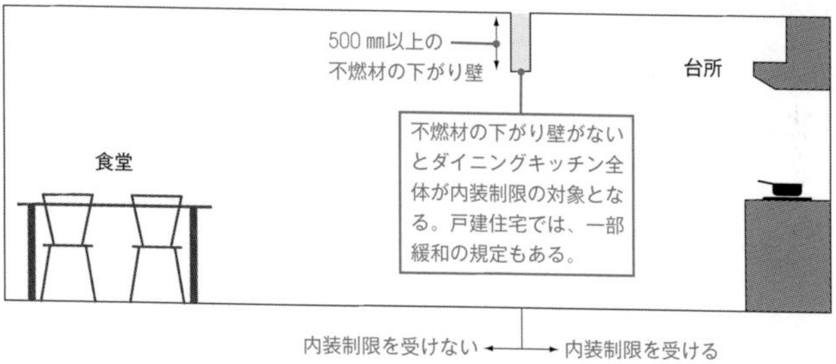

戸建住宅の火気使用室における内装制限の緩和（平21国交告225号）

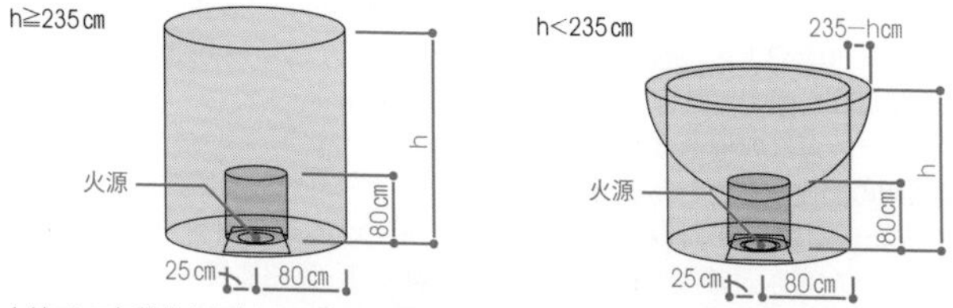

hはコンロ加熱部中心点から天井までの距離。火源がコンロの場合、1口4.2W以下の調理専用のものに限る。

内装・下地も特定不燃材料。

内装・下地も特定不燃材料またはそれに準ずる不燃材料（厚さ12.5㎜以上の石膏ボードなど）。

軒の高さ
のきのたかさ

地盤面から建築物の小屋組、またはそれに代わる横架材などの高さのこと。

延べ面積
のべめんせき

建築物の各階の床面積の合計のこと。容積率算定の基準となる。なお、車庫面積が各階の床面積の合計の5分の1以下であれば、延べ床面積には含まない。

は

排煙
はいえん

火災によって発生する煙やガスを屋外に排出すること。排煙設備が必要な建築物において、窓面積は防煙区画部分の床面積の50分の1を確保するよう決められている。

廃棄物処理法
はいきぶつしょりほう

廃棄物の排出抑制と処理の適正化によって、生活環境の保全と公衆衛生の向上を図ることを目的とした法律のこと。「廃棄物の処理及び清掃に関する法律」の略称。

バリアフリー新法
ばりあふりーしんぽう

高齢者や障害者が気軽に移動できるよう、階段や段差を解消することを目指した法律。「高齢者、障害者等の移動等の円滑化の促進に関する法律」の通称。

PL法
ぴーえるほう

製造物の欠陥によって、人、健康、財産に損害が生じた場合に、製造業者などの損害賠償責任を定めた法律のこと。被害者を保護することを目的としている。「製造物責任法」の通称。

非常用照明
ひじょうようしょうめい

災害時などの非常事態発生に、避難活動を行う目的で設けられた照明器具のこと。床面で1ルクス以上（放電灯の場合は2ルクス以上）の直接照明の照度が必要となる。停電時は自動的に非常用電源に切り替わって点灯され、30分程度は明るさが確保される。

非常用進入口
ひじょうようしんにゅうこう

非常時に消防隊などが破壊して進入できるよう、外壁面に設置が義務付けられている開口部のこと。道路や幅員4メートル以上の通路に面した3階以上の階で、高さが31メートル以下のところに設置する。

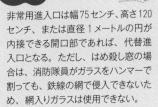

豆知識　代替進入口

非常用進入口は幅75センチ、高さ120センチ、または直径1メートルの円が内接できる開口部であれば、代替進入口となる。ただし、はめ殺し窓の場合は、消防隊員がガラスをハンマーで割っても、鉄線の網で侵入できないため、網入りガラスは使用できない。

必要壁量
ひつようへきりょう

建築物にかかる地震力・風圧力に対し、安全性のために必要な耐力壁の量。

避難器具
ひなんきぐ

火災時の避難が階段以外でもできる器具。集合住宅のバルコニーの避難はしごなど。法律で設置基準が決められている。

品確法
ひんかくほう

住宅市場の条件整備と活性化を目的とした法律のこと。良質な住宅を安心して取得し、万一のトラブルの際も消費者保護の立場から紛争を速やかに処理することのできる機関の整備などを行うよう定めている。「住宅の品質確保の促進等に関する法律」の略称。

⇒住宅性能表示制度

不動産取得税
ふどうさんしゅとくぜい

住宅等を取得したり、改築等により価値を高めた場合に取得者等に課税される地方税。

不動産登録免許税
ふどうさんとうろくめんきょぜい

不動産を取得したときの所有権保存登記や移転登記等にかかる税金。

不燃材料
ふねんざいりょう

政令で定められた不燃性についての技術基準に適合する建築材料のこと。コンクリート、煉瓦、瓦、陶磁器質タイル、鉄鋼、アルミ、ガラス、モルタル、漆喰、金属板などがある。建設大臣が定めたり、認定したりする。

踏面
ふみづら

階段の足を乗せるステップ部分のこと。建築基準法において、住宅の踏面寸法は15センチ以上と決められている。

フラット35

民間金融機関と住宅金融支援機構が提携、提供している最長35年の長期固定金利住宅ローンの商品名のこと。

竪穴区画
たてあなくかく

階段や吹抜けなど、火災時の炎や煙が階をまたいで拡がる部分に設ける防火区画のこと。

防炎規制
ぼうえんきせい

防火対象物品を基準以上の防炎性能とするよう規制すること。消防法によって定められる。カーテンやじゅうたんなど火災発生時に延焼の媒体となるおそれのあるものが対象。

防煙垂れ壁
ぼうえんたれかべ

建築基準法で定められた、防煙区画を構成する防煙壁のこと。火災時に煙の流れを止めるために、天井から50センチ以上下に設けられる。網入りの透明ガラスを使用したものや、常時は天井内に収納されていて、火災時に下りてくる可動式のものもある。

防火区画
ぼうかくかく

建築物内部の火災を一定の範囲内にとどめ、床、壁を耐火構造（準耐火構造）とし、開口部を防火設備で区画すること。面積区画、高層区画、竪穴区画、異種用途区画の4種類。

防火構造
ぼうかこうぞう

建築物の周囲で発生した火災が延焼しないよう、一定の防火性能のある外壁や軒裏などの構造のこと。建築基準法で定められている。

防火設備
ぼうかせつび

防火戸や防火シャッター、消火栓、スプリンクラー、排煙設備、火災警報機、煙感知器など、火炎を遮る設備のこと。遮炎性の有効時間によって、防火設備と特定防火設備に分けられている。

防火対象物
ぼうかたいしょうぶつ

消防法によって防火設備等の制約を受ける建築物。多数の者が出入りするものは特定防火対象物と呼ぶ。戸建て住宅は防火対象物ではないが住宅用火災警報器や消防同意などの制約は受ける。

防火地域
ぼうかちいき

都市計画法に基づく地域地区のひとつ。市街地における火災の危険を防ぐ目的で指定されている。主に市街地の中心部や幹線道路沿いのエリアのことである。なお、3階以上、または延べ面積が100平米を超える建築物は、耐火建築物にしなければならない。

10年の瑕疵担保責任の義務対象部分（品確法施行令5条）

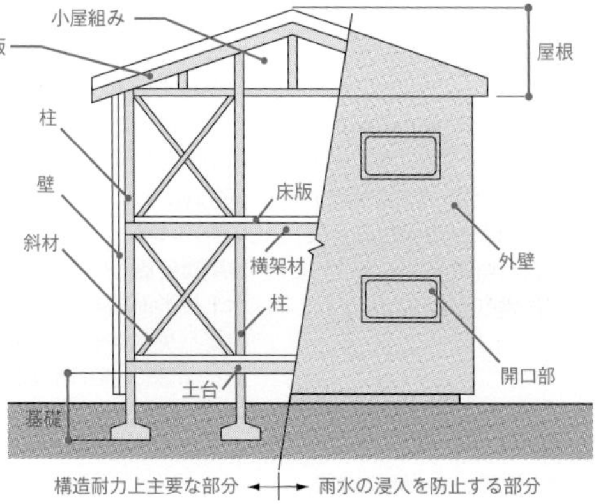

ホルムアルデヒド
シックハウス症候群の要因とされる化学物質のひとつ。接着剤、塗料、防腐剤などの成分である。安価なため、広く建材として用いられていたが、現在は建築基準法によってクロルピリホスとともに使用が規制されている。

ま

マニフェスト制度
まにふぇすとせいど

産業廃棄物の適正な処理示すための情報を示す産業廃棄物管理票。廃棄物の名称、運搬業者名、処分業者名など記入する。

民法
みんぽう

私権の基本的な法律のこと。市民の日常的な生活関係に関する規律や、私法の一般的・基礎的部分について定めている。住まいづくりについては、工事を行う場合の隣地使用権、建築の距離保全(隣地境界線から50センチ以上離すなど)、目隠しの設置、袋地(道路に接していない土地のこと)所有者の通行権などが対象となっている。

無過失責任法
むかしつせきにんほう

損害が発生した際に、加害者に故意や過失がなくても損害賠償責任を負わせること。同じような法律には、PL法、水質汚濁防止法、大気汚染防止法などがある。

無窓の居室
むそうのきょしつ

建築基準法の規定を満たしていない部屋のこと。居室の採光、換気、あるいは防災上の対策などが施されていないと見なされる。

木造建築士
もくぞうけんちくし

木造建築物の設計や工事監理などの業務を行うことができる資格者のこと。木造建築物で延べ面積が300平米以内、かつ2階以下の建築物を扱う。都道府県知事の免許を受ける。

や

有効換気面積
ゆうこうかんきめんせき

建築基準法において、換気上、有効開口面積は居室の床面積の20分の1以上を確保するよう決められている。有効換気面積を確保できない居室は、換気上無窓の居室となるので、換気設備が必要。

有効採光面積
ゆうこうさいこうめんせき

採光のために有効となる窓の面積。建築基準法では、居室の床面積の7分の1以上とするよう決められている。建築物の配置や開口部の位置や形状、開口部の上に設けられた庇の大きさ、開口部の周囲の状況などによって異なる。

有効採光面積の算出(住居系地域)

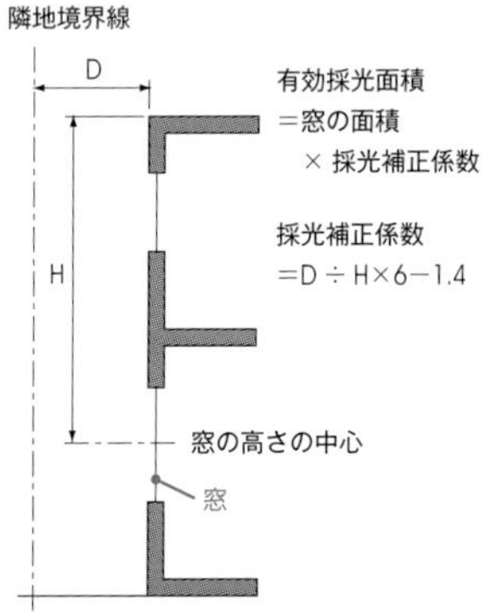

有効採光面積は、実際の窓の大きさに、窓の中心から建物上部までの距離Hと窓から隣地までの距離Dで決まる採光補正係数を掛けて算出する。

床高
ゆかだか

直下の地面、あるいは基準とする地盤面から床の上面までの高さのこと。建築基準法において、最下階の床の高さは、直下の地面から床の上までを45センチ以上にするよう規定されている。床下通気のための規制であるが、防湿処理した床仕上げなどを施す場合は制限が免除される。

床面積
ゆかめんせき

建築物の各階や、壁などの中心線で囲まれた水平投影面積のこと。吹抜け、テラス、開放的なバルコニーなどの面積は含まない。しかし、出窓、物置、階段下の収納など、場合によっては算入するケースがあるので特定行政庁に確認する必要がある。

容積率
ようせきりつ

建築物の延べ床面積において敷地面積が占める割合のこと。容積率は用途地域ごとに制限値が定められている。また、前面道路の幅員など立地条件によっても異なる。

用途地域
ようとちいき

市街化区域の土地利用計画のひとつ。都市の利用目的に応じて、地域区分を行ない、建築基準法によって建築できる建物の種類、用途、容積率、建蔽率、日影などを制限する。住居系、商業系、工業系に分かれ、現在は13種類の地域がある。

用途変更
ようとへんこう

建築物の用途を変更すること。ただし、用途地域や特殊建築物の規定によって用途が制限されている場合、違反となる用途への変更はできない。

4号建築物
よんごうけんちくぶつ

建築基準法第6条4号に該当する小規模な木造2階建て住宅のこと。「4号特例」という建築確認における審査の特例を受けることで、構造や設備などの一部の規定の審査が免除される。

ら

ライトウェル
間口が狭く、奥行きが深い低・中層の建築物において、主に採光の目的で設けられる吹抜け空間で、通風や採光などの居住性の向上が図れる。光井戸とも呼ばれる。

ライトコート
採光や通風を目的として、建物の中心に設けた吹抜け状の中庭スペース。ここに面して窓を設けることで、プライバシーを確保したうえで十分な明るさが確保される。光庭とも呼ばれる。

リーバースモーゲージ
不動産担保(モーゲージ)で毎月借りて最後(死後等)にまとめて返済するローン。一般的なローンと逆(リバース)となる。

隣地斜線制限
りんちしゃせんせいげん

隣地の日照や通風などを確保するために、建築物の高さを制限すること。隣地境界線から一定以上の高さを起点とする斜線の範囲内に収める必要がある。第1種・第2種低層住居専用地域は絶対高さ制限があるが、それ以外の地域では適用される。たとえば住居系では、地盤面の高さから20メートル地点を起点とした勾配1.25の斜線以下とする。

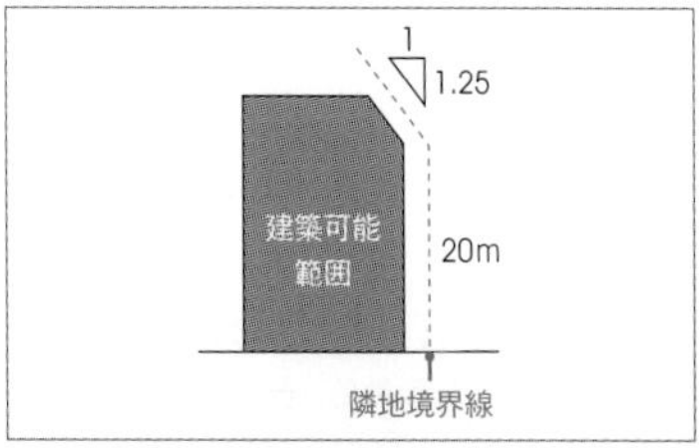

廊下の幅員
ろうかのふくいん

住宅の廊下は幅75センチ以上とされているが、3階建て以上で住戸床面積合計100平米を超える共同住宅の共用廊下では、片廊下は幅120センチ以上、中廊下は幅160センチ以上と定められている。

08 建築構造の基礎知識

あ

秋材
あきざい

木材の年輪の濃い密な部分のこと。夏から秋にかけてつくられる。春から夏にかけてつくられる春材に比べて、材質が堅く、緻密。「しゅうざい」、または晩材ともいう。

年輪の構成

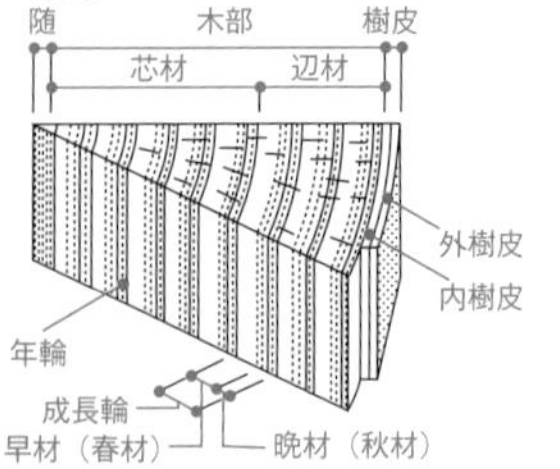

圧縮強度
あっしゅくきょうど

圧縮力を受けたときに部材が破壊する力。力を材の断面積で割ることで、単位面積当たりの力として表す。コンクリートの圧縮強度試験には、おもに円柱のコンクリート供試体（テストピース）が使われる。

雨仕舞
あまじまい

雨水が建物内に浸入することを防ぐこと。または、浸入しないように処理する方法のこと。

雨養生
あまようじょう

雨に濡れないように、シートなどを掛けて覆うこと。または、雨に濡れないように処理する方法。

アンカーボルト
木造建築の土台を基礎に緊結するボルトのこと。耐力壁両端にある柱の近くや、土台の端部や継手などに設置する。

異形鉄筋
いけいてっきん

表面にコンクリートが定着しやすい突起がある鉄筋のこと。

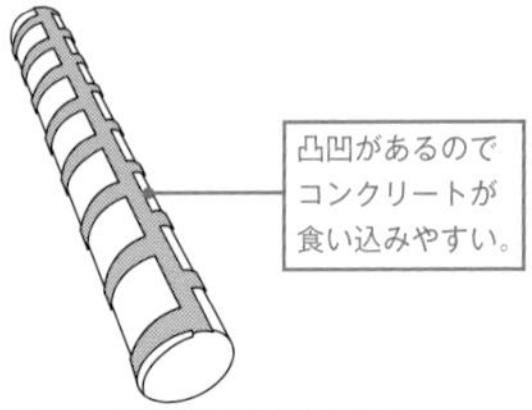

板目
いため

原木を接線方向に製材したときに、材面に現れる山形や波形の木目のこと。幅反りなどで狂いが生じやすいため、十分に乾燥材を使用するとともに、取り付け時に裏側に吸付き桟（反り防止を目的とした桟木）を施すとよい。

柾目と板目

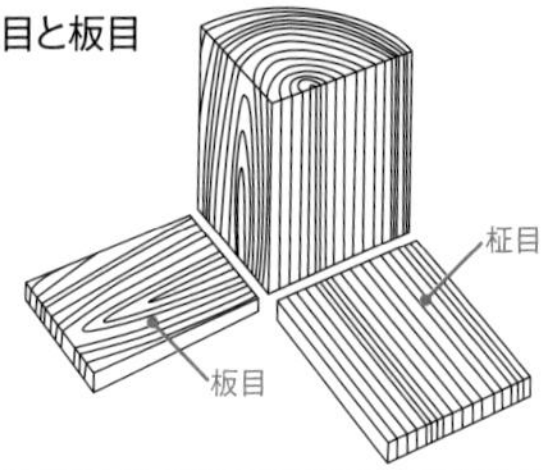

入母屋
いりもや

切妻屋根の妻側下部を寄棟のようにした屋根のこと。⇒**寄棟**

インシュレーションボード
軟質繊維板のこと。ファイバーボードの一種。畳床に使用され、かつては断熱材としても用いられた。

ウエハーボード（WB）
薄いウエハース（煎餅状）の木材を不規則に重ねたボード。OSBと違い、不規則に積層する。下地や化粧用として使われる。

ウェブ
鋼材のH形断面やI形断面などの、上下のフランジをつなぐ部分のこと。
⇒**フランジ**

打継ぎ
うちつぎ

既にでき上がったコンクリート面に接し新しく行うコンクリートを打設すること。主に階ごとの床面で打継ぎすることが多い。

内法幅
うちのりはば

縦枠の内側にある面から、向い合う内側の縦枠の面までの水平距離のこと。⇒心々

内法と心々

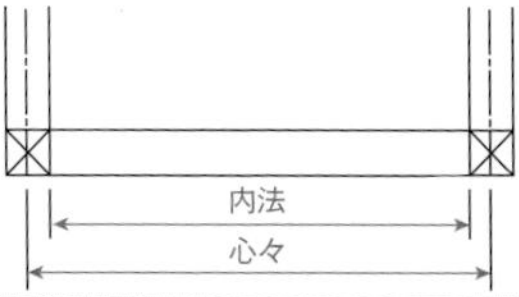

裏足
うらあし

タイルの接着性を上げるためにタイル裏側につけた凹凸。

上端
うわば

部材などの上の端や面のこと。天端(てんば)。

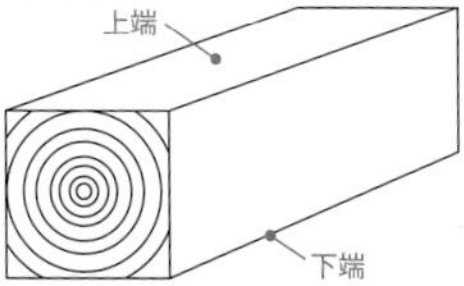

ALC板
えーえるしーばん

軽量気泡コンクリートのこと。Autoclaved

木の種類【構造系】

分類		樹種	見分け方	備考
国産材	針葉樹	スギ	心材は赤味を帯び、早・晩材の差が著しい。特有のにおいがある。	国産針葉樹の代表的樹種である。吉野スギ、北山スギ、秋田スギが有名。
		ベイスギ	スギに似ている赤褐色系。	時間が経つと濃くなる。日本のスギとは違う属種だがスギの代わりに使われてきた。
		ヒノキ	強い芳香がある。	建築用材として最も優れた木材のひとつである。強度・保存性が優れ、耐水・耐湿度がある。表面に特有の光沢がある。
		ヒバ	特有のにおいがある。	アスナロのことで、アテとも呼ばれる。保存性大で、風呂桶、漆器、土台や根太に使用される。
		カラマツ	早・晩材の差が著しい。樹脂導を持つがマツ属に比べて小さい。	乾燥に伴って割れや狂いが出やすく、髄心から半径 10 ㎝くらいはこの傾向が強い。ヤニが出やすい。
		ツガ	肌目は粗いが、木目は綿状。	ツガでつくった家は鼠害を受けないといわれている。
		アカマツ	樹脂導を持つ縦断面で、樹脂導がヤニ状に見られる。	未乾燥材はヤニが染み出ることが多い。青変菌の害、白蟻の害を受けやすい。水中にある場合は保存性が高く杭材として用いられる。
	広葉樹	ナラ	環孔材で年輪は明らか。	柾目面には虎斑と呼ばれる模様が現れ、化粧的な価値が高い。オークともいう。
		ブナ	散孔材で放射組織が大きい。	柾目面には虎斑と呼ばれる模様が現れ、化粧的な価値が高い。生材は虫害・腐朽を受けやすい。
		ケヤキ	環孔材で年輪は極めて明らか。如輪杢・玉杢・鶉杢・牡丹杢などを呈する。	保存性・強度が優れているため構造材として、また材面の美しさから造作材として使用される。
外国産材	針葉樹	ベイヒ	強い芳香がある。	材質はヒノキより劣るが長大径材が得られ、ヒノキの代替材とされる。
		ベイマツ	晩材幅が広く、樹脂導を持つ。	日本における米材の代表的なもので、大材が得られる。
		ベイツガ	材色は淡色であるが特徴的である。	比較的狂いが少ないが、釘打ちの際割れやすい。入皮が多く、あて材の出現が多い。
		スプルース	縦断面で樹脂導がヤニ状に見られる。	アラスカヒノキと称されているが、ヒノキ属ではなく「ベイトウヒ」と称する。
		レッドラワン類	材質はやや重硬で、木理は交錯する。	一般には、ラワン類の中で濃色系のものを指す場合が多い。一般に淡色のものより高く評価されている。

Light-weight Concreateの略。断熱性、耐火性がある。鉄骨造の外壁などによく使われる。
⇒オートクレーブ養生

液状化現象
えきじょうかげんしょう

地震の振動で地盤が液体のようになる現象。建物を支えきれなくなる。地下水位が高い砂状の地盤に起こりやすい。

MDF
えむでぃーえふ

Medium-Density Fiberboardの略。中質繊維板のこと。加工性がよくて木口面も緻密で、加工面をきれいに仕上げることができる。ただし、木口面の木ネジ保持力が低くて割れが生じやすい。

LVL
えるぶいえる

Laminated Veneer Lumberの略。単板積層材のこと。木材を2～6ミリにスライスした薄い単板を、同じ繊維方向に接着剤で張り重ねた成形板のこと。梁などの構造材に使われる。単板を重ねることで強度が均一になり、剛性が確保でき、寸法の精度が優れているため、構造材に適している。家具の芯材やドア枠などにも用いる。

エンジニアードウッド
強度の性能が明確に保証された構造用木材のこと。曲げヤング係数(変形しにくさ)や許容応力度(圧縮、引っ張り、曲げ、せん断、めり込み、付着など、部材が破壊しない安全な強度)が最低限保証されているものを指す。

延性
えんせい

弾性限度以上の引っ張り力を受けても破壊せずに引き延ばされる性質のこと。作用している力を取除いても、もとに戻らず、大きく変形しやすい。

横架材
おうかざい

柱などの垂直材に対して、直角に横に渡す部材のこと。梁、桁、棟木、母屋、胴差しが該当。

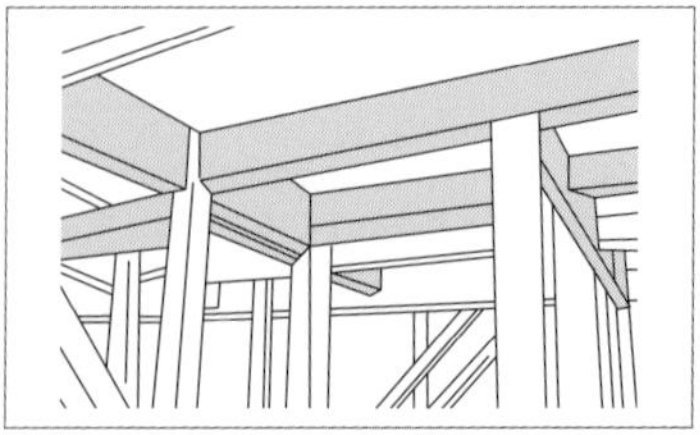

大入れ継ぎ
おおいれつぎ

木造の仕口において、ひとつの材の端部全体を切り欠くことなく、他材の表面内に差し込むこと。尾入れともいう。

OSB
おーえすびー

Oriented Strand Boardの略。液体接着剤で高温圧着された木質ボードのこと。原木から切削された長方形の薄い木片を、繊維方向が直交するように配列する。構造用と化粧用がある。

オートクレーブ養生
おーとくれーぶようじょう

高温高圧蒸気養生のこと。規格化されたコンクリート製品を早く大量に作る技術。
⇒ALC板

大引
おおびき

1階の根太を受ける水平材のこと。在来軸組工法では、根太と直交方向に910ミリ間隔で設置する。⇒在来木造軸組構法

納まり
おさまり

間取り、空間、部材の組合せ、取合い、見え掛り、仕上げの精度などが、美観上や機能の面において、うまく仕上がっているかどうかということ。

か

カーテンウォール
⇒帳壁

かすがい
柱と横架材、大引と床束、母屋と小屋束などの緊結に使用する、コの字形などの接合金物。

> **豆知識 鎹(かすがい)**
>
> 鎹は国字といって日本でつくられた漢字である。和製漢字ともいい、これらはおよそ1,500字あるといわれている。建築関係では樹種や単位の名前、魚の名前、鳥の名前などがあり、雑学として非常に興味深い。

ガセットプレート
鉄骨造の柱と大梁や小梁などの接合部やトラスの接点で、組み合わせる部材を接合する

ために添えられる鋼製のプレート。

堅木（硬木）
かたぎ

クヌギ、ナラ、カシ、ブナ、クリ、ケヤキなどの落葉広葉樹のこと。家具や床材などに多用され、ケヤキは神社仏閣に用いられる。固い木が多いので、こう呼ばれる。⇒柔木（軟木）

形鋼
かたこう

特定の断面形状に圧延された構造用鋼材のこと。断面の形状によって、山形鋼、I形鋼、溝形鋼、T形鋼、H形鋼などがある。建築、土木、車両、船舶などの大型の構造物に用いられる。（下図参照）

片持ち梁
かたもちばり

梁の一端が固定され、他端は自由に動ける構造体のこと。水泳プールの飛込み板は片持ち梁の代表的なつくりである。近代建築ではバルコニーや庇に多用される。カンティレバーともいう。

型枠
かたわく

コンクリートの打込み成形を行うときにコンクリートが十分に硬化して、必要な強度に達するまで支持する仮設構造物の総称。堰板と支保工よりなる。打設されたコンクリートを、設計上の位置、形状、寸法に保つ役割をもつ。存置期間を経たあと取り外す。

矩尺
かねじゃく

長柄と短柄が直角に組み合わされたL字型の物指のこと。長さを測り、直角をつくり、仕口などの墨掛けをするための大工道具のひとつ。両方の辺と、内側と裏面にメートルの目盛りが付いており、鋼鉄や黄銅でつくられる。正確に45度を測ったり、丸い材の円周を求めたりする際は、裏の目盛りを使う。その他、三角関数を計算することもできる。指矩（さしがね）ともいう。

豆知識 「矩（く）」とは？

矩という文字には直角定規という意味の他に、西洋占星術の天体同士の角度（アスペクト・座相）が90度であること、すなわち悪運という意味や、中国語で回転の勢いを示す物理用語（モーメント）という意味がある。また「矩計図（かなばかりず）」とは建築を縦に切断した断面詳細図のこと。

壁芯
かべしん

建物の壁の中心線。主に建築基準法の床面積等を算出するときに使われる。木造では柱、RC造では壁の厚さの中心線となる。

かぶり厚さ
かぶりあつさ

鉄筋コンクリート造の、鉄筋の表面から鉄筋を覆うコンクリートの表面までの最短寸法のこと。建築基準法において、耐火性や耐久性を得るために定められた厚さを守るよう規定されている。

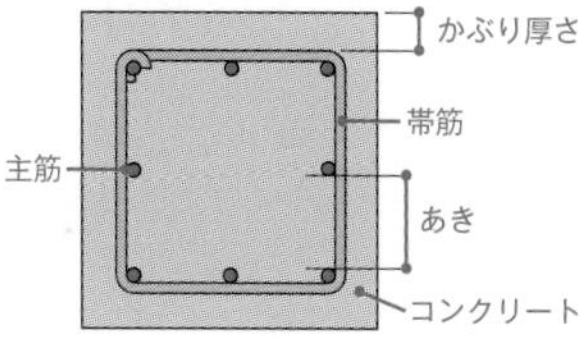

壁式構造
かべしきこうぞう

柱や梁を主体構造とせず、壁体や床板などの平面的な構造体のみで構成する構造方式のこと。力学的に安定するために、壁厚、壁量、階高、開口部などに制限がある。骨組構造より経済的で、中低層の共同住宅など、主に小規模な鉄筋コンクリート造の建築に採用される。

主な形鋼の種類

壁式鉄筋コンクリート造
かべしきてっきんこんくりーとぞう

壁や床板など平面的な構造体のみで建物を支える鉄筋コンクリート構造。強度を確保するため、梁に相当する配筋を壁の中につくるのが一般的。

臥梁
がりょう

壁を固める水平の梁のこと。補強コンクリートブロック造や組積造では、耐震のためにRC造の梁を設けることが多い。

含水率
がんすいりつ

木材に含まれる水分重量と、水分を含まない全乾状態の木材重量の比率。木材の結合水が抜け始める繊維飽和点の含水率は約30%。

木裏
きうら

製材した木の樹幹にある内側の面、樹心に近い切断面のこと。板目材で立木のときの樹心側を指す。乾燥すると幅・長さ・方向とも木表側に凹状に反る。この性質を利用し、たとえば鴨居は木裏を上にして、垂れ下がりにくいように取り付ける。敷居は木裏を下にする。なお、樹皮側は木表と呼ばれる。

木表と木裏、心材と辺材

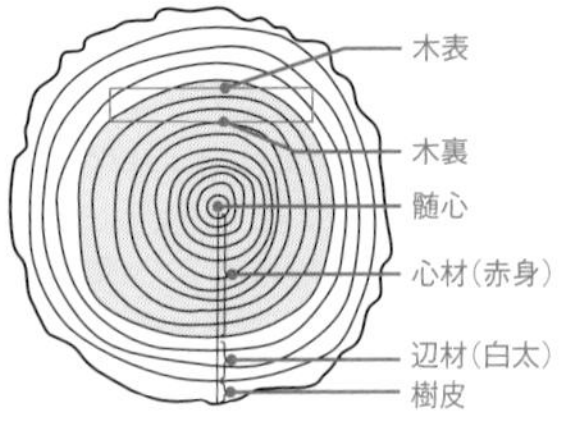

機械等級
きかいとうきゅう

非破壊検査によるヤング係数に基づいた強度のJAS等級区分。E70、E90といった表示で区分される。数値が大きいほうが強度ある。

気乾状態
きかんじょうたい

木材を乾燥させるときに、それ以上乾燥が進まなくなる状態のこと。平衡含水率ともいい、一般的に15%程度である。収縮による歪みが比較的少さいので、建築材として利用できる基準となっている。

基礎
きそ

上部構造の荷重を地盤に伝える部分のこと。杭基礎と直接基礎がある。直接基礎はフーチング基礎とベタ基礎に分かれる。フーチ

基礎の種類①

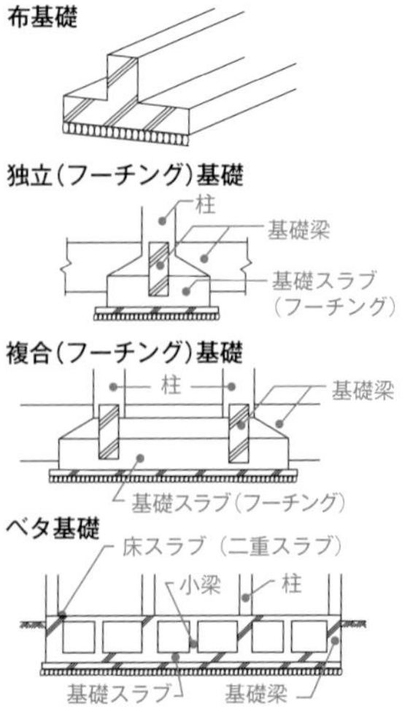

基礎の種類②

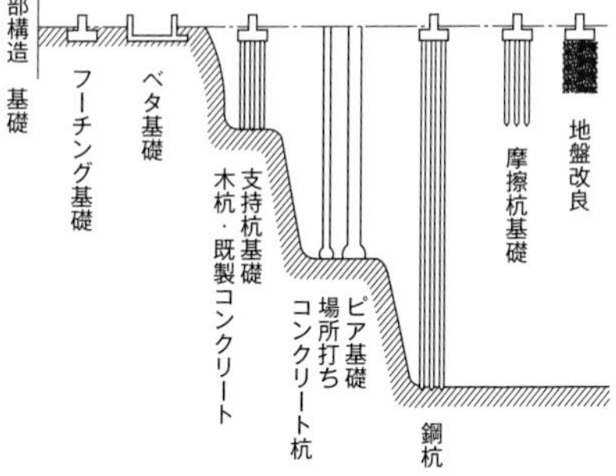

ング基礎には、独立、複合、連続基礎(布基礎)がある。

気流止め
きりゅうどめ

一般的な木造軸組工法では、外壁内部・間仕切壁内部と床下・小屋裏が連続した空間になっていて、気流が生じて室内の熱が逃げてしまう。これを防止するために、外壁・床下・間仕切壁と床下・天井などの取り合い部分の隙間を塞ぐ目的で施工される。

際根太
きわねだ

壁際で床を支えるため取り付ける根太。

杭基礎
くいぎそ

杭で建物の荷重を支持地盤に伝える基礎のこと。地盤が軟弱で、直接基礎では設計できない場合に使う。場所打ち杭と既製杭がある。

> **豆知識　杭(くい)**
>
> 
>
> 軟弱な地盤で建物の荷重を地盤に伝える構造物の場合、支持地盤まで杭の先を埋める支持杭と、途中までの土と杭の摩擦で荷重を支える摩擦杭という支持方法の違いによる種類がある。材料は古くから木杭が使われ、今でも使用されている。現在はコンクリート杭や鋼管杭がよく使われている。

くさび

枘の仕口や貫などを固定するために打ち込む、三角形の堅木の小片のこと。

躯体
くたい

主として強度を受け持つ建築物の部分で、建具・造作・仕上げ・設備などを除いたもの。

管柱
くだばしら

2階建て以上の木造建築物の柱のうち、土台から軒まで1本の柱(通し柱)で通さず、途中に桁などの横架材で分断されているもの。隅などには通し柱を使うが、その他のところには管柱を使う。

クラック

乾燥による収縮、膨張などによって、建築などに生じるひび割れのこと。亀裂ともいう。亀裂の幅が狭いものはヘアークラックと呼ばれる。

ケーシング

⇒額縁

軽量形鋼(軽量鉄骨)
けいりょうかたこう(けいりょうてっこつ)

冷間ロールしてつくった薄板を冷却して成形した形鋼のこと。厚さ1.6〜4.0ミリ程度の薄板を加工。溝形、山形、Z形などがある。小規模建築物の他、胴縁や母屋など、用途が広い。

軽量気泡コンクリート
けいりょうきほうこんくりーと

⇒ALC板

軽量鉄骨
けいりょうてっこつ

厚さ3ミリ程度の板材を折り曲げた鋼材のこと。簡易的な構造や下地などに使われる。⇒軽量形鋼

化粧打放型枠
けしょううちはなしかたわく

コンクリート型枠をはずした形状が仕上げとなる型枠。凹凸のある木目の型枠を使い木目模様のコンクリート打放などにするなど。

化粧用集成材
けしょうようしゅうせいざい

表面を加工せずに、挽板(ラミナ)や小角材を繊維方向に重ね合わせて、接着した木材がそのまま仕上げ材になるもの。もしくは、表面に1ミリ厚の突き板が張り付けられたもの。前者はナラ、タモ、カバなどで階段段板手摺、家具テーブルの天板、造作用に、後者はベイマツ、スギ、カラマツなどで和室の造作に使われる。

表面加工した化粧用集成材

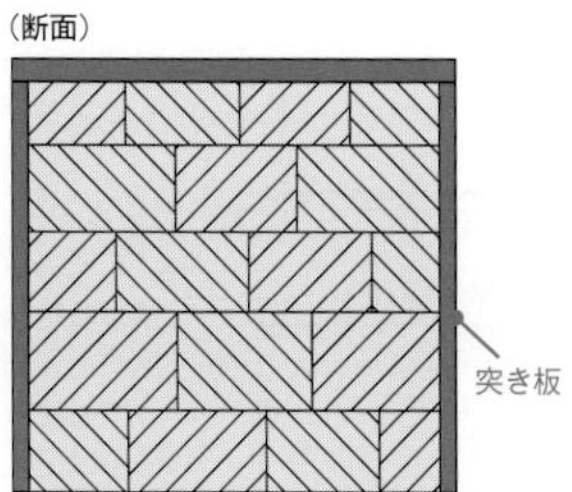

結合水
けつごうすい

木材の組織内に水分子として入り込んでいる水分。細胞間の空隙に液体として存在する「自由水」と区別される。

ケミカルアンカー
アンカーボルトなどをあらかじめ開けた穴に接着剤を使って固定すること。接着系アンカーの製品名だが一般的に使われている。

ケヤキ
国産の広葉樹のひとつ。保存性や強度に優れ、材面も美しいため、構造材や造作材として用いられる。年輪もはっきり見える。

虹彩
こうさい

タイルやガラスなどの表面につく油膜のような汚れ。主にケイ酸系の汚れ。

鋼材
こうざい

純粋な鉄ではなく、炭素などを含んでいる合金のこと。炭素量によって、鋼材の硬さを調整している。住宅でよく使われるSS400などは、炭素の含有量が0.2パーセント程度で、低炭素鋼などと呼ばれる。

合成スラブ
ごうせいすらぶ

⇒デッキプレート

剛接合
ごうせつごう

軸を組む接点のうち、接合部分が動かないようにしっかりと固めたもの。横から地震や風の力が加わっても、接合部は変形しない。
⇒ピン接合

部材と部材の接合

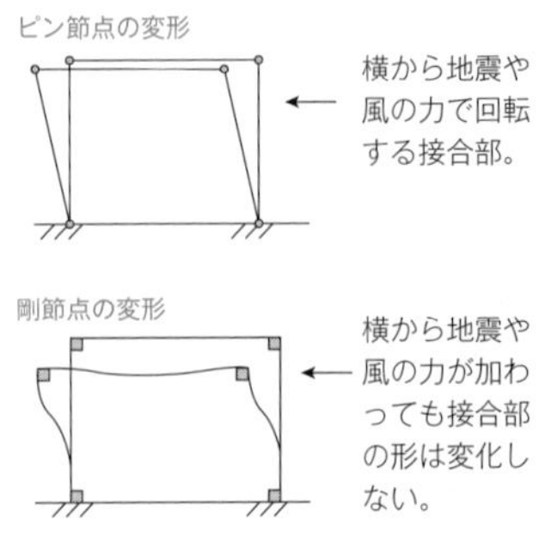

ピン節点の変形
横から地震や風の力で回転する接合部。
剛節点の変形
横から地震や風の力が加わっても接合部の形は変化しない。

構造計算書
こうぞうけいさんしょ

計画している構造が外力に対して安全であるかを確かめるために、数値計算した設計図書のこと。構造物に加わる自重、積載荷重、積雪、風圧、土圧、水圧、地震、衝撃などの外力に対抗できるよう、応力や断面などを計算する。この計算によって、建物材の太さや品質、基礎の形などが決められる。建物の耐震化や増築には重要な書類である。

構造図
こうぞうず

建築の設計図のうち、構造に関する部分のみを記したもの。伏図、軸組図などの一般図、構造断面リスト、構造体の矩計や詳細図などが含まれる。

構造用合板
こうぞうようごうはん

躯体を支える構造材として用いられる合板のこと。構造強度によって1級と2級の等級がある。構造耐力上、耐力壁など構造上主要な部分に使用される合板は特類に限られる。

合板
ごうはん

木の繊維方向が互いに直交するように、奇数枚の単板(ベニア)を接着剤で張り合わせて製造した板のこと。単板は、巻紙を伸ばすように丸太を薄く剥いだものである。用途、表面仕上げなどによって、JAS規格で等級が規定されている。ホルムアルデヒドの放出量に関するJAS規格もある。ベニヤ板、プライウッドともいう。

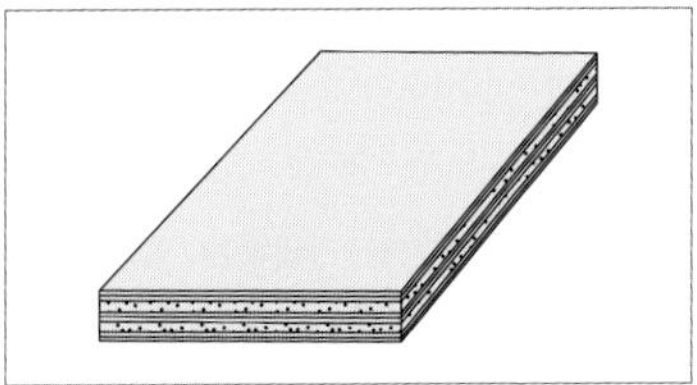

コーチボルト
木ネジ状で、頭がナットタイプの金物のこと。

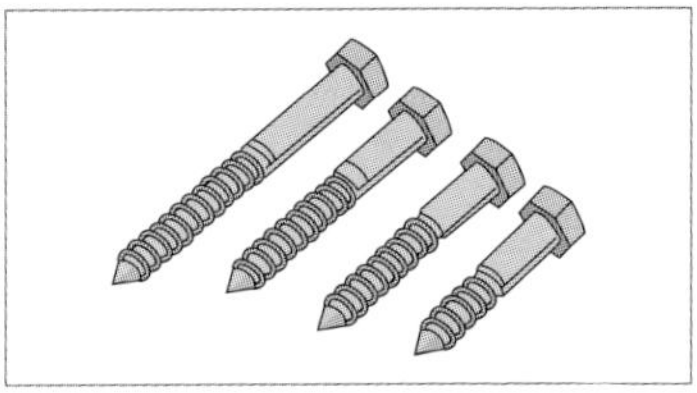

コールドジョイント

コンクリートを打設する際、前に打ち込まれたコンクリートと後から打ち込まれたコンクリートが一体化せずに分離して、打ち重ねた部分に不連続な継ぎ目が生じてしまうこと。

広葉樹

こうようじゅ

ケヤキ、ナラ、ブナ、サクラなど、葉が平たい形状の樹。落葉樹が多い。

木口

こぐち

木材の繊維の断面(年輪)が見える部分のこと。「小口」と書く場合は、木材に限らず、部材の断面を示す。⇒**末口**

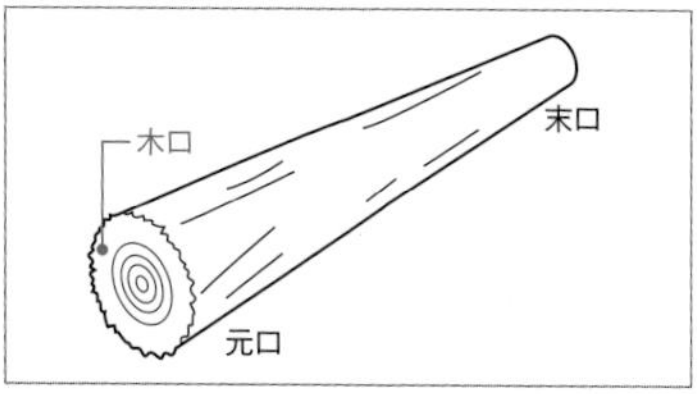

戸境壁

こざかいかべ

長屋、連続住宅、共同住宅などの各住戸間を区切る壁のこと。界壁ともいう。

腰壁

こしかべ

窓台を基準として、それより下にある壁の低い部分のこと。腰窓の下の壁や、対面キッチンの仕切りとして設けられる、床から1メートルほどの高さの壁などがある。

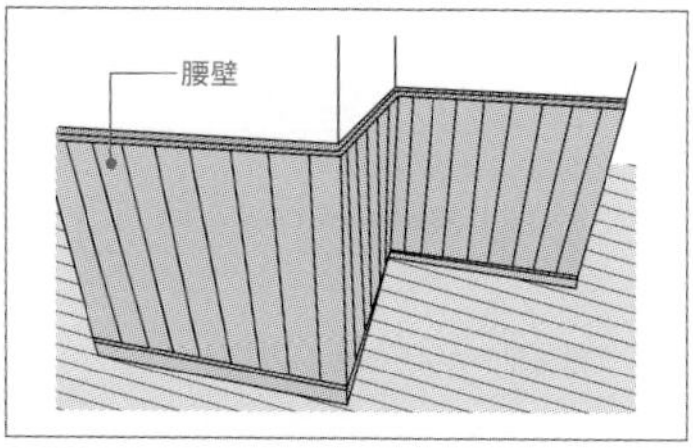

骨材

こつざい

コンクリートやモルタルをつくるために混ぜられる砂、砂利、砕石の総称。コンクリートの体積の7割程度を占めるため、コンクリートの性質に大きな影響を与える。

小端建て

こばたて

石やレンガなどを縦長に敷きこむこと。基礎の地業では割栗石を小端たてにすると地盤が安定する。

小屋組

こやぐみ

屋根を支える骨組で、和小屋と洋小屋に分類される。棟木、垂木、母屋、母屋束などで構成される。屋根荷重は垂木、母屋から小屋組、柱などを経て基礎に伝わる。このとき、屋根荷重を受ける柱の位置を上下階で揃えるなどして、力の伝達を考慮しなければならない。また、雨仕舞をよくするために、勾配屋根とするのが一般的である。

コラム

建築物の柱に主に使われる角形鋼管。ボックスは4面溶接した箱型柱のことだが、同じものとして呼ばれることもある。

転ばし床

ころばしゆか

土間やコンクリートスラブの上に木造の床を組む際、半割の大引の上に根太を打ち付ける方法のこと。床束を設けない床組のため、2重床のような床下の空間はできない。

コンクリート

水、セメント、骨材と、必要に応じた混和材料を調合して練り混ぜたもの。セメントと水の化学反応によって硬化する。使用材料や製法などによって、種類がある。

混構造

こんこうぞう

鉄、コンクリート、木材など、異なる種類の構造材料を混用した構造のこと。戸建住宅では、1階部分の車庫などを鉄筋コンクリート造、上部を木造や鉄骨造にしたりする。

コンシステンシー

consistency

生コンクリートの流動への抵抗性を表す。

コンパネ

型枠用合板のこと。耐水性が高くてコストも安いが、表面が荒くて反りも大きい。コンクリートパネルの略称である。

混和剤

こんわざい

コンクリート打設時の作業性や性能を向上させるために混入する薬剤。AE剤などがある。

日本の木造軸組構法の構成

棟木（むなぎ）
小屋組の頂部の横架材。屋根の荷重を小屋束や梁に伝える。

小屋束（こやづか）
母屋や棟木からの荷重を小屋梁に伝える束。

筋かい（すじかい）
耐力壁として柱と柱の間に斜に入れる材、水平力による変形を防ぐ。

火打ち梁（ひうちばり）
梁に対して水平方向に入れる斜材。水平力による変形を防ぐ。土台に付くのは火打ち土台。

小屋梁（こやばり）
小屋束から屋根の荷重を受けて柱に伝える横架材。

母屋（もや）
棟木と軒桁の間にあり、垂木を受ける横架材。

軒桁（のきげた）
最上階の柱にかける横架材のうち、梁と直交方向にかけるもの。

垂木（たるき）
屋根面を支えるために軒桁や母屋、棟木にかける材。

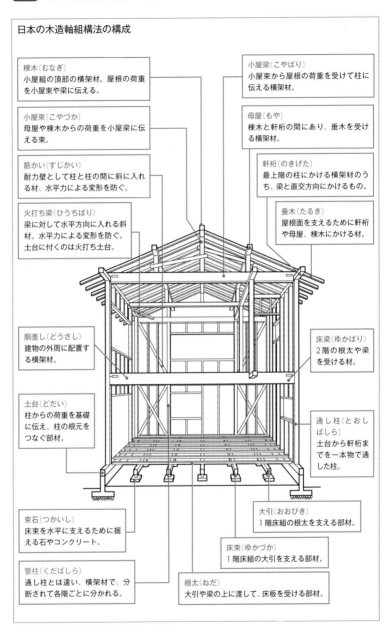

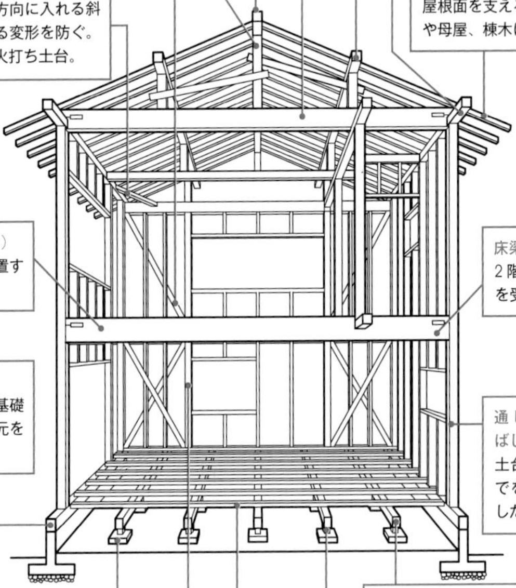

胴差し（どうさし）
建物の外周に配置する横架材。

床梁（ゆかばり）
2階の根太や梁を受ける材。

土台（どだい）
柱からの荷重を基礎に伝え、柱の根元をつなぐ部材。

通し柱（とおしばしら）
土台から軒桁までを一本物で通した柱。

大引（おおびき）
1階床組の根太を支える部材。

束石（つかいし）
床束を水平に支えるために据える石やコンクリート。

床束（ゆかづか）
1階床組の大引を支える部材。

管柱（くだばしら）
通し柱とは違い、横架材で、分断されて各階ごとに分かれる。

根太（ねだ）
大引や梁の上に渡して、床板を受ける部材。

さ

細骨材
さいこつざい

コンクリートの調合の際に使用する砂や砂利石のこと。5ミリ以下の大きさのものが85パーセント以上含まれている骨材や砂。

在来木造軸組構法
ざいらいもくぞうじくぐみこうほう

在来工法のこと。日本の伝統的な構法を簡略にして発展させた構法である。木材の柱や梁などの線材を組み上げて(軸組)構造とする。木造枠組壁構法よりも、設計の自由度が高い。また、柱と梁の継ぎ目が剛接合にはならないため、柱と柱の間に筋かいを斜めに入れて補強する。

豆知識　建築の各部分を表す用語

建築は土地に根差しているので、伝統的な言葉遣いや用語がたくさん残っており、今も現場で使われている。普段使わない用語や、仮名遣い、送り仮名などが多く、戸惑うかもしれないが、気にせず丸ごと慣れるとよい。

座金
ざがね

ナットを締めるときに、構造材との間に挟む孔の空いた板状の金物。締付けを確実にするために用いる。ワッシャーともいう。⇒ナット、ボルト

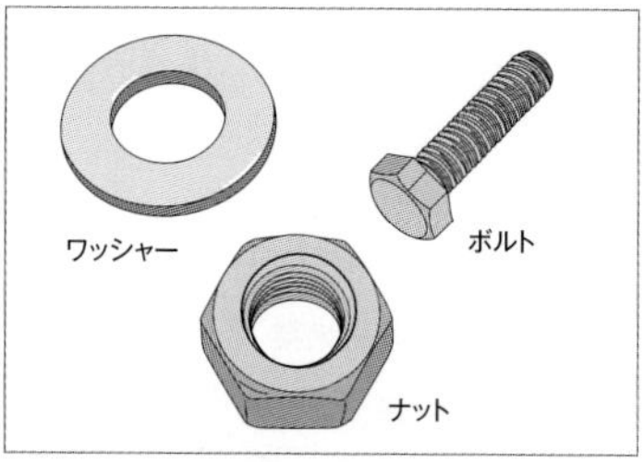

下り壁
さがりかべ

天井から床までの壁ではなく、途中までの壁のこと。人が通れる高さであることが多い。

指矩
さしがね

⇒矩尺(かねじゃく)

三六
さぶろく

定尺板のひとつ。寸法は914ミリ×1829ミリである。板材は一定の材料サイズや寸法で市場に流通している。これを一般に定尺板という。定尺板には、その他1219ミリ×2438ミリの四八(シハチ)もある。

GL
じーえる

Ground Level, Ground Lineの略。地盤面のこと。垂直方向の寸法を計測する際に基準となる地盤高さの水平面である。一方、法令用語としては建築基準法施工令第2条2項で、「建築物が周囲の地面と接する位置の平均の高さの水平面」と定義される。

CLT
しーえるてぃー

直交集成板。Cross Laminated Timber の略。厚めの挽板を繊維方向が直交するように積層接着した木質系板材。厚みのある板で建築構造に主に利用されている。

Cマーク
しーまーく

公益財団法人日本住宅・木材技術センターの「木造建築物用接合金物における品質と耐久性に関する規定」を満たした枠組壁工法用接合金物に表示されるマーク。

シェル構造
しぇるこうぞう

貝殻や鶏卵のように薄い曲面の構造のこと。鉄筋コンクリートでつくられることが多いが、木造のものも可能である。鞍型の双曲放物面(HP シェル)、円筒形、球形、折板などの形状を示す。軽くて少ない材料で大スパン架構をつくることができるが、薄いために曲げに弱く、集中荷重によって割れて崩壊する危険性もある。

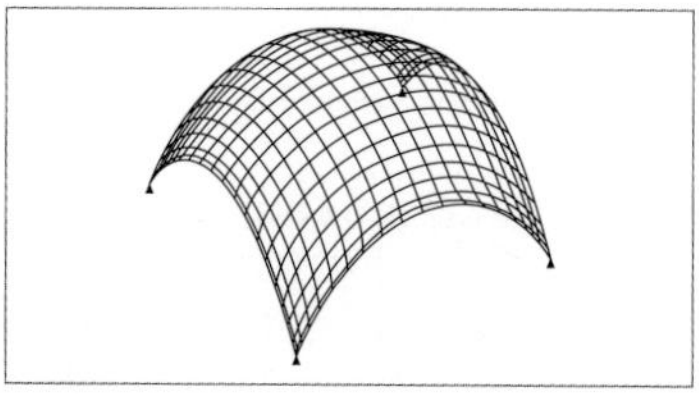

地業
じぎょう

建築物を支えるために地盤に施される基礎工事のこと。地盤が堅固な場合は割栗石や砂利を敷いて突き固め、捨てコンクリートを

打つが、捨てコンクリートだけにする場合もある。弱い地盤の場合は、杭などを打ち込む。

軸組
じくぐみ

土台、柱、梁、筋かいなど、軸(直線状)の部材を組み合わせて構成する建築構造のこと。屋根や床などの荷重を支持して、地震などの水平力を基礎に伝達してこれらに抵抗する骨組を指す。

仕口
しぐち

2つ以上の木材を角度をもたせて接合すること、または接合部のこと。直線方向に接合することは継手という。⇒**継手**

下端
したば

物の下のほうにある端部や面のこと。⇒**上端**

地縄張り
じなわばり

建物の位置を決めるため、建物の外周と内部の主な中心線上に縄やビニル紐を張って、建物の位置を地面に表すこと。建物が敷地内に納まっていることや、山留め施工の可否などを確認するために行う作業。縄張り。

死節
しにぶし

枯れた枝が幹の中に巻き込まれてできたもの。生き節とは反対に節の繊維が周囲の材と連結していないため、のちに抜け節になることが多い。構造材として用いることができるが、これがあると製材品の加工上の欠点となるため、造作材などの化粧材には不向きである。⇒**節**

地盤改良
じばんかいりょう

建物を建てるとき、軟弱な地盤の安定性を保つように改良を加えること。

ジベル

ドイツ語で、合わせ釘やずれ止めなどの接合金物のこと。木材にめり込むときの抵抗でずれを防ぐ。重ね梁をつくるときに、木材の間に挿入する。

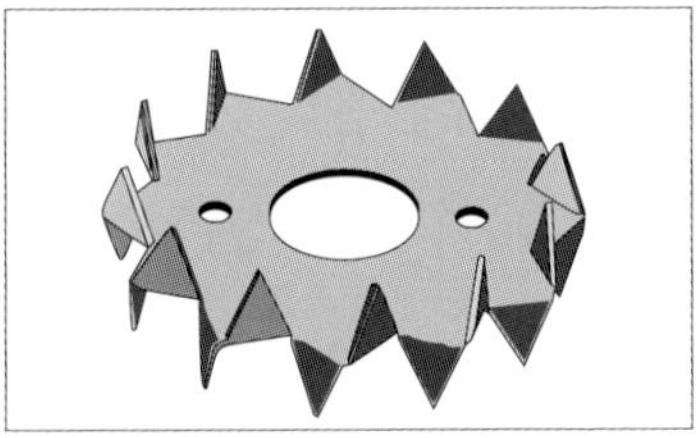

支保工
しほこう

工事途中において荷重を支える仮設部材。一般的にはパイプサポートが使われる。

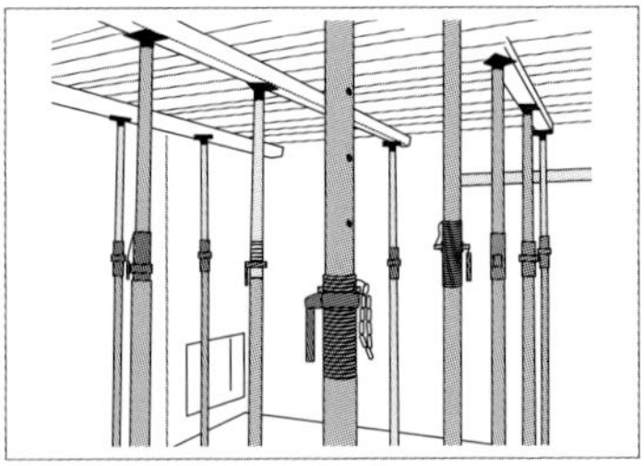

決
しゃくり

板材や枠材の側面などに溝を彫ったり、削って突起を付けたりすること。決りには、塗り壁などの端部の木部に溝を設ける「散り決り」、板材の厚さを半分ずつに削り取って相互に張り合わせる「相決り」などがある。開戸や引戸を閉めたときに、枠と戸の間にすき間が生じないよう、枠と戸の厚さ分の溝を入れることを「戸決り」という。

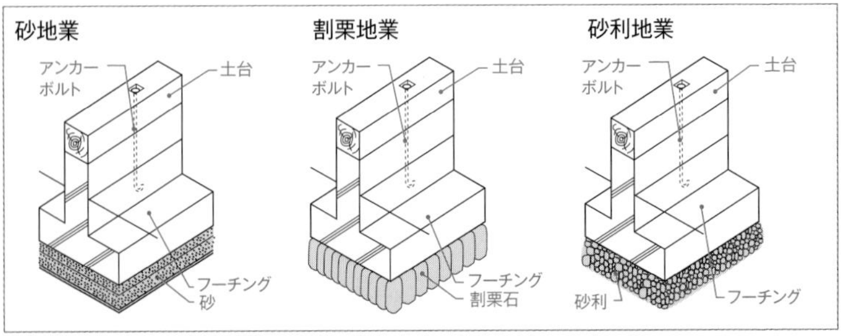

ジャンカ
コンクリートの外面に現れる砂利が、分離したまま硬化したもの。豆板とも書き、「あばた」ともいう。

集成材
しゅうせいざい

薄い挽き板であるラミナに圧力をかけて、樹脂系の接着剤を張り合わせた木材のこと。用途によって、構造用集成材と造作用（化粧用）集成材がある。

自由水
じゅうすい

⇒**結合水**

芯押え
しんおさえ

部品や部材を組み立てるときに、それらの中心を基準線とすること。

芯材（心材）
しんざい

木材の樹心周辺にある色の濃い部分のこと。心材の色は樹種によって異なる。腐りにくいため、耐久性を求められる部位に適している。変質して赤茶色に変色しているため、赤身とも呼ばれる。

芯去り材
しんさりざい

丸太の芯（髄）を外した部分でつくられた材料のこと。表面割れが入りにくいが、価格は芯持ち材より高い。

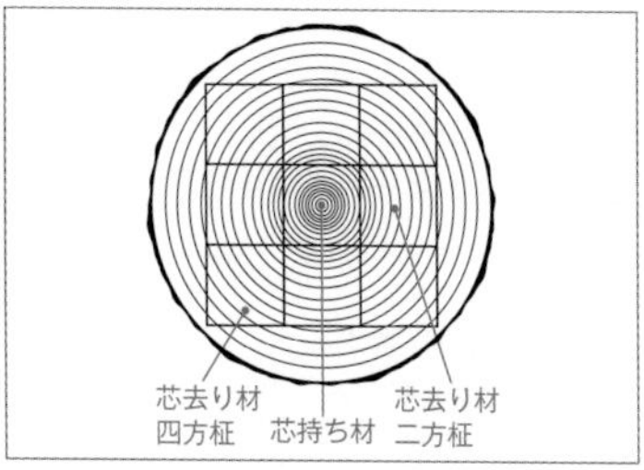

心々（芯々）
しんしん

建物の軸線や部材の中心線から、他の中心線までのこと、またはその距離のこと。

伸縮目地
しんしゅくめじ

温度差・地震等によるコンクリートやモルタルの変形による亀裂を防ぐために、一定間隔で設ける弾性のある緩衝用目地。

靭性
じんせい

粘り強さのこと。靭性のある材料は弾性限度を超えても、破壊されるまで大きく変形することができる。代表的な材料は鋼材である。反対を意味する言葉は脆性。

芯持ち材
しんもちざい

1本の丸太から1本の柱をつくった材料のこと。丸太の芯（髄）が含まれている。乾燥すると材面に割れが生じるため、あらかじめ背割りを入れておく。構造材は芯持ち材が基本となる。木口面の中心から外れたところに髄があるものは、軸方向の収縮のバランスが崩れるため、曲がったり反ったりしやすいので注意。⇒**背割り**

針葉樹
しんようじゅ

細胞に導管がなく、年輪模様がはっきりしている樹木のこと。日本の木造住宅の構造材として、よく用いられるものである。針葉樹材は年輪の幅が狭く、目が詰まっているほど強度が高い。

吸付き桟
すいつきざん

乾燥による変形や反りを避けるために、材をつなぐときに取り付ける桟木のこと。テーブルやイス、板の間の地板、天袋や地板の棚板などの厚い材や無垢材で、板相互の分離と反りを防ぐ。桟の一方は鳩尾状（蟻形）で、板のほうの断面に蟻形の穴を彫って接合させる。「すいつきありさん」ともいう。

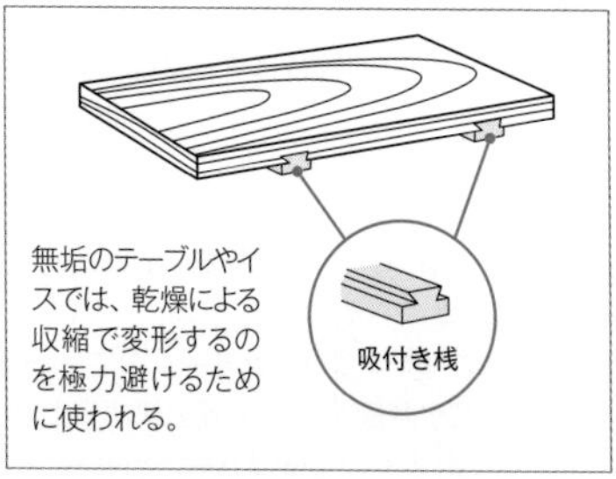

無垢のテーブルやイスでは、乾燥による収縮で変形するのを極力避けるために使われる。
吸付き桟

スウェーデンサウンディング
重りの重量による地盤の沈下試験のこと。国土交通省告示によって、木造2〜3階建て規模の建物の地盤調査に使用されるようになった。

末口
すえくち

根の反対側にある梢に近い部分のこと。一般的に丸太の大きさは末口側の最小径で示される。製材後も、柱や束は末口を上に立てることが原則である。⇒木口

スカーフジョイント

木材を繊維方向に沿って斜めに切断して、その端部同士を接合する方法のこと。滑り刃継ぎ(すべりはつぎ)ともいう。

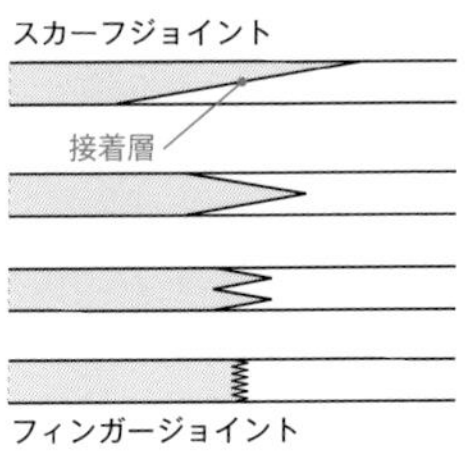

ジョイントの種類

スカラップ

十字にプレートを溶接するなど溶接線が交差する場合、溶接継ぎ目の重なりを避けるために鋼板に扇型に切り欠いた穴のこと。近年は改良型スカラップやノンスカラップ工法が一般化している。

筋かい
すじかい

土台、柱、梁で四辺形に組まれた軸組に対角線状に入れる斜材のこと。地震力や風圧力などの水平力に抵抗して、軸組の四辺形が菱型に変形するのを防ぐ部材である。

スターラップ

柱や梁の主筋を束ねるために、主材に対して直角に配する鉄筋で、梁の場合はスターラップ(あばら筋)、柱の場合はフープ(帯筋)という。

捨てコン
すてこん

割栗や砂利地業によって表面を突き固めたあとに、基礎ベースの下に平らに3〜5センチ程度捨て打ちするコンクリートのこと。建物の通り芯や基礎などの位置を決めるためのもので、構造上の意味はない。

ストランド

針葉樹種の単板を細く割いた木材のこと。エンジニアリングウッド(加工木材)のOSB、PSLなどに使われる。

スパン

建築物に掛かる梁(横架材)を支える柱中心間の距離のこと。梁間ともいう。

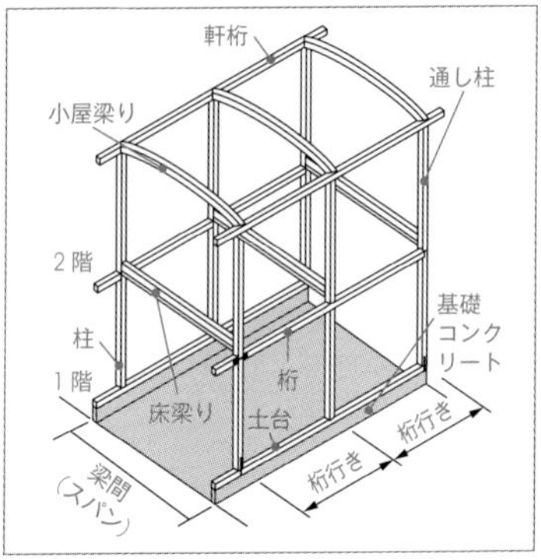

墨出し
すみだし

部材の取り付けや仕上げ作業のために、下地面などに心墨、逃げ墨などの印を付けること。墨打ちともいう。

隅肉溶接
すみにくようせつ

鋼材同士を重ねたり、直角に配置して溶接する場合、直交する2つの面の隅において母材表面より溶接金属で余分に盛り上がった三角形の断面の余盛によって溶接する方法。

スランプ

フレッシュコンクリートの軟度のこと。軟度は、JISで規定されたスランプ試験で算出できる。この試験は、コンクリートを詰めたスランプコーンのコーンを抜き取ったあとに、どれだけコンクリートの高さが下がるかを調べ、センチで示す。コンクリートの水とセメントの比率によって決まり、スランプ値が大きいほど柔らかく粘り気が少ない。

制震
せいしん

建物内に振動軽減するクッション的装置を設置し、振動を抑えること。

設計基準強度
せっけいきじゅんきょうど

構造設計用に使われるコンクリートの圧縮強度。Fcと書く。現場ではこの強度を超えるように配合がなされる。

接合金物
せつごうかなもの

部材を接合するための部品の総称。釘、ジベル、リベット、ピン、ボルトなどがある。

Zマーク
ぜっとまーく

公益財団法人日本住宅・木材技術センターの「木造建築物用接合金物における品質と耐久性に関する規定」を満たした木造軸組工法住宅用接合金物に表示されるマーク。

セパレータ
鉄筋コンクリート工事において、型枠の間隔を一定に保つために使用される金物のこと。壁や柱梁をつくるとき、向かい合う2つの堰板の間に入れる。

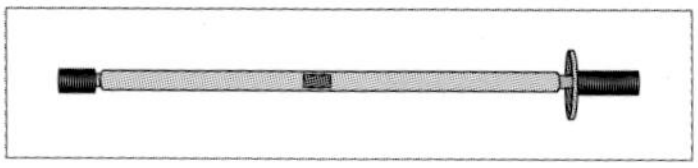

セメント
クリンカー(石灰石と粘土を主原料として焼成した粉末)に石膏を加えて細粉砕したもののこと。これに水を加えて時間が経過すると固まる。

セメントペースト
セメントに水を加え練ったもの。コンクリートやモルタル面を平滑にするときなどに使われる。

背割り
せわり

乾燥収縮によって割れが生じないよう、木材の芯持ち材に入れる溝のこと。材の中央より樹心に達する鋸目(のこめ:のこぎりの歯)を入れて溝をつくり、一定間隔に楔を打ち込んで収縮を吸収させ、他の部分の割れを防ぐ。背割りした側は隠れる部分に使う。

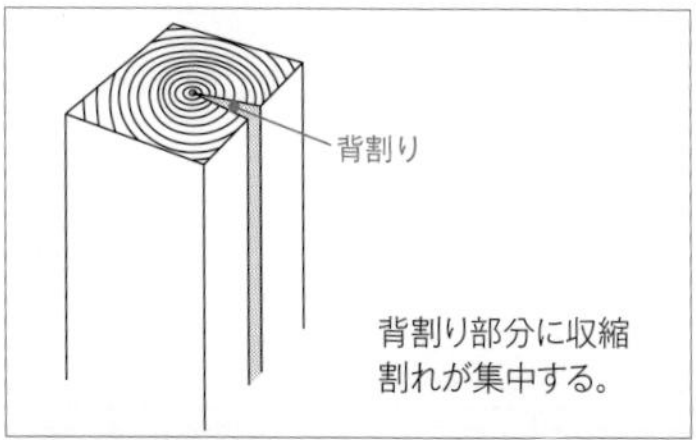

繊維飽和点
せんいほうわてん

木材の結合水が存在し得る最大の含水率。一般的な木材では28パーセント前後とされ、これを超えると木材の反りや割れ(狂い)が始まる。

全乾状態
ぜんかんじょうたい

木材に水分がまったく含まれていない状態。含水率測定の基準となる状態で人工的に乾燥させる。全乾状態の木材の重量から木材の水分量がわかり含水率も計算できる。全乾状態の木材を全乾材と呼ぶ。

せん断
せんだん

物体がずれる変形(ハサミで切断のような変形)を起こす作用のこと。剪断と書く。

粗骨材
そこつざい

コンクリートの調合に使用する砂や砂利石のこと。5ミリ以上の大きさのものが85パーセント以上含まれている骨材や砂利をいう。

組積式構造(組積造)
そせきしきこうぞう(そせきぞう)

外壁、内壁などの壁面で主体構造をつくって、屋根や天井などの上部構造物を支える構造のこと。石や煉瓦、コンクリートブロックなどの塊状の材料を積み上げる。日本では低層建築で、鉄筋を併用した補強コンクリートブロック造が使われるが、耐水性や耐久性に乏しいため、近年は見られない。

反り
そり

上方に対して、凹に湾曲する曲線や曲面のこと。または、板材などが乾燥収縮で反り返ることを指す。反り屋根、反り破風などがある。照りともいう。⇒**起り(むくり)**

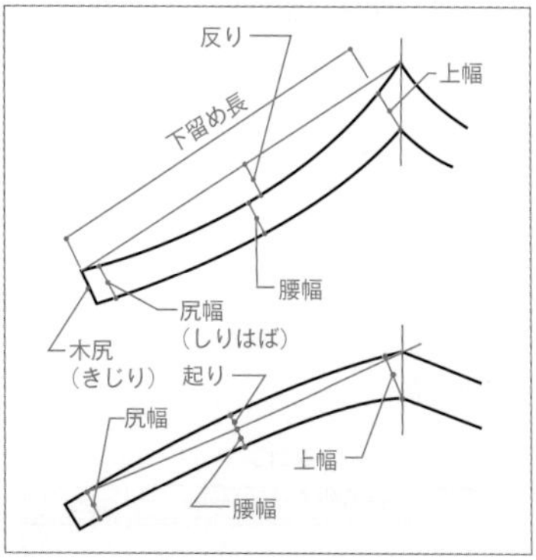

揃
ぞろ

相接する2つの材の表面が平らに揃っていること。面一(つらいち)、面揃(めんぞろ)、さすりともいう。

た

耐火被覆
たいかひふく

火熱に弱い鉄骨造等の構造材の耐火耐熱性を上げるための被覆材。

耐蟻性
たいぎせい

シロアリなどの蟻害に対する耐性。木材選択の大切な要素のひとつ。

耐震
たいしん

地震力を受けたときに建物の構造全体が抵抗して変形や破壊を起こさない強度や性能を備えていること。

耐水合板
たいすいごうはん

水に耐性がある合板のこと。JASによって、4段階に分類されている(特類:建築物の構造用耐力部材で、常時湿潤状態の場所でも使える。1類:屋外や長時間湿潤状態の場所でも使える。2類:主に屋内で、少し水がかかるところや湿度の高い場所でも使える。3類:屋内で湿気のない場所で使われる)。

耐力壁
たいりょくへき

柱や梁に緊結された筋かいや、構造用合板で構成された壁のこと。地震や風などの水平の力や建物の自重などに抵抗する壁をいう。木造軸組の場合、筋かいや構造用合板が入っている壁などを指す。建築基準法では、壁の材料や仕様によって、壁倍率が定められている。

打設
だせつ

組まれた型枠の中にコンクリートを打ち込むこと。不良箇所を生じさせないよう、締固めをしっかり行なって、コンクリートを隅々まで行き渡らせる必要がある。

竪枠
たてわく

ドアや窓の枠の縦に位置する部分。

垂木
たるき

木造建築において、屋根材や野地を支えるために、棟木から母屋や軒桁に架け渡す材のこと。⇒在来木造軸組構法

たわみ

梁(横架材)等に重みがかかるとき、下方に沈む状態。

炭化層
たんかそう

火災時に木材表面に生じる炭化部分。大断面の木材ではこの部分で燃焼を遅らせることができ、火災に強い木造が可能となる。またこの層の厚さを「炭化厚(たんかあつ)」と呼ぶこともある。

短冊金物
たんざくかなもの

管柱の緊結などに使用される補強金物。

断熱補強
だんねつほきょう

断熱材が途切れるような熱橋(ヒートブリッジ)部分への対処として、熱橋の周囲に断熱材処理を施すこと。

単板積層材
たんばんせきそうざい

⇒LVL

地耐力
ちたいりょく

構造物を支えられる地盤の強度のこと。または、地盤沈下にどの程度抵抗できるかを示す指標のこと。支持力と沈下量で地盤の強

断熱·気密層の基本構成

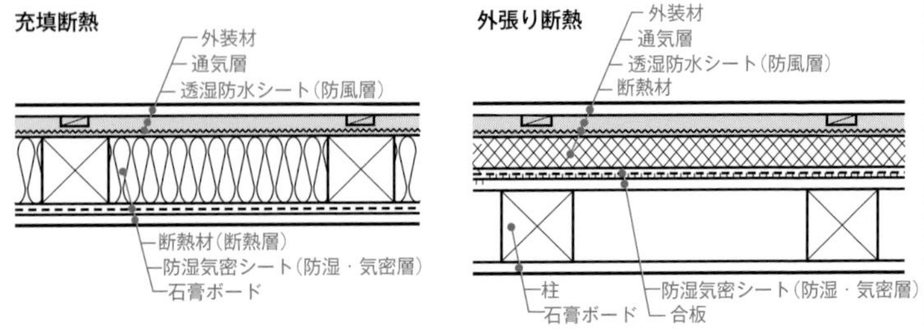

度を比較したときに、小さいほうの許容値を地耐力とする。直接基礎を計画するときに重要なもので、建築基準法では地耐力に応じて基礎構造を採用するよう決められている。長期許容応力度ともいう。

チップ

木材の製材時に出る木片。パーティクルボードなどの建材。ガーデニング、バイオマス燃料、燻蒸などにも用いられる。

中空コンクリートブロック

ちゅうくうこんくりーとぶろっく

マンションの間仕切りや塀等に使われる、空洞のあるコンクリートブロック。空洞コンクリートブロックとも呼ぶ。

中性化

ちゅうせいか

コンクリートが強アルカリ性から中性へと変質すること。アルカリ成分が溶出したり、表面から炭酸成分が浸透したりすることが原因となる。さびが生じるのを保護する強アルカリのコンクリートが中性化すると、鉄筋コンクリートの躯体は劣化していく。

調合管理強度

ちょうごうかんりきょうど

建築現場打設のコンクリートは強度等にばらつきがあるので、確実に設計基準強度等が得られるように調合を管理したコンクリート。発注に使われる呼び強度と呼ばれることも多い。

帳壁

ちょうへき

非耐力壁の総称。間仕切り壁のように建物の荷重を負担しない壁。構造骨組の外面に設けられる。カーテンウォールの材質は金属パネル、ガラス、プレキャストなどさまざまである。これによって、近代建築のファサードが大きく変貌した。

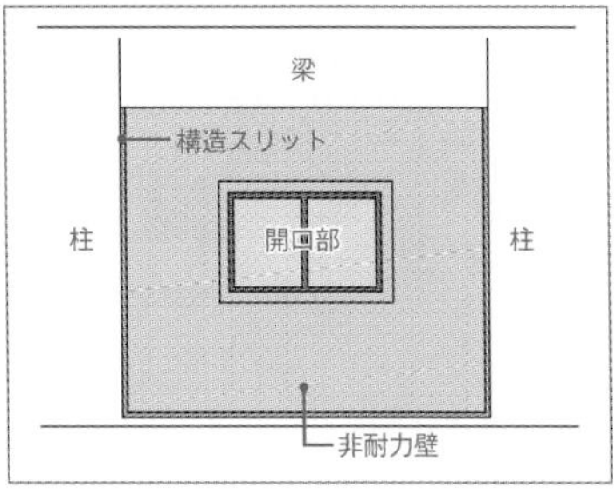

通気層

つうきそう

断熱材や構造材を乾燥状態に保つために、空気を通す層のこと。外壁通気層、小屋裏換気、床下換気などがある。外張り断熱(前頁図参照)や外断熱に繊維系の断熱材を使用したときに必須のものである。

豆知識　外壁通気工法

壁の中を乾燥させて建物の耐久性を高めるため、透湿防水シートを用いて行う。サイディングなどの外壁材と透湿防水シートで覆われた外壁との間に空気層を設けて、壁内の湿気を空気層から外部に放出するという工法で、これによって木造住宅の外壁の壁内結露(内部結露)を防ぐ。現在の住宅瑕疵保険では条件とされている。

束石

つかいし

床束を水平に支えるために据える石やコンクリートのこと。⇒**在来木造軸組構法**

束立て床

つかだてゆか

木造1階の基本形となる床のこと。地面に置いた束石に床束を立て、その上に大引や根太を掛けて仕上げ床材を置く。

伝統的な接合の種類

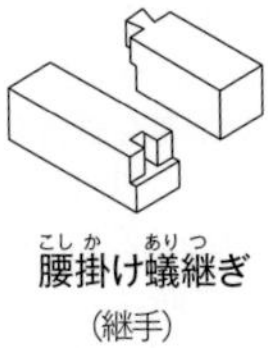

腰掛け蟻継ぎ(こしかけありつぎ)
(継手)

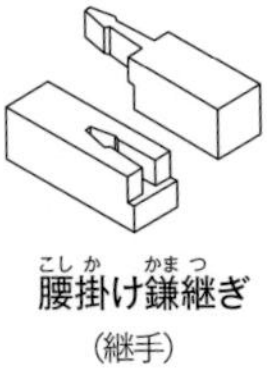

腰掛け鎌継ぎ(こしかけかまつぎ)
(継手)

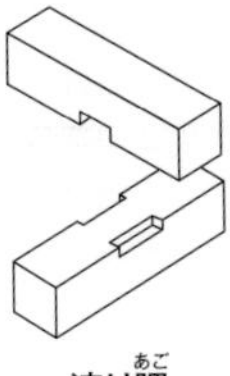

渡り腮(わたりあご)
(仕口)

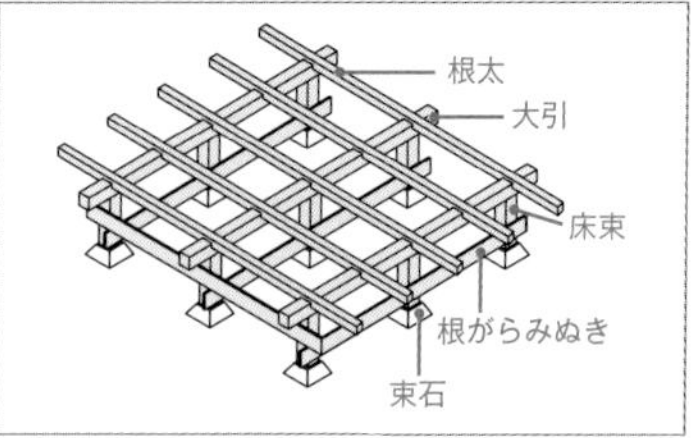

突き合わせ溶接

つきあわせようせつ

2つの溶接母材(鋼材)を同じ面内で継手溶接する場合、接合しようとする母材の端部を適当な角度に切り取り(開先)、この溝を熱で溶かした溶接金属で埋め込んで母材と接合材を一体化する。この溶接法をいう。

突板

つきいた

ケヤキ、チークなどの高級樹種の原木から、回転式切削機械で薄く削り取った単板のこと。切削方法と木取りによって、柾目、板目などさまざまな種類がある。

継手

つぎて

2つ以上の材を長手方向に接合すること。または、その接合部を指す。(下図参照)

付柱

つけばしら

大壁下地などの上に、構造材としてではなく、大壁を真壁に見せるために取り付けられる化粧材の柱のこと。

妻

つま

すべての物の端のこと。建築では特に側面を指す。

妻入り

つまいり

建物の妻側に入口があるもの。大棟(屋根の最上部にある水平に設けた棟)に直角の位置にある。

面押え

つらおさえ·めんおさえ

寸法を測る際、部材の表面を基準にすること。柱や壁などの構成材の面を基準組立面(グリッド)に合せて寸法を測る。また、この計測法で柱や壁などを配置することも指す。

定尺

ていじゃく

材料の標準寸法のこと。定尺物とは、一般に流通している標準寸法の既成品を指す。

デッキプレート

曲げに強い波形に加工した広幅の鋼板のこと。水平に置いてコンクリート打設時の型枠として一体となってスラブを構成するデッキプレートのことを合成スラブという。

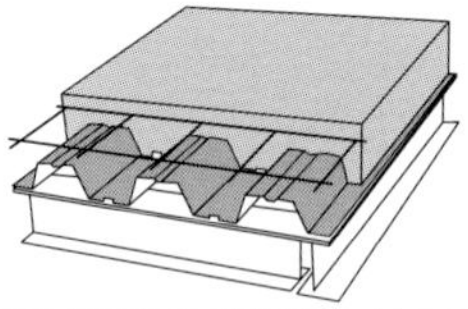

鋼板を凹凸に折り曲げた面材。上にコンクリートを施すことで丈夫な床(スラブ)ができる。

鉄筋

てっきん

丸鋼と異形鉄筋がある。銑鉄を製造する溶鉱炉からつくられる鋼材を高炉物、電気炉からつくられる鋼材を電炉物という。節付きの異形鉄筋が一般的である。

鉄筋コンクリート造(RC造)

てっきんこんくりーとぞう(あーるしーぞう)

コンクリートの圧縮時に、鉄筋が引張力にそれぞれ抵抗するという材質の特性を利用した構造。

鉄骨造(S造)

てっこつぞう(えすぞう)

材料である鋼板や形鋼の部材を、鉄骨製作工場で加工、組立て、現場へ搬入したうえでボルトや溶接で接合してつくる構法のこと。

鉄骨造のしくみ

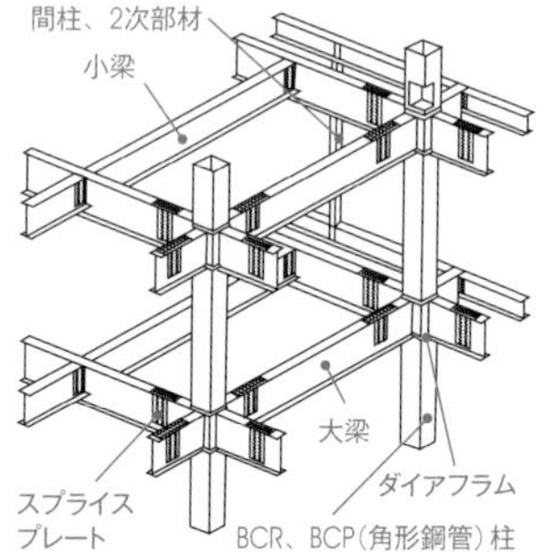

鉄骨鉄筋コンクリート造(SRC造)

てっこつてっきんこんくりーとぞう(えすあーるしーぞう)

鉄筋コンクリートの芯部に鉄骨を内蔵した建築の構造・工法のこと。鉄骨で柱や梁などの骨組を組み、その周りに鉄筋を配筋してコンクリートを打つ。鉄筋コンクリート造に比べて、耐震性などに優れており、柱や梁の断面も小さくできるため、主に高層建築物に用いられる。

豆知識 **コンクリートの発明**

ローマ人は石灰岩を焼いて砂を練り込みモルタルをつくり、それに良質の火山灰を加えてセメントをつくった。これに砂利を混ぜて「テルマエロマエ」などの浴場や水路、道路、橋をつくった。これが今のコンクリートのもとで、気硬性セメントと呼ばれる。

天端
てんば

⇒**上端**

胴差し
どうざし

2階や3階の床組高さの外壁周りに設置する横架材のこと。1、2階の柱を緊結したり、床梁を受けたりする。⇒**在来木造軸組構法**

透湿防水シート
とうしつぼうすいしーと

湿気は通すが、水は通さないシートのこと。空気中の水蒸気は水よりも粒子が細かいため、シートを通り抜けて、壁内の湿気を外部に放出する。断熱性の高い住宅の工法には必須の材料である。

通し柱
とおしばしら

1階から2階まで通して建てられる1本ものの柱のこと。管柱より断面の大きいものがよく用いられる。胴差しを支え、梁と桁に接合されて屋根を支える。⇒**在来木造軸組構法**

ドーム

半球状の円天井、円屋根、円蓋のこと。

通り芯
とおりしん

最下階を基準にして、建物の縦軸線と横軸線の基準となる中心直線のこと。主な柱や壁などの中心に設定される。

設計図では、計画建物の南西角の通り芯の交差点をX1、Y1と決め、東（右）方向の通り芯にX2、X3など、北（上）方向にY2、Y3などの番号を振る。

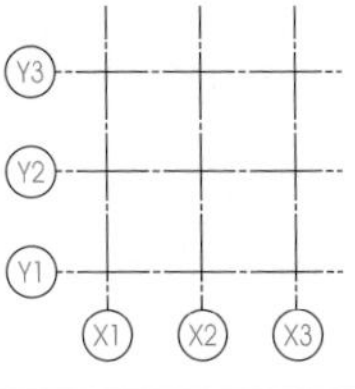

独立基礎
どくりつきそ

建物の荷重が強くかかる柱部分の下に独立して設けられる、フーチング基礎のこと。⇒**基礎**

土台
どだい

基礎の上に設置される、軸組の最も下にある水平材のこと。柱から伝達された力を支える役割がある。基礎から出たアンカーボルトによって基礎と緊結される。最も地面に近い構造材のため、防腐性や防蟻性の高い材料（ヒバやヒノキなど）を選定する。

トラス構造
とらすこうぞう

部材を三角形に構成して安定させる骨組のこと。節点はピンとなっており、軽くて丈夫な形をつくることができる。大空間の屋根や橋の構造によく用いられる。

部材を三角形に組むことで安定性を出す構造。つなぎ目は剛でなくてもよい。

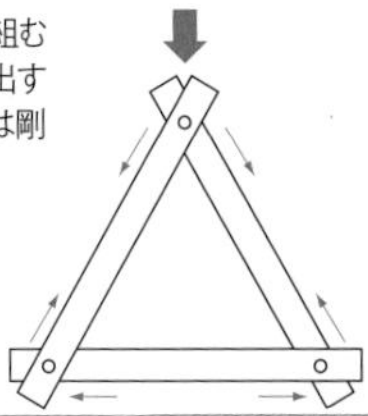

な

ナット

雌ネジのひとつ。ボルトと対で物を締め付ける金属製品である。通常の外面は六角形で、穴の中が雌ネジとなっている。

生コン
なまこん

コンクリート昆錬工場（バッチャープラント）で混練された、固まっていない状態のコンクリートのこと。レディーミクストコンクリート、フレッシュコンクリートともいう。

二重床
にじゅうゆか

大引や根太で組まれた乾式の床のこと。2重床構造とも呼ばれる。

布基礎
ぬのぎそ

壁の下を連続して支える基礎のこと。底面に逆T字型の基礎部分（フーチング）を組み

込むことで、地面に伝わる荷重を分散させている。(下図参照)⇒**基礎**

根切り
ねぎり

基礎や地下構造物をつくるために、地盤面下の土を掘削すること。根伐りとも書く。

根切りの種類

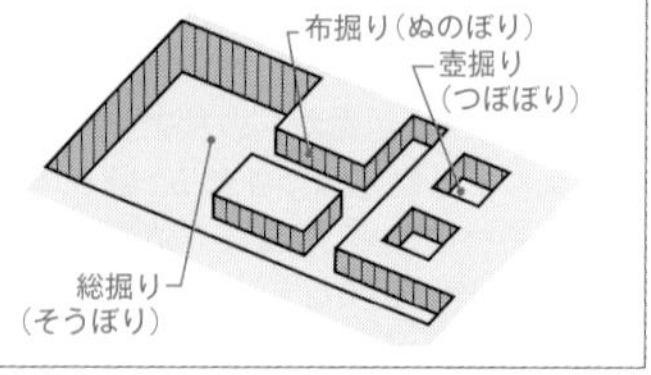

ネコ土台
ねこどだい

土台を基礎の上に床下の通気用のパッキンを挟み設置する方法。この場合基礎に床下換気口が不要となる。

根太
ねだ

床板を張るために下地となる材のこと。大引や根太掛けの上部に直交方向に設置される。2、3階の床には、厚さ24、28ミリの構造用合板などを直接梁上に張って根太を省略する根太レス工法も増えている。

根太間隔
ねだかんかく

根太を設置する間隔のこと。洋式床の場合、1尺(303ミリ)が標準だが、ピアノなど重いものが乗る場所は間隔を狭くすることもある。和室で荒床下地の根太の場合は、1尺5寸(455ミリ)で設置される。

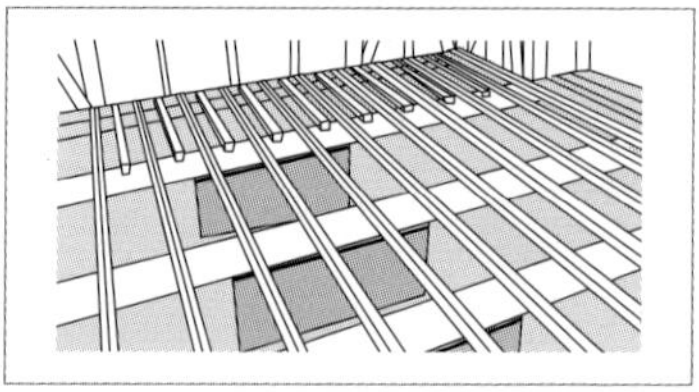

軒桁
のきげた

2階柱や最上階の柱に掛ける横架材のうち、梁と直交方向に掛けるもののこと。小屋梁や垂木などの屋根荷重を柱に伝達する役割がある。胴差しと同じ種類の木材が用いられる。軸組構法では2階柱上部や屋根垂木と接する部分の横架材の呼び名となっているが、枠組壁構法ではこうした呼称はない。⇒**在来木造軸組構法**

軒高
のきだか

地盤面から軒桁の上端までの寸法。軒先までの高さではないので注意すること。

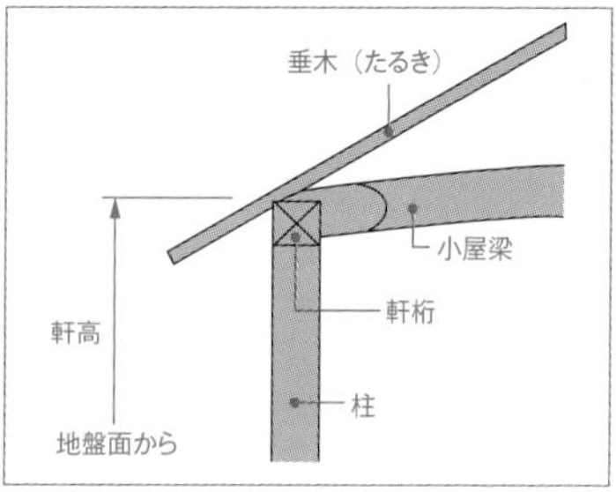

登り梁
のぼりばり

屋根の勾配などにあわせ登るように設置された梁。水平梁をみせたくない場所などによく用いられる。

布基礎のしくみ

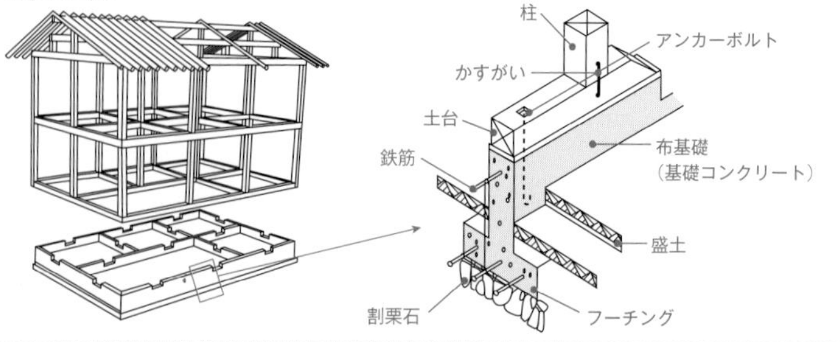

法面
のりめん

傾斜面のこと。土工事では、勾配の付いた掘削面を指す。法（のり）ともいう。

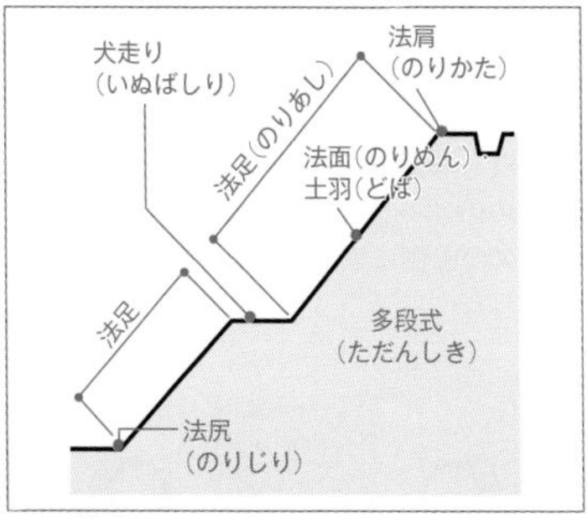

は

パーティクルボード

切削、破砕された木材のチップに、合成樹脂接着剤を塗布して熱圧成型したボードのこと。遮音性、断熱性が高く、家電製品のキャビネットなどに使用されている。

ハードボード

硬質繊維板のこと。蒸煮解繊した高密度の木材チップ繊維に合成樹脂を加えて熱圧成型したボードである。自動車の内装や家電製品の下地材として使われている。⇒ファイバーボード

配筋
はいきん

コンクリートの打設前に、雛型となる型枠内に鉄筋を組み上げること。

羽柄材（端柄材）
はがらざい

製材時に出る比較的小さな角材や板材の総称で、構造材の補助材や下地材に使われる。

パネル工法
ぱねるこうほう

小断面の部材でつくった枠組に構造用合板を接着剤で圧着した剛性のパネルをつくり、壁や屋根などの下地部材をユニット化した工法のこと。施工を合理化するために利用する。パネル化することで、建方作業時に屋根や壁下地が完了できるため、建方自体やその後の工程が短縮できる。

バフ仕上げ
ばふしあげ

金属などの表面仕上げの一つで、砥粒を付着させた皮や布などの柔軟なバフを回転させながら押し当てて表面を磨く加工。バフ研磨ともいう。

梁
はり

床荷重、床根太を支える構造材のこと。2つ以上の支点で水平、あるいは斜めに支えて荷重を受ける横木の総称。使用部位や形状によってさまざまな名称があり、大梁、小梁、小屋梁などがある。

梁せい
はりせい

梁の上端から下端までの高さのこと。梁の断面の高さ寸法を指す。床に掛かる積載荷重や配置状況、2階柱の有無などによって、実際の寸法が決まる。

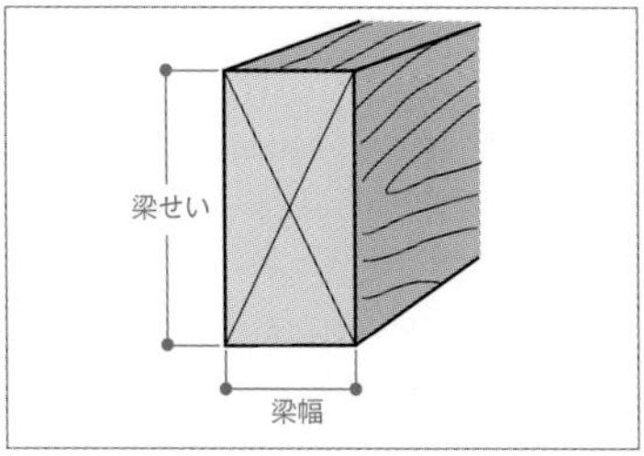

梁間
はりま

⇒スパン

バルーン工法
ばるーんこうほう

土台から2階にまで通じた柱に、床、壁を取り付けていく工法のこと。19世紀に北米で発達した。長尺材が必要なのと、工事手順が複雑なため、最近は用いられない。プラットフォーム構法のほうが広く採用されている。

半外付け
はんそとづけ

木造住宅において室内側が大壁仕様で開口部廻りに枠がある場合の、アルミサッシを一部外壁面より外側に出した一般的な納まり。その他、真壁納まりに用いる外付け、鉄骨造やRC造に用いる内付けなどのアルミサッシがある。

PSL
ぴーえすえる

Parallel Strand Lumberの略。エンジニアードウッドのひとつの商品名。正確にはパラレル・ストランド・ランバーという。木片（ストランド）を平衡含水率まで乾燥させて積層し、

05 ▼ 平面計画

06 ▼ 室内環境計画

07 ▼ インテリア関連の法規

08 ▼ 建築構造の基礎知識

09 ▼ 造作

10 ▼ リノベーション

11 ▼ 住宅設備

耐水接着剤で成形する。

Pコン
ぴーこん

型枠用せき板を固定するために、セパレーターの端部に取り付けるプラスチック製部品のこと。

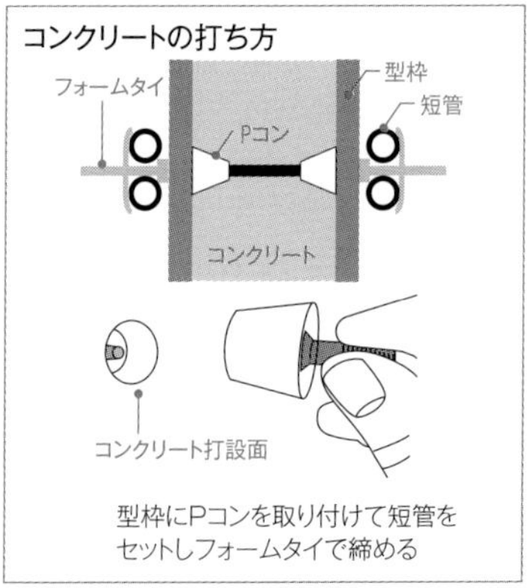

火打ち
ひうち

梁に対して、水平方向に入れる斜材のこと。水平力による変形を防ぐ目的を持つ。土台に付けるのは火打ち土台である。

引張強度
ひっぱりきょうど

部材が引張を受けた時の部材が耐えうる強度。

ピン接合
ぴんせつごう

部材同士の接合が、完全に固定されないで、回転等でつながる接合、ピンジョイントとも呼ぶ。

挽板
ひきいた

集成材を構成する板材のこと。鋸の歯で切った状態の板で、単板よりも厚めである。⇒ラミナ

ファイバーボード

木の繊維を集めて合成樹脂で固めたボードの総称。繊維板ともいう。密度が大きいほうから、ハードボード、MDF、インシュレーションボードに分類される。

フーチング

直接基礎の下部の広がった部分のこと。上部構造の荷重を地盤に伝える役割がある。

ブーム車
ぶーむしゃ

コンクリートミキサー車の生コンクリートを、高さ等を調整可能なブームと呼ばれる輸送管で高所にコンクリートを圧送する建設機械。

フォームタイ

せき板と縦横の端太(バタ材)を一体化させるためのボルトのこと。型枠工事で、セパレータの両側に取り付けられる。

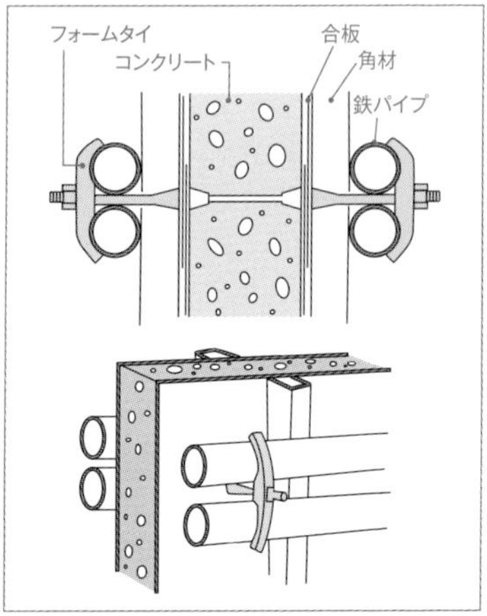

付加断熱
ふかだんねつ

基本となる断熱層の外または内側に追加の断熱処理をすること。充填断熱に加え外張り断熱を行うといった工法。

腐朽菌
ふきゅうきん

木材の主成分セルロースなどを分解する菌類。乾燥や防腐剤などで防腐する。

節
ふし

樹幹の枝跡のこと。これがあると、材の強度が減少する。生き節、死に節、抜け節、腐れ節、丸節、流れ節、隠れ節、底節がある。

不同沈下
ふどうちんか

建物を支える地盤のバランスが悪く、建物が傾くように沈下してしまうこと。

プライウッド

plywood。⇒合板

フラットバー

帯状の鋼材。平鋼、FBとも呼ばれる。いろいろな寸法があり、加工しやすい。

プラットフォーム工法

ぷらっとふぉーむこうほう

枠組壁構法のひとつ。基礎の上に床をつくり、その上に壁を建て上げげたあと2階の床をつくり、この上に2階の壁と屋根を乗せるという順序で作業を進める。バルーン構法に比べて、長材を使わず、狭い場所で作業できるので広く採用されている。

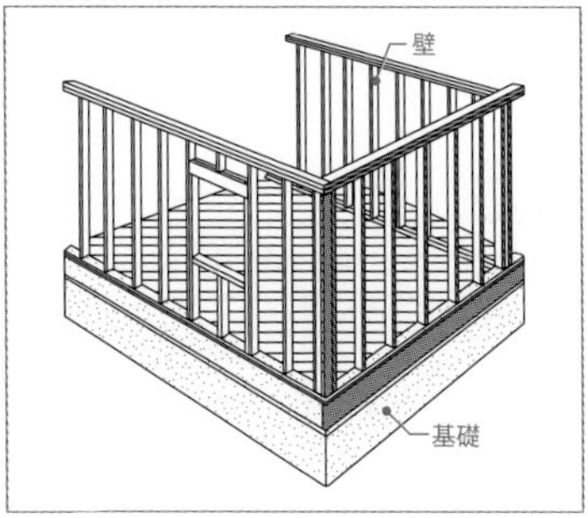

フランジ

鋼材のH形断面やI形断面などの、ウェブを挟む上下の張り出し部分の鋼材のこと。

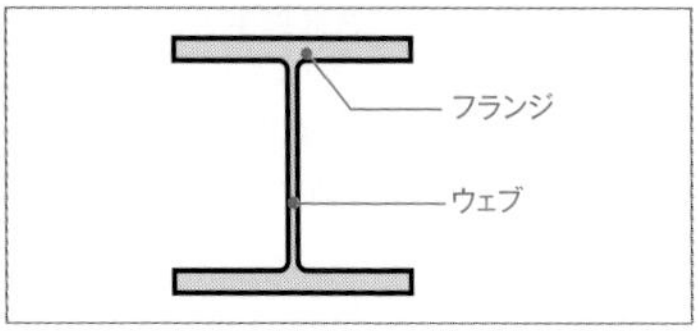

ブリージング

生コンクリートに含まれる水分が、打設後に浮き上がって表面に染み出してくる現象。発生するとコンクリート内部に空洞が生じたり、鉄筋との付着力が低下したりして強度劣化の原因となる。

ブレース

brace

地震や強風などの横力に耐えるための補強の斜め材。木造の筋かいと同義で、鉄骨造などの場合はこの言葉を使う。

プレカット

木の構造材料などの材料をあらかじめ工場で加工しておくこと。現場で加工が少ないので、工期の短縮を図ることができる。

プレキャストコンクリート

工場であらかじめつくられたコンクリートパネルのこと。現場で組み上げて構造となるものや、ビルの外壁になるものなどがある。安定した環境でコンクリートを打ち養生できるので、性能にはばらつきが少ない。

プレハブ工法

ぷれはぶこうほう

工場であらかじめ部材を組み上げておいて、現場では簡単な組立てだけで完成させるつくり方のこと。工場製作によって、品質管理が可能となる。現場職人の技術差が現れないというメリットがある。

ベースプレート

鉄骨造の柱と基礎を接合する柱脚部に取り付ける鋼製の底板。基礎と緊結のためのアンカーボルト用の孔が空けてある。アンカープレートともいう。

平衡含水率

へいこうがんすいりつ

⇒**気乾状態**

ベタ基礎

べたきそ

鉄筋コンクリート床段の底面積全体で建物の荷重を地盤に伝える形式の基礎。布基礎に比べて堅固で変形しにくいので、建物の不同沈下を防ぐ効果がある。ただし、ベタ基礎自体が重いため、荷重を分散する効果にも限界がある。⇒**基礎**

辺材

へんざい

木材の外周にある色の薄い部分のこと。樹木が生理活動を行なっている部位。ある程度の大きさになると、材内部の細胞や組織に生理的な変化が生じ、辺材が心材となる。辺材はどの樹種も耐久性が弱いため、構造材としての価値は低い。

防蟻剤

ぼうぎざい

木造住宅において、シロアリ被害を防ぐために使われる薬剤のこと。かつては有機リン系やピレスロイド系の殺虫剤が用いられてきたが、シックハウス症候群などの問題から、2003年に建築基準法が改正され、クロルピリホスの散布や含有建材の使用が禁止に。

防錆

ぼうせい

鉄材などの金属の錆を止めること。主に建築では塗料が使われ、防錆剤、防錆塗料と呼ばれる。

ホールダウン金物

ほーるだうんかなもの

基礎コンクリートに埋め込み柱に直接緊結させ、地震時の柱の引き抜きを防ぐ木造建築用金物。

補強筋
ほきょうきん
鉄筋コンクリートの割れなどが生じやすい開口部まわり等の補強用追加鉄筋。

補強コンクリートブロック造
ほきょうこんくりーとぶろっくぞう
壁式構造のひとつ。中空(空洞)コンクリートブロック(CB)を鉄筋で補強して、壁状に積み上げる構造のこと。小規模な建物の壁やRC造の帳壁(間仕切り壁)などに用いられる。建物に使う場合は、上下を臥梁や基礎で緊結する必要がある。

> **豆知識 コンクリート構造の歴史**
> 現在のセメントと同じポルトランドセメント(水硬性セメント)は、18世紀の後半になって主に英国で発展した。その後フランスでこれを金属で補強する考え方が発明され、19世紀の終わりにさらにフランスとドイツで改良され、現在の鉄筋コンクリート造の基礎となった。その後現在に至るまで、セメントの製造法や、コンクリートの基本的な原理はほとんど変わっていない。

枘
ほぞ
柱の場合は2つの部材を接合するために片方には突起を、もう片方には穴をつくり、その組合わせで接合する仕口のこと。引抜きに弱く、込み栓や楔などで強化する必要がある。建具や家具の場合は木材の端部につくった突起を指す。2つの木材を接合するとき、一方に開けた穴に他方につくった突起をはめ込んで接合する。

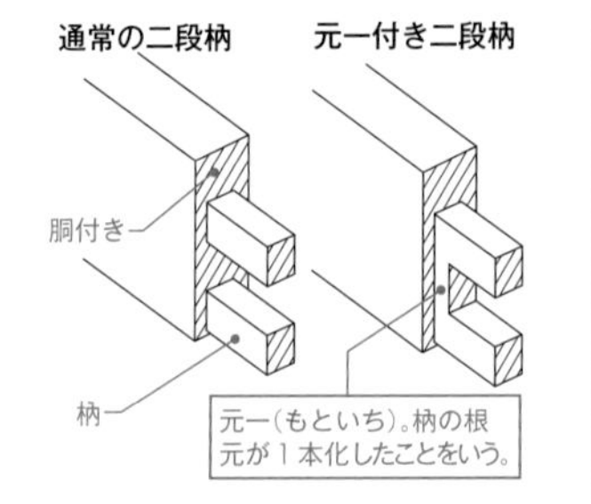

枘差し
ほぞさし
枘と枘穴で接合する木造の仕口のこと。家具では、枘継ぎという。

ボルト
継手、仕口などを緊結するときに使う金物。ボルト本体、ナット、座金を一体にして緊結する。用途に応じて、普通ボルト、羽子板ボルト(柱梁仕口部)、フックボルト(アンカーボルト)などがある。種類別では、高張力鋼を素材としたものを高力ボルト、ハイテンションボルトとして普通鋼製と区別する。

ポルトランドセメント
石灰岩などを主成分とする粉末のこと。一般的にセメントと呼ばれるのは、ポルトランドセメントを指す。

ま

膜構造
まくこうぞう
外部より高い空気圧を建物内部に送りこみ、布などの膜屋根を膨らませ、大きな空間も可能とする構造。

間口
まぐち
正面方向から建物や敷地を見たときの幅のこと。

枘差し

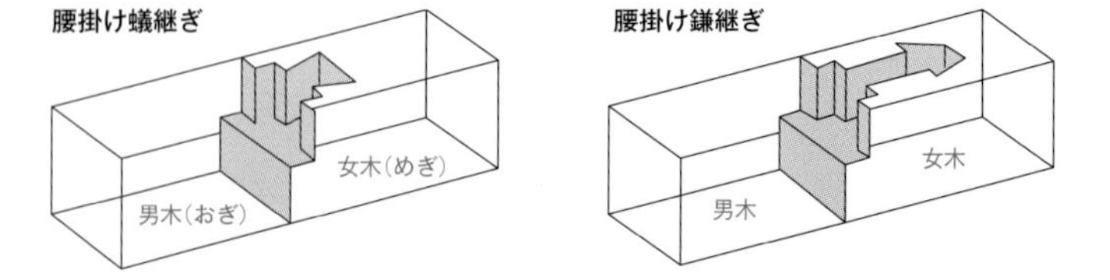

柾目
まさめ

原木を接線と直角に近い方向に製材した際、材面にある通直な縦縞の木目のこと。板目と比べて、変形しにくいのが特徴。⇒**板目**

マンサード屋根
まんさーどやね

下部が急勾配で、上部の勾配が緩い寄棟屋根のこと。ギャンブレル屋根、フランス屋根ともいう。腰折れ屋根は切妻。（下図参照）

水糸
みずいと

遣方の際に対面する水貫間に張渡して水平を示す糸のこと。通り芯の基準となる。この位置を地盤面に落として根切りの基準を示したり、捨てコンクリートや基礎コンクリートに芯の位置を示したりする。

水セメント比
みずせめんとひ

コンクリートの強度を表す指標のひとつで、フレッシュコンクリートに含まれるセメントペースト中の、セメントに対する水の重量百分比率のこと。水の重量をセメントの重量で割って示す。水が多いほど練り混ぜしやすく、型枠にも打ち込みやすいが、コンクリートの強度は低下し、乾燥収縮も増える。

水盛
みずもり

基礎工事の掘削を始める前に、高さの標準となる水平線を表示すること。

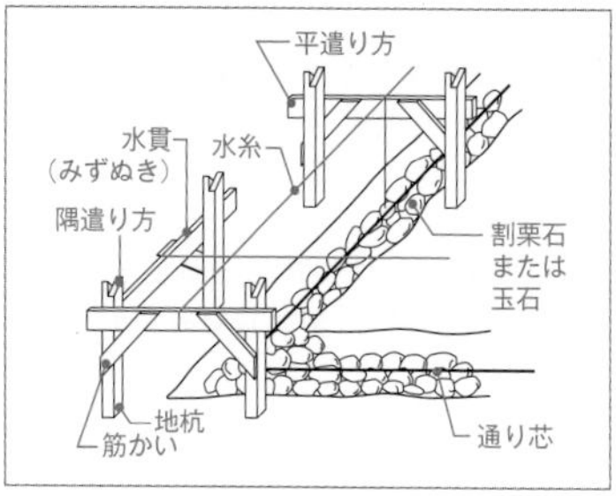

ミルシート

鋼材検査証明書の通称。鋼材メーカーが発行する鋼材の品質証明書類。mill（ミル）は工場などを表すことからこう呼ばれる。

無等級
むとうきゅう

目視等級、機械等級ではなく樹種によって決まる建築基準法の強度区分。

棟木
むなぎ

屋根を支える骨組（小屋組）の最上部にあって、桁行方向に取り付ける横木のこと。母屋とともに垂木を受け、小屋組を桁行方向につないで固め、屋根の荷重を小屋束や梁へと伝える機能をもつ。

免震
めんしん

建物と地盤間に振動を吸収する装置を設置し、地盤の振動を建物に極力伝えないこと。⇒**制震**

杢
もく

木材の芯から外周へ放射状に向う繊維の配置のこと。または、年輪の走り方などの木理や、不規則な着色から現れた材面の文様を指す。ケヤキ、カエデなどに現れたものは装飾価値が高い。

目視等級
もくしとうきゅう

木材の外観でその強度を判断するJASの等級区分。1級から3級の強度区分がある。特に材種と節・割れ・木目が重要。

木毛セメント板
もくもうせめんとばん

木材をリボン状に切削し、セメントと混練して圧縮成形したボードのこと。耐火野地板などに用いられる。

木理
もくり

年輪など、木材の表面に見える模様のこと。木目や目ともいう。

勾配屋根の形状

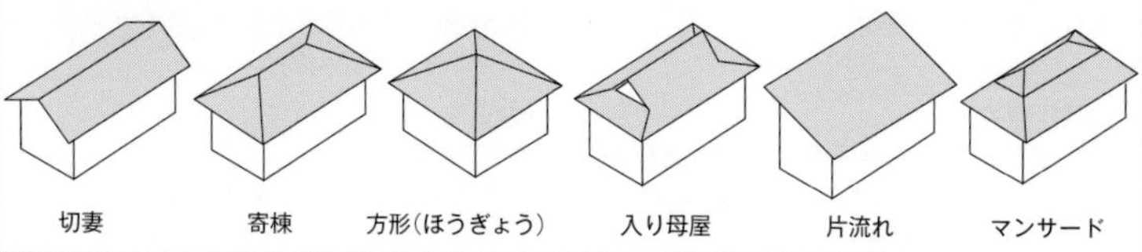

元口
もとくち

丸太などの根に近い、太いほうの切り口部分のこと。柱や束は立木の状態と同じように元口を下に立てることが原則である。

母屋
もや

小屋組で垂木または裏板を受ける部材のこと。棟あるいは軒桁に平行して、垂木と直交して配置する。

や

矢板
やいた

土木工事の際、土砂が崩れないように押さえるための土留め板。

山留
やまどめ

根切り時に、崩壊するおそれのある掘削壁面を矢板などで押さえること。

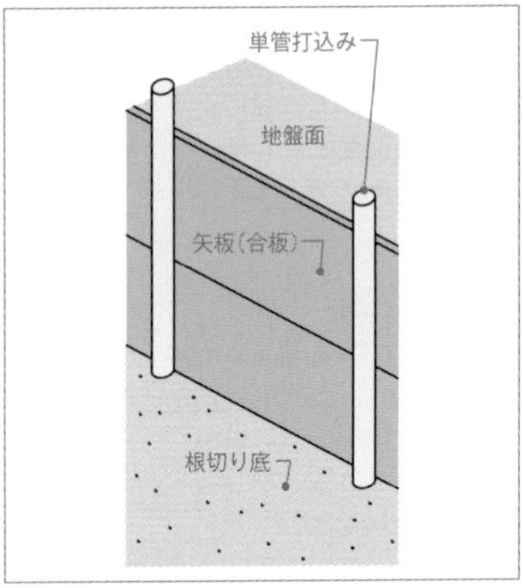

遣り方
やりかた

基礎工事に先立って、柱や壁などの中心線や水平線を設定するために、必要な場所に杭を打つ仮設物のこと。(前頁図参照)

柔木(軟木)
やわぎ

主に針葉樹のように比較的柔かくしなやかな木材の呼び名。⇒堅木

ヤング係数
やんぐけいすう

材料の変形のしにくさを測る指標。値が大きいと硬く変形しにくい。弾性係数、弾性率、ヤング率などとも呼ばれる。

> **豆知識 木造の金物接合方法**
>
> 従来の在来軸組構法は、柱に孔を空けて先を細く削った梁を組み合わせていた(大入れ加工)。木材を切り欠くため、接合部が弱点になりがちだった。そこで接合のための金物が発明され、木材の孔空けや切欠きを最小に抑えられるように。ドリフトピンなどで軸組を固定しながら接合部の木材の中に納まるため、外部からは見えないものが多い。

床スラブ
ゆかすらぶ

一般には鉄筋コンクリートの床版のこと。スラブ(slab)とは、鉛直方向の荷重を受ける板状のものを指し、床として用いられるときに床スラブと呼ばれる。

床高
ゆかだか

床の仕上げ面から真下の地面までの高さのこと。木造の場合、居室の床高は、床下の通気などのために、450ミリ以上確保するよう建築基準法で定められている。ただし、防湿処理をした土間コンクリートや、その上に直接床仕上げを施す場合は450ミリ以下でもよい。

床梁
ゆかばり

床荷重、床根太を支える構造材のこと。2つ以上の支点で、水平、または斜めに支えて、荷重を受ける横木の総称である。

ユンボ

土の掘削に使われる車で、油圧ショベルやバックホーの呼称。製品名であるが現場でよく使われる。

洋小屋
ようごや

洋風の小屋組のこと。陸梁、合掌、束、方杖などでトラスを構成する。力学的に合理的なため、小部材で大きなスパンの小屋組をつくれる。キングポストトラス、クイーンポストトラスなどが代表的。

養生
ようじょう

工事箇所や完了部分を防護すること。コンクリート工事では、打設完了後に表面に亀裂が出ないように、湿潤保持を行なったり、凍結が生じたりしないようにすること。

溶接
ようせつ
金属自身を溶融または半溶融状態にして接合する方法のこと。建築構造では、鋼板の間に高熱の放電を飛ばして溶接棒を溶かして部材を接合するアーク溶接が使われる。

寄棟
よせむね
棟を中心に四方に流れをもつ屋根のこと。切妻などに比べて雨仕舞がよいので、日本で古来から用いられている。寄棟屋根とも呼ばれる。なお、降り棟が一点に集中するものを方形(ほうぎょう)という。

ら

ラーメン構造
らーめんこうぞう
柱と梁が剛接合でしっかり固定され、一体の門型の軸組で建物を支える構造のこと。柱と梁の断面が他の構造より大きいのが特徴。ラーメンとはドイツ語で額縁を指す。

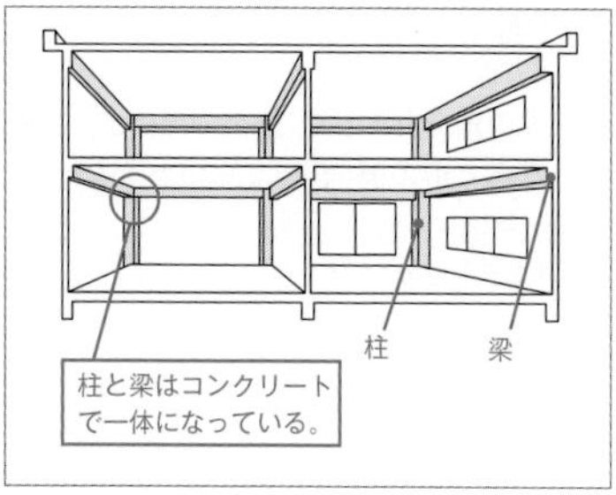
柱
梁
柱と梁はコンクリートで一体になっている。

ラミナ
鋸の歯で切った単板より厚めの板のこと。⇒挽板

リップ溝形鋼
りっぷみぞがたこう
軽量形鋼のうち、C形形状の溝形のもの。

レディーミクストコンクリート
生コンクリートのこと。工場で調合製造し固まる前に現場に運送されるコンクリート。

レベル
高さを測ったり、水平の墨(陸墨)を出したりするときに使用する、望遠鏡と気泡管を組み合わせた測量器のこと。現在はレーザー光線を使うレーザーレベルがよく使われる。

ロータリー単板
ろーたりーたんばん
大根のかぶらむきのように薄く木材をはいで作った単板(ベニヤ)。

陸屋根
ろくやね
水平、またはほとんど勾配がない屋根のこと。「りくやね」ともいう。

わ

枠組壁構法
わくぐみかべこうほう
壁構造のひとつ。2×4(ツーバイフォー)工法の建築基準法上の正式名称である。木材切り出し断面が2×4インチの部材でつくった枠に、合板を張って壁パネルをつくり、金物や釘を多く使って組み立てる。北米の伝統工法であったが、現在は世界中で用いられている。⇒2×4工法

和小屋
わごや
日本古来の屋根小屋組のこと。桁の上に小屋梁を架け渡して、これに束を立てて組む。構法が簡単で、丸太のように不整形の材も使えるので経済的である。屋根の荷重を、外周壁(柱)の他に、内部の柱にも負担させることができるのが特徴。ただし、洋小屋に比べて、斜材がほとんどないので、水平力に弱く、大スパンには不適当である。

割栗石
わりぐりいし
高さ200〜300ミリ、厚さ70〜100ミリ程度の岩石を打ち割ってつくった石材のこと。建物や道路などの基礎工事で、地盤を固める目的で用いられる。ぐり石ともいう。⇒地業

造作

あ

明り障子
あかりしょうじ
木の枠の片面に和紙が貼られた障子のこと。外部から自然光を採り入れられる。

アクリル
透明性の高い非晶質の合成樹脂のこと。高い透明性や耐衝撃性があり、熱可塑形成や着色が容易に行なえるため、無機ガラスの代用品として建築や乗り物の窓材、照明器具のカバーなど、多用途に利用される。

上げ下げ障子
あげさげしょうじ
摺上障子のひとつ。障子を上下に移動させて用いる。⇒組子

アコーディオンドア
楽器のアコーディオンの胴のように、伸び縮みして開閉させる折り畳み式の間仕切り。

東障子
あずましょうじ
横組障子の基本を崩さずに、障子紙の一部または全部をガラス張りにしたもの。

遊び
あそび
⇒逃げ

雨戸
あまど
窓や縁側などの外側に取り付ける戸のこと。防風や防雨、夜間の室内の保温、防犯などの目的で用いられる。戸袋を設け、開口時は収納する。従来は木製だったが、現在はアルミニウム製のものが多い。シャッター形式で自動開閉できるものもある。

荒間格子戸
あらまこうしど
基本形の格子戸のこと。⇒格子戸

アルミサッシ
アルミニウム製の枠を使用した建具のこと。腐食に強く、加工が容易、軽量で気密性も高いので、多くの建築物に利用されている。

アンダーカット
建築等で使われる場合、建具の下部に隙間をあけ、空気が通るようにすること。24時間換気などに役立つ。

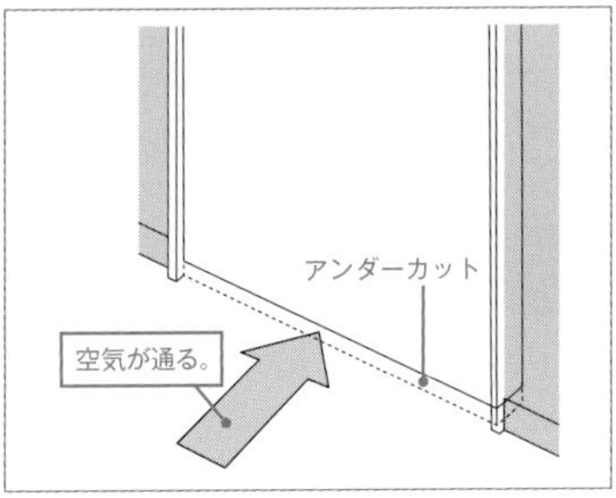

板戸
いたど
雨戸などの板を張った戸のこと。

銀杏面
いちょうめん
几帳面の角を丸くして、銀杏の葉のような断面となった形の面。ぎんなんめんともいう。

稲妻金物
いなずまかなもの
床の間に軸などを掛けるために用いる角丁字型の金具のこと。

入幅木
いりはばき
壁面から幅木板を引き込んで巾木を納めたもの。壁の足元をすっきりさせるために用いられる。⇒幅木

印籠縁
いんろうぶち
襖の縁の内面に骨が入るように削り取った縁のこと。柄の違いなどによって、本印籠、皿印籠、片印籠の3種類がある。

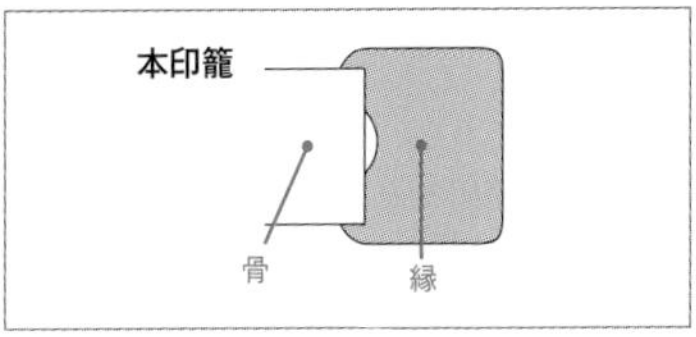

薄鴨居
うすがもい

欄間や茶室などに使われる薄手の鴨居のこと。欄間鴨居ともいう。⇒**鴨居**

内法貫
うちのりぬき

壁貫で、鴨居や窓、出入口の上部に取り付けられるもの。

埋め樫
うめがし

摩滅を防止するために、敷居の溝にスギやヒノキなどの軟材の堅木を埋め込んで細工すること。⇒**鴨居**

埋込みレール
うめこみれーる

床面に一部分、あるいは全体を埋め込んだ建具用のレールのこと。床にコンクリートを打つ際などにはあらかじめ埋設する。

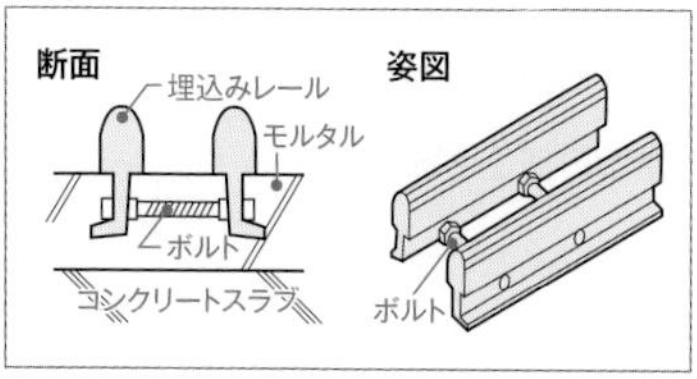

上枠
うわわく

建具枠の上部に用いる部材のこと。(下図参照)

エアタイト
気密性が高い状態を指す。気密性の高いサッシをエアタイトサッシなどと呼ぶ。

SSG工法
えすえすじーこうほう

Structural Sealant Glazingの略。変形の小さい高モジュラスシリコンシーリング材で、ガラスをサッシに接着した工法のこと。普通のサッシは溝にガラスをはめ込んでシーリング材やガスケットで固定と止水を行うが、SSGでは外部側にサッシ部材がなくてもガラスを留めることができる。

エスカチオン
扉に取付けるハンドル、ノブ、シリンダーなどの取り付け台座プレート。

蝦束
えびづか

違い棚の上下を支える束柱のこと。雛束ともいう。(163頁図参照)⇒**本床**

FRP
えふあーるぴー

Fiber Reinforced Plasticsの略。繊維強化プラスチックの通称。ガラス繊維などの繊維をプラスチックの中に入れて強度を向上させた複合材料である。浴槽やイスなどに用いられる。またFRP防水は、軽量かつ強靭な塗膜防水工法である。

MPG工法
えむぴーじーこうほう

Metal Point Glazingの略。ガラスの四隅や辺を円盤状などの金物で支持する方法のこと。DPG工法に比べて、ガラスの孔を空ける加工が不要なので、コストの面でメリットがある。⇒**DPG工法**

円筒錠
えんとうじょう

⇒**モノロック**

オイルダンパー
油の粘性抵抗を利用して、振動を弱めたり、衝撃を吸収したり、ドアなどをゆっくり閉まるようにしたりする装置のこと。

大壁
おおかべ

仕上げ材などで、柱や梁などの構造材を隠すようにする壁の納め方のこと。洋室などに用いられる。気密性がよく、防寒、防湿、防音の効果も高い。ただし、壁の内部に湿気が入

建具枠廻りの納まり(大壁)

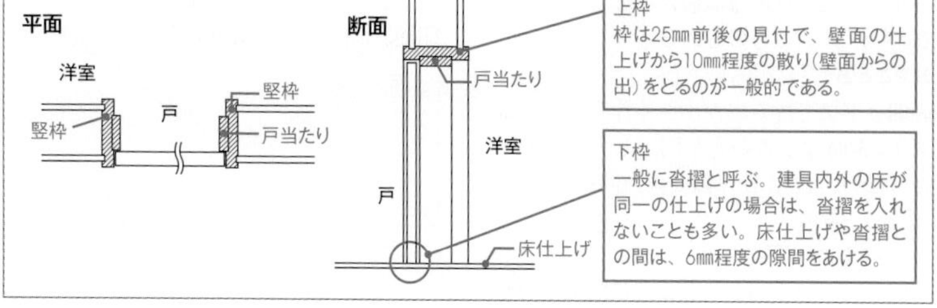

り込むと乾燥しにくいので、部材が腐りやすくなる。

大壁回り縁
おおかべまわりぶち

天井と壁の入隅に設けた見切り材のこと。大壁の洋室でよく用いられる。天井を縁取るように取り付けられ、装飾的な意味合いがある。⇒**回り縁**

オートヒンジ

丁番に自動開閉機能をもたせたもの。上丁番のスプリング機構、下丁番のオイルダンパー機構で1組となる。

オーニング窓
おーにんぐまど

ハンドル操作で開閉する、多段の滑り出し窓のこと。1段でもハンドル操作する窓をオーニング窓と呼ぶ。突き出し窓ともいう。

落し掛け
おとしがけ

床の間の上部にある、小壁を受け止める横木のこと。床の間や書院窓の正面上方の小壁下部で、内法長押（うちのりなげし）よりも高い位置にある。⇒**本床**

豆知識　書道に通ずる床の間の構え

床の間の構えには、大きく分けて「真」「行」「草」の3つがある。この格式は書道の楷書、行書、草書に通じる考え方で、楷書から行書、草書と形を崩していく。「真」は書における楷書、「行」は行書、くだけた自由な発想の「草」は草書にあたる。

踊り場
おどりば

階段の途中に設けられるやや広い平坦な場所。建築基準法により、住宅では高さ4メートル以内に一か所は設置が必要。

親子ドア
おやこどあ

両開きドアで片方扉が小さく作られているドア。常時は小さい方を固定し大きいドアだけ使い、大きく使う際は両方開ける。

折返し階段
おりかえしかいだん

階段の2分の1の高さのところに踊場があり、そこで折り返す階段のこと。

か

カードロック

カードを使用した鍵のこと。主に磁気カードが用いられるが、バーコードカード、ICカード、ハイブリッドカードなどもある。頻繁に入居（利用）者が入れ替わる事務所やホテルなどで用いられる。

開口部
かいこうぶ

建物の壁や屋根などの一部を開けた部分。採光、通風などの窓、出入り口など。

階段
かいだん

建築物の主要構成部のひとつ。上下階を上り降りするためのものである。形状によって、直（進）階段、螺旋階段、屈折階段、折れ階段、回り階段などがある。

階段の部位名称

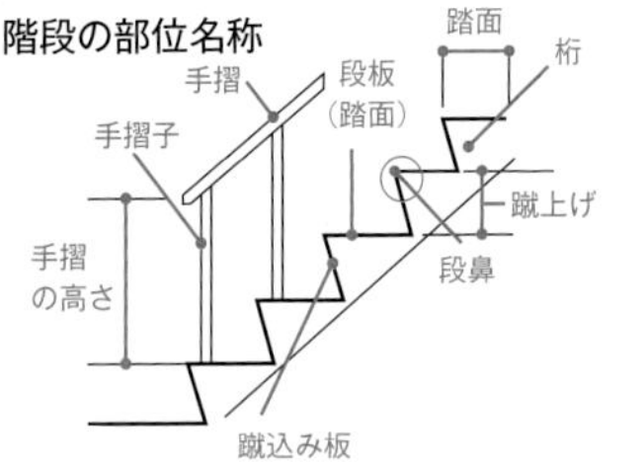

階段勾配
かいだんこうばい

階段の傾斜、傾きのこと。建築基準法上において、住宅の階段の蹴上げは23センチ以下、踏面は15センチ以上とされている。昇降しやすい階段勾配は、住宅であれば蹴上げが18～20センチ、踏面が24～27センチで、傾きが30～35度ほどとされている。

階段や斜路の勾配

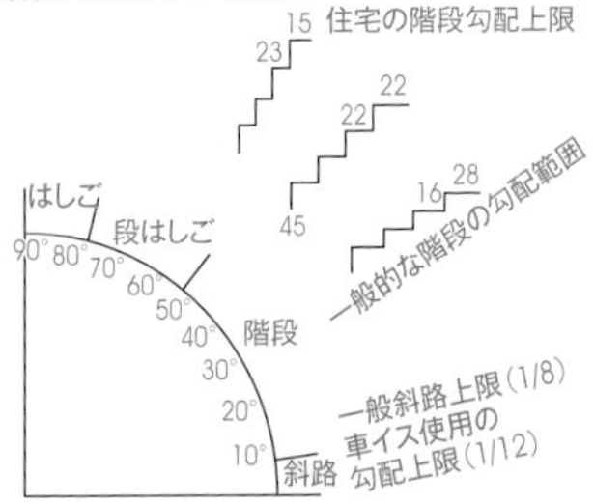

鏡板
かがみいた

建具の框や、壁、腰壁、天井の格縁などの間にはめ込まれる平滑な板のこと。

鏡戸
かがみど

桟を使わずに組んだ枠(框)に1枚の板(鏡板)をはめ込んだ板戸のこと。

額入障子
がくいりしょうじ

障子の中央にガラス板入りの額をはめ込んだもの。

角丁番
かくちょうばん

家具や物入れなど、軽量建具用の丁番のこと。軸と羽が同じ長さで、軸部分の出っ張りがない。平丁番ともいう。

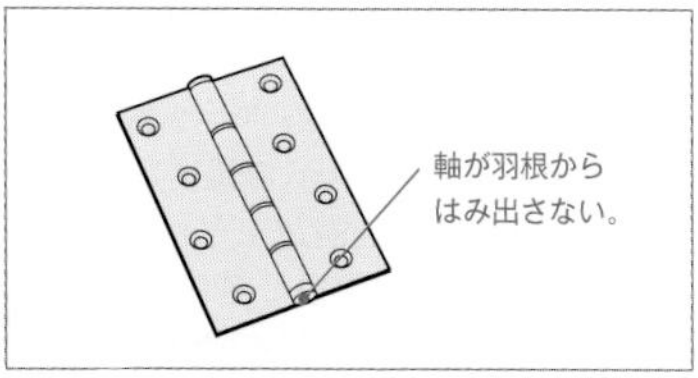

額縁
がくぶち

窓やドアなど、建具を設置する開口の取合い部分に取り付けた枠のこと。ケーシングともいう。

掛込み天井
かけこみてんじょう

室内に庇が入り込んだ、化粧屋根裏をそのまま露わした傾斜天井のこと。

ガスケット

ガラス等のはめこみ固定など使われる気密・水密性のあるゴム・プラスチック材。

鎌錠
かまじょう

デッドボルトの代わりに、鎌型の金物を使用した錠のこと。建具の枠に取り付けられた受け座に鎌を引っ掛けて施錠する。引き戸錠ともいう。

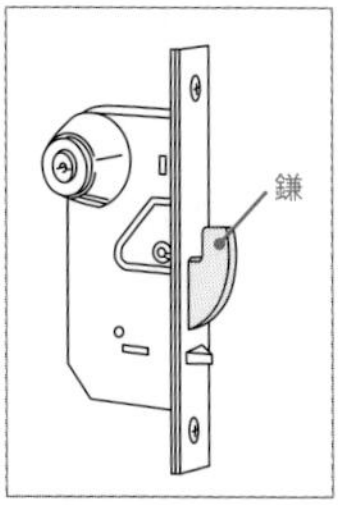

框
かまち

建具の四周を固める部位(枠)のこと。

框束
かまちづか

柱のない壁に、床框を納まりよく取り付ける際に壁との取合いに用いる部材のこと。

框戸
かまちど

四周を框と呼ばれる木材で組んで固めた戸のこと。框材で周囲を固めて、そこに中桟や帯桟を入れて構成する。重厚で、デザイン的にも種類が多い。内部にはめ込む板やガラスは鏡板と呼ばれる。

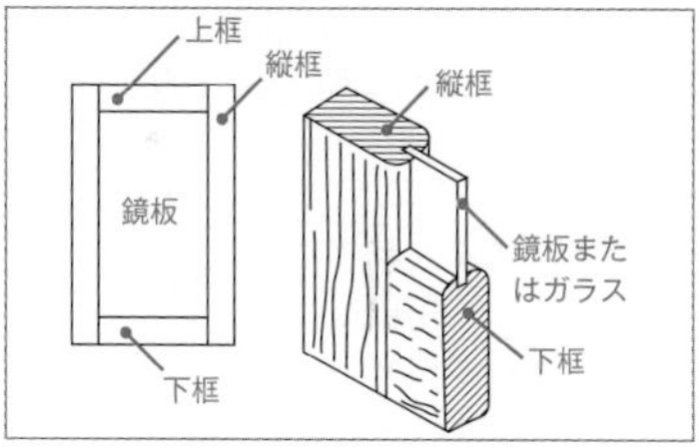

框戸の種類

唐戸

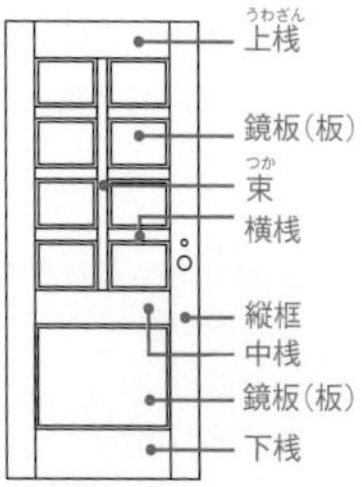

四周の框以外に、中桟や縦桟(束)を入れたもの。

ガラス戸

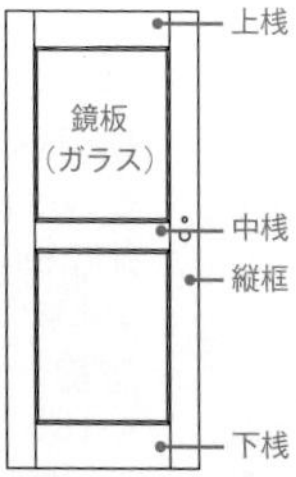

鏡板にガラスを使用したもの。フランス戸もこれの一種。

ガラリ戸

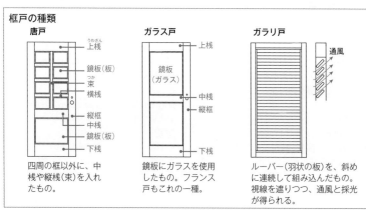

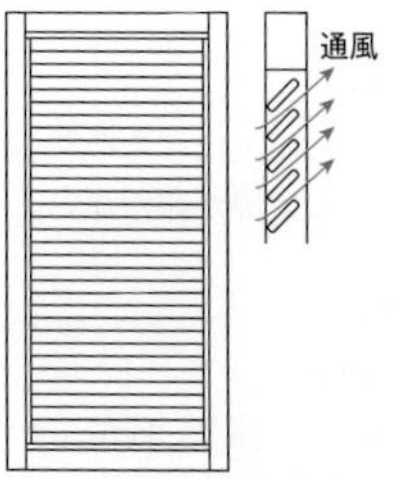

ルーバー(羽状の板)を、斜めに連続して組み込んだもの。視線を遮りつつ、通風と採光が得られる。

鴨居
かもい

障子、襖、引戸や引違い戸などの建具を納める開口部上方にある、溝付きの水平材のこと。敷居と対になる。溝のないものは無目鴨居という。⇒**敷居**

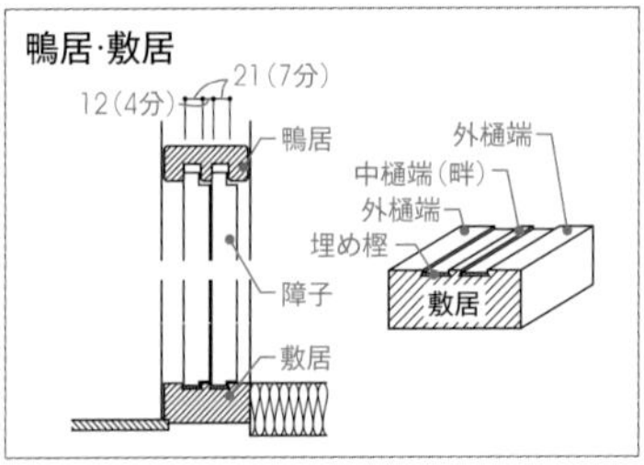

唐木
からぎ

東南アジア全般から輸入される高級木材の総称。シタン、コクタンなどがある。

ガラス戸
がらすど

鏡板がガラスの引戸のこと。框が少し小さく、ガラスが納まっている。ただし、格子が細かくなると、格子戸と呼ばれる。

唐戸
からど

木製の開き戸のこと。框を組んだ中に、縦横の桟を入れて、これに薄い入れ子板を固定したものである。⇒**框戸**

側桁階段
がわげたかいだん

一般的な構造の階段のこと。階段の両面に斜めの桁が通っており、段板や蹴込みを受ける方式となっている。

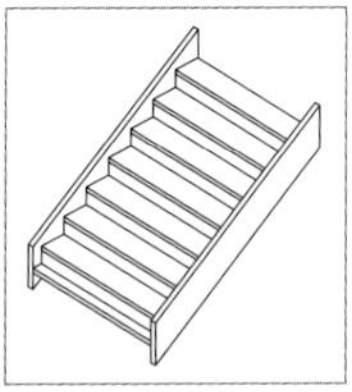

閂
かんぬき

門や建物の出入口にある左右の扉に付けた金具に通して扉が開かないようにする横木のこと。

几帳面
きちょうめん

角の両面の一部を一段低くした装飾的な面処理。几帳の柱の面に使われた形からこの名がある。

木連れ格子戸
きづれこうしど

縦桟、横桟を同じ見付け寸法として、正方形の格子状に組んだ戸のこと。（147頁図参照）

擬宝珠丁番
ぎぼしゅちょうばん

丁番の軸の端部に飾りが付いている丁番のこと。擬宝珠を外すと軸が抜ける。扉を外せることから病院の入口にも設けられており、ホスピタル丁番ともいう。

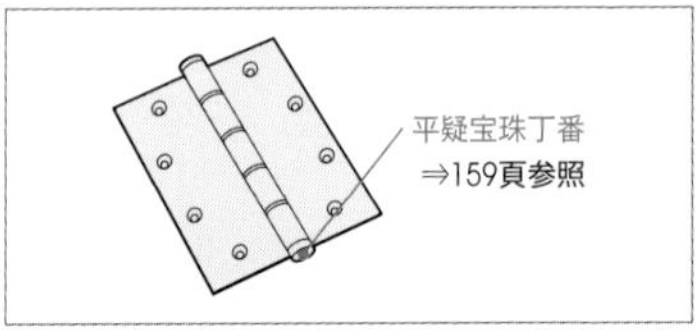

豆知識　擬宝珠とは？

伝統的な建築物の装飾で、寺院や神社の高欄（手摺のこと）の親柱の上端に付ける宝珠形の飾りのこと。ネギの花に似ていることから「葱台（そうだい）」とも呼ばれる。日本武道館の屋根の最上部にある飾りも擬宝珠。

逆勝手
ぎゃくかって

向かって左方に床脇棚がある床の間のこと。左勝手ともいう。⇒**本勝手、床の間**

逆マスターキーシステム
ぎゃくますたーきーしすてむ

集合住宅やオフィスビルなどの共用玄関などに採用される鍵のシステムのこと。特定の錠を、各自の鍵で開くことができる。

切落し格子戸
きりおとしこうしど

格子の上の部分を一部を切り下げて配した格子戸のこと。（147頁図参照）⇒**格子戸**

切目縁
きりめえん

敷居と直角方向に縁板を張った縁側のこと。濡れ縁に用いられる。⇒**榑縁**

空錠
くうじょう（からじょう、そらじょう）

ラッチボルトのみの錠のこと。突出し式のデッドボルトは付いていない。⇒**錠前**

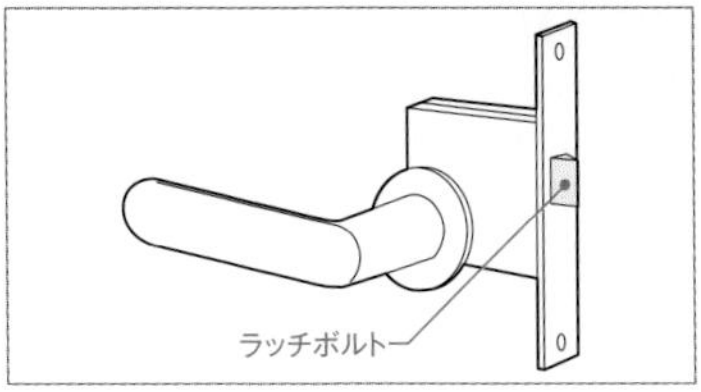

沓摺

くつずり

建具枠の下部に用いられる部材のこと。出入りのある扉の下枠を指す。建具の内外の仕上げが同一の場合、設置しないこともある。

組子

くみこ

障子や欄間などの枠の間に、縦横に格子状に組み込んだ細い部材のこと。

榑縁

くれえん

敷居と平行方向に縁板（縁甲板）を張った縁側のこと。⇒**切目縁**

クレセント

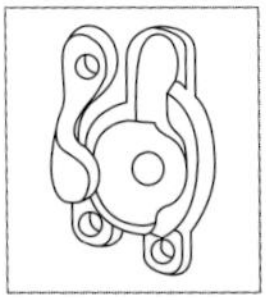

引違い窓などに付ける戸締り金物のこと。名称は、回転させる半円盤の形が三日月に似ていることに由来する。

主な戸·窓の開閉方式

引込み戸

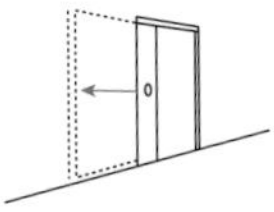

開けたときに、壁内や戸袋に戸を隠れるようにした引戸のこと。

折戸

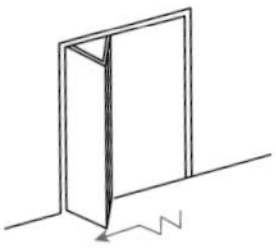

蝶番（ちようつがい）で折り畳めるようにした戸のこと。

片開き窓

左右どちらか一方に回転軸がある 1 枚の窓のこと。

オーニング窓（突き出し窓）

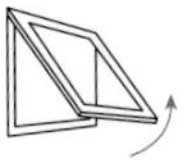

窓の上端を水平回転軸として、屋外に向かって開く窓のこと。

ケースメント窓（縦滑り出し窓）

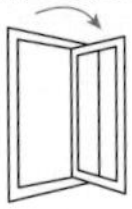

サッシの左右どちらか一方を軸にして、外に向かって開く窓のこと。

引違い窓

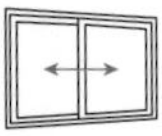

左右どちらにも移動して開くことができる窓のこと。

上げ下げ窓

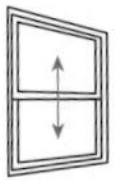

2 枚の窓を上下に設けて、それぞれ垂直方向に動くようにした窓のこと。

両開き窓

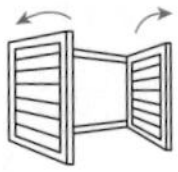

両開きにした開閉方式の窓のこと。観音開きともいい、ドア幅が異なるものは親子扉という。

内倒し窓

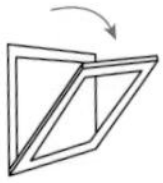

窓の下部を窓枠と丁番などで連結させて、窓の上部を内側（室内側）に倒して開閉する窓のこと。

横滑り出し窓

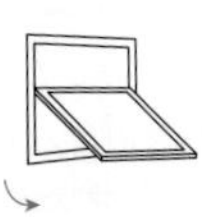

横方向の上側を軸に、外部に押し出す窓のこと。

横軸回転窓

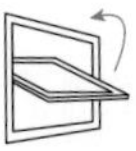

横軸を中心に上下方向に回転させて、外側と内側が入れ替わる窓のこと。縦軸を中心に回転するものは縦軸回転窓。

はめ殺し窓

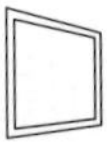

壁などにはめ込んだ開閉できない窓のこと。主に採光のために使われる。

グレモン錠

ぐれもんじょう

ハンドルを操作して、上・中・下の3カ所にロックが掛かる錠前のこと。戸や窓の上下にロッドを突き出して戸締りを行う。一般の住宅ではほとんど使われない。

クレモンボルト

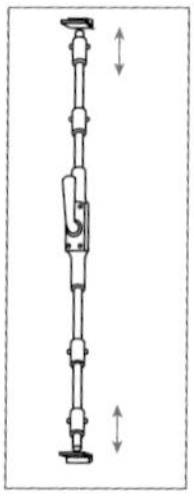

テラス窓など大きく開く窓などにある戸締まり金物のこと。レバーを回転させると、両端に上げ下げ落とし金物のピンが出て、窓やドアを閉めることができる。

蹴上げ

けあげ

階段の段の高さのこと。建築基準法上では、住宅における蹴上げ寸法は23センチ以下と決められている。

軽量鋼製建具

けいりょうこうせいたてぐ

軽量の鋼材でつくられた建具のこと。内装建具に用いられることが多い。図面での略称はLSD。

ケーシング

⇒額縁

ケースハンドル

使用時以外は取手が扉面に折りたためる建具金物。

ケースメント窓

けーすめんとまど

縦長の外開き窓が多段に付いたもの。1枚の場合でも、ハンドルで操作する窓はケースメント窓と呼ばれる。縦滑り出し窓ともいう。

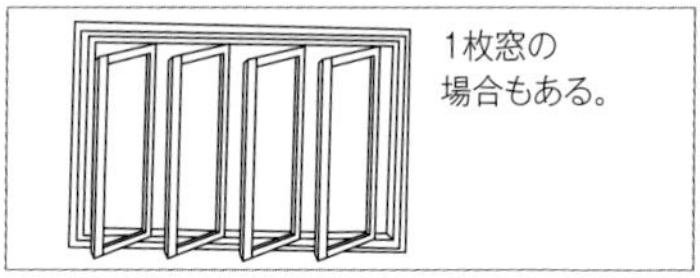

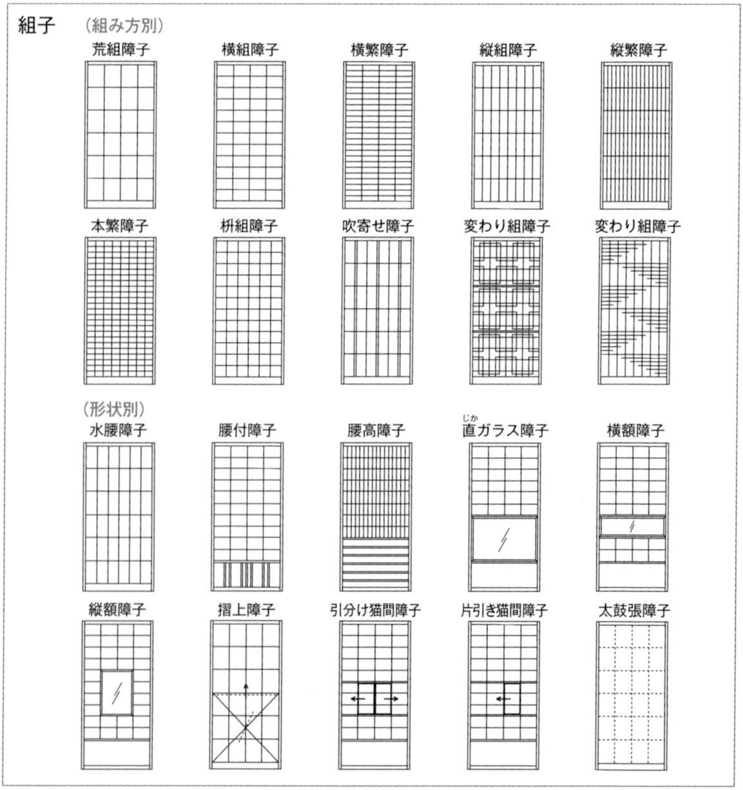

蹴込み
けこみ
階段の踏板先端の垂直ラインから蹴込み板までの奥行部分のこと。蹴上げは垂直性(高さ)を示す。

玄関框
げんかんがまち
玄関の上り口に設けられた、横に通した化粧材のこと。上框(あがりかまち)ともいう。

玄関框と式台

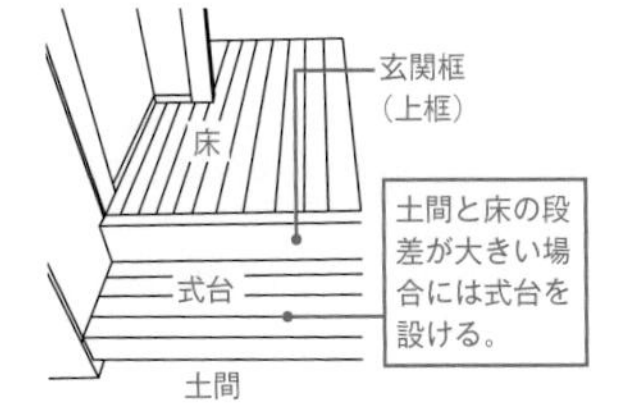

源氏襖
げんじぶすま
襖の一部に障子をはめ込んで、採光できるようにしたもの。⇒襖

現場発泡ウレタン
げんばはっぽううれたん
現場で発泡するウレタン樹脂の断熱材。隙間や複雑な部分もシームレスで充填できるのが特徴。

甲板
こういた
机や棚などの上面の板のこと。または、神社建築などで、棟に沿って渡してある長い厚板のこと。

格子戸
こうしど
框内に格子組を入れた戸のこと。一般的には桟の間を透かした吹抜け格子戸のことを指すが、ガラスを入れたものも格子戸と呼ばれている。空きや寸法によってさまざまな形のものがある。

格天井
ごうてんじょう
格縁で格子をつくり、その格間に正方形の板を張ったもの。主に格式高い部屋に使われる。

格縁
ごうぶち
格天井の格間を仕切る木材のこと。

甲丸レール
こうまるれーる
かまぼこ型の断面をしたレールのこと。

腰付障子
こしつきしょうじ
下部に板を納めた障子のこと。その高さによって、八寸腰(24センチ)、尺腰(30センチ)、尺二腰(36センチ)などと呼び分ける。板の高さが60センチ以上のものは腰高障子と呼

格子戸の主な種類

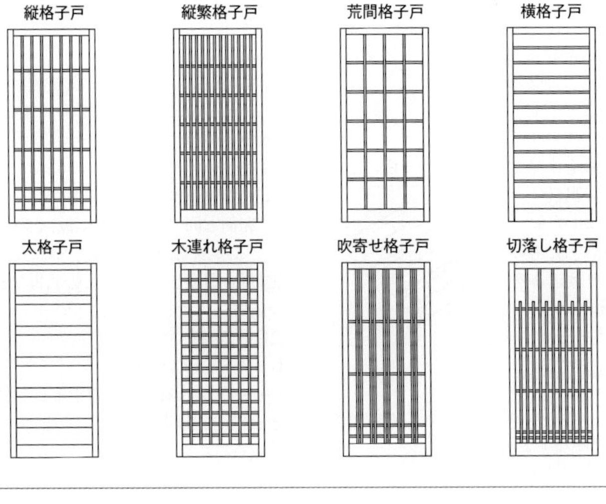

ばれる。(146頁図参照)⇒**組子**

菰戸
こもど

板の代わりに莚(むしろ)を用いた戸のこと。間仕切りや出入りの戸として用いられた。筵とは坐臥具のひとつで、竹や茅などで編まれた茣蓙のことである。

コンシールドドアクローザ
ドア本体または上框に内蔵された、ドアを閉めるための装置のこと。⇒**ドアクローザ**

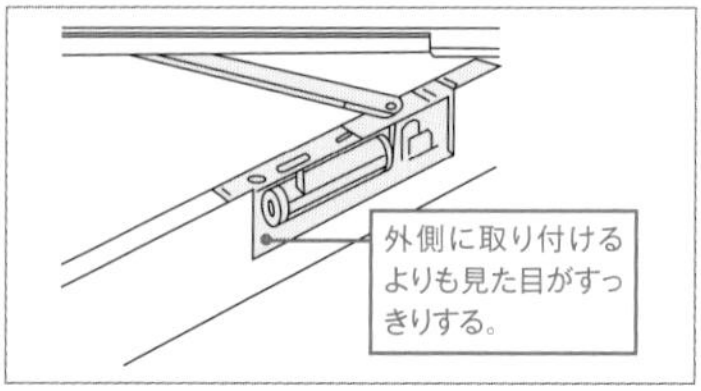

コンストラクションキーシステム
工事期間用の鍵と所有者の正式な鍵が使え、工事が終了し所有者が正式な鍵を用いると工事中の鍵は使用できなくなるシステム。

さ

竿縁天井
さおぶちてんじょう

竿縁を一定間隔に並べた上に、天井板を載せたもの。数寄屋造の部屋などによく用いられる。稲子天井も竿縁天井のひとつ。⇒**床の間**

下げ束
さげづか

床脇にある天袋の襖の戸当たり部分や、床の間の小壁に設ける束のこと。底板を支える役割がある。⇒**床の間**

ささら桁
ささらげた

階段の段板を下方から支える登り桁のこと。

ささら桁階段
ささらげたかいだん

桁を段状にしたものに、段板や蹴込みを乗せた階段。

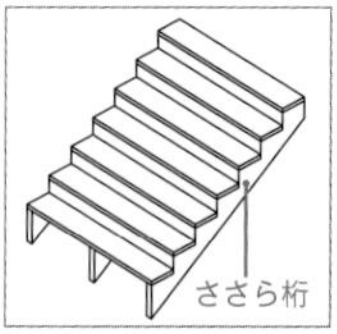

指鴨居
さしがもい

15〜30センチほどと、普通よりも高い鴨居のこと。差鴨居とも書く。

座敷飾り
ざしきかざり

床の間、違い棚、付け書院、帳台構えなどの総称。または、掛け軸、燭台、香炉、花瓶などの飾り物を指す。付書院には硯、筆、文鎮など、違い棚には茶椀、茶入れなどを置くことが多い。床飾りともいう。

さじ面
さじめん

角をさじで削り取ったような丸い凹みをつけた面。

サッシ
窓枠として用いる建材のこと。木製、アルミ製、スチール製、樹脂製、複合製などがある。

サムターン
ドアの室内側についている、錠(デッドボルト)の開け閉めを行うために使う金具。⇒**錠前**

サムラッチ
親指でレバーを押し下げながらドアを開閉する錠のこと。

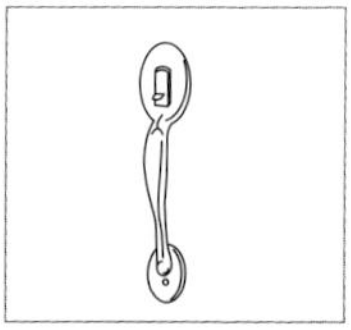

座物引手
ざものひきて

襖の引手部分にある周囲の縁取りを座といい、それが付いた引手を座物と呼ぶ。丸座、角座、花座、透かし入りなどがある。

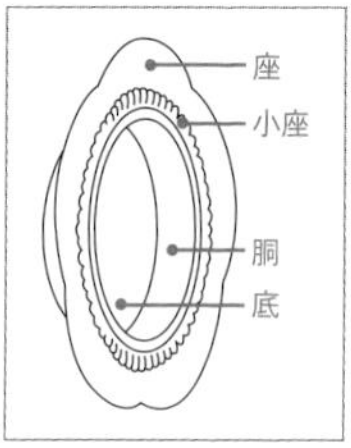

桟戸
さんど

裏側に桟や筋かいを打って、丈夫にした板戸のこと。小屋や物置などの戸に用いられる。

地板
じいた

床の間の床面を仕上げる板のこと。その他に、床面と同一の面に敷く板、その板を敷いたところ、床脇棚や付書院の床になる幅広の化粧板、引出しや戸棚などの底板なども指す。⇒**床の間**

CP認定錠
しーぴーにんていじょう

ピッキング行為などの対策として警察庁など全国防犯協会によって、防犯性が高いと認定されたシリンダー錠のこと。

シーベキップ

片引きと内倒しの開閉機能をもつサッシのこと。軽く内倒すれば換気することができ、防犯にも強い。

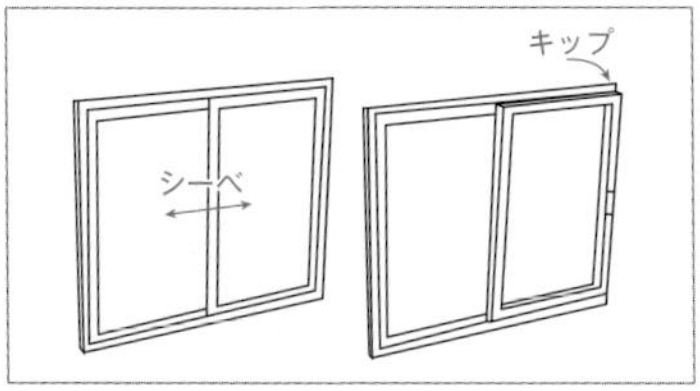

シーリング

防水や気密を目的とした目地埋め剤。変成シリコン系、ポリサルファイド系シーリングがよく使われる。

敷居

しきい

障子、襖、引戸、引違い戸などの建具を取り付けるために床面に納める、溝やレールを付けた水平材のこと。鴨居と対になるものである。溝を設けない敷居は無目敷居と呼ばれる。⇒**鴨居**

開口部の造作（断面）

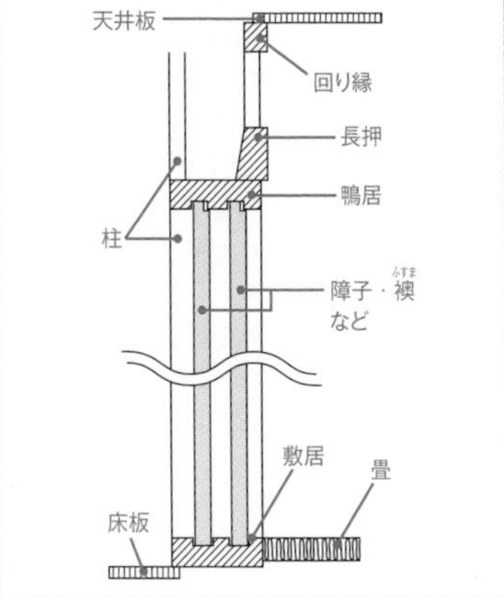

式台

しきだい

玄関の上り口に設けられた、一段低い板敷部分のこと。玄関の三和土と上框との段差が大きい場合などに設けられる。敷台とも書く。⇒**玄関框**

敷目板天井

しきめいたてんじょう

天井板同士の継ぎ目の裏に小幅の板を張った天井のこと。目地底に敷目板を用いる場合は目透し天井とも呼ばれ、和室や洋室の両方でよく使われている。

自己消火性

じこしょうかせい

炎にさらされる間は燃えているが、炎から離した途端に消火する性質のこと。単に燃えにくいということではなく、火がついたときでも燃え広がることなく、延焼を最小限に食い止められる。

システム階段

しすてむかいだん

手摺や笠木なども含めて、セットでデザインされた階段。

下地窓

したじまど

土壁の一部を塗り残して、壁下地の木舞を露出させた窓のこと。床の間の袖壁に設けられることが多い。

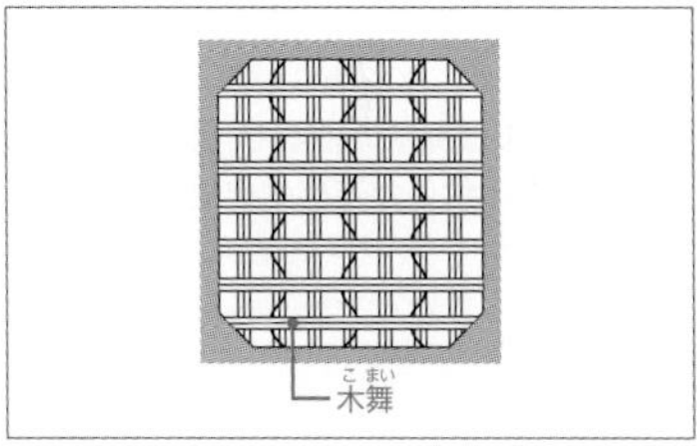

下枠

したわく

建具枠の下部に用いられる見切り部材。

蔀戸

しとみど

板の表裏に細かく格子が組まれた戸のこと。外や内に跳ね上げて開けることができる。戸を開けているときは吊金物で固定する。

地袋

じぶくろ

床脇の違い棚の下などに、地板に接して設けられた袋棚のこと。⇒**床の間**

絞り丸太

しぼりまるた

床柱に用いるスギの磨き丸太で、表面に浅い溝の付いたもの。人工物と天然物があり、天然物は高価である。

シャッター

何枚もの板を簾のようにつなぎ合わせた建具のこと。扉にはアルミ、スチール、ステンレス、木、布、ビニール、透明パネルシャッターにはポリカーボネイトなど、枠と方立にはアルミ、スチール、ステンレスなどの材質が使われる。

ジャロジー窓
じゃろじーまど

台所や浴室などに用いられる、縦長のガラス窓。羽状のルーバーを回転させて開閉する。ハンドルやレバーでガラスを動かして通風や換気、採光などを行える。ルーバー窓ともいう。

樹脂サッシ
じゅしさっし

高耐候性硬質塩化ビニル樹脂のプラスチックを主な材料とした枠を使用した建具のこと。遮音性、断熱性が高く、結露を防止できるため、寒冷地で普及している。

書院
しょいん

書院造において、座敷飾りが設けられた座敷のこと。元来は禅家の書斎で、鎌倉時代末期に机状の棚の付いた造作や出文机のある書斎機能をもつようになってから、装飾的な形態へと変化していった。
⇒**床の間**

書院造
しょいんづくり

寝殿造を原形とする、室町から安土桃山時代にかけて完成した武家住宅の様式のこと。柱は角柱で室内に畳を敷き詰め、床の間、障子、襖、雨戸を備えた、現代和風建築の基本となっている。⇒**床の間**

定規縁
じょうぎぶち

襖と襖のすき間が空かないよう、接合部に付けた出っ張りの縁のこと。襖の両面に付ける両定規(合わせ定規)と、主室の側だけに付ける片定規がある。

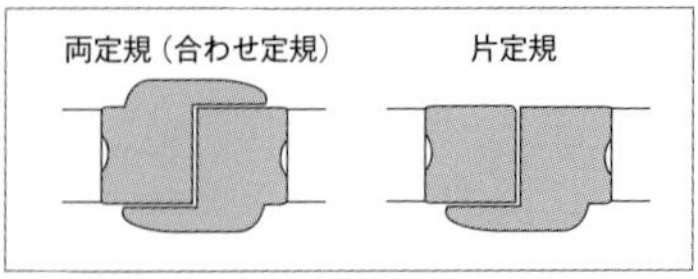

障子紙
しょうじがみ

障子を張るために用いられる紙のこと。楮(こうぞ)を原料とした手漉き美濃和紙やレーヨン入り、プラスチック製など、用途により使い分けられる。

錠前
じょうまえ

鍵と錠で構成される鍵のセットのこと。(次頁図参照)

シリンダーケースロック
⇒**箱錠**

シリンダー錠
しりんだーじょう

円筒形の本体部分に鍵を差し込んで開閉する錠のこと。⇒**錠前**

真壁
しんかべ

日本の伝統的な壁の納め方のひとつ。壁面に柱や梁が見えるものである。構造材が直接空気に触れているため、温湿度が調整しやすく、耐久性がよい。ただし、真壁の軸組は壁体が薄いので、大きい断面の筋交を入れることができない。⇒**大壁**

スイングドア
手を離すと自然に閉まる自在扉。

数寄屋風書院
すきやふうしょいん

正式な書院に比べて、自由な意匠のつくりで、面皮柱や土壁を用いるものである。塗装をせずに白木のまま、長押を付けないなど、装飾を排した簡潔さが特徴とされる。草庵茶室や別棟になった茶室でもある。

スチールサッシ
鋼鉄製の枠を使用した建具のこと。防火戸として用いられることが多い。

ステンドグラス
着色ガラスの小片をH型形状の鉛の枠にはめ込んだもののこと。絵や模様が表現されている。ガラスは金属酸化物を混入して着色する。

ステンレスサッシ
耐食性に優れるステンレスでつくられたサッシ。防火戸として用いられる。

簀戸
すど

竹を編んでつくった戸のこと。葦(あし)の茎で編んだ簾が障子の枠にはめ込まれている。葭戸(よしど)ともいう。

ストライク
ケースから出てくるラッチボルトやデッドボルトを戸の枠側で受ける金具のこと。⇒**錠前**

ストローク
デッドボルトのフロントから出ている部分

の寸法のこと。輸入品の錠の場合、ストロークの長いものが多い。⇒錠前

スペーサー

間隔をあけて2部品を結合するときに、間に挟む小片や薄片のこと。

スペーシング

錠シリンダーの中心からレバーハンドルの中心までの垂直方向の寸法のこと。⇒錠前

スラット

一般的には薄くて細長い板のこと。ブラインドやシャッターカーテンを構成する開口幅の部材である。⇒ブラインド

摺上障子

すりあげしょうじ

紙張り障子の下部に、上下に動かせる小障子(孫障子、または裏障子ともいう)を設けて、外側にガラスを付けたもの。小障子を上げると、外の景色を見ることができる。雪見障子、上げ下げ障子ともいう。

膳板

ぜんいた

窓の室内側の枠として取り付ける部材のうち、腰壁の見切りとして窓台の上で窓の下枠として取り付けられた額縁上の部材。

栓錠

せんじょう

引き違い扉の召し合わせ部分に、両扉が開閉できないよう棒状のものを貫通させる錠。

雑巾摺

ぞうきんずり

床の間などの地板と壁にある見切縁のこと。たとえば、押入れなどの棚と壁面との接合部にも見切り材が取り付けられている。

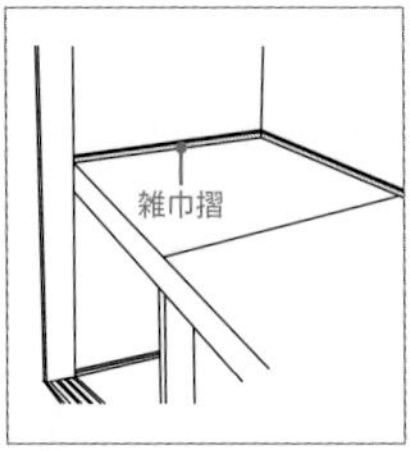
雑巾摺

錠前の各部名称と働き

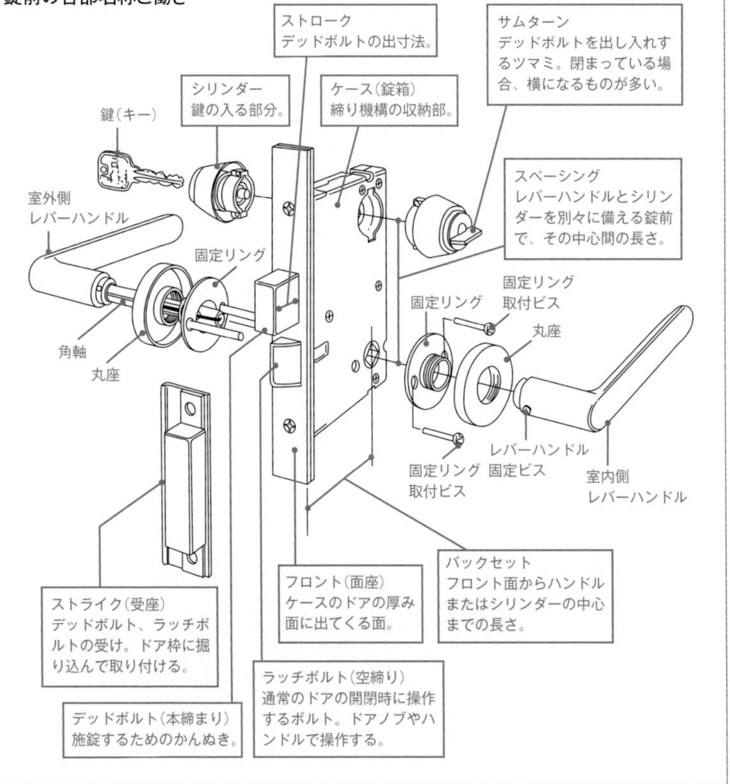
ストローク
デッドボルトの出寸法。
サムターン
デッドボルトを出し入れするツマミ。閉まっている場合、横になるものが多い。
シリンダー
鍵の入る部分。
ケース(錠箱)
締り機構の収納部。
鍵(キー)
室外側
レバーハンドル
固定リング
角軸
丸座
スペーシング
レバーハンドルとシリンダーを別々に備える錠前で、その中心間の長さ。
固定リング
取付ビス
固定リング
丸座
レバーハンドル
固定リング 固定ビス
取付ビス
室内側
レバーハンドル
ストライク(受座)
デッドボルト、ラッチボルトの受け。ドア枠に掘り込んで取り付ける。
フロント(面座)
ケースのドアの厚み面に出てくる面。
バックセット
フロント面からハンドルまたはシリンダーの中心までの長さ。
ラッチボルト(空締り)
通常のドアの開閉時に操作するボルト。ドアノブやハンドルで操作する。
デッドボルト(本締まり)
施錠するためのかんぬき。

造作
ぞうさく

開口部とその枠や階段、棚や押入れ、造り付け家具などを指す。和室の造作には、内法廻り、床の間、書院、畳寄せ、押入れ戸袋などがある。または、建物内部の仕上げ材や取り付け材のこと。

た

太鼓落とし
たいこおとし

丸太の対向する2面を平行に切り落として、太鼓型の断面にすること。

太鼓張襖
たいこばりふすま

襖縁を付けない襖のこと。坊主襖ともいう。⇒**組子**

高窓
たかまど

部屋の天井近くに設けた窓。ハイサイドライトともいう。排煙や採光に効果的。

筍面付け
たけのこめんづけ

床框の面に揃えるため、丸い床柱の下部前面を平らに削ったときにできる三角状の面のこと。「たけのこづら」とも呼ばれる。

畳
たたみ

藁を縫い固めた畳床を、い草で編んだ畳表で覆ったもの。普通は、長さ1間、幅半間だが、地方によって大きさは異なる。和室の床に敷かれる。坐臥具のひとつで、室町時代に畳の敷詰めが一般化した。（下図参照）

畳表
たたみおもて

い草の茎を織り合わせた莫蓙で、畳床を覆って縫い付けられるもの。色焼けしたり、擦り切れたりした畳表は交換できる。

畳縁
たたみべり

畳の長いほうの辺に付ける、帯状の装飾布。

豆知識　琉球畳

縁なしの畳を琉球畳と呼ぶことがあるが、本来は「カヤツリグサ科七島イ」を使った畳のみを指す。琉球畳は、目が粗く素朴な風合いで、日に焼けると落ち着いた雰囲気の光沢が生まれる。

畳寄せ
たたみよせ

和室などに畳を敷いたときに、畳と壁が接する部分にできるすき間を埋める横木のこと。主に真壁の場合に用いられる。

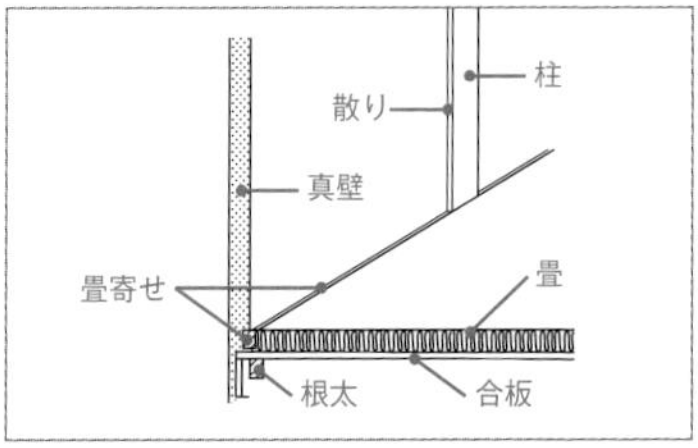

立足束
たたらづか

床框が書院の腰壁と交じり合うところ。

⇒**床の間**

建具
たてぐ

建物の開口部に取り付けられ、主に開閉できる仕切り。窓、障子、ドアなど。

縦格子戸
たてこうしど

格子戸のひとつ。縦格子を入れて桝目を縦長に組んだ戸のこと。⇒**格子戸**

畳の各部の名称

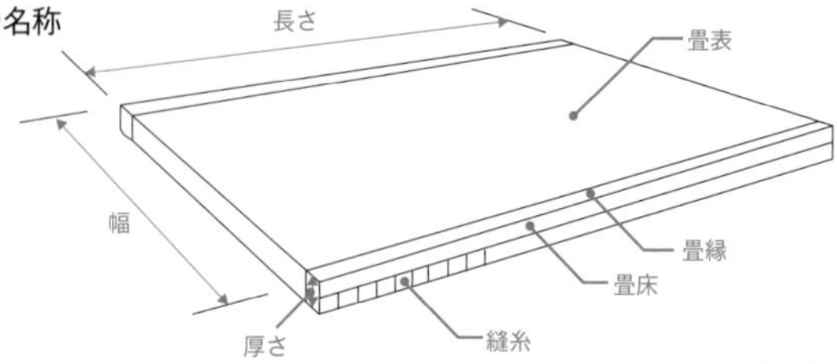

縦繁格子戸
たてしげこうしど
格子戸のひとつ。細長い桝目の入った縦格子で組まれた戸のこと。⇒**格子戸**

縦繁障子
たてしげしょうじ
縦に組子を細かく入れた、枡目が縦に細長い障子のこと。⇒**格子**

縦滑り出し窓
たてすべりだしまど
⇒**ケースメント窓**

段鼻
だんばな
階段の踏面の先端部分のこと。⇒**階段**

段鼻タイル
だんばなたいる
滑止めの防止の役割がある階段先端の踏面に使われる役物タイルのこと。階段タイルともいう。

単板襖
たんぱんぶすま
枠組みの中に3～5本の横桟を入れてベニアを張り、その上に下地紙と襖紙を張って仕上げた、丈夫で経済的な襖のこと。

段ボール襖
だんぼーるぶすま
芯が段ボールでできている襖のこと。安価で、軽く、断熱性はやや高いが、張替えはできない。

違い棚
ちがいだな
隣り合う棚板を段違いに取り付けた棚のこと。普通は床の間の脇に設けられる。違え棚ともいう。⇒**床の間**

力桁階段
ちからげた
真ん中に1本だけ側桁がある構造の階段。

チューブラ錠
ちゅーぶらじょう
⇒**モノロック**

丁番（蝶番）
ちょうばん
建具金物や家具金物のひとつ。開きドアなどにおいて、ドア枠の縦枠に取り付けて、ドアの開閉の軸となる金物。ギボシ丁番、フランス丁番、旗丁番などの建具用丁番や、スライド丁番、ガラス丁番などの家具用丁番がある。ヒンジともいう。

狆潜り
ちんくぐり
床の間の脇を仕切る、壁の下のほうにある吹抜けのこと。犬潜りともいう。⇒**床の間**

ツインカーボ
ポリカーボネートの商品名。ガラスの半分に近い比重ながら透明度や平滑性、耐衝撃性、断熱性などに優れ、ガラスの代用や間仕切り、建具、カーポートの屋根材などに用いられる。

通風シャッター
つうふうしゃったー
スラットの角度を動かせるシャッターのこと。シャッターを下ろしてから、スラットを開けて通風する。

突き出し窓
つきだしまど
⇒**オーニング窓**

造付け家具
つくりつけかぐ
大工工事や家具工事において、固定で取り付ける家具のこと。オーダーメードで空間に合わせてつくられる。

付鴨居
つけがもい
壁に取り付ける化粧材のこと。⇒**鴨居**

付書院
つけしょいん
床の間の脇にある、縁側に張り出した開口部のこと。座敷飾りのための場所である。文机くらいの高さの板張りの前方に、明かり障子が設けられる。室町時代には出文机が備えられて、その後座敷の装飾となっていった。書院床、書院棚、書院構え、明かり床、明かり書院ともいう。⇒**床の間**

角柄
つのがら
和風建具枠などで、一方の枠が他方の枠よりも伸びる納め方があり、伸びた部分をいう。⇒**留め**

面一おさまり
つらいちおさまり
柱と鴨居などの納め方で、柱幅と同じ幅の鴨居を、角の面部分も含め加工し納めること。

吊棚
つりだな
床の間に吊り下げたように付けられた棚。

吊戸
つりど

戸の上部に戸庫を付け、建具をレールに吊り下げて左右に移動させる戸のこと。

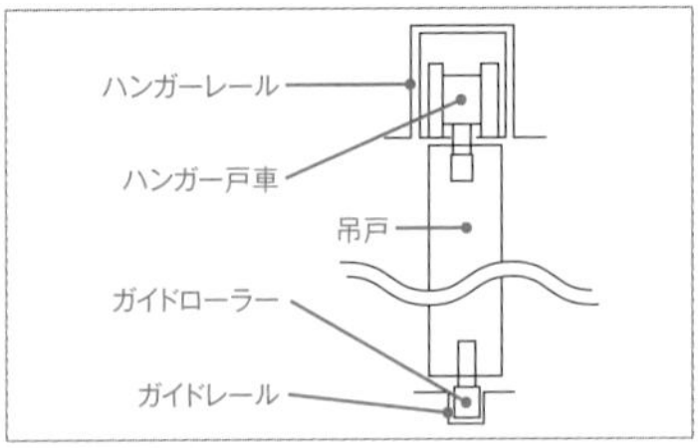

テーパー
ボードや細長い物体の先端に向かって径や幅、厚みなどが細くなっている形状。床などの見切り材やプラスターボードなどのエッジ部分の形状に用いられる。

DPG工法
でぃぴーじーこうほう

DotPointGlazingの略。ガラスの隅に空けた孔を金物で支持して構造体に取り付ける方法のこと。サッシなしで大きなガラス面を構成できるので、アトリウム外壁やトップライトなどに用いられる。

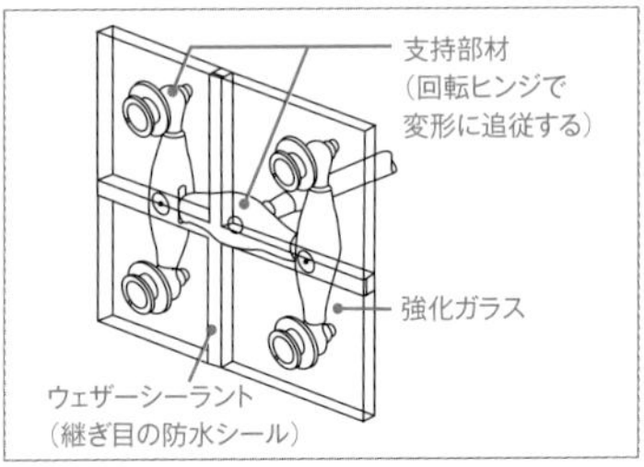

ディンプル錠
でぃんぷるじょう

シリンダー錠のひとつ。従来のような山型の鍵山がなく、フラットな表面に多数の小さなくぼみ(ディンプル)がある。配列組み合わせが多いため、複製が難しい。また、リバーシブルで容易に抜き差しができる。

手摺子
てすりこ

手摺や階段手摺、欄干の笠木を支持する垂直材のこと。

デッドボルト
施錠するための閂(かんぬき)のひとつ。四角い形状で、シリンダーやサムターンを回転させて用いられる。本締まりともいう。

出幅木
ではばき

壁面から6～10ミリ程度の幅木板が出ている納まり部分のこと。

手前畳(点前畳)
てまえだたみ

⇒**道具畳**

出窓
でまど

建物の外壁より外に30センチ以上張り出した窓のこと。建築基準法において、外壁から張り出した長さが50センチ未満であれば、この突き出した部分は床面積に算入されないことになっている。

テラス窓
てらすまど

下部が床面と同じ高さで、庭などの外部に出入りできる比較的大型の窓。

テンキーロック
暗証番号(0～9までの数字ボタンがある)を入力して、施錠解錠するシステムのこと。機械式と電気式がある。電気式のものは使うたびに数字の配列が変わるようになっており、ランデムテンキーロックと呼ばれている。

電気錠
でんきじょう

カギを遠隔操作できるよう、電気的に施解錠を行う機構を組み込んだロックシステムのこと。オートロックが代表的である。非接触式、カード式、テンキー式、指紋認証式、リモコン式などがある。

天井長押
てんじょうなげし

⇒**二重回り縁**

天袋
てんぶくろ

押入れの上部にある戸棚のこと。本来は床脇の違い棚の上部に付けられた袋戸棚を意味していた。⇒**床の間**

天窓
てんまど

採光のために、屋根の一部に設けた窓のこと。トップライトともいう。

ドアアイ
玄関扉に付いている覗き孔のこと。レンズをはめ込んで、内側から外の様子を見ることができる。ドアスコープともいう。

ドアガード
ドアの内側に取り付ける防犯用金物のこと。

ドアを一定以上開かないようにする。⇒**ドアチェーン**

ドアクローザ
スプリングの反発力で、ドアの閉まる速度を調整する装置のこと。標準型はドアの引く側に取り付けられる。その他、ドアの押す側に取り付けられるパラレル型がある。

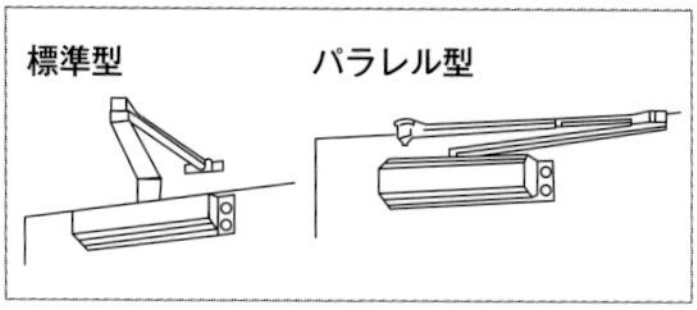

ドアスコープ
⇒**ドアアイ**

ドアストッパー
戸を開けたまま固定しておく器具のこと。または、扉を開けたときに、壁や家具に直に当たらないようにするためのもの。床や壁に取り付ける。

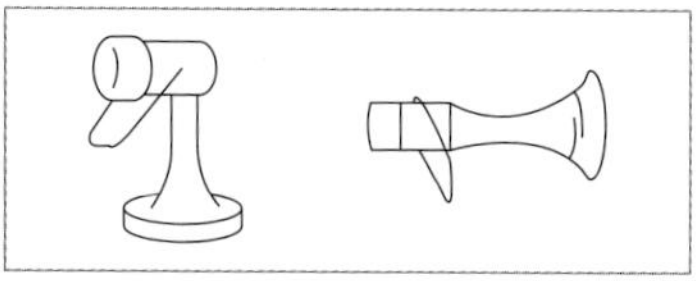

戸当たり
とあたり

扉を閉めたときに当たる建具枠中央の部分のこと。ドアストッパーの役割を果たす。⇒**上枠**

ドアチェーン
ドアの内側に取り付ける、防犯用の短い鎖のこと。鎖の長さまででドアの開きが止まる。⇒**ドアガード**

ドアノッカー
ドアをノックするために取り付けるもの。

ドアノブ
ドアの取っ手の役割を果たすもの。ノブを回すことによって、ラッチボルトの出し入れを行って、ドアを開閉することができる。

道具畳
どうぐだたみ

茶道具を置いて、主人が点茶をする場所の畳。床(とこ)に対して横方向に置かれることはない。手前畳ともいう。

通し棚
とおしだな

床脇棚のひとつ。1枚の板を端から端へ渡したものである。一般的に上のほうに袋戸棚が付けられる。

ドーマーウインドウ
屋根から突き出した切妻の小屋根付き窓のこと。ドーマーともいう。

戸首
とくび

引戸の敷居にはめ込むための凹んだ部分のこと。(下図参照)

戸車
とぐるま

引戸を滑らせて開閉する際に、滑車となってスムーズに開閉ができるよう設置されるもの。レールに沿って取り付けられる。

床板
とこいた

床の間に敷く化粧材のこと。⇒**床の間**

床飾り
とこかざり

⇒**座敷飾り**

床框
とこがまち

落し掛けの真下、床の間の前端にある、床畳や床板の段差部分に取り付けられる化粧横木のこと。⇒**床の間**

戸首·戸先·戸尻

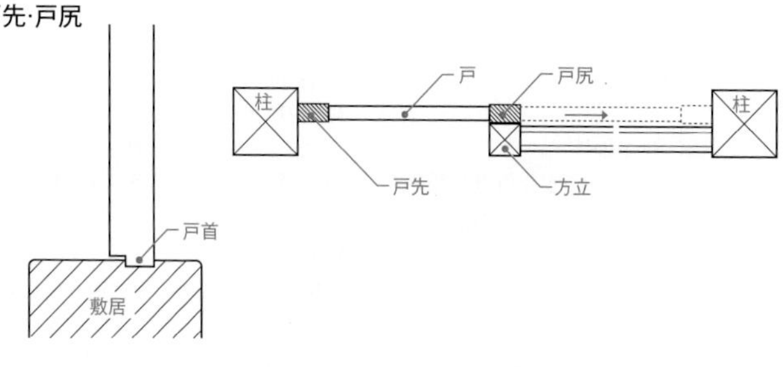

床畳
とこたたみ
床の間に敷かれる畳、床に敷く畳のこと。

> **豆知識　床飾りの釘**
> 床には床飾りの掛軸や花入れを掛けるためのさまざまな釘が打たれている。流派によって取り付ける場所や釘の種類が異なる。掛物釘、向釘・中釘、花釘、柳釘、掛花釘など飾りのために釘を打つ。

床柱
とこばしら
床の間と床脇棚の境にある化粧柱のこと。正式には柾目の角柱が用いられるが、数寄屋風書院では磨き丸太、面皮柱、唐木などを使う。

床脇
とこわき
床の間の横に設えるもの。一般には違い棚、地袋、天袋、地板などで構成される。床の間や書院とともに、書院造の座敷の床構えで、床脇の意匠は多様である。

戸先
とさき
戸を閉めた際に、枠に接する側のこと。その反対は戸尻という。（前頁図参照）

取っ手（取手）
とって
家具や建具などで手でつまんで扱えるようにしたもの。つまみ。

トップライト
⇒天窓

戸襖
とぶすま
一方が合板やクロス仕上げ、他方が襖張りでできている襖のこと。和室と洋室の境などに取り付けられる。それぞれの仕上げが異なるため、反りが出やすい。

留め
とめ
2つの部材を45度、または必要な角度で組み合わせて、小口を見せずに接合する方法のこと。留め継ぎともいう。

取合い
とりあい
建物の構造や仕上げ部材の接合部分、またはその納まりのこと。

ドレーキップ
内開きと内倒しの機能がある多機能サッシのこと。

ドンデン
回転窓を回転させたり、押さえたりするための金物。左右の縦框の中心に取り付けるられる。回転窓用金物ともいう。⇒**ホイトコ**

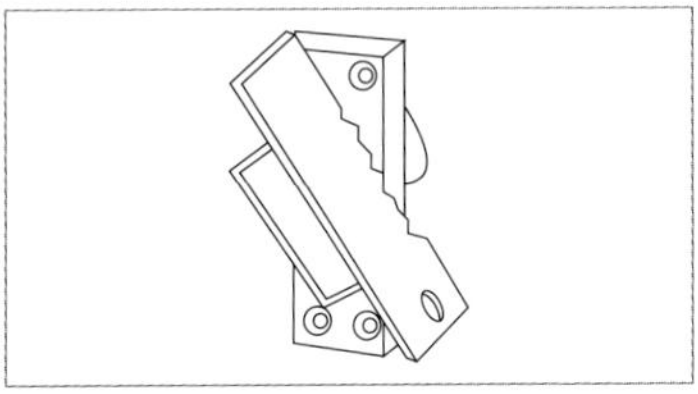

な

ナイトラッチ
室外からは鍵を使って、室内からはドアノブのボタンやつまみを用いて開閉する錠のこと。⇒**夜錠**

中桁階段
なかげたかいだん
1本の桁で段板や蹴込みを乗せる方式の階段。端部以外で支えられている。

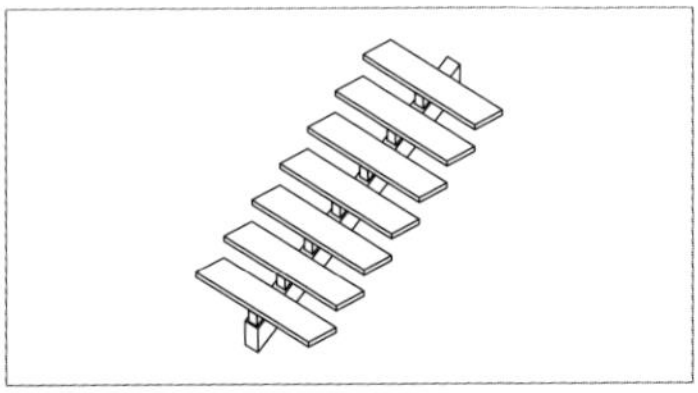

中抜き
なかぬき
フラッシュ戸の中を抜いて、ガラスなどをはめた戸のこと。⇒**フラッシュ戸**

長押
なげし
和風建築で、鴨居の上に取り付けられる横木のこと。本来は、柱を固定するための構造材だったが、現在では和室を装飾するものと

なっている。⇒鴨居、床の間

> 豆知識 **長押（なげし）の種類**
>
> 
>
> 長押は取り付ける位置によって呼称が異なる。「地長押」は柱の根元にあるもの。「縁長押」は縁板に接しているもの。「腰長押」は窓下にあるもの。「天井長押」は天井廻縁付近にあるもの。現在、長押という場合は、部屋の鴨居上部四周に取り付けられる「内法長押」を指すことが多く、化粧材としての意味合いが大きい。

南京錠
なんきんじょう

U字型の金具に箱形の錠が付いているもの。金具は可動式で、箱型の穴に押し込んで施錠する。巾着錠ともいう。

握り玉
にぎりだま

扉を開くときの取手の役目の金物。ノブハンドルともいう。チューブラ錠・シリンダー円筒錠・インテグラル錠・表示錠などがある。高齢者など握力が弱い人には開けにくい場合もある。

逃げ
にげ

現場で部材を取り付ける際に、誤差が生じることを前提に、あらかじめ余裕を確保しておくこと。寸法や納まり上の余裕のことである。遊びともいう。

二重サッシ
にじゅうさっし

サッシを二重に取り付けたもの。断熱効果や結露防止、防音、遮音などの効果がある。

二重回り縁
にじゅうまわりぶち

天井回り縁を二重に設けたもの。天井部に接したものを天井回り縁、下部に設けたものを二重回り縁という。天井長押や天井台輪ともいう。

躙り口
にじりぐち

草庵数寄屋における客の出入口のこと。外側に引戸がつく。床面から高さ約65センチ、幅約60センチの小さな開口で、客人は膝から入るものである。潜りともいう。

ニッチ

壁をえぐってつくられた凹状の部分のこと。

貫
ぬき

壁を取り付けるために、建物の柱と柱を貫いて横につなぐ材のこと。骨組みの水平方向の強度を補強するものである。

濡縁
ぬれえん

雨にさらされる縁側のこと。雨縁（あまえん）ともいう。

猫間障子
ねこましょうじ

摺上障子の一種。障子の一部に左右に動かせる小障子を設けたもの。（146頁図参照）

練芯構造
ねりしんこうぞう

フラッシュ戸の芯の構法のひとつ。芯材をすべて軽い木材と組み合わせた集成材にしたものである。ランバーコアやパーティクルボードを用いる。

練り付け
ねりつけ

美しい木目の突板（単板）を合板などに貼りつけること。練り付け合板などがある。

ノブ

ドアや引出しなどの取っ手のこと。

は

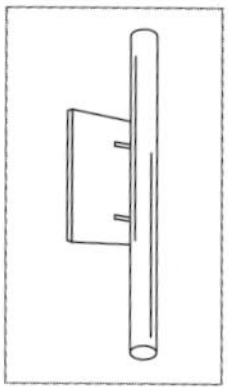

バーハンドル

垂直方向に長い、棒状のドアハンドルのこと。縦長のものが多い。押し棒ともいう。

ハーフ出窓
はーふでまど

外壁から10〜15センチくらい張り出した出窓のこと。

ハーフミラー

ある環境ではガラスのようにふるまうことできる鏡。光を当てた方からは鏡のように見え、逆からは明るい向こう側が見えるようなガラス板。マジックミラーもその一種。

ハイサイドライト

⇒高窓

掃き出し窓
はきだしまど

下部が床面と同じ高さの窓。ゴミを掃き出

せる形状に由来する。

箱階段

はこかいだん

木製の箱を積み上げた形状の階段のこと。側面などに引出しを付け、箪笥としても利用できるものが多い。

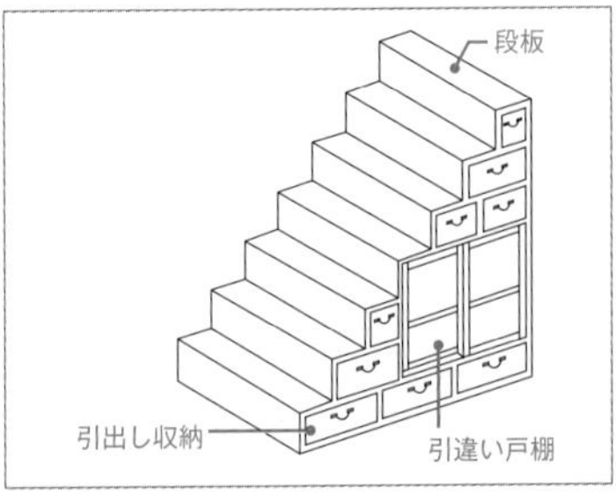

箱錠

はこじょう

本織り機構とハンドル(ドアノブ)をケースに内蔵した錠。ケースロック、シリンダーケースロックとも呼ばれる。

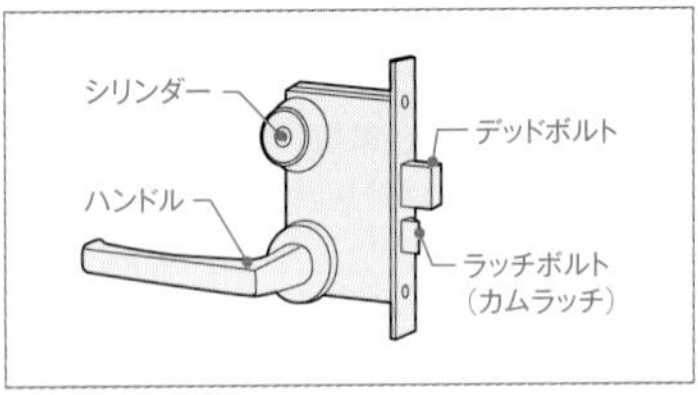

旗丁番

はたちょうばん

旗のような形状をした、金属製のドアに使用される丁番のこと。枠と建具の両方に取り付けられた2枚の羽を分離することができるので、容易に建付け作業を行なえる。抜き差し丁番ともいう。

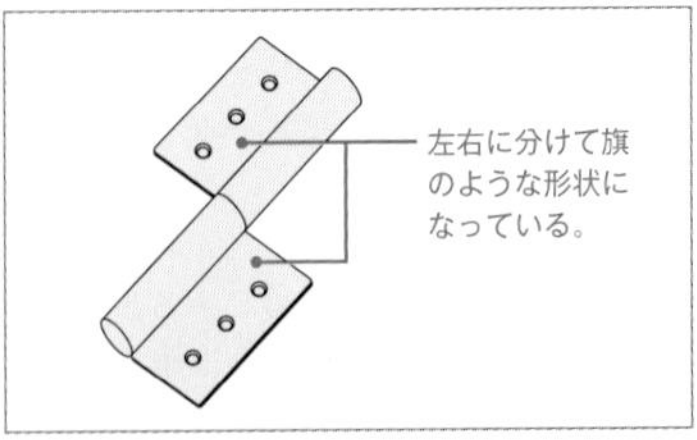

はっかけ

木部と塗り壁の接触部分に、材の縁を45度に切削してつなぐこと。木端が表面に出ないよう加工される。

バックセット

フロント面(ドアの角)からハンドルまたはシリンダー錠の中心までの寸法のこと。⇒**錠前**

ハニカムコア

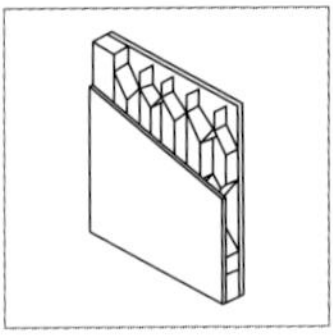

蜂の巣のようにコア(芯)に正六角形や正六角の柱をすき間なく並べて、両面に合板を貼ったもの。コアの素材は、クラフト紙や合成樹脂、アルミ箔などの帯を用いる。軽量ながらも、強度や断熱性がある。

パニックハンドル

火災等の混乱時でも避難方向に押せば開扉できるドアハンドル。

幅木

はばき

壁の床に接する部分に納める横板のこと。壁の傷みや汚れ防止、壁と床の間にすき間ができるのを防ぐことができる。(次頁図参照)

パラレルスライド窓

ぱられるすらいどまど

建具を内側に引き寄せてから、横に滑らせて開閉する窓のこと。内動引き窓ともいう。

バリアフリーサッシ

バリアフリー対応のために段差をなくしたサッシのこと。

ピアノ丁番

ぴあのちょうばん

150〜180センチ程度の長い丁番のこと。扉の反りを防いだり、強度を保ったりするために用いられる。

ビードゴム

防水や防音のために、すき間に取り付けられる線状のゴムのこと。可動建具と枠の間にすき間があると、気密、遮音、雨仕舞に影響が出てくる。これを避けるために用いる。

ヒートン

頭が輪のような形状をしているネジのこと。ネジ側を壁や天井に固定して輪のほうへ紐を通すなど、物を吊り下げる場合に使われる。

引違い戸錠

ひきちがいどじょう

引き違い戸の2枚の縦框に錠を取り付け、互いをかんぬきや鎌で施錠する錠。

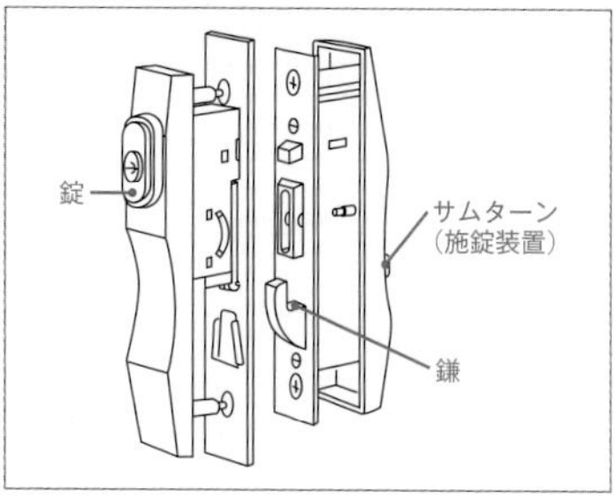

引手
ひきて

建具や家具を開閉する際に、手を引っ掛ける金具のこと。棒引手、つまみ引手、彫込み引手などの種類がある。

引独鈷
ひきどっこ

すでに建てられた柱と柱との間（継手）に接合させるもの。上下方向にスライドさせることで、部材をつなげることができる。

ピクチャーウィンドウ

外の景色を絵画に見立てて、室内に飾った絵画に見えるようにしたはめ殺し窓のこと。窓面の桟や金具がなく、サイズも大きい。リビングなどに設けられることが多い。

飛散防止フィルム
ひさんぼうしふぃるむ

窓ガラスが割れた時、ガラス片が飛散するのを防ぐフィルム。ガラス面接着する。

非常開装置付錠
ひじょうかいそうちつきじょう

非常時にコインなどで解錠することができる鍵のこと。

ピッキング対策
ぴっきんぐたいさく

鍵を破壊せずにピックなどの器具を使って開錠する侵入行為（サムターン回し、カム送り解錠）への対策。防犯性が高い高性能シリンダー錠に変更するなどの対策がある。

一筋鴨居
ひとすじかもい

雨戸などに取り付ける一本溝の鴨居のこと。⇒**鴨居**

ピボットヒンジ

ドアの吊り金物のひとつ。吊戸の上下に取り付けられる。丁番よりも防犯面で安全性があるので、外部用ドアに使われることが多い。軸丁番ともいう。⇒**オートヒンジ**

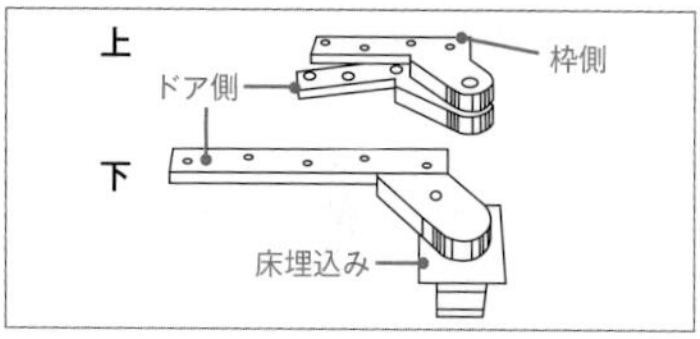

表示錠
ひょうじじょう

使用中を表示する表示装置が付いた錠のこと。トイレなどに利用される。

平擬宝珠丁番
ひらぎぼしちょうばん

擬宝珠の形状が平らな丁番のこと。⇒**擬宝珠丁番**

平書院
ひらしょいん

付書院の簡略化されたもの。縁側に張り出さずに、明かり障子を立てた書院窓だけを設

幅木の納まり

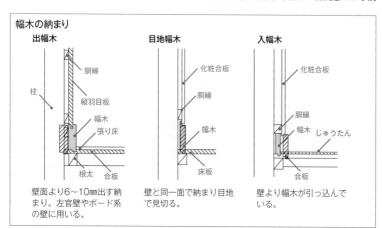

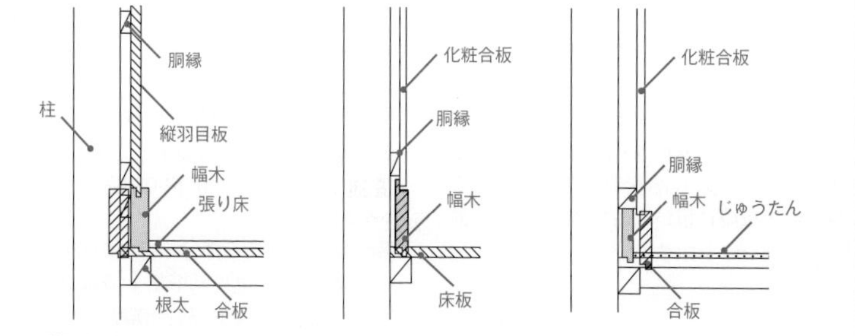

壁面より6～10㎜出す納まり。左官壁やボード系の壁に用いる。

壁と同一面で納まり目地で見切る。

壁より幅木が引っ込んでいる。

けたものである。⇒床の間

平丁番
ひらちょうばん

⇒角丁番

ヒンジ

⇒丁番

ピンタンブラー錠
ぴんたんぶらーじょう

タンブラーがピン状の錠のこと。タンブラーとは、シリンダー錠内の鍵が挿入されていない状態だと鍵が回らないようにロックしているものを指す。

フィニッシュ釘
ふぃにっしゅくぎ

一般的な釘と比較し小さな釘頭を持ち、仕上げにも使われる釘。

Vレール
ぶいれーる

床の仕上げ面と同一面に埋め込まれた、V型の断面をしたレールのこと。

吹寄せ格子戸
ふきよせこうしど

格子戸のひとつ。格子を規則的に配さず、部分的に寄せて組んだ格子戸のこと。⇒格子戸

吹寄せ障子
ふきよせしょうじ

2本以上の組子を規則的に配さず、部分的に組子を寄せた障子のこと。⇒組子

複合サッシ
ふくごうさっし

異素材を組み合わせたサッシのこと。耐候性のあるアルミと、断熱性のある樹脂を組み合わせたものが多い。

複層ガラスサッシ
ふくそうがらすさっし

ペアガラスやトリプルガラスを入れた断熱用サッシのこと。

襖
ふすま

和室用の建具のひとつ。格子組みにした木の枠に布や紙などを張り重ねて、木枠を周囲に取り付けたもの。部屋の仕切りに用いられる。中世以降に用いられた名称である。襖障子ともいう。⇒組子

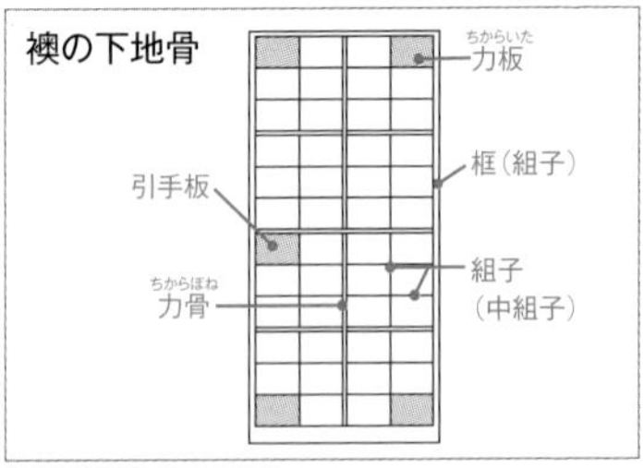

襖紙
ふすまがみ

襖に張る紙やクロス、布のこと。鳥の子紙や新鳥の子紙と呼ばれる和紙を使うことが多い。

豆知識　襖紙の歴史

平安時代半ばに、中国から輸入した唐紋紙を国内で模造した「唐紙」が襖に張られるようになり、唐紙障子と呼ばれていた。この名残で襖は「からかみ」とも呼ばれる。

襖縁
ふすまぶち

襖の周囲に取り付けられる縁のこと。

普通丁番
ふつうちょうばん

ドアの吊り金具として使用される金物のこと。平丁番、蝶番ともいう。⇒角丁番

プッシュプルハンドル

ハンドルを軽く押したり引いたりして開閉するドアハンドルのこと。

筆返し
ふでがえし

文机や違い棚などの端に付けて、筆などが落ちないようにする化粧縁のこと。

太格子戸
ふとこうしど

格子戸のひとつ。横格子の桟を太くした格子戸のこと。⇒格子戸

踏面
ふみづら

階段で足を乗せる部分のこと。住宅における踏面寸法は、建築基準法上では15センチ以上と決められている。⇒階段

ブラインド内蔵サッシ
ぶらいんどないぞうさっし

ペアガラスの中にブラインドが内蔵された

サッシのこと。

フラッシュ戸

ふらっしゅど

表面を平らに仕上げた戸のこと。木製の枠組みやハニカムコアなどの芯材に合板や縁甲板、金属板を張って仕上げられる。

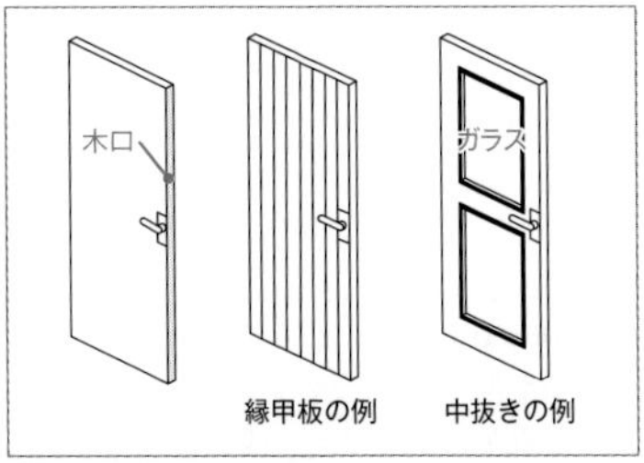

フラッターレール

後付型で、床面からの突出しが小さいレールのこと。

フランス落とし

ふらんすおとし

上げ下ろし金物のひとつ。両開きの扉や窓に埋め込まれている。親子ドアの子ドア(小さいほうのドア)を固定する際に使われる。

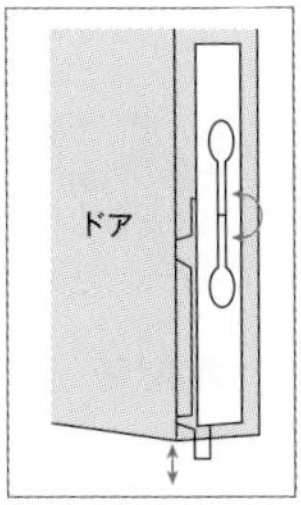

フランス丁番

ふらんすちょうばん

軸をくるむナックル部分が卵型をした丁番のこと。上下に2つの管があり、ドアを閉めると軸部分しか見えない。ドアを開いた状態で持ち上げると、ドアを容易に外せる。

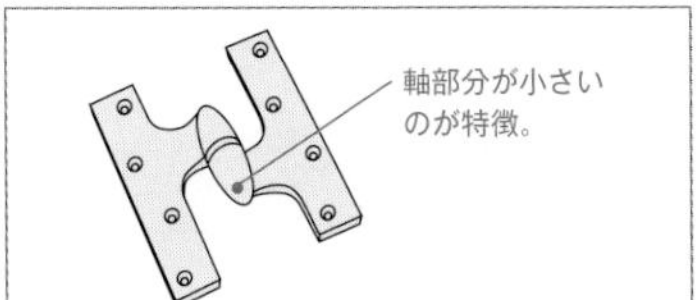

フランス窓

ふらんすまど

テラスやバルコニーに面して設けられた、出入りできる両開きのガラス窓のこと。フランス戸ともいう。

フレーム

枠のこと。

プレカット階段

ぷれかっとかいだん

あらかじめ工場で加工された材料でつくられる階段のこと。現場で加工を行なわないため、工期が短縮できる。

フロアヒンジ

スプリングとオイルダンパーによる自動開閉機構で、床に埋め込む軸吊金物。床付き丁番ともいう。

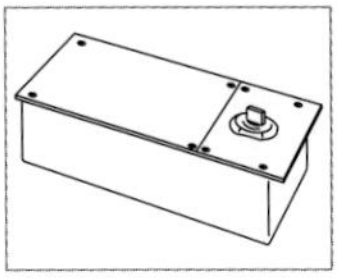

プロフィリットガラス

溝型の細長いガラス板。方立なしの連続ガラス曲面壁などが可能。

ベイウィンドウ

外壁から外に張り出した形の窓のこと。長方形や多角形などに突き出される。台形出窓ともいう。

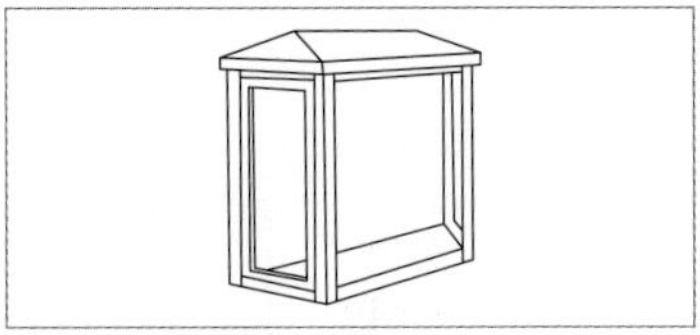

平行突出し窓

へいこうつきだしまど

ハンドルを回すと、10センチほど平行に外側へ突き出る窓のこと。換気やプライバシー保護、防犯などに適している。

ヘーベシーベ

ハンドル操作で戸車を持ち上げて、スムーズに開閉することができる大型引戸。

襖の主な種類(形状別)

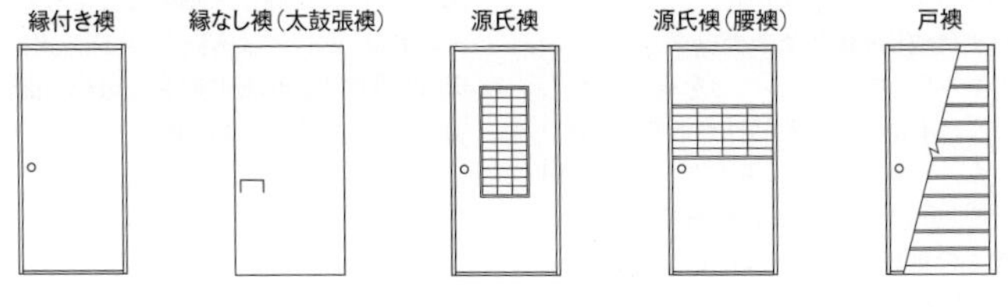

ホイトコ

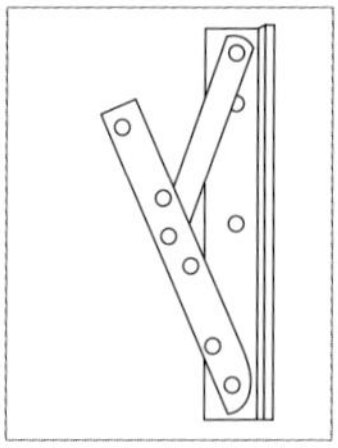

滑り出し窓、突出し窓の両サイドに付けられる開閉金具のこと。歯車ドンデンともいう。⇒**ドンデン**

ボウウィンドウ

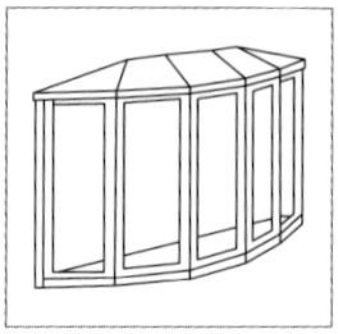

弓形の曲線に突き出した出窓のこと。弓型出窓ともいう。

坊主襖

ぼうずふすま

⇒**太鼓張襖**

坊主面

ぼうずめん

柱などの角を丸くした面。

方立

ほうだて

柱のない壁などに建具を取り付けるために立てられる縦長の角材のこと。

ホスピタル丁番

ほすぴたるちょうばん

⇒**擬宝珠丁番**

ホッパーヒンジ

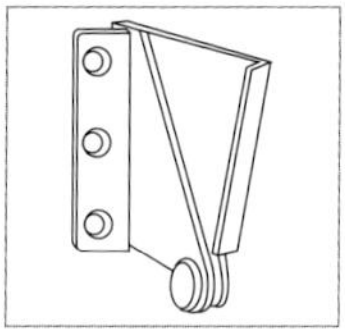

縦框の左右の下に取り付けられる、外倒し窓用金物のこと。窓を決まった位置以上に開かないためのストッパーである。

ホテル錠

ほてるじょう

建物内からは自由に開けることができるが、建物の外側からは鍵がないと開けられない錠前のこと。扉を閉めると自動的に施錠されるので、鍵の閉め忘れ防止にもなる。

ポリ塩化ビニル

ぽりえんかびにる

一般的な合成樹脂（プラスチック）のひとつ。塩化ビニル（クロロエチレン）を重合したものである。耐水性や耐薬品性があり、壁紙やタイルカーペットのバッキング材などに用いられる。硬質のものから軟質のものまでさまざまの種類がある。塩化ビニル樹脂ともいう。塩化ビニール、塩ビ、ビニールなどとも呼ばれる。なお、軟質ポリ塩化ビニルは、ソフトビニール、ソフビとも呼ばれている。

ポリカーボネート

熱可塑性プラスチックのひとつ。高い透明性、耐衝撃性、耐熱性、難燃性をもつ。ポリカ、PCと省略されることもある。また、アクリル樹脂などとともに有機ガラスとも呼ばれる。

本勝手

ほんがって

床の間に向かって右方に床脇棚があるもの。右勝手ともいう。⇒**逆勝手、床の間**

本締まり錠

ほんじまりじょう

ラッチボルトがなく、デッドボルトだけで施錠や解錠を行う本締まり機構のみの錠のこと。ドアの開閉部分は含まれない。

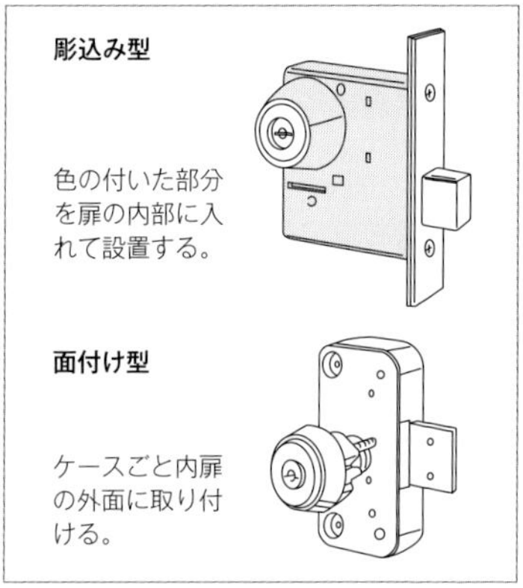

彫込み型
色の付いた部分を扉の内部に入れて設置する。
面付け型
ケースごと内扉の外面に取り付ける。

本締まり付モノロック

ほんじまりつきものろっく

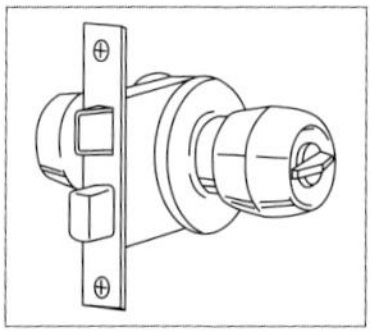

モノロックと本締まり機構を内蔵したケースの箱錠。⇒**モノロック**

本床

ほんどこ

代表的な床の間の様式。書院を床の間の左側に設けて、右側に床脇を設けたものである。床の間は、正式には南向き（北床）、東向き（西床）に設ける。本床の逆を、逆床（逆勝手、右勝手）ともいう。⇒**床の間**

本床の各部名称

落し掛け
床の間上部の小壁の下端に取り付ける横木のこと。長押よりも少し高い位置に取り付ける。

床柱
柾目の角柱を使うのが正式。数寄屋では自由で、絞り丸太や磨き丸太、面皮柱なども使われる。

書院
縁側近くに明かり障子で採光した出窓状の机。読み書きから、物を置いて鑑賞するためのスペースへと変化し、今では意匠的な側面が残っている。

床脇
通常は天袋、地袋、違い棚で構成される。

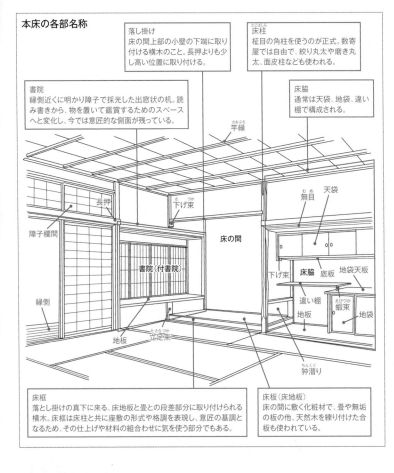

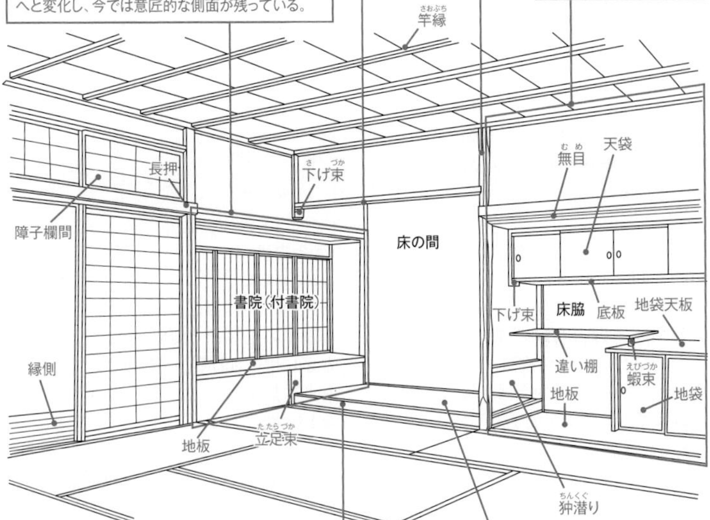

床框
落とし掛けの真下に来る、床地板と畳との段差部分に取り付けられる横木。床框は床柱と共に座敷の形式や格調を表現し、意匠の基調となるため、その仕上げや材料の組合わせに気を使う部分でもある。

床板（床地板）
床の間に敷く化粧材で、畳や無垢の板の他、天然木を練り付けた合板も使われている。

豆知識 欄間の起源

欄間の起源は平安時代の仏堂にあった、油火や蝋燭の煙抜きだといわれる。後に座敷の仕切りが固定されるようになり、「竹の節欄間」と呼ばれるようになる。この欄間は鴨居上部の補強と装飾を兼ねている。江戸時代から明治にかけて、「間腰欄間（まごしらんま）」と呼ばれ、続き間の座敷には必ず設けられた。他にも「筬欄間（おさらんま）」「組子欄間」「透かし欄間」「板欄間」「角柄障子欄間」「櫛形障子欄間」「塗回し欄間」などさまざまなデザインの欄間がある。

豆知識 床の間は書斎だった

鎌倉時代から室町時代にかけて、貴族や僧侶、武家などの住宅に出文机が設けられた。縁側の張り出し窓に置いて用いられ、そこに障子を立て書斎として使用した。これがのちの付書院となったといわれる。

ま

舞良戸
まいらど

戸框の間に板を入れて、間隔を詰めて水平の桟が打たれた引戸のこと。平安時代には遣戸(やりど)と呼ばれており、書院の建具に使用された。水平の桟を舞良子(まいらこ)、その間にある板を綿板(わらいた)という。

曲がり階段
まがりかいだん

直階段と踊場を組み合わせた階段のこと。建築計画に合わせて、曲がりの位置や昇降口の調整がしやすい。

まぐさ

建具に上枠を取り付ける際に用いられる下地材のこと。

マスターキーシステム

共同住宅などで採用される鍵のシステムのこと。マスターキー(親鍵)と子鍵でできている。マスターキーを使えば、子鍵で開けられる錠はすべて開閉可能である。

窓台
まどだい

窓建具の下枠を受ける横架材のこと。

真物
まもの

石材などに用いられる単一材の総称。

丸面取り柱
まるめんとりはしら

角柱の角を丸く面取りして仕上げた柱。

回り階段
まわりかいだん

螺旋階段のように、回りながら上下する階段のこと。中心から30センチの位置で踏面寸法をとる。

回り縁
まわりぶち

天井と壁を見切る水平材のこと。施工上の見栄えをよくするなど、装飾的な意味合いがある。廻り縁ともいう。

洋室の造作部材

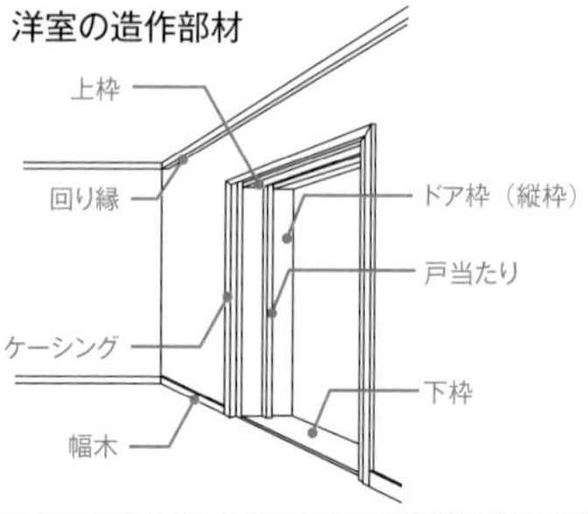

磨き丸太
みがきまるた

スギやヒノキの丸太の皮をはいで、小砂利やシュロの毛などで樹皮を磨いたもの。床柱などに用いられる。⇒**床の間**

見切り縁
みきりぶち

納まりを考慮して、仕上げ面や異なる面材が接する部分に取り付ける部材のこと。

水切板
みずきりいた

接合部に水が浸入しないように覆う部材のこと。

水腰障子
みずこししょうじ

全面紙張りした障子のこと。組子の形によって、横組障子、横繁障子、縦繁障子、本繁障子、荒組障子、枡組障子、吹寄せ障子、変わり組障子などがある。⇒**組子**

美濃和紙
みのわし

岐阜県美濃市で漉かれている和紙の総称。薄くて丈夫、かつ漉きムラがないという特徴

舞良戸の主な種類

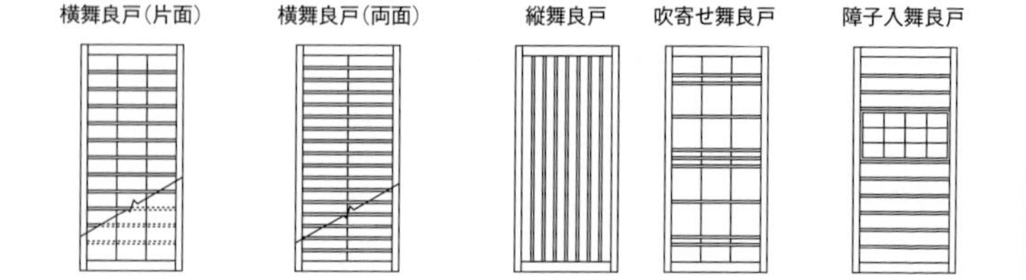

がある。襖や障子紙や記録用紙など多種多様に用いられている。

起り
むくり

屋根などが上方へ反っていること。

無双四分一
むそうしぶいち

天井回し縁の下端に稲妻折釘を仕込んで取り付けられる桟木のこと。床の間の掛軸を自由な位置にすることができる。

> **豆知識　夢想から無双へ**
>
> 
>
> 「無双」は巧妙な仕掛けや造りのことで、「夢想」とも書き、不思議な様を意味していた。「無双」と書くのが一般的になってからは、無窓連子窓などの動くものを指すようになり、「静」に対し「動」の意味を持つ。ちなみに「四分一」は細い紐状の意。

無双窓
むそうまど

連子窓を二重に重ねて、そのうちの1枚を可動式として開け閉めできる窓のこと。内側の連子を引いて、重ねたりずらしたりする。換気のため、雨戸や台所などに用いられる。無双ともいう。

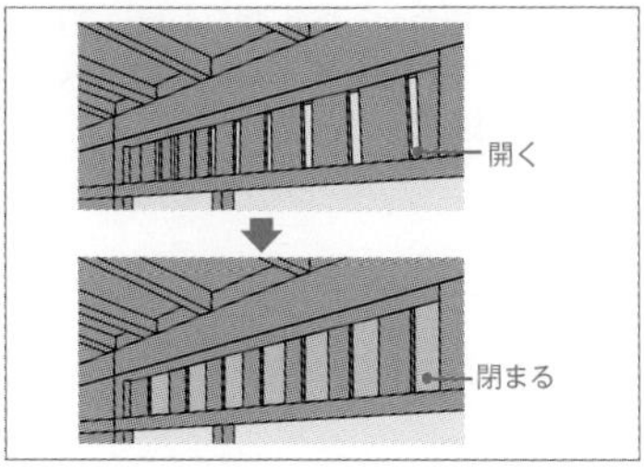

無目
むめ

建具溝が彫られていない、鴨居や欄間、敷居のこと。⇒鴨居

銘木
めいぼく

主に稀少価値や鑑賞価値がある木材の総称。

召合せ
めしあわせ

引違いの建具における、戸を閉じたときに重なり合う部分のこと。

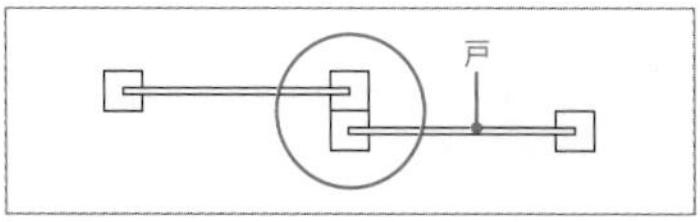

目地幅木
めじはばき

壁面と同一平面に納められる幅木のこと。

目違い
めちがい

板やボードを接ぎ合わせたときに、その部分が食い違ってフラットな同一平面にならないこと。

面内おさまり
めんうちおさまり

柱と鴨居などの納め方で、柱角の面にかからない柱面で鴨居などを納めること。

面皮柱
めんかわばしら

柱の四隅にある、皮を削り残してある柱。

面格子
めんごうし

防犯対策のひとつ。窓の屋外側に格子状の面をつくり、外部からの侵入者を防ぐ。

面取
めんとり

破損や怪我を防ぐために、壁の出隅や柱の角を削ったり、丸みを付けたりすること。

面取りの種類

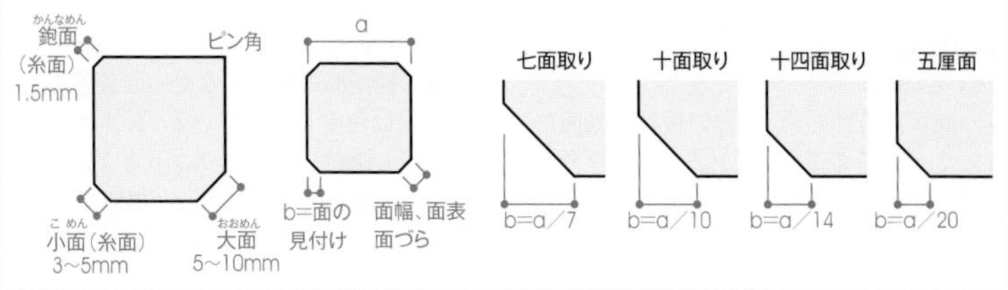

面中おさまり
めんなかおさまり

柱と鴨居などの納め方で、柱角の面の中間あたりにかかる幅の鴨居などを納めること。

モールディング
内装や家具などに、帯状に連続して施される装飾的な縁取りのこと。

木製サッシ
もくせいさっし

窓枠を木でつくったサッシ。気密性の高い金属や樹脂製の枠とセットのものもある。

豆知識 木製サッシの利点

北欧や北米からの輸入木造住宅の普及とともに、木製サッシが導入されはじめた。木製サッシは、木目の美しさや風合いを生かしたデザイン性、断熱性能がよく結露がしにくいといった素材の特徴がある。

木製建具
もくせいたてぐ

木でできている建具のこと。主に内装で用いられる。

物干しユニット
ものほしゆにっと

天井から物干しパイプを昇降させるもの。

モノロック
錠機能が管状のケースに内臓された錠のこと。ラッチボルトのみで、本締まりと仮締まりの役目を果たす。円形の断面をもつ構造をしているため、円筒錠とも呼ばれる。その他、チューブラ錠ともいう。

や

夜錠
やじょう

扉が閉まると自動的に施錠される錠のこと。室内からはサムターンなどで、室外からは鍵を用いて開ける。

雇い実矧ぎ
やといさねはぎ

板の継ぎ方のひとつ。双方の板材の側面に溝を設けて、その溝にはめ込んだ木片を介して矧ぎ合わせること。

遣戸
やりど

敷居と鴨居のある、寝殿造に用いられた板の引戸の総称。

床付き丁番
ゆかつきちょうばん

⇒フロアヒンジ

雪見障子
ゆきみしょうじ

⇒摺上障子、組子

ユニット製品
ゆにっとせいひん

造作部材を複合的に組み合わせてつくられる製品のこと。

横組障子
よこぐみしょうじ

最も一般的な障子のこと。縦3本、横11本の組子でできている。⇒組子

横格子戸
よここうしど

格子戸のひとつ。横格子を入れて桝目を横長に組んだ戸のこと。⇒格子戸

横繁格子戸
よこしげこうしど

格子戸のひとつ。細長い桝目の入った横格子で組まれた戸のこと。⇒格子戸

横繁障子
よこしげしょうじ

横に格子を細かく入れた、桝目が横に細長い障子のこと。横組障子よりも横の組子の数が多い。⇒組子

葭戸
よしど

⇒簀戸(すど)

ら

螺旋階段
らせんかいだん

回転形の階段のこと。上部から見ると円形で、中心の柱の周りを回転しながら、上昇したり下降したりする構造。

ラッチボルト
通常の開閉時に操作するための装置のこと。三角状に角度が付いている。ドアノブやハンドルと連動しており、スプリングによって常時フロントから出ている。風圧などで扉が開かないようにするものである。空締まりともいう。⇒錠前

ラバトリーヒンジ
トイレブースなどの扉に使われる丁番のこと。スプリングで自動的に閉じた状態、もしくは開いた状態に保つ。

欄間
らんま

天井と鴨居の間に、格子や透かし彫りの板などを取り付けた開口部のこと。採光や通風のためだけでなく、装飾も兼ねており、さまざまな意匠や形状がある。⇒**床の間**

リブガラス
ガラススクリーンを支持する、片持ちのガラスのこと。

リブガラス工法
りぶがらすこうほう

フェイスガラス(面ガラス)をシリコンシーリング材を介したリブガラスで保持して、比較的大きなガラススクリーンを構成する方法のこと。リブガラスの形状によって、片リブ、両リブ、貫通リブに分けられる。

ルーバー窓
るーばーまど

⇒**ジャロジー窓**

レール
引戸を開閉するために、床面に埋め込まれる金物のこと。V型レール、T型レール、丸型レール、平型レールなどがある。

レールの種類

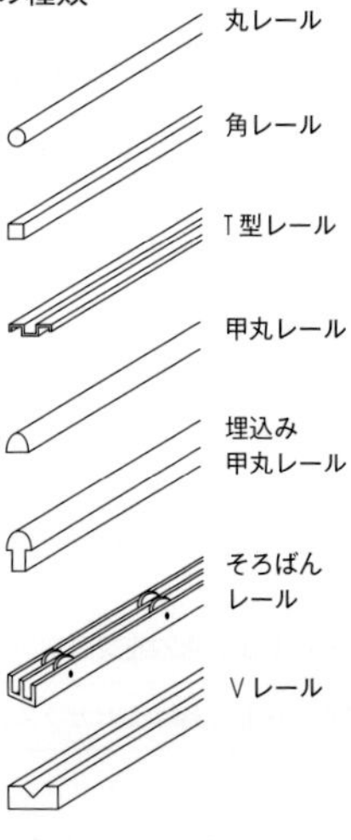

レバーハンドル
ハンドルを上下に押し下げて、ドアを開閉できるもの。

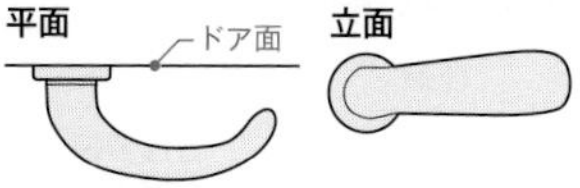

後ろへ曲がったタイプのものは
開閉時に洋服などが引っ掛かりにくい。

連子窓
れんじまど

窓枠の内側に、断面が方形や菱形をした棒材(連子子:れんじこ)を設けたもの。

わ

枠芯構造
わくしんこうぞう

フラッシュ戸の芯の構法のひとつ。枠組みと、その内部に設けた小桟によって芯をつくる。

藁座
わらざ

わらで渦巻き状に編んだ円座のこと。

豆知識 和紙の光透過率

和紙は粗い繊維層で構成され、多数の気孔の働きで、保湿·調湿効果がある。和紙張りの障子の光の透過率は40～50パーセントといわれ、光は障子の垂直方向に向かって全体に広がる。そのため、障子を使うことで部屋全体にやわらかな光が広がり、暖かな日当たりを感じさせることができる。

主な板ガラスの種類

種類	特徴
網入り板ガラス	金属製網が封入された板ガラスのこと。延焼のおそれがある区画に設置され、火災時にガラスが割れても飛散を防止することができる。
合わせガラス	2枚以上のガラスを強靭な接着フィルムで加熱圧着したガラスのこと。
安全ガラス	衝撃などによる破損に強く、破損しても破片が飛散しない、もしくは破片が丸くなるようにつくられた、安全性の高いガラスのこと。
型板ガラス	ガラスの片面に型模様を付けることで、光は通すが、視線を遮る機能があるガラスのこと。（口絵3頁参照）
ガラスブロック	ガラスでできた直方体や立方体の建築用素材のこと。
強化合わせガラス	強化ガラスを含んだ合わせガラスのこと。
強化ガラス	衝撃に強い安全ガラスのこと。板ガラスの中では最も強度が強い。その強度は、一般的な普通板ガラスと比べて3～5倍程度である。
高遮蔽性能熱反射ガラス	ガラス面に薄い金属膜を蒸着させたガラスのこと。
高透過ガラス	板ガラス特有のグリーン色を取り除いたガラスのこと。
紫外線カットガラス	日焼け低減のために、紫外線の透過率を低減したガラスのこと。
視線選択ガラス	ある一定方向からの視野を遮ることができるガラスのこと。
遮音ガラス	遮音性能を高めるため、中間膜に特殊フィルムを使用した合わせガラスのこと。
真空ガラス	2枚のガラスの間に真空層を設けた複層ガラスのこと。
すり板ガラス	フロートガラスの片面にすり加工を施して、艶を消去した不透明なガラスのこと。
セラミックプリントガラス	無機質系インクで表面にシルクスクリーン印刷して焼付け処理をしたガラスのこと。
線入り板ガラス	金属網の代わりに、平行な金属線が入ったガラスのこと。
装飾ガラス	さまざまなデザインや質感を再現させて、装飾を施したガラスのこと。
耐火ガラス	コップや調理器具などにも使われる温度変化に強いガラスのこと。
フロストガラス	滑らかな不透明感が付加されたガラスのこと。タペストリーガラスとほぼ同義。
調光ガラス	中間膜として、2枚のガラスの間に液晶シートをはさみ込んだガラスのこと。
電磁波シールドガラス	高周波数の電磁波の通過を制限することができる複層ガラスのこと。
電波透過ガラス	テレビや携帯電話の電波を透過する高性能の熱線反射ガラスのこと。
透明フロート板ガラス	一般的な透明ガラスのこと。
特殊機能ガラス	瞬間調光ガラス、低反射ガラス、無反射ガラス、電磁遮蔽ガラスなどの特殊な機能があるガラスのこと。
熱処理ガラス	フロートガラスを熱処理して強度を高めたガラスのこと。

種類	特徴
熱線吸収ガラス	熱線の吸収を高めるために、ガラスの原料に着色が施されたガラスのこと。
熱線反射ガラス	ガラスの表面に極薄の金属膜をコーティングして熱を反射するガラスのこと。
倍強化ガラス	同じ厚さのフロートガラスに比べて、耐風圧強度、熱割れ強度が約 2 倍ほど優れたガラスのこと。
複層ガラス	スペーサーと呼ばれる金属部材を用いて、2 枚のガラスの間に中空層をもたせたガラスのこと。
溝型ガラス	断面が U 字の細長い溝状のあるガラスのこと。
Low-E ガラス	ガラス表面に低反射コートを施して、表面輻射率を小さくしたガラスのこと。 複層Low-Eガラスの種類 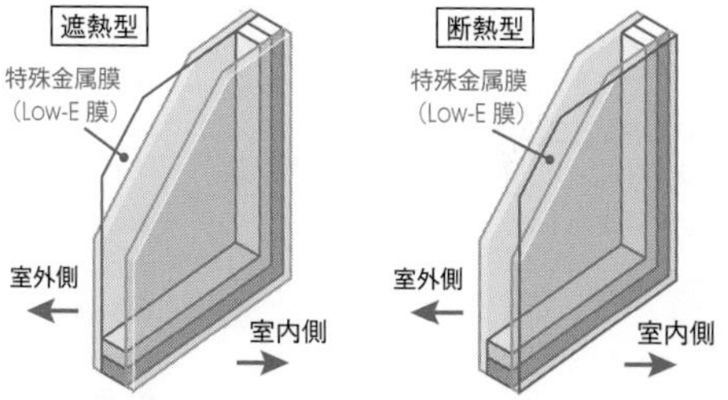 室外側のガラスに特殊金属膜（Low-E 膜）をコーティング。夏の強い日差しを遮り、冷房効果を高める働きが強い。 室内側のガラスに特殊金属膜（Low-E 膜）をコーティング。太陽熱を取り込みながら、室内の熱を外に逃がしにくい。
防火ガラス	開口部の防火戸としての性能が認められたガラスのこと。
低反射ガラス	ガラス表面の反射を抑えたガラスのこと。

10 リノベーション

あ

灰汁洗い
あくあらい
白木の経年の黒ずみや汚れ(灰汁・あく)を落とし元の白木に近づけること。

SI住宅
えすあいじゅうたく
建物の骨組み(スケルトン)と、間取りなどの内部(インフィル)を分離した工法によってつくられる集合住宅のこと。容易にインフィルを変えられるので、長く住み続けることができる。⇒**スケルトン·インフィル**

か

改修
かいしゅう
建物などの悪い部分を改善する工事のこと。対して、補修や修繕は原状回復を意味する。

改装
かいそう
建物の内観や外観を新たにすること。⇒**模様替え**

解体工事
かいたいこうじ
建物の一部、または全体を解体すること。廃棄までを含めることもある。解体、廃棄については、「建設工事に係る資源の再資源化等に関する法律」(「建設リサイクル法」)などによって規定されている。

改築
かいちく
建築基準法において、建物の全部や一部を取り壊したあとに、元のものと異ならないように建てること。異なるときは新築、増築という。一般的にはリフォームも改築と呼ぶ。

界壁
かいへき
共同住宅などの住戸間を区切る壁のこと。戸境壁ともいう。法律上、界壁には、遮音や延焼、耐火などの規定があるので、リフォームでは注意が必要。

管理会社
かんりがいしゃ
マンション管理組合などから、マンションなどの維持管理を受託して運営する会社のこと。マンションの管理の適正化の推新に関する法律において、国への届け出が義務付けられている。⇒**管理組合**

管理組合
かんりくみあい
区分所有建物(分譲マンションなど)を区分所有する者によって構成される団体のこと。区分所有法によって定められている。管理組合による総会は、その建物についての最高意思決定となる。区分所有者は必然的に組合員となる。⇒**区分所有法、マンション管理規約、管理会社**

管理組合と管理会社

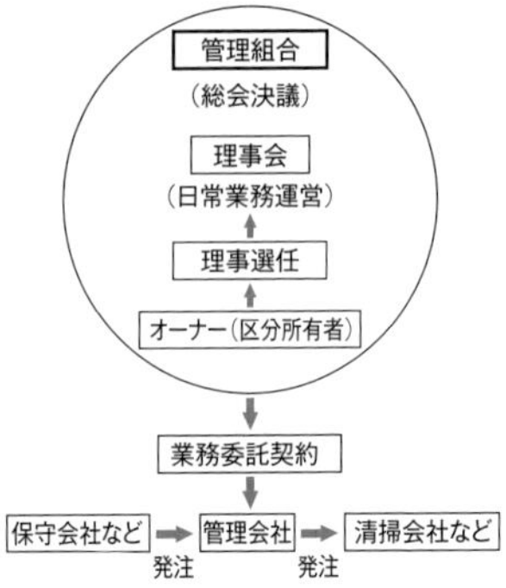

既存不適格建築物
きぞんふてきかくけんちくぶつ
建築した当時は建築基準法などに適合していたが、その後の法律などの改正によって適合しなくなった建物のこと。そのまま使用する分には問題ないが、増築などを行う際は最新の法律に適合する必要がある。元々違反している違反建築物は、増築などが当然できない。⇒**増築**

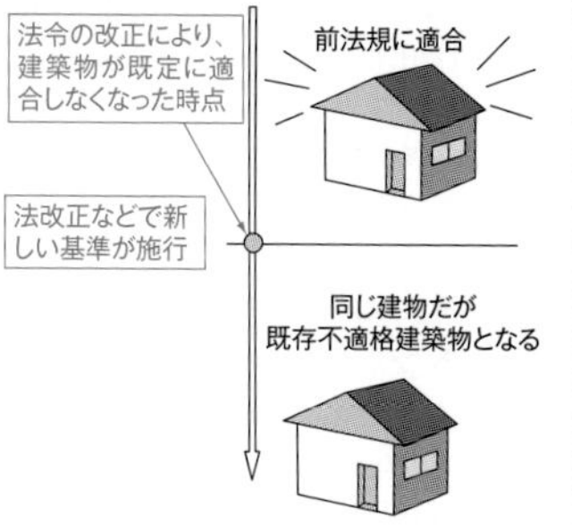

共用部分
きょうようぶぶん
区分所有建物などにおいて、各住戸が専用に使う部分以外のところ。賃貸建物の賃貸される部分以外にも使われる。⇒**区分所有法、専有部分、専用使用部分**

区分所有法
くぶんしょゆうほう
1棟の建物を複数の所有者が区分して所有するための法律。「建物の区分所有等に関する法律」の略称。分譲マンションは典型的な例。⇒**共用部分、専有部分、専用使用部分**

軽量床衝撃音
けいりょうゆかしょうげきおん
共同住宅などにおいて、床の遮音性能のレベルを示す基準のひとつ。スプーンを床に落としたときに鳴るような比較的高音域の音を指す。遮音性能は、床の仕上げや下地によって変化する。LL-50などと表わされ、数値の少ないほうが遮音性能が高い。マンションなどでは、床材の使用に規定がある場合がある。

減築
げんちく
建物の規模を小さくするリフォームのこと。維持費や住みやすさのために、高齢者が行うことが多い。

建築基準法適合状況調査
けんちくきじゅんほうてきごうじょうきょうちょうさ
国土交通省の「検査済証のない建築物に係る指定確認検査機関を活用した建築基準法適合状況調査のためのガイドライン」による調査。検査済証のない建築物の増築や用途変更等に利用される。

コア抜き
こあぬき
RC造の床や壁に専用の機器で円筒形の穴を空けること。配管、配線のための穴あけや、耐震診断の供試体採取用の作業。

高圧洗浄
こうあつせんじょう
外壁や排水管などを高圧水の噴射力を用いて洗浄すること。

構造図
こうぞうず
建物の躯体、骨組みを表した図面のこと。リフォームや耐震改修において重要な図面となる。これに対して、建物の仕上げや形などの全般を表した建築図、給排水や電気などを表した設備図がある。

コンバージョン
建物の用途を変更、改修すること。オフィスビルを住宅用に用途変更を伴うような改修を指す。⇒**リフォーム、リノベーション**

さ

サポートインフィル
⇒**スケルトン・インフィル**

持続可能性
じぞくかのうせい
現代の世代が、将来の世代の利益などを損なわないように環境を利用していく概念。「持続可能型社会」などと使われる。サスティナビリティ（Sustainablity）ともいう。⇒**LCC、スケルトン・インフィル**

区分所有の共用部分と専有部分

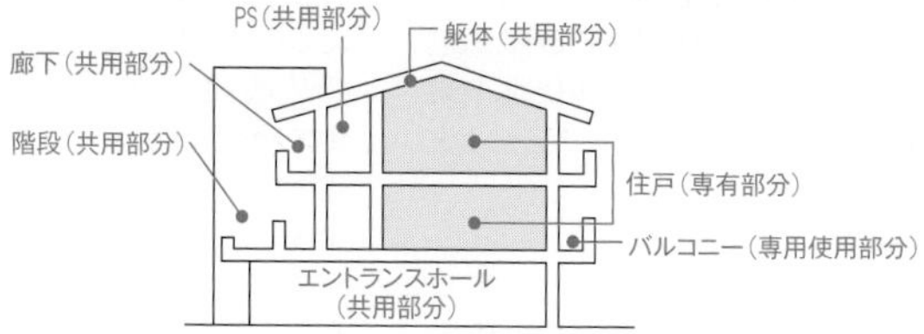

遮音等級
しゃおんとうきゅう
壁などで音を遮る能力(遮音性能)のレベルを表す指標のこと。床衝撃音の遮音等級には「L値」があり、重量床衝撃音はLH、軽量床衝撃音はLLで表わす。⇒**重量床衝撃音、軽量床衝撃音**

修繕
しゅうぜん
おおむね同じ材料を用いて造り替えて、性能や品質を回復する工事のこと。

住宅リフォーム·紛争処理支援センター
じゅうたくりふぉーむ·ふんそうしょりしえんせんたー
住宅リフォームの推進や住宅品質確保促進法に基づく住宅紛争処理の支援を行う公益財団法人。消費者の相談受付や支援、リフォーム事業者などに対してリフォーム情報の提供や関連資格の検定なども行う。

住宅履歴情報
じゅうたくりれきじょうほう
住宅の建築時や維持管理、リフォームなどの情報。これを蓄積保存することで、適正な売買、リフォーム、維持管理ができる。

重量床衝撃音
じゅうりょうゆかしょうげきおん
共同住宅などで、床の遮音性能のレベルを示す基準のひとつ。子どもが飛び跳ねたりする低音域の音で、一般的に床のコンクリートスラブが厚いほど遮音性はよい。LH-45などと表され、数値が小さいほうが遮音性能が高いとされる。リフォームでは制御するのが難しい音である。

竣工図
しゅんこうず
工事中の変更なども含めて修正した、建物の完成図面のこと。配管や配線は工事で変更することがあり、設計図と竣工図は一致しないことが多い。

省エネ改修工事
しょうえねかいしゅうこうじ
住宅の省エネルギー性能の向上を図るためのリフォームのこと。断熱性能の改善、太陽エネルギー利用、性能のよい設備機器、日射への対応などがある。省エネリフォームともいう。

新耐震基準
しんたいしんきじゅん
1981年6月1日から施行された耐震の基準。施行日以降に建築確認がされた建築物は新耐震基準で出来ていることになる。

スクラップ&ビルド
建物や設備を取り壊して新しく建て替えること。住宅関連では、日本の住宅の寿命が世界的に短いことから使われることが多い。⇒**ライフサイクルコスト、スケルトンインフィル**

スケルトン·インフィル
スケルトンは骨組み、構造体、インフィルは内部の設備や内装を指す。耐久性のあるスケルトンは残して、生活の変化や売買に合わせて、内部を変更することができるように、スケルトンとインフィルを明確に分けた建物の建て方のことである。SIとも書く。サポートインフィルとも呼ぶ。

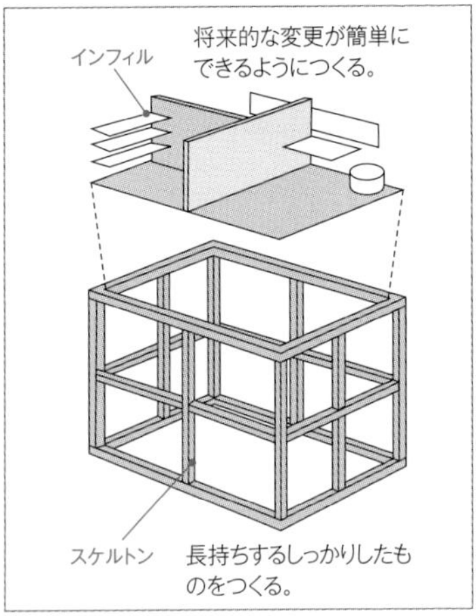
インフィル
将来的な変更が簡単にできるようにつくる。
スケルトン
長持ちするしっかりしたものをつくる。

スケルトン·リフォーム
建物をスケルトン(骨組み)の状態にしてからリフォームすること。構造ではない間仕切りや設備も変更できる自由度の高いリフォーム。

制振ダンパー
せいしんだんぱー
地震や台風などに起因する建築物や構造体の揺れのエネルギーを、油圧やゴムの弾力性などを利用して吸収するしくみ。木造住宅においては、地震による変形や損傷を抑えるために壁や柱の接合部分などに設置される。

設備改修
せつびかいしゅう
建物が存在しているときに、設備だけを改修すること。建物本体よりも設備の耐用年数が短かったり、設備の性能の進化が早かったりする理由で改修が行われる。

設備図
せつびず
給排水、給湯、ガス、電気、電話、空調換気などの配管、配線などを示した図面のこと。リフォームの際に参考にしたい図面である。⇒**構造図**

専有部分
せんゆうぶぶん
区分所有建物において、個別の所有が認められた部分のこと。分譲マンションの各室などを指すが、構造体や防火設備などは共用部分に当たる。⇒**区分所有法、共用部分、専用使用部分**

専用使用部分
せんようしようぶぶん
区分所有建物の共用部分において、特定の区分所有者だけが使うことができる部分のこと。バルコニーや玄関ドアなどがある。⇒**共用部分、専有部分、区分所有法**

増築
ぞうちく
現存する建物に新しい部分を付け加えること。すでに違法建築である場合や建ぺい率や容積率がオーバーする場合は増築することはできない。既存不適格建築物の場合も慎重な対応が必要となる。建増しともいう。⇒**既存不適格建築物**

た

大規模の修繕
だいきぼのしゅうぜん
建築物の主要構造部(壁、柱、床、梁、屋根、階段)の1種以上について行う過半の修繕のこと。基本的に確認申請が必要となる。⇒**修繕**

大規模の模様替え
だいきぼのもようがえ
建築物の主要構造部(壁、柱、床、梁、屋根、階段)の1種以上について行う過半の模様替えのこと。基本的に確認申請が必要となる。⇒**模様替え**

耐震シェルター
たいしんしぇるたー
耐震改修などができない場合などに、住宅が倒壊しても一定の空間を守ることができる設備のこと。

耐震診断
たいしんしんだん
既存建物が地震時に安全であるかを診断すること。木造では一般の人による簡易診断、専門家による一般診断、精密診断がある。新耐震基準が施行された1981年以前の建築物は、現行の耐震基準をクリアしていない可能性が高く、安全のためには診断が必要となる。

耐震壁
たいしんへき
地震用の耐力壁のこと。地震時の横からの力に対して、建物を支えるために設けられる。木造住宅において、筋かいや合板などでつくられた壁も同じように呼ばれる。構造計算などの根拠がなければ撤去はできない。

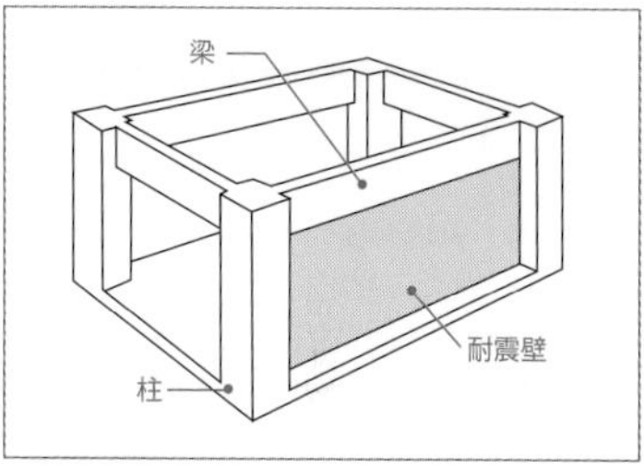

耐震補強
たいしんほきょう
建物の耐震性を高めるために、基礎や柱、梁、床、壁などの補強を行なうこと。耐震診断などの結果に対して行われる。

多能工
たのうこう
大工工事や左官工事、塗装工事などを、1人で行う職人のこと。リフォームでは、小規模な工事を別々の職人が分担すると、効率が悪く費用も上がるため採用されることも。

築年数
ちくねんすう
建築が建ってからの経過年数のこと。中古物件の売買などで使われる。

電気容量
でんきようりょう
住宅で、同時に使用できる電流(アンペア)の量のこと。たくさんの電気を使う場合は、大きな電気容量で契約する。蓄電池の場合、容量は電池から取り出せる電気の量である。

は

配管経路
はいかんけいろ
給水管、排水管などの管の設置ルート。排水管やドレイン管は排水勾配が必要で経路には特に注意。電気線は配線経路と呼ぶ。

パイプシャフト

給排水管やガス管、電気用配管などを通すために、上下階を貫通して縦に通っている空間のこと。図面にはPSと書く。パイプスペースともいう。区分所有法では共用部分。

パイプスペース

⇒パイプシャフト

バリアフリー改修工事

ばりあふりーかいしゅうこうじ

高齢者などが安心して自立した生活を送れるように改修すること。補助金もある。手摺の設置、浴室や便所の改修、床段差や階段の改善などを行う。⇒バリアフリー住宅

防火区画

ぼうかくかく

建築物内で火災が拡大しないよう、床や壁、防火設備（防火戸など）で区画すること。一定面積ごとに区画する「面積区画」、階段、エレベーター、パイプシャフトなどの建築物の垂直孔を区画する「竪穴区画」、建築物内に違った用途があるときに区画する「異種用途区画」がある。リフォームなどで撤去はできない。

防火設備

ぼうかせつび

建物の内外で火災が起きたときに、延焼などを防ぐための設備のこと。防火戸や防火窓、スプリンクラーや煙感知器なども含まれる。サッシなども防火性能が法規に合わない場合は取り替えられない。

> **豆知識　乙種防火戸と甲種防火戸**
>
> 現在、マンションなどの窓は防火設備とされているが、以前は乙種防火戸、甲種防火戸などと呼ばれていた。年上の方と仕事する際には知っておきたい。

補修

ほしゅう

建物の傷や壊れた部分を直すこと。文化財などを元に戻す目的には修復が使われる。

ま

マンション管理規約

まんしょんかんりきやく

区分所有の建物（マンションなど）における管理組合の規約のこと。マンションなどの管理や使用に関する約束が決められている。単に管理規約とも呼ばれる。⇒管理組合

マンションリフォームマネジャー

マンションの専有部分などのリフォームについて、提案や設計、工事の管理などを行う資格者のこと。住宅リフォーム・紛争処理支援センターが認定する。

メーターボックス

共同住宅などで、水道やガス、電気などのメーターを検針しやすい位置にまとめた専用の空間のこと。玄関横のパイプシャフトを兼用することもある。図面にはMBと書くことが多い。

マンションのメーターボックス

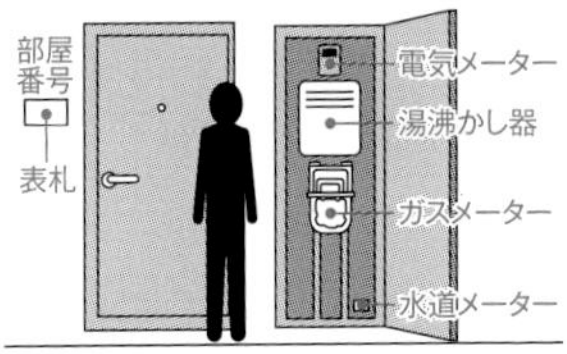

模様替え

もようがえ

一般的には、内装や家具を新しく替えること。法律では、外観も含めて形状を変えずに、異なる材料や新しい材料で仕上げを替えることを意味する。

や

用途変更

ようとへんこう

建築基準法による建築物の用途を、違った用途に変更すること。事務所ビルを共同住宅にコンバーションすることなどがある。法規上、変更することができない場合もある。

ら

ライフサイクルコスト

住宅などのコストを、計画から解体までトータルで考えること。初期費用が高くても長く使ったり、ライフスタイルの変化に合わせてうまくリフォームしたりすれば、ライフサイクルコストは低くなる。LCCとも書く。

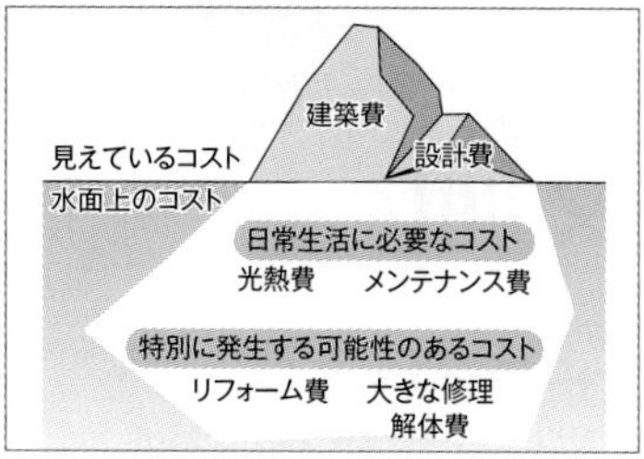

リニューアル
店舗の新装や改装などに使われる言葉。英語の「renewal」とは「以前の状態にもう一度新しくする」という意味に近いが、イメージを一新させるという意味ではないので注意。

リノベーション
建物を改修して一新すること。リフォームとの違いに定義はないが、変更して既存のものとはまったく異なったイメージがあるときに使われることが多い。⇒**リフォーム、コンバーション、リモデル**

リフォーム
建築の改修や改築のこと。英語の「reform」は組織や法律に使われることが多く、「remodel」のほうが日本で言うリフォームに近い。

リモデル
建築の改造や改築のこと。便器などの型を変更するときにも使われる。⇒**リフォーム、リノベーション**

ルート
構造計算が必要な建築物の構造計算手順(ルート)のこと。建築物の規模が大きいものや形状が複雑であるほどルートは1、2、3と順に上がっていく。

豆知識　リフォームを依頼されたら

マンションのリフォームを依頼された場合、まずは管理組合の規約、建物の矩計図、断面詳細図、構造図、給排水図、平面詳細図などを手に入れること。これらは本来、管理組合が保管するが、古いマンションの場合、見つからないこともある。

11 住宅設備

あ

アース
電気回路や電気機器を大地に接続すること。洗濯機や電子レンジなどに付いている接地線を地中に埋設した導体につなげることで、電流が漏電した際の感電を回避することができる。接地ともいう。

アース付きコンセント
あーすつきこんせんと

アース線を取り付けたコンセントのこと。洗濯機や電子レンジ、暖房便座などの感電を防止するために取り付ける。アース線を直接接続できるアースターミナル式と、コンセント形状がアース専用になっている接地コンセントの2種類がある。⇒**コンセント**

IHクッキングヒーター
あいえいちくっきんぐひーたー

電気を使用して、電子レンジのように電磁誘導で加熱するクッキングヒーターのこと。IHとはInduction Heatingの略称である。鍋全体が発熱体となるので熱効率が高い。燃焼によって室内が空気汚染されないので、酸欠や一酸化炭素中毒の心配がない。専用の鍋が必要なタイプの他、非磁性金属の器具も使えるオールメタル対応タイプもある。

IoT
あいおーてぃー

インターネットを通じて、家電などの機器を制御利用すること。Internet of Thingsの略。

アウトレット
照明器具やスイッチ、コンセントの取り付け位置に設置するボックスのこと。電灯やコンセントなどの電力を消費する機器、装置への電気供給口となる。電気配線用の付属部品である。アウトレットボックスの略称。

亜鉛めっき鋼管
あえんめっきこうかん

⇒**白ガス管**

アップコンセント
⇒**フロアコンセント**

圧力水槽給水方式
あつりょくすいそうきゅうすいほうしき

水道本管から受水槽に受けた水を圧力水槽に注入し、その中の空気を圧縮することで高水圧にして、建物内に給水する方式のこと。中高層建築や特に高い水圧を必要とする場合に用いられる。

アネモスタット型吹出し
あねもすたっとがたふきだし

天井に設置される空調の吹出し口のこと。数枚の羽根を重ねた断面形状で、丸型と角型がある。大風量を送るのに適しており、吹き出された空気と室内の空気が効率よく混合される。

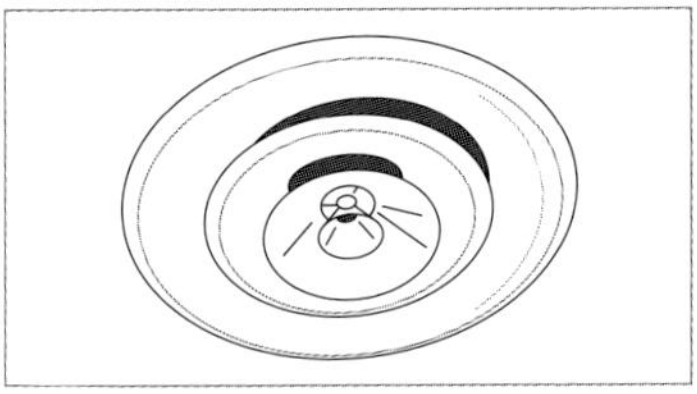

洗落し式便器
あらいおとししきべんき

水洗式大便器の洗浄方式のひとつ。落差のある洗浄水の勢いで汚物を押し流す洗浄方式の便器のこと。ただし、溜水面積が狭くて洗浄力も弱い。また、少し斜めの底や便器の乾燥面に汚物が付着して臭気も出やすい。⇒**便器**

洗出し式便器
あらいだししきべんき

一般的な水洗式和風便器に採用される洗浄方式のこと。便鉢にある汚物を後部からの洗浄水で押し流すものだが、汚物が露出するため、臭気が発散しやすい。⇒**便器**

アンダーカウンター式洗面器
あんだーかうんたーしきせんめんき

カウンターに孔を空けて、下部から洗面ボールを取り付けた洗面器のこと。洗面ボールの縁がカウンター表面に出ないため、洗面カウンターがシンプルとなって、清掃が容易である。⇒**洗面器**

アンダーシンク
カウンターに孔を空けて、下部からシンクを取り付けたキッチンシンクのこと。シンクの縁がカウンター表面に出ないが、カウンターのカット面の小口が見えるので、小口をきれいに加工できる人造大理石のキッチンカウンターに使われることが多い。⇒**オーバーシンク**

アンペア（A）
電流の単位。電流とは、単位時間に電気が電線などの導体を流れる量であり、川にたとえると電流は川の流れの量に当たる。

アンペアブレーカー
火災を避けるために、住戸内に許容量を超えた電流を自動的に遮断する安全装置のこと。分電盤に漏電遮断器と配線遮断器を設置する。⇒**分岐回路、分電盤**

EEスイッチ
いーいーすいっち

⇒**光センサースイッチ**

イオン化式煙感知器
いおんかしきけむりかんちき

防災設備機器のひとつ。火災の煙の微粒子にイオンが吸着するとイオン電流が減少するしくみを利用した煙感知器のこと。⇒**煙感知器**

1616タイプ
いちろくいちろくたいぷ

浴室ユニット（ユニットバス）の寸法のこと。このタイプのユニットは、日本の木造のモジュールで1坪（1,820×1,820ミリ）内に設置でき、柱や隙間の分を除くと内法寸法は1,600×1,600ミリとなる。その他に、1216タイプ、1418タイプなどがある。⇒**浴室ユニットの寸法**

豆知識 **1418タイプ**

1616タイプの浴室ユニットと面積がほぼ同じ約1坪の1418タイプ（1,400×1,800ミリ）は洗い場の幅が広く、奥行が20センチ狭いためマンションに使われることが多い。

1種S型キッチン
いっしゅえすがたきっちん

⇒**セクショナルキッチン**

インダクションユニット方式
いんだくしょんゆにっとほうしき

ダクト併用型の空調方式のひとつ。ダクトからの一次空気を高速・高圧で送風し、ノズルから吹き出した勢いを利用して室内空気を誘引し、熱交換装置で室温調整を行う。誘引ユニット方式ともいう。

インバート枡
いんばーとます

汚水中の汚物や、雑排水中の固形物が停滞しないよう、枡の底部に排水溝を設けた枡のこと。汚水枡とも呼ばれ、汚水や雑排水用に使用される。その他、ゴミなどが沈殿できるようにした雨水枡、トラップの機能を持ったトラップ枡などがある。⇒**排水枡**

ウェザーカバー
ダクトの先端の外壁部分に取り付けられるカバーのこと。ダクトへの雨水浸入防止のための雨除けである。鋼製やアルミ製、ステンレス製のものがある。

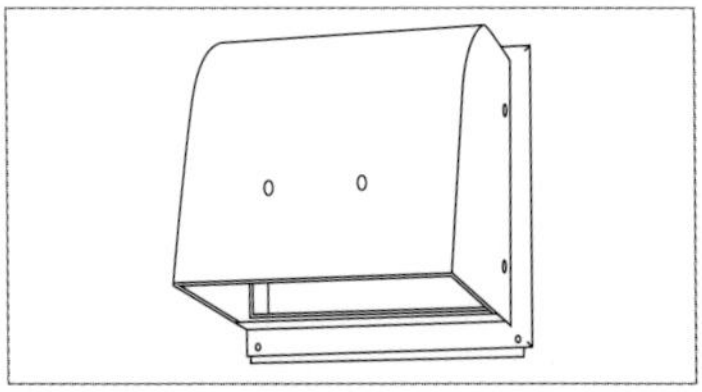

ウォーターハンマー
配管中の水の流れが急激に変化した時、管内圧力変化で配管が振動しハンマーで叩いたような音が生じる現象。

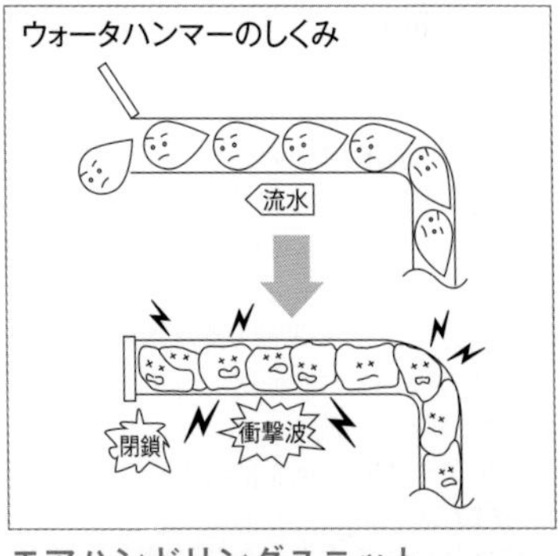

エアハンドリングユニット
熱源設備からくる冷水・温水・蒸気等のコイルに空気を通過させ温度・湿度を調節して部屋へ供給する比較的大きな空気調和機。エアハンとも呼ばれる。

AC
えーしー
Alternating Currentの略。⇒**交流**

ACアダプタ
えーしーあだぷた
交流を直流に変えて変圧する電源装置のこと。ACアダプタに接続することで、コンピュータなどの直流機器を交流の一般のコンセントにつないで使用することができる。

HDMI
えいちでぃーえむあい
高精細度マルチメディアインターフェースの略称。デジタル家電やAV機器間で接続する際に、映像や音声などをデジタル信号で1本のケーブルにまとめて送れるインターフェース規格の一種。

エコジョーズ
給湯時の燃焼熱を再利用する、高効率の給湯器。

SKシンク
えすけーしんく
洗濯用の流しのひとつ。雑巾をすすぐなど多目的に使うことができ、小型のものでもポリバケツが入る大きさと深さがある。壁掛式の単体型とキャビネットが付いたユニット型がある。スロップシンクとも呼ばれる。

Sトラップ
えすとらっぷ
サイホン型の排水トラップのひとつ。排水管の一部をS字型に曲げて排水が溜まる部分をつくり、臭気や害虫の侵入を防ぐ。洗面器や洗濯流しなどの排水口に接続して床排水する。⇒**トラップ**

FF型ファンヒーター
えふえふがたふぁんひーたー
外気から燃焼空気を取り入れる一方で、送風機により強制的に外部に排気する密閉燃焼型の暖房器具のこと。室内空気を汚染せずに暖房できる。⇒**密閉型燃焼器具**

Fケーブル
えふけーぶる
⇒**VVFケーブル**

エプロン
浴槽外部にある立上がり部分のこと。エプロンが一体となっていない据置き型浴槽の場合は、エプロン部分にタイルを張るなどの仕上げが必要となる。⇒**浴槽**

LPガス
えるぴーがす
プロパンやブタンを加圧して、常温状態で液化したもの。都市ガスに比べて、発熱量が約2万4000kcal/㎥と高い。液化石油ガス、プロパンガスとも呼ばれる。liquefied petroleum gasesの略。

遠心力ファン
えんしんりょくふぁん
換気設備などに使われる送風機のひとつ。軸流ファンに比べて高圧力を出せるので、ダクトを用いた換気設備に使われる。シロッコファンとターボファンがある。⇒**機器換気、シロッコファン、ターボファン**

OAフロア
おーえーふろあ
床下に配管や配線を通すことができる2重床システムのこと。OA化の普及によって、事務室の床に使用されており、点検や設備変更に容易に対応できる。フリーアクセスフロアともいう。

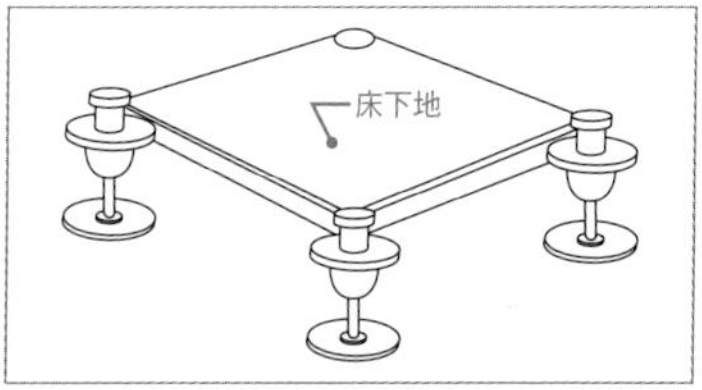

オートロック
インターフォンなどと連動させて、玄関ドアなどの錠を開閉するシステムのこと。その開閉方式には暗証番号式、ICカード式、ICタグ式、生体認証式などがある。電気錠ともいう。

オーバーシンク
キッチンカウンターの上にシンクの縁を載せるタイプのキッチンシンクのこと。⇒**アンダーシンク**

オーバーフロー
シンクや洗面器、浴槽などの水を溜める衛生器具の上縁から水が溢れ出すこと。溜まった水が一定の高さを超えたら溢れ出ないよう、オーバーフロー口を設けてオーバーフロー管から排水する。⇒**洗面器**

汚水
おすい
人体からの排泄物や、便器や汚物流し、ビデなどからの排水のこと。⇒**排水**

温水循環式床暖房
おんすいじゅんかんしきゆかだんぼう

床内部に配管を敷設して、ボイラーや給湯器から供給される温水で床表面を暖める輻射暖房方式のこと。配管方法は、在来型の配管を施工する工法とユニット化されたパネルを敷設するという工法がある。⇒**床暖房**

温水暖房
おんすいだんぼう

温水を循環させて暖房をする方式のこと。室内に設置したコンベクターやファンコイルユニットなどの対流式の熱交換器を用いる。住宅のセントラルヒーティングなどに広く使われている。⇒**中央式暖房**

温水暖房システムの例

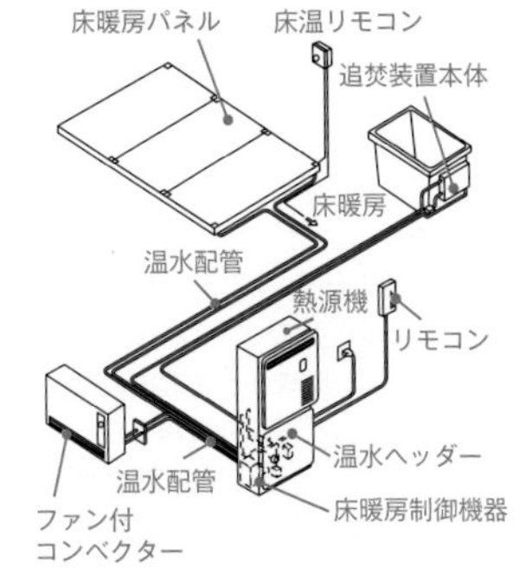

温風暖房
おんぷうだんぼう

ダクトを通じて、機械室などの中央設備から各室へ温風を供給して暖房する方式のこと。新鮮な外気を取り入れて換気する空気調和設備も兼ねる。ただし、ダクトを設置しなければならないので、小規模な住宅などには向いていない。⇒**中央式暖房方式**

か

開放型燃焼器具
かいほうがたねんしょうきぐ

室内の空気を燃焼して、排ガスをそのまま室内に排出する燃焼器具のこと。ガスコンロ、ストーブ、ファンヒーターなどがある。使用時の室内空気汚染には注意しなければならない。⇒**燃焼器具**

架橋ポリエチレン管
かきょうぽりえちれんかん

耐熱性、耐薬品性、耐クリープ性に優れたポリエチレン製の樹脂配管のこと。床暖房で温水を供給する配管や給湯配管などに利用される。その他、比較的軟らかいので継ぎ手なしで配管できる、さや管ヘッダー方式などにも用いられる。

架空線
かくうせん

鉄塔や電柱などから空中に張り渡した電線のこと。一般的な住宅では、変電所から送電された電力を、電柱などから架空線で敷地内へ引き込んで、電力量計を通して屋内の分電盤に送り込む。

ガスコンセント

ガスホースを簡単にガス栓に接続できる継ぎ手のこと。プラグとソケットから構成されている。万一、ガスホースが外れてもヒューズが働いてガスが止まる。

ガス栓
がすせん

ガス配管の末端に取り付けられる開閉栓のこと。接続口は金属管接続用とゴム管接続用がある。取り付けタイプは露出取り付けタイプと壁や床に埋め込むボックスタイプがある。ヒューズコック、可とう管コック、ネジコック、ホースコックなど種類も多い。

ガスメーター

ガス消費量を測定する計器のこと。湿式と乾式があり、一般的な住宅では乾式の膜式メーターが使われる。最近では、マイコンや発信機を組み込んだガスメーターユニットが普及している。

ガス漏れ警報器
がすもれけいほうき

都市ガス、または液化石油ガス(プロパンガス)の漏れを検知して警報を発する装置のこと。半導体式と触媒燃焼式がある。液化石油ガスは空気より重いので、部屋の床近くの壁下部に取り付ける。

カップリング付き水栓
かっぷりんぐつきすいせん

水道ホースを吐水口に確実に接続できるようにした水栓金具のこと。吐水口先端部に回転するカップリングを付ける。⇒**水栓金具**

合併処理浄化槽
がっぺいしょりじょうかそう

汚水と雑排水を一緒に浄化処理する装置。近年は環境問題に配慮して、新設の際は合併式を使うことになっている。⇒**し尿浄化槽**

加熱調理機器
かねつちょうりきき

文字通り、加熱して調理する機器のこと。熱源によって、電気式とガス式に大別される。台所の機器には、クックトップ（コンロにグリルなどが付いている）や、オーブンレンジ、ガスコンベクションレンジなどがある。

カラン
からん

給水栓やガスの供給口のこと。⇒**水栓金具、ガス栓**

カルキ
かるき

水道水の殺菌などに使われた固体の次亜塩素酸カルシウムのこと。クロールカルキ。蛇口などにつく白い水垢とは区別される。

簡易施工型システムキッチン
かんいせこうがたしすてむきっちん

セクショナルキッチンと部材型システムキッチンの長所を融合したもの。間口寸法やレイアウト、設備機器などに付いて、完成状態で規格化されている。その範囲内で商品選択を行うので、施工が容易。システムキッチンの主流になっている。3種M型キッチンとも呼ばれる。

換気扇
かんきせん

送風機に軸流ファン（プロペラファン）を使った換気装置のこと。ダクトを使わずに壁の孔に直接取り付ける。静圧がほとんどなく、低層の戸建住宅で多く使われる。

換気ダクト
かんきだくと

⇒リターンダクト

間欠空調
かんけつくうちょう

連続して空気調和を行わないこと。一定の時間をおいて空調する。

幹線
かんせん

変電所から送電された電力が、電柱などから架空線で敷地内に引き込まれ、電力量計（メーター）を通して屋内の分電盤に流れるまでの電路のこと。各部屋に分岐される回路よりも太い電線が使われる。

機械換気
きかいかんき

換気扇などで強制的に室内の換気を行う方法のこと。送風機で給排気を行う第1種換気設備、給気のみ送風機で行って排気は自然排気口から行う第2種換気設備、排気のみ送風機で行う第3種換気設備の3種類に分類される。

キッチンの作業動線
きっちんのさぎょうどうせん

キッチンでは、冷蔵庫→作業台→シンク→調理台→コンロ→配膳台という流れがスムーズになるように、効率的な作業動線にする。

気泡浴槽
きほうよくそう

浴槽の噴出口から気泡を噴出させて、マッサージ効果などをもたらす付加機能のある浴槽のこと。ブロア仕様、ジェット仕様がある。一般的にジャグジーとも呼ばれる。

逆サイホン現象
ぎゃくさいほんげんしょう

水が逆流すること。給水管の水圧が負圧となり吐水口に接する水等を吸い込んでしまうこともその現象。それを防ぐために吐水口空間が義務づけられている。

給水圧
きゅうすいあつ

給水時の管内の圧力のこと。通常、水道メーター周辺は、減圧弁などによって200～400キロパスカルに調整されて供給される。また、住宅内で使われる大便器やシャワー、ガス瞬間式給湯器などには、最低必要水圧が設定されているので、適正な機器、器具の選定が必要となる。

> **豆知識　必要な給水圧**
>
> 
>
> 一般的な器具への給水最低必要圧力（kPa：キロパスカル）は、一般水栓は30であるが、シャワーや大便器洗浄弁は70、16～24号ガス瞬間式湯沸器は50～80程度の給水圧が必要。

給水管
きゅうすいかん

給水に使用される管のこと。水圧に耐えられるものが必要である。主に硬質塩化ビニル管（VP管）が使われ、硬質塩化ビニルライニング鋼管、ステンレス鋼管、架橋ポリエチレン管なども使われている。

給水管口径
きゅうすいかんこうけい

給水管のサイズ。住宅の給水管は、内径13ミリ、もしくは20ミリのものが使われる。家庭の大半の水栓の接続口径は13ミリ、浴槽やシャワーは20ミリである。

給水方式
きゅうすいほうしき

道路に埋設された水道本管から給水管を通して、水を敷地内に取り入れて建物に供給する方式のこと。主に2～3階建て以下の建物に水を供給する水道直結方式の他、高置水槽方式(高架タンク方式)、圧力水槽方式、蓄圧水槽方式、ポンプ圧送方式(タンクレス方式)などがある。

給湯配管方式
きゅうとうはいかんほうしき

お湯を供給する配管の方式のこと。先分岐式とヘッダー方式がある。⇒**先分岐式配管方式、ヘッダー式配管方式**

給湯方式
きゅうとうほうしき

お湯を供給する方式のこと。住宅のキッチンや洗面、浴室など狭い範囲を給湯する局所式給湯方式と、ホテルなどの大規模な施設を給湯する中央式給湯方式がある。加熱装置の形式には、瞬間式か貯湯式、直接加熱方式か間接加熱方式に、それぞれ分類される。

キュービクル

鋼板製の箱型で、受変電に必要な遮断器などの開閉装置、変圧器などの主回路機器、計器類などが一括して収納されている高圧変電設備の総称。建物内や屋上、敷地内の屋外などに設置される。

局所式給湯方式
きょくしょしききゅうとうほうしき

住宅のキッチンや洗面、浴室や事務所の給湯室など、小規模な給湯設備に採用される方式のこと。それぞれの場所に小型の加熱装置を設置して、狭い範囲の給湯を行なう。

空気調和
くうきちょうわ

四季を通して温度、湿度、気流、ほこり、臭気、有毒ガスなどを調整した空気を室内に供給して快適な条件に保つこと。空調設備は、冷

ファンの種類と特徴

	種類と特徴	羽根	用途
軸流ファン	プロペラファン ①軸流送風機の最も基本的な形で、小型のもの。 ②風量は多いが、静圧は低いので、風などの抵抗を受けると、風量が減少する。	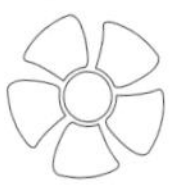	・台所・便所などの壁掛けファン
遠心力ファン	ターボファン ①比較的広幅の後ろ向きの羽根が付いているもの。 ②他のファンと比較して効率が最も高く、高速ダクト方式の送風機に適している。	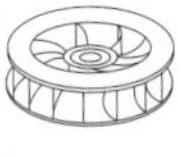	・空調ダクト ・高速ダクト ・浅型レンジフード
	シロッコファン ①水車と同じ原理で、羽根車に幅の狭い前向きの羽が多数付いているもの。 ②静圧が高く、あらゆる送風機に使われている。		・空調ダクト ・浅型・深型レンジフード

機械換気設備の種類

第1種換気設備

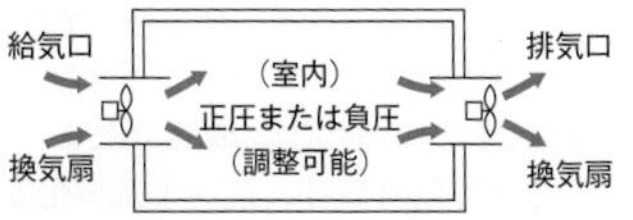

第2種換気設備

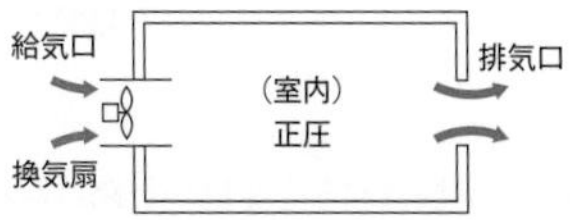

第3種換気設備

給気と排気の両方、またはどちらかに換気扇を使う。この組合わせによって、第1～3種に分かれる。

温風をダクトで送る空気方式、冷温水を室内ユニットに送る水方式、冷媒を室内ユニットに送る冷媒方式に分類される。空調、エアコンディショニングともいう。

クーリングタワー

空気調和設備において、温水の熱を空気中に放出する塔状の空気冷却塔のこと。

グリース阻集器

ぐりーすそしゅうき

飲食店などの排水中に含まれる油脂分を除去するための阻集器のこと。営業用の厨房には設置が義務付けられている。油脂は冷えると固形化して排水系統を詰まらせるため、用いる。グリーストラップともいう。

グリル

空調機や換気扇の吹出口・吸込口に使われる格子などの形状のカバー。

グループウェア

コンピュータネットワークを使い効率よく、情報共有やコミュニケーションを行うためのソフトウェア。

クロスコネクション

給水とそれ以外の水が混ざる現象のこと。飲料用配管とその他の配管系統が直接接続されたり、給水管内の圧力が低下したり、真空によって給水以外の水が逆流したりするために起こる。水質汚染の原因となり、衛生上重大な影響を及ぼす。⇒**吐水口空間**

ケースウェイ

電気配線を通すための細長いケースのこと。幅木や回り縁に似た箱状のプラスチック成型品が多い。配線の変更も容易で、ケースのどこにでもスイッチやコンセントを取り付けることができる。

ケーブルテレビ

限定された地域に、特定対象者向けに多量のチャンネルを放送することができる有線(ケーブル)テレビのこと。光ファイバーや同軸ケーブルを使うことで、テレビだけでなく、インターネットや電話にも接続して利用できる。CATVともいう。

ケーブルラック

電気室や機械室などで同一経路に複数の配線を設置する場合に、大量のケーブルを支持するはしご形またはトレー形の材料。

豆知識　ケーブルテレビの普及

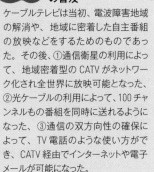

ケーブルテレビは当初、電波障害地域の解消や、地域に密着した自主番組の放映などをするためのものであった。その後、①通信衛星の利用によって、地域密着型のCATVがネットワーク化され全世界に放映可能となった、②光ケーブルの利用によって、100チャンネルもの番組を同時に送れるようになった、③通信の双方向性の確保によって、TV電話のような使い方ができ、CATV経由でインターネットや電子メールが可能になった。

消し忘れ防止スイッチ

けしわすれぼうしすいっち

室内から直接照明の点灯が見えない玄関灯、門灯やトイレの換気扇などに用いられる。ホタルスイッチとは逆で、オンのときに点灯しているパイロットランプによって、照明などの点滅状態がわかる。⇒**スイッチ**

下水道台帳

げすいどうだいちょう

下水道施設の状況がわかるように、図面等で記載されたもの。下水道局にあり、下水道使用者の閲覧にも供される。

煙感知器

けむりかんちき

防災設備機器のひとつ。火災発生の際に生じる煙を感知する。イオン化式、光電式、その複合式などがある。2011年から消防法によって、熱感知器とともに、全国すべての住宅にも設置が義務付けられている。

嫌気ろ床槽

けんきろしょうそう

住宅など、一般に使われる浄化槽の浄化処理方法のこと。酸素がある環境で生育するのが難しい嫌気性微生物を使って有機性汚物を窒素や炭酸ガス、メタンガスなどに分解する。その後、好気性の微生物によって浄化するばっ気槽を用いる。⇒**し尿浄化槽**

顕熱交換型換気扇

けんねつこうかんがたかんきせん

換気をしても室温が大きく変動しない熱交換型換気扇のひとつ。排気から顕熱を回収して給気をする。外気と室温の差が大きいほど効果が高いが、湿気などの潜熱は回収さ

れないので、全熱交換型換気扇よりも効果は小さい。⇒**熱交換型換気扇**

高圧キャビネット
こうあつきゃびねっと

電柱からの高圧受電引き込みの代わりに設置される高圧受電用のボックス。ピラーボックス、供給用配電箱とも呼ばれる。

高架タンク給水方式
こうかたんくきゅうすいほうしき

⇒**高置水槽給水方式**

硬質塩化ビニル管
こうしつえんかびにるかん

給水管や排水管の配管に使われるもの。塩化ビニル樹脂製なのでさびないが、耐熱性は低いため、給湯管などには不向きである。VP管、VU管がある。

硬質塩化ビニルライニング鋼管
こうしつえんかびにるらいにんぐこうかん

鋼管内部にさびが発生しないよう、亜鉛めっき鋼管(白ガス管)の内側に硬質塩化ビニル樹脂をコーティングしたもの。給水管などに使われる。VLP管ともいう。

号数
ごうすう

ガス給湯器の給湯能力で、使える湯量の目安となるもの。「水温+25度」のお湯を1分間に何リットル出せるかを示す。号数が大きいほど給湯能力が高い。

豆知識　給湯能力の目安

ガス給湯器の給湯能力の目安は次の通りである。13号は冬期に台所と浴槽湯張りなどの同時使用が容量的に不適となる。16号は冬期も同時使用が可能だが、通年同時使用の場合は20号以上が適している。なお、2バス・2世帯住宅など、同時使用頻度が高い規模の住宅は32号が適している。

高置水槽給水方式
こうちすいそうきゅうすいほうしき

給水方式のひとつ。水道本管の水を受けた受水槽から屋上の高置水槽にポンプで水を汲み上げ、自然落下で下階に供給する方式。中高層建物の給水方式に適している。

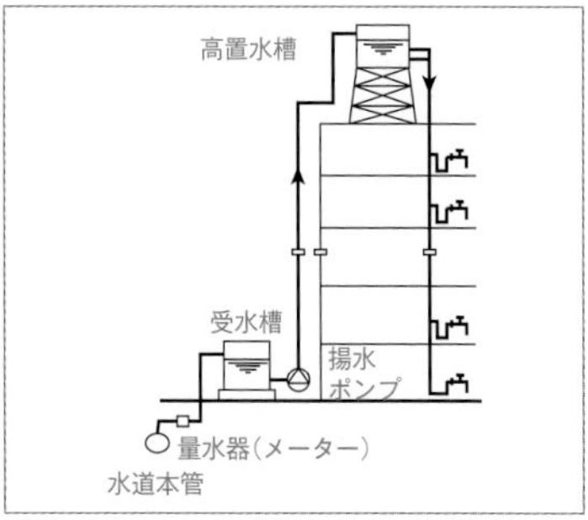

5.1chサラウンドシステム
ごうてんいちちゃんねるさらうんどしすてむ

スピーカー5基に、超低音域再生専用スピーカー1基を加えたサラウンドシステムのこと。ステレオならば2基のスピーカーで音声を再生するが、5.1chならば立体的で臨場感のある音響環境にすることができる。

光電式煙感知器
こうでんしきけむりかんちき

防災設備機器のひとつ。火災発生時の煙を感知するものである。感知器内部の発光ダイオードから赤外線を散乱させて、光電素子の受光量の変化を比べることで、火災信号を発する。⇒**煙感知器**

交流
こうりゅう

正弦波のように、電圧の大きさと電流の方向が一定の周期で規則正しく変化する電流のこと。家庭用コンセントは交流である。コンセントの2つの差込みの穴はプラス、マイナスが決まっていないので、左右を反対に差しても問題はない。ACともいう。⇒**電流**

合流式排水
ごうりゅうしきはいすい

建物内において、雨水を別にして、汚水と雑排水を同一の配管で排水する方式のこと。ただし、合流式公共下水道においては、雨水と汚水、雑排水を同一の管きょ類で終末処理場へ排水する。

コージェネレーション

ガスや石油などの単一エネルギーから、電気と熱の2つのエネルギーを取り出す装置の総称。家庭用燃料電池コージェネレーションシステムは、ガスや灯油から水素を取り出して、空気中の酸素と化学反応させて電気をつくる。低騒音で発電効率が優れており、発電する際に副次的に発生する排熱も温水として利用される。

個別式暖房
こべつしきだんぼう

住宅で使われるFFヒーターやファンヒーター、ストーブなど、暖房する部屋内で熱を直接発生させる暖房方式のこと。

ゴミ処理機
ごみしょりき

生ゴミなどの有機物を処理する家電製品のこと。バイオ式と乾燥式の2種類がある。バイオ式は、微生物に適した環境をつくり、有機物を分解して堆肥化する。乾燥式は、温風による加熱で生ゴミを乾燥させて、ゴミの減量化と衛生を図る。

コレクター
⇒**集熱器**

混合水栓
こんごうすいせん

水と湯を混合し、1つの口から流して湯温の調整ができる水栓金具のこと。ツーバルブ式、シングルレバー式、ミキシングバルブ式、サーモスタット式などがある。⇒**水栓金具**

コンジェット管
こんじぇっとかん

⇒CD管

コンセント
分電盤から分岐した室内の配線の末端と電気器具のコードを接続する配線器具のこと。住宅においては2畳に付き1カ所(2口以上)の設置が目安となる。100V用、200V用、アース付、抜止式、フロアコンセント、防水コンセント、家具用コンセントなどがある。

コンセントの形状

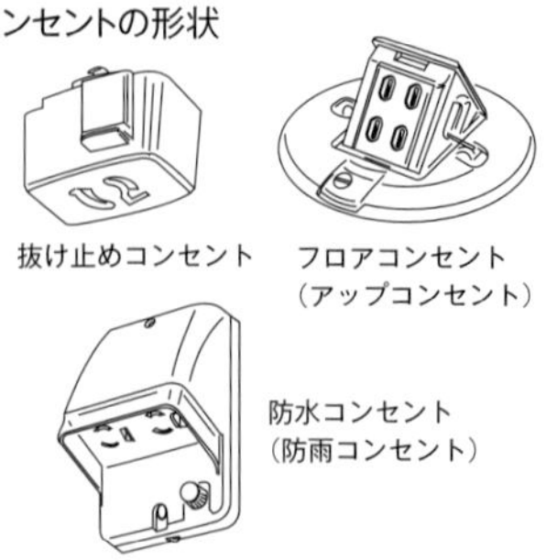

豆知識　設置数の目安

コンセントの設置数は、2口以上を、10平米(6畳)で3以上、13平米(8畳)で4以上、17平米(10畳)で5以上、台所で4以上施設するのが目安。また、定格電流が10アンペアを超える冷暖房機器や厨房機器は、それぞれ個別の専用コンセントにしなければならない。

コンセントタップ
コンセントから離れた場所まで電気を送って、電気機器と接続するコードのこと。延長コード、テーブルタップともいう。

コンビネーションレンジ
加熱調理器具のひとつ。ガスオーブンに電子レンジを組み込んだものである。

コンプレッサー
気体を圧縮する装置。圧縮機。冷蔵庫やエアコンに必要な冷媒を圧縮する部品。

コンプレッサー式除湿器
こんぷれっさーしきじょしつき

空気を冷やして湿気を水滴にして除去する除湿器。エアコンの除湿と同じ。デシカント式より消費電力は低い。

コンベクションオーブン
加熱調理器具のひとつ。加熱した空気をオーブン内のファンで強制的に対流させて調理をするガスオーブンである。

コンベクター
温水を通したフィン付きコイルを内蔵して室内に放熱する、暖房専用の自然対流式熱交換器のこと。⇒**床暖房**

コンポスト
これまでは、農業廃棄物や家畜糞尿などを微生物で分解して再利用することを意味していた。近年では、家庭から排出される生ゴミを専用の容器に入れて、微生物などによって発酵分解して堆肥化させる装置を意味することもある。

さ

サーキュレーター
液体や気体などの流体を循環させる装置のこと。一般的には、暖房時に上昇した天井近くにある暖かい空気を、強制的に循環させるファンなどを意味する。

サーモスタット式混合水栓

さーもすたっとしきこんごうすいせん

常に適温の給湯ができる温度調節機能を持った混合水栓のこと。希望の温度目盛りに合わせるだけなので、高齢者や小さな子どもにも安全である。シャワー水栓にも適している。⇒**混合水栓**

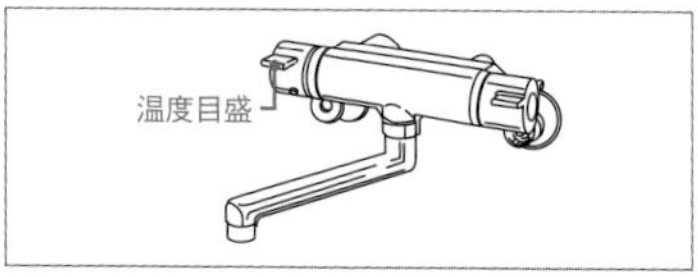

最終枡

さいしゅうます

雨水、汚水などをまとめ、敷地から公共下水本管につなげる枡。公共桝とも呼ばれる。

サイドパネル

システムキッチンの構成部材のひとつ。キャビネットの側面を覆うために化粧されたパネルである。

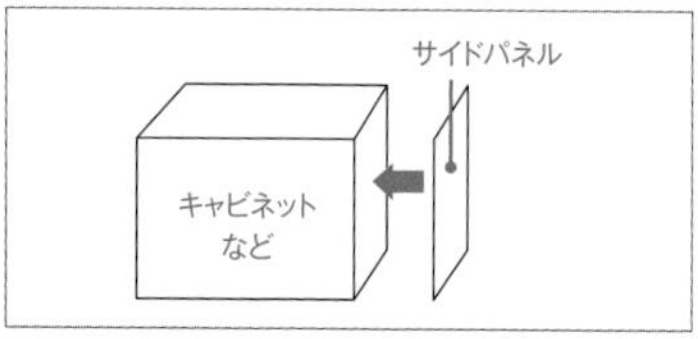

サイホン作用

さいほんさよう

サイホンによる液体の流下作用を利用して、トラップの封水を流下したり、便器を洗浄したりすること。サイホンとは、管内が満水状態のとき、水力勾配線より上にある配管の静圧が大気圧よりも低くなり、水を吸い上げる作用。⇒**トラップ**

サイホン式トラップ

さいほんしきとらっぷ

排水が満水状態で流れることで、サイホン作用を起こして、自己洗浄作用のある排水管の形式にしたトラップのこと。形状によって、S型、P型、U型(ランニング型)などに分類される。⇒**トラップ**

サイホン式便器

さいほんしきべんき

水洗式大便器の洗浄方式のひとつ。便器の複雑な排水路が満水状態で流れることでサイホン作用を起こして、汚物を吸い込むように排出する。ただし、水溜まり面が比較的狭いため、乾燥面に汚物が付着する場合がある。⇒**便器**

サイホンゼット式便器

さいほんぜっとしきべんき

水洗式大便器の洗浄方式のひとつ。便器の排水路に設けられたゼット孔から噴き出す水で強いサイホン作用を起こして、汚物を吸い込むように排出する。汚物が水中に沈みやすく、臭気の発散が抑えられるので、乾燥面への汚物の付着も少ない。⇒**便器**

サイホンボルテックス式便器

さいほんぼるてっくすしきべんき

水洗式大便器の洗浄方式のひとつ。サイホン作用と水洗時に生じる渦巻き作用を併用して、汚物を排出する。洗浄音が最も静かで、水溜まり面も広く、臭気の発散が抑えられるので、乾燥面への汚物の付着も少ない。便器とタンクが一体成型されたワンピースタイプにも採用される。⇒**便器**

サウナ

温度や湿度の高い部屋に裸で入って汗をかく風呂のこと。ウエットサウナとドライサウナに大別される。ウエットサウナには、低温の蒸気を使うスチームサウナと温水噴霧によるミストサウナがある。ドライサウナは、高温のサウナストーン(香花石)で室内を加熱するフィンランド式などに代表される。セラミックヒーターなどから輻射される低温の遠赤外線による輻射式もある。

先止め式瞬間湯沸器

さきどめしきしゅんかんゆわかしき

給湯配管の先端に設けられた給湯栓の開閉時に生じる水圧差を利用して、内蔵のダイヤフラムによって自動的に点火や消火をする瞬間湯沸器のこと。キッチンや洗面、浴室など数カ所に給湯できるが、住宅では単管式が一般的なので、給湯管の長さをできるだけ短くする必要がある。

先分岐式配管方式

さきぶんきしきはいかんほうしき

給水・給湯の供給方式のひとつ。主要な配管から次第に枝分かれさせて、水栓金具まで接続して供給する方式である。瞬間湯沸器と接続した場合、湯沸器から遠い水栓はお湯が出るまでに時間がかかる。また、一時的に多くの水栓を開くと、管内の水圧のバランスが崩れやすいので注意。

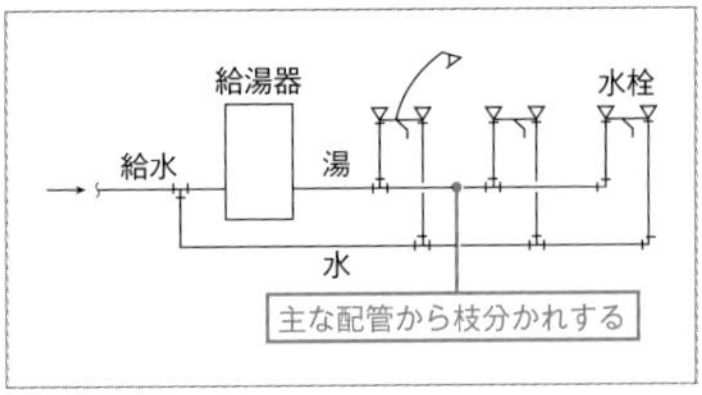

雑排水
ざっぱいすい(ざつはいすい)

洗面器や洗濯機、浴室、キッチンなどからの排水。便所による汚水と雨水は除く。⇒**排水**

雑用水
ざつようすい

水洗便所や庭の散水などに使われる水のこと。上水道とは違って、飲料用には使用できないが、雑排水を再処理した排水再利用水(中水道)を使う例もある。

差動式熱感知器
さどうしきねつかんちき

防災設備機器のひとつ。周囲の温度上昇が一定の率以上になると作動する熱感知器のこと。その形状から、分布型とスポット型に分類される。⇒**熱感知器**

サニタリーユニット

浴室、洗面、便器がの3点がワンルームにセットされたユニットのこと。主にホテルやワンルームマンションで使用される。スリー・イン・ワンとも呼ばれる。

さや管ヘッダー方式
さやかんへっだーほうしき

事前に各器具にポリエチレン製のさや管を設置して、柔軟性のある架橋ポリエチレン管などで配管する工法のこと。ヘッダーによって、各種器具への配管を途中で分岐させずに直接配管することで、将来の配管変更にも対応できる。⇒**ヘッダー式配管方式**

3種M型キッチン
さんしゅえむがたきっちん

⇒**簡易施工型システムキッチン**

散水栓
さんすいせん

屋外や出入口付近に置かれる、水撒き、掃除用の水栓のこと。多くは地中に埋設したふた付きの鉄製箱の中に設置される。

三相3線式200V
さんそうさんせんしきにひゃくぼると

1回線に3本の電線をつなげる200Vの配線方式のこと。店舗や工場の一般動力用として使われる。

CATV
しーえーてぃーびー

Community Antenna TeleVision 及び Common Antenna Televisionの略。⇒**ケーブルテレビ**

シーズヒーター

電気を熱源にしたクッキングヒーターのひとつ。ニクロム線をニッケル鋼のパイプで保護した棒状のヒーターを扁平な渦巻き状にしたものである。上に直接鍋を置いて調理することができる。

CD管
しーでぃーかん

Combined Ductの略。電線を通す合成樹脂管のこと。先行して取り付けたCD管内に電線を通して配線を行う。自由に曲げられる。耐燃性があるものはPF管というが、これとCD管を合わせてコンジェット管と呼ぶ。

軸流ファン
じくりゅうふぁん

送風機のひとつ。換気扇に使用されるプロペラファンなど、羽根車内で軸方向に気体を流す形式ものである。静圧は低いが、大風量である。⇒**換気扇**

自在水栓
じざいすいせん

先端部分が自由に左右に回転する横水栓のこと。⇒**水栓金具**

止水栓
しすいせん

比較的口径の小さい給水管の途中に設置することで、給水を制限したり、止めたりするバルブのこと。水道引込みの際に、道路と敷地の境界に設けられる。上水道の管理者が、私有地内の通水を制限することができる。

シスタンバルブ

水洗便器の洗浄水が流れる給水管の途中に設けて、便器へ洗浄水を吐き出させる弁のこと。洗浄水が一時貯留される水槽のことをシスタンという。家庭用で一般的なロータンクと、高い位置に設置するハイタンクがある。⇒**ロータンク**

システムキッチン

シンク、コンロ、調理台、収納部分などを、ある程度自由に組み合わせてワークトップを一体化した設備のこと。レイアウトの自由度の高い部材型と、日本で一般的な簡易施工型に分類される。設備の幅は150ミリ間隔で調整されるものが多い。カウンターの奥

行きは600ミリ～650ミリが多いが、750ミリのものもある。⇒**セクショナルキッチン**

し尿浄化槽
しにょうじょうかそう

大便と小便を浄化する設備⇒**浄化槽**

ジャグジー
側面や底面から気泡の水流を噴出させる浴槽。噴流式泡風呂。米企業Jacuzzi社の商品名。ジェットバス、ブローバスとも呼ばれる。

弱電
じゃくでん

電気エネルギー搬送に関連した配線などのシステムを強電と呼ぶのに対して、電話、テレビ、インターフォン、インターネットなどの通信・制御・情報に関する電気の分野を指す用語。

じゃばら管
じゃばらかん

ストローの曲がる部分のような形状の曲げが可能な管。フレキシブル管もその一種。

ジャンクションボックス
フロアダクトを交差させたり曲げたりする場所、電線管の電気配線の接続場所などに用いられる鉄製ボックスのこと。

住戸セントラル温水暖房システム
じゅうこせんとらるおんすいだんぼうしすてむ

対流暖房や輻射暖房を行うシステムのこと。熱源のガス瞬間湯沸器などの温水ボイラーから温水を住宅内の各室に送って、ファンコンベクターで対流暖房したり、床暖房パネルで輻射暖房したりする。

住棟セントラル暖房システム
じゅうとうせんとらるだんぼうしすてむ

各住戸に温水を供給して暖房する規模の大きなシステムのこと。集合住宅の住棟単位で、温水ボイラーなどの熱源機を集中させる。⇒**中央式暖房方式**

集熱器
しゅうねつき

⇒**コレクター**

従量電灯
じゅうりょうでんとう

電力会社との契約のひとつ。最も一般的で、利用する契約容量（アンペア）の大きさによって基本料金が異なる。契約容量が大きいほど基本料金が高くなるシステムである。⇒**電力量**

> **豆知識　電力会社との契約**
>
> 
>
> 住宅などの小規模な建物の場合、従量電灯、低圧電力、深夜電力などで契約する。最も一般的な従量電灯は、単相2線式100Vか、単相3線式100／200Vで供給される。契約容量（アンペア数）によって、A、B、Cの3種類がある。Aは使用最大電流が5アンペア以下でアパートの共同廊下の照明など、Bは10以上60アンペア以下で一般家庭のほとんど、Cは6キロボルトアンペア以上でオール電化住宅や業務用冷蔵庫を使う商店などとなる。

受水槽
じゅすいそう

給水設備のひとつ。水道管を導入して受水する水槽である。中高層建築物などで、水道本管の水圧だけでは不足する場合に、高置水槽や圧力タンクにポンプで揚水や圧送するために用いられる。衛生上、周囲に保守点検のスペースを確保しなければならない。

受電方式
じゅでんほうしき

電力会社から送電された電力を、住宅などの電路に引き込む方法のこと。架空引込み、地中引込み、架空と地中の併用引込みの3種類がある。⇒**架空線**

瞬間式給湯器
しゅんかんしききゅうとうき

給湯栓を開くと水圧によって作動し、連続加熱をしながら温水を供給する給湯器のこと。一度に大量に供給することは不向きだが、局所式給湯で用いられる。先止め式と元止め式がある。⇒**先止め式瞬間湯沸器、元止め式瞬間湯沸器**

浄化槽
じょうかそう

汚水や雑排水を浄化処理する設備のこと。汚水のみを処理する単独処理浄化槽と、雑排水と一緒に処理できる合併処理浄化槽がある。環境に配慮して合併式を使うことになっている。浄化処理には、嫌気性微生物による嫌気ろ床槽と、好気性微生物によるばっ気槽が用いられる。（次頁図参照）

浄水器
じょうすいき

水道水のカルキ(残留塩素)やトリハロメタンなどを除去、減少させる装置のこと。定期的に脱臭効果のある活性炭のカートリッジを交換して取り付ける。蛇口直結型、据置き型、水栓一体型、ビルトイン型、ポット型の5種類がある。

ショートサーキット

電気回路の2点が直接接触して、回路に大量の電流が流れること。非常に危険な状態である。短絡とも呼ばれる。

食器洗い乾燥機
しょっきあらいかんそうき

台所設備のひとつ。食器を洗ったあとに熱風で乾燥させるものである。ビルトインタイプとカウンターの上に置くフリータイプがある。ビルトインタイプには、幅が300ミリ、450ミリ、600ミリのものがあり、キッチンの規格寸法に合わせることができる。そのタイプには、スライドタイプ、フロアタイプ、カウンタートップタイプがある。洗浄水には、水を使う給水接続と、お湯で使う温水接続がある。

白ガス管
しろがすかん

給水管などに使われる、表面に亜鉛めっきを施した配管用炭素鋼管のこと。水道水によってさびが発生しやすいため、最近は硬質塩化ビニル管や硬質塩化ライニング鋼管がよく使われる。亜鉛めっき鋼管ともいう。

シロッコファン

遠心力ファンのひとつ。ダクトを用いた換気設備に使われる送風機である。羽根車に幅の狭い、前向きの羽が多数付いている。多翼ファンとも呼ばれる。小型で大風量のため、空調ダクトや深型レンジフードに使われる。(181頁図参照)⇒**換気扇**

シングルレバー式水栓
しんぐるればーしきすいせん

水栓金具のひとつ。1つのレバーハンドルを上下左右に動かして、水の量と温度の調整を行う。使い勝手がよいため、使用頻度の高いキッチンシンクや洗面でよく使われる。⇒**水栓金具**

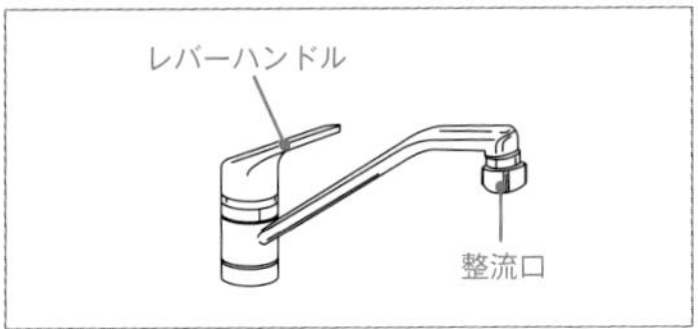
レバーハンドル
整流口

伸頂通気管
しんちょうつうきかん

排水管に設けられた通気管のひとつ。排水管内が負圧になると、排水管につながるトラップに溜まった封水が流れ込み、破封現象が起きるが、これを防ぐために用いられる。排水立て管の頂部を上に延長して、外気に通気したものである。(次頁図参照)

深夜電力
しんやでんりょく

電力会社との契約のひとつ。電力需要の少

浄化槽の働き(嫌気式ろ床接触ばっ気方式の例)

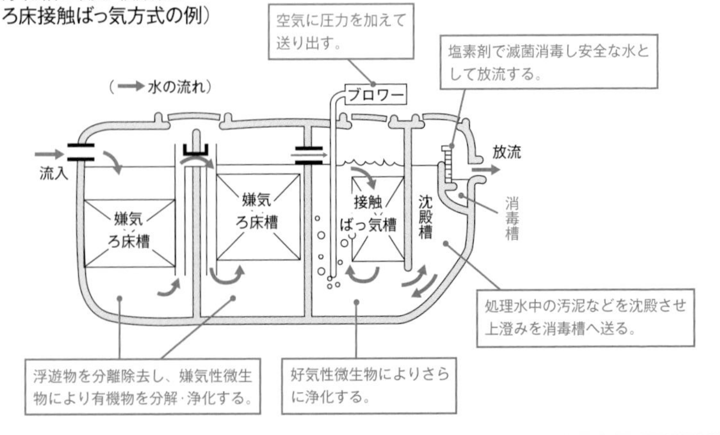
空気に圧力を加えて送り出す。
塩素剤で滅菌消毒し安全な水として放流する。
(→水の流れ)
ブロワー
流入
放流
嫌気ろ床槽
嫌気ろ床槽
接触ばっ気槽
沈殿槽
消毒槽
処理水中の汚泥などを沈殿させ上澄みを消毒槽へ送る。
浮遊物を分離除去し、嫌気性微生物により有機物を分解・浄化する。
好気性微生物によりさらに浄化する。

ない夜間の8時間に限って、割引価格で利用できる。夜間加熱して翌日の給湯として使う、貯湯式の電気温水器で利用することが多い。

水圧
すいあつ

水自体または水が物に及ぼす圧力。特に水道で各家庭の蛇口に水を供給するには水圧が必要だが、これは水道の水圧と呼ばれる。

水質
すいしつ

水に含まれる物質や微生物の量等で示される水の基準。飲料水に適するかの基準として用いられることが多く、水道法、建築物衛生法等で検査の基準が決められている。

水栓金具
すいせんかなぐ

水や湯を供給する器具の総称。水か湯のどちらか一方だけが出る単水栓と、1台で両方を出して湯温の調整ができる混合栓がある。形式や機能によって、横水栓、縦型水栓、ツーバルブ式、シングルレバー式、サーモスタット式、定量止水式などに分類される。

スイッチ
電気回路を開閉する器具のこと。3路スイッチ、ホタルスイッチ(表示灯付スイッチ)、消し忘れ防止スイッチ、タイマー付きスイッチ、調光スイッチ、光センサースイッチ、熱線自動スイッチ(人感センサー)などがある。点滅器とも呼ばれる。

> **豆知識　スイッチの位置**
>
> 一般的な家庭では、床上1,200ミリ前後の位置が使いやすい高さとされる。

水道直結給水方式
すいどうちょっけつきゅうすいほうしき

給水方式のひとつ。水道本管に給水管を直結することで、本管の水圧を利用して直接給水する方式である。これまでは2～3階建ての戸建住宅に採用されていたが、受水槽が不要のため、最近では水道本管の水圧を高めて中層建築にも採用されている。

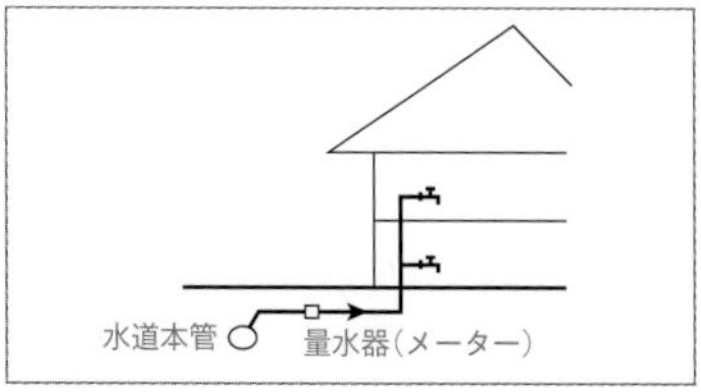

水道本管
量水器(メーター)

水道メーター
すいどうめーたー

⇒**量水器**

スチーム式加湿器
すちーむしきかしつき

電気ヒーターなどで水を沸騰させて、湯気を出す方式の加湿器。⇒**超音波加湿器**

ステープル
電気設備において、電線を壁などに取り付けるための「コ」の字型の釘のこと。その他に、メタルラスやワイヤーラスの取り付け用のものもある。

ステンレス管
すてんれすかん

耐久性、耐食性、耐熱性に優れたステンレス鋼を使用した配管材。

ストール式小便器
すとーるしきしょうべんき

床に据付けられる縦型の小便器のこと。

ストレーナー
配管中や末端の給水栓中に設けられる、ろ過

封水切れを防ぐための伸頂通気管

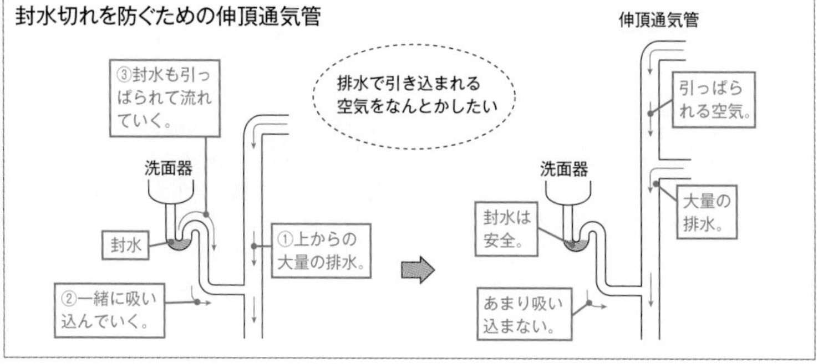

③封水も引っぱられて流れていく。
排水で引き込まれる空気をなんとかしたい
洗面器
封水
①上からの大量の排水。
②一緒に吸い込んでいく。
伸頂通気管
引っぱられる空気。
洗面器
大量の排水。
封水は安全。
あまり吸い込まない。

装置のこと。水、温水、蒸気配管内に含まれる異物を取り除く。キッチンシンクの排水口で生ゴミを受ける網かごもストレーナーと呼ばれる。

スネークワイヤー
排水管などの掃除用具のこと。特殊なピアノ線をコイル状に巻いたものである。排水管の曲がった部分が詰まったときに、掃除口から入れて清掃を行う。

豆知識　排水管トラブル

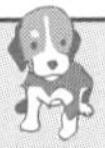

その原因には詰まり、におい、排水騒音、排水不良、腐食などによる漏水がある。なかでも、詰まりのトラブルが最も起きやすく、その他のトラブルも詰まりがもとであることが多い。

スプリンクラー
消火設備のひとつ。火災時に熱で自動的に開放されたスプリンクラーヘッド（散水装置）を通じて、消火や火勢を抑制する装置である。スプリンクラーヘッドは、天井などに給水配管とつなげて設置される。

スマートグリット
電力の需要供給を自律的に調整する新しい発想の機能のこと。電力の省エネ化とコスト削減、安定供給を目指して、コンピュータやデジタル機器を活用することで自律的に調整する。

スマートメーター
デジタル化により自動計測、通信機能のある電力量計。多様な電力サービスに対応する。

スリーインワン
⇒サニタリーユニット

スリーブ
配管類が壁や床などを貫通する場合、その開口を確保するために、躯体などに空けておく孔のこと。または、コンクリート打設前に、設置する金属製の筒や紙筒、塩ビ管など。

スロップシンク
⇒SK シンク

正圧
せいあつ

室内の気圧が外気圧より高い状態のこと。給気を続けると、室内は正圧になる。正圧の部屋では、空気が外に出ていこうとするため、隙間風は入らない。⇒負圧

静圧
せいあつ

ダクト内を流れる空気において、空気の流れる方向と平行な面に直角に空けられた孔付近の圧力のこと。送風機の特性は、ある圧力に打ち勝ってどれだけの風量を流せるかで示される。そのため、静圧の高い遠心力ファンなどは、ダクト式や高層階の換気設備に向いている。⇒送風機

生物化学的酸素要求量
せいぶつかがくてきさんそようきゅうりょう

BOD 値（Biochemical Oxygen Demand）。水質汚濁の指標となるもの。水中の有機物が、微生物の働きによって分解されるときに、20度で5日間に消費される酸素の量である。酸素量はmg/ ℓ で表される。濃度を表す単位はppmである（ppmは100万分の1を示す）。

セクショナルキッチン
単品で完成された流し台、調理台、コンロ台、収納庫などを現場で並列配置して構成する従来型キッチンのこと。現場施工がほぼ不要で、納期が短く、価格が手頃である。1種S型キッチンともいう。⇒システムキッチン

接触ばっ気槽
せっしょくばっきそう

住宅などで一般に使われる浄化槽の洗浄処理方法のこと。嫌気ろ床槽で分解浄化されたあと、接触ばっ気槽に送られて、酸素がある環境で正常に生育する好気性微生物によってさらに分解浄化される。接触ばっ気槽には、好気性微生物の活動をさらに高めるために、ブロワーで空気が送られる。⇒浄化槽

接地極（アース）付きコンセント
せっちきょく（あーす）つきこんせんと

漏電対策のための接地極（アース）付きコンセント。電気工事の内線規程により水まわりで使う家電等や200V用のコンセントはアース付きにする必要がある。

セパレートエアコン
一般的に住宅で使用されるヒートポンプ式エアコンのこと。室内機と室外機に分かれており、その間を冷媒管でつなげて冷媒を循環させる。室内機で発生する水分は、ドレイン管を通じて屋外に排水されるため、排水勾配が必要。室内機数台に対して室外機が1台で済む、マルチ式エアコンもある。

設置例

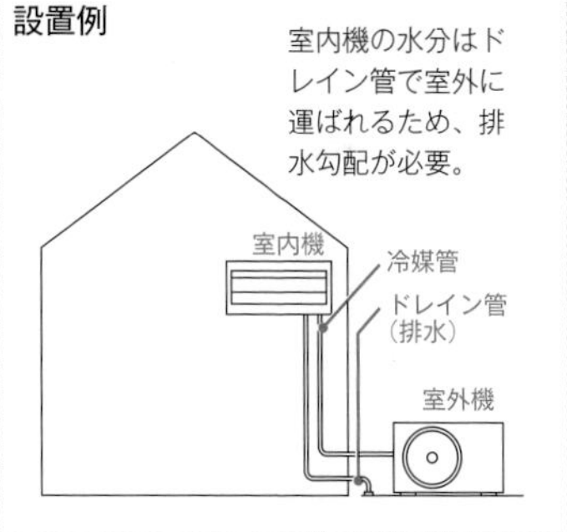

セルフリミング式洗面器

せるふりみんぐしきせんめんき

カウンター式の洗面器のひとつ。カウンターに孔を空けて、上から落とし込んで設置するタイプである。⇒**洗面器**

洗浄弁

せんじょうべん

⇒**フラッシュバルブ**

洗濯用水栓

せんたくようすいせん

洗濯に用いられる水栓のこと。単水栓と混合水栓がある。洗浄時の給水や止水によって、ウォーターハンマーを防止する機能が内蔵されており、ホースの着脱に適した水栓形状をしている。⇒**ウォーターハンマー**

セントラル方式

せんとらるほうしき

⇒**中央式暖房方式**

全熱交換型換気扇

ぜんねつこうかんがたかんきせん

熱交換型換気扇のひとつ。室内からの排気と取り入れた外気との間で、顕熱と潜熱を同時に交換する。ロスが少なく、省エネルギー効果が大きい。⇒**熱交換型換気扇**

洗面器

せんめんき

人が顔や手を洗うための湯水を受ける器。洗面器のスタイルは、壁掛け型、カウンター式、ペデスタル型（独立台座付）、ベッセル型（据置き型）などがある。カウンター式には、アンダーカウンター式、フレーム式、セルフリミング式の3種類がある。材質には、一般的な陶器、ステンレス、ホーロー、人造大理石、FRPなどがある。（下図参照）

洗面化粧台

せんめんけしょうだい

洗面器や鏡、照明、収納をユニット化したもの。下部の洗面化粧台と上部の化粧鏡や化粧キャビネットに分かれている。幅600ミリ、750ミリ、900ミリ、1,200ミリが中心である。洗髪用シャワーを装備したものなど、多機能な洗面化粧台が商品化されている。

化粧洗面台各部の名称

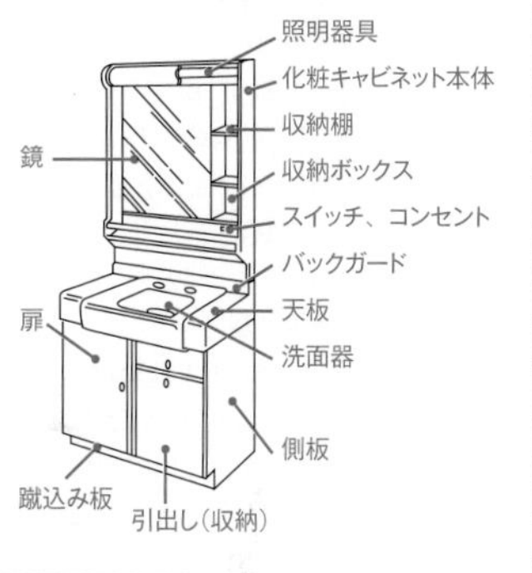

専用回路

せんようかいろ

分岐回路のひとつ。分電盤から単独でエアコンや電子レンジなどの専用コンセントに至る。⇒**分岐回路**

洗面器のスタイル

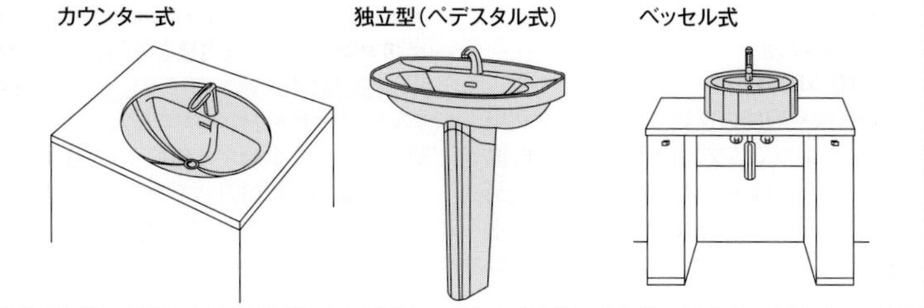

送風機
そうふうき

空気を送風する機械。軸流ファンと遠心力ファンに分けられる。軸流ファンはプロペラファンとも呼ばれ、換気扇はその一種である。遠心力ファンにはターボファンとシロッコファンがある。なお、送風の圧力の高いものをブロワー、低いものをファンという。⇒**機械換気、換気扇、軸流ファン、遠心力ファン**

た

ターボファン
遠心力ファンのひとつ。送風の圧力が大きく、ダクトを用いた換気設備に使われる送風機である。羽根車に比較的広幅で後向きの羽根が付いている。他のファンと比べて、効率が最も高く、高速ダクト方式の送風機に適している。(181頁図参照)⇒**換気扇**

第1種換気設備
だいいっしゅかんきせつび

機械換気のひとつ。給気、排気ともに送風機で行うものである。室内の気圧を自由に設定して、確実に換気を行うことができるが、設備費が高い。⇒**換気扇**

第3種換気設備
だいさんしゅかんきせつび

機械換気のひとつ。排気は送風機で行ない、給気は自然給気口から行うものである。室内が常に負圧になるので、臭気などが他の部屋に伝わりにくい。住宅のキッチンや便所、浴室などは一般的にこの方法が用いられる。⇒**換気扇**

第2種換気設備
だいにしゅかんきせつび

機械換気のひとつ。給気は送風機で行ない、排気は自然排気口から行うものである。室内が常に正圧になるので、ほこりや臭気、湿気、隙間風などの侵入を防ぐことができる。地下室や無菌室、手術室などに適している。⇒**換気扇**

太陽熱温水器
たいようねつおんすいき

太陽の日射や周囲の空気の温度上昇を利用して、温水をつくる装置のこと。集熱・貯湯方式によって、汲置き式、自然循環式、強制循環式に分類される。最近は、集熱器の温水を熱源としてヒートポンプで集熱する、太陽熱ヒートポンプ給湯システムが実用化されている。昼に温まった温水を夜に利用する自然循環方式も再び注目されている。コレクターともいう。

自然循環式太陽熱温水器

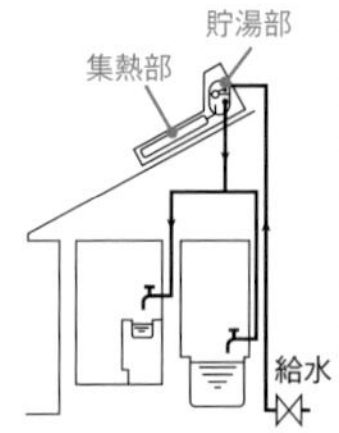

集熱器の上部に断熱された貯湯槽があり、自然循環によって温水を溜めることができる温水器。昼につくった温水を夜に利用する。

ダクト
冷暖房や換気などのために空気を送る管のこと。断面形状は四角形か丸型で、鋼板を螺旋状に巻いて筒型に成形したスパイラルダクトや、ある程度自由に曲げ施工を行なえるフレキシブルダクトなどがある。一般住宅用のダクトでは、丸型のφ100～150ミリのものを使用する。

ダクトファン
丸型ダクトに直接接続できる送風機のこと。ダクトの中に取り付けられる小型の軸流ファンや、天井の吸込み口と一体化した遠心力ファンなどがある。⇒**換気扇**

縦型水栓
たてがたすいせん

カウンターなどの水平面に設置するために、下から上へ、水が縦方向に流れるようにする水栓金具のこと。⇒**横水栓**

単一ダクト方式
たんいつだくとほうしき

ひとつのダクト系統で建物全体に冷温風を送る空調方式のこと。熱負荷の異なる空間でも均一に空調するため、部分的な冷やしすぎや暖めすぎが起こりやすい。部屋ごとに細かく制御をしたい場合には、再熱方式(ダクトの分岐点に再熱器を設けて温度を調整する)や、可変風量方式(吹出し口に可変吹出しユニットを設ける)などで対処する。(次頁図参照)⇒**電圧**

単管式給湯配管
たんかんしききゅうとうはいかん

給湯管でのみ供給する管のこと。住宅における一般的な給湯方式である。熱損失が少なくて設置費用は安いが、湯量のバランスや温度のばらつきが起こりやすい。

タンクレス給水方式
たんくれすきゅうすいほうしき

受水槽にいったん受けた水を、複数のポンプで加圧して各所に直接給水する方式のこと。ポンプ圧送給水方式ともいう。ポンプの運転台数を変化させる定速式と、回転数を変化させる変速式がある。高置水槽や圧力水槽などが不要で、あらゆる建物に対応できる。ただし、常時ポンプが稼動しているため、運転コストや停電時の断水などに問題がある。

タンクレス便器
たんくれすべんき

最近、家庭用で使われているフラッシュバルブ式の便器のひとつ。タンクがない分だけ、奥行が浅くて足元のスペースを確保することができる。デザイン性も優れているが、水圧を電気で制御するため、停電時には水を使用することができない。緊急時に手動で流せるものも商品化されている。

単水栓
たんすいせん

水、または湯のどちらか一方だけを出す水栓金具のこと。⇒**混合水栓**

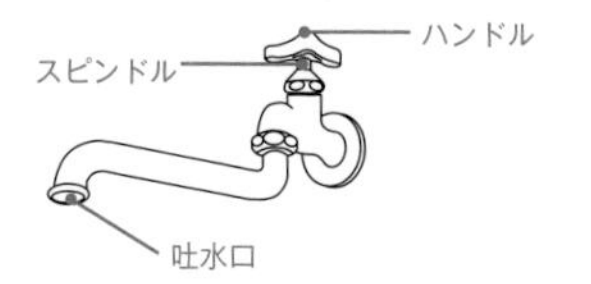

単相3線式
たんそうさんせんしき

家庭用の100Vと200Vの単相交流電力を一緒に供給する配電方式のこと。単相2線式100Vと200Vを1つにしたものである。分電盤の配線用遮断器で、両方の電圧線を接続すると200Vに、片方を中性線に接続すると100Vの仕様となる。(次頁図参照)⇒**電圧**

> **豆知識　国ごとに異なる電圧**
>
> 
>
> 単相3線式では交流100Vや200Vで供給されるが、プラグの形状や電圧は国によって異なる。ヨーロッパの多くでは220Vか230V、アメリカでは120Vが使われる。

単相2線式
たんそうにせんしき

単相交流電力を2本の電線でつなげる100Vの配電方式。100V電源として、家庭用の電灯やコンセントなどに使用する。(次頁図参照)⇒**電圧**

単独処理浄化槽
たんどくしょりじょうかそう

便所から汚水のみを浄化処理する装置のこと。2001年度から、単独処理浄化槽の新設は禁止されている。⇒**し尿浄化槽、浄化槽**

ダンパー

排気ダクト内に設置して、流れる空気の流量

ダクト方式

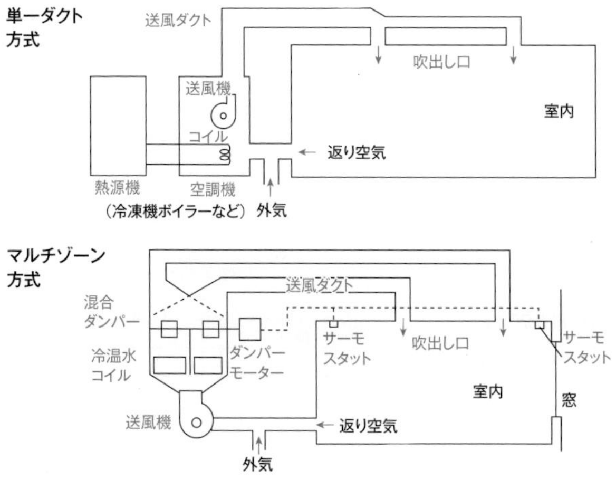

を調節、遮断、逆流防止する目的で用いられる。なお、防火ダンパーとは、外部の火災時にダンパーからの火の侵入を遮断するもの。

暖房負荷

だんぼうふか

室内をある一定の温度で維持するために必要な熱量を指す。暖房時に床、壁、天井、窓を通じて、さらには換気によって、熱量が失われる熱損失の合計のこと。

蓄圧水槽供給方式

ちくあつすいそうきょうきゅうほうしき

ゴム膜で内封された空気層を持つ蓄圧水槽を屋上に置いて、水圧を確保する給水方式のこと。屋上に高置水槽を設置するしなくてもよい。また、水槽内の水が外気と接触しないので衛生的である。

チャンバー

ダクトの途中の曲がり部分や、空気の分岐、混合、減速部分などに設けられる箱形の空間のこと。気流の整流や消音に用いられる。吹出し口チャンバーや吸込み口チャンバー、空調機の出口に取り付けるサプライチャンバーなどがある。

中央式給湯方式

ちゅうおうしききゅうとうほうしき

機械室に加熱装置、貯湯タンク(ストレージタンク)、ポンプなどを集中配置して広範囲に給湯する方式のこと。ホテルなどの大規模な給湯設備に採用される。給湯配管系統は、給湯管と返湯管の2本の複管式で、湯を常時循環させる。加熱装置には、直接加熱方式(タンクの湯を循環加熱する)と、間接加熱方式(タンク内に熱交換コイルを設置して高温水や蒸気を通して加熱する)がある。

中央式暖房方式

ちゅうおうしきだんぼうほうしき

機械室にボイラーや温風炉などの熱源機器を設置し、熱を各室に供給して放熱器などで暖房する方式のこと。大規模な建物に設置される。熱を運ぶ方法によって、温水暖房、蒸気暖房、輻射暖房、温風暖房などがある。セントラル方式とも呼ばれる。⇒**個別式暖房**

超音波加湿器

ちょうおんぱかしつき

水を超音波振動によって細かく破砕して、ファンで吹き出して加湿する機器のこと。⇒**スチーム式加湿器**

調光スイッチ

ちょうこうすいっち

照明の明るさを調節する機能が付いたスイッチのこと。光源ランプ自体が調光可能でなければ使用することができない。蛍光灯などには使用できない場合が多い。

電気の供給方式

交流単相2線式100V

一般電灯、蛍光灯などの電灯、テレビ、電気洗濯機などの家電に使用。

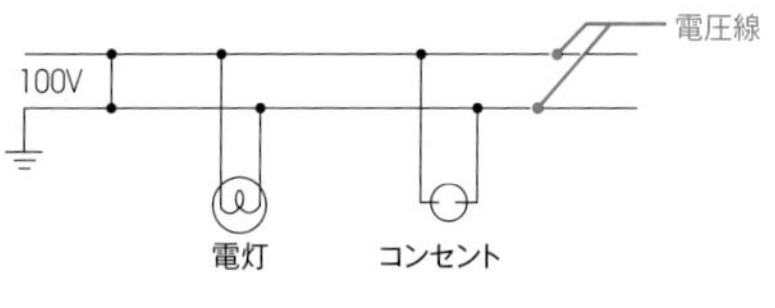

交流単相3線式 100V及び200V

単相2線式100Vと200Vを1つにしたもので、それぞれの機器が接続できる。

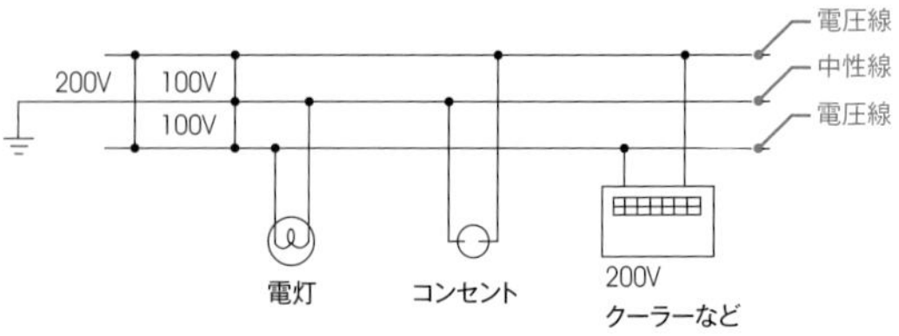

交流三相3線式200V

溶接機、工業用電熱器などに使用。

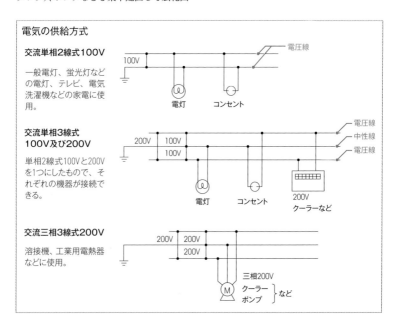

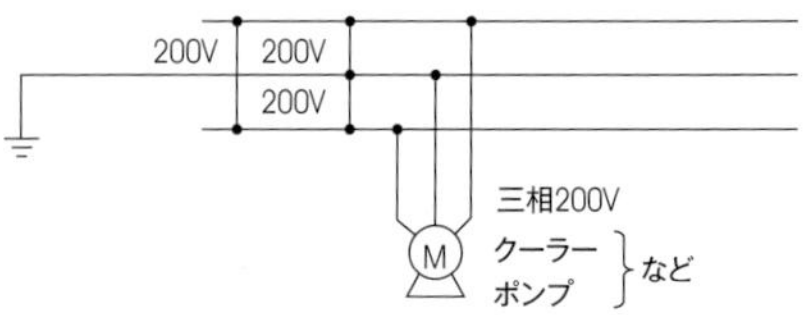

直流
ちょくりゅう
乾電池のように、回路を流れる電気の方向と電圧が一定を保つ電流のこと。DC(Direct Current)で表される。⇒**交流**

貯湯式給湯器
ちょとうしききゅうとうき
沸かした湯を貯湯タンクに蓄えて、配管によって必要な場所に給湯する方式のこと。安定した温度の湯がすぐに使えるが、広い設置場所が必要となる。ガスや灯油を熱源としたものが用いられるが、住宅では割引料金の深夜電力を利用した貯湯式電気温水器が普及している。

チラー
水方式の冷暖房設備の冷温水をつくる冷凍機のこと。圧縮機、凝縮器、モーター、冷却器を組み合わせたものである。チリングユニットの略称。

通気
つうき
排水管の破封現象(管内の負圧によって封水が流れてしまうこと)を防ぐ方法のこと。通気によって、排水管の要所を大気に開放することで、管内の気圧変動を防止して流れをよくして、排水管内を換気して清潔にする。通気方式には、各個通気方式、ループ通気方式、伸頂通気方式、特殊通気継手方式などがある。⇒**封水**

ツーバルブ式混合水栓
つーばるぶしきこんごうすいせん
水栓金具のひとつ。温水用と水用の2つのバルブを回転、調整して、適温と適量にすることができる。ただし、一度止めると、再度同じ調整を繰り返さなければならないため、湯や水が無駄になりやすい。

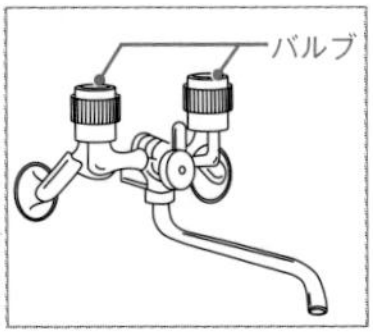

DC
でぃーしー
Direct Currentの略。⇒**直流**

定温式スポット型熱感知器
ていおんしきすぽっとがたねつかんちき
防災設備機器のひとつ。火災などで、狭い範囲における周囲の温度が一定の温度以上になったときに作動する熱感知器。キッチンやボイラー室で適用される。

ディスポーザー
生ゴミをカッターで粉砕し、水とともに排水管に流し出して、直接排出を行うシステム。キッチンシンクの排水口に設置される。粉砕された生ゴミを含む排水は、公共下水道の終末処理場などに流入すると、下水の排水処理に大きな負担がかかる。そのため、ディスポーザー排水処理装置などを通さない場合は、設置を禁止している地域が多い。

定量止水栓
ていりょうしすいせん
浴槽の湯張りに使われる水栓金具のこと。流量制御弁が設けられており、設定された流量が流れると自動的に止水される。

> **豆知識　単相200V専用器具**
>
> 市販されている単相200V専用の電気機械器具には、10畳以上のエアコン、マルチタイプのエアコン、蓄熱暖房機、床暖房システム、食器洗い乾燥機、全自動洗濯乾燥機、クッキングヒーター、IHクッキングヒーター、オーブン電子レンジ、押入れ乾燥ユニットなどがある。

デシカント式除湿器
でしかんとしきじょしつき
吸湿性に優れたゼオライトという鉱物に水分を吸着させて、水分を取り除く除湿機のこと。コンプレッサーがないので運転音が静かで、本体も軽量なものである。

デュアルダクト方式
でゅあるだくとほうしき
⇒**二重ダクト方式**

電圧
でんあつ
電流を流すための圧力のこと。川にたとえると、川の勾配や水流の速さに当たる。単位はボルト(V)で表される。一般的な家庭の電灯などの電圧には100Vが使用されるが、最近は消費電力が同じでも、電流や損失が少なくて効果的な200Vも使われている。

点滅器
てんめつき
⇒**スイッチ**

電流
でんりゅう
電気が電線などの導体を単位時間に流れる量のこと。川にたとえると、電流は川の大きさ、流れの量に当たり、漏電は川の氾濫といえる。単位はアンペア(A)で表される。家庭に供給される電流の大きさは、分電盤のアンペアブレーカー部分に表記されている。

電力
でんりょく

単位時間内に、発生、消費されるエネルギーのこと。電圧と電流の積で計算する。川にたとえると、運ばれた水の作用するエネルギーに当たる。単位はワット(W)で表される。

電力量
でんりょくりょう

単位時間内に、電流によって行なわれる仕事量のこと。電力と時間の積で計算する。通常、電気機器には作動に必要な消費電力が記載されている。単位は、電気機器を1時間使うことを表す、キロワット・時(kWh)が一般的。

電力量計
でんりょくりょうけい

使用した電力を計測する電力メーターのこと。電力量計は用途などにより種類があるが、一般の家庭に設置されているものは、交流電力のうち有効電力を積算計量するものである。内部に回転する円盤が見える誘導形電力量計が多い。(下図参照)

同軸ケーブル
どうじくけーぶる

テレビのアンテナ線や電話回路、LAN、有線テレビの回線など、信号伝送に使われるケーブルのこと。中心の伝送用の1本の銅線のまわりを絶縁体でくるみ、その外側に網状の銅線と保護絶縁体を巻いたものである。1対の往復線路を形成する。

動力
どうりょく

電動機、電熱器、電力装置に、電気を供給するための3相電気回路の一般的な呼称。動力回路の略称である。

動力制御盤
どうりょくせいぎょばん

モーターや機械の動力電源三相200Vを制御するための装置。

都市ガス
としがす

ガス管によって地域に供給されるガス熱料のこと。主に天然ガス、石油、石炭などを工場で混合調整して、地中配管によって一定の地域に供給される。地域によってさまざまな種類があるが、すべてガス事業法に基づいて管理されている。

吐水口
とすいこう

水栓金具類の筒先の水の出口のこと。

> **豆知識 器具の適用性に留意**
>
> 都市ガスは、都市ガス事業者によって、ガスの種類や発熱量が異なることがある。そのため、引っ越しや転入の際は、ガス器具の適用性に留意しなければならない。

吐水口空間
とすいこうくうかん

水栓金具などの吐水口と、シンクや受水槽などの水を受ける容器の水面との間の垂直距離のこと。これが十分に確保されていないと、水が跳ねて使い勝手が悪くなる。それだけでなく、吐水口と水面が接続されると、汚れた水が上水道に逆流してクロスコネク

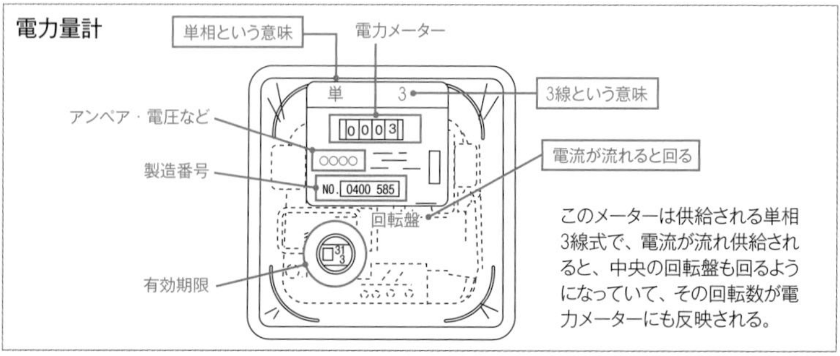

ションが起こり、水質汚染の原因にもなる。
⇒クロスコネクション

吐水口
水栓本体
吐水口長さ

水栓本体や吐水口とシンクの位置（高さや距離など）が適切でないと、水跳ねするなど使い勝手がよくない。

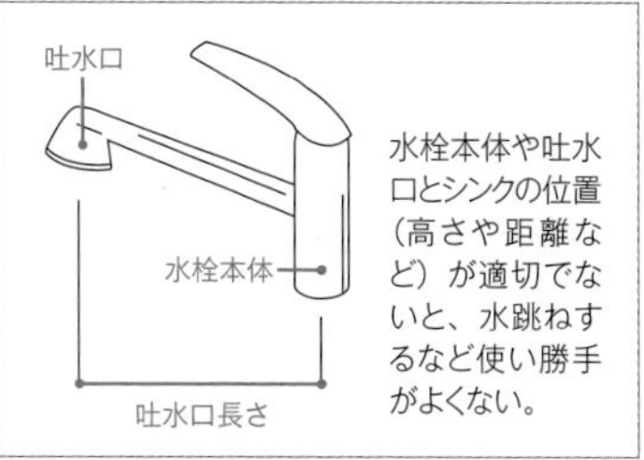

トラッキング現象
とらっきんぐげんしょう

コンセントとプラグの隙間のホコリが湿気を帯び漏電し発火すること。

トラップ

排水管の途中に水（封水）を溜める装置のこと。排水が流れたあと、排水管は空洞になるが、その際に下水道や排水管から臭気や虫などが室内に侵入してしまうのを防止する。流しや洗面器、浴室などの配管の途中に必ず取り付けられる。S、P、U、ドラム、椀型などの各種トラップがある。（下図参照）

トラップ枡
とらっぷます

臭気が侵入しないようにトラップ機能のある排水枡のこと。排水（雨水管やトラップ機能のない器具から流れ込む）を汚水管に接続する箇所に設置する。

ドラム型トラップ
どらむがたとらっぷ

非サイホン式トラップのひとつ。シンクや浴室の床排水などに使われる。円筒形の胴に排水を一度溜めて、ゴミなどの異物を下部

に沈めたあとに、上部よりオーバーフローで排水する。胴内に多量の水を溜めるので封水作用があるが、自浄作用がないので、掃除口が必要となる。（下図参照）

トランス
⇒変圧器

トリハロメタン

水道水に入れる消毒用塩素と水中の物質が反応してできる化合物。クロロホルム・ブロモジクロロメタン・ジブロモクロロメタン・ブロモホルムが含まれる。発がん性があるので厳しく水質基準が決められている。

ドレイン

エアコンの室内機で発生する結露水や、配管系統の清掃時に抜かれる水のこと。あるいは、その水を流出させることを指す。

ドレイン管
どれいんかん

ドレイン水（エアコンの冷房時に生じる結露水など）を排水する管のこと。家庭用エアコンでは、冷媒管とともに屋外に排水される。
⇒セパレートエアコン

ドルゴ通気弁
どるごつうきべん

屋外への排水通気管を屋内で処理する通気機能の付いた排水部品。商品名であるが一般的通称としても使われている。

な

内線規程
ないせんきてい

電気設備の安全のため、その設計、施工、維持、検査の技術的事項を記述した民間規格。

05 ▼ 平面計画
06 ▼ 室内環境計画
07 ▼ インテリア関連の法規
08 ▼ 建築構造の基礎知識
09 ▼ 造作
10 ▼ リノベーション
11 ▼ 住宅設備
12 ▼ 内装材とその他の建材

トラップのしくみと種類

器具からの排水
あふれ面
器具排水管
封水深
壁面
床面
水底面
P（型）トラップ
S（型）トラップ

サイホン式
S（型）
P（型）

非サイホン式
碗型（ベル型）

碗型の部品を被せて封水をつくる。

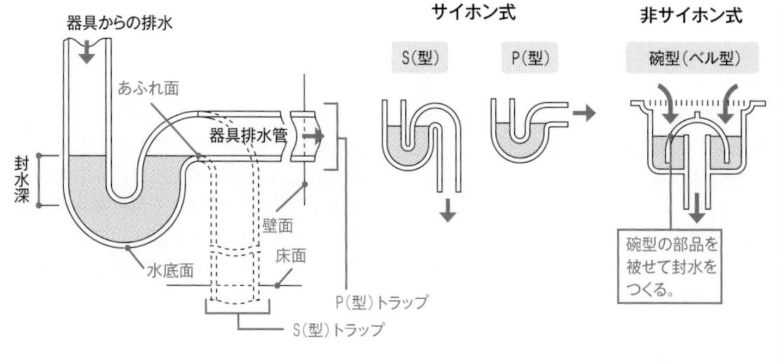

電気法規に準ずるものとして扱われている。

二重ダクト方式
にじゅうだくとほうしき

冷風と温風を別系統のダクトで送り、吹出し口付近で混合して、冷温風を吹き出す空調方式のこと。設置費やランニングコストが高いが、室温の細かい制御が可能となるので、大規模な複合施設などで採用される。デュアルダクト方式とも呼ばれる。

二重トラップ
にじゅうとらっぷ

1つの排水系統に2つのトラップを付けること。両トラップに挟まれた区間の空気が閉塞状態となって、排水や封水に悪影響を及ぼすため、禁止されている。

抜け止めコンセント
ぬけどめこんせんと

差し込んだプラグを回転させて抜けないようにする機能があるコンセントのこと。天井や製品化された洗面化粧台など、不意に抜けると危険なものに使われる。

熱感知器
ねつかんちき

防災設備機器のひとつ。火災によって発生する熱を自動的に感知して、受信機に発信する感知器のこと。感知する範囲によって、スポット型と分布型に分類される。周囲の温度を感知する方法には、定温式、差動式、補償式がある。

熱交換型換気扇
ねつこうかんがたかんきせん

室内外の空気が入れ替わる際に、熱交換フィンを通じて熱を交換する換気扇のこと。一般の換気扇ならば室内の空気をそのまま外へ出してしまうが、これを使うと冷暖房時に換気しても、室温は大きく変動しない。⇒**顕熱交換型換気扇、全熱交換型換気扇**

熱線自動スイッチ
ねっせんじどうすいっち

赤外線センサーによって、人を感知して自動的に点滅するスイッチのこと。防犯用の照明器具などに使われる。人感センサースイッチとも呼ばれる。

燃焼器具
ねんしょうきぐ

ストーブや給湯器、炊事用レンジ、オーブンなど、ガスや石油を燃焼させる器具のこと。給気や燃焼後の排ガスの処理方法によって、密閉型、半密閉型、開放型に分類される。

燃焼機器の種類

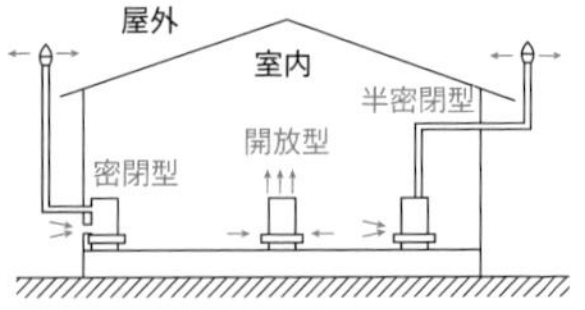

ノーヒューズブレーカー

分岐回路ごとに、電力の開閉機構と過電流防止装置が組み込まれた装置のこと。住宅では、アンペアブレーカーと漏電遮断器とともに分電盤に設置される。単相2線式100V用と単相3線式100V/200V用に分けられる。配線用遮断器ともいう。

は

ハーフユニット

施工の省力化、スピードアップ、品質管理の向上のためにユニット化された浴室ユニットのひとつ。水漏れを起こしやすい浴槽と洗い場の床、腰壁などの下部を一体にFRP成型したもの。腰壁より上の部分には窓を設置するなど、設計に自由度がある。

排水
はいすい

建物から排水される水のこと。汚水、雑排水、雨水排水、特殊排水に分類される。公共下水道処理区域や合併処理浄化槽設置区域で合流式となり、汚水と雑排水が合流排水される。下水道が完備されていない地域では、汚水、雑排水、雨水が別々に排水される分流式になる。⇒**雑排水**

排水管
はいすいかん

建物や敷地内の排水を排除する管のこと。器具排水管の口径は、器具排水管ならば最小口径は30ミリ、地中などに埋設される管ならば50ミリ以上がよいとされる。住宅など小規模な建物は、器具排水管ならば便器などの衛生器具のトラップの口径以上、排水横枝管ならば接続する器具排水管の最大口径以上とする。さらに、下流の排水立て管は接続する排水横枝管の最大口径以上とするが、立て管の下流方向の管径はそれ以上太くしない。

排水勾配
はいすいこうばい

排水をスムーズにして詰まりを防ぐために、排水横枝管に付けた落差の勾配のこと。一般に管径65ミリ以下の場合は50分の1以上、管径75ミリ、100ミリでは100分の1以上の勾配が必要となる。

排水枡
はいすいます

屋外排水用に設置される枡のこと。屋外排水管の合流点や曲がった場所に設ける。排水管を詰まらせる原因となる排水中の固形物を分離して、排水管の掃除や点検をしやすくする。会所枡、汚水枡（インバート枡）、雨水枡、トラップ枡がある。

配線ダクト
はいせんだくと

照明器具に電気を供給する溝のある配線レール。ライティングレールとも呼ばれる。プラグ式照明器具なら自由着脱設置可能。

配線用遮断器
はいせんようしゃだんき

⇒ノーヒューズブレーカー

ハイタンク

天井近くの高い位置に取り付けられた、水洗便所のための洗浄水を一時貯留しておくための水槽のこと。高い位置から水を落下させて便器を洗浄するが、騒音が大きくてメンテナンスがしにくい。

パイロットランプ

発光ダイオードの小さな表示ランプのこと。オーディオ機器、ホタルスイッチ（夜間にスイッチの位置を知らせる）、消し忘れ防止スイッチなどにも使われる。

バキュームブレーカー

逆サイホン現象によって、使用済みの汚水が、給水管へ逆流するのを防止する器具のこと。給水管の負圧や真空が生じた場合に、自動的に空気を送り込むものである。吐水口空間を確保することができないフラッシュバルブ式の便器に必ず設置される。

パスカル（Pa）

1㎡の面積あたりに1ニュートン（N）の力が作用する圧力、応力。

パッキン

水などの流体の漏れや気密性を防止するために用いられる、ゴム製の緩衝材の総称。水栓金具や配管、ダクトのフランジ接合部などに挿入される。

バックガード

ガス台や流し、調理台のワークトップ（天板）後方を一部立ち上げたもの。

パッケージユニット方式
ぱっけーじゆにっとほうしき

冷媒を用いたパッケージユニットで空調する方式のこと。水冷式と空冷式がある。水冷式は、冷房時に冷却塔を利用して冷却水を循環させ、暖房時にはボイラーからの温水や電気ヒーターを利用する。空冷式は、冷房だけのものと、ヒートポンプで暖房を行うものがある。設置場所を縮小したり、ランニングコストを低減したりできる。そのため、部屋単位の独立運転に適しており、比較的小規模な事務所や店舗などに使われる。

パネルヒーター

輻射暖房のひとつ。全体を加熱した広い面状の放熱器から放熱される輻射熱で暖房を行う。床暖房もそのひとつで、そのほか壁や天井に設置するものもある。

破封
はふう

排水管のトラップの封水が蒸発や圧力などで減少し、トラップの効果がなくなること。

排水方式の例

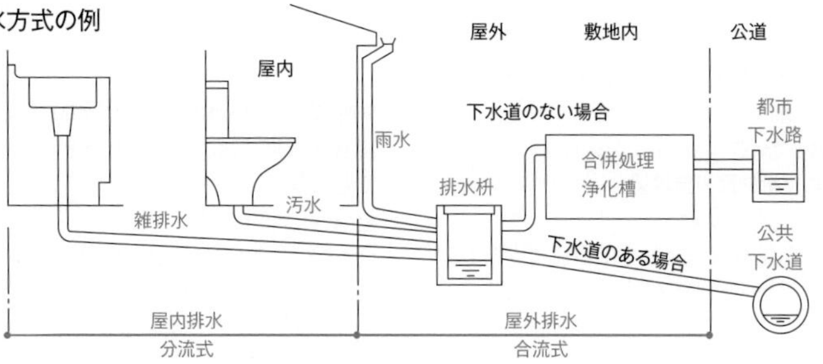

ハロゲンヒーター
電気を利用したクッキングヒーターのひとつ。高熱を発生するハロゲンランプが熱源。

半埋込み式浴槽
はんうめこみしきよくそう
浴室の洗い場の床面に半分くらい埋め込んだ浴槽のこと。出入りの際にまたぐ高さを低くすることができる。浴室洗い場床から浴槽の縁までの高さは、一般的に300〜400ミリとされている。

ハンドシャワー
シャワーヘッドを手に持って、自由に使うことができる一般的なシャワーのこと。給水、給湯管からパイプで接続されている。

豆知識 止水機構付きシャワーヘッド

手元で止水が容易にできる止水機構付シャワーヘッドも市販されている。1回当たりの使用水量は、止水機能のない標準型に比べて、20〜30パーセント節水効果が高いという報告がある。

ハンドスプレー吐水口
はんどすぷれーとすいこう
キッチンで使われる水栓金具のひとつ。食器や食物の洗浄をするために、霧状に散水することができる。また、吐水口を引き出せるので、ハンドシャワーとしても使用できる。

パントリー
pantry
キッチンに付属する食品や飲料などの収納スペース。調理器具や食器を保管することもある。

半密閉型燃焼器具
はんみっぺいがたねんしょうきぐ
室内の空気を用いて燃焼させて、煙突などの排気筒で排ガスを屋外に排出する燃焼器具のこと。排ガスによる室内空気汚染は少ないが、効率はあまりよくない。室内壁掛け型瞬間湯沸器などに用いられる。⇒**燃焼器具**

BOD値
びーおーでぃち
⇒**生物化学的酸素要求量**

ヒートショック
屋内での急激な温度変化で血圧等が乱れること。心筋梗塞、脳梗塞などの原因となる。

Pトラップ
ぴーとらっぷ
サイホン型の排水トラップのひとつ。排水管の一部をP字型に曲げて排水が溜まる部分をつくり、臭気や害虫の侵入を防ぐことができる。封水の安定性がよく、洗面器や手洗い器などの排水口に接続して壁排水をする。
⇒**トラップ**

ppm
ぴーぴーえむ
parts per millionの略。100万分の1を意味する単位のこと。たとえば、二酸化炭素の最大許容濃度0.1％＝1,000ppmといったように、大気汚染や水質汚濁物質の濃度などを示すときに用いられる。

光センサースイッチ
ひかりせんさーすいっち
暗くなると自動的に点灯するスイッチのこと。玄関先の外灯や街灯などに使われる。明暗センサースイッチ、EEスイッチとも呼ばれる。

引込み線
ひきこみせん
電力会社の送電線・電柱から住宅等の電力メータの引込み取付点までの電線。電力会社の所有物。

非サイホン式トラップ
ひさいほんしきとらっぷ
トラップのひとつ。内部に排水を溜めて、油脂分や毛髪、ゴミなどの異物を下部に沈めたあとに、排水が溢れ出ることによって流れる形式のものである。自浄作用はないが、封水が破られにくい。椀(ベル)型トラップ、ドラム(胴)型トラップなどに分類される。⇒**トラップ**

ビニル絶縁ビニル外装ケーブル
びにるぜつえんびにるがいそうけーぶる
木造建物などの分電盤から屋内に電気を送る分岐回路の配線に使われるケーブルのこと(略号VV)。VVには平形(VVF)と丸形(VVR)がある。一般にVVFはFケーブルとも呼ばれる。経済的で安全性が高く、施工も容易なため、分岐回路にはVVFが使われることが多い。

ヒューズコック
ガス栓のひとつ。万一、ガス管が外れたり、切れたりして、一度に過大な量のガスが漏れると、自動的にガスを止めることができる。

表示灯付きスイッチ
ひょうじとうつきすいっち

⇒ホタルスイッチ

ビルトイン
あらかじめ設備機器をキッチンなどに組み込むこと。置き型と区別される。ビルトインコンロ、ビルトイン食洗機などがある。

負圧
ふあつ

室内の気圧が外気圧より低い状態のこと。換気扇で排気を続けると、室内は負圧になる。負圧の部屋では空気が中に入ろうとするので、自然にドアが閉まったり、すきま風が入ったりする。⇒**正圧**

ファンコイルユニット方式
ふぁんこいるゆにっとほうしき

冷温水を室内ユニットに送る水方式の空調設備のひとつ。ファンコイルユニット内のコイルで冷温水を熱交換し、ファンで強制対流を起こして冷暖房を行う。部屋ごとの運転や調節が容易なので、住宅や病院など個室の多い建物に使用される。ただし、ダクトと併用しないと換気や湿度調整ができない。その場合には、ダクト併用式の空調方式を利用する。

ファンコンベクター
中央式暖房専用の対流式熱交換器のこと。内蔵のファンによって、機械室のボイラーなどから送られた温水を送風することで、室内に強制的に放熱する。一般的な住戸セントラル温水暖房システムなどで用いられる。⇒**温水暖房、床暖房**

ファンヒーター
家庭用の個別式暖房器具のひとつ。石油やガスストーブなどの開放型燃焼器具にファンを組み込むことで、強制的に対流を起こして暖房を行う。器具の立ち上がりは早いが、室内に排気ガスを放出するので、換気が必要となる。

VP管
ぶいぴーかん

⇒**硬質塩化ビニル管**

VVRケーブル
ぶいぶいあーるけーぶる

丸型のビニル絶縁ビニルシースケーブルのこと(略称VVケーブル)。木造住宅などにおいて、屋内へ電気を送る分岐回路の配線に使われる。

VVFケーブル
ぶいぶいえふけーぶる

平型のビニル絶縁ビニルシースケーブルのこと(略称VVケーブル)。経済的で安全性が高く、施工も容易なため、木造住宅などで屋内へ電気を送る分岐回路の配線に最もよく使われる。一般にFケーブルとも呼ばれる。

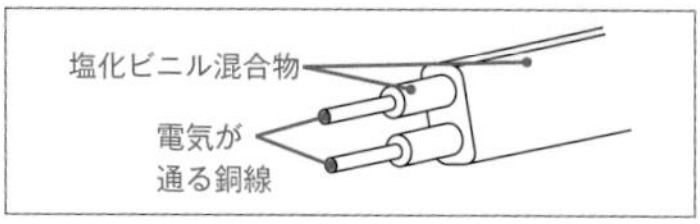

フィラー
システムキッチンなどで設置時の隙間調整材をいう。幕板、隙間剤。塗装時の下地処理のこともフィラーという。

封水
ふうすい

トラップ内の管の途中にある水封部(下水からの臭気や虫の侵入を防ぐ)に常時溜めた水のこと。自己サイホン現象や毛管現象、蒸発、排水管内の気圧変動によって、吸い出し現象や跳ね出し現象が起こることがある。こうした破封が起こらないよう、一般に封水の深さは50〜100ミリくらいが適当である。⇒**トラップ**

複管式給湯配管
ふくかんしききゅうとうはいかん

中央式給湯方式において、給湯管と返湯管の2本を設けて、給湯栓を開くとすぐに給湯されるよう常に湯を循環させる給湯配管のこと。湯量や温度にばらつきを出さないために使われる。一般的にホテルなどの大規模な給湯設備に採用されている。

輻射暖房
ふくしゃだんぼう

床暖房やパネルヒーターなど、床面や壁面から放出される輻射熱によって暖房する方式のこと。ファンヒーターなどの対流暖房と異なり、室内の上下温度差が少ない。室温が多少低くても、輻射熱を吸収することで快適に過ごすことができる。

部材ユニット型システムキッチン
ぶざいゆにっとがたしすてむきっちん

現場の条件に合わせて、工場で製造された多種の部品や部材を選択し、組み合わせて完成させるタイプのキッチン。選択の幅が広く、レイアウトなどの自由度は高いが、施工などが複雑なため、価格も比較的高くなる。ヨーロッパなどからの輸入品を始め、高級システムキッチンに多い。2種H型キッチンともいう。

フットスイッチ

システムキッチンの台輪などに取り付けられた、足元で水栓の開閉を操作できるようにしたもの。

> **豆知識 フットスイッチや自動水栓**
>
> 
>
> 台所などで、給湯を止めたくても手が汚れていて混合栓に触れたくなかったり、無駄にお湯を消費したりすることがある。そういうときに重宝されるのが、足元のフットスイッチや自動水栓。台所でシャワー水栓を用いると約30パーセント、フットスイッチや自動水栓を用いると5～8パーセントの給湯を節約することができる。

腐敗槽

ふはいそう

し尿浄化槽の処理経路において、腐敗や沈殿分離を行う槽のこと。槽に汚水が流入したときに、空気を断って嫌気性微生物に腐敗させ沈殿分離させたあと、汚水を酸化槽に流し込むまでの部分のことである。⇒**し尿浄化槽**

プラグ

電気機器等の回路をつなぐ器具。電気コンセントに差込むものを差込みプラグ と呼ぶ。

プラズマ

固体、液体、気体に続く物質状態。気体をさらに高温化し電子が分離し自由に運動する状態。プラズマテレビ等の技術に利用される。

フラッシュバルブ

水道の水圧を利用して水を流す便器用の給水栓のこと。洗浄弁ともいう。水道管に直結されており、その水圧でバルブ（弁）を操作したあとに、一定時間に一定量の水を流して自動停止するものである。25ミリの太さの水道管が必要で、住宅ではほとんど採用されていなかった。ただし、連続使用ができて、ロータンクもなく省スペースで済むので、最近では家庭用タンクレス便器（20ミリ以下の太さの水道管でも使用できる）が普及している。⇒**タンクレス便器**

フラットケーブル

扁平な形状の断面で、絶縁体で被覆されたケーブルのこと。床上に露出して配線し、その上にタイルカーペットなどを敷く。配線の変更が容易なので、事務所などで使われる。

フリーアクセスフロア

⇒**OAフロア**

プルオープン

食洗機で、引き出しのように開閉するもの。スライドオープンタイプとも呼ばれる。

プルボックス

電線管などの配線工事で、電線の接続や取り出し、器具の取り付けのために使用される鋼製の箱。電線管の分岐・集合個所や長い距離の途中などに設ける。

フルユニット

施工の省力化、スピードアップ、品質管理の向上を図るために、ユニット化された浴室ユニットのひとつ。皿状の床パンの上に壁パネルを組み立て、さらに天井パネルを載せて浴室を構成する。浴槽には、床パンの上に置く据置きタイプが使用される。

ブレーカー

電気回路に過大な電流が流れると、自動的に電流が遮断される装置のこと。住宅用の分電盤の内部では、幹線はまず契約容量に応じたアンペアブレーカーに接続され、さらに漏電遮断器を経て、配線用遮断器に接続される。⇒**分電盤**

フレーム式洗面器

ふれーむしきせんめんき

カウンターに孔を空けて、上から落とし込まれた洗面器のこと。カウンターの上にある薄い金属製のフレームに引っ掛けて取り付ける。洗面カウンターがシンプルとなるので、清掃が容易である。⇒**洗面器**

フロアキャビネット

システムキッチンの構成部品で、ワークトップを支えるキャビネットのこと。キッチンカウンターより下の部分のメインとなる収納部で、収納には扉式や引出し式のものがある。また、オーブンレンジや食器洗い、乾燥機などの機器類もビルトインされる。また、キャビネットには、台輪に載せるタイプと床に自立させるタイプのものがある。フロントキャビネットともいう。

フロアコンセント

床面下のボックスに取り付けられ、使用時に床面上に出して使う形式のコンセント。ダイニングテーブルの下や事務室の中央部分の床面など、壁面から離れた場所に電源がある場合に用いられる。アップコンセントと

もいう。⇒**コンセント**

フロアダクト

床の躯体内に埋め込まれた、長方形の断面をした鋼鉄製の電気配線用のダクトのこと。電源や電話、通信の配線に使用される。オフィスビルなどで、間仕切りの変更に対応して、床コンセントや電話などの通信配線を60センチごとに引き出すことができる。

ブローアウト式便器

ぶろーあうとしきべんき

水洗式大便器の洗浄方式のひとつ。サイホン作用は使わずに、便器のトラップ底部にある穴から強い噴流で汚物を流す。強力に洗浄することができ、排水部分がシンプルで詰まりにくい。ただし、高い水圧が必要なため、排水時の音が大きい。

プロトコル

異機種のコンピュータ間の通信や複数のデータの相互通信を行う際に、相互に決められた通信手順と通信規約のこと。

プロパンガス

⇒**LPガス**

プロペラファン

軸流ファンのひとつ。羽根車内において、軸方向に気体を流す形式の送風機である。2階建て程度の住宅のキッチンやサニタリーなどの壁に取り付けられる。最も基本的なプロペラの形をしており、小型のものが多い。風量は多いが、静圧が低いので、外風やダクトなどの抵抗を受けると風量が減少する。⇒**換気扇**

ブロワー

軸流型ファン、遠心力ファンなどの送風機の別称。圧力の低いものをファン、圧力の高いものをブロワーという。⇒**換気扇**

フロントオープン

食洗機の扉が内倒しタイプのもの。

フロントキャビネット

⇒**フロアキャビネット**

分岐回路

ぶんきかいろ

幹線のような太い電線で直接接続せずに、電力を供給する配線回路のこと。分電盤内の配線用遮断器から照明器具などの末端の配線器具に電力を送るための回路。住宅の場合、1分岐回路当たり15A以下（または20A以下）で、部屋別、用途別などいくつかの群に区分されている。エアコンや電子レンジなど、

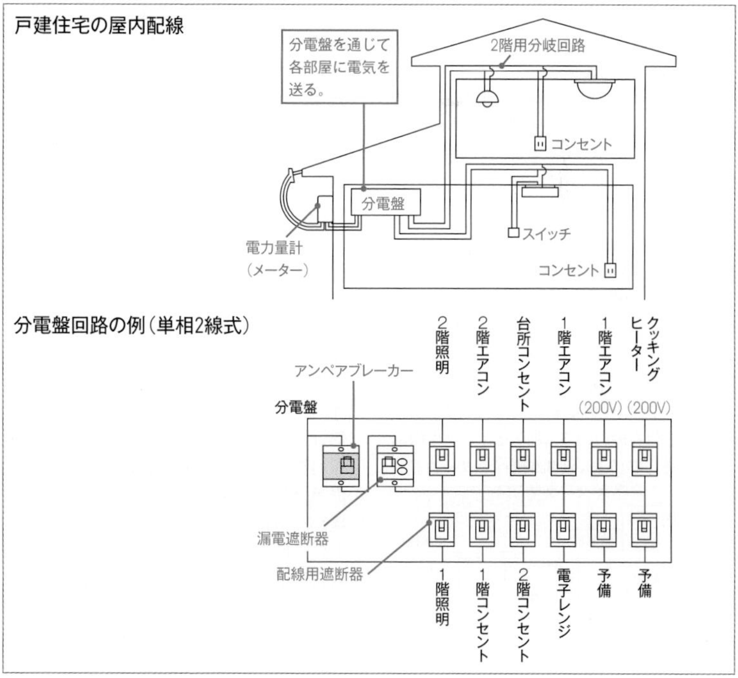

大容量の機器には単独の専用分岐回路が必要となる。(前頁図参照)

分電盤
ぶんでんばん

数多い末端器具を部屋別、用途別などに整理区分して、幹線からの配線を分岐する盤のこと。内部にアンペアブレーカー、漏電遮断器、配線用遮断器などが一体に組み込まれ、保守点検のしやすい位置に設置される。(前頁図参照)

分流式排水
ぶんりゅうしきはいすい

敷地内において、雨水、汚水、雑排水を別々の配管で排水する方式のこと。下水道が完備されていない地域で採用されていたが、現在は汚水を単独処理浄化槽で処理したあとに、雑排水と合流する方式は新設ができない。分流式公共下水道においては、雨水を別にして、汚水と雑排水を同一の管きょ類で終末処理場へ排水する。

ヘアートラップ

排水に混入する油やグリース、毛髪などの流出を阻止して、分離、収集する阻集器のひとつ。美容院や理髪店への設置が義務付けられており、排水からの毛髪の流下を阻止することができる。

ベッセル式洗面器
べっせるしきせんめんき

洗面カウンターの上に置いて使用される置き型の洗面器のこと。飲食店などの店舗で採用される場合が多かったが、おしゃれな感じが受けて、住宅の洗面や手洗いにも使われている。⇒**洗面器**

ヘッダー式配管方式
へっだーしきはいかんほうしき

給水や給湯の供給方式のひとつ。多くの系統に分岐、合流させるために、ヘッダーから細いフレキシブルな配管材料を通じて各水栓金具へ単独で供給する。先分岐式配管方式に比べて、水圧の変動が少なく、湯が出るまでの時間も短いので、住戸セントラル給湯設備に適している。⇒**さや管ヘッダー方式**

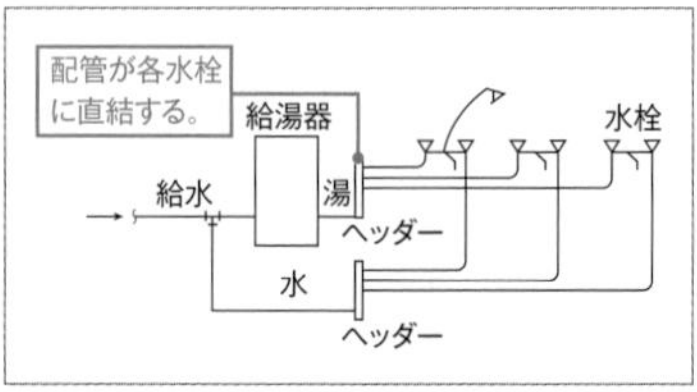

ペデスタル式洗面器
ぺですたるしきせんめんき

独立型の台付き洗面器のこと。ペデスタル(pedestal)とは台座のことで、ローマ時代以後の古代建築において、柱を載せた台石を指す。⇒**洗面器**

ベル型トラップ
べるがたとらっぷ

⇒**椀型トラップ**

ペレットストーブ

伐採作業や製材加工の際にでるおがくずや樹皮などを圧縮して固めた木質ペレットを燃料とするストーブ。燃焼の際のCO_2排出量も少なく、バイオマスエネルギーとして注目されている。煙がほぼ出ず、薪ストーブと比べて扱いやすいため住宅に適した暖房器具。

変圧器
へんあつき

トランス。高圧電源を低圧電源に降圧するなど、電磁誘導作用によって、受電した電圧を必要な電圧に変換する装置のこと。

便器
べんき

大便や小便を受ける器のこと。大便用と小便用、水洗式と非水洗式、和式と洋式などの種類がある。また、給水はシスタンバルブ式とフラッシュバルブ式に、洗浄方法は洗出し式、洗落し式、サイホン式、サイホンゼット式、サイホンボルテックス式、ブローアウト式に分類される。(次頁図参照)

ベンチレーター

自然力を利用した換気塔などの換気装置のこと。自然風や温度差によって、下方から吸い込んで、上方から排出する形式となっており、工場などで広く採用されている。

ベントキャップ

通気管や排気管の機能が阻害されないよう、末端の開口部に設けられる防護カバー。

ボイラー

燃焼によって水などを加熱し熱源を得る装置。建築では主に暖房用に使われる。

防火ダンパー
ぼうかだんぱー

火災時に温度の上昇や煙の発生を感知すると自動的に閉まって、延焼を防止する金属製のふた状の部品のこと。空調ダクトの内部や換気扇に取り付けられる。

防水コンセント
ぼうすいこんせんと

屋外に取り付けられるコンセントのこと。雨などの水が侵入しないよう、上部にカバーが付き、コンセントが下向きになっている。防雨コンセントともいう。⇒**コンセント**

防水パン
ぼうすいぱん

排水口とトラップがセットになったFRP製の皿状水受け製品のこと。洗濯機を設置するために下に設けられる水受けや、浴室やシャワー室の床用などがある。

泡沫水栓
ほうまつすいせん

水栓金具のひとつ。吐水口にメッシュ状の部品を取り付けて、泡状の水を吐水するものである。水跳ねが少ないので、キッチンシンクなどに適している。

ホースコック
ガス栓のひとつ。接続口がヒューズコックの構造になっていないため、万一ガス管が外れたり、切れたりしても、自動的にガスを止めることができない。そのため、現在では新設が禁止されている。

ホームエレベーター
個人住宅用のエレベーターのこと。一般ビル用エレベーターと比べると、建築基準法上の規定がいくつか緩和されている。2人用と3人用があり、床面積は1.3平米以下と小規模である。また、安全面に配慮して、昇降速度は30メートル／分以下のゆっくりした速度に規制されている。

ホームエレクトロニクス
⇒**ホームオートメーション**

ホームオートメーション
OA（オフィスオートメーション）の家庭版のこと。コンピュータを中心とする情報機器を家庭内に取り込んで空調や照明などをコントロールしたり、災害の発見や通報などのセキュリティ機能が設けられたりしている。その他、情報のネットワーク化に伴って、快適で安全な暮らしのためのさまざまな機能が可能となる。HEと略され、ホームエレクトロニクスともいう。

豆知識　コントロール機能

ホームオートメーションのコントロール機能には、ホームコントロール（住宅内でのみ操作する）と、テレコントロール（電話のプッシュホンのMF信号を外部からのコントロール信号に用いて、戸外からも操作ができる）がある。スマートフォンの普及によりテレコントロールの需要が高まり、HAシステムの重要なポイントになっている。

大便器の種類

洗い出し式

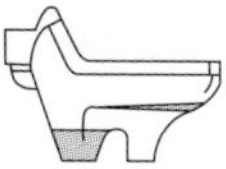

一般的な和式便器。便鉢の汚物を後部からの水で流す。

洗い落し式

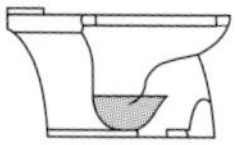

落差のある洗浄水で汚物を押し流す。水溜まりが少なめなので汚物が付着しやすいのが欠点。

サイホン式

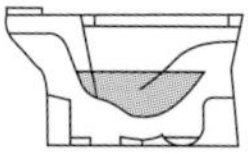

サイホン作用で洗浄する。水溜まりは洗落し式より多めだが汚物が付着することがある。

サイホンゼット式

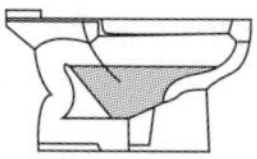

独特の穴から吹き出す水流で強いサイホン作用を起こし汚物を排出する。

サイホンボルテックス式

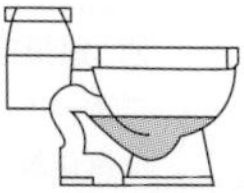

渦巻き状の水流の強いサイホン作用で洗浄する。水溜まり面が広いので、臭気の発散も少なく汚物の付着もほとんどない。

ブローアウト式

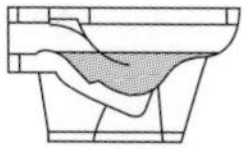

サイホン作用は使わず独特の穴から強い水流で汚物を流す。排水部分がシンプルで詰まりに強いが、音は大きい。

ホームシアター
住宅内に大画面映像設備と音響システムを設置し映画などを楽しむシステム。

ホームセキュリティ
ホームオートメーションの主要な機能のひとつ。その他に、ホームコントロール、ホームショッピング、ホームリザベーション、ホームエデュケーションなどの機能に分類される。⇒**ホームオートメーション**

ボールタップ
受水槽や便器のロータンクなどの内部に設置されている装置のこと。水槽に一定量以上の水が入らないよう、ボール状の浮き玉の浮力を利用して、弁の自動開閉を行って給水する。

ホーロー
鉄、鋳物等の表面にガラス質の釉薬を高温焼付けしたもの。美しい色合いと光沢が可能。耐久性・耐酸性・耐磨耗性・耐熱性などに優れ、浴槽・調理器具等に使用される。

ホタルスイッチ
暗い場所でもスイッチの位置がわかるよう、小さな表示灯を点灯させるスイッチのこと。オフの状態で表示灯が点灯し、オンの状態で消灯する。表示灯付きスイッチともいう。

ポップアップ排水栓
ぽっぷあっぷはいすいせん

浴槽などの排水口を、それとは異なる位置に設置したレバー等で開閉操作できる栓。

ボルト(V)
電位や電圧の単位のこと。電流を流すための圧力を電圧という。川にたとえると、電圧は川の勾配や水流の速さに当たる。⇒**電圧**

ま

マルチ型エアコン
まるちがたえあこん

室外機と室内機で構成されるセパレート型ルームエアコンのひとつ。1台の室外機に対して、複数の室内機と接続し、冷暖房を行うことができる。

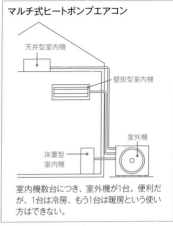

マルチ式ヒートポンプエアコン

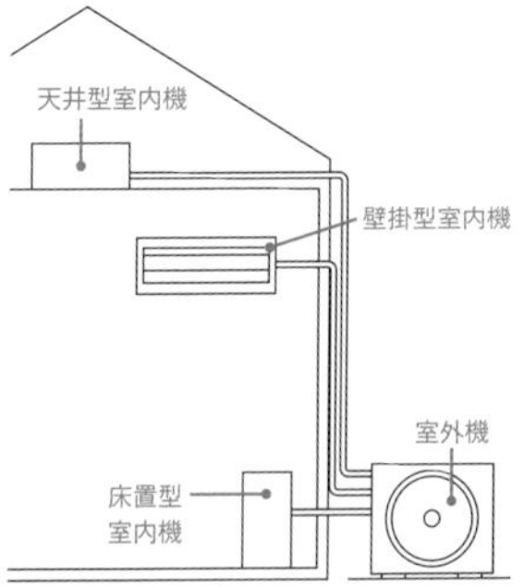

室内機数台につき、室外機が1台。便利だが、1台は冷房、もう1台は暖房という使い方はできない。

マルチゾーン方式
まるちぞーんほうしき

別々のダクト系で送風する空調設備のこと。冷温水用の2つの熱交換コイルを内蔵したマルチゾーンユニットによって、温度が異なる空気を別々のダクト系で送風することができる。多目的商業施設などにおいて、熱負荷の異なる部分に、冷房や暖房を個別に対応することが可能である。(193頁図参照)

明暗センサースイッチ
めいあんせんさーすいっち

⇒**光センサースイッチ**

ミキシングバルブ式混合水栓
みきしんぐばるぶしきこんごうすいせん

温度を調節するバルブと、温水の量を調整するバルブが別々になっている混合水栓のこと。給水、給湯の量を使用温度に合わせて混合することができる。⇒**混合水栓**

密閉型燃焼器具
みっぺいがたねんしょうきぐ

燃焼用の空気を屋外から取り入れて、排ガスを屋外に排出する燃焼器具のこと。密閉型には、自然対流を利用したBF型(Balanced Flue)と、ファンで強制的に給排気するFF型(Forced draught balanced Flue)の2種類がある。風呂用バランス釜やFFヒーターなどがこのタイプで、室内の空気が汚染されない。⇒**燃焼器具**

元止め式瞬間湯沸器
もとどめしきしゅんかんゆわかしき

給湯器の加熱部から上流側に直接付いた給湯栓の開閉時に生じる水圧差を利用して、内臓のダイヤフラムによって自動的に点火や消火をする瞬間給湯器のこと。キッチンシンクなど1カ所にしか給湯できない。

や

誘引ユニット方式
ゆういんゆにっとほうしき

⇒**インダクションユニット方式**

有機ELディスプレイ
ゆうきいーえるでぃすぷれい

有機化合物を利用した新世代ディスプレイのこと。従来のディスプレイと比べると、薄型、軽量、高速対応、高コントラストなど優れた特徴がある。

Uトラップ
ゆーとらっぷ

サイホン型の排水トラップのひとつ。横引き排水管の一部をU字型に曲げて排水が溜まる部分をつくり、臭気や害虫の侵入を防ぐ。雨水排水系統の横主管の末端などに設置することで、下水道からの悪臭の侵入を防ぐことができる。⇒**トラップ**

床暖房
ゆかだんぼう

床を30〜40度に加熱し、室温を18〜20度に維持する輻射(放射)暖房のこと。室温が低めでも、足もとから暖めるので、室内の上下の温度差が少なく、室内全体をむらなく暖めることができる。特に高齢者に適した暖房方式として普及している。温水循環式と電気ヒーター式に分かれる。なお、床暖房では床が乾燥するため、フローリング材などには専用の熱に強い床仕上げ材を用いる。

豆知識　床暖房のメリット

床暖房は床面自体を暖めるので、運転を止めても暖房効果が持続したり、換気しても寒くなりにくいという長所がある。室内の放熱器などの器具が目に付かなくなるので、インテリアの美観の向上にも大きく貢献する。

洋風浴槽
ようふうよくそう

肩までは湯に浸かることはできないが、体を浴槽内でほぼ横たえて入浴できるタイプの浴槽のこと。浴槽の深さは400〜450ミリ、浴槽内の長さは1,250〜1,700ミリ程度である。

浴室換気暖房乾燥機
よくしつかんきだんぼうかんそうき

浴室の換気や暖房、乾燥を1台でこなす機器のこと。浴室だけでなく洗濯物も乾燥するために、浴室用換気扇にヒーターやガス給湯器の湯を循環させたり、ヒートポンプが組み込まれている。

浴室ユニット
よくしつゆにっと

浴室を構成する床、腰壁、天井、ドアなどを工場で生産し、現場で設置、組立て、接続を行う方式のユニット。施工の省力化、スピードアップ、品質管理を図ることができる。形式によって、フルユニット、ハーフユニットに分類される。浴槽以外に便器、洗面器を含めたサニタリーユニットなどもある。工法上においては、キュービック方式やノックダウン方式に分類される。ユニットバスともいう。

浴室ユニットの寸法
よくしつゆにっとのすんぽう

一般的にユニット内の縦横の内法寸法のこと。たとえば、1坪(1,820×1,820ミリ)内に設定できるユニットは、柱や隙間、ユニットのパネルの厚さ分を除くと、内法寸法は1,600×1,600ミリとなるので、1616タイプと呼ばれる。

1坪型·1616タイプ

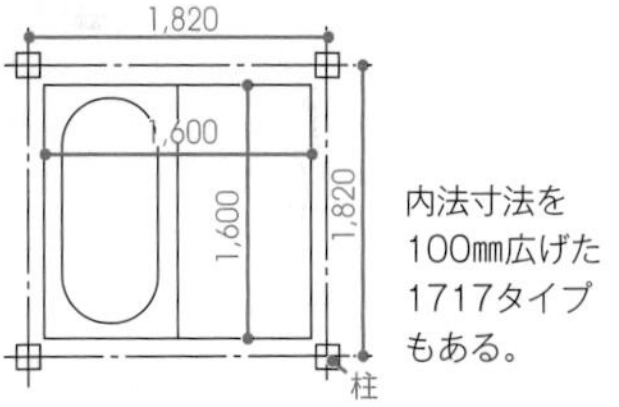

横水栓
よこすいせん

主に水が横(水平)方向に流れる水栓のこと。壁などの垂直面に設置する際に用いられる。⇒**縦型水栓**

ら

ラジエーター

室内に露出されたまま設置される鋳鉄製の放熱器のこと。蒸気暖房などに用いられ、対流と輻射で室内を暖房する。

ラジエントヒーター

電気を熱源にしたクッキングヒーターのひとつ。渦巻状のニクロム線でできたコンロをセラミックプレートで覆ったものである。

LAN

らん

Local Area Networkの略。家庭や事務所内の一定の範囲に分散しているコンピュータや電話などを接続して、その範囲内の情報通信を高速かつシステム的に行うネットワークのこと。

リターンダクト

換気ダクトのこと。冷温風をダクトで送る空気調和設備において、室内の空気を再び熱源装置などの空調機に戻すためのダクト。⇒**ダクト**

リミッター契約

りみったーけいやく

住宅で最も多く採用されている電気の契約方法のこと。電気の使用量に応じて料金を支払う方法である。一般的な従量電灯Bは、契約容量に応じたリミッター（10Aから60Aまで）を設置するために、使用電力量が契約リミッターを超えると、リミッターが作動して回路を開放する。⇒**電気量計**

量水器

りょうすいき

管路を流れる水の量を計る計器のこと。配管に取り付けられる。一般的な家庭用のものは、羽車型量水器である。これは、流水孔から流入する水速を利用して羽車を回転させ、その回転数により水量を測定するというしくみである。⇒**水道メーター**

理論排ガス量

りろんはいがすりょう

燃料が理論空気量で完全燃焼したと仮定したときの燃焼排ガス量のことで、理論空気量の1.1倍となる。開放型燃焼器具を設置した時の建築物の換気設備の必要有効換気量を表す指標。

ルーター

異なるコンピュータのネットワーク間をつないで、伝送経路を制御する装置のこと。

ルームエアコン

主に住宅用に使われるエアコン。室外機と室内機が分離したセパレート型が主流だが、分離しない一体のウインド型もある。

冷媒

れいばい

ヒートポンプなどの冷凍装置において、低熱源から熱を吸収し、高熱源へ放出するために循環させるフロンなどの流体のこと。作動媒体として循環させて、液体から気体に蒸発する際に周囲から気化熱を奪い、気体から液体に凝縮する際に周囲に凝縮熱を放出するという性質を利用する。従来、冷媒にはフロンが使われていたが、オゾン層破壊などの問題によって、現在は自然冷媒使用をするなど、ノンフロン化している。

冷媒管

れいばいかん

エアコンの室外機と室内機の間で、冷媒を循環させるためにつながれた配管のこと。冷媒管はエアコンの能力や機種によって、設置

換気扇のフードの種類

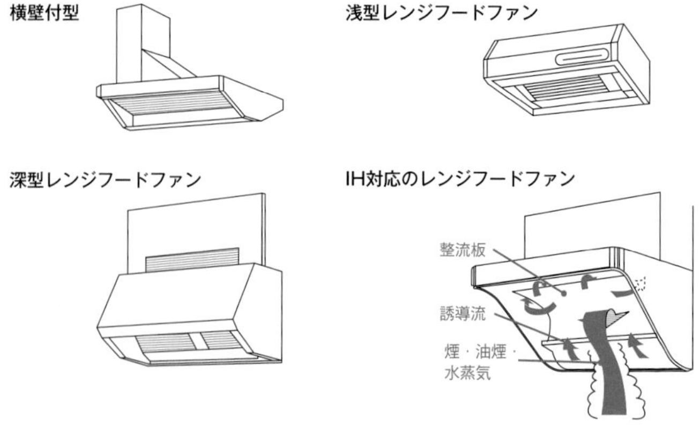

距離に制約がある。

冷房負荷
れいぼうふか

室内をある一定の温度に下げるために必要な熱量のこと。室温が外気より低い冷房時には、高温の外部から室内へ、床、壁、天井、窓を通して、さらに換気や隙間風など空気の流入によって、熱量が取得される。また、人体や設備機器から発熱した室内取得熱量や、昼間の日射による相当外気温を合わせた、熱取得の合計である。

レジスター
外気の流入を調整するための専用の換気部材。

レンジフード型換気扇
れんじふーどがたかんきせん

キッチンで用いられる、プロペラファンやシロッコファンなどの排気用送風機とフードが一体となったもの。横壁付け型、浅型、深型、IH対応型などがある。（前頁図参照）

ロータンク
一般の住宅用水洗便器に採用されている、溜めた水で洗浄するための水槽のこと。便器のすぐ上に載せて用いられる。なお、高い位置に配置するハイタンクと合わせた洗浄用水槽をシスタンという。

わ

ワークトップ
キッチンの調理などで使う作業面のこと。材質はステンレス、人造大理石、メラミン化粧板、天然石など。壁付けの場合、奥行き寸法は550〜650ミリ、高さは850ミリ程度。天板、カウンタートップなどともいう。なお、壁側の立ち上り部分はバックガードという。

ワット（W）
電力の単位。単位時間内に発生したり、消費されたりするエネルギーを電力という。川にたとえると、運ばれた水の作用するエネルギーに当たり、直流では電圧と電流の積で計算する。⇒**電力**

和風浴槽
わふうよくそう

しゃがんで肩までつかって入浴するタイプの浴槽のこと。深さがあって長さもコンパクトだが、浴槽の内側の立上がり部分が高くなっており、ほぼ垂直なので入浴時に寄り掛かりにくい。浴槽の深さは550〜600ミリ、浴槽内の長さは750〜1,100ミリ程度である。

和洋折衷浴槽
わようせっちゅうよくそう

足を適度に伸ばして肩までつかって入浴するタイプの浴槽のこと。一般的な住宅でよく採用される。浴槽の深さは550ミリ、浴槽内の長さは1,000〜1,500ミリ程度である。

椀型トラップ
わんがたとらっぷ

非サイホン式トラップのひとつ。シンクや浴室の床排水などに使われる。上部に椀状の部品を伏せて水封をつくる。椀を外すとトラップ機能がなくなる。その他、ゴミなども詰まりやすいので、椀の点検や清掃が必要となる。ベル型トラップともいう。⇒**トラップ**

豆知識　エネルギーの単位の移行

SI単位（国際単位系）への移行によって、エネルギーの単位はcal（カロリー）からJ（ジュール）へ変更された。ただし、W（ワット）は移行後も継続使用されている。

Part 2
インテリアと建築の基本 | 12

内装材とその他の建材

あ

相決(决)り
あいじゃくり
板材のつなぎ面の側面をそれぞれ半分削って、かみ合わる方法のこと。合じゃくり、相決りとも書く。⇒**実矧ぎ**

アキスミンスターカーペット
多色の模様織りが可能の高級カーペットで、ホテルの宴会場などで使用されている。イギリスの地名に由来。カーペットの表面にある毛足がカットされた形態となっている。グリッパー式とスプール式という2つの製法がある。⇒**カーペット**

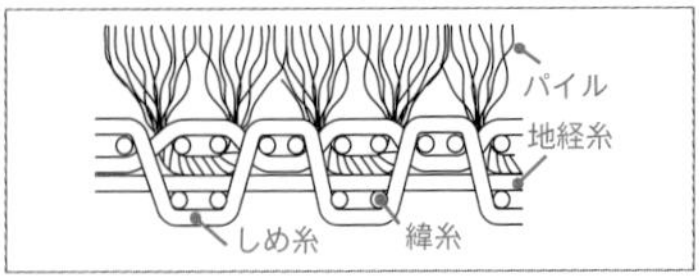

アク止め
あくどめ
塗装後に下地材より浮き出てくるシミ等を事前に止める処理。アク止めシーラー(下地処理剤)などとも呼ばれる。⇒**シーラー処理**

網代天井
あじろてんじょう
杉皮、桧皮、竹の皮などを使って編んだ天井のこと。矢羽根、市松、石畳などの編み方がある。

アスファルトシングル
アスファルトが浸透した表面を、彩色粒で覆った薄い板状屋根材。軽量で柔軟性、防水性があるので、さまざまな形状の屋根に利用することができる。

アスファルト防水
あすふぁるとぼうすい
防水アスファルトを浸み込ませたシート(アスファルトルーフィング)を、何層か重ね合わせて防水層をつくる工法のこと。加熱溶融アスファルトを接着剤とする、歴史のある信頼性が高い工法である。主にRC造などの陸屋根に使われることが多い。⇒**アスファルトルーフィング、シート防水、塗膜防水**

アスファルトルーフィング
アスファルトを浸透させた防水シート。薄いものは、木造屋根の下地としても使われる。⇒**ルーフィング**

綾織
あやおり
糸の交錯する点が斜めに走るように織られた布のこと。平織よりも伸縮性に優れ、しわになりにくいという特徴がある。⇒**平織**

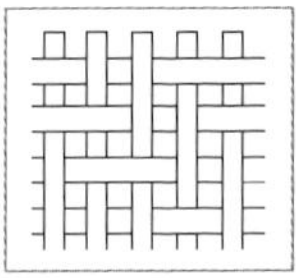

洗出し
あらいだし
左官仕上げの際に、表面が乾かないうちに水洗いして、材に内含された小石を浮き出させること。小石は玉石、種石とも呼ばれ、那智黒、寒水石、御影石などが使われる。

網代天井の模様

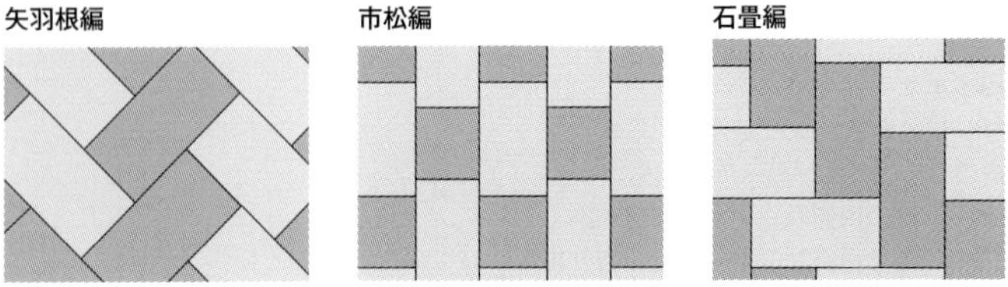

荒壁(粗壁)

あらかべ

塗壁(土壁)の下地となる壁のこと。藁などを入れた土を塗っただけのものである。荒土壁ともいう。⇒**京壁、土壁**

荒床

あらゆか

仕上げ床の下地のために張る床のこと。

アルミスパンドレル

取り付けたビスなどが隠れるように成形された薄いアルミの化粧板。ビルなどの天井材に用いられる。

アルミダイキャスト

溶かしたアルミを鋳型で成型したもので、壁材などに使われる。ダイカストとも書く。

アンダーコート

上塗りの性能を確保するための下地用塗装。シーラー、プライマー、サーフェイサーも近い言葉だが用途等で使い分ける。

アンダーレイ

カーペットの下に敷き込むクッション材のこと。アンダーレイヤーともいう。⇒**グリッパー工法**

イグサ

茎が畳表やゴザに使われる植物。一般的な畳表は丸イ草、琉球表は七島イ草を使用。

石綿

いしわた(せきめん)

アスベスト。天然の鉱物繊維。極細の繊維で熱や摩擦に強く丈夫なため、建材として多く使われてきた。発がん性があることから、建材としては用いられなくなった。

一文字葺き

いちもんじぶき

屋根材のつなぎ目が横一直線に見える葺き方のこと。金属屋根材を仕上げる際に用いられる。

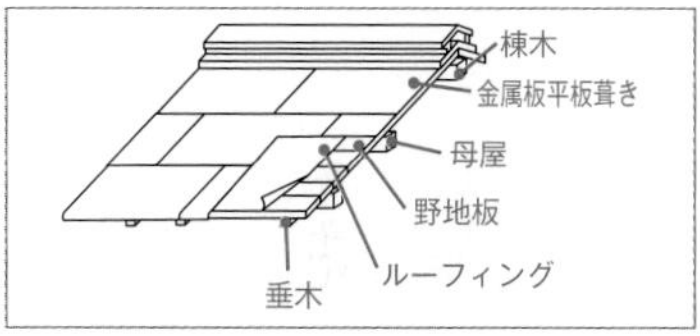

石の種類

分類	種類	主な石の名称	性質	主な用途	適した仕上げ
火成岩	花崗岩(御影石)	稲田石/真壁石/恵那錆石/万成石/大島石	火に弱い/硬い/耐久性あり/耐摩耗性大	内外装床・壁/階段/テーブル/甲板	水磨き/本磨き/割肌バーナー/小叩き/ビシャン/のみ切り/こぶ出し
	安山岩	小松石/鉄平石	細かい結晶のガラス質/硬い/黒〜灰色 耐摩耗性大/軽石は断熱性が大きい	床・壁/外装 石垣/基礎	水磨き/割肌
水成岩(堆積岩)	粘板岩	玄昌石(スレート)	層状に剥がれる/黒っぽい/光沢あり/吸収性小/強度高い	屋根葺き用/床/壁	割り肌/水磨き
	砂岩	サンドストーン/ライムストーン	光沢なし/吸水性大/摩耗しやすい/汚れやすい	床/壁/外装	粗磨き/割肌
	凝灰岩	大谷石	軟質/軽量/吸水性大/耐久性小/耐火性強/もろい	内装壁/暖炉/倉庫	小叩き/のこ引目
変成岩	大理石	ビヤンコカララ/ボテチーノ/ポルトーロ/トラバーチン/オニックス	堅硬緻密/耐久性中/酸に弱い/アルカリに弱い/光沢が美しい/屋外では徐々に光沢を失う	内装床/内装壁/テーブル/甲板ほか	本磨き/水磨き/小叩き
	蛇紋岩	蛇紋石	大理石に似ている/磨くと黒・濃緑・白の模様が美しい	内装床/内装壁	本磨き/水磨き
人造石	テラゾー		種石=大理石/蛇紋岩	内装床/内装壁	本磨き/水磨き
	擬石		種石=花崗岩/安山岩	床/壁	小叩き

糸面
いとめん
糸幅程度の細い面取り。

稲子
いなご
竿縁天井などで、板材同士をつなげるためのもの。⇒**竿縁天井**

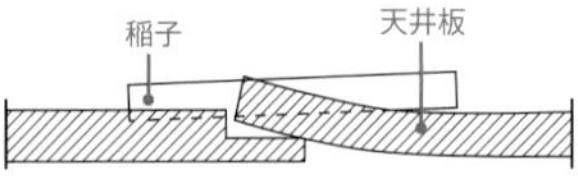

入隅
いりすみ
壁などの2つの面が入り合ってできる凹んだ部分のこと。⇒**出隅**

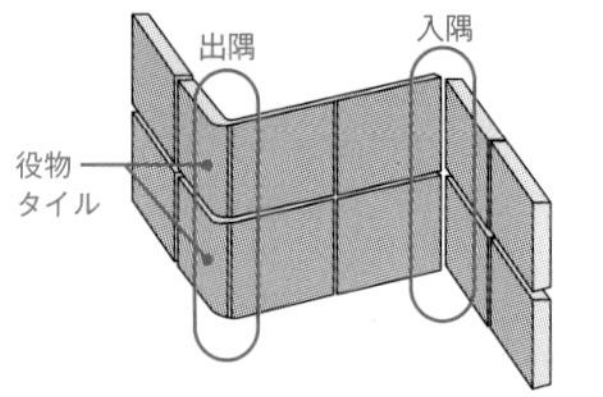

色モルタル仕上げ
いろもるたるしあげ
左官仕上げの際に、モルタルに色を混ぜて仕上げること。⇒**モルタル**

ウィルトンカーペット
ジャカード機という機械で、布とパイルが同時に織られたカーペットのこと。耐久性、施工性に優れる。⇒**カーペット**、**ダブル・フェイスカーペット**

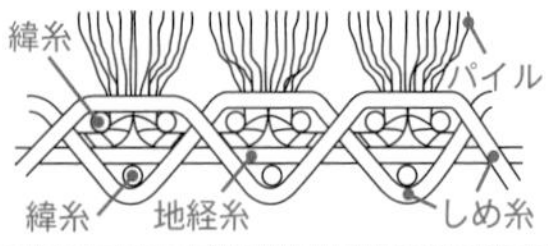

ウォール・ツウ・ウォール
カーペットを壁から壁まで敷き詰めること。

浮き床工法
うきゆかこうほう
音楽室などの遮音性能が必要なところで使われる床工法。コンクリートスラブ(床)の上にグラスウールなどを吸音材として用いることで、床の音が下地などに直接触れないように仕上げる。

打上げ天井
うちあげてんじょう
天井板を下から釘で打ち付けた天井のこと。主に洋室で使われており、クロス貼りや塗装仕上げの際に使われる。

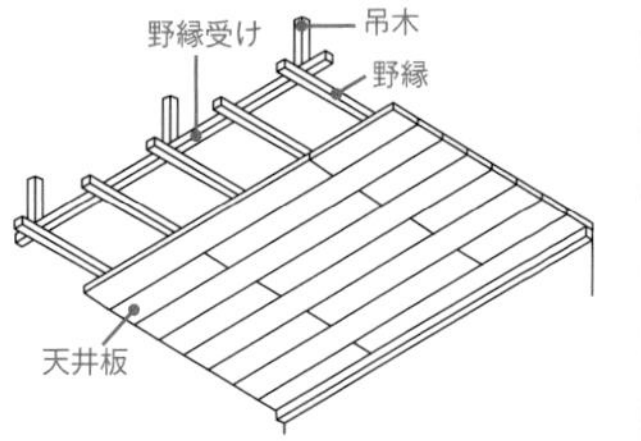

天井板には縁甲板や薄い広幅の板が使われる。

打放しコンクリート仕上げ
うちはなしこんくりーとしあげ
コンクリート打設で、むき出し状態のままに壁を仕上げること。コンクリートの上にタイルなどを施さないので、仕上げには注意が必要とされている。雨などを弾くための撥水塗料を塗ることがある。

漆
うるし
漆の木の樹液で加工された天然樹脂塗料。日本の伝統的な塗料。薄塗りの木目が見える拭き漆といった使い方もある。⇒**カシュー**

石の仕上げ

種類	特徴
水磨き	研磨機で磨いた滑らかな仕上げ。
本磨き	水磨きをさらに細かく磨いた仕上げ。艶を出す仕上げ。
ショットブラスト	艶のある石の表面に高圧で鉄粉を吹き付けて小さな凹凸を付け、艶を消す。
ジェットバーナー	石の表面に冷水を散布しながらバーナーで焼き、凹凸をつくる。滑止めによく使われる。
ビシャン	先に小さな凹凸をもつ金槌(ビシャン)で叩き、小さな凹凸を出す仕上げ。
小叩き	ビシャン仕上げをさらに凹凸を細かくした仕上げ。
割肌	石を割ったときのような凹凸のある仕上げ。

上塗り
うわぬり

左官や塗装の際は重ね塗りを行うが、その仕上げとなる塗装のこと。⇒**下塗り**、**中塗り**

上張り
うわばり

襖や天井・壁などの仕上げに、紙や布などを貼ること。⇒**下張り**

エアスプレー塗装
えあすぷれーとそう

塗料を霧状にして、塗装面に吹き付ける仕上げ法のこと。霧状にする機器部分をスプレーガンと呼ぶ。

SVマーク
えすぶいまーく

壁紙工業会が、高い安全性を追及すべく独自の検討を加えて作成した自主規格のマーク。

エナメル

日本の塗料用語で、透明な塗装ではなく、有色不透明な塗料全般を指す。油性塗料に樹脂類を混合したもの。調合塗料として市販されているものは、塗膜に光沢があり、主に装飾に用いられる。

FRP防水
えふあーるぴーぼうすい

ガラス繊維などの補強材と液状のポリエステル樹脂を一体化した塗膜防水のこと。継ぎ目のないシームレスな防水で、複雑な形状に対しても塗膜が安定している。⇒**塗膜防水**、**防水工法の種類**

F☆☆☆☆
えふふぉーすたー

ホルムアルデヒド発散量による等級区分のこと。JIS(日本産業規格)製品の表示が義務付けられている。☆☆☆☆は発散量がゼロまたは微量であることを示す。☆の数が少ないほど、発散量が多く、条件付きの使用となる。

縁甲板
えんこういた

縁側の床の仕上げなどの際に用いられる細長い板状木材のこと。長手(材の寸法が長い側)には実矧ぎが加工されている。腰壁などにも使われる。⇒**実矧ぎ**、**フローリング**

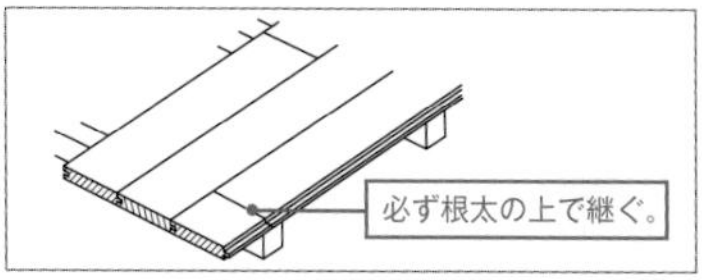

> **豆知識** **フローリングと縁甲板**
>
> 
>
> フローリングと縁甲板を区別するのは難しい。つなぎ目四方が本実になっているものがフローリング、長手2方向であるものが縁甲板といったように区別したり、和風でヒノキやマツ、スギなどは縁甲板、洋風でナラ、ブナなどはフローリングと区別したりする。

塩ビシート
えんびしーと

プラスチック樹脂の床材で、発泡層がないロール状のシートのこと。塩化ビニル樹脂シートとも呼ばれ、床材や防水にも使われる。床材は長尺シート、長尺塩ビシート床材ともいう。⇒**シート防水**、**クッションフロア**

OPC(ワンピース)
おーぴーしー(わんぴーす)

長さ、幅、厚みのどこにも継ぎ目がない一枚もののフローリング。⇒**ユニ**

大面
おおめん

幅の広い面取り。⇒**面取り**

押縁
おしぶち

板状の建材を押さえるために取り付ける細い棒状の部材のこと。

ホルムアルデヒド発散速度による等級区分と制限

JIS、JASなどの等級	ホルムアルデヒド発散速度※	内装仕上げの制限
F☆☆☆☆	0.005㎎/㎡h以下	制限なしに使える
F☆☆☆	0.005㎎/㎡h超0.02㎎/㎡h以下	使用面積が制限される
F☆☆	0.02㎎/㎡h超0.12㎎/㎡h以下	使用面積が制限される
—	0.12㎎/㎡h超	使用禁止

※測定条件:温度28℃、相対湿度50%、ホルムアルデヒド濃度0.1㎎/㎥(=指針値)

おなま

切断などを行なっていない煉瓦やタイルのこと。煉瓦やタイルが原型のままのものを「おなま」と呼ぶ。

鬼瓦

おにがわら

瓦屋根の最長部（棟）の端部に取り付ける飾り性の高い瓦のこと。⇒**桟瓦葺き**

か

カーテンウォール

⇒**帳壁**

カーペット

床に敷くための織物や敷物のことで、じゅうたんとも呼ばれる。一般の布地（平織）のようなものや、それに毛足となるパイル糸を取り付けたもの、刺繍を施したもの、不織布のものなどがある。単位面積のパイルの数をパイル密度といい、一般的に密度が高いほうが高級品とされる。（下表参照）

柿渋塗装

かきしぶとそう

渋柿から抽出された、赤褐色で半透明の塗料のこと。日本古来の材料で和傘などにも用いられ、防水、防虫、抗菌などの性能がある。

隠し釘

かくしくぎ

部分釘（仕上げ部分が見えない釘）を打つこと。隠し釘打ちともいう。

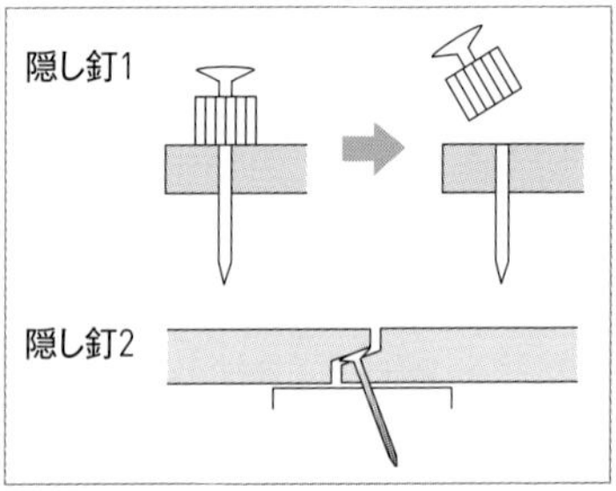

架構式床

かこうしきゆか

部材で下地を組み上げた上に、仕上げが施される床のこと。床下に空間を設けることができる。⇒**非架構式床**

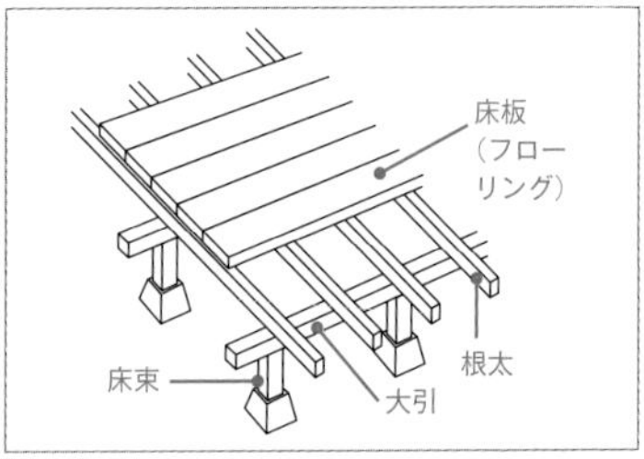

カーペットの分類

パイルのあるカーペット	織りカーペット	手織りカーペット	緞通	
		機械織りカーペット	ウィルトン	
			ダブルフェイス	
			アキスミンスター	スプール
				グリッパー
	刺繍カーペット	タフテッドカーペット		
		フックドラグカーペット		
	接着カーペット	ボンテッドカーペット		
		電着カーペット		
		コードカーペット		
	編みカーペット	ニットカーペット		
		ラッセルカーペット		
パイルのないカーペット	圧縮カーペット	ニードルパンチカーペット（フェルト調）		
		毛氈		
	織りカーペット	三笠織		
		菊水織		
		平織		
		花莚		
	縫付けカーペット	チューブマット		
		ブレテッドマット		

カーペットの繊維

素材＼特徴	耐摩耗性	親水性	汚落ち	防炎性	帯電性	染色性
ウール	合成繊維よりは劣る	優れている	良好	燃えにくく、焼焦げが目立ちにくい	あまりない(湿度30%以下からは帯電しやすい)	多くの染料によって染色できる
レーヨン	合成繊維より劣る	優れている	やや落ちにくい	燃えやすい	ない	非常によい
ナイロン	優れている	わずかにあり	普通	火に溶ける	あり(帯電防止加工が必要)	よいが発色に深みがない
アクリル	ナイロンよりやや劣る	わずかにあり	普通	急速に燃えるものもある	あまりない	染色の鮮明さ、堅牢性に優れている
ポリエステル	ナイロンに次ぐ	なし	普通	火に溶ける	あまりない(ナイロンより帯電しにくい)	ナイロン、アクリルよりは劣る
ポリプロピレン	ナイロンよりやや劣る	なし	良好	火に溶ける	あまりない	よくないので原液着色されている

カーペットの表面形状

カットタイプ

プラッシュ

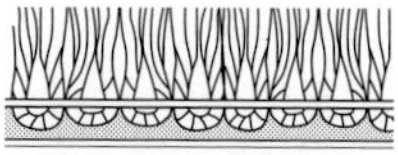

5〜10mm程度のパイル長さの一般的なカットタイプで、カット面によりソフトな感触。

サキソニー

パイルの輪を切断する。

ハードツイストやシャギーなどもある。

撚りを掛けた15mm程度の長いパイルを高い密度で仕上げたもの。ふかふかして豪華な感じ。

ループタイプ

レベルループ

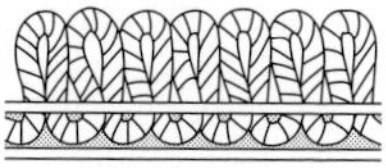

高さが均一なループパイル。耐久性や歩行性がよい。

ハイ＆ロールループ

パイルの輪を切断しない。

ハイ＆ロールループは、マルチレベルループともいう。

ループの違いで表面に違いを出し、装飾性を上げることができる。

カット&ループタイプ

レベルカット＆ループ

レベルループのタイプの一部をカットして模様を表現できる。

ハイカット＆ロールループ

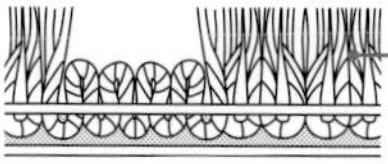

カットタイプとループタイプをミックスしたもの。

カット部分がループより突き出しているので明確な模様が可能。

カーペットの敷き方

敷詰め

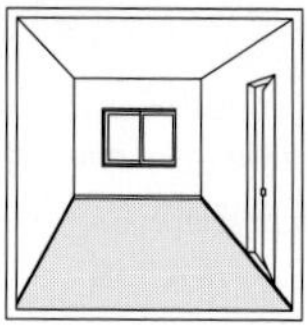

中敷き

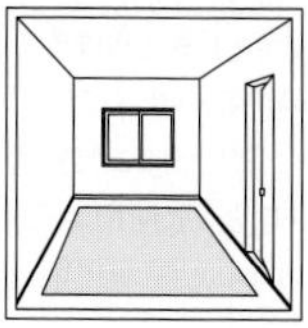

ピース敷き

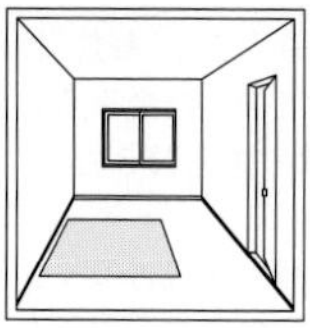

重ね敷き

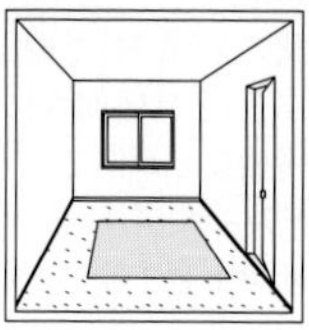

笠木
かさぎ

腰壁や防水のパラペット(建物の屋上などの端に立ち上げられた小壁や手摺壁)などの頂部に設ける仕上げ材のこと。

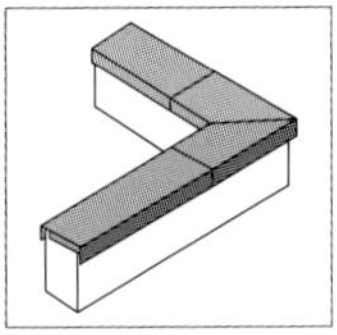

カシュー
カシューナッツの木から採れるオイルを主成分とした塗料。襖縁などの漆の代用として使われている。拭き漆のような擦り込み仕上げもある。

勝ち·負け
かち·まけ

室内仕上げなどの仕上げが交わる部分で、先に施工するほうを「勝ち」、後に施工するほうを「負け」という。床勝ち、壁負けなどとも呼ばれる。

床勝ちの例

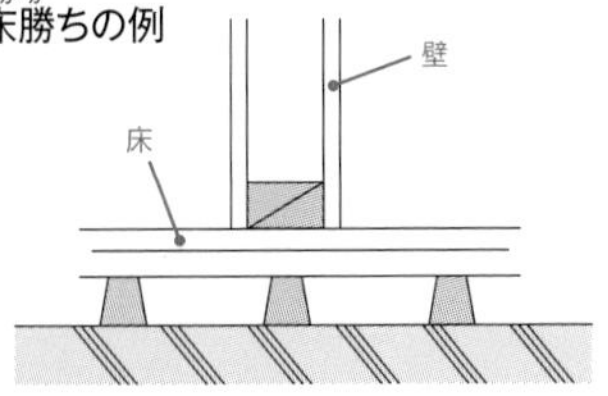

金ゴテ仕上げ
かなごてしあげ

コンクリートやモルタルの表面を、金ゴテを使って滑らかな表面に仕上げること。金ゴテ押さえもほぼ同じ意味である。

鹿の子摺り
かのこずり

左官仕上げの際、下地の平らでない部分を平らにするために漆喰などで埋めること。

壁紙
かべがみ

壁や天井の内装仕上げ材として用いられる布や紙、ビニルでできたシートのこと。クロス(cloth)とも呼ばれる。

茅葺き
かやぶき

棒状の茅(かや)で屋根を葺くこと。藁葺(わらぶき)とは区別される。五箇山の合掌造りの屋根などが例で、古来よりある葺き方。

カラーベスト
セメントを主原料とした薄い屋根材の呼び名のひとつ。コロニアル葺き、スレートとも呼ばれる。⇒**スレート葺き**

唐草
からくさ

屋根材の軒先にある水切りなどで、下部に折れ曲がった部分のこと。瓦の場合は唐草瓦と呼ばれる。

ガラス繊維
がらすせんい

グラスウールのこと。⇒**断熱材の種類**

ガルバリウム鋼板
がるばりうむごうはん

アルミニウム·亜鉛合金めっき鋼板のこと。さびにくい鉄板として、屋根材などによく用いられる。⇒**金属板葺き**

> **豆知識 ガルバリウム鋼板は高性能**
>
> 
>
> 亜鉛鉄板に着色したカラー鉄板(鋼板)は安物のイメージがあり、ある年代以上にはあまりよい印象がない。しかし最近では、性能のよいガルバリウム鋼板と優れた塗装技術によって高性能建材となっている。

瓦葺き(瓦屋根)
かわらぶき(かわらやね)

粘土を焼成した材を用いた屋根の葺き方のこと。日本では、本瓦葺きや桟瓦葺きがある。

瓦棒葺き
かわらぼうぶき

屋根の流れに沿って桟木(心木)を設け、その間に雨水の流れとなる凹型の溝板を設置して心木をカバー鉄板で覆う葺き方のこと。心木を覆った部分を瓦棒という。心木を設置せず、形材などで瓦棒と同じような形にするという方法もある。

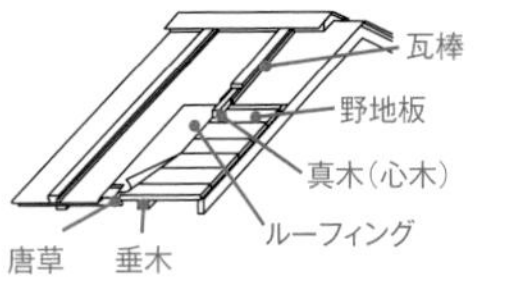

乾式工法
かんしきこうほう

壁紙やサイディングなどを張る工法。仕上げや下地に水を含んだ材料(モルタルや漆喰など)を使用しない。乾燥時間がないので工期の短縮が可能となる。⇒**湿式工法**

岩綿
がんめん

玄武岩などを主原料とした人造鉱物繊維。断熱材吸音材として用いられるが、石綿とは異なるので注意すること。ロックウール(rock wool)とも呼ばれる。

岩綿吸音板
がんめんきゅうおんばん

岩綿を主原料とした多孔性の板状内装材。吸音性・断熱性・防火性などに優れ事務所などの天井材として使われる。

寒冷紗
かんれいしゃ

綿や麻をガーゼのように粗く編んだ布。左官や塗装下地などで下地のつなぎ目や不陸のあるところに貼って、平滑にするなどの下地調整を行う。

キーストンプレート

波型加工した亜鉛メッキ鋼板。コンクリートの床の型枠などにも使用される。凹凸の大きなものはデッキプレートと呼ばれる。

木摺下地
きずりしたじ

左官仕上げの際に小幅板を目透しに打ち付ける下地のこと。

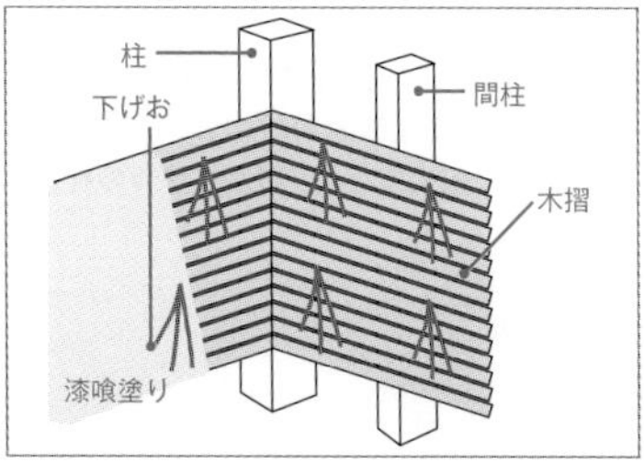

擬石
ぎせき

セメント砕石などを材料にして、天然石に似せてつくられた人造石のこと。

壁紙の種類

種類	特徴
ビニルクロス	塩化ビニルなどのシートに紙などを裏打ちしたもの。安価で耐久性も高く、色やデザインが豊富なので最も普及している。
紙クロス	紙にプリントなどをしたクロス。和紙のものもある。
織物クロス	織物特有の温かみがある、テクスチュアのあるクロス。高級感、重厚感がある。平織、綾織、不織布などがある。
その他	薄くカットした天然木やコルクを使ったクロス。ガラス繊維やアルミ箔などを使った無機質系のクロスなどがある。

ビニル壁紙の種類

種類	特徴
エンボス無地系	石目調や織物調などの凹凸を加えたもの。
プリント・エンボス	エンボスにプリントを加えたもので最も種類が多い。
シルクスクリーン	大きな柄の印刷が可能なシルクスクリーンを使ったもの。ハンドプリントともいう。
発泡壁紙	スポンジ状のソフトな手触りにしたもの。
ケミカル発泡壁紙	インキで発泡を制御した凹凸の壁紙。
塩ビチップ壁紙	塩ビの小片をシートに貼った壁紙。

機能性壁紙の種類

種類	機能
汚れ防止	撥水処理の樹脂の塗布やラミネートなどで汚れを防ぐ。
防カビ	防カビ剤を混入。下地、接着剤にも防カビ処理が必要。
脱臭	脱臭剤や消臭液を混ぜ、アンモニアや硫化水素(卵が腐敗したような臭い)などを防ぐ。
防塵	帯電防止剤を添加し、静電気による埃の付着を防ぐ。
エコロジー系	珪藻土やケナフなどを使用したもの。

生石灰クリーム
きせっかいくりーむ

漆喰と同じように、石灰岩を原料としクリーム状に仕立て、塗料として使えるようにしたもの。

機能性塗料
きのうせいとりょう

保護や色付けなどの基本的な塗料の役割以外に、さまざまな機能が付加されたもの。防カビ、遮熱、耐火など。⇒**機能性塗料の種類**

宮殿張り
きゅうでんばり

⇒**どんす張り**

京壁
きょうかべ

土壁のひとつで、聚楽壁（じゅらくかべ）の別名。⇒**聚楽壁、土壁**

鏡面仕上げ
きょうめんしあげ

金属の表面仕上げのひとつ。鏡のように反射し、研磨目のないものである。

亀裂
きれつ

建材などの表面に生じたひび割れのこと。クラックともいう。亀裂の幅が狭いものはヘアークラックと呼ばれる。

金属板葺き
きんぞくばんぶき

シート状の金属板を使った屋根の葺き方のこと。金属板にはステンレス、アルミ合金、銅、表面コーティングした鋼板、ガルバリウム鋼板などがある。

櫛引き仕上げ
くしびきしあげ

左官仕上げの際に、乾かないうちに櫛形の器具で筋目を付けること。

葛布
くずふ

葛の糸と麻や木綿の糸などで織った布のこと。襖や壁張りに使われる。

クッションフロア

シート状のビニル系床材のこと。発泡層が入っているので、クッション性がある。CFシートとも呼ばれる。⇒**ビニル系床材**

組天井
くみてんじょう

天井に下地を組み上げていき、最も下のところに仕上げを施す天井のこと。

クリアラッカー（CL·LC）

（229頁表参照）⇒**造膜塗料の種類**

グリッパー工法
ぐりっぱーこうほう

上部にある釘が出た板の部分に、カーペットの端部を引っ掛けて固定する施工法のこと。

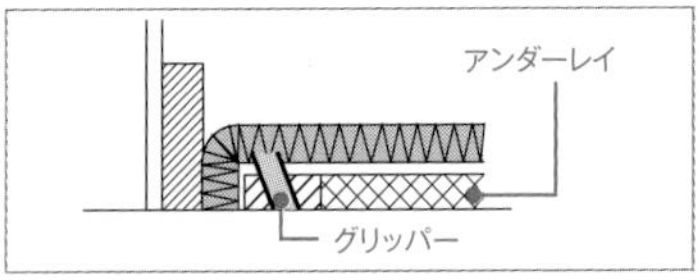

クリンカータイル

褐色のせっ器質タイルのこと。耐久性に富み、主に外部や水廻りの床に用いられる。

グレーチング

帯状の板を格子状に組み合わせた床材。

ケイカル板
けいかるばん

⇒**珪酸カルシウム板**

合板の種類

名称	特徴
普通合板	一般的な合板。耐水から非耐水まで4種類のものがある。
コンクリート型枠用合板	コンクリートを打ち込んで、所定の形に成形するための型枠として使用される合板。
構造用合板	建築物の構造耐力上、主要な部分に使用される合板。
特殊合板	・天然木化粧合板：木質の美しい単板を張り合わせた合板。 ・特殊加工化粧合板：表面にオーバーレイ（メラミン、ポリ）、プリント、塗装、有孔などの加工をした合板。
難燃合板	難燃性の薬剤処理を行なった内装用の合板。
防炎合板	防炎防火対象物に使用できる防炎効果のある合板。
芯材特殊合板	芯材に特殊なものを使った合板。ランバーコア合板、ハニカムコア合板などがある。

珪酸カルシウム板
けいさんかるしうむばん
耐火性に優れた軽い板で、火気使用室の天井や軒天井タイルの下地などに用いられる。一般的には、ケイカル板と呼ばれる。

珪藻土
けいそうど
珪藻の殻の化石から成る堆積物。建築では左官材として利用され、調湿などの効果がある。

軽量天井
けいりょうてんじょう
重さの軽い鋼製の天井下地材。間仕切りの同様の下地材と合わせてLGS（Light Gauge Stud）と呼ばれる。

ゲージ
タフテットカーペットの横方向のパイル密度で、1/8ゲージとは横方向1インチの中に8本のパイルがあること。縦方向はステッチ。

化粧合板
けしょうごうはん
表面に木目の美しい突板などを貼った特殊合板の一種。

化粧石膏ボード
けしょうせっこうぼーど
（224頁表参照）⇒**石膏ボード**

ケナフ壁紙
けなふかべがみ
非木材パルプを原料とした紙状のクロス。
（前々頁表参照）⇒**機能性壁紙の種類**

けらば
切妻屋根の妻側（棟の両端部）の端部のこと。
⇒**切妻屋根**

ケレン処理
けれんしょり
塗料の密着性を上げるために、表面の塗膜や付着物、さびなどを除去する下地処理のこと。

硬質塩ビタックシート
こうしつえんびたっくしーと
木や石などの文様を印刷した接着剤付きの硬質塩ビシート。ダイノックシートはその商品名のひとつ。

合成樹脂
ごうせいじゅし
広義のプラスチックのこと。

勾配天井
こうばいてんじょう
勾配が付いた天井のこと。船底を上にしたような舟底天井もこの一種である。

合板
ごうはん
木目が交差するように、薄く剥いた木（単板＝ベニヤ〈Veneer〉という）を奇数枚、接着剤で重ね合わせた板材のこと。内装材や下地の板材として幅広く使われている。

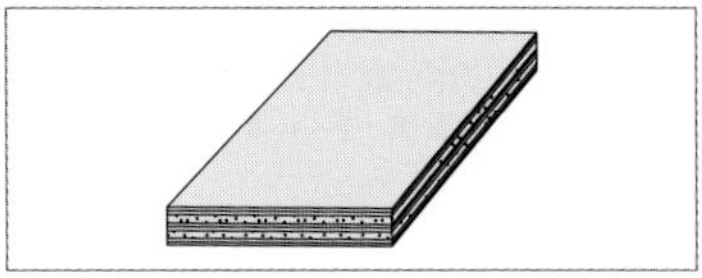

コーキング
目地の細い隙間などを塞ぐこと。水密性を伴うものは主にシーリング（Sealing）と呼ばれる。

コーキングガン
シーリング材やコーキング材を充填するための工具のこと。

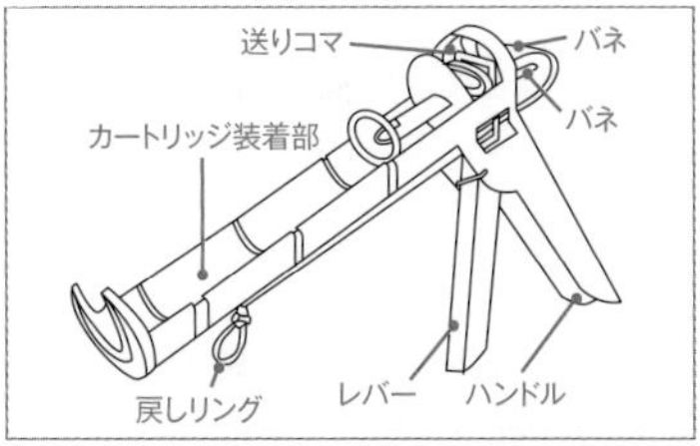

コードカーペット
パイルをゴムなどの下地材に接着固定したカーペットのこと。不織布カーペットの一種である。経済的なのでオフィスなどに用いられる。

コーナービート
塗壁の入隅や出隅部を保護するための棒状の部材のこと。

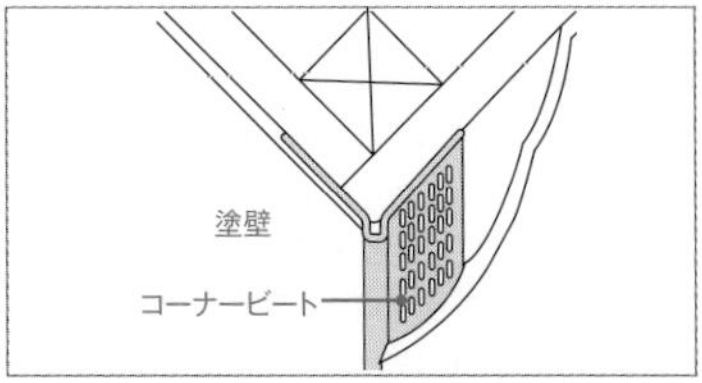

こけら葺き
こけらぶき
こけら（薄い木片）を重ねて葺く伝統的屋根の葺き方のこと。金閣寺などが有名である。

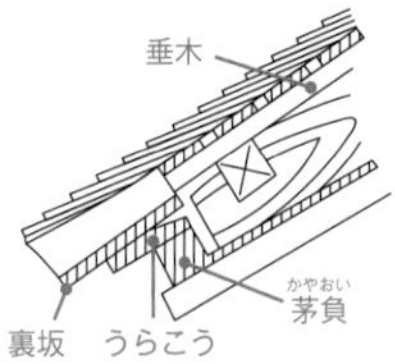

こけらと呼ばれる薄い木片（こけら板）を重ねてつくる屋根。多くの文化財の屋根で見ることができる。

ココヤシ

床材に使われる天然繊維のこと。頑丈で水に強くて腐りにいので、洗面室や水廻りのマットなどで利用される。

コテ

モルタルや土・漆喰などを塗り付ける工具のこと。金ゴテ、木ゴテなどがある。

小端建て

こばだて

割栗石や煉瓦などを小さな面（小端）を上下、縦長にして敷く方法。しっかりとした施工が可能。

小舞下地

こまいしたじ

細かく縦に裂いた竹などを、縄などで縛り固定した伝統的な塗壁の下地のこと。

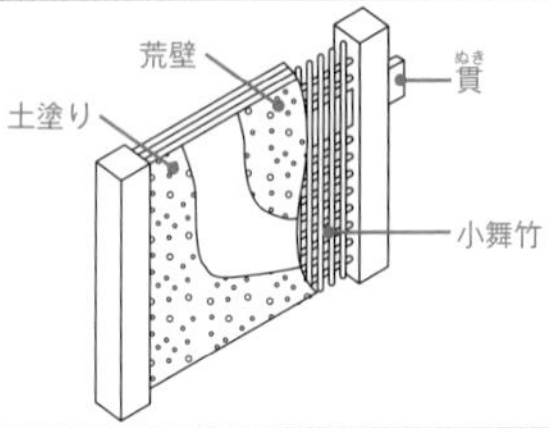

ゴム系床材

ごむけいゆかざい

天然または合成ゴムを主成分とした床材のこと。製品によって、ゴムシート、ゴムタイル、ラバーシートなどとも呼ばれる。ビニル系床材に比べて弾力性がある。

コルクタイル

天然のコルク樫の樹皮を、300角程度の大きさの板状に圧縮成型した仕上げ材のこと。弾力性や断熱性、防水性などに優れており、主に床仕上げ材として用いられている。

コロニアル葺き

ころにあるぶき

⇒カラーベスト

コントラクトカーペット

業務用で使われるカーペットのこと。防炎性、防汚性、耐久性などが高いナイロンがよく用いられる。コマーシャルカーペットとも呼ばれる。

コンポジションビニル床タイル

こんぽじしょんびにるゆかたいる

⇒ビニル系床タイル

さ

サーフェーサー

上塗り前に塗装面を整えるための塗料。

サイザル麻

さいざるあさ

ロープや袋などに使われる丈夫な植物繊維。平織にして、マットなどにも用いられる。

サイディングボード

外壁などに使われる羽目板のこと。セメント系や木質、金属板などの製品がある。サイジングとも呼ばれる。

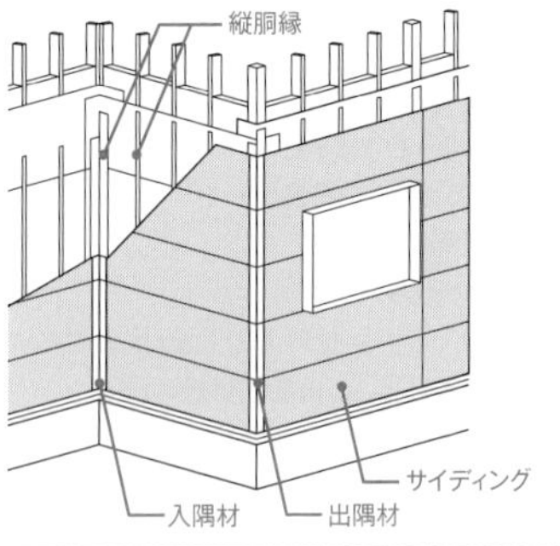

竿縁天井

さおぶちてんじょう

伝統的和室の天井工法のこと。天井板材を細長い木材で押さえる張り方である。

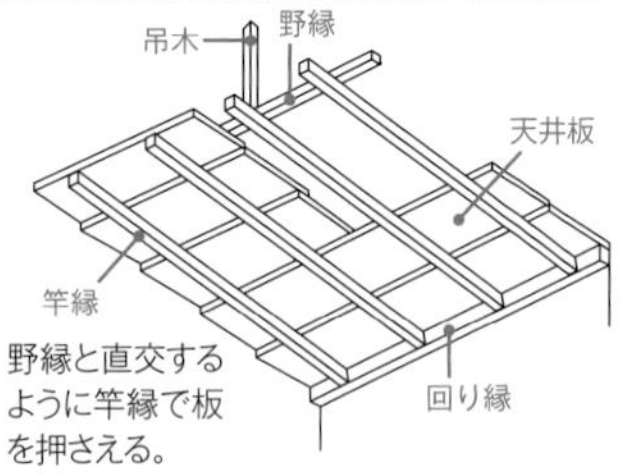

野縁と直交するように竿縁で板を押さえる。

左官仕上げ

さかんしあげ（しゃかんしあげ）

主にコテを用いて、壁や床などを塗り仕上げること。コテの使い方で、多様なテクスチュアを作り出すことができる。用いる素材には、土や漆喰、モルタルなどがある。⇒**湿式工法**

サキソニー

撚りをかけた長さ15ミリ程度の長いパイルを、高密度で仕上げたカットタイプのカーペット。ふかふかで豪華な印象。

下げお
さげお

土壁の剥離や亀裂防止のために、木摺などの下地に取り付ける紐のこと。しゅろ毛やマニラ麻などを用いる。⇒**木摺下地**

サテン仕上げ
さてんしあげ

金属表面に不連続の細かなラインを付けた艶消し仕上げのこと。スクラッチ仕上げ、シルクライン仕上げとも呼ばれる。バイブレーション仕上げ、ランダムヘヤラインといった仕上げも同じような艶消し仕上げの呼び名として使われる。

実矧ぎ
さねはぎ

板材を面としてつなぎ合わせる（矧ぎ合せる）方法のこと。一方を凸形に、他方を凹形にして食い込ませる。本実（ほんざね）ともいう。

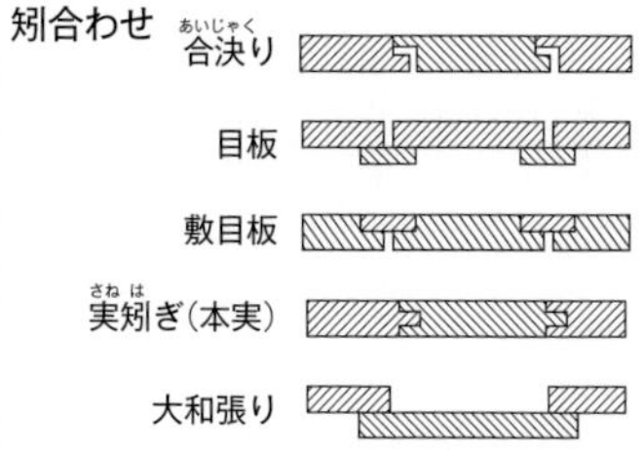

板と板の間に隙間ができないように、またクギを隠すために、はぎ方には工夫がされている。

錆止め塗料
さびどめとりょう

金属（主に鉄）の錆を防ぐ塗料。環境への考慮から毒性の高い鉛丹等が入らない鉛クロムフリー錆止め塗料に移行している。

猿頬面
さるぼうめん

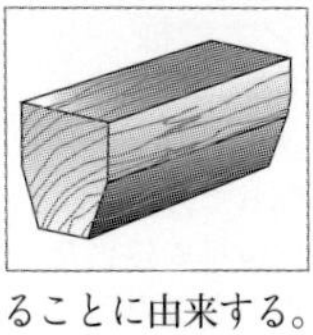

天井の竿縁などの切り面のひとつで、大きく鋭角に切り落とした面のとり方である。名称は、猿の頬に似ていることに由来する。

桟瓦葺き
さんがわらぶき

屋根の下地に付いた桟に桟瓦を取り付ける葺き方のこと。桟瓦とは、本瓦の平瓦と丸瓦を合体させて一枚瓦にしたものである。引っ掛け桟瓦葺きとも呼ばれる。⇒**熨斗瓦（のしがわら）**

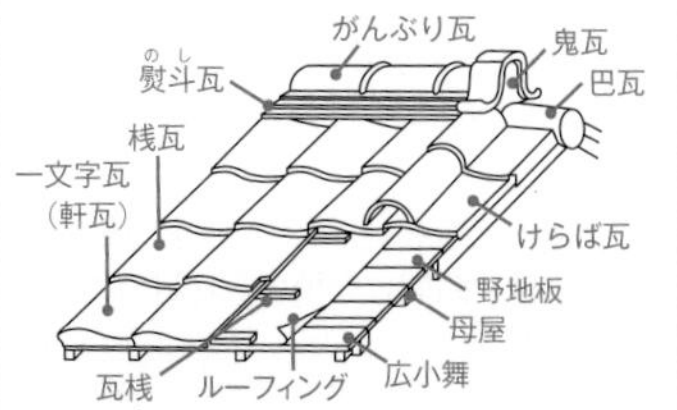

野地板→防水紙（ルーフィング）→瓦桟→桟瓦の順に葺く。

サンダー掛け
さんだーがけ

砂や紙やすりで磨くことで、専用の道具もある。サンダ掛けともいう。

C.R.S.値（滑り抵抗係数）
しー・あーる・えすち（すべりていこうけいすう）

履物を着用して歩行した場合の床の滑りの評価指標。⇒**防滑性**

GL工法
じーえるこうほう

専用の接着剤を使って、コンクリート面などに石膏ボードなどを下地なしに直接張る壁工法のこと。直張り工法とも呼ばれる。

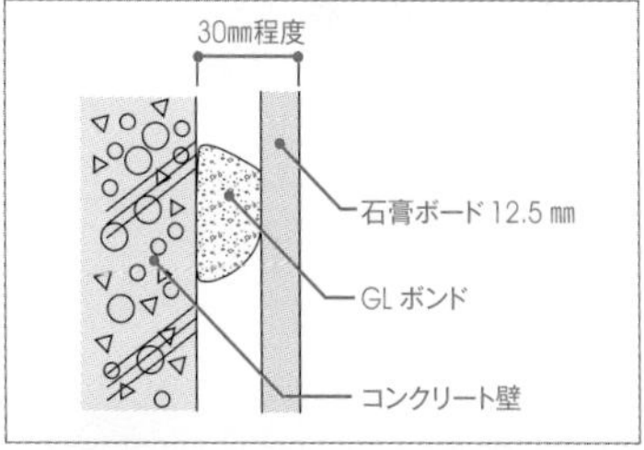

豆知識　最近はGL工法が主流

マンションの内装下地には石膏ボードを張るが、最近ではGL工法という接着工法が主流となっている。壁フックは石膏ボード専用のものが便利だが、接着材の付いたところは硬くてピンが入らないことがあるので注意すること。

シート防水
しーとぼうすい

⇒**アスファルト防水、塗膜防水**

シーラー処理
しーらーしょり

塗装の下地処理のこと。下地の吸込み止め、アク止め、接着性のために行なわれる。木専用の塗料はウッドシーラーと呼ばれる。⇒**プライマー、フィラー**

シーリング材
しーりんぐざい

水や空気が入らないように、建材の接合部分などの目地や隙間に充填する材料のこと。⇒**コーキング**

直押さえ
じかおさえ

打設後のコンクリート面を平滑に均すこと。コンクリート直押えとも呼ぶ。モルタルで仕上げるモルタル金ごて仕上げと区別される。

直天井
じかてんじょう

上階の床や屋根の下面を、そのまま天井面とするもの。塗装などを施すこともある。

直塗り
じかぬり

下塗りなどをせず直接塗料などを塗ること。

直張り（直貼り）
じかばり

下地を組まずに、躯体などに板材を直接張る工法のこと。⇒**GL工法**

ジェットバーナー仕上げ
じぇっとばーなーしあげ

ジェットポリッシュ仕上げよりやや粗い仕上げ。⇒**石の仕上げ**

磁器（質）タイル
じき（しつ）たいる

⇒**タイル**

敷目板張り
しきめいたばり

天井や壁の羽目板などのつなぎ目など、隙間のある目地の裏に小幅の板（敷目板）を置く処理方法のこと。

システム天井
しすてむてんじょう

天井の仕上材、見切り材、照明器具などの機器を一体で組み上げられるようにした天井。

下地
したじ

仕上げ処理を行うための素地、またはそれを支える躯体以外の部分のこと。そのための材料は下地材という。

下地処理
したじしょり

仕上げするために、下地を平滑にしたり接着性を上げたりする処理のこと。下地調整ともいう。

下塗り
したぬり

左官や塗装の仕上げが適切に行なわれるよう、下地材を塗る行為のこと。⇒**中塗り、上塗り**

下張り
したばり

襖紙を張る前に用いる下地のこと。⇒**上張り**

下見板張り
したみいたばり

横長の板材を、長手の下端にある板の上端に重なるように張る方法のこと。ドイツ下見板張りなどがある。

下見板張りの種類

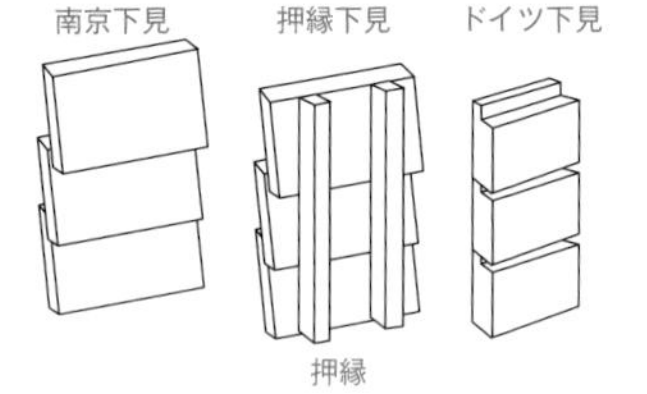

漆喰
しっくい

消石灰に布海苔や角又、麻糸などの繊維を加えて、水でよく練り合わせたもの。壁や天井に塗られる左官材である。

湿式工法
しっしきこうほう

水を混ぜた材料を使って、壁や床などをつくる方法。水が乾くまでの工期が必要となる。塗装や左官仕上げなどもこの工法の一種である。⇒**乾式工法**

シナ合板
しなごうはん

ラワンなどの合板の表面に、シナの単板を貼った合板のこと。表面が滑らかなので、造作家具や建具などによく用いられる。榀合板とも書く。

しま鋼板
しまこうはん
圧延により表面に、互い違いに格子状を模して連続した滑り止めの突起を付けた鋼板。階段の踏み板や工場、作業場などの床面に使用される。チェッカープレートともいう。

遮音材
しゃおんざい
音を遮るための建材のこと。遮音シート、遮音マット、遮音充填などがある。

ジャカード織機
じゃかーどおりき
フランスの発明家であるジャカールが発明した自動織機。**⇒ウィルトン・カーペット**

シャギー
パイル長25ミリ以上の太めのパイルを粗く打ち込んだカーペット。ラグにも使われる。

弱溶剤
じゃくようざい
溶解力が弱く、より安全性の高い溶剤のこと。揮発性の高い溶剤（トルエン、キシレンなど）は強溶剤ともいう。

遮熱塗料
しゃねつとりょう
⇒機能性塗料の種類

祝儀敷き
しゅうぎじき
畳の敷き方のひとつで、4枚の畳の角が1カ所に集まらないようにする敷き方のこと。

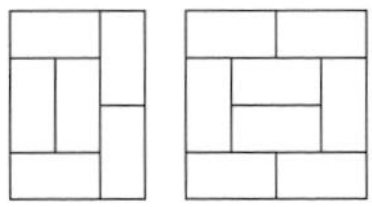
畳同士の合わせ目がT字型になるように敷く方法。

聚楽壁
じゅらくかべ
土壁の一種で、細かな凹凸のある和風壁のこと。聚楽第付近で産出された土を用いたことに由来する。

ジョイナー
板材をつなげるために、目地部分に用いる細長い部材のこと。

定木ずり
じょうぎずり
平らな面をつくるために木などの定木を利用してならすこと。

定尺
じょうしゃく
定まった長さ。規定の寸法。またそのように加工された材料のこと。定尺寸法。

承塵
しょうじん
天井の原型ともいわれ、部屋の上方に塵などを受ける目的で、一面に布などを張ったもの。

焼成温度
しょうせいおんど
陶磁器などを製造するために行う加熱処理の温度。磁器は1,300℃前後だが、陶器は1,100℃前後で焼成する。

消石灰
しょうせっかい
漆喰などに使われる白い粉末（水酸化カルシウム）。乾燥剤にも使われる生石灰（せいせっかい）とは別のものなので注意。

ショットブラスト
金属や石、ガラスの表面に細かい砂などの粒を吹き付け、表面に細かな凹凸を付けること。サンドブラストともいう。

人造大理石
じんぞうだいりせき
プラスチックなどを原料とした、大理石などを模した建材のこと。キッチンのワークトップや浴槽、カウンターなどに用いられる。人工大理石ともいう。テラゾーという擬石を指す場合もある。

人研ぎ
じんとぎ
セメントに石粒（種石）などを混ぜて、硬化後に表面を研磨すること。大理石を種石とした擬石のことをテラゾーという。人造石研出しの略。

シンナー
塗料を薄め塗装しやすくするための液体で、有機溶媒の場合にこう呼ぶ。

水性塗料
すいせいとりょう
水で希釈する塗料。水系塗料。特に水性エマルション塗料は現代の主流塗料。

杉柾
すぎまさ
木目が平行に通った杉材。杉柾目材。特にきれいな目のものは上級の和風天井板、建具などに使われる。

スクレーパー
建材表面に付着しているものなどを、削ったり、はがしたりするために用いるヘラ状の器具のこと。

すさ(スサ入り)
すさ(すさいり)
左官材で、収縮亀裂などを防ぐために混ぜる繊維のこと。麻・藁など。

スタッコ
本来は化粧漆喰ともいわれる塗り壁材料のことだが、現在では左官や吹付け工事で粗く仕上げるものを指すことが多い。

ステッチ
タフテッドカーペットの縦方向のパイル密度で、8ステッチは縦方向の1インチの間に8本のパイルがあることを示す。横はゲージ。

捨張り
すてばり
仕上げ材の反り、ねじれ、弛みなどを防止するために、表面材と同じ材を下地の上に張り、強度を増すこと。または、その材自体のこと。フローリングなどの床材に用いられることが多い。

ステンレススチール
さびにくくするために、クロムやニッケルを含ませた合金鋼のこと。ステンレスの材質記号SUSに3桁の数字を付けて種類分けをする。⇒SUS304

スレート葺き
すれーとぶき
本来はスレートと呼ばれる粘板岩を用いた葺き方を指すが、日本では石綿スレートなどを使った葺き方を指すことが多い。⇒カラーベスト

せき板
せきいた
流動的な土などを止める板で、特にコンクリート打設用の型枠の板として呼ばれる。一般的に合板が使われ、コンパネともいう。

石膏
せっこう
硫酸カルシウムと水からつくられた鉱物のこと。プラスターとも呼ばれる。建築では防火性のものが多く、石膏ボード、左官材として用いられる。

石膏ボード
せっこうぼーど
石膏の両面に紙を貼った板材のこと。平滑で加工がしやすく防火性も高い。PBと書かれることが多い。英語ではgypsum boardと書く。(下表参照)

接着剤
せっちゃくざい
2つの材を貼り合わせるために用いるもの。天然系ではにかわ、でんぷん、松ヤニ、漆など、合成樹脂系ではユリア樹脂、エポキシ樹脂、酢酸ビニル樹脂などがある。使用時はホルムアルデヒドの規制などに注意する。

折版
せっぱん
厚さ0.6〜1.2ミリ程度の長尺金属板を連続した山型に折り曲げて成形した金属屋根材。折版屋根は勾配の方向への継ぎ目がなく、下地を作らずに梁の上に直接固定することができる。

施釉
せゆう
やきものに釉薬をかけること。

繊維壁塗り
せんいかべぬり
紙などの繊維を混ぜて行う塗壁仕上げのこと。耐久性はあまりない。

石膏ボードの種類

名称	特徴
石膏ボード	二次加工しない基本の平板。
石膏ラスボード	石膏ボード用プラスターの塗り下地として使いやすいように加工したもの。加工の仕方で型押しラスボードと平ラスボードがあるが、現在用いられているものは、ほとんどが型押しラスボードである。平ラスボードは、薄塗り用石膏プラスターの下地材として用いられる。
化粧石膏ボード	石膏ボードの表面紙に化粧加工した紙を用いたものや、塗装、型押し凸凹などで加工したもの。内壁・天井の内装材として用いられている。
シージング石膏ボード	両面の紙と芯の石膏に防水加工が施してあり、台所・洗面所など、湿潤な場所に用いられる。
強化石膏ボード	芯の石膏にガラス繊維などの無機質繊維材を混入し、防火性能を高めたもの。
吸音用孔空き石膏ボード	石膏ボードに吸音用の孔をほぼ均等に空けたもので、吸音性を要求される場所に用いられる。

塑性
そせい
材が力を受けたとき、変形がそのまま残ること。⇒**弾性**

た

耐光性
たいこうせい
日光などにより劣化しにくい性質。窓際などの建材で考慮すべき性質。

耐衝撃性
たいしょうげきせい
衝撃に強い性質。下地の状況にも左右される。

耐熱性
たいねつせい
燃えにくい、熱による変質がしにくい性質。

ダイノックシート
⇒**硬質塩ビタックシート**

耐変退色性
たいへんたいしょくせい
日光等により変色しない、色が薄くならない性質。窓際の床などで注意する性質。

耐摩耗性
たいまもうせい
摩擦という外力に対して、材料が劣化しにくいこと。床材の性能などに使われる。

台目畳
だいめだたみ
茶室などで使われる、長さが4分の3の畳。

耐薬品性
たいやくひんせい
薬品等への耐久性。酸やアルカリ、溶剤などへの耐性。病院、工場などの床で考慮する。

タイル
主に土や石の粉末などを板状に焼いたもので、床や壁に張って用いる。それに似た形状のものも同じように呼ばれることがある。⇒**タイルカーペット、塩ビタイル**

タイルカーペット
40～50センチ角程度の大きさをしている正方形のカーペットのこと。施工・取替えが容易である。⇒**カーペット**

畳
たたみ
日本の伝統的な床材で、藁を縫い固めてつくった畳床の表面を、い草の畳表で覆ったもの。畳の単位は1帖(畳)と数える。畳の縁の帯状の布は畳縁、畳縁のないものは縁なし畳と呼ばれる。

タッチアップ
仕上げのあと、部分的に修整塗りをするときに用いる塗装のこと。

経糸
たていと
織物の縦の方向に通る糸のこと。⇒**緯糸**

立てはぜ葺き
たてはぜぶき
水の流れる方向に延びる細長い金属板同士を、はぜによってつなぎ合わせた葺き方のこと。立平葺きとも呼ぶ。⇒**はぜ**

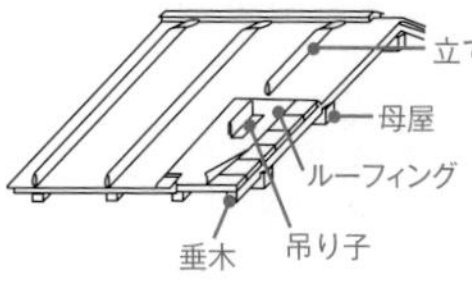

瓦棒部分を金属同士のはぜ継ぎとした葺き方。

タイルの種類

種類	焼成温度	特徴・用途
陶器質タイル	1,100℃前後	多孔質で吸水性があるので、外部より内装に適する。
せっ器質タイル	1,250℃前後	吸水性は少なく、外装、床、舗装、内装に適する。
磁器質タイル	1,300℃前後	吸水性はなく、外装、内装、床に適する。

※ JISでは吸水率による旧区別(陶器質・せっ器質・磁器質)がなくなり、吸水率の高い順にⅢ、Ⅱ、Ⅰ類とされている。

タイルの形状の種類

名称	実寸法	厚み
三丁掛タイル	227× 90㎜	内装：5～8㎜ 外装：7～15㎜ 床用：9～20㎜ モザイク：4～6㎜
小口平タイル	108× 60㎜	
二丁掛タイル	227× 60㎜	
3寸6分角	108×108㎜	
75角	68× 68㎜	
100角	92× 92㎜	
150角	144×144㎜	
200角	192×192㎜	
ボーダー(例)	227× 40㎜	
モザイク(例)	25× 25㎜ 19× 19㎜	

谷樋
たにどい
勾配屋根の交わる、下部の谷の部分に取り付ける雨の流れる部材、部分のこと。

種石
たねいし
人造石や左官材に混ぜられる石のこと。仕上がりの見た目を大きく左右する。那智黒、稲田、カスミ、金華砂利といった石がある。⇒**玉石洗出し床、洗出し**

タフテッドカーペット
基布にパイル糸を刺し込んでつくられたカーペットのこと。パイルが抜けないように、裏面にラテックスなどをコーティングする。大量生産向けのカーペットである。横パイルの密度としてゲージ、縦方向の規格としてステッチという単位が用いられる。たとえば、32分の5ゲージは5インチの間に32本のパイル、8ステッチは1インチの間に8本のパイルがある。⇒**カーペット**

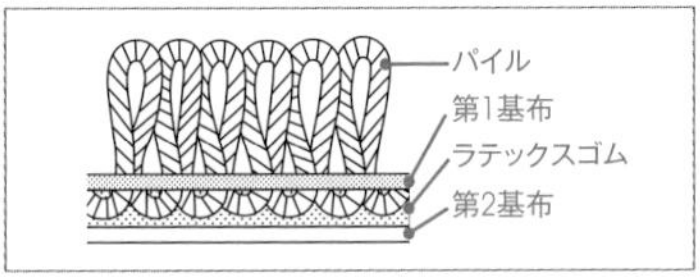

ダブルフェイスカーペット
ウィルトンカーペットと同じ製法で上下に2面編み、中央でパイルをカットしたカーペットのこと。フェイス・ツウ・フェイスともいう。⇒**カーペット**

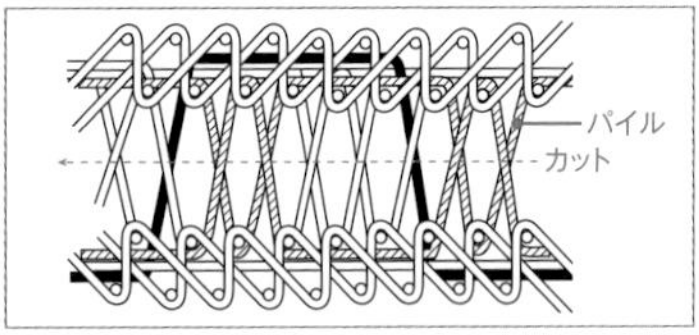

玉石洗出し床
たまいしあらいだしゆか
中程度以上の砂利を使った洗出し床。玉砂利ともいう。⇒**洗出し、種石**

炭化コルク
たんかこるく
コルクを炭化(高温で蒸し焼き)させたもの。主に自然素材の断熱材として使われる。調湿機能もあるので結露しにくい。

団子張り
だんごばり
タイルの裏面に、団子のようにモルタルを付けてタイルを張る施工法のこと。

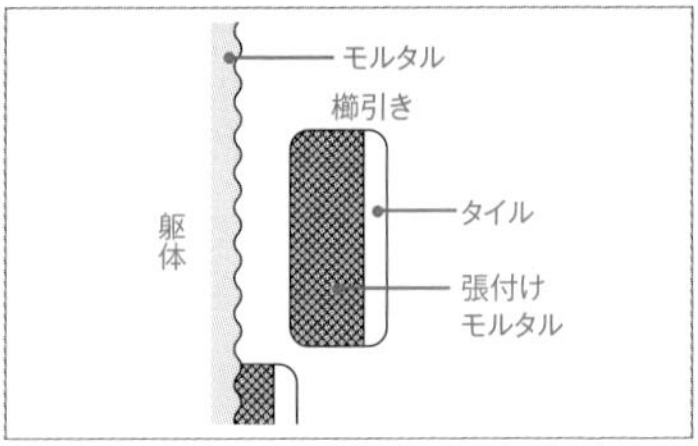

弾性
だんせい
材が力を受けたときに変形し、力が除去されたときにもとに戻る性質のこと⇒**塑性**

緞通
だんつう
手織の高級カーペットの呼び名。ペルシャじゅうたん、トルコじゅうたんがある。中国語の毯子(たんつ)に由来する。

断熱材
だんねつざい
熱の伝導を抑えるための建材のこと。建物の外周床、壁材屋根などに使われる。(次頁表参照)

単板(ベニア)
たんばん(べにあ)
原木から切削した薄い木の板のこと。ベニヤ。美しい木材の場合は、突板(つきいた)にされることが多い。

着色亜鉛鉄板
ちゃくしょくあえんてっぱん
⇒**表面処理鋼板**

鋳鉄
ちゅうてつ
鋼鉄に比して含有炭素量が多く融点温度が低いため、鋳造に主に使われる鉄。鋼鉄に比べ硬いが靭性に劣る。

長尺シート
ちょうじゃくしーと
⇒**塩ビシート**

散り
ちり
隣合せの部材の面の凹凸のズレや、そのズレ幅のこと。額縁や枠が壁からどれだけ前面に出ているかなどを意味する。

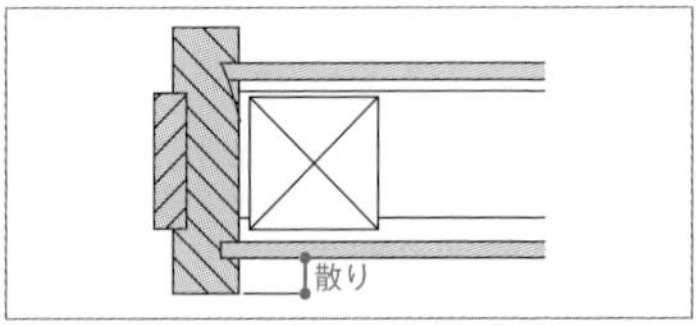

土壁
つちかべ
藁などを混ぜた土を塗り込んだ壁のこと。聚楽壁や大津壁などがある。

面
つら
材の表面のこと。⇒**面一(つらいち)**

吊木
つりぎ
天井などを上方から吊る細長い木材のこと。⇒**吊木受け、野縁、野縁受け**

吊木受け
つりぎうけ
天井用の吊木を受ける横架材のこと。⇒**吊木**

吊り天井
つりてんじょう
スラブや梁から吊木・吊りボルトによって吊り下げ組み立てられた天井。大規模なものは特定天井となり法律の基準がある。

ディテール
建築物や仕上げ、家具などを細かく描いた図面のこと。

低VOC塗料
ていぶぃおーしーとりょう
揮発性有機化合物(VOC)成分の含有が低い塗料のこと。

テーパーボード
端部が緩やかに薄くなっている石膏ボードのこと。つなぎ目の処理がしやすく、ドライウォール工法に使われる。⇒**ドライウォール工法、ベベルボード**

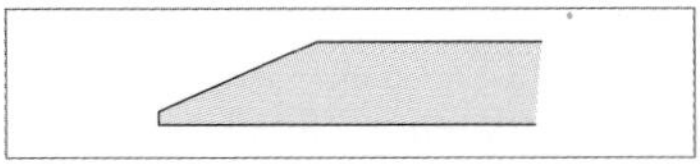

テープロック
カーペット端部を専用テープで包むように加工すること。

出隅
ですみ
壁などの2つの面が入り合ってできる凸の角

断熱材の種類

種類		形状	主な原料	特徴	
				長所	短所
鉱物系	グラスウール	・吹込用塊状 ・マット状	ガラス原料またはガラス	・燃えにくい。 ・柔軟性があり圧縮梱包も可能で運搬性、施工性がよい。	・沈下、圧縮による有効厚の減少や含水、通気などによる断熱性低下の危険あり。
鉱物系	ロックウール	・バット状	高炉スラグ 玄武岩	・ボード状の高密材にバリエーションが多い。	
発泡プラスチック系	フォームポリスチレン	・板状	ポリスチレン	・成形、加工が容易。 ・水や湿気を通しにくい。 ・軽量で堅さあり。	・高温に弱く、紫外線や溶剤に侵されやすい。 ・火災時の着火や有毒ガス発生の危険がある。
発泡プラスチック系	硬質ウレタンフォーム	・板状 ・現場発泡	ポリイソシアネートポリオール	・成形、加工が自由。	・日射による劣化あり。
自然系	インシュレーションボード	・板状A、T級 ・板状シージング	木材	・軽量である。	・厚い材が少なく、単体では断熱力が不十分。
自然系	セルロースファイバー	・吹込用	木材	・吸放湿性が大きい。	
自然系	その他	炭化コルク、ウール、ココヤシなど			
リサイクル	ポリエステル	・マット状 ・ボード状	ペットボトル	・水に濡れても変化なし。 ・自己消火。 ・リサイクル。	・加工(カット)がしにくい。

のこと。⇒**入隅**

テッセラタイル
石の割り肌面に似せたタイル。⇒**割り肌**

テラコッタ
低温で焼成された素焼きのタイルを指す。オレンジ系の茶色っぽい色味が特徴。

テラゾー
主に大理石の種石と白色セメントを混ぜてつくる擬石のこと。あらかじめ工場で正方形につくったものはテラゾタイルと呼ぶ。なお、表面を磨いて仕上げるときは人研ぎという。

天井
てんじょう

空間の上方を構成する面のこと。英語ではシーリング(ceiling)。CH(Ceiling Height)とは天井の高さを表す。木造の天井下地は、胴差しや梁に吊木受けを渡してそこに吊木、野縁受け、野縁などの下地材を吊り下げるのが一般的である。

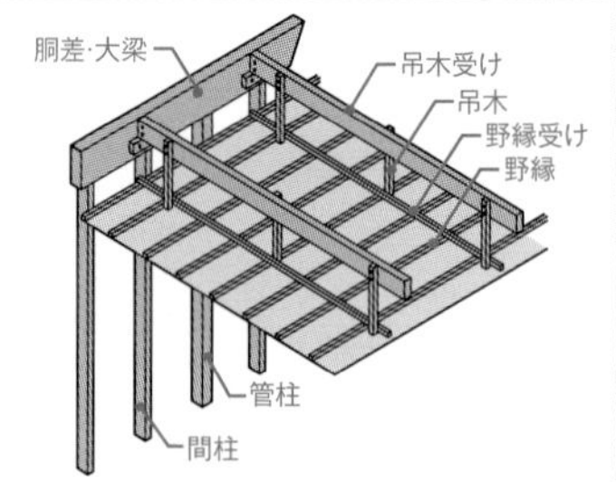

天然木化粧合板
てんねんもくけしょうごうはん

合板の上に薄い木(突板)を貼り付けた合板のこと。突板には美しい木目のものを用いる。

胴縁
どうぶち

柱、間柱に水平に取り付けられる、壁の下地材。

透明塗料
とうめいとりょう

クリアラッカーなど木目を生かして仕上げる塗料。⇒**造膜塗料の種類**

塗装
とそう

材料の表面に液状の塗料を塗って皮膜をつくること。(次頁表参照)

> **豆知識　下地が大切**
>
> クロスや塗装仕上げは下地で決まる。塗装屋がどれだけ頑張っても、もとの大工がつくった下地がひどければうまくいかない。工事では、それぞれの連携が重要である。

トップコート
塗装の上にツヤや耐久性を出すために塗る上塗り塗装。

土間
どま

屋内で木床などを組まず土足で歩ける床。昔は三和土(たたき)などで仕上げた。土間コンクリートはコンクリート製の土間。

塗膜
とまく

塗装などによって形成された膜のこと。

塗膜防水
とまくぼうすい

液状の樹脂などを躯体に塗布する防水方法のこと。シームレスな防水層ができるだけでなく、複雑な形状にも対応可能。塗付防水とも呼ばれる。

ドライウォール工法
どらいうぉーるこうほう

石膏ボードの継ぎ目にジョイントテープやパテを使って平滑に仕上げ、気密性の高い壁や天井をつくる工法のこと。

ドライウォール工法のジョイント処理

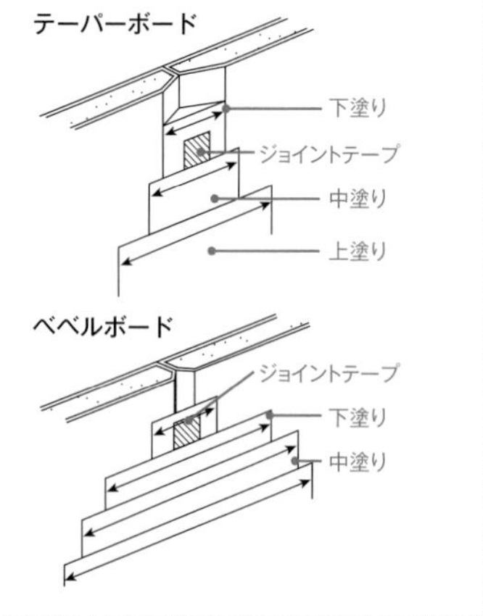

塗装工法の種類

工法名称	概要
刷毛塗り	最も一般的な工法で刷毛を用いる。
吹き付け	スプレーガンによって吹き付ける工法。効率がよい。
ローラー塗り	スポンジなどのローラーに塗料を付けて塗る工法。作業能率がよく、表面もきれい。

塗料種別の略称

略称文字	塗装種別
OP	油性調合ペイント
SOP	合成樹脂調合ペイント
OS	オイルステイン
UC	ウレタンワニス
LC（CL）	クリアラッカー
VE（VP）	塩化ビニルエナメル
EP	合成樹脂エマルション（水性）
AEP（EP）	アクリル系エマルション

機能性塗料の種類

光触媒塗料	光触媒に光が当たることで、表面の汚れや雑菌が付きにくくなる塗料。光触媒は酸化チタンである。
遮熱塗料	太陽光に含まれる赤外線を選択的に反射することで、塗膜や下地の温度上昇を抑える塗料。高日射反射率塗料ともいう。
耐火塗料	火災時に、塗膜面がある一定の温度に達した場合、数十倍に膨張して断熱材を形成する塗料。耐火の役割を果たす。鉄骨構造体に使用されるケースが多い。
防カビ塗料	防カビ剤を含有させた塗料。内装用塗料などに使われる。
低汚染塗料	塗膜が汚染しにくいか、自己洗浄機能がある塗料。雨水と一緒に、塗膜に付着した汚れが流れ落ちるというメカニズムである。
高照度塗料	従来よりも明度を高くした塗料。室内で使うと節電にも役立つとされている。

造膜塗料の種類

種類		特徴
透明	クリアラッカー	木工家具や木部の塗装に使われる透明塗料。ニトロセルロースが主成分。ウレタンワニスより表面は軟らかいので床には向かない。
	ウレタンワニス（ポリウレタン樹脂塗料）	硬く、耐水、耐摩耗性に優れる。フローリングによく使われる。
不透明	油性調合ペイント	オイルペイントと呼ばれる。ボイル油が主原料。安価だが肉付はよく耐衝撃性・耐候性もよい。アルカリに弱い。
	合成樹脂調合ペイント	上記ペイントのボイル油の代わりに合成樹脂を使ったもので、家庭用ペンキは普通これに当たる。アルカリに弱い。
	エマルションペイント	代表的な水性塗料の名称。塗膜となる樹脂を水に分散乳化させた塗料。シンナーではなく水で薄めるが、乾燥後は水に溶けない。アクリル系は水に強い。
	塩化ビニル樹脂エナメルペイント	水廻りによく使われる。アルカリにも強いのでモルタル面にも塗装可能。
	アクリル樹脂	バランスがよいため塗膜の樹脂としてよく使われる。樹脂としては安価。
	エポキシ樹脂	防錆機能や耐水性、耐摩耗性、耐薬品性などがある。スチール家具などにも使われる。
	シリコン樹脂	フッ素樹脂に次ぐ高性能塗料。
	フッ素樹脂	コストは高いが優れた耐候性塗料。

含浸塗料の種類

種類	特徴
オイルステイン	ボイル油などの溶剤に顔料を混ぜ、木に浸み込ませる塗料。ステインはシミという意味がある。
オイルフィニッシュ	木材にオイルを浸透させる。桐油、エゴマ油など、いろいろな油が使われる。

伝統塗料の種類

種類	特徴
漆	硬く光沢のある表面で高級家具や工芸品などに使われる。アルカリや油、アルコールには強いが紫外線に弱いので外部使用は不可。湿度が高いほうが乾燥が早い。
カシュー塗料	塗膜や性能は漆に近いので、漆の代わりにもよく使われる。乾燥には漆のように湿度を必要としない。家具に使われる。
柿渋	渋柿から抽出した液を発酵・熟成させた赤褐色で半透明の塗料。防虫、抗菌などの効果もある。

鳥の子紙
とりのこがみ

画材や書道の用紙、襖の上貼りなどに使われる和紙のこと。

とろ
隙間や表面を整えるために使われる、セメントペーストやモルタルのこと。

どんす張り
どんすばり

壁仕上げにおいて、ガラス繊維などでふくよかな下地をつくり、どんすのような高級な織物を張ること。宮殿張りともいう。

な

内装材
ないそうざい

室内の仕上げで用いる材料のこと。壁紙、床材の他、建具材、家具材、照明器具なども含まれる。

長手積み
ながてづみ

煉瓦の長手面が交互に積み上がる積み方、またはそれに似せた張り方のこと。

中塗り
なかぬり

左官や塗装などで、下塗り、上塗り（仕上げ）の間に塗る工程のこと。⇒**上塗り、下塗り**

軟質繊維板
なんしつせんいばん

⇒**ファイバーボード、MDF**

難燃合板
なんねんごうはん

⇒**合板**

ニードルパンチカーペット
パイル糸がない不織布のカーペットのこと。低価格で施工が容易である。⇒**カーペットの種類**

2液型塗料
にえきがたとりょう

主剤と硬化剤それぞれの液体を規定の割合で混合し、化学反応によって塗膜を形成する塗料。希釈するだけで使用できる1液型塗料に比べて、作業性は劣るが性能的には優れる。

にかわ
動物の皮や骨などでつくられる、主に木材に用いられる接着剤のこと。

ニットカーペット
編機を用いて、パイル糸と基布を同時に編み込んだカーペット。⇒**カーペットの種類**

2面接着
にめんせっちゃく

壁板などにシーリングを施す際、目地底にシーリングが接着しないバックアップ材を入れて壁板同士（2面）の接着のみで仕上げる方法。

ニューセラミックス
旧来のセラミックス（陶磁器）よりも、耐熱性や耐摩耗性、耐食性に優れた無機質材のこと。熱処理によってつくられる。ファインセラミックス、または単にセラミックスと呼ばれることもある。

塗代
ぬりしろ

左官材や塗装の厚さのこと。

塗回し
ぬりまわし

塗壁の出隅や入隅の部分に、丸い面を付けて仕上げること。茶室などに用いられる。

塗見本
ぬりみほん

板状の物に指定した塗料を塗ったもの。色味や質感のサンプルとして使う。

軒天
のきてん

外壁面から外に出ている屋根部分（軒）の裏側のこと。軒裏、軒天井などともいう。

野地板
のじいた

屋根葺きの際に用いる下地板のこと。一般的には、垂木の上に野地板を張り、その上にアスファルトルーフィングなどの防水シートを張って屋根を葺く。⇒**瓦葺き**

熨斗瓦
のしがわら

屋根の頂上に水平に走る棟（大棟）などの棟積みに用いられる短冊形の平瓦のこと。平瓦や丸瓦を二分してつくる。⇒**桟瓦葺き**

野縁
のぶち

天井の仕上げ材を張るために用いる下地部材のこと。⇒**天井**

野縁受け
のぶちうけ

野縁を付けるために直角に取り付ける棒状の部材のこと。⇒**天井**

は

パイル織
ぱいるおり

パイル(織物の表面に出ている輪状の糸など)を織り出した織物のこと。カーペット、タオルなどに用いられる。(214頁参照)

バインダー
塩化ビニル樹脂に可塑剤と安定剤を加えたもの。この配合率によって、塩ビタイルの種類が分類される。

矧合わせ
はぎあわせ

⇒**実矧ぎ(さねはぎ)**

刷毛引き仕上げ
はけびきしあげ

左官仕上げにおいて、表面をコテで平滑にしたあと、表面が軟らかいうちに刷毛で模様を付けること。

バサモルタル
⇒**モルタル**

バスケット・ウィーブ
籐籠(とうかご)の編み方のようにレンガを配置すること。市松模様に近い。単にバスケットともいわれる。

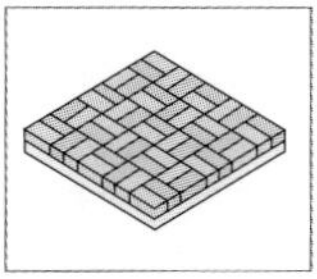

はぜ
鉄板などを加工してつなげるために、折り曲げた板の部分のこと。

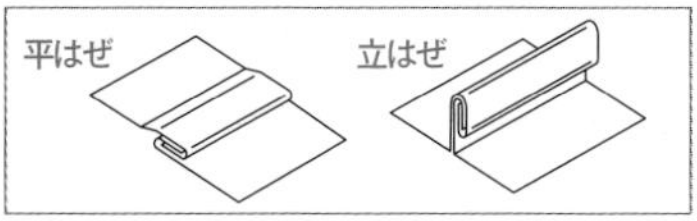

端太角
ばたかく

コンクリート打設の型枠を押さえ支持するための9cm角程度の木材。

白華現象
はっかげんしょう

雨水などで、モルタルやコンクリート面から白いしみ状の結晶物が浮き出ること。エフロレッセンスともいう。

発泡プラスチック
はっぽうぷらすちっく

内部に無数の気泡を含んだ樹脂などの呼び名。主に断熱材として使われ、発泡ポリスチレン、発泡ポリエチレン、ウレタンフォームなどがある。

パテ
部材の凹部分や隙間を埋めたり、ガラスの取り付け、塗装の下地処理などに使われたりする粘土状の充填材のこと。なお、パテを使って不陸(平らでない)部分を平滑にすることを「パテしごき」という。

鼻隠し
はなかくし

軒の先端(鼻先)に取り付ける板材のこと。鼻隠し板ともいう。⇒**瓦葺き、破風板**

破風板
はふいた

切妻屋根の妻側端部に取り付ける板材のこと。⇒**瓦葺き、鼻隠し**

羽目板
はめいた

同一面に板材を平行に張る際に用いる板のこと。板を張る方向によって、横羽目と竪(たて)羽目がある。

パラペット
建物の屋上やバルコニーの周囲を取り囲むように設置された立ち上がり壁のこと。

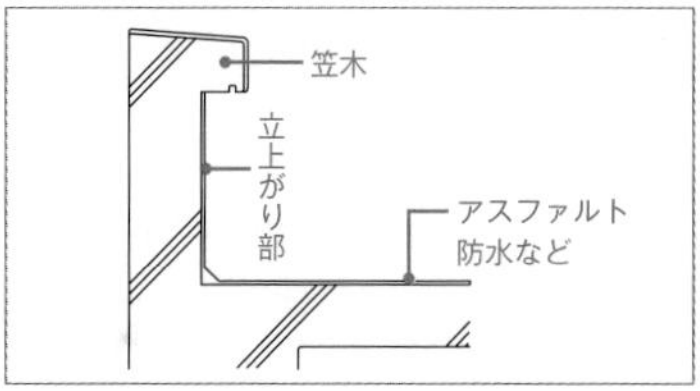

半硬質繊維板
はんこうしつせんいばん

⇒**ファイバーボード、MDF**

半磁器タイル
はんじきたいる

磁器質タイルと陶器質タイルの中間的なタイル。主に内装用。

版築
はんちく

土を層状につき固めて土壁などを造る方法。築地塀(ついじべい)などに見られる。

パンチングメタル
規則正しくたくさんの孔を空けて加工した金属板。目隠しなどの用途に使われる。

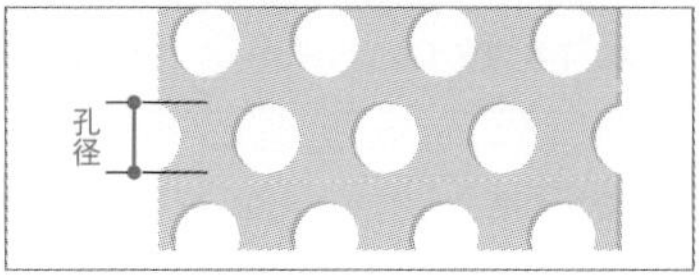

ヒートボンドジョイント

カーペットつなぎ目裏に樹脂テープを貼りアイロンで溶かしはぎ合わせる方法。

ピールアップ工法

ぴーるあっぷこうほう

接着剤でカーペットを床に直接貼り付ける工法のこと。敷替えが容易にできるよう、専用のピールアップ接着剤を使用する。

非架構式床

ひかこうしきゆか

床下地を組み立てずに、スラブなどに直に床仕上げを施す床組の工法のこと。直床(じかゆか)ともいう。⇒架構式床

カーペット直貼り仕上げの例

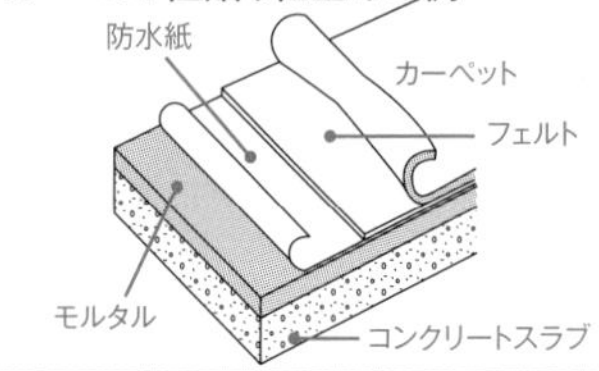

挽板

ひきいた

のこぎりなどで挽いて切った薄い木板のこと。1センチ厚程度と、突板(つきいた)よりも厚めの木材で、集成材や積層材などにも使われる。木の繊維を縦横交互に積層接着することで、反りやひび、狂いを防ぐことができる。挽板を、台となる他の板に接着して前板などに用いる。ラミナ(lamina)ともいう。

非トルエン·キシレン塗料

ひとるえん·きしれんとりょう

揮発性有機化合物(VOC)であるトルエン、キシレン、エチルベンゼンをほとんど含まない塗料のこと。

ビニル系床シート

びにるけいゆかしーと

塩化ビニル樹脂に可塑剤や安定剤、顔料などを加えてシート状に成型した床材のこと。耐摩耗性、耐水性、耐薬品性などに優れている。塩ビシート、プラスチック系床シート、樹脂系床シートなどとも呼ばれる。

プラスチック系シート床材の分類と特性

分類	名称	層構成例	特性
発泡層のないタイプ	織布積層ビニル床シート(長尺ビニル床シート)	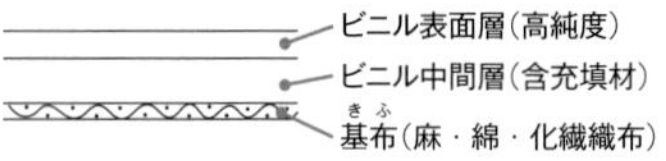	ビニル表面層の厚さにより耐摩耗性が異なるが、一般に良好である。
	不織布積層ビニル床シート(インレイドシート)	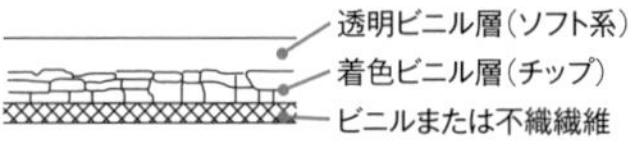	着色したビニルチップを積層することにより、豊富なモザイク模様が可能。
発泡層のあるタイプ	織布積層発泡ビニル床シート(複合ビニル床シート)	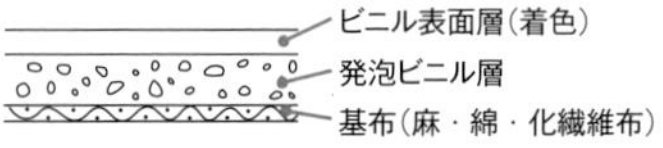	弾性のある発泡ビニル層により、適当な硬さを持つ。
	不織布積層印刷発泡ビニル床シート(クッションフロア)	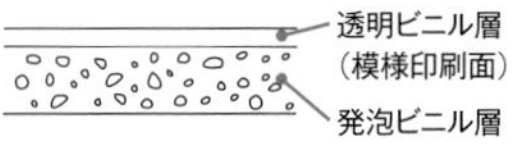	発泡ビニル層により、適当な硬さと保温性が期待できるが、耐久性においてやや劣る。

樹脂系タイル床材の種類

種類	バインダー配合率	特徴
コンポジションビニル床タイル	バインダー配合率 30%未満	安価、汎用、硬め
単層ビニル床タイル	バインダー配合率 30%以上	断面が単層で移動荷重等に対応できる
複層ビニル床タイル	バインダー配合率 30%以上	従来はホモジニアスタイルと呼ばれ、耐摩耗・対薬品性が良く、色数も多く、幅広く使われている

ビニル系床タイル
びにるけいゆかたいる

塩化ビニル樹脂に可塑剤や安定剤、顔料などを加えて矩形の薄板に成型した床材のこと。塩ビタイル、プラスチックタイル、樹脂系床タイルなどともいう。

> **豆知識　合成樹脂とプラスチック**
> 
> 合成樹脂とプラスチックは石油でできた素材で、ほぼ同義。ただし、合成樹脂が成形硬化したものを特にプラスチックと呼ぶこともある。ビニルはその中の一種で、主にポリ塩化ビニル、ポリエステル、ポリエチレン……。このように合成樹脂の名称はややこしい。

表面処理鋼板
ひょうめんしょりこうはん

表面に耐候性や塗装などの処理を施した薄い鋼板のこと。トタン、ブリキ、着色亜鉛鉄板、ビニル鋼板などの合成樹脂被覆鋼板やガルバリウム鋼板などがある。

平織
ひらおり

経糸と緯糸が1本ずつ交互に上下して織られた最も基本的な織物のこと。

平天井
ひらてんじょう

天井面が水平の、最も一般的な天井のこと。

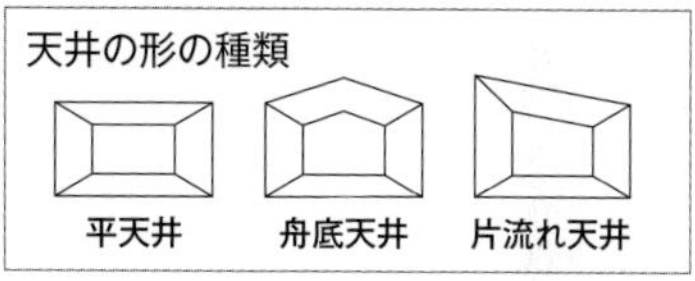

広小舞
ひろこまい

⇒桟瓦葺き

桧皮葺き
ひわだぶき

ヒノキの樹皮で屋根を覆う葺き方のこと。日本古来からの伝統的手法である。出雲大社の屋根などに用いられている。檜皮葺きとも書く。

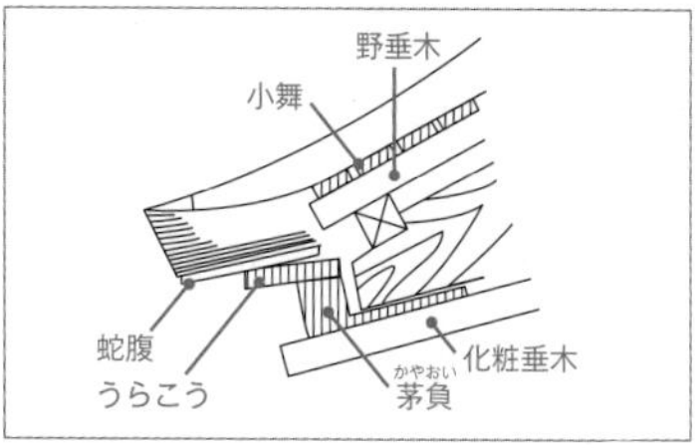

備後表
びんごおもて

広島県備後地方で生産される上質の畳表。

ピンコロ

建築では、舗装に用いられる10センチ角程度の立方体の石材のことをいう。

フィラー(処理)
ふぃらー(しょり)

下地の不陸、割れなどを平滑にするための下地処理のこと。もしくは詰め物一般を指す。

フェノールフォーム

フェノール樹脂を発泡させた硬めのボード状断熱材。他の発泡系断熱材に比べ高性能。熱、水に強い。外断熱にも向いている。

フォームラバー

スポンジ状のゴムのこと。イスなどのクッションや、カーペットの防音加工などに用いられる。

吹付け工事
ふきつけこうじ

仕上げ材をコンプレッサーなどで吹付ける工事のこと。陶磁器タイル風仕上げの吹付けタイル、砂状仕上げのリシン吹付け、凹凸のあるスタッコ吹付けなどがある。

> **豆知識　塗装工事と左官工事**
> 
> 外壁仕上げにおける吹付け工事は塗料を使うので塗装工事ともいえるが、表面の凹凸を出すために厚みを付けるので左官工事ともいえる。

複層(複合)フローリング
ふくそう(ふくごう)ふろーりんぐ

(次頁表参照)⇒フローリングの種類

袋張り
ふくろばり

和紙などの周囲にだけ糊付けをして張る方法のこと。下張りなどに使われる。

フローリングの種類

フローリングボード（単層フローリング）	ブナ、ナラ、カバなどの広葉樹、アピトンなどの南洋材、広葉樹の1枚の挽き板（縦継ぎしたものを含む）。
フローリングブロック（単層フローリング）	挽板を2枚上並べて正方形や長方形に接合したもの。
モザイクパーケット（単層フローリング）	挽板の小片（ピース：長辺22.5cm以下）を2枚以上並べて、紙などを使用して組み合わせたもの。
接合1種フローリング（複合フローリング）	合板のみを基材としたもの。表面に天然木の挽板や単板を化粧張りした「天然木化粧」、あるいは天然木以外の加工を施した「特殊加工化粧」のものがある。
複合2種フローリング（複合フローリング）	挽板、集成材、単板積層材またはランバーコア合板を基材としたもの。
複合3種フローリング（複合フローリング）	上記複合1種、または2種の基材の組合わせ、またはそれ以外の木質材料（MDF、HDFなど）、またはこれらと組み合わせたもの。
床暖房対応フローリング	床暖房による乾燥などでの収縮・変形を抑えたもの。
遮音フローリング	裏側に遮音用のクッション材などを貼り付けて、遮音性能を高めたもの。主にマンション床材として使われる。
無垢フローリング	単層フローリングの一般的な呼び名。全体が一体の無垢材はOPC、ソリッドと呼ばれる。縦方向につないだもの（ユニ）や小片を集成したもの（FJL）も無垢に分類される。

防水工法の種類

熱工法（アスファルト防水）	アスファルトルーフィング（アスファルトを浸み込ませたシート類）を溶融したアスファルトで張り重ねる防水方法。
冷工法（アスファルト防水）	アスファルトルーフィングに塗布した粘着化アスファルトを圧着し、張り付ける防水方法。
トーチ工法（アスファルト防水）	アスファルトルーフィングをLPGガスでバーナーのトーチで加熱、硬化させて、下地に圧着する防水工法。
シート防水	下地にプライマー（液状の下塗り用のもの）を塗り、延性のあるプラスチックや合成ゴムシートを、接着剤や粘着剤で貼り付ける防水工法。塩化ビニル、ゴムシートなどの素材を用いる。
塗膜防水	下地にプライマーを塗り、防水剤をスプレーや刷毛で数回塗り重ねる防水工法。ウレタン、FRPなどの素材を用いる。
モルタル防水	セメントモルタルに防水剤を混ぜ、コンクリート下地に直接塗り付ける防水。安価で簡易な防水用として使われる。

不祝儀敷き
ふしゅくぎじき

2枚以上の畳を並べて平行に敷く方法。

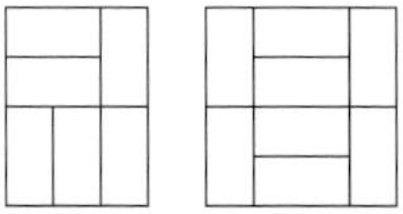

畳同士の合わせの一部または
全部に十字が入る敷き方。

普通合板
ふつうごうはん

⇒**合板**

フックドラグカーペット
1本の刺繍針でパイルを刺し込んでいく手工芸的なタフテッドカーペットのこと。ハンド・タフテッドとも呼ばれる。

不透明塗料
ふとうめいとりょう

下地を色(顔料)によって覆う塗料のこと。

歩止り
ぶどまり

建材などで使用した材の量に対する、できた部分の材の量の割合のこと。「歩止りが悪い」というのは、ロスが大きいことを意味する。歩留りとも書く。

布団張り
ふとんばり

壁に膨らみや立体感を出すために、シート状壁仕上げの裏にフェルトや綿、ウレタンフォームなどを入れる工法のこと。

布海苔(海藻糊)
ふのり(かいそうのり)

天然糊として漆喰の材料や織物の糊付けに利用される海藻のこと。

ブラケット
壁や梁、柱などから片持ち式で出す場合の腕木などの支持具の総称。鉄骨工事においては、柱や梁の仕口部などの交差部分、または壁などから水平に跳ね出した部分の梁の接続方法のひとつ。

プライマー
塗装の下地処理において、最初に塗るもの。接着性、さび止めなどの目的で使用される。

フリーアクセスフロア
⇒**OAフロア**

フレキシブルボード
水や火に強く、セメントを主体とした成形板のこと。不燃性平板と合わせて石綿スレート板とも呼ばれていたが、現在石綿は含まれていないので繊維強化セメント板と呼ぶ。

プレミックス
現場で水と混ぜるだけで施工できる工場調合の左官材。プレミックスのモルタルはプレモルとも呼ばれる。

フローリング
本来は床材全般のことをいうが、日本では木質の素材、またはそれを表面に使用した床材のことを指す。⇒**縁甲板**

フローリングブロック
挽板を接合して矩形のブロックをつくり、床下地に張る木質の床材のこと。

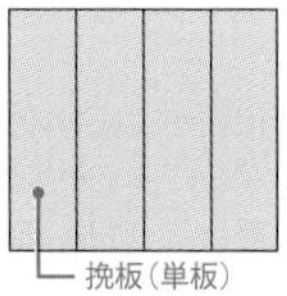

フロックカーペット
基布に接着剤を塗布して、静電気により繊維を植え込んだカーペットのこと。電気植毛カーペットとも呼ばれる。

ヘアライン仕上げ
へあらいんしあげ

金属の表面仕上げのひとつ。一定方向に細かな条痕を付けた艶消し仕上げである。HLとも書く。

平滑性
へいかつせい

材料の表面が滑らかなこと。履物の種類によって平滑性も考慮するべき。

へぎ板
へぎいた

木の木目に沿って手で割って薄くした板。網代天井に使われることが多い。

べた貼り
べたばり

壁紙などの全面を接着剤で貼ること。

ベニヤ
⇒**単板**

ベベルボード
端部に面を付けた石膏ボードのこと。ビニル下地に使われることが多い。「ベベル」とは「傾斜」を意味するが、名称は表面の角の形状に由来する。⇒**テーパーボード**

縁無畳
へりなしだたみ
縁(へり)がない畳のこと。広義では坊主畳や琉球畳ともいう。なお、琉球畳の畳表には、い草ではなくシチトウが用いられている。

ペルシャ緞通
ぺるしゃだんつう
⇒緞通

ベロア
ビロード(ベルベット)調の、けば立ちのある織物。高密度に打ち込まれたビロード調のカーペット名にも使われる。

ベンガラ
酸化鉄が主成分の赤色顔料。建築木材、陶磁器などに古くから使われており、着色性などに優れる。弁柄、紅殻とも書く。

ボイル油
ぼいるあぶら
亜麻仁油などの乾燥性が高い油を加熱加工してに使われる油。塗料などに使われる。

防滑性
ぼうかつせい
滑りにくさのこと。水により滑りやすくなることもある。極端に滑りにくい床もつまずきや転倒の危険性があるため空間に応じた防滑性が求められる。C.R.S.値(滑り抵抗係数)という指標もある。

防水
ぼうすい
建物の中に水が浸入するのを防ぐ方法のこと。たとえば、アスファルト防水、シート防水、塗膜防水などがある。(前々頁表参照)

防水シート
ぼうすいしーと
雨水の浸入を防ぐために、外壁などに用いられるシートのこと。その他に、アスファルトフェルトや湿気は通すが、水は通さない透湿防水シートなどもある。

ホールインアンカー
コンクリート施工後に孔を空けて打ち込むこと。アンカーとは、木材などを固定するために、コンクリートなどにボルトを打ち込むものを意味する。化学薬品を孔に入れて打ち込む場合はケミカルアンカーという。

ホモジニアスビニル床タイル
⇒ビニル系床タイル

ポリウレタンフォーム
ウレタンフォームともいう。⇒断熱材の種類

ポリスチレンフォーム
⇒断熱材の種類

本瓦葺き
ほんがわらぶき
⇒桟瓦葺き

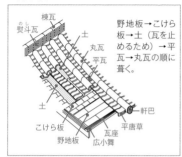

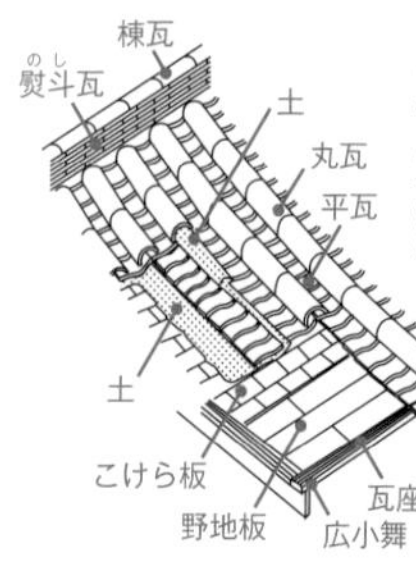

野地板→こけら板→土(瓦を止めるため)→平瓦→丸瓦の順に葺く。

本実
ほんざね
⇒実矧ぎ(さねはぎ)

ま

間柱
まばしら
在来木造の柱間で壁の下地となる縦部材。柱を3分割した材がよく使われる。軽量鉄骨や2×4の壁ではスタッドとも呼ばれる。

丸落とし
まるおとし
スライドできる丸い棒で、建具を建具枠に固定する金物。

見掛り
みえがかり
部材の表に現れており、目に見える部分のこと。⇒見隠れ

見隠れ
みえがくれ
部材に隠れて、目に見えない部分のこと。⇒見掛り

見掛りと見隠れ
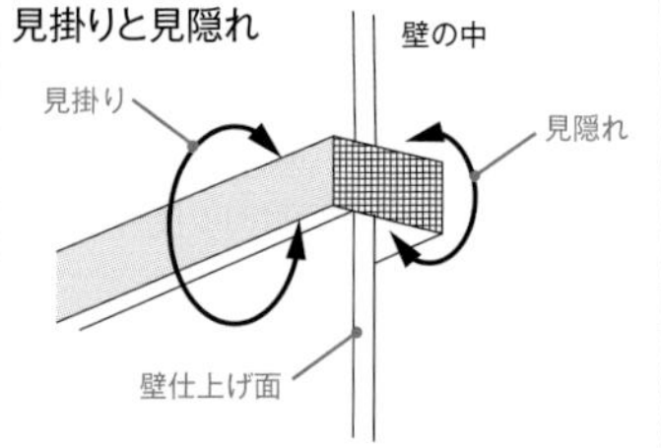

見込み
みこみ

建具などの正面から見える側面または奥行のこと。⇒**見付け、散り**

水切り
みずきり

雨水が内部に回り込まないよう、外壁などに取り付ける金物のこと。

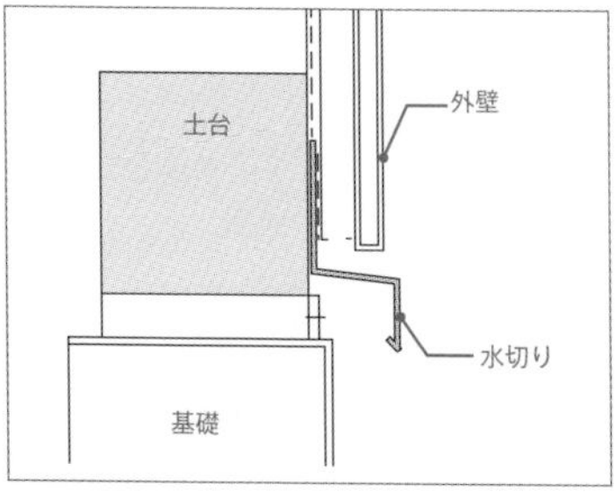

水勾配
みずこうばい

雨水や汚水の排水のために、管や床面、屋根面に付ける傾斜のこと。たとえば、100分の1勾配、4寸勾配などで、傾斜の度合いを示す。

水捏ね
みずごね

糊を使わずに土、砂、水、ワラスサを混ぜたものを材料とする、土壁工法のこと。

見付け
みつけ

部材の正面から見える部分とその幅のこと。
⇒**見込み**

見込みと見付け

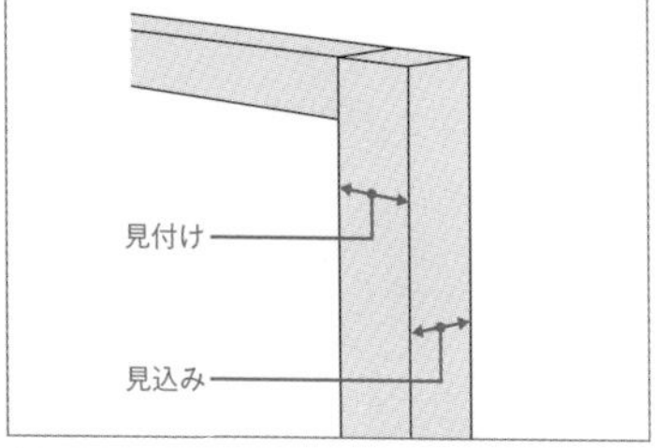

美濃紙
みのがみ

丈夫でムラがない和紙のこと。障子紙や下張りの紙として用いられる。

蓑張り
みのばり

壁紙などの下張りで行なわれる方法のこと。紙の上半分に糊付けしして蓑のように重ねて張っていく。

無垢材
むくざい

単一の木材から切り取った木材のこと。

筵
むしろ

藁（わら）やい草などが編み込まれた敷物のこと。茣蓙（ござ）ともいう。

棟瓦
むねがわら

⇒**本瓦葺き**

むら直し
むらなおし

左官仕上げにおいて、表面を平坦に塗る作業のこと。

目地棒
めじぼう

棒状の部材のこと。複数の異なる仕上げや、大きな面を仕上げる際に、割れ防止や見切りなどのために設置する。

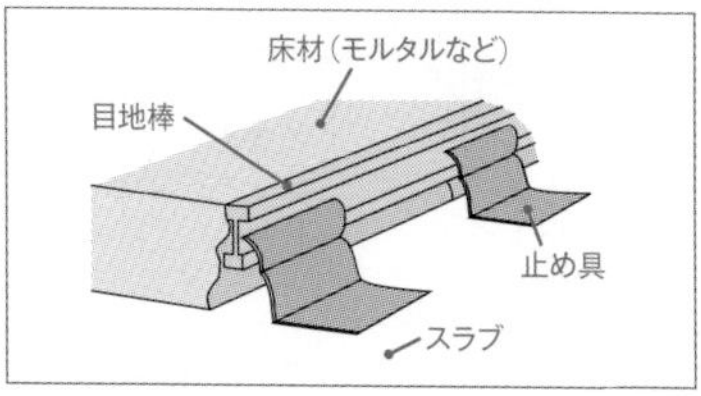

目透し張り
めすかしばり

天井や壁などの板材の隙間を空けて張ること。

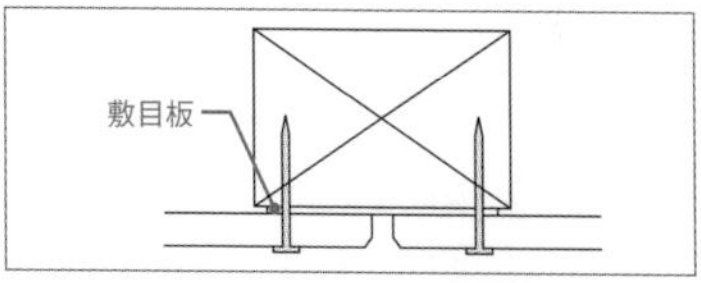

メタルラス

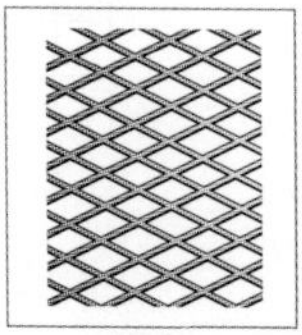

金属の薄板に切れ目を入れて伸ばした網のこと。左官の下地などに用いられる。

目張り
めばり

下地などの隙間に紙などを張って塞ぐこと。

面戸
めんど

部材と部材の隙間をふさぐ部材のこと。

面戸の例:面戸瓦

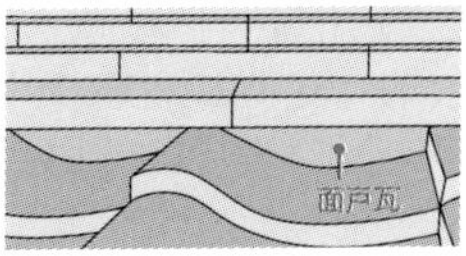
面戸瓦

木材保護着色剤
もくざいほごちゃくしょくざい

着色だけでなく、防腐なども兼ねた塗料のこと。木材の表面に浸透し、着色する。

木煉瓦
もくれんが

コンクリート壁に木材を取り付けるために、コンクリートを打ち込む際にあらかじめ木の小片を埋め込んでおくこと。または、床を仕上げる際に、木口を上に向けて敷き並べたサイコロ状の木材のこと。

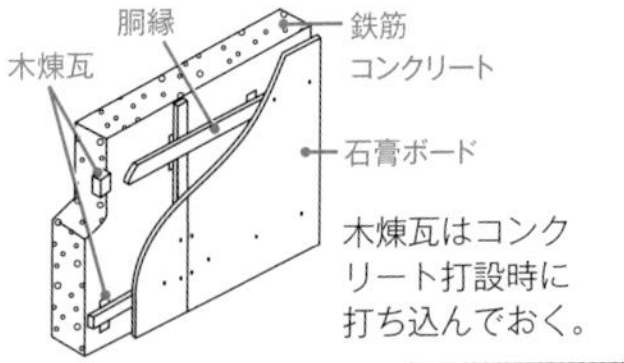
胴縁
鉄筋
コンクリート
木煉瓦
石膏ボード
木煉瓦はコンクリート打設時に打ち込んでおく。

モザイクタイル

小型のタイルのこと。一般的には50ミリ以下のタイルのことを指す。1枚ずつ貼ると手間が掛かるので、300ミリ程度にまとめられたシートを使って貼る。

モザイクパーケット

木の小片を寄せ集めたフローリングのこと。寄せ木張り、パーケットフローリングともいう。

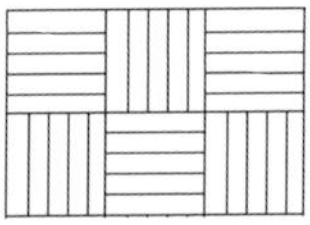

木工用ボンド
もっこうようぼんど

木材同士を接着させる、白い酢酸ビニル樹脂エマルジョン接着剤の通称。

モルタル

セメントと砂を水で練ったもの。タイルの接着やコンクリート面を平滑にするために用いられる。モルタルに砂利を入れるとコンクリートになり、モルタルに砂を入れないとセメントペーストになる。なお、水を少なく配合したモルタルをバサモルタルという。

や

役物タイル
やくものたいる

一般的な平形のタイルではなく、特殊な形状をしたタイルのこと。出隅や見切り部分専用の役物タイルがある。

タイルの目地の種類（平面的なデザイン）

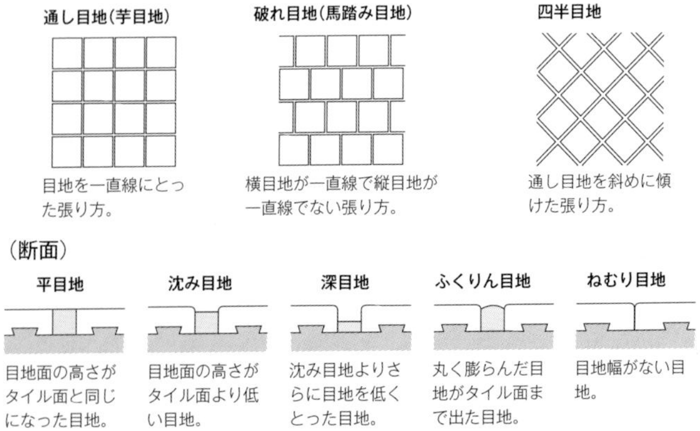
通し目地（芋目地）
目地を一直線にとった張り方。
破れ目地（馬踏み目地）
横目地が一直線で縦目地が一直線でない張り方。
四半目地
通し目地を斜めに傾けた張り方。
（断面）
平目地
目地面の高さがタイル面と同じになった目地。
沈み目地
目地面の高さがタイル面より低い目地。
深目地
沈み目地よりさらに目地を低くとった目地。
ふくりん目地
丸く膨らんだ目地がタイル面まで出た目地。
ねむり目地
目地幅がない目地。

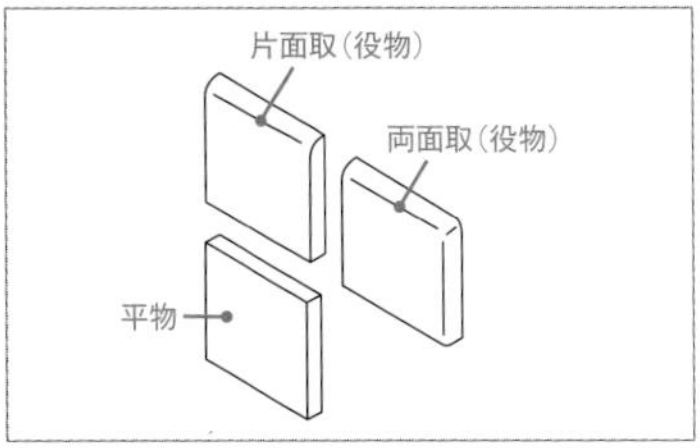

屋根勾配
やねこうばい

屋根の傾斜を表す。たとえば、屋根の4寸勾配とは、水平に10進むと高さが4上がる勾配を意味する。

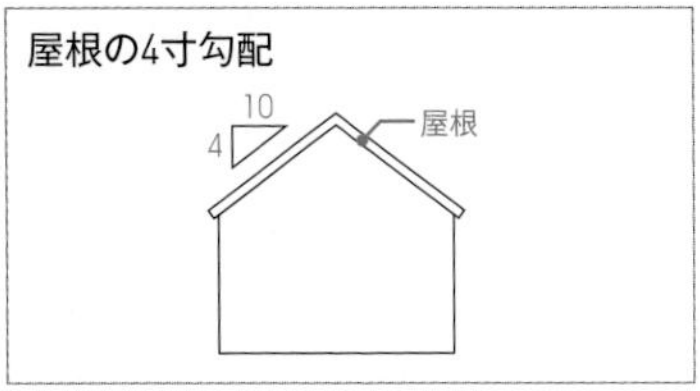

大和張り
やまとばり

板を互いに前後させて重ねて張る方法のこと。塀などの仕上げの際によく用いられる。

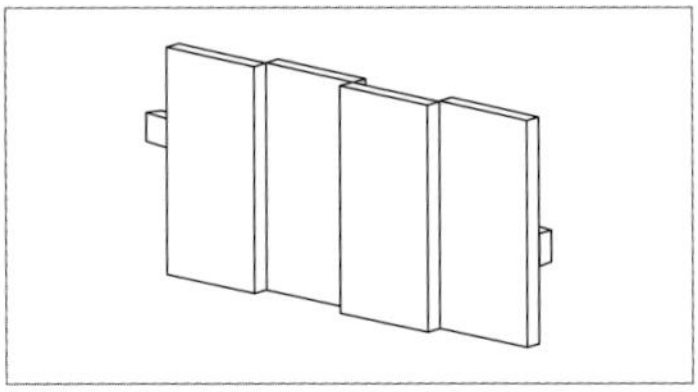

有孔ボード
ゆうこうぼーど

細かい孔の空いた板のこと。吸音や通気などの目的で用いられる。石膏ボード、合板、ケイカル板などの種類がある。

釉薬
ゆうやく(うわぐすり)

陶磁器の表面にガラス状の膜をつくるために焼成前に塗布する薬剤のこと。

ユニ(UNI)
ゆに(ゆーえぬあい)

縦方向に4〜5枚繋ぎ合わせて定尺(1,820ミリなど)にした無垢フローリング材のこと。一枚の板からなるワンピース(OPC、一枚板)と区別される。

溶剤
ようざい

塗料の塗膜となる樹脂を溶かして希釈した液剤。主に水ではない有機溶剤を指す。

豆知識　溶剤は水が主流に

樹脂は溶剤には溶けるが、水には溶けない。だが樹脂を水と混ぜる技術の進化によって、近年は多くの樹脂が水性塗料として商品化されている。シンナー(有機溶剤)はいまや少数派だ。

溶融亜鉛めっき
ようゆうあえんめっき

溶かした亜鉛に鋼材を浸し、表面に亜鉛の被膜を作るメッキ塗装。どぶづけとも呼ぶ。防

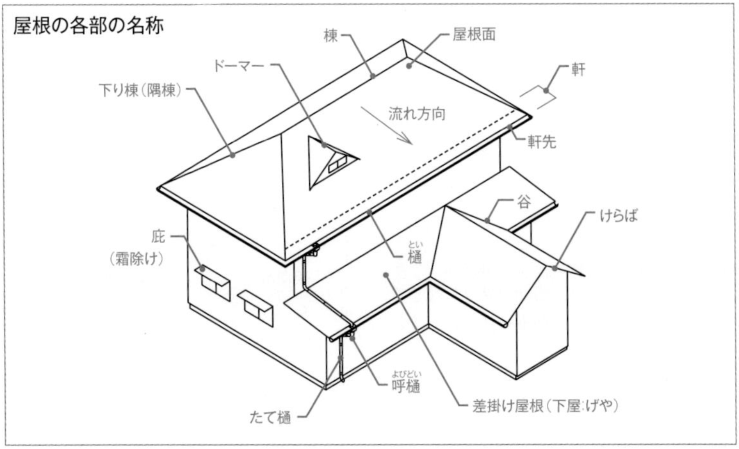

錆効果が高い。

養生シート
ようじょうしーと

建築現場の床などの保護や汚れ防止で用いられるシート材のこと。

ら

ラグ
置き型の敷物のこと。小さなものはマットと呼ばれることもある。

ラス下地
らすしたじ

モルタルが壁に十分接着するよう、メタルラスを取り付けた下地のこと。⇒**ラスモルタル、メタルラス、ワイヤラス**

ラスモルタル
左官仕上げにおいて、メタルラスやワイヤラスなどを下地としてモルタルを仕上げること。木造の外壁などで用いられる。

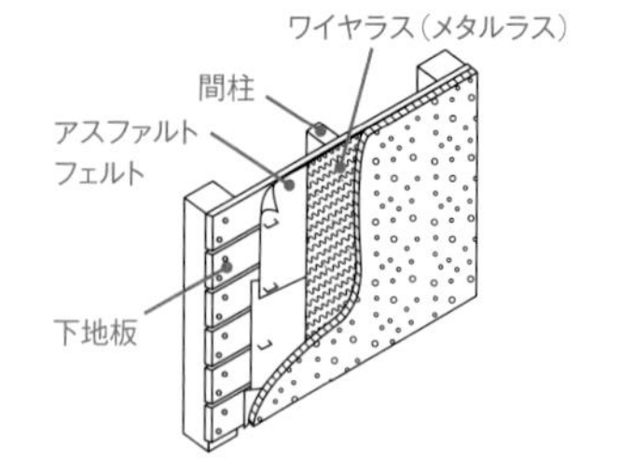

ラテックス
生ゴムや合成ゴムになる前の液状のもの。

乱尺
らんじゃく

長さが一定でないフローリング材のこと。また、その張り方を「乱尺張り」と呼ぶ。⇒**定尺**

乱張り
らんばり

自然な雰囲気を出すために、石材などを不定形に張る方法のこと。

リシン掻落し仕上げ
りしんかきおとししあげ

左官仕上において、砕石などを混ぜたモルタルが固まらないうちに、表面をブラシなどで掻き落として、細かな凹凸面に仕上げること。

リシン吹付け仕上げ
りしんふきつけしあげ

⇒**吹付け工事**

リノリウム
亜麻仁油、木粉、コルク粉、石灰岩などを混ぜて乾燥させたシート状床材のこと。天然素材の床材である。

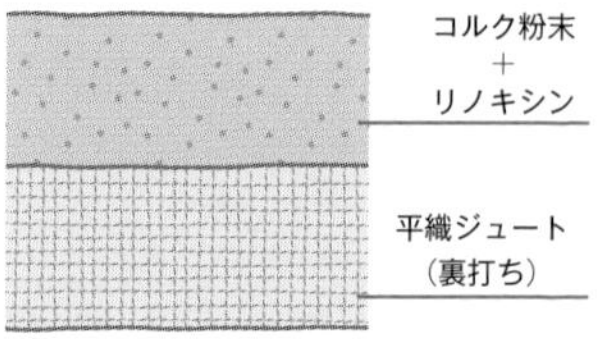

長時間かけて亜麻仁油を酸化させてつくったリノキシン、コルク、ジュート木粉、ロジン（松脂）、顔料などを混合し、金属ロールでシート状に延ばす。強度を持たせるため平織ジュートを裏打ちして2週間ほど乾燥させる。

ルーバー天井
るーばーてんじょう

格子状の天井のこと。照明を上部に組み込むので、まぶしさを抑える効果がある。

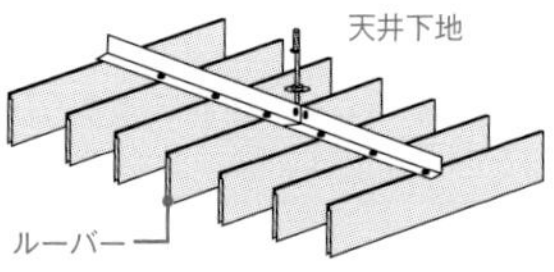

ルーフィング
屋根を葺く前に用いる、防水目的のシートのこと。アスファルトを浸み込ませたものは、アスファルトルーフィングという。

レリーフタイル
表面に凹凸の模様を付けたタイルのこと。

煉瓦
れんが

粘土を主原料に焼成したブロック状の建材のこと。210×100×60ミリの大きさである。

煉瓦の寸法

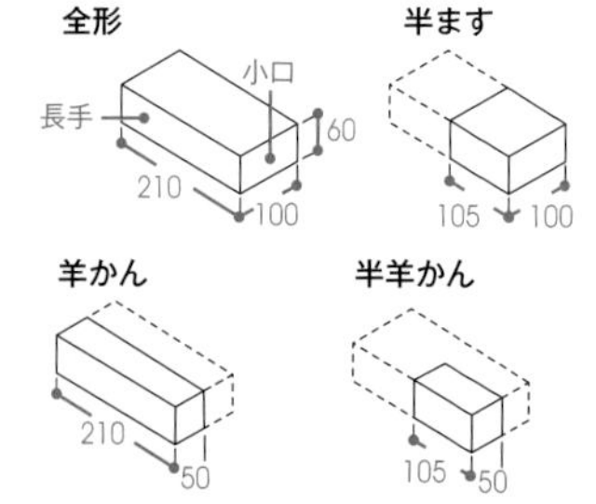

煉瓦の張り(積み)パターン

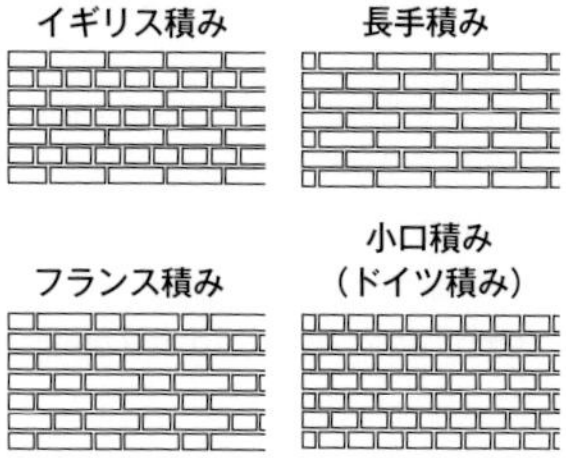

ロス

建材などの加工や施工の際に生じる、切り無駄、張り無駄などのこと。ロスの内容は、現場の形状などによって異なる。⇒**歩止り**

ロックウール板

ろっくうーるばん

ロックウール(岩綿)を主材としたボードのこと。断熱材だけでなく、吸音板としても用いられる。⇒**断熱材**

わ

ワイヤラス

鉄線を編んでつくった網のこと。塗壁の下地用に用いられる。⇒**メタルラス、ラス下地**

割付

わりつけ

石やタイルを張るときに検討する、配置や目地の取り方のこと。

木材の種類【内装系】

樹種	特徴
シオジ	木肌が美しく淡い黄白色で、じん性はあるが、加工性はよい。造作、家具、野球バットなどに使われる。
シナ	年輪は不明瞭ながら、均整で軟らかい。合板、彫刻材などに使われる。
サクラ	木質はやや重硬で強靭。木目は緻密。加工性、着色性、耐久性はよい。床材、造作材などに使われる。
クロマツ	針葉樹のなかでは重硬で、水湿に強い。表面仕上げはあまりよいほうではない。
サワラ	軽軟な材で、水湿には強く、加工性はよい。ただし、割れには注意しなければならない。桶、組子、浴室の壁などに使われる。
ラワン	工作がしやすい。レッドラワン、ホワイトラワンとともに合板などに使われる。
アピトン	肌目は粗く、やや重硬で、強度は大きい。耐久力もあるので、構造物、貨車のボディ、床材、羽目板などに使われる。
ラミン	均質で加工性はよい。耐久性は高くないので、主に内装材などに使われる。
コクタン	心材は黒で、黒色の縞模様や光沢がある。耐久性はよいが虫に注意しなければならない。装飾、仏壇などに使われる。エボニーともいう。
タガヤサン	肌目は粗いが、光沢がある。重硬で強度、耐久性はよいが、乾燥には注意しなければならない。シタン、コクタンともに代表的な唐木である。
ローズウッド	緻密で、磨くと美しい。重硬だが、乾燥·加工性には注意しなければならない。耐朽性は非常に高い。高級家具材、唐木細工、内装突板、ナイフの柄などに使われる。シタンともいう。
マホガニー	耐久性がよく、狂いや割れなども少ない。家具材、彫刻材、楽器、内部装飾材などに使われる。
クリ	重硬で水湿に強く、耐久性がよい。加工はやや難しく、釘打ちなどで割れやすい。家具材、土台、土木材、床材などに使われる。

樹種	特徴
クロガキ	樹齢のある柿木で、黒色の美しい縞模様などが出たもの。コクタンと同様に、工芸に使われる。
ウォルナット	重硬で強度があって、狂いは少ない。加工性や着色性もよい。ドアや造作、高級家具や工芸など、幅広く用いられる。クルミのことである。
タモ	やや硬めで、加工性がよく、割れにくい。表面仕上げなども扱いやすい。家具材、造作材、器具材、ベニヤ材、土木材などに用いられる。ヤチダモともいう。
アッシュ	適度に硬く、耐久力、加工性もよい。ステインなどで美しい仕上げが可能。家具用材、ドア材、合板材などに使われる。
チーク	産地によって差はあるが、材は金褐色～濃褐色を示し、しばしば縞をもつ。寸法に狂いがなく、加工・仕上げが良好。
ホワイトアッシュ	心材は淡い灰褐色、辺材は白系。加工しやすく重硬、耐久性もよい。バット、楽器にも使われる。
ニレ	辺材は黄白、心材は淡褐。明瞭に通った美しい木目。曲木、造作、枕木などに使われる。ハルニレも同じ。
ホワイトオーク	色は灰褐色から白系。柾目には美しい銀杢（虎斑、シルバーグレイン）がある。ミズナラ（ナラ）に似ている。ウイスキーの樽、家具にも使われる。
カバ	軟らかで均質で密な木肌、反りなども少ない。マカンバはカバの一種。カバザクラなどとも呼ぶ。水にも強い。体育館の床や家具にも使われる。バーチは同種輸入材。
ホワイトパイン	白系で軽く狂いも少なく加工性がよい。耐朽性は低い。少しクリーム色のボンデロッサパイン（イエローパイン）とは区別されるが、ともにカントリー家具などに使われる。その他、造作材、箱材、家庭用木工品などにも使われる。
ホワイトバーチ	淡白の美しい材。塗装の付着性がよい。粘りがあり、曲げ加工にも使われる。イエローバーチの白い部分。パーチとも呼ばれる。家具、ドア、玩具などに使われる。
レッドオーク	赤褐色系。重硬だが、乾燥の際に割れが出やすい。水密性は低いので、ホワイトオークのように樽には使えない。家具に使われる。
セン	栓と書く。軟らかく加工がしやすい。木目がケヤキに似ている。樹種はハリギリ。家具、合板材としても使われる。
ニヤトー	赤褐色。マカンバに似ている。耐久性は低く、材の質に幅がある。内装などに使われる。
ブラックチェリー	心材は赤褐色、辺材は白系桃色。やや緑色の部分があるものや、表面に独特の美しさがあるものもある。乾燥後は安定。
カリン	心材は黄褐色、赤褐色。色調はまばら、強靭で硬くて重い。磨くと光沢が出る。家具、楽器など装飾的に使われることが多い。果樹のカリンとは関係がない。
クス	辺材は淡黄褐色系、心材は赤褐色。緻密な木肌で、耐湿・耐久性、加工性がよい。造作、家具、彫刻用に使われる。防虫効果があるので箪笥の引出しなどにも使われる。
ブビンガ	心材は赤褐色で桃褐色の縞がある。重硬で強度、耐久性がよく、虫害にも強い。家具、床、室内装飾、ドア、和太鼓の胴などに使われる。
サペリ	辺材は淡黄白、心材は桃色から赤褐色になる。美しいリボン杢。マホガニーに似ているので代用として使われる。
ウェンジ	心材は濃褐色、紫系。装飾性が高い。重硬かつ強靭で、タガヤサンに似ている。家具、座卓、額縁などに使われる。

※代表的な樹種は口絵 4-5 頁参照

13 エクステリア

あ

アスファルト
舗装材のひとつ。素材そのものは、石油の精製時に残る黒色の固体状のものである。道路の舗装材として、砂利などを混ぜ合わせたものに使用される。

洗い出し仕上げ
あらいだししあげ

小石などをモルタルに混入して流し込み、乾かないうちに表面を水で洗って小石を浮き出させる舗装仕上げのこと。

石灯籠
いしどうろう

石材（主に花崗岩）を使用した灯籠のこと。火を灯すことで、暗くなった庭に風情や趣を添える重要な構成要素である。

石張り
いしばり

基礎コンクリートの上にモルタルを施して、薄い自然石を張る舗装仕上げのこと。代表的な自然石には、砂岩やジュラシックストーン、丹波石、鉄平石などがある。

イペ
広葉樹のひとつで、南米材の一樹種。比重が重くて表面硬度が高く、形状安定性が優れており、屋外で20～30年ほどの耐久性があるとされる。住宅のウッドデッキに使用される高級材の類に入る。

インターロッキングブロック敷き
いんたーろっきんぐぶろっくじき

インターロッキングブロック（コンクリートブロック）を敷く舗装材の仕上げのこと。コンクリートブロックの一種で透水性や保水性があり、リサイクルすることができる。コンクリートブロック敷きともいう。

ウッドデッキ
木製の板（木製樹脂合成材含む）を張った床のこと。床を室内と同じ高さに揃えて、テラスとすることもある。

エクステリア
建物の外側となる、庭や塀、門扉、カーポートなどの構築物を含めた「外構」のこと。基本的に住まいは、敷地と建物、庭で構成されている。

> **豆知識　コンセプトに合った庭空間を**
>
> 室内にインテリアの調度品をセレクトするには、ライフスタイルに合わせたコンセプトが重要で庭空間も同様である。たとえば、モダンなインテリア、南フランス風のインテリアを設えた室内から、純和風の庭を眺めるというのはナンセンス。モダンなインテリアにはすっきりとした庭、南フランス風のインテリアならテラコッタなどの素材を使って地中海の雰囲気が漂う庭にすることなどが求められる。

エクステリアエレメント
エクステリアを構成するエレメントの総称。門扉、塀、カーポートなどの構築物や庭の景観をつくる要素となる。植物を立体的に楽しむものや庭に置く家具などがある。和風庭園では灯籠、蹲など、西洋庭園ではパーゴラ、トレリスなどに代表される。

玄関のエクステリアの例

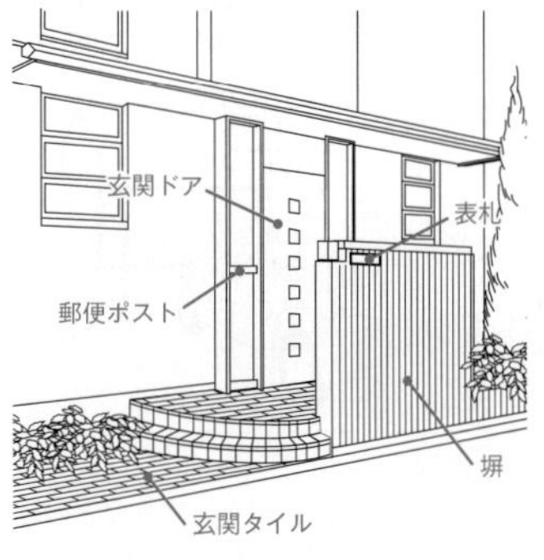

豆知識　屋外用の水栓

エクステリアにおいて、庭の植栽の水やり、屋外作業後の水洗いや屋外の掃除など、屋外の水栓は欠かせないものである。通常は立ち上がった柱状のものに蛇口を取り付けて水を引く。これを立水栓という。

オープンスタイル
敷地や前庭を広くして、門扉や塀を設けないスタイルのこと。欧米の郊外型住宅に多く見られる。

織部灯籠
おりべどうろう

石灯籠の種類のひとつ。茶庭に使用される灯籠で、竿上に文字や彫像があるのが特徴である。

か

カーゲート
車の通用門(出入り口)のこと。

ガーデンファニチャー
屋外に置かれる、イスやテーブルなどの庭園用家具のこと。インテリアの家具とは違い、屋外のため、耐候性、重量(風に飛ばされない)などの配慮が必要となる。

春日灯籠
かすがどうろう

石灯籠の種類のひとつ。神社仏閣などでよく見られる、背が高くて装飾性の高い灯籠である。

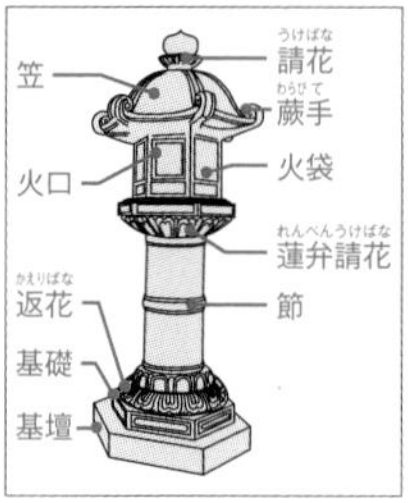

寒水石
かんすいせき

白色の石灰石の総称。庭園に敷き詰められる白色の砂利のこと。代表的な庭としては、枯山水などがある。

沓脱石
くつぬぎいし

和風庭園で建物と庭をつなぐエレメントのひとつ。縁側や式台などの前に置かれているものである。そこに履物を脱ぎ置いておく。

クローズドスタイル
高い塀や門扉、垣根、植栽などで、完全に敷地を囲む閉鎖的なスタイルのこと。

景石
けいせき

日本庭園において、風景の主役となる庭石のこと。大き目の石で格調、品位、造形美、趣などを表現する石である。

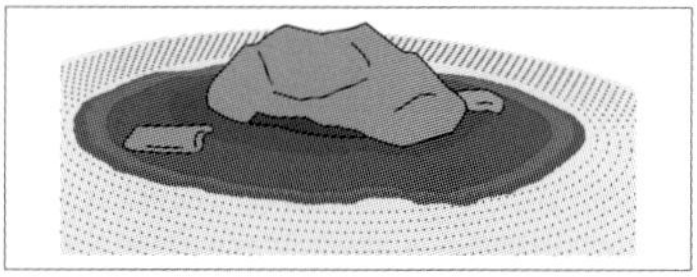

コンテナ
内部に物を納める容器類の総称。一般的に、エクステリアやガーデンにおいて、植物を植える鉢やプランターのことを指す。⇒コンテナガーデン

コンテナガーデン
鉢に植物を植え込んだもの。鉢を庭に見立てて、草花や植木の造形や色を限られた範囲で構成する。

さ

サンルーム
太陽光を取り入れる機能を持った部屋。採光部分はガラス・アクリル樹脂・ポリカーボ

ネート樹脂を使う。真夏は室温が上がるので太陽熱対策は必須。

ししおどし

日本庭園のしかけのひとつ。水の音、竹が石を打つ音を楽しむことができる。

借景
しゃっけい

庭園技法のひとつ。自然の景色を、背景や庭の景色の一部として取り入れて構成する方法である。

縮景
しゅくけい

石組によって自然景観の滝や島を模して庭園内に作られた風景のこと。

主庭
しゅてい

リビングや応接室など、生活の中心となる居室に面して設けられた庭のこと。

人工芝
じんこうしば

芝に似せた合成樹脂素材の敷物のこと。

伸縮式
しんしゅくしき

カーゲートの開閉手段のひとつ。アコーディオンタイプのものである。扉の収納が小さくて済むので、狭い敷地や角地などに適している。⇒**カーゲート**

水琴窟
すいきんくつ

日本庭園のエレメントのひとつ。水滴の音を琴の音色のように反響させるしかけである。手水鉢の下部、土の中に甕(かめ)などを埋めて空洞をつくり、底に溜まった適度な水に水滴が落ちる反響音を楽しむ。

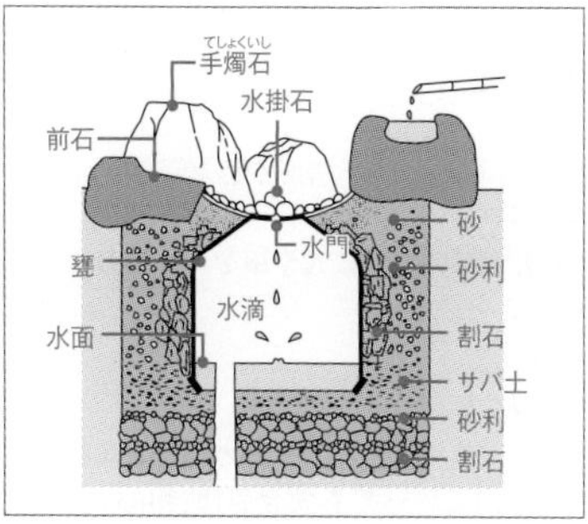

西洋風庭園
せいようふうていえん

植物を立体的になるようにしたり、花や造形物を取り入れたりした、華やかな庭園のこと。庭園の様式は、西洋風庭園と日本庭園に大別される。もう一方の日本庭園は、自然の風景を構成することが多い。

セミクローズドスタイル

外と住まいの境界はあるが、閉鎖感がなく、適度に塀や垣根で囲うスタイルのこと。

た

タイル敷き
たいるじき

外装用タイルを張る舗装仕上げのこと。タイルには、色柄、大判タイル、モザイクタイルなどの種類があって豊富である。

玉石積み
たまいしづみ

玉石を積み上げるという石垣の手法のこと。玉石は丸い形状で、大きさは約直径30センチ程度のものである。高さのある石垣には不向き。

玉砂利
たまじゃり

大きくて目が丸く、粒が揃った砂利のこと。神社の参道や庭などに使われるもので、その上を歩くと音が鳴る。住宅の外構に敷くことで、防犯対策にもある。

チーク

広葉樹のひとつで、南洋材の一樹種。木質は硬くて強靭である。耐久性、耐水性だけでなく、耐虫性にも優れるため、屋外用の材としてガーデンファニチャーやデッキ材などに使用されることが多かった。高級木材であるが、伐採が禁止となったため、稀少性がさらに高くなっている。

駐車場
ちゅうしゃじょう

住宅の敷地内に設けられる、車を留め置く場(スペース)のこと。

手水鉢
ちょうずばち

茶室に入る前に、手を洗い清めるために設置された水鉢のこと。

蹲踞
つくばい

茶室に入る前に、手を清めるための様式のひとつ。低めの手水鉢、役石(前石、湯桶石、手燭石)、石灯籠などで構成される。

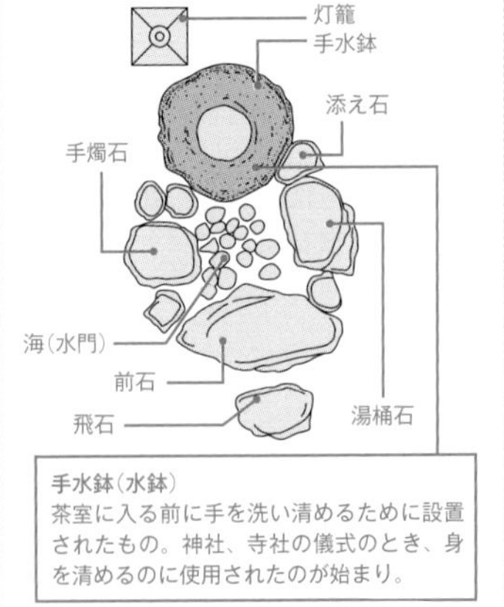

坪庭
つぼにわ

和風庭園の手法のひとつ。建物と塀で囲まれた、坪単位の小さな庭である。中庭、パティオともいう。

添景
てんけい

庭に趣をつくるために、庭の構成要素として加えられた物を置くことで庭に意味を持たせること。

添景物
てんけいぶつ

露地に置かれる灯籠、つくばい、竹垣などで、苔むすほど深い侘びた趣になる。

ドアガード

防犯用対策で、住宅の玄関扉の室内側に取り付けられるもの。開錠した扉を開けても、引っ掛かって、侵入することができない。

灯籠
とうろう

日本の伝統的な照明の一種。日本庭園や茶庭に観賞用や灯火として石灯籠が設置された。織部灯籠、春日灯籠、雪見灯籠がある。

トピアリー

植物を立体的に楽しむ、西洋庭園のエレメントのひとつ。植栽を動物や幾何学的な造形にかたどったものである。

飛石
とびいし

舗装において石を敷く方法のひとつ。歩幅程度に間隔を開けて、石の大きさ、配置でリズムをつくり、景観美を演出するものである。

トレリス

木や金属などを格子状に組んで、ツル状の植物を伝わせる柵のこと。

豆知識　壁面緑化(へきめんりょっか)

トレリス、ラティス、パーゴラなど蔓性の植物を使って、壁面全体を緑化することはよく知られている。ただし、これとは別の形式で、ユニット化されたパレット状に、小型のポットに植えた植物を埋め込むものもある。自動で灌水する設備が付いていて、上部まで均等に水やりすることができ、壁面の周辺温度を下げられるのだ。近年は、地球温暖化対策にもなるため、こうした形式を使うケースが増えてきている。

な

中庭
なかにわ

建物内部に設ける、光や風を取り込むための庭のこと。

躙り口
にじりぐち

茶室において、客の出入口となるところのこと。入口といっても大きさは、幅636ミリ(2

尺1寸)、高さ666ミリ(2尺2寸)と開口が小さい。引戸を開け、膝を曲げて座った姿勢のまま、膝で進退するように「にじる」ことから、命名された。

延段
のべだん

門から玄関口までの通路に敷かれる、舗装材の敷詰め手法のひとつ。和風庭園を代表するもので、一定の幅と長さに石を敷き詰める。

は

パーゴラ
ツル性植物を這わせてつくられた木組みの棚のこと。日陰をつくったり、植物の花や実を楽しむことができる。代表的なものには、藤棚やぶどう棚がある。

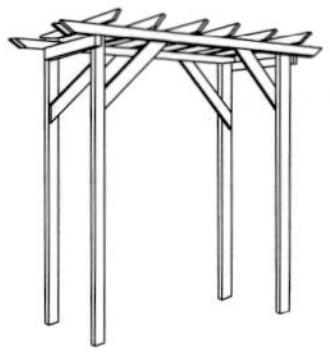

跳上げ式
はねあげしき

カーゲートの開閉手段のひとつ。扉を90度上方に跳ね上げるタイプのものである。道路と接するカーゲートは、通行人に配慮して、開閉に注意しなければならない。道路へのはみ出しが少なく、スペースをとらないというメリットがある。⇒**カーゲート**

フェンス
柵や囲いのこと。広義では塀もフェンスとなるが、一般的には、木製やアルミ製、スチール製など、見通しのよいメッシュや格子状で構成されたものを指す。

ブルーグラス
西洋芝のひとつで、寒冷地芝生の一品種。ゴルフ場のフェアウェイなどに使用されることが多い。生育には時間がかかる。強い芝生だが、高温と多湿には弱い。

ベント
西洋芝のひとつで、寒冷地芝生の一品種。芝が細かくて緻密なため、ゴルフ場のグリーンに使用される。低温でも育つため、冬季でも刈り込みが必要となる。ベントグラスともいう。

ま

前庭
まえにわ

門扉から玄関までにある庭のこと。住まいの顔で、客を迎え入れるおもてなしの庭となる。ウェルカム・ガーデンともいう。

枕木
まくらぎ

鉄道線路のレールを支えるために、平行に敷かれている材のこと。クリ、ヒノキ、ヒバなどの木材に防腐処理したものである。鉄道で使用されなくなったものは、エクステリアやガーデン材として使用されている。色は、古色で濃茶から黒色が一般的。

枕木敷き
まくらぎじき

枕木を敷く舗装仕上げのこと。

メールシュート
郵便物投入口から下の収集階まで縦型の筒状につながった装置のこと。中高層建物などの各階に設けられるものである。

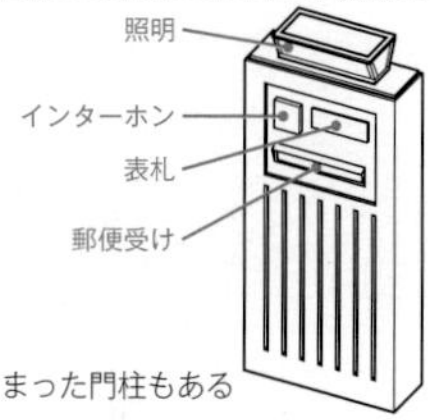

機能がまとまった門柱もある

門柱
もんちゅう

門扉を支える柱または、玄関先にある独立した壁状の構造物。自邸と周囲の境界を示したり、防犯の役割も果たす。

門扉
もんぴ

外と住まいの出入り口となる「門」に設けられる扉。カーゲートを兼ねる場合もある。

や

雪見灯籠
ゆきみどうろう

石灯籠の代表的な種類のひとつ。日本庭園の水際に置かれる、水面を照らすものである。高さが低くて、笠が大きいのが特徴。

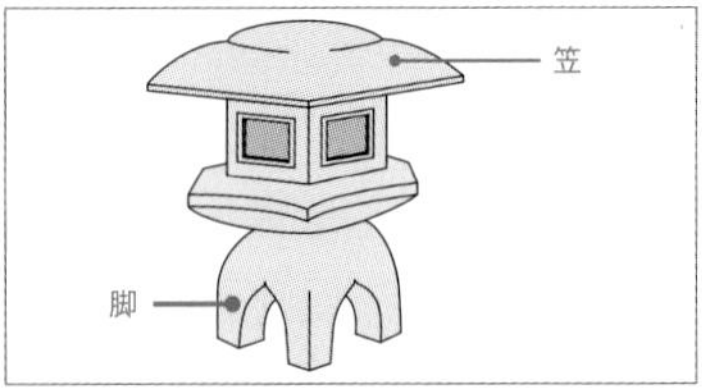

洋芝
ようしば

常緑で、刈込みが必要な芝生のこと。日本芝と比較すると、低温でも育ちやすい。ブルーグラス、ベントグラス、ライグラスなどが一般的である。

ら

ライグラス
西洋芝のひとつで、イタリアンライグラスという品種は牧草などに用いられる。

ラティス
木を格子状に組んだフェンスのこと。装飾や目隠しのために、間仕切りや柵として用いられる。

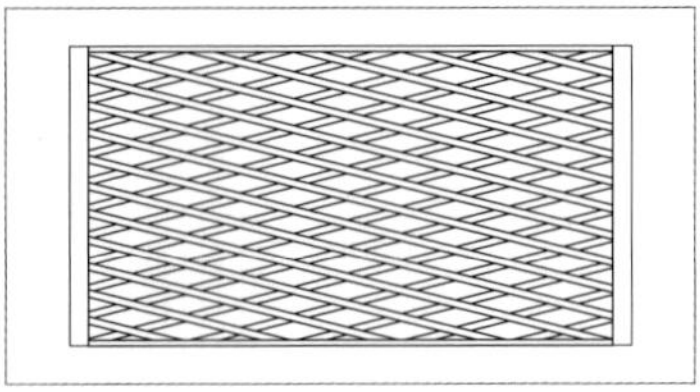

豆知識　剪定＝メンテナンス

エクステリアで扱う植物は、唯一の生きたエレメントである。そのため、成長過程で形を整えたり、成長を促したりするために枝を切るなどのメンテナンスが必要となる。これを剪定（せんてい）という。夏は日差しの調整や通気の確保のため、冬は春に向けての成長のために剪定を行う。

煉瓦敷き
れんがじき

煉瓦を敷く舗装仕上げのこと。煉瓦とは、酸化鉄を含んだ粘土に砂や石灰を混ぜ、型に入れて焼成したもので、赤色のものが一般的である。サイズは、210×100×60ミリのものが広く使われている。

露地
ろじ

茶事をするための庭、茶庭のこと。茶事の作法において、茶室まで客を迎え入れる際に、おもてなしの入口となる庭である。茶の湯の世界と密接に関連したエレメントが設置される。⇒**蹲踞（つくばい）**

わ

和芝
わしば

日本に自生する芝のこと。野芝、高麗芝などが一般的である。高温多湿な気候に適応して、冬季には茶色く枯れたようになる。これは休眠状態に入っているためだが、春になると再び緑色に戻る。

豆知識　芝のいろいろ

和芝は冬に葉が茶色になり枯れるが、洋芝は常緑の樹種である。

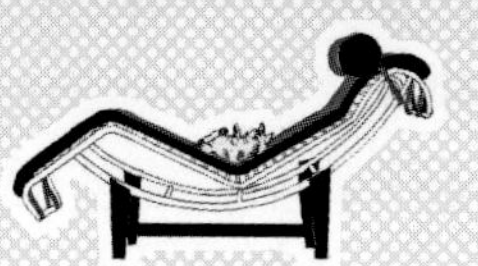

14 照明

あ

IP規格
あいぴーきかく

屋外用電気機器(照明等)の防水・防塵の国際的規格。International Protection規格。

アクセント照明
あくせんとしょうめい

局部を際立って明るく照射する照明方法のひとつ。店舗のディスプレイなどで採用され、スポットライトなどが用いられる。

浅型ダウンライト
あさがただうんらいと

天井の懐の高さがない場合に適しているライトのこと。器具の埋め込み高さは、60ミリ、80ミリ、90ミリ、100ミリの4種類がある。

アルゴンガス

地球の大気中に含まれる気体で、無味、無臭、無色のガスのこと。白熱球、蛍光灯、ネオン管などに封入されている。複層ガラスにも用いられる。

安定器
あんていき

ランプ内で放電を始めると電流が急激に増えるので、それを一定にするために設けられるもの。点灯回路ともいわれる。

ELランプ
いーえるらんぷ

Electroluminescent Lampの略。薄いシート状の面発光体のランプ。無機ELと有機ELがある。有機のほうがランプ効率がよい。

位相制御調光
いそうせいぎょちょうこう

フィラメント型の白熱電球などの調光方式。電圧を変えることで制御する。

色温度
いろおんど

光の色を表す指標のこと。光の色は温度で表される。赤みのある光は色温度が低く、白い光は色温度が高く、電球色のように温かみのある光は色温度が低く、昼白色のように涼しげな光は色温度が高いとされる。

インバーター

電気を60ヘルツに変換する装置のこと。家庭で使われている50ヘルツ/60ヘルツの交流電気を高い周波数に変換する。蛍光ランプなどを点灯させる場合は、従来の安定器に比べて、効率がよく50ヘルツ/60ヘルツ共用になるなどの特徴がある。

埋込みローゼット
うめこみろーぜっと

引っ掛けシーリングのひとつ。洋室の天井や和室の目透かし天井に向く。大型器具を取り付けることができる。器具の重さが5キロを超えるものは、電気的接続部に荷重が加わらないよう施工することが義務付けられている。耐熱型引っ掛けシーリングローゼットが推奨されている。

HIDランプ
えいちあいでぃらんぷ

High Intensity Discharge lampの略。高圧水銀ランプ、メタルハライドランプ、高圧ナトリウムランプなどの総称。ガラスの外管、発

色温度の比較

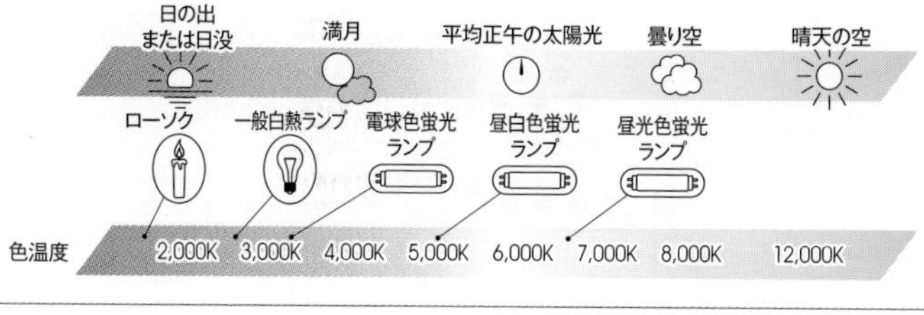

光管の内管、口金で構成される。石英やセラミックでできた真空状態の内管にガスを入れ、高電圧を掛けることで放電して発光する。高輝度放電灯ともいう。

A型・AA型
えーがた・えーえーがた

卓上スタンドのJIS規格で、A型は大きい文字などを比較的短時間見る場合、AA型は学習読書用でA型より明るい。

エクステリアライト
屋外用照明器具のこと。軒下ダウンライトからブラケット、門灯、街路灯、水中灯まで幅広い種類のものがある。室内よりも厳しい環境で使用されるので、防水性、防塵性の性能が求められる。

S型ダウンライト
えすがただうんらいと

断熱施工用のダウンライトのこと。断熱施工方法による種類は、SB形、SGI形、SG形の3種類がある。SB形はブローイング工法やマット工法で、SGI形はマット工法専用(北海道を含む地域I)、SG形はマット工法専用タイプ(地域I以外)で使用される。

M型ダウンライト
えむがただうんらいと

一般形のダウンライトのこと。断熱材がない場合にのみ、住宅の天井に設置される。

LED
えるいーでぃー

Light Emitting Diodeの略。電圧が加わると発光する半導体の性質を利用した光源のこと。電圧を加えると、プラスとマイナスの半導体が結合してエネルギー光となる。発光ダイオードともいう。

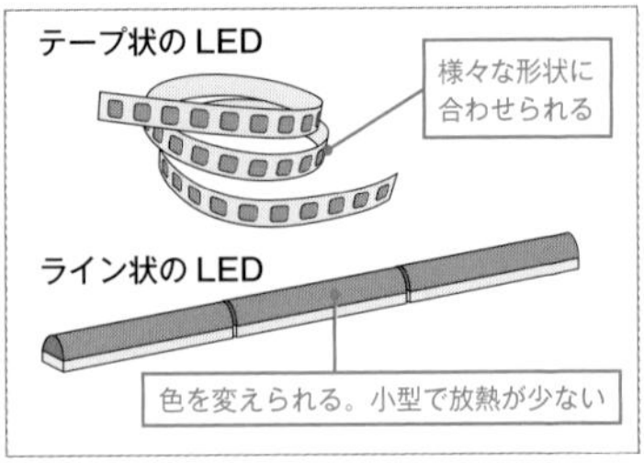

演色性
えんしょくせい

物に光を当てたときの色の再現性のこと。光の条件によって、見え方が変わる。

温度放射
おんどほうしゃ

電球や真空管のフィラメントに電流を流したときに、熱を伴って発光して光る現象のこと。白熱電球、ハロゲン電球などは、熱と光を同時発生させるので、ランプが高温になる。

温白色蛍光ランプ
おんはくしょくけいこうらんぷ

白熱電球に近く、温かい色合いの蛍光ランプのこと。平均演色評価数Ra60、色温度3,500ケルビンである。

か

環形蛍光ランプ
かんがたけいこうらんぷ

棒状の発光管(ガラス管)をドーナツ状にした蛍光管のこと。丸形、円形ともいう。

間接グレア
かんせつぐれあ

対象物に光源の光が映り込むことで、対象物が見えにくくなること。

間接照明
かんせつしょうめい

不透明のシェードを使用し、光を天井や壁面

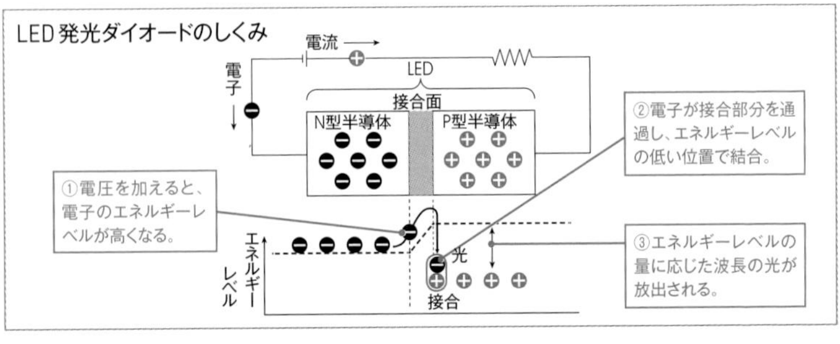

に当てて反射させる照明。明るさの効果は低く、光源が見えないほどではない。

記憶調光器
きおくちょうこうき

マイコンが内蔵された調光器のこと。あらかじめ複数のシーンを記憶させておいて、スイッチで必要な照明シーンを再現できる。

器具効率
きぐこうりつ

照明器具内の光源の光束が、器具の外部にどれだけ光束を放つかという割合。

キセノンランプ
キセノンを石英管に封入した放電灯のこと。自然昼光に近い光を発する。白熱電球よりも消費電力が低く、寿命も長い。

輝度
きど

光源や、その照射面の輝きのこと。どれだけ明るく見えるかを示し、高い、低いで表現する。見える角度や照明の条件などによって異なる。単位はカンデラ毎平米(cd/㎡)。⇒**光束**

局部照明
きょくぶしょうめい

限定された部分と、そのごくわずかな周辺のみを照らす照明のこと。

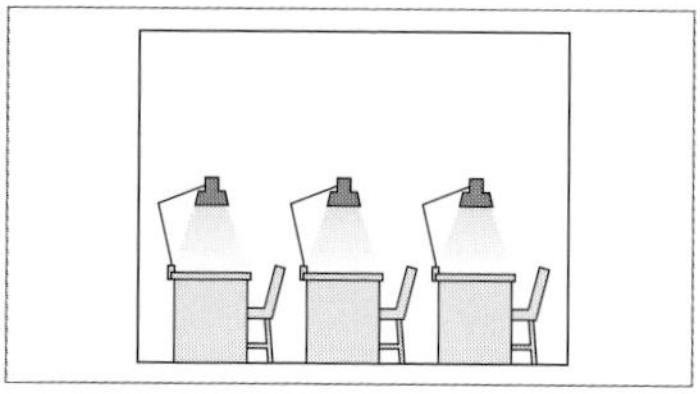

口金
くちがね

電球の照明器具と接続する部分のこと。最も一般的なものはねじ込み式ソケットの直径26ミリのもので、E-26と呼ばれる。Eはエジソンベースという。⇒**白熱電球**

クリア電球
くりあでんきゅう

バブル(ガラス球)がクリアな電球のこと。一般電球、クリプトン電球、ハロゲン電球などがある。

クリップ式
くりっぷしき

クリップによって照明器具を固定する取り付け方式。

クリプトンガス
常温で、無味、無臭、無職の気体のこと。フィラメントが蒸発するのを防ぐために用いる。

クリプトンランプ
クリプトンガスが封入された電球のこと。

> **豆知識　実際の消費電力に注目する**
>
> 
>
> ランプの箱やカタログには「○ワット(W)相当の明るさ」という表記があるが、これはあくまでも明るさの目安。たとえば、クリプトン球60W形の消費電力が54ワットであるのに対し、電球型蛍光灯15W形は10ワットと低い。使用時はワット数も併せて考慮しよう。

グレア
物が見えにくい不快なまぶしさのこと。

グロースターター
点灯管(ブローランプ)を用いた蛍光灯の点灯方式のこと。スイッチオンから点灯まで時間がかかるため、チラツキなどのデメリットがあるが、安価で一般的なものである。

グローブ
電球を包み込むカバーのこと。球形や円筒形などの形状があり、ガラス、アクリル、シリコン、和紙などの素材がある。

蛍光高圧水銀ランプ
けいこうこうあつすいぎんらんぷ

ガラス球の内側に蛍光体を塗布した高圧水銀ランプのこと。高圧水銀ランプは青白くて赤色光が少ないが、蛍光体によって光色や演色性を工夫している。

蛍光水銀ランプ
けいこうすいぎんらんぷ

電球のガラス内面に蛍光体を塗布した電球のこと。白熱電球の3倍の発光効率があり、1灯当たりの光束が大きい長寿命ランプである。平均演色評価数はRa40、色温度は3,900ケルビン。

蛍光ランプ
けいこうらんぷ

内側に蛍光体を塗ったガラス管の両端に取り付けられた照明用光源のこと。電極にはエミッタという電子放射物質が塗られており、ガラス管にはアルゴンガスや少量の水銀が封入されている。

蛍光ランプの構造

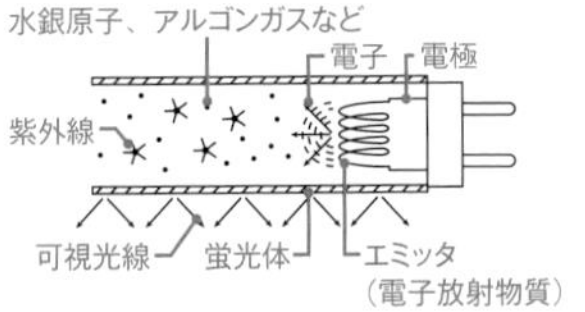

ケルビン（K）

絶対温度の単位のこと。マイナス273度を0ケルビンとする。⇒色温度

建築化照明

けんちくかしょうめい

壁や天井などに組み込んで、建築物と一体化させた照明のこと。壁や天井に光源を隠し、天井面や床面を照らして反射させる間接照明である。

高圧ナトリウムランプ

こうあつなとりうむらんぷ

ナトリウム蒸気圧を高くした高輝度放電灯のこと。工場や道路などに使用されている。ただし、演色性はあまりよくない。

高演色形蛍光ランプ

こうえんしょくがたけいこうらんぷ

一般の蛍光ランプよりも、演色性を改善した蛍光ランプのこと。主に広帯域の発光スペクトルを持つ蛍光体を組み合わせる。

高輝度放電ランプ

こうきどほうでんらんぷ

ガラスの外管、発光管の内管、口金で構成される光源のこと。石英やセラミックでできた内管はガスが封入された真空状態で、そこに高電圧をかけることで放電して発光する。HIDランプともいう。

光源

こうげん

太陽や電球のように光を発するもの。

光源色

こうげんしょく

太陽や白熱電球、昼白色蛍光灯などの光源の発する光の色のこと。波長によって、赤みがかったり、青みがかったりする。

高周波点灯専用蛍光ランプ

こうしゅうはてんとうせんようけいこうらんぷ

電子式安定器（インバーター）との組合わせで、チラツキのない、高効率、省エネルギーを実現したランプのこと。一般家庭では、FHF、FHC、FHDなどが普及しつつある。Hf蛍光ランプとも呼ばれる。

光源（ランプ）の平均演色評価数

	種類		平均演色評価数［Ra］
白熱ランプ	普通電球	100W	100
	ボール形電球	100W	100
	クリプトン電球	90W	100
	ハロゲン電球	500W	100
蛍光ランプ	蛍光ランプ	白色 40W	64
	高演色形蛍光ランプ	白色 40W	92
	省電力形ラピッド　スタート形蛍光ランプ	白色 37W	64
	省電力形 3 波長域　発光形蛍光ランプ	白色 38W	84
高圧放電ランプ	水銀ランプ	透明 400W	23
	蛍光水銀ランプ	400W	44
	メタルハライドランプ	400W	65
	メタルハライドランプ（高演色形）	400W	92
	電圧ナトリウムランプ	400W	28

光源の分類と種類

- 人工光源
  - 温度放射 ― 白熱ランプ
    - 普通電球
    - 白熱ランプ
    - ハロゲンランプ
  - 放電
    - 蛍光ランプ ― 蛍光ランプ
    - 高輝度放電ランプ（HIDランプ）
      - 高圧水銀ランプ
      - メタルハライドランプ
      - 高圧ナトリウムランプ
    - 低圧ナトリウムランプ
  - 発光 ― LED（発光ダイオード）

光束
こうそく
電球などの光源から放たれた光の量のこと。単位は、ルーメン(lm)。
光束維持率
こうそくいじりつ
照明の寿命(光束の低下)を考える時に使われる指標。初期より明るさをどのくらい維持しているかを比率(%)で表す。
光束比
こうそくひ
照明器具や光源の中心基準に水平線を引き、上下に分けた場合における、水平線上の光束の上方光束と水平線下の光束の下方光束との比率のこと。
光束法
こうそくほう
主に照明器具を均等に整列配灯する全般照明に用いられる計算方法のこと。
光電式自動点滅器
こうでんしきじどうてんめつき
明るさの変化を感知し照明器具を自動的に点滅させる装置。EEスイッチ、照度センサースイッチ、明暗センサーなどとも呼ばれる。
光幕反射グレア
こうまくはんしゃぐれあ
対象物と光源が同時に目に入って、対象物とその周辺の見極めができなくなること。
コーニス照明
こーにすしょうめい
壁面を明るく照らし、反射光によって空間の明るさを得る照明のこと。壁面に視線を向けさせて、明るさの広がりや水平方向の広がりを強調する。

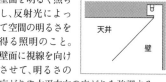

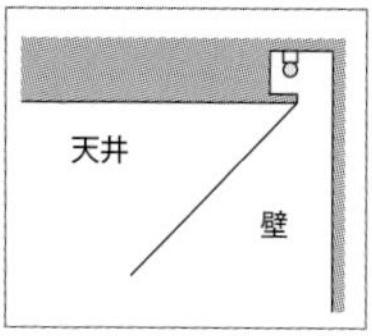

コーブ照明
こーぶしょうめい
天井面を明るく照らし、反射光によって空間の明るさを得る照明のこと。さらに、天井方向に空間の広がりを強調させる。

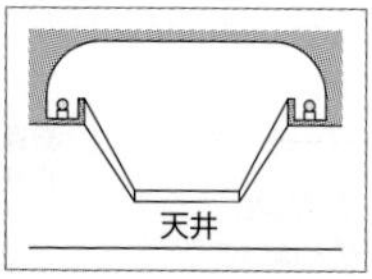

小型ハロゲンランプ
こがたはろげんらんぷ
一般の白熱電球とは異なり、バルブ(ガラス球)内にハロゲンガスが封入されている。ハロゲンガスには、発光によって、蒸発するタングステンフィラメントを戻す働きがあるので、フィラメントが細くなりにくく、ランプ寿命が長い。
コンパクト型蛍光ランプ
こんぱくとがたけいこうらんぷ
蛍光ランプの発光管を、U形、ダブルU形、角形などに曲げて小型化したもの。小型で片口金、安定器を内蔵している。

さ

三波長域発光形蛍光ランプ
さんぱちょういきはっこうがたけいこうらんぷ
ガラス管内の蛍光塗料の組合せによって、従来型よりもランプ効率や演色性が改善されたランプ。三波長蛍光ランプともいう。
三波長蛍光ランプ
さんぱちょうけいこうらんぷ
⇒三波長域発光形蛍光ランプ
3路スイッチ
さんろすいっち
2カ所のスイッチで、照明器具を点灯、消灯するシステムのこと。
COB
しーおーびー
Chip On Board(チップオンボード)の略。LEDチップをボード(基板)の上に直接貼り付けた構造で、広い発光面が特徴のLED光源のひとつ。
シーリングライト
天井に直接取り付ける照明器具のこと。全般照明として用いられる。
シールドビーム電球
しーるどびーむでんきゅう
レンズや反射板を組み込んだ白熱電球のこと。反射板を使い、光を一方向に向けられる。
シェード
電灯や照明器具の笠のこと。デザインや素材によって、光の演出効果が高まる。
室指数
しつしすう
部屋の面積(間口寸法×奥行)に(間口寸法+奥行)を掛けて光源の高さで割った数値のこと。⇒照明率
シャンデリア
天井から吊り下げる多灯照明器具のこと。大型で装飾的なデザインのものが多い。器具の重量によって、天井を補強して取り付け

る。多灯照明器具のひとつ。

シャンデリアランプ

水雷球のこと。ロウソク形をした白熱電球で、口金はE12、E14、E17、E26。

受光面

じゅこうめん

光源によって照らされる面のこと。

照度

しょうど

ある面に当たる光の量のこと。1平米の受光面に、光源から何本の光束(光の矢)が届いているかを測るものさしとなる。単位は、ルクス(lx)。⇒**光束**

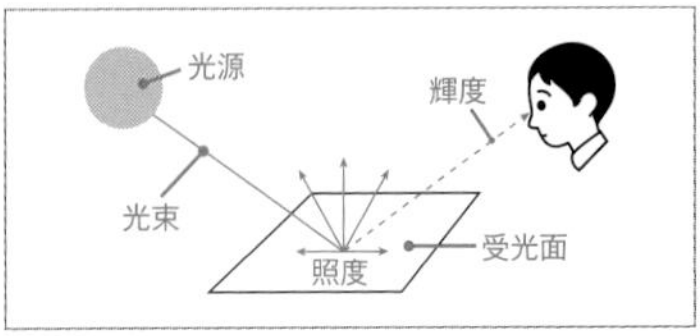

照明基準総則

しょうめいきじゅんそうそく

作業に必要な照度を確保するための推奨照度を定め、グレアや演色性など照明設計に必要な基準及び要件の総則について規定したもの。

照明計画

しょうめいけいかく

空間ごとに、その使用目的に適した照明器具を配置計画すること。

照明方式

しょうめいほうしき

照明の方法のこと。全般照明、局部照明、局部全般照明(全般局部併用照明、タスク・アンビエント照明ともいう)、建築化照明など。

照明率

しょうめいりつ

照明器具から直接的、間接的に、作業面に届く光束の効率のこと。室指数と床、壁、天井の反射率から求められる。

シルバーボールランプ

クリア電球の約上半分に、アルミの反射ミラーが取り付けられた電球のこと。光が直接目に入らないので眩しくないという特徴がある。鏡面反射によって、背面で光を受けるため、間接照明のようなものである。ミラー電球ともいう。

人感センサー

じんかんせんさー

熱感知センサーのこと。温度変化を感知することで作動する。必要なとき以外は作動しないので、省エネ効果にも優れる。

人感センサースイッチ

じんかんせんさーすいっち

センサー範囲内の人体の赤外線の動きに反応し、照明を自動的に点滅させる装置。感熱・熱感センサースイッチとも呼ばれる。

スターター

点灯方式のこと。蛍光灯の場合、グロースターター形、ラピッドスターター形、高周波点灯専用形(インバーター)の3種類がある。

スタンドライト

床、テーブル、デスクなどに置く照明器具のこと。主に電源をコンセントから取るので、器具とコンセントの位置に気を付ける必要がある。フロアースタンド、テーブルスタンド、デスクスタンドなどという。デスクなどでは、タスクライトとして使用される。デザイン性も豊かで、装飾的な効果もある。

豆知識　落ち着いた雰囲気を演出

スタンドライトを床面の近いところに置くと、落ち着いた雰囲気を演出できる。

スパイク式

すぱいくしき

地面などに直接差し込んで固定する照明器具の取り付け方式。

スポットライト

部分的に照明する器具のこと。天井埋込みタイプ、壁付けタイプ、ダクトレールタイプなどがある。器具によって、光の集光や拡散の度合いが異なるので、配光データを確認しなければならない。

赤外線反射膜ハロゲンランプ

せきがいせんはんしゃまくはろげんらんぷ

電球のガラス内面に赤外線反射膜を塗布したハロゲンランプのこと。一般のハロゲンランプよりもランプ効率がよく、熱線を40パーセントカットする。

全配光

ぜんはいこう

白熱灯の光は全方向に広がるが、LEDの光は直進性が強く明るく照らせる配光角が限られる。LED電球は全方向形、広配光形、下方向形など、用途に合った配光形を選ぶ必要がある。

全般拡散照明
ぜんぱんかくさんしょうめい

部屋全体をまんべんなく照らす照明のこと。半透明のカバーを使用し、光を全方向に広げる。柔らかい明りで、眩しさも軽減されて影も出にくい。全般拡散形照明ともいう。

全般照明
ぜんぱんしょうめい

目的とする範囲全体を、ほぼ均一に照らす照明のこと。ベースライトともいう。

全般照明

た

ダイクロイックミラー
ダイクロイックという膜でつくられた鏡のこと。スポットライドなどに用いられる。光の広がる角度は、スポット照明ならば10度（ナロー配光）、全般照明ならば30度（ワイド配光）、その中間のものならば20度（ミディアム配光）である。

ダイクロイックミラー付ハロゲンランプ
だいくろいっくみらーつきはろげんらんぷ

ハロゲン電球のひとつ。小型で配光性能に優れた投光用ランプ。お椀形をしており、ガラス製の反射板とハロゲンランプが一体となっている。輻射熱であり、照射する対象はそれほど変形、変色することがない。

ダウントランス
電圧を下げる変圧器。12V用照明器具にはダウントランスを内蔵したものもある。

ダウンライト
天井に埋め込む照明器具のこと。器具に合わせて、天井に孔を空けて設置する。住宅用器具は、天井の断熱施工方法に適した器具を選ぶ。計画時は配光データを確認する。

ダウンライト

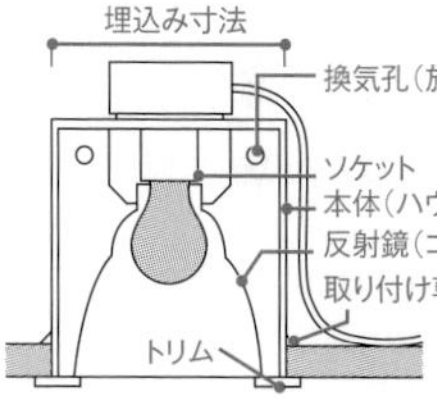

ダウンライトの主な種類

ダブルコーン型	バッフル型	ウォールウォッシャー型	浅型
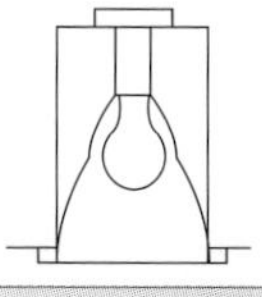	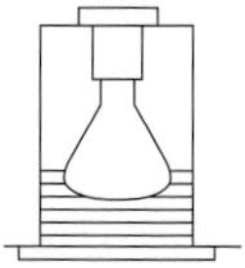	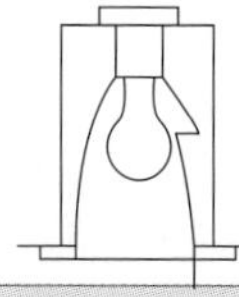	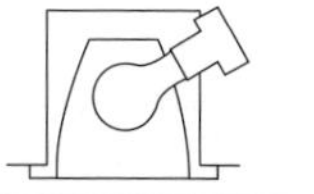
コーンという円錐形の反射鏡が2段構造になっている。光に方向性をもたせる。	器具内部のバッフルという溝でグレアを防ぐ。グレアカット型ともいう。	反射鏡などで光を制御し、壁に当てる。	埋込みの高さが浅いタイプ。天井の懐が浅いところに用いる。

アジャスタブル型	ピンスポット型	斜天井用
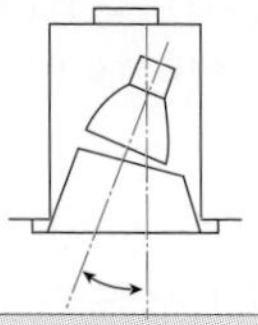	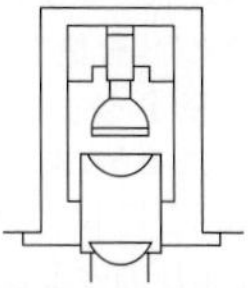	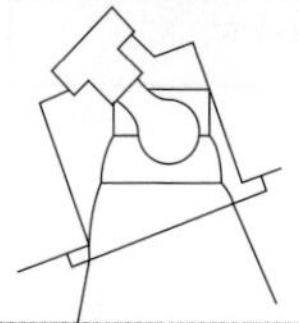
ランプが可動でき、光の方向を調整できる。	集光レンズ付き。照射角度を調整できる。	傾斜天井に取り付けることができる。

※ LED電球に取り替えるときは、断熱施工器具（SB、SG、SGI）、調光機能、密閉型などを確認すること。

タスク・アンビエント照明
たすく・あんびえんとしょうめい

事務所などでよく用いる照明方式のひとつ。アンビエント照明は事務作業を行うには少し足らない程度の明るさの天井照明。各デスクの作業ポイントでは、重点的にタスク照明が用いられ、使用するたびに照明を点滅させる。

多灯照明器具
たとうしょうめいきぐ

⇒シャンデリア

タングステンフィラメント
金属元素のひとつ。融点が3,422度と高く、白熱電球のフィラメントに用いられる細い線をいう。（次頁図参照）

逐点法
ちくてんほう

局部照明など、ある特定の場所の照度（ルクス）を計算する場合に用いられる計算式のこと。「照度＝光度÷距離^2」で算出。

昼光色蛍光ランプ
ちゅうこうしょくけいこうらんぷ

白色と昼光色の間の色をしたランプのこと。平均演色評価数はRa74、色温度は6,500ケルビンである。

昼白色蛍光ランプ
ちゅうはくしょくけいこうらんぷ

昼白色よりも青白い色をした蛍光ランプのこと。平均演色評価数はRa70、色温度は5,000ケルビンである。

調光器
ちょうこうき

照明の明るさを調整する器具のこと。つまみで1回路ごとに調整できるものや、電子制御によってひとつのパネルで複数回路を操作できるものなどがある。

豆知識　手軽な調光器

コンセントに差し込むだけで使用できる調光器もある。安価で電気工事も必要なく、手軽に空間演出ができる。

直管形蛍光ランプ
ちょくかんがたけいこうらんぷ

家庭やオフィスなどで一般的に使用されている、棒状の蛍光管のこと。スターター形（FL）、ラピッドスタート形（FLR）、高周波点灯型（FHF）などがある。

直接照明
ちょくせつしょうめい

不透明のシェードを使用し、光を直接、対象物に照射させる照明のこと。物がはっきりと照らされ、光源によって強い影もできる。

直接グレア
ちょくせつぐれあ

太陽や電球などの光源が直接目に入って、物やその周囲が見えにくくなること。

低圧ナトリウムランプ
ていあつなとりうむらんぷ

ナトリウム蒸気中の放電を利用した、やや輝度の低い放電灯のこと。人工光源の中では、最もランプ効率が高くて、オレンジイエローの単光色を発する。トンネルや高速道路の照明として使用される。

低電圧ミニハロゲン電球対応ダウントランス
ていでんあつみにはろげんでんきゅうたいおうだうんとらんす

ローボルトハロゲン電球を使ったスポットライトと、小さな箱型の変圧器が一体化されたもの。変圧器は取り付け部分についている。なお、ダウンライトの場合は、天井に同様の変圧器を別置きする。

電球形蛍光ランプ
でんきゅうがたけいこうらんぷ

蛍光灯の特徴である高効率や長寿命、一般電球の特徴である小型化や片口金構造を兼ね備えたランプのこと。A形、D形、G形、T形などの形がある。

電球色蛍光ランプ
でんきゅうしょくけいこうらんぷ

色温度が最も低い蛍光ランプのこと。赤みを帯びているので、白熱電球に近く、温かい印象がある。色温度は3,000ケルビン。

電子安定器
でんしあんていき

従来の安定器と比較して、消費電力や発熱量が少なく、効率よくランプを点灯させるもの。省エネルギーになるだけでなく、すぐに点灯し、チラツキや「ジィー」という音も感じにくい。軽量で、天井などの負荷も少ない。

電子トランス
でんしとらんす

電圧を日本の規格に下げるために用いられる変圧器のこと。ローボルトハロゲン電球、キセノンランプや電飾用の照明には12V、24Vのものがあるので、それらの電圧を下げる必要がある。

天井埋込み型照明器具
てんじょううめこみがたしょうめいきぐ

シーリングライトのひとつで、埋込み型の全般照明器具のこと。ダウンライト同様に、天井材の施工方法に準じた器具を選ぶ。

天井直付け器具
てんじょうじかづけきぐ

天井面に直接取り付けられる照明器具のこと。一般住宅では、全般照明として用いられることが多く、シーリングライトともいう。

天井配線器具
てんじょうはいせんきぐ

天井に照明器具を取り付けるためのライティングレール（配線ダクト）などのこと。引っ掛けシーリングや埋込みローゼットを使って取り付けられるものもある。

特殊演色評価数
とくしゅえんしょくひょうかすう

西洋人の肌色、木の葉の色、日本人の肌色など現実的な物の色を評価する。同じ色温度の光源同士で比較し、R100が最高値。

トラックライト照明
とらっくらいとしょうめい

天井にライティングレールを取り付けて、スポットライトなどの専用の照明器具を設置、照明すること。

な

ナトリウムランプ
低圧放電によってナトリウムを発光させるランプのこと。光源の中で最もアンプ効率がよく、省エネ性が高い。光源色は黄色。

ネオン管
ねおんかん

ネオンサインなどに使用されるもの。グロー放電で、ガラス管に封入されているネオンガスを発光させる。細いガラス管を曲げるなどの加工がしやすい。色数は多数ある。

は

PAR形電球
ぱーがたでんきゅう

Parabolic Aluminum Refrectorの略。ハロゲン電球をビーム球に組み込んだ電球のこと。配光性能の精度が高く主に商業施設に使用される。

配光
はいこう

照明器具から放たれる光の広がりのこと。（次々頁図参照）⇒**全配光**

配光曲線図
はいこうきょくせんず

光の広がりや強さを図表化、データ化したもの。照明器具別配光曲線とも呼ばれる。立体断面図で表したものは鉛直面配光曲線図という。

配線計画
はいせんけいかく

照明器具の配置計画後に、その器具とスイッチの組合せやスイッチの位置を計画すること。その組合せによって、器具の設置場所を配慮する。

白色蛍光ランプ
はくしょくけいこうランプ

色温度が4,200ケルビン、平均演色評価数がRa64のランプのこと。

白色塗装電球
はくしょくとそうでんきゅう

白熱電球のガラス内側に白っぽい粉を塗布した電球のこと。ホワイト電球、ホワイトアンプと呼ばれる。

白熱電球
はくねつでんきゅう

ガラス球内のフィラメントに通電することで、高温に白熱して発光する光源のこと。ガラス球内には、アルゴンと窒素の混合ガスが封入されている。白熱ランプともいう。

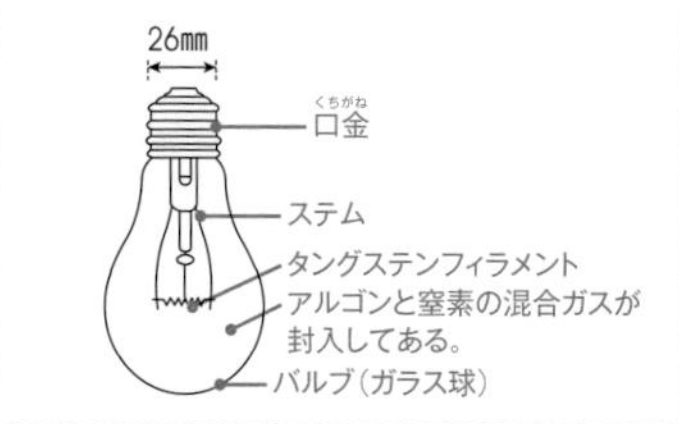

発光
はっこう

電子の結合によって光を出す現象のこと。LED（発光ダイオード）は、この現象を利用して点灯される。

バランス照明
ばらんすしょうめい

建築化照明の方式のひとつ。コーブ照明とコーニス照明の両方の効果を演出することができる。壁面を照射した光を反射させて、天井面も照射することができる。

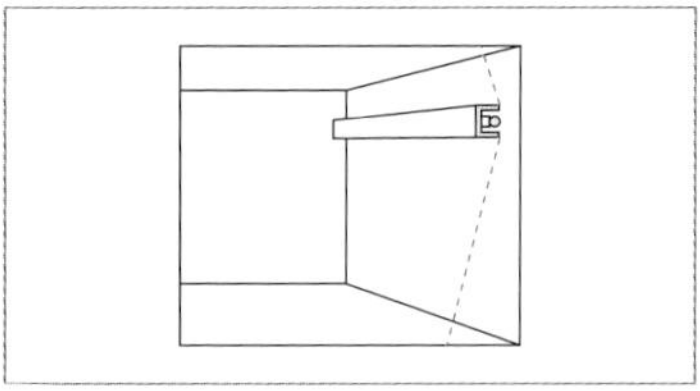

半間接照明
はんかんせつしょうめい

半透明のシェードを使用した照明のこと。透過した光と、壁や天井の反射光を組み合わせて、空間に柔らかい光を広げる。

反射率
はんしゃりつ

光が物にぶつかり、屈折して跳ね返ってくる場合における、反射した光束量と入射した光束量の割合のこと。

半直接形照明
はんちょくせつがたしょうめい

半透明のシェードを使用し、直接光とシェードを透過した両方の光が広がる。

半導体
はんどうたい

導体(電気を通しやすいもの)と絶縁体(電気を通さないもの)の間に置かれるもの。温度の変化や光の照射などによって、電気の抵抗率が大きく変化するため、電流を一方向だけに流したり、電気信号を増幅したりすることができる。

PWM制御式調光
ぴーだぶりゅーえむせいぎょしきちょうこう

パルスを利用した調光システム。Pulse Width Modulation の略。LED照明の調光に適した方式。蛍光灯の調光方式にも使われる。

ビーム照明
びーむしょうめい

建築化照明のひとつ。半透明と乳白色カバー付きの半埋込み型照明器具を梁のように配灯する。通路などで直線状に配灯して誘導効果を高められる。光梁照明ともいう。

光壁
ひかりかべ

乳白色(半透過)のガラスやアクリル板、不織布などで仕上げた壁面の裏側に、照明器具を配して壁面全体から照らす手法のこと。

光天井
ひかりてんじょう

乳白色(半透過)のガラスやアクリル板、不織布などで仕上げた天井の裏側に、照明器具を配置して天井面全体から照明する手法のこと。

光天井照明
ひかりてんじょうしょうめい

天井に照明器具を取り付け、乳白色のカバーを被せたもの。天井全体を光らせる。⇒光天井

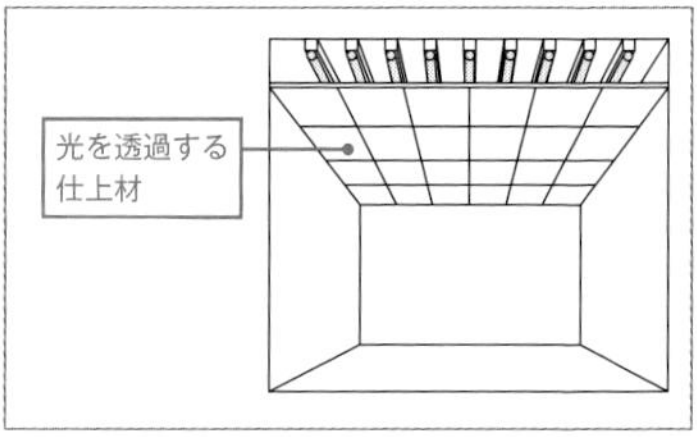

光ファイバー
ひかりふぁいばー

ガラスやプラスチックの細い繊維でできているケーブルのこと。照明用はケーブルの側面がシールドされており、先端部が点のように光るタイプと、側面がシールドされておらず、ファイバーの表面がラインのように光るタイプがある。

光床
ひかりゆか

乳白色(半透過)のガラスやアクリル板で仕

光壁

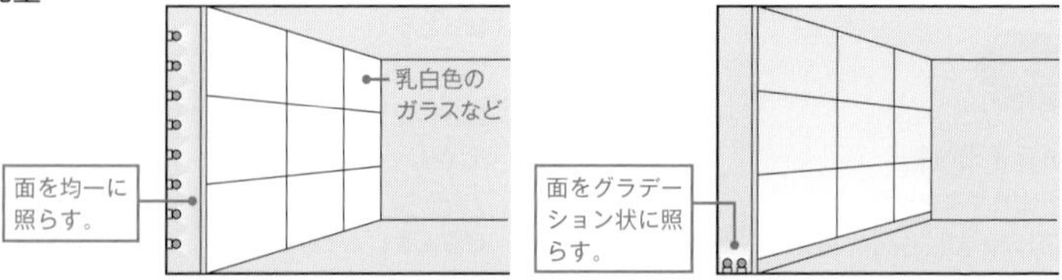

商業施設やホテルの壁面装飾、サインやグラフィックの演出などに使用される。
光源は蛍光灯、LED、ハロゲンランプなど。

配光による照明の種類

	鉛直面配光曲線例	光束比		照明の配光例	照明効果
		上	下		
直接照明	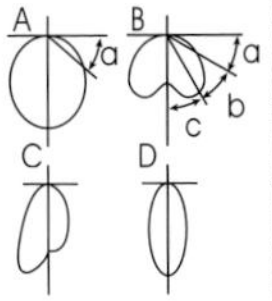	0〜10%	100〜90%	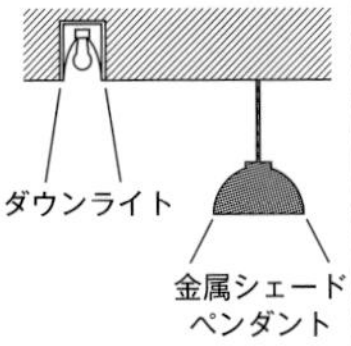	・水平面照度が得やすい ・天井面を暗く見せる ・白熱ランプや HID ランプ用は強い影が生じやすい ・A は a（直射グレアゾーン）に光があるため器具が輝いて見える ・B は直射グレアがない ・C は非対称配光 ・D は直下照度が高くなるが、光幕反射グレアも生じやすい
半直接照明	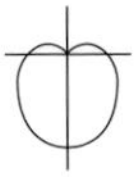	10〜40%	90〜60%		・天井や壁面を少し明るくするため、直接形に比べて陰影が少しやわらかい ・輝度が高くならないように注意
全般拡散照明	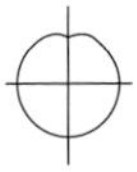	40〜60%	60〜40%	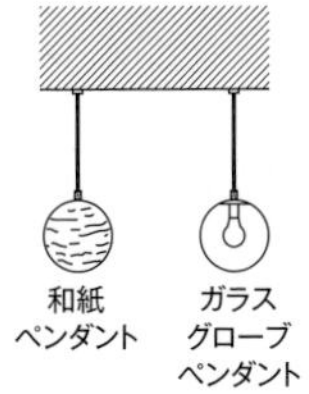	・提灯のような器具 ・輝度が高くならないように注意
直接・間接照明	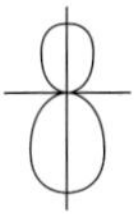	40〜60%	60〜40%		・グレアが生じにくく目にやさしい ・天井と床面にほぼ同じぐらいの光量が得られる
半間接照明		60〜90%	40〜10%		・天井面も明るいため空間に暗いイメージを与えにくい
間接照明	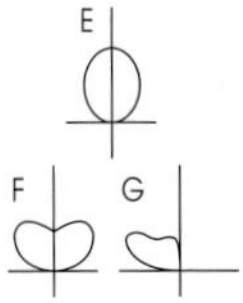	90〜100%	10〜0%	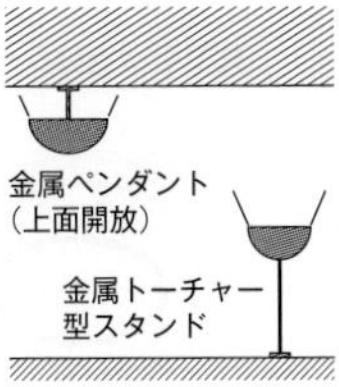	・天井、壁面の反射率によって照明効率が異なる ・物の立体表現が弱い ・天井が明るくなるが、器具が影になりやすい ・E は天井面にホットスポットをつくりやすい ・F、G は連続配灯で天井面をより均一に照明することが可能。低天井の広い部屋は天井を高く見せる

上げた床の下側に、照明器具を配置して床面全体から照明する手法のこと。

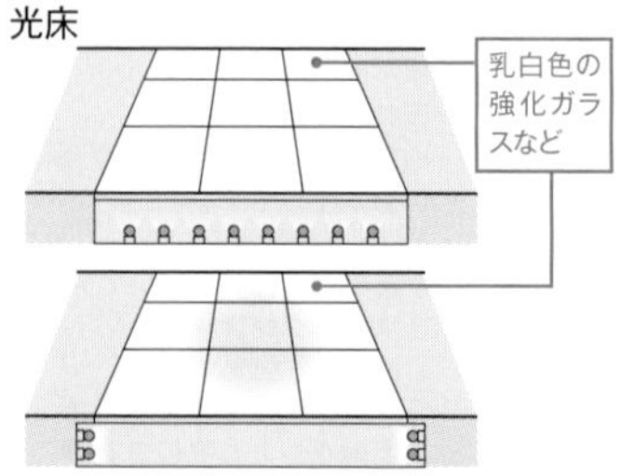

光壁と同様の用途・使用器具で設けられる。

非常用照明
ひじょうようしょうめい

器具の内部に内蔵蓄電池などの非常用電源を持つ照明のこと。不特定多数が使用する通路では、停電時に30分以上、床面1ルクス以上の明るさを確保しなければならないと、建築基準法によって定められている。

引っ掛けシーリング
ひっかけしーりんぐ

天井に照明器具を取り付けるための器具。コンセントを兼ねた天井配線器具である。角型、丸形をしている。その他に、埋め込みローゼットがある。

フィラメント
白熱電球の発光部に当たる部分のこと。温度放射を引き起こす。⇒**白熱電球**

フットライト
廊下や階段などに使用する足元灯。壁面下部に埋め込み、夜間の安全や段差確認を図ることが目的。人感センサー付きもある。

プラグ式
ぷらぐしき

配線ダクトに取り付ける照明器具の取り付け方式。

ブラケット
壁に直付けする照明器具のこと。壁からの出幅があるので、人がぶつからないよう取り付けの高さには注意する。デザインが豊富で、装飾性もある。

フランジ式
ふらんじしき

壁や天井に直接取り付ける照明器具取り付け方式。

フロアスタンド
床置きのスタンドライトのこと。

ベースライト
室内全体を平均的に照らすために使われる照明。

平均演色評価数
へいきんえんしょくひょうかすう

光による物の色の再現性を評価する指標。単位はRa（アールエー）で、100を基準とする。100に近いほど演色性が高い。

平均照度
へいきんしょうど

部屋の平均的な明るさのこと。照度計算式（光束法）によって求められる。「照明器具の台数×光源1灯当たりの光束（ルーメン）×照明率×保守率÷面積（平米）」で算出する。⇒**光束、照度**

ペンダントライト
コード、チェーン、ワイヤーなどで天井から吊り下げる照明器具のこと。主に、ダイニングテーブル上の天井や、吹抜け空間の天井から下げることが多い。ダイニングテーブルなどの使用目的に合わせて、ランプが直接見えない器具デザインを選ぶ。高さなどに配慮する必要がある。（前頁図参照）

防雨型照明器具
ぼううがたしょうめいきぐ

雨水が直接掛かるところに使用される照明器具のこと。屋外用のものである。

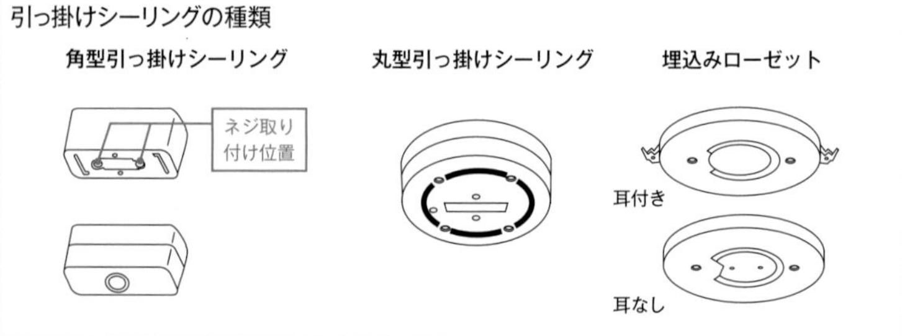

防雨防湿型照明器具
ぼううぼうしつがたしょうめいきぐ

防雨型と防湿型の利点を兼ね備えた照明器具のこと。

防湿型照明器具
ぼうしつがたしょうめいきぐ

バスルームや洗面所に使われる器具のこと。相対湿度90パーセント以上のところで使用。

防滴型照明器具
ぼうてきがたしょうめいきぐ

軒下など、風雨の影響をあまり受けないところに使用される照明器具のこと。水滴の影響を受けない器具である。浴室内では使用することができない。

放電
ほうでん

2つの電極間に高電圧を掛けたときに電流が流れる現象のこと。高電圧を与えるには、安定器やグローランプが必要となる。蛍光灯ランプや高輝度放電ランプ(HIDランプ)などは、この現象を利用して点灯される。

放電ランプ
ほうでんらんぷ

気体や金属蒸気、混合ガスを入れたものを放電させて発光するランプのこと。

ボール電球
ぼーるでんきゅう

ガラス球が丸くて、電球自体に装飾性のあるもの。

保守率
ほしゅりつ

時間の経過や汚れなどによって、初期の照度が低下していく割合を予測した数値のこと。照度計算をするときに必要となる。

ま

ミニクリプトンランプ
口金の小型白熱電球のこと。電球に封入されているアルゴンガスよりも原子量の大きいクリプトンガスを封入することで、ランプ効率を向上させたものである。

無電極放電ランプ
むでんきょくほうでんらんぷ

蛍光ランプや水銀ランプのように発光管の中にフィラメント電極がないため、電極の消耗などによる寿命の影響を受けない。長寿命で、演色性、ランプ効率がよい。

メタルハライドランプ
高効率、高演色性で、片口金、両口を兼ね、PAR形などの種類が多い放電ランプのこと。商業施設などで使用される。

モジュール
LEDパッケージ(LEDの基本構成部品)を基板に配置し点滅できるようにした部品。

や

有機EL照明
ゆうきいーえるしょうめい

有機化合物(炭素化合物)を利用した照明のこと。2枚のガラスの間に有機化合物を挟み、電圧を加えて電流を流すと発光する。素子が自ら発光する構造のため、機器を薄型化したり、動画を鮮明に表示したりできる。

薄さや形状の加工バリエーションも豊富。

誘導灯
ゆうどうとう

災害発生時に、避難者を誘導するために用いられる照明器具のこと。普段は通常の電源で点灯させるが、停電時には自動的に非常電源に切り替わる。

ユニバーサルダウンライト
天井に埋め込み設置し、照らしたいものに合わせて光の方向や角度を変えることができる。一般的にはアジャスタブルダウンライトと同義語とされる。

ら

ライティングダクト
電線やケーブルを通す導管のこと天井に設置する。ライティングレールともいう。

ライティングプラグ
ライティングレール用の引っ掛けシーリングのこと。

ライティングレール
レール内に電気を通した管のこと。天井に設置する。一般的な100V用の他、12V専用のスリムタイプなどがある。規定の電気容量内であれば、専用のライティングプラグ付き照明器具を複数設置することができる。

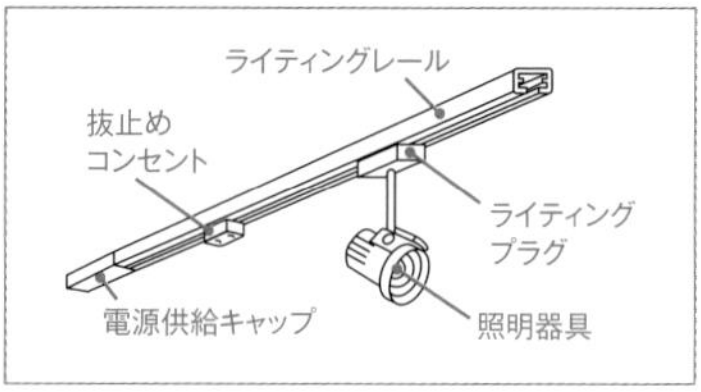

ライン型LED
らいんがたえるいーでぃー

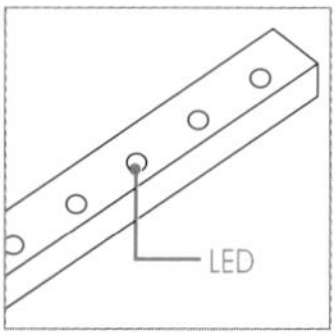

棒状やテープ状の器具にLEDチップを取り付けたもの。蛍光灯に比べ小型で長寿命。建築化照明としての汎用性がある。設置時は、調光やアダプターなどの有無も調べること。

> **豆知識 照明と同じ形状のスピーカー**
> 音響スピーカーにはライティングレールに設置できるものがある(オーデリック＆JVCケンウッド)。これはライティングレール用のスポットライトと同じ形状をしている。

ラピッドスターター型蛍光ランプ
らぴっどすたーたーがたけいこうらんぷ

即時に点灯するように設計された蛍光ランプ。グローランプが不要なので、安定器が大きくなる。FLR蛍光ランプともいう。

ラピッドスタート

蛍光ランプを点灯させる方式のひとつ。ラピッド安定器を使用することで、点灯管がなくても即時点灯することができる。蛍光ランプにはラピッド式蛍光灯が用いられる。

ランプ効率
らんぷこうりつ

1ワットの消費電力でどのくらいの光を放つかを示す数値のこと。光束(lm)を電力(W)で除して算出される。ランプ効率の数値が高いほど省エネ性が高い。

リネストランプ

直管形白熱灯のこと。ガラス球の端部まで連続発光するフィラメントを使用することで、帯状の光が得られる。発光体だけの印象があり、外形がすっきりしている。

リフレクターランプ

写真用の電球のひとつ。ランプ内の反射鏡を内蔵しているもので、白色タイプと青色タイプがある。前者はタングステンタイプ、後者はデーライトタイプである。両者とも色温度はカラーフィルムに適合している。

ルーバー

光源からの光を拡散させるための格子のこと。乳白色のアクリルや鏡面アルミなどの素材がある。全般照明蛍光灯器具などに用いられ、光源のグレアをカットする目的の場合は、アルミルーバーで角度が30度程度のものがよい。

ルーメン(lm)

光束の単位のこと。⇒**光束**

ルクス(lx)

照度の単位のこと。⇒**照度**

レフランプ

ガラス球の内面が反射率の高いアルミニウム反射鏡となっている、効率のよい反射形電球のこと。屋内用と屋外用がある。

わ

ワイヤーシステム器具
わいやーしすてむきぐ

12Vの電流が流れる2本のワイヤーに、専用のハロゲンランプを設置した器具のこと。天井から直接明るさがとりにくい高天井や吹抜けなどに使用される。

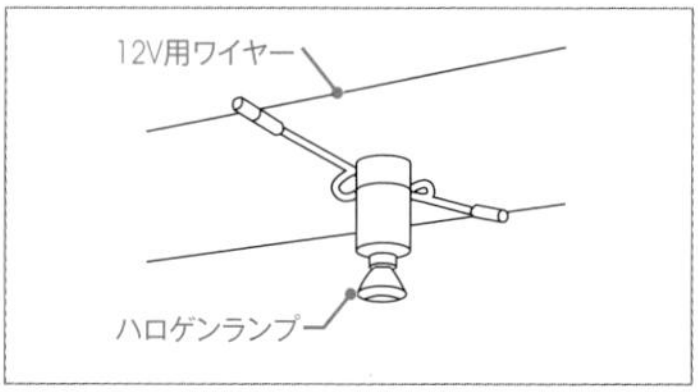

15 家具

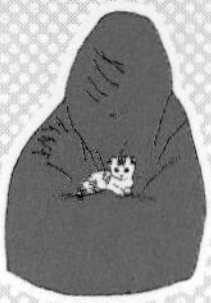

あ

アーゴノミー系家具
あーごのみーけいかぐ

⇒**人体系家具**

アームチェア
左右両側に肘掛けの付いたイスのこと。西洋では16世紀末頃まで、イスはすべてアームチェアのことを指していた。肘掛けなしのイスは、アームレスチェア、またはバックスツールという。

アウトセット
家具の側板の外に扉が納まること。扉の微調整が可能で、デザイン性もよい。被せ扉ともいう。ただし、収納家具の多くはインセットを用いている。⇒**被せ扉、インセット**

あおり張り
あおりばり

イス張り工法のひとつ。上張りで、全体を張りぐるみとしたり、イスの座枠の上に小巻のスプリングを取り付けて二重張りにしたりする。クッション性が高く、ソファや安楽イスなどに用いられる。総張りぐるみともいう。

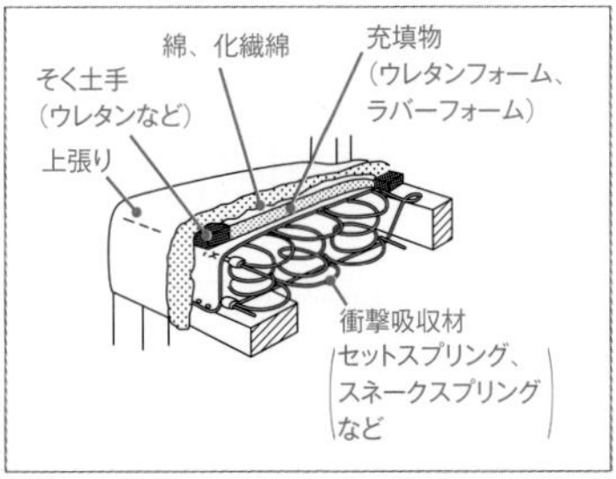

麻
あさ

麻繊維となる植物（アマ科の亜麻など）の総称。リネン（亜麻）、ラミー（苧麻）、ジュート（黄麻）などがある。吸湿や発散性に優れており、光沢もあって、丈夫な性質である。

脚組
あしぐみ

テーブルや机などの脚部を構成しているもの。脚と幕板（脚と脚との間にある、脚を固定させる板）や貫（ぬき）からできている。結合金物を付けて、幕板がない脚だけの場合もある。⇒**テーブルの構造**

脚先金物
あしさきかなもの

イスやテーブル、ワゴンなどの脚先に付ける金物の総称。キャスター、アジャスター、グライドなどがある。

脚物
あしもの

脚がついた家具のこと。家具業界の用語として、イスやテーブルなどに用いられる。⇒**箱物**

アジャスター
テーブルの脚先やキャビネットの下端に取り付けて高さを調整する脚先金物のこと。アジャスターを用いることで、床の不陸（平らでないこと）を調整して、水平を保つことができる。

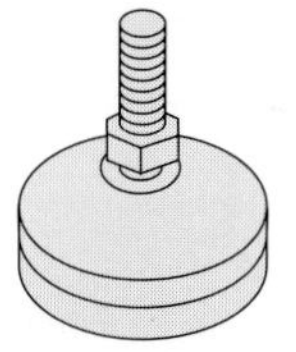

圧縮成型
あっしゅくせいけい

金型に樹脂材料を入れ、熱と圧力を加え成型する最も単純な方法。主に熱硬化性樹脂に使われる。

厚張り
あつばり

イス張り工法のひとつ。座面のクッションの厚みが50ミリ以上あるものをいう。リビング用のイスや高級なイスに多く見られる。土手張りともいう。

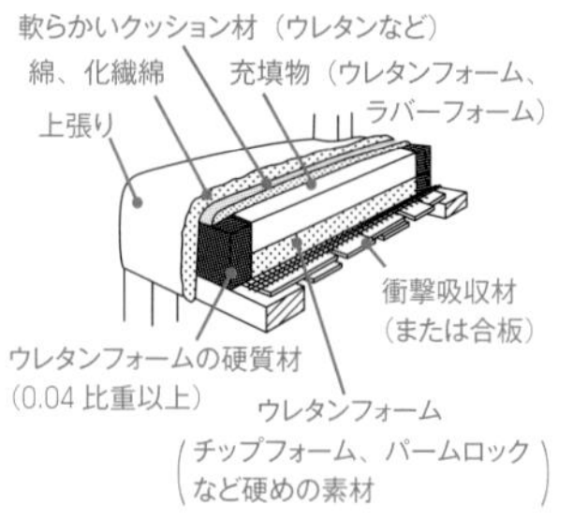

アミノアルキド塗料
あみのあるきどとりょう

アミノ系樹脂（メラミン樹脂やユリア樹脂など）とアルキド樹脂の混合液が主原料の塗料。熱硬化型は金属の塗装に、酸硬化型の無黄変タイプは白木塗装に用いられる。

アルマイト
アルミニウムを加工して、耐食性、耐摩耗性を向上させた皮膜のこと。皮膜は染色することもできる。⇒**陽極酸化**

アルミニウム
美しい光沢のある、耐食性に優れた金属のこと。サッシなどの材料に用いられている。鉄の35パーセントの比重で、金属の中では軽量である。表面のアルマイト加工によって耐食性が高くなっている。

アングル丁番
あんぐるちょうばん

羽根を90度に折って取り付けることができる一軸の丁番のこと。取り付け方は、扉を側板の小口に被せて用いる。⇒**丁番**

イージーチェア
休息を目的としたイスのこと。座面の幅が広く、背もたれの角度も大きいので、ゆったりとした座り心地。安楽イスともいう。

椅座
いざ

姿勢のひとつ。イスや台に腰掛け、脚を下ろして座った姿勢のこと。

イスの上張り材
いすのうわばりざい

イスの上張りに用いられる材料のこと。繊維織物、天然皮革、合成皮革などがある。繊維織物には平織の緞子織やコブラン織、パイル織（モケット）、編物（ニット）などがある。

イスの支持面機能
いすのしじめんきのう

体の支持面には、適切な大きさ、高さ、角度、形状などの機能によってタイプ別される。そのタイプには、作業イス、軽作業イス、軽休息、休息イス、頭もたれ付きイスの5つがある。

イスの基本構造と各部名称

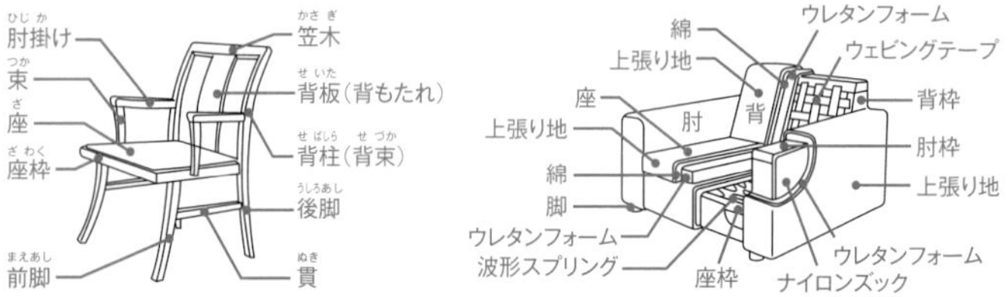

体を保持する座と背、座面を支える座枠と脚、脚を固める貫などから構成される。木組みの背は、笠木や背板、背柱などで作られる。

機能によるイスの分類

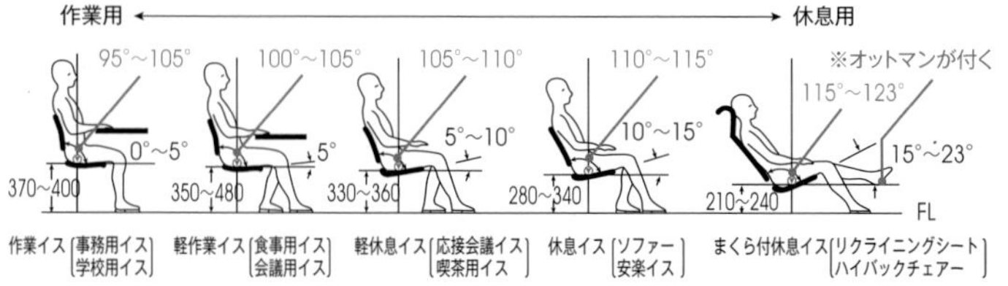

リラックスする姿勢ほど床からの高さが低く、背もたれの角度が大きい。

イスの下張り材
いすのしたばりざい

⇒衝撃吸収材

鋳物
いもの

高温で溶かした金属を、砂などでつくった型に流し込み、冷やし固めたもの。金型製の型を使うものはダイカストという。

入れ子式
いれこしき

同様の形状の大きさが異なる容器などを順に中に入れたもの。重箱やネストテーブルなどがある。⇒**ネストテーブル**

インサート用雌ネジ
いんさーとようめねじ

埋込み式の雌ネジのこと。専用のボルトと合わせることで、緊結金物として使用されている。組立て式木製家具などの強度を増すことができる。

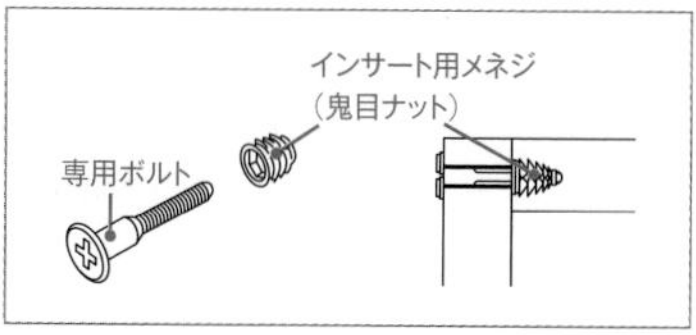

インジェクション
⇒**射出成型**

インセット
家具の側板の中に扉が収まること。扉の精度が求められる。⇒**アウトセット**

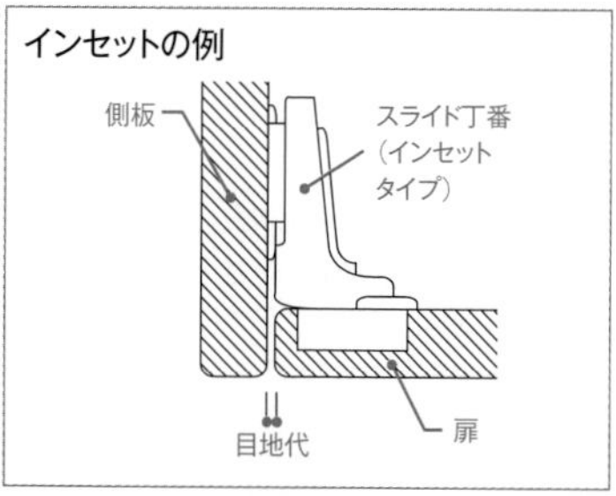

インナーベッド金物
いんなーべっどかなもの

折り畳んで収納するベッドに使われる専用の金物のこと。ソファの下からベッドフレームを引き出すことができる。

> **豆知識　全被せと半被せ**
>
> スライド丁番を使ったアウトセットには、全被せと半被せがある。全被せのスライド丁番は凹凸があまりなくスッキリしている。一方で、半被せのものは「く」の字に曲がるため、扉を開けたときに大きく感じる。扉が続いて並んでいる場合には半被せを、扉が単独の場合には全被せを用いる。

ウイングチェア
背の高いハイバックチェアの中で、背もたれ上部の両側が耳のように前方に突き出たイスのこと。暖炉の熱や外部の風から頭部を保護するために耳付き部分が付いており、17世紀頃にその原型が見られる。

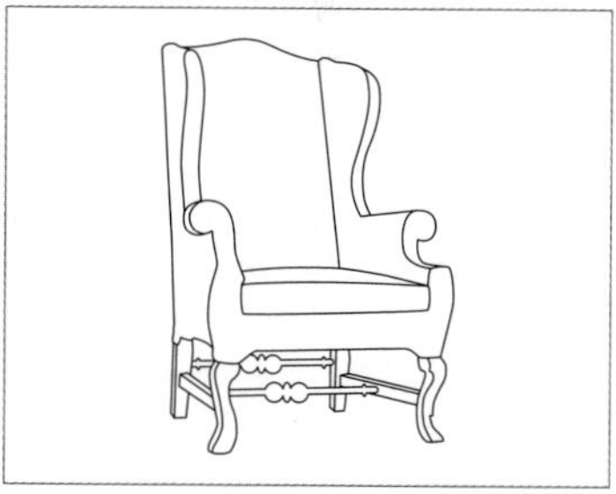

ウェビングテープ
イスの座面などに施す衝撃吸収材のこと。（前頁図参照）⇒**エラストベルト**

> **豆知識　ウイングチェアの応用例**
>
> 耳付きのウイングチェアは、新幹線や飛行機の座席にも応用されている。仮眠時に頭持ちを補助したり、隣座席とのプライバシーを保護したりする役割がある。

ウォールキャビネット
壁面に取り付けられた、高さのある収納家具や戸棚のこと。キッチンの吊戸棚やトールキャビネットも含む。⇒**トールキャビネット**

ウォールユニット
建築部材のひとつで、あらかじめ工場で組み立てられた壁面収納家具のこと。キッチンユニットや収納ユニットなどがある。⇒**スペースユニット**

薄張り
うすばり

イス張り工法のひとつ。座面のクッションの厚みが20ミリ程度のものをいう。皿張りや張込みがあり、衝撃を吸収する工夫が必要。
⇒厚張り、皿張り、張込み

裏桟
うらざん

タンスなどの箱体において、裏板(背板)の押さえとして取り付ける桟のこと。または、天板、地板の見付面。

漆塗り
うるしぬり

漆の木から採れる樹液が主成分の塗料を塗り重ねること。漆には、空気中の水分を取り込むと乾燥する性質があるだけでなく、塗膜が硬い。色の深みも強く、酸やアルカリにも強い。腐敗防止、防虫の効果もある。高級家具や伝統工芸品に用いる。

ABC樹脂
えーびーしーじゅし

熱可塑性樹脂であり、耐衝撃性、剛性、加工性に優れている。椅子やテーブルの回転機構部のカバーなどに使われる。

エクステンションテーブル

必要に応じて、甲板の長さを伸縮したり、拡張したりできるテーブルのこと。甲板を可変する方法として、伸張式、拡張式、折畳み式、内部に甲板の一部を収納する収納式などがある。

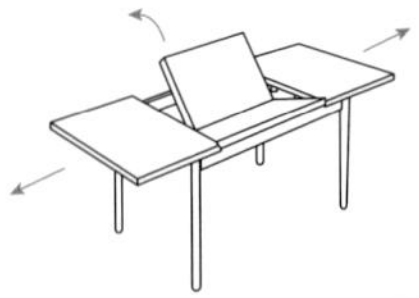

甲板を左右に引き、その下より伸張分の甲板が出てくるタイプ。

エクステンションテーブル金物
えくすてんしょんてーぶるかなもの

甲板を伸縮させて長さを変えることができるテーブルに用いられる金物のこと。

エナメル塗装
えなめるとそう

木材などの生地表面を塗りつぶす不透明塗装のうち、特に塗膜に艶のあるカラーに仕上げること。(下図参照)

エポキシ樹脂接着剤
えぽきしじゅしせっちゃくざい

エポキシ樹脂を主成分とする接着剤のこと。接着力が強く、木と金属・陶磁器などの異種材料の接着にも向く。

エラストベルト

イスの座面などに施す衝撃吸収材。特殊な糸の繊維にゴムを浸透させた帯状のもの。ウェビングテープともいう。**⇒衝撃吸収材**

塩化ビニル樹脂
えんかびにるじゅし

熱可塑性樹脂であり、耐水性、耐酸性、耐アルカリ性に優れている。燃やすと塩素を放出し、ダイオキシンのもととなるため近年は使われなくなっている。

エンドテーブル

⇒サイドテーブル

オイル拭き
おいるぶき

木材にチークオイルなどの乾性油を浸透させて、表面に塗膜をつくらないように仕上げる方法のこと。木材の質感を残せるので、無垢材の家具によく使われる。

オープンポア仕上げ
おーぷんぽあしあげ

木材の導管の小孔をほぼ残して、木目をくっきり見せる仕上げ方法のこと。目はじき仕上げともいう。その他2分から8分残したものはセミオープン仕上げという。

塗りつぶし塗装の基本工程

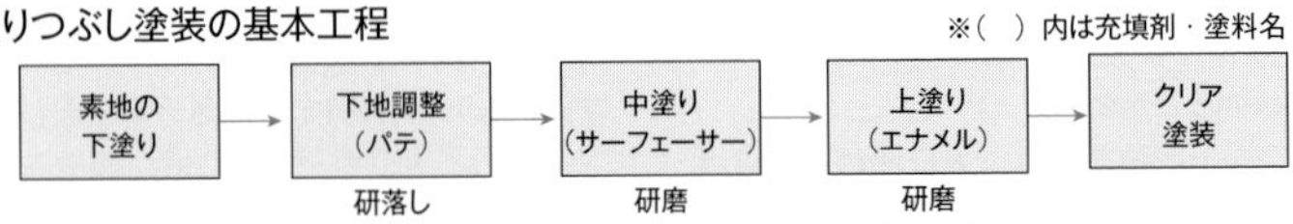

透明着色塗装の基本工程

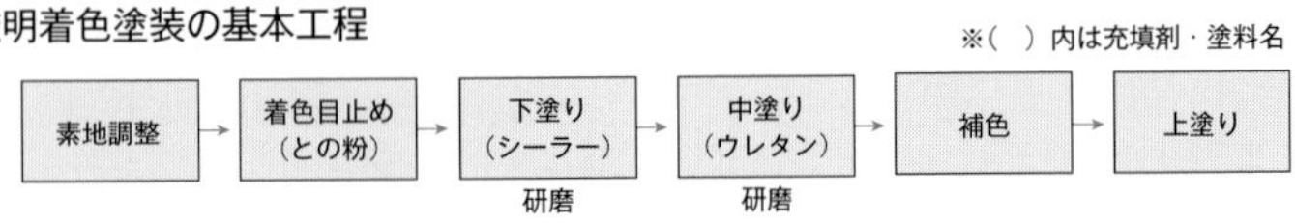

押し出し成型
おしだしせいけい
熱可塑性樹脂の成型方法のひとつである。溶融した樹脂を金型から連続して押し出すもので、決まった断面形状しか得られない。

オットマン
イージーチェアやパーソナルチェアと合わせて使用する、脚載せ用のスツールのこと。脚を載せることで、さらに楽な姿勢をとることができる。フットスツールともいう。⇒**パーソナルチェア**

鬼目ナット
おにめなっと
木材やプラスチックなど、軟らかかったり、割れやすかったりするものを固定する際に用いる埋込み式のナットのこと。組立て式家具や、可動式棚板の棚太枘を受ける場合などに使われる。⇒**インサート用雌ネジ**

雄ネジ
おねじ
円筒状の棒の外周にらせん状の溝を刻んだネジで、雌ネジと組み合わせる。

帯金物
おびかなもの
2段重ね家具の転倒を防止するために用いる地震対策金物のこと。家具の側面や背面などに金属の板を差し込み、上置と下置を一体につなぐ。

オペーク塗装
おぺーくとそう
素材の表面を隠す不透明塗装のこと。家具塗装において、光沢のない塗装のことを指す場合が多い。

か

カウチ
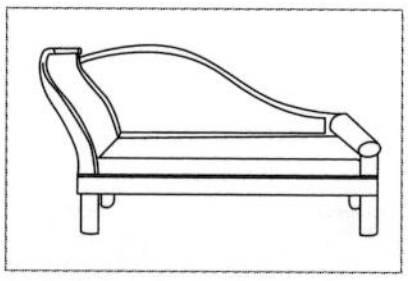
片方の肘掛けが傾斜した大型の寝イスのこと。横長のソファ状で、横たわったり、脚を伸ばして座ったりすることができる。

カウンタートップ
キッチンなどの作業台の甲板のこと。作業面になるので、耐熱性、耐水性、耐摩耗性のある素材が用いられる。ワークトップともいう。

家具工事
かぐこうじ
家具のパーツとなるパネルをつくる工程から始まり、全工程を工場で行う。そのため精度の高い家具を制作でき、現場作業は取り付けのみとなる。

隠し丁番
かくしちょうばん
扉が閉じていると、外からは見えない丁番のこと。板の厚い部分に彫り込んで取り付ける。家具の扉や折畳み式のテーブルの甲板などに用いられる。⇒**丁番**

家具図
かぐず
造作家具や置き家具を示した図。

拡張式テーブル
かくちょうしきてーぶる
⇒**エクステンションテーブル**

家具表示
かぐひょうじ
建築設計やインテリア設計の図面上に、各種の家具を表現すること。各設計図の縮尺や投影方法に合わせて、平面図や展開図に表示していく。

加工木材
かこうもくざい
木材を化学処理で改良したり、加熱、圧縮によって硬度や安定性を高めたりしたもの。

カシュー塗装
かしゅーとそう
カシューナッツの身の殻から抽出される成分を主原料とするカシューを塗ること。主成分が漆の成分と似ていることから、「人工漆」とも呼ばれている。漆の安価版として家具や襖の縁に使用されている。

ガススプリング
ガスの圧力によって、強いバネの機能をもたせた装置のこと。円筒型のシリンダータイプで、イスの座面を上下させるオフィスチェアなどに使用されている。

カップボード
主に食器類を収納する扉付きの戸棚のこと。キッチンやそのそばで使われる食器棚である。ダイニングで使われるカップボードをダイニングボードともいう。

可動棚
かどうだな
棚板の位置や数を変えられるよう計画した棚。収納する物の変化に合わせて柔軟に対応することができる。

棚受け

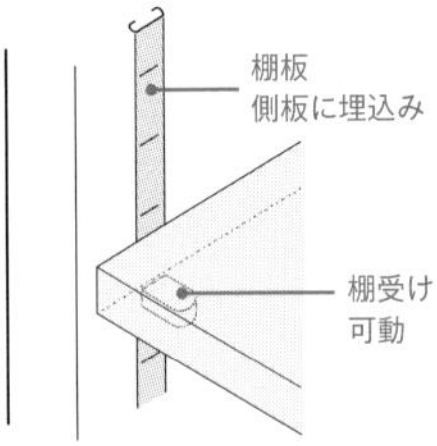

棚柱・棚受は棚板を細かいピッチで可動させる際便利。棚柱を側板に埋め込むと棚板の納まりがよい

太枘(だぼ)

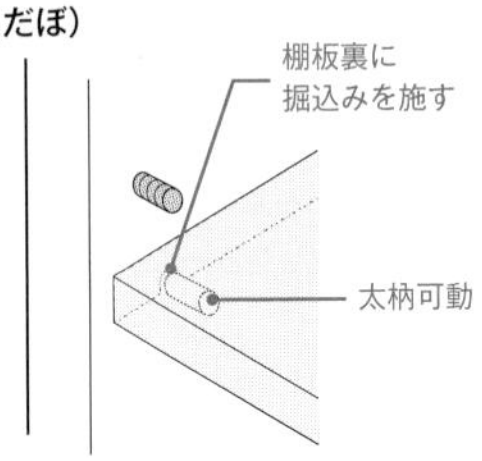

太枘穴・太枘は側板を見せる意匠にする際便利。棚板のダボが当たる位置に掘込みを施すと棚板がずれない

カバーリングシステム張り

かばーりんぐしすてむばり

イス張り工法のひとつ。下張り材を張って、上張りを着脱しやすいよう、ファスナーやマジックテープなどで固定、加工すること。上張り(カバー)の取替えが容易になる。

被せ扉

かぶせとびら

⇒アウトセット

カブリオール

S字形に湾曲した家具の脚のこと。アンティーク家具などによく見られる。動物の足を模してデザインされている。通称、猫脚といわれる。

カム

⇒締付円盤金物

カラークリアー

⇒着色塗装

唐木家具

からきかぐ

黒檀(コクタン)、紫檀(シタン)、鉄刀木(タガヤサン)、花梨(カリン)などの堅木を素材にした、箱物家具の総称。茶棚、座卓、文机、花台などの和家具や盆、火鉢などの小物がある。

ガラス錠

がらすじょう

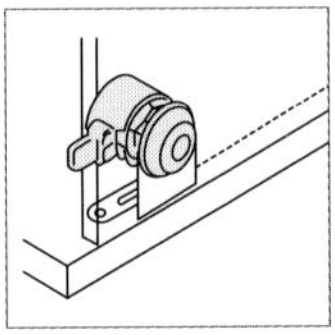

ガラス開き扉用のシリンダー錠のこと。ガラス扉端部の本体と接する箇所に穴を開けて取り付ける。

ガラス丁番

がらすちょうばん

ガラスに直接取り付ける丁番のこと。ガラスに穴を開けて取り付けるタイプと、ガラスに穴を開けずに挟み込んで取り付けるタイプがある。家具の扉が側板(がわいた)の中に納まるインセット用と、側板の外に被せるアウトセット用がある。

側板

がわいた

箱物家具の側面にある垂直の板のこと。⇒**箱物家具の構造**

皮籐

かわとう

丸籐の表皮をヒモ状にしたもので、編む、巻く、縛る、カゴ目などに編んだシート等がある。

カンティレバーチェア

4本脚ではなく、片側だけで座面を支える、片持ち式のイスのこと。代表的なもののひとつとして、マルセル・ブロイヤーによるチェ

アウトセットの例

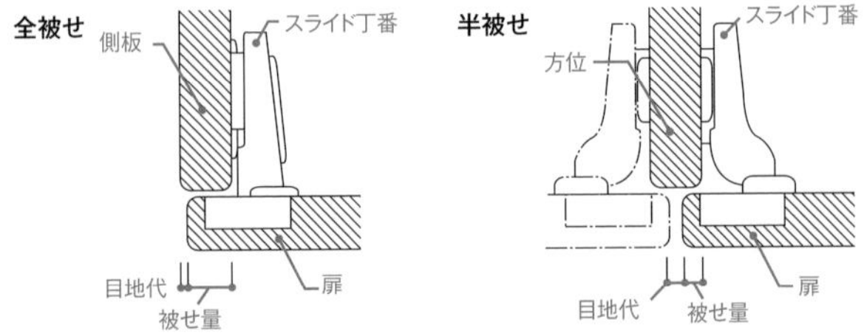

スカチェアがある。⇒マルセル・ブロイヤー

顔料

がんりょう

塗装の着色剤で、固体粉末状のこと。水や油に溶けるものは染料という。顔料のほうが耐水性や耐候性があり、染料のほうが色数が多い。

機能寸法

きのうすんぽう

家具のデザインや設計をする場合に、基本または基準となる数値。

逆性石けん

ぎゃくせいせっけん

防水性、柔軟性、染色性などの他、静電気防止などの効果がある石けんのこと。皮革の殺菌剤や柔軟剤として利用される。陽イオン界面活性剤ともいう。通常の石けんは陰イオンのため、反対の性質である。

キャスター

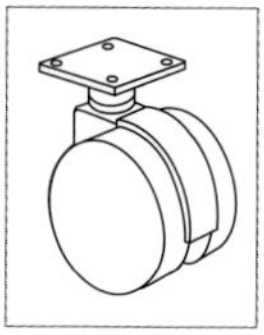

イスやワゴンなどの脚先に取り付ける小型の車輪のこと。キャスターを取り付けることで、自在に動かすことができる。単輪、双輪、ストッパー付きなどの種類がある。

> **豆知識　キャスターの車輪の材質**
>
> キャスターの車輪は、ポリアミド樹脂、ポリウレタン樹脂、ゴムなどの材質でできている。使用場所や摩耗性などによって選ぶが、実際に現物を触ってみるのも大切だ。

キャッチ

扉を閉めた際に、しっかり固定する目的で使われる金具のこと。バネや素材の弾性を利用したものや、磁石を使ったものなどがある。

キャビネット

タンスや飾り棚のような箱形の家具の総称。特に横長の箱物家具をボードと呼び、縦長の箱物家具を指す場合が多い。

ギャンギング

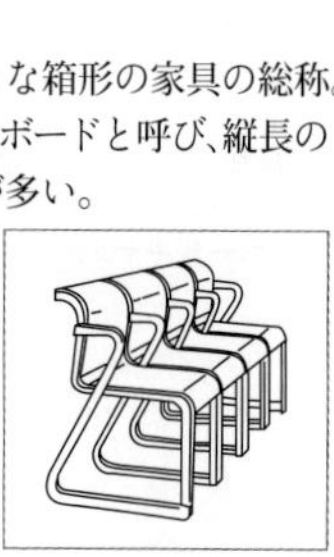

イスを連結する機能のこと。多数並べたときに整然とした列をつくることができる。

休息イス

きゅうそくいす

休息を主な目的としたイスで、ソファや安楽イスなどがある。座面と背もたれの座面角度が大きく(110〜115度程度)、座面高は28〜34センチ程度の低いものである。

鏡台

きょうだい

鏡を立てる台。多くは箱づくりで、化粧道具をしまう引出しがついている。鏡の形態から、一面鏡、三面鏡、半三面鏡などがある。座位式のものが多い。⇒ドレッサー

鏡面仕上げ

きょうめんしあげ

金属や塗装面の表面を鏡のように磨き上げる方法のこと。木材においては、透明塗装と不透明塗装のどちらにも用いられる。

桐箪笥

きりだんす

桐でつくられたタンスのこと。主に衣類収納で、引出しや扉を備えている。キリはゴマノハグサ科で草の一種なので、軽量、防虫、吸湿に富み、衣類の保存に適している。

> **豆知識　桐箪笥は燃えにくい**
>
> キリはスギよりも燃えやすい材だが、桐箪笥は燃えにくいといわれている。これは、火事の際に桐箪笥に水がかかると、キリ材が水を吸収して膨張することによって、中に入っている衣類を守るからである。桐箪笥の周囲が焦げたとしても、箪笥の中は燃えないのだ。

緊結金物

きんけつかなもの

部材を結合する留め金物のこと。建築において、木造の木材の継ぎ手や仕口の結合強度を補強する目的で使われる。家具に用いると、組立て工程のノックダウン化を容易にすることが可能。

クッション材

くっしょんざい

衝撃を緩和する素材のこと。イスのクッション材として、ポリウレタンフォーム、合成繊維綿、パームロック、ヘアロックなどがある。

組立金物

くみたてかなもの

家具を構成している各部材を組み合わせる

金物のこと。組立て・分解を容易にするノックダウン金物や、組立てを容易にするインサート用メネジ、専用ボルトなどがある。

グライド

移動時に床を傷付けないようにするための金物のこと。ソファやベッドの脚先や下隅に取り付ける。ドメス、プレラックともいう。

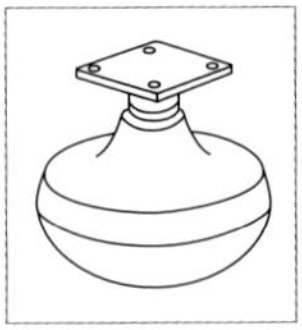

車箪笥

くるまだんす

火災などの非常時に箪笥ごと押して持ち出せるよう、車輪が付いたもの。衣装箪笥や帳場箪笥（商店の帳場に置いて金庫のように使ったもの）などに車輪が付いている。

クローズポア仕上げ

くろーずぽあしあげ

木材の導管の小孔を目止剤で埋めるように拭き取って完全に塞ぎ、塗面を平滑な状態に仕上げる方法のこと。目止め仕上げともいう。

軽休息イス

けいきゅうそくいす

喫茶店やリラックスした打合わせなどに使用するイスのこと。座面と背もたれの角度がやや大きく（105〜110度程度）、座面高は33〜36センチとやや低い程度のものである。

軽作業イス

けいさぎょういす

研修会や会議などに用いられるイスのこと。座面と背もたれの座面角度が100〜105度程度、座面高が35〜48センチ程度のものである。

ゲートレッグテーブル

⇒**バタフライテーブル**

欅箪笥

けやきたんす

表がケヤキの単板で、内部がキリでできた箪笥のこと。手彫りの金具に特徴があり、漆で仕上げられたものである。岩谷堂箪笥や南部箪笥、仙台箪笥として知られている。

ケンドン

収納部のフタ・扉の開閉手段のひとつ。上からフタ（または扉）をはめ込む形状のものをいう。

コア

核、芯、中心部分のこと。家具においてはパネルをつくるときの芯の部分、建築においては平面計画の中央部に共用施設、設備スペースなどを設けた部分をいう。

甲板

こういた

カウンターやテーブル、机などにおける上部の板のこと。表面材として、平滑で、反りなどの狂いが生じないものを用いる。天板（てんばん）ともいう。⇒**テーブルの構造**

工業デザイン

こうぎょうでざいん

近代の工業生産技術によって生み出された量産製品にかかわるデザインのこと。インダストリアルデザインともいう。

合成繊維綿

ごうせいせんいめん

イスのクッション材のひとつ。ポリエステル、ポリプロピレンなどの合成繊維でできた綿状のものである。耐候性、弾力性、保温性に優れている。

合成皮革

ごうせいひかく

布の基材に合成樹脂を塗布した人工皮革。変色しにくく、耐汚性に優れているが、通気性や吸湿性は天然皮革に劣る。⇒**天然皮革**

合板

ごうはん

木材を薄くスライスした単板を、繊維方向を交互に直行させて奇数枚張り合わせた板のこと。耐水性がある順に、特殊合板、1類合板、2類合板、3類合板という。

キャッチの種類

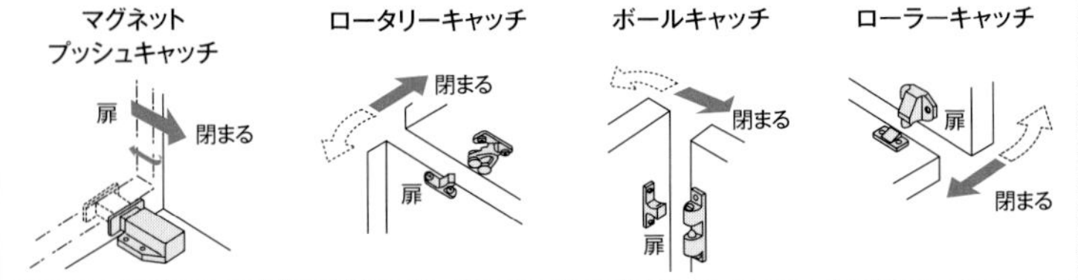

コンソールテーブル

壁に付けて用いる、奥行の浅い装飾用の小型テーブルのこと。花瓶や装飾品などを置く台として用いる。前脚2本で壁にもたせかけるものもあるが、現在は4本脚が多い。

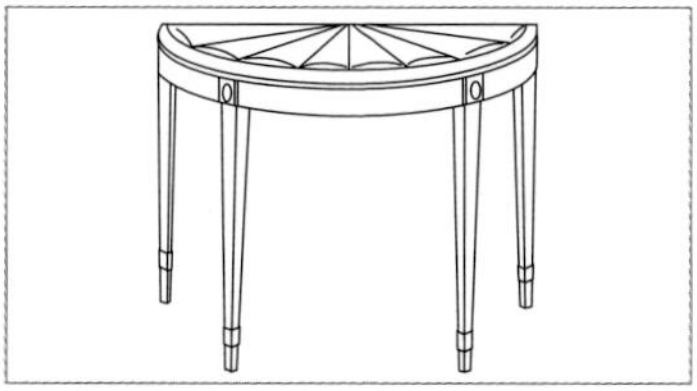

婚礼家具
こんれいかぐ

結婚に伴って購入される家具や調度品のこと。地方によっては、嫁入り道具として準備をする慣習があり、洋服箪笥、和箪笥、整理箪笥などがある。

サーフェーサー

木材不透明塗装の下地の凹凸を埋めて、塗膜に厚みを与え、研磨して表面の平滑さを高める塗材のこと。

座イス
ざいす

和室で用いられる、脚がなく座面と背もたれで構成されるイスのこと。

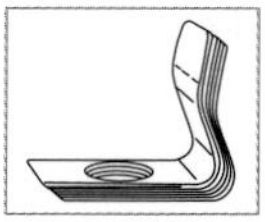

サイドテーブル

ソファやイスの横に置く、補助用の小さなテーブルのこと。本やカップ類を一時的に置いたり、照明器具の置き台にしたりするので、甲板がセンターテーブルより高い。脇卓子(わきたくし)ともいう。

サイドボード

横長の飾り棚を兼ねた、高さが低い食器棚のこと。リビングルームの飾り棚としても用いられる。ローボードともいう。

作業イス
さぎょういす

事務作業や学習の際に用いられるイスのこと。座面と背もたれとの角度が95〜105度程度、座面の高さが37〜40センチ程度のものである。

指物
さしもの

釘などを使わずに、木の板を指し合わせて組み立てる木工技法と、それによってつくられた家具や調度品、建具などの製作物のこと。

差尺
さじゃく

イスの座面と、テーブルや机の甲板面との高さの差。この寸法によって、作業や休息などの機能が変わるので、イスと机を選択する際の重要な判断材料となる。

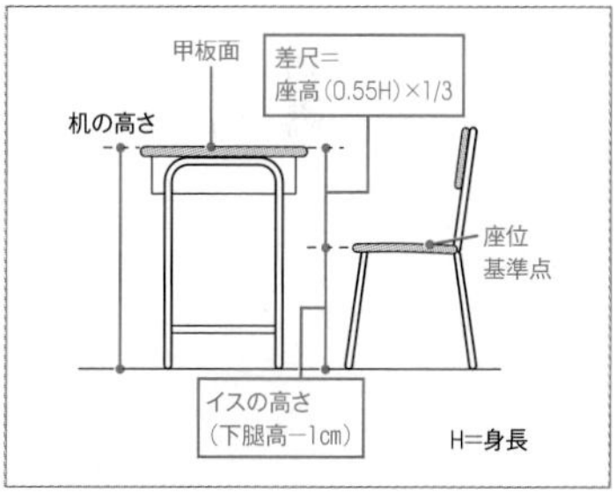

SUS304
さす304

SUSとはステンレス鋼材の材料記号。304は鋼の種類の区分を示す。

座卓
ざたく

和室での食事や応接などに用いられる座位式のテーブルのこと。以前はケヤキ、シタン、カリンなどの木材でつくられていた。座卓の甲板は長方形が多く、それ以外にも正方形、円形、楕円形などがある。

皿張り
さらばり

イスの張り工法のひとつ。薄く張った座面

クッションの3層構造

A層 ● 身体に接する層なので軟らかくなくてはならない。
B層 ● かなり硬く、ここで姿勢を正しく保つ。
C層 ● 衝撃を吸収する層で、B層を平らに受けたまま上下する構造になっていればよい。

13 ▶ エクステリア
14 ▶ 照明
15 ▶ 家具
16 ▶ 寝装・寝具
17 ▶ ファブリックス
18 ▶ ウィンドウトリートメント

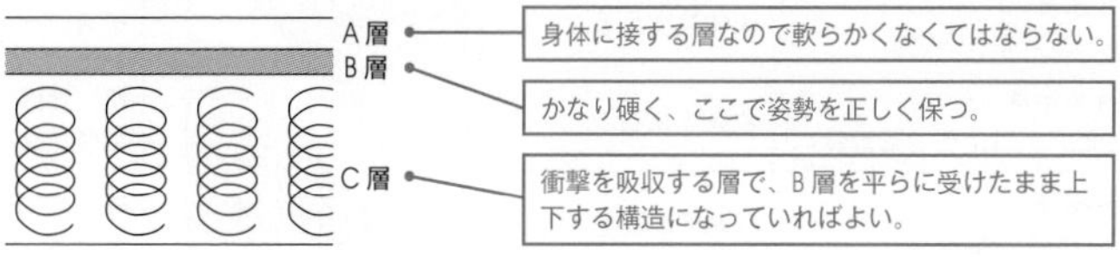

や背面をパーツとして取り付ける。⇒薄張り

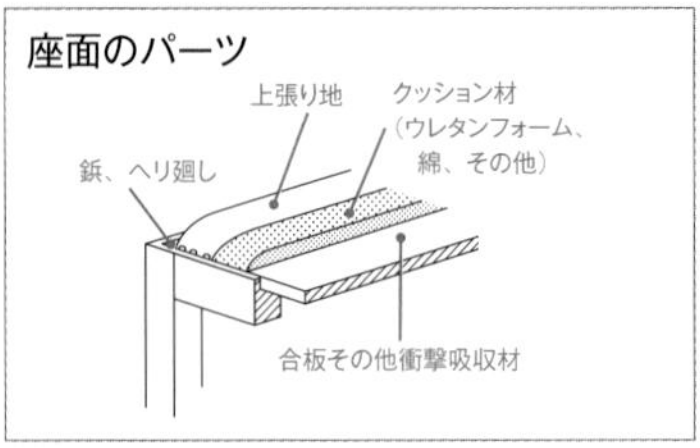

3層構造
さんそうこうぞう

休息用のイスやマットレスのクッション構造のひとつ。体に接する軟らかい層、正しい姿勢を保つ硬い中間層、衝撃を吸収する柔らかい層の3層で構成される。

サンドブラスト

表面を粗面に仕上げる方法のこと。仕上げ面に砂状の研磨剤を高圧水とともに吹き付ける。ガラスの装飾などによく用いられる。

シェルター系家具
しえるたーけいかぐ

⇒建物系家具

地震対策金物
じしんたいさくかなもの

地震のときに、家具による被害を防ぐ目的で使われる金物のこと。家具の扉を開かないようにする収納物飛散防止金物、二段重ね家具の上置き転倒防止金物、家具の転倒を防ぐ家具転倒防止金物などがある。

システム家具
しすてむかぐ

工場生産によってシステム化されたユニットやパーツがあり、生活機能に合わせて選択、構成、製品化される家具のこと。多種の組合せが可能である。

豆知識 システム家具の金物規格

家具金物の取り付け位置は16、32、64、128という数字で決まる。たとえば、棚太枘孔は側板に32ミリ間隔で上下に空けられ、それがスライド丁番や跳上げ扉金物の取り付け位置と合うようにする。

システム収納
しすてむしゅうのう

主に収納に用いられるシステム家具のこと。ユニット化された箱を組み合わせる家具的システムと、板状のパネルを組み合わせる造作的システムがある。⇒システム家具

締付円盤金物
しめつけえんばんかなもの

家具の天板と側板、地板と側板を締結させるときに用いる金物。円盤型の偏心金物と連結ボルトでできている。箱物家具などに取り付けるノックダウン金物のひとつ。

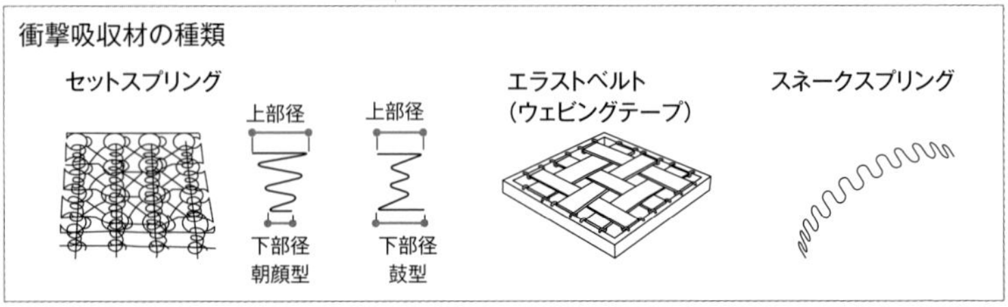

家具の分類

分類	家具の機能	人・物と家具との関わり	家具の例
人体系家具（アーゴノミー系家具）	人体を支える。	人／物（図）	イス、ベッド
準人体系家具（セミアーゴノミー系家具）	物を支える。		机、調理台、カウンター
建物系家具（シェルター系家具）	収納や遮断をする。		棚、戸棚、タンス、衝立て

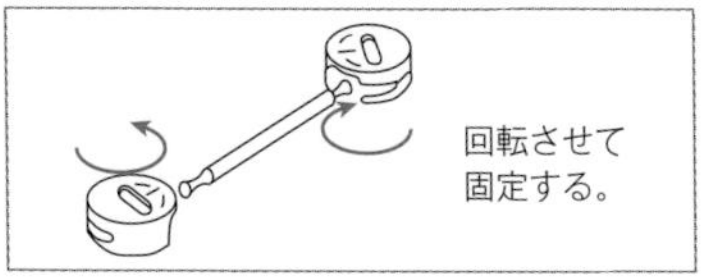

射出成型
しゃしゅつせいけい

熱硬化性樹脂、熱可塑性樹脂どちらにも使われる成型方法。最も一般的で、インジェクションともいう。

自由丁番
じゆうちょうばん

扉を押しても引いても開くことができるようにする丁番のこと。内部にバネが入っているので、開いた扉がバネの反動で閉まるようになっている。⇒**丁番**

収納家具
しゅうのうかぐ

生活用品や衣類、書籍などを収納しておく家具の総称。ワードローブ、チェスト類、カップボード、サイドボード、本棚などがある。

準人体系家具
じゅんじんたいけいかぐ

家具の機能上の分類のひとつ。物を置いて、人間がそこで作業をするための家具のこと。テーブルや机、カウンターなど、物の寸法と人体の要素の両方を考慮してつくられるものである。セミアーゴノミー系家具ともいう。⇒**人体系家具**

衝撃吸収材
しょうげききゅうしゅうざい

イスの座面内部に使われる材料の総称。クッション材、セットスプリング、スネークスプリング、エラストベルト、力布などがある。（前頁図参照）⇒**ウェビングテープ**

白木塗装
しらきとそう

濡れ色を出さずに、白木の色そのままの感じに仕上げる方法のこと。北欧で開発されたもので、ブナ材などの家具によく用いられる。

支輪
しりん

壁面収納や吊戸などの天井に付いている、家具の前面や側面最上部の板のこと。または、社寺建築における、軒裏や折上げ天井の斜めに立ち上がる湾曲した縦材のこと。

真空成型
しんくうせいけい

型に設けた穴から空気を吸い出し、加熱軟化させたシートを型に吸い付けて成型する方法。

人体系家具
じんたいけいかぐ

家具の機能上の分類のひとつ。人体を支える家具のこと。イスやベッドなど、人体のサイズや動きなどを考慮してつくられるものである。アーゴノミー系家具ともいう。

真鍮
しんちゅう

銅と亜鉛の合金で、黄銅のこと。丁番や取手などの小物に用いられる。

厨子
ずし

仏像、位牌などを安置する戸棚型の仏具のこと。または、中国で生まれた両開き扉の付いた戸棚のこと。棚状のものは二階厨子と呼ばれている。

スタッキングチェア
積み重ねることができるイスのこと。小さなスペースに収納できて、運搬に便利。

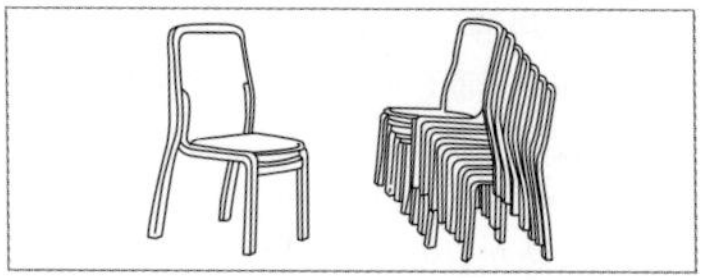

スチール
鉄を主成分にした合金で、鋼のこと。鉄の持つ性能に加えて、人工的に強度、靭性、磁性、耐熱性を高めたものである。

スツール
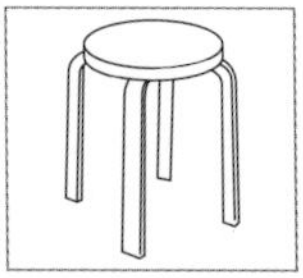

背もたれと肘掛けのない座面だけのイスの総称。化粧用や補助用に多く用いられている。座面の高い「ハイスツール」、足を乗せる「オットマン」なども含む。

ステイン
透明塗装の際に用いる着色剤の総称。染料と顔料がある。木材の素地に染み込ませて素地着色したり、塗料に混ぜて塗膜着色したりするが、両者を併用することもある。

ステー
水平に開くタイプの扉を一定の角度で支える金物のこと。ライティングビューローの甲板となる下開き扉や収納家具の上開き扉などに用いられる。ブレーキやキャッチなどが付いているものもある。

ステー（フラップステー）の種類

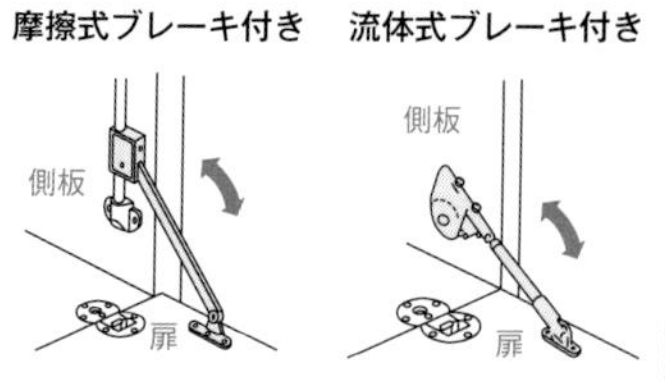

ステンレス

鉄にクロムとニッケルを加えた合金のこと。耐食性が高く、ほとんどさびることがない。キッチンシンクなどに使われている。正確にはステンレス鋼という。

スネークスプリング

イスの座面などに施す衝撃吸収材のこと。ダイニングチェアなどの簡易な薄張りの座面内部などに用いられる。形状は、ヘビに似た波形の平たいスプリングとなっている。（前々頁図参照）⇒**衝撃吸収材**

スパッタリング

高電圧を利用して、異金属の粒子を加工したい金属の表面に叩きつけて付着させる表面処理方法のこと。

スプラットバックチェア

花瓶型の透かし彫りを背板に持つイスのこと。クィーンアン様式の特徴のひとつである。

スプリング

バネ。細長い金属線を螺旋状に巻いた「コイルスプリング」、平たい波形の「スネークスプリング」、コイルスプリングをある大きさにセットした「セットスプリング」などがある。（前々頁図参照）

スペースユニット

建築部材のひとつで、工場でつくりあげた1部屋として商品化されたもの。バスユニットなど。⇒**ウォールユニット**

スライディング折戸

すらいでぃんぐおれど

扉が折れて開く折戸が左右に移動できるもの。折戸の畳み代のデッドスペースをなくすことで、物の出入が容易となる。折戸の左右どちら側からも開けられるので、リバーシブル折戸ともいう。

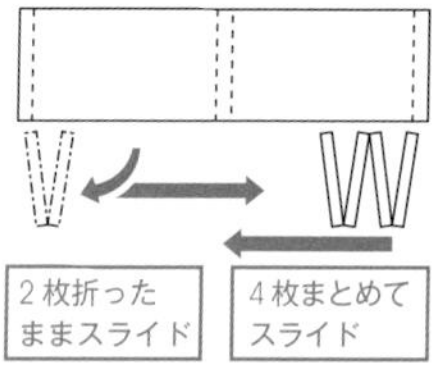

2枚の扉をセンターヒンジでつなぎ、扉と箱の上下に設けたレール上を移動させる。

スライド丁番

すらいどちょうばん

家具の扉に使う丁番として、最も主流なもの。複数の回転軸があるのでスライドするように開閉する。そのため、隣接扉などに干渉せずに済む。扉の取り付け位置の調整や着脱が簡単に行える。⇒**丁番**

スライドレール

スムーズに引出しを出し入れすることができる左右一組の金物のこと。側面に取り付けるタイプと、底に取り付けるタイプがある。二段引きや完全に引き出せる三段引きなどがあり、軽耐荷重から重量用まで種類も多い。

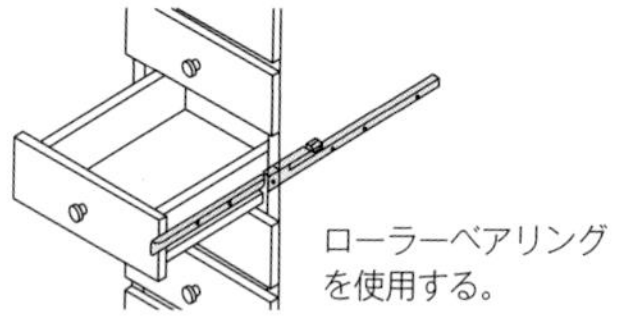

豆知識　スライドレールの便利な機能

スライドレールには、クルージング機能が付いているものがある。これによって、引出しをゆっくりと閉めることができる。その他にも、取手類がなく、引出しの前板を押してバネの力で開くものもある。両者とも便利な機能だが、併用することはできない。

成形合板

せいけいごうはん

1ミリ程度にスライスした木材を繊維方向に積層圧着した合板のこと。尿素系の接着剤を使用するため、強靭で曲面状に加工できる。イスのフレームなどに使われる。

フレームが成形合板のイス。

生分解性プラスチック
せいぶんかいせいぷらすちっく

微生物によって分解されるプラスチックのこと。最終的には水と二酸化炭素になる。プラスチックよりも耐久性や機能性が劣る。

積層合板構造
せきそうごうはんこうぞう

積層した合板を芯材とし、両面に練付合板などを張ったもの。

セクショナルチェア
⇒セパレートチェア

セットスプリング
ベッドやイスの座面などの枠内に、複数のコイルスプリングをセットしたもの。座面の衝撃吸収材として使われる。**⇒衝撃吸収材**

セパレートチェア
目的や用途によって、自由に組み合わせて、レイアウトすることができるイスのこと。ワンアームチェア、コーナーチェア、アームレスチェアなどがある。セクショナルチェアともいう。

セミアーゴノミー系家具
せみあーごのみーけいかぐ

⇒準人体系家具

繊維板
せんいばん

木質繊維を原料とする成形板のこと。比重が0.8以上の硬質繊維板(ハードボード)、0.35〜0.8の中質繊維板(MDF)、0.35未満の軟質繊維板(インシュレーションボード)などがある。

前傾イス
ぜんけいいす

座面が2〜5度程度前傾した作業イスのこと。前傾で腰部が安定して背筋を伸ばすことができ、疲労が軽減される。コンピュータ作業や筆記作業、立ち上がることが多い人に適したものである。

ソープフィニッシュ
北欧の白木の家具に使われる仕上げのひとつ。石けん液を木部に塗布し、サンディングと乾拭きで仕上げる。木地の自然な質感が特徴。

総張りぐるみ
そうはりぐるみ

⇒あおり張り

素地着色
そじちゃくしょく

⇒ステイン

素地調整
そじちょうせい

塗装をする前の下処理で、適した表面に仕上げるために、研磨や汚れ落としを行うこと。

ソファ
背もたれや左右の肘掛け、そしてクッションがある長イスのこと。柔らかくて快適で、1人から数人まで座ってくつろげるようになっている。

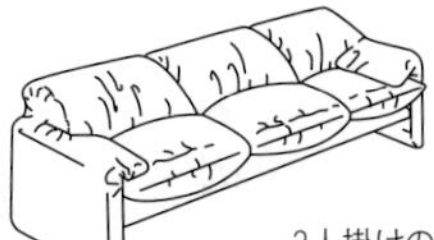

3人掛けの例。

た

体圧分布
たいあつぶんぷ

イスに座ったときの座面に掛かる圧力の分布を示したもの。座面の高さによって、体圧分布は変わる。血行の状態もわかるので、座る人に合った座面の高さを考察できる。

ダイカスト
⇒鋳物

ダイキャスト
金型鋳造法のひとつ。金型にドロドロに溶かした金属を入れ、高い圧力を掛けて鋳造すること。溶融する金属には、アルミニウムや亜鉛などが使われる。

大工工事
だいくこうじ

木材の加工または取り付けによって工作物を築造し、木製設備を取り付ける工事のこと。

耐震ラッチ
たいしんらっち

地震のときに、家具の扉が勝手に開かないようにするための金物のこと。食器などが地震で飛び出さないよう、食器棚やキッチンの吊戸などに取り付ける。

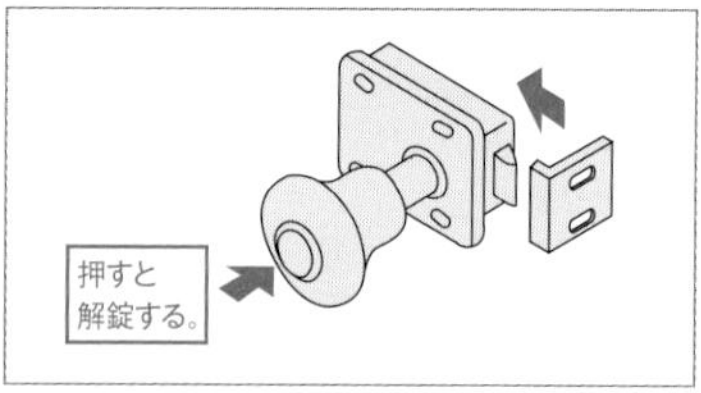
押すと
解錠する。

豆知識 耐震ラッチの注意点

耐震ラッチは地震の揺れを感じて反応するものが多い。ただし、キャッチ付きスライド丁番と併用しないと耐震効果がないものもあるので注意すること。

ダイニングボード
⇒**カップボード**

台物
だいのもの

机やテーブルなど物を置く機能のもの。

台輪
だいわ

箱物家具の最下部の床に接する部材のこと。床の不陸の調整や、汚れ防止のために設けられる。⇒**箱物家具の構造**

竹
たけ

イネ科タケ亜科に属する植物。繊維方向がはっきりしていて、弾力性に富み、削る、曲げるなどの加工がしやすい。

タックリング
イス着座時の衝撃を吸収する機能のこと。オフィスチェアに使用される。

タッピングビス
ネジ自身でネジ溝を切ることができる雄ネジのこと。石膏ボードのように硬くない材料には直接使用するが、木材のような材料には先に下孔を空けてから使用する。通常のビスより締付け力が強い。

建具
たてぐ

開口部に設置されるもの。玄関ドアや窓、サッシ、障子、襖などが例。建物内部の空間に使われるものを内部建具、内と外を分けるために使われるものを外部建具と呼ぶ。

建具工事
たてぐこうじ

工作物に木製や金属製の建具などを取り付ける工事のこと。

建物系家具
たてものけいかぐ

家具の機能上の分類のひとつ。収納や間仕切りなどを指す。建物の室内寸法や収納されるものの寸法などを考慮してつくられるものである。シェルター系家具ともいう。⇒**人体系家具**

棚板
たないた

収容物を載せるために横に渡す板のこと。⇒**箱物家具の構造**

WPC
だぶりゅぴーしー

Wood Plastics Compositeの略。プラスチックの性能を付与した複合木材のこと。耐摩耗性、耐汚性が高くて、硬質な性質である。フローリングなどに用いられている。

太枘
だぼ

木材同士をつなぎ合わせる際に使用する木製の棒のこと。箱物家具の各板の接合に使用される。また、金属のものは棚受けとして用いられる。

太枘継ぎ
だぼつぎ

木製の棒の太枘を用いて、木材の結合をすること。木材の両方に孔を空け、太枘を入れて接着する。精度や作業性、経済性に優れた方法である。

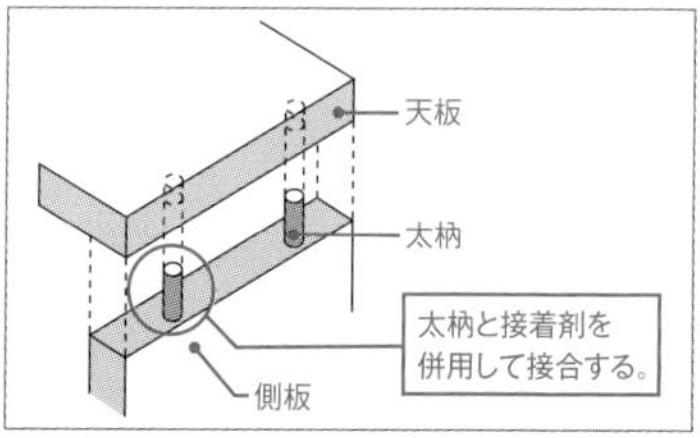
天板
太枘
太枘と接着剤を
併用して接合する。
側板

玉縁
たまぶち

布の裁ち目に別布を付けて、細く縁どったもの。縫い代を始末して、イスの上張りやマットレスなどに用いる。パイピングともいう。

箪笥
たんす

衣類や道具を収納する、引出しや戸棚を備えた木製の家具のこと。江戸時代にさまざまな用途で普及した。収納するものにより整理箪笥、衣装箪笥、薬箪笥など、材質により桐箪笥、欅箪笥などと呼ばれる。

豆知識 **箪笥の数え方**

箪笥の数は１棹(さお)、２棹……と数える。桐箪笥には取っ手の金物が付いているものが多いが、かつて箪笥を移動させるときに、金物に竿を入れて担いでいたため、１棹と数えるようになった。

チェスト
衣類などを整理するのに用いる引出し式のタンスのこと。中世ヨーロッパにおいては、衣類や小物などを収納する長方形のふた付きの箱を意味した。

力布
ちからぬの

力が掛かる場所(イスの裏側など)を補強するために当てる布のこと。固い糸で細かく織った薄地の綿布や、金巾(かなきん)などが広く使われている。

チタン(Ti)
非鉄金属で軽量。耐食性、強度、不燃性などに優れる。

着色塗装
ちゃくしょくとそう

色を着けて塗装すること。木材を着色塗装する場合には、木材の素地に浸み込ませて素地着色する方法と、塗料に混ぜて塗膜着色する(カラークリアー)方法がある。

中空成形
ちゅうくうせいけい

樹脂を金型ではさみ、中に空気を吹き込んで、風船状に成型する。

丁番(蝶番)
ちょうばん

扉や戸、箱のふたなどを開閉するために用いられる金具のこと。蝶の番(つがい)が語源で、本来は「蝶番」と書く。現在は主に「丁番」と書かれることが多い。

束
つか

短い垂直部材の総称。

突付け
つきつけ

2つの木材の接合面を加工せずに突き合わせて、接着剤などで接合すること。

面一
つらいち

つなげた部材の間に段差がなく、平坦な面として揃えること。揃(ぞろ)ともいう。

締結金物
ていけつかなもの

⇒ノックダウン金物

テーブルの構造
てーぶるのこうぞう

テーブルは、作業面である甲板とそれを支え

丁番の種類

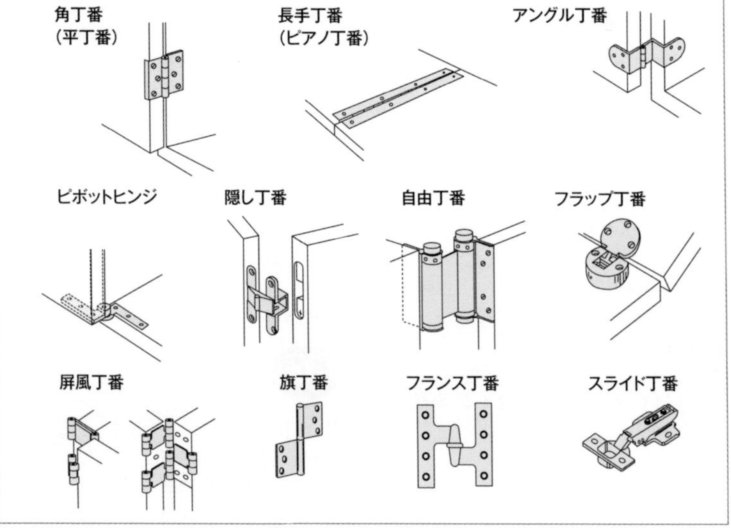

る脚組から構成される。
⇒甲板、脚組

鉄鋼
てっこう
鉄に炭素、ケイ素、マンガンなどを混入して強度を高めたもの。

天然皮革
てんねんひかく
動物の皮膚をなめしたもの。イスの上張りとして牛皮をなめしたものが多く使われる。他の上張りに比べて、吸湿性、耐熱性、弾力性、染色性に優れている。⇒**合成皮革**

天板
てんばん
箱物家具の一番上部にある横板のこと。カウンターやテーブルの上面の板や甲板を指すこともある。⇒**箱物家具の構造**

戸当たり
とあたり
扉を開閉する時に壁などを傷つけないよう取り付ける金物のこと。ストッパー。

ドアレール金物
どあれーるかなもの
ワードローブやクローゼットの戸を開閉する際に取り付ける金物のこと。折戸用や引戸用など、用途に応じてさまざまな種類がある。開閉をスムーズにするだけでなく、ゆっくりと閉まるブレーキ付きや、戸の傾きを調整できるものもある。

籐
とう
ヤシ科のツル性植物のこと。曲げても折れにくい、軽くて丈夫な材料である。丸籐は家具のフレームなどに、細かく裂いた皮籐はイスの座や背などに使われている。

銅（Cu）
どう
非鉄金属で、表面に緑青を発する。真鍮、青銅、洋銀がある。

籐家具
とうかぐ
籐を主材にした家具の総称。スツール、休息イスなどのイス類や収納家具などまで、多種に渡って製品化されている。

透明塗装
とうめいとそう
木材の素地（木目）が透けて見えるよう、質感を生かして塗装すること。艶は全艶から全消しまで対応可能である。家具は五分艶（半艶）に仕上げることが多い。クリア塗装ともいう。

トールキャビネット
床面からウォールキャビネットの上面に達する高さがある収納キャビネットのこと。システムキッチンなどで使われるキャビネットのひとつである。⇒**ウォールキャビネット**

トップコート
中塗りを保護して、耐久性を高めるための塗料。

砥の粉
とのこ
粘土を水濾しして乾燥させた微細な粉。

塗膜着色
とまくちゃくしょく
⇒**ステイン**

ドレッサー
鏡の付いた化粧タンスのこと。多くの場合、スツールに腰掛けて化粧するための家具を指す。⇒**鏡台**

ドロップ丁番
どろっぷちょうばん
⇒**丁番、フラップ丁番**

ドロップリーフテーブル
エクステンションテーブルのひとつ。両側に折畳み式の拡張甲板があり、水平に支えることによって、大きな甲板となる形式のテーブルである。⇒**エクステンションテーブル**

ドロワー
タンスや机などの引出しのこと。

どんす織
どんすおり
経糸と緯糸に異なる練り糸を使った平織のひとつ。厚地で光沢があり、どっしりとした高級感がある。イスの上張りなどに使用。

な

ナイトテーブル
ベッドの枕脇などに置く、照明器具や小物を置くサイドテーブルのこと。小物を置く棚板や引出し付きのもの、足下ランプやキャスター付きのものなどがある。

ナイロン

しなやかな感触をもつ合成繊維のこと。摩耗や折曲げに強いが、耐光性に弱いため、カーテンには向かない。

長手丁番
ながてちょうばん

回転軸に取り付ける長い丁番のこと。扉の反りを防ぐことができ、ピアノや折畳みテーブルなどに使用される。長丁番、ピアノ丁番ともいう。⇒**丁番**

長持
ながもち

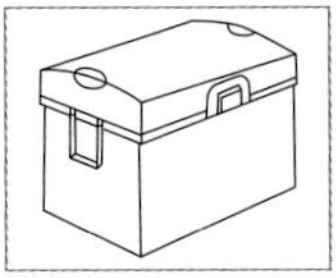

衣類や寝具、調度を入れる長方形のふた付きの箱のこと。近世の日本で用いられた婚礼家具のひとつである。⇒**婚礼家具**

なめし加工
なめしかこう

動物の皮を皮革にするために加工すること。タンニンやクロームなどでなめす方法がある。クロームなめしが一般的に有名で、軽くて丈夫の他、柔軟性がでる。

二月堂机
にがつどうづくえ

僧たちが経文を読んだり、食事をしたりするのに用いた文机のこと。⇒**文机**

ニス

木目を出した木材を透明に仕上げる際に用いる塗料のこと。下地塗料を塗らずに、仕上げ剤を重ね塗りする。一般の人でも容易に使えるため、広く普及している。

ネストテーブル

同じ形で、サイズの異なるテーブルを組み込んで、必要に応じて取り出して使用するテーブル群のこと。⇒**入れ子式**

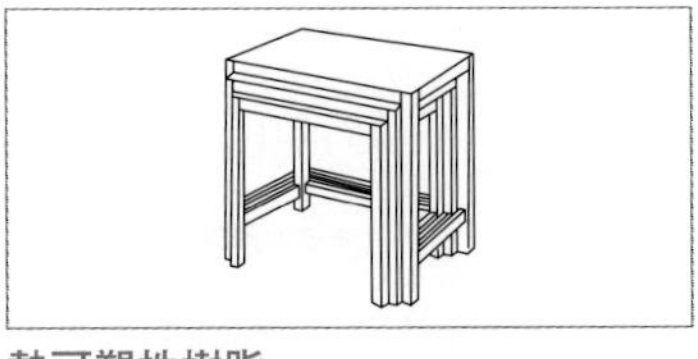

熱可塑性樹脂
ねつかそせいじゅし

加熱によって軟化溶解し、冷却すると固化するプラスチックのこと。アクリル樹脂、ポリエチレン樹脂などがある。照明器具のカバーやカトラリートレイなどに使われている。

熱硬化性樹脂
ねつこうかせいじゅし

一度加熱して硬化させると軟化せず、性質が変化しないプラスチックのこと。カウンターなどの甲板に使われるメラミン樹脂など。

練り付け合板
ねりつけごうはん

普通合板の上に仕上げ材として突板や樹脂材などを接着剤で貼ったもの。

ノックダウン金物
のっくだうんかなもの

締結金物、KD（ノックダウン）パーツのこと。収納家具を構成する板と板（側板、天板、地板、背板など）の組立てや分解を容易にすることができる。連結ボルト、締付円盤金具やジョイントボルトなどがある。

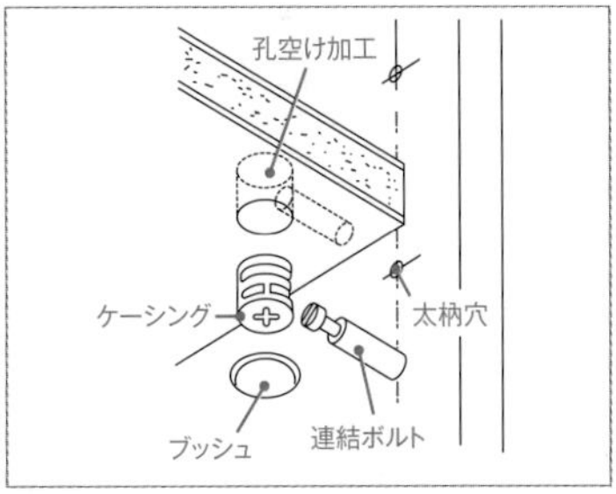

は

パイピング

⇒**玉縁**

パーソナルチェア

各個人専用として、使用する快適性のあるイスのこと。オットマンと組み合わせても使われる。⇒**オットマン**

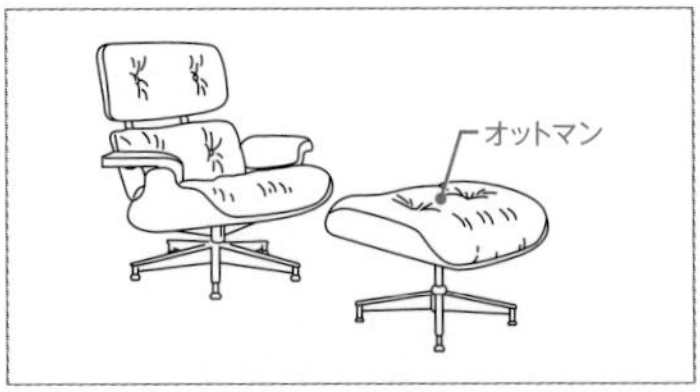

パーティクルボード

木材の小片を接着剤と混合して熱圧成型した木質ボードのこと。床の下地材や2×4工法の耐力壁などに用いられる。

パーティション
間仕切りのこと。建築では、内部を仕切る壁や、それと同じ機能をもたせたものを意味する。家具的なものとして可動式もある。

パームロック
イスのクッション材に用いられるもの。座面下地板にヤシの実の繊維を入れて合成ゴムで固定する。耐久性の必要なイスの座面内部に用いられる。

ハイスツール
座が高く、背もたれと肘かけがない椅子。

ハイバックチェア
座ると頭が隠れるほど背もたれの高いイスのこと。食事用と休息用などがある。休息度の高いものは、ハイバックイージーチェアともいう。

はかま錠
はかまじょう

ガラス引違い戸などに用いるシリンダー錠のこと。ガラス戸下部の金属製はかまの部分に孔を空けて取り付ける。

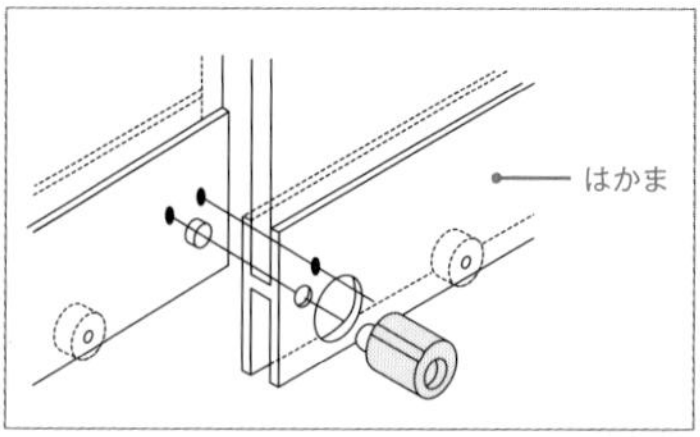

箱物
はこもの

箱のある構造の家具のこと。家具業界の用語として、キャビネット、箪笥などに用いられる。⇒**脚物**

箱物家具の構造
はこものかぐのこうぞう

箱物家具は、箱体とそれを支える台輪や脚から構成される。箱体は、天板、側板、地板、背板で組まれ、内部には仕切り板や棚板がある。

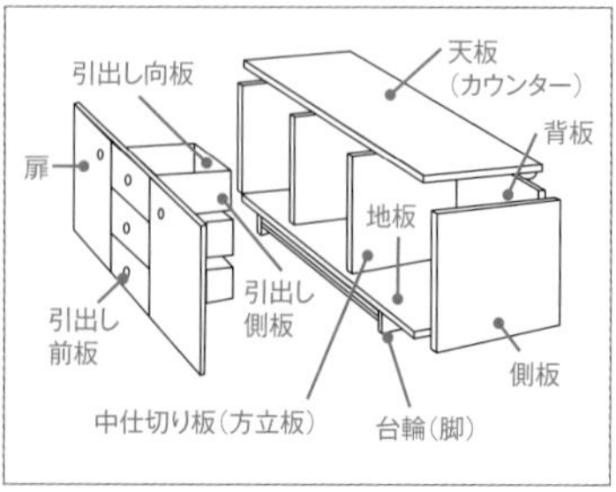

バタフライテーブル
折畳み式甲板のエクステンションテーブルのこと。必要に応じて甲板を水平に支えることで、大きく拡げて使うことができる。ゲートレッグテーブルともいう。⇒**エクステンションテーブル**

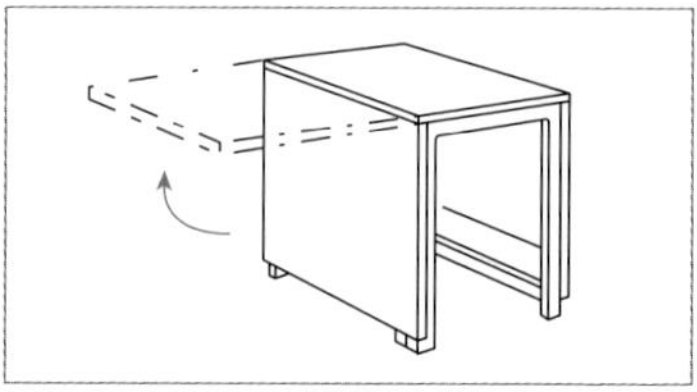

バックスツール
肘掛けのない小さなイスのこと。⇒**アームチェア**

ハッチ
台所と食堂の仕切りに設けられた開口部にある、配膳のために食器などを通す部分のこと。食器棚をくり抜いた形のものや、扉や戸が付いたものもある。配膳ハッチ、両面ハッチなどともいう。

張り加工
はりかこう

イスの座面や背、肘などに、張りの加工を施すこと。材料は、上張り材、クッション材、衝撃吸収材の3つに大別される。⇒**イスの上張り材、クッション材、衝撃吸収材**

張りぐるみ
はりぐるみ

イス張り工法のひとつ。座や背、肘までクッション材を張り込んだものである。ソファやイージーチェアなどで見られる。

張込み
はりこみ

イスの薄張り工法のひとつ。イスの上張り材を座枠に巻き付ける工法のこと。⇒**薄張り**

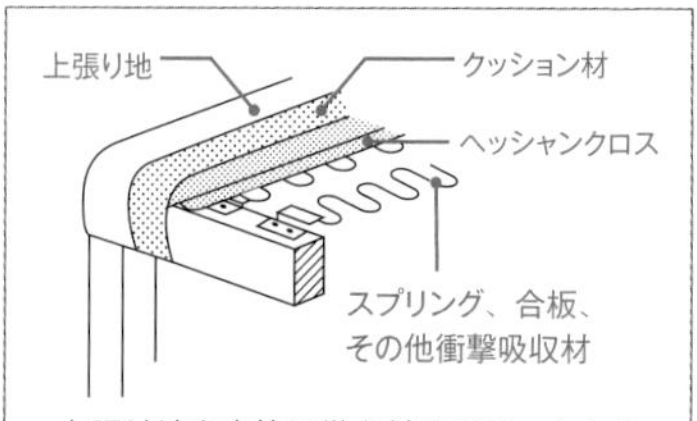

上張り地を座枠に巻き付けて張ったもの。

ハンドル金物
はんどるかなもの

家具の扉や引出し、建具の引戸や折戸を開

閉するために取り付ける金物のこと。取っ手や引き手、つまみのほか、埋込取っ手や平面ハンドルなどがある。

ピアテーブル
⇒コンソールテーブル

ピアノ塗装
ぴあのとそう

ピアノのような艶のある鏡面になるよう、エナメル塗装やポリウレタン樹脂塗装などで磨き上げること。木材の導管などの凹凸を完全に塞ぐことで塗面を平滑にしてから塗装を行う。

引出し·抽斗
ひきだし

机や箪笥などに取り付けられる箱のこと。引き出して開け、押し入れて閉めて用いる。引出しは前板、側板、向板(むこういた)、底板でつくられる。抽斗(ひきだし)とも書く。

引き抜き強度
ひきぬききょうど

釘や木ネジの抜けに対する保持力のこと。単位は重量キログラム(kgf、kilogram-force)。

肘掛け椅子
ひじかけいす

⇒アームチェア

非鉄金属
ひてつきんぞく

鉄以外の金属のこと。銅や鉛、亜鉛、アルミニウム、錫などがある。

ビューロー
本来は事務机、書き物をする机、テーブルを意味した。ビューローの上にオープンの書棚を設けたものをセレクタリーという。現在では、ライティングビューローやビューローキャビネットも含む。

ビューローキャビネット
⇒ライティングビューロー

屏風丁番
びょうぶちょうばん

左右に180度ずつ開くことができる丁番のこと。屏風を開閉する目的でつくられた。⇒丁番

平机
ひらづくえ

デスク。一般的には学習や事務用途に使われるものを指す。

ビルトインファニチャー
室内寸法に合わせて、壁面などに組み込まれる造作家具のこと。また、設備器具の寸法に合わせて組み込まれるキャビネットのことも指す。

フィラー
システムキッチンのキャビネットを納めるとき、隙間を埋める部材のこと。

フェノール樹脂
ふぇのーるじゅし

熱硬化性樹脂のひとつ。耐熱性、寸法安定性、電気絶縁性に優れる。酸には強いがアルカリには弱い。

フォールディングチェア
折畳み機能をもったイスの総称。折り畳まれた状態では、移動や運搬に便利で、収納の省スペース化も実現できる。

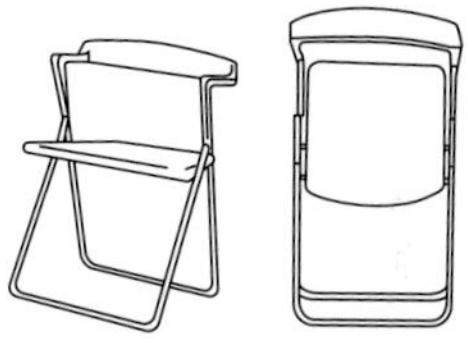

フォールディングテーブル
折畳み機能がある、取っ手の付いたテーブルの総称。折り畳まれた状態では、運搬に便利で、収納の省スペース化も実現できる。

> **豆知識　フォールディングテーブル**
>
> 卓袱台(ちゃぶだい)は、日本で生まれたフォールディングテーブルである。これは、脚を折り畳んで摩擦によって幕板に止め、天板が円形なので転がして片付けることができ、便利。

文机
ふづくえ

床に座って使う低い木製の机のこと。書き物をしたり、読書をしたりするときに用いられる。座机ともいう。

プッシュラッチ
閉まっている扉をいったん押すことによる反動で開くことができる装置のこと。取っ手のない扉の開閉などに使われる。埋込み式や面付け式、マグネット付きなどがある。プッシュキャッチともいう。

フットスツール
⇒オットマン

筆返し
ふでがえし

違い棚の上板や文台、机などの甲板の端に、筆やペンなどが転がり落ちるのを防ぐ化粧縁のこと。

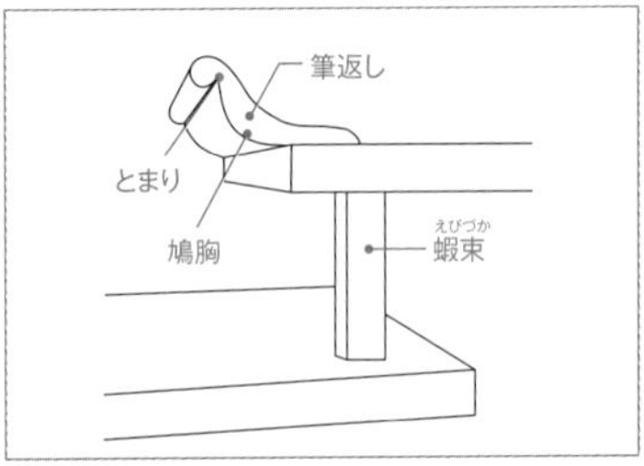

不透明塗装
ふとうめいとそう

木材の表面を見せないように塗りつぶして仕上げること。艶のあるエナメル塗装や光沢のないオペーク塗装がある。

船箪笥
ふなだんす

船乗りが船室で用いた、貴重品を入れる家具のこと。外側がケヤキ材に鉄金具を装飾し、内部は高湿度で膨張するキリ材を使って、漏水を防ぐ密閉度の高い家具である。

プライウッド
木材を薄くスライスしてできた単板を、繊維方向を交互に直行させて奇数枚張り合わせた板材のこと。合板。

プラスチック
石油や石炭を原料とし、合成した高分子物質。

フラッシュ構造
ふらっしゅこうぞう

角材や厚板で枠組みをして、その両面に合板を張った板の構造のこと。比較的軽くて、家具を構成する各板に用いられる。フレームコア構造ともいう。

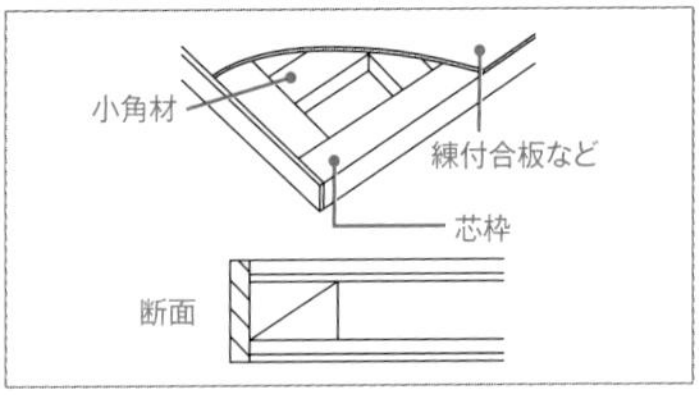

豆知識　孔加工が必要

箱物家具の板には、棚太枘などの孔加工が必要。フレームコアで組まれた芯材だけでなく、孔加工するところにも芯材を入れておく必要がある。

フラッシュパネル
芯材を井桁状に組み、表と裏に合板を貼り合わせたパネルのこと。他の構造に比べて軽量で、部材が少なく済むためコストダウンにもつながる。

フラップ丁番
ふらっぷちょうばん

机と戸棚が合体したライティングビューロー(扉を上から下に開く)などに使用される丁番のこと。使用の際は、仕切り板と扉が平らになる。ドロップ丁番ともいう。⇒**丁番の種類**

フラップドア
扉を上側に開ける跳上げ式扉のこと。キッチンの吊戸棚などに使用される。上部に開けたまま作業することもできる。

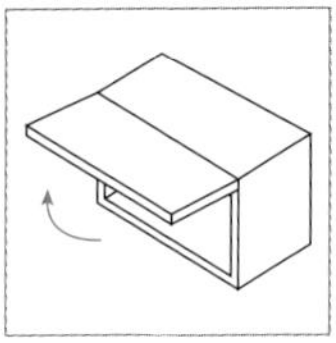

フリッパードア
キャビネットの中や天板の上に家具の扉を開けてスライドさせて収納する扉のこと。垂直フリッパードアと水平フリッパードアがある。(下図参照)

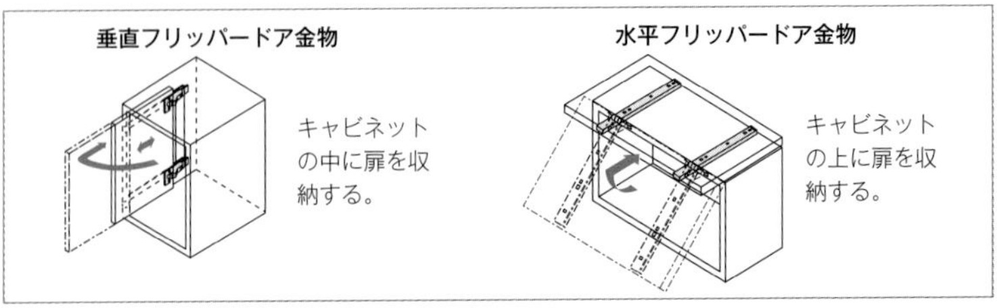

フレームコア構造
ふれーむこあこうぞう

⇒**フラッシュ構造**

プレス加工
ぷれすかこう

未加工の材を金型にあて、加工機を使って荷重による圧力を加えて変形させる方法。

プロダクトデザイン
製品のデザインのこと。工業製品に限らず、広義において製作物や生み出された成果全体を指すこともある。

フロントキャビネット
⇒**フロアキャビネット**

ベアリング
外輪と内輪の間にボールを挟むことで、回転している部分の摩擦を減らして、スムーズに運動させる部品のこと。スライドレールや回転盤の動きに使用されている。

ヘアロック
イスのクッション材のひとつ。動物の毛にラテックスを混入して乾燥硫化させたものである。ラバーライズドヘアーともいう。

ペーパーコア構造
ぺーぱーこあこうぞう

フラッシュ構造の中空部分に、紙製の芯（ハニカムやロールコア）を入れた板のこと。ドアや家具の甲板などに用いられる。⇒**フラッシュ構造**

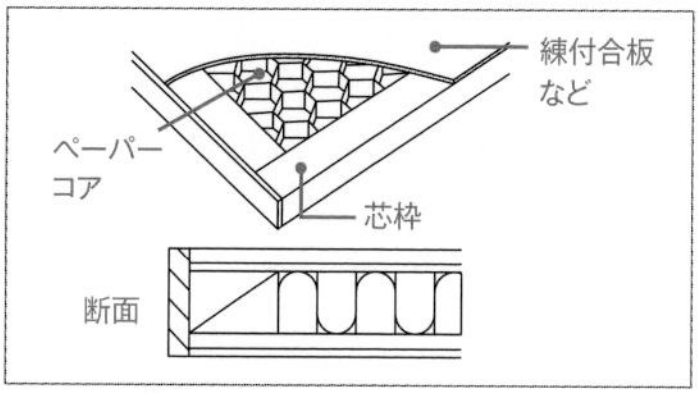

ベタ芯構造
べたしんこうぞう

ランバーコアやパーティクルボード、MDFなどの厚みをもった板の両面に合板を張った板のこと。中空部分がなく、すべてに芯が詰まっている。家具を構成する各板に用いられるが、やや重い。⇒**繊維板**

ベッド
睡眠、休息のために、横になる家具のこと。マットレスと、それを支えるボトム（底部）、それらを支える枠組みで構成されている。

ベンチシートヒンジ
シートを跳ね上げて、内部に収納することができる丁番のこと。ベッドやベンチ式ソファなどに用いられる。

ポリウレタン樹脂塗装
ぽりうれたんじゅしとそう

ポリウレタン樹脂で塗装すること。耐候性、耐薬品性、耐熱性、耐摩耗性に優れ、付着性もよく、家具や楽器などに広く使わる。また、一液性と二液性があり、特に二液性は硬度が高い。通称でウレタン塗装ともいう。

> **豆知識　ポリウレタン樹脂とシンナー**
>
> 塗装を行う場合、強い塗膜を上に重ねないのが基本である。たとえば、ポリウレタン樹脂はシンナーに溶けないため、シンナーの入ったラッカーの上に塗ってはいけない。

ポリウレタンフォーム
代表的なイスのクッション材のひとつ。軽くて弾力性に富み、加工性がよい。硬質なものから軟質なものまで、さまざまなものがある。通称、ウレタンフォームという。

ポリエステル樹脂塗装
ぽりえすてるじゅしとそう

ポリエステル樹脂で塗装すること。厚塗りすることができ、乾燥時間も早く、耐候性、耐薬品性、耐熱性に優れている。非常に厚い光沢のある塗膜をつくることが可能。磨き仕上げや鏡面仕上げに適した樹脂である。

ポリカーボネート樹脂
ぽりかーぼねーとじゅし

耐熱性、耐衝撃性に強い透明のプラスチック。家具の扉の面材などにも用いられる。

ポリッシュ剤
ぽりっしゅざい

研磨剤の入った洗剤のこと。さび付いた金属の手入れに使用することもあるが、傷が付かないよう注意しなければならない。プラスチックの手入れには使用しない。

ま

幕板
まくいた

幅広い形状の板を、横長方向に使用したもの。

曲げガラス
まげがらす

板ガラスを加熱しながら、所定の曲率に合わせて曲げたもの。

曲木
まげき

ブナ材などの木材を蒸煮し、金型にはめて固定してから乾燥させて、曲面に形成した部材のこと。ミカエル・トーネットのイス（1930年代）が有名である。

曲木イス
まげきいす

ブナ材やナラ材などを蒸煮して金型にはめ、固定、乾燥させて曲面に形成した部材からなるイスのこと。1930年代、ドイツのミカエル・トーネットにより開発された。⇒**ミカエル・トーネット**

曲木家具
まげきかぐ

ブナ材やナラ材などを蒸煮して金型にはめ、固定、乾燥させて曲面に形成した部材でつくられた家具のこと。イス、テーブル、鏡台、ベッドフレームなどがある。

民芸家具
みんげいかぐ

一般民衆の生活から生まれた、素朴で郷土色の伝統的な家具のこと。松本民芸家具、北海道民芸家具などがある。

無垢材
むくざい

1本の原木から角材や板を直接必要な寸法に切り出したもの。反りやすいので、乾燥させてから使う。木材中の水分の割合（含水率）は、建築構造材料の場合は15パーセント前後、家具や内装材の場合10～12パーセント前後である。

めっき

金属あるいはその他の素材に金属皮膜をつくること。耐食性、装飾性を向上させることができる。クロムめっき、ニッケルめっき、金めっき、亜鉛めっきなど種類も多い。

メディシンキャビネット

洗面台の上部などに取り付けられる鏡、照明、コンセント、収納棚などが組み合わされたキャビネットのこと。

雌ネジ
めねじ

円筒状の穴の内表面に溝が切ってあるネジで、雄ネジと組み合わせる。

メラミン樹脂
めらみんじゅし

表面硬度が高く、耐熱性、耐薬品性、耐水性に優れた樹脂のこと。紙に含浸させて積層加圧することで、メラミン化粧板になる。この化粧板がキッチンカウンターやテーブル甲板に使われている。

面付錠
めんつけじょう

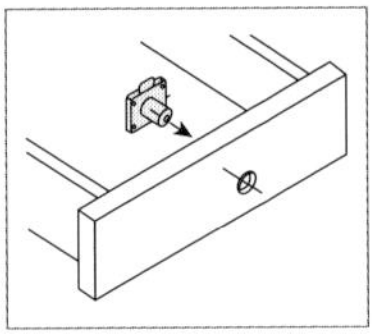

錠を彫り込ませずに、露出したまま面付けする錠前のこと。家具の扉や引出し前板の内側に直接取り付ける。

や

UV塗装
ゆーぶいとそう

紫外線硬化塗料で塗装すること。紫外線によって塗膜を硬化させるという性質があるが、使用するには専用の機械設備がいる。特に硬い艶のある塗膜となるので、キッチンの扉などに用いられる。

ユニットファニチュア

組み合わせた家具のこと。複数の箱からなり、目的や用途により並べたり、積み重ねたりして、連結させて使用する。ユニット家具ともいう。

陽極酸化
ようきょくさんか

アルミニウムなどをプラス極で通電して酸化することで、さびさせるよう処理すること。化学的に酸化被膜をつくって、色を着けたり、表面を丈夫にしたりすることができる。チタンの仕上げにも使われる。

ら

ライティングビューロー

書き物する机と戸棚を組み合わせたもの。戸棚の扉を下に開いて、甲板として使用する。下部が引出しの形式のものや机の形式のものなどがある。⇒**ビューロー**

ラッカー塗装
らっかーとそう

硝化綿（ニトロセルロース）を主成分とした塗料で塗装すること。仕上がりがソフトで、速乾性がある。他の塗装方法よりも作業性はよいが、塗膜が薄く、耐摩耗性、耐薬品性、耐候性などが劣る。また、シンナーに溶けるという性質がある。

ラバーライズドヘアー
⇒ヘアロック

ラブチェア
肘付きの2人掛けソファのこと。ラブシート、ロマンスシートともいう。

ランバーコア
無垢の小角材を並列に接ぎ合わせたもの。箱物家具を構成している各板の心材などに使用される。⇒フラッシュ構造

リクライニングチェア
背もたれの角度を変えることのできるイスのこと。背もたれと一緒に座面の傾斜を変えたり、足置きが出てきたりするものもある。

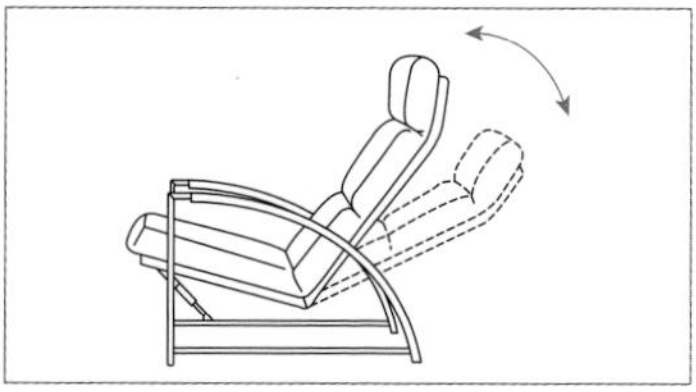

リバーシブル折戸
りばーしぶるおれど

⇒スライディング折戸

リビングダイニングチェア
食堂イスに居間的なくつろぎの要素をもたせたイスのこと。食堂イスより座面の幅があり、少し低めでクッション性のよいものが多い。

リビングボード
居間に置く、飾り棚やサイドボード、カップボードなどの家具の総称。テレビを置く台やステレオを収納する家具なども含まれる。

リフティングテーブル
甲板の高さを変えられるテーブルのこと。X形の脚部で、レバーを操作して高さを調節するものが多い。

リフトアップ金物
りふとあっぷかなもの

家具の扉をほぼ垂直に上げて開ける際に用いる金物のこと。収納の邪魔にならないのが特徴である。吊戸棚や戸棚の上段などに

木材の種類【家具系】

樹木名	産地	特徴	色
オーク	北米 ヨーロッパ	日本産のナラ、カシに似て、重くて硬いが、加工性はよい。柾目面に虎斑(とらふ)模様が現われる。	白木
ブナ	日本・北米東部 ヨーロッパ	材質は緻密で硬く美しい。粘り強く強度があり曲木や成形合板に使われるが水には弱い。	
メープル	北米	材面は硬くやや加工しにくい。美しい鳥の目のような斑点（バーズアイ）が特徴。	
キリ	日本・中国 台湾・米国	軽く軟らかい材質で木肌が美しい。防湿性があり、桐ダンスとして有名。	淡黄褐色
サクラ	日本	緻密な材質だが硬さは中程度で加工性はよい。材面は美しい光沢をもち用途が広い。	黄褐色
ケヤキ	日本・中国 台湾	硬く材面に光沢があって美しい。保存性・強度に優れるため、構造材としても使われる。	
マホガニー	中南米 アフリカ	やや硬いが光沢があり狂いも少なく加工性がよい。高級家具や仕上げ材として使われる。	紅褐色
ウォルナット	北米	やや重く、強靭で弾力性に富み耐久性が高い。仕上げ面は滑らかで色が美しい。	茶褐色
チーク	インド・タイ ミャンマー	比較的重く硬いが狂いが少ない。強度、耐久性ともに高い。高級家具や建具、装飾用材に使われる。	
シタン	タイ・ラオス ベトナム	重く硬い材で光沢があり、仏壇などの高級家具、装飾材として使われる天然ものは輸出禁止。	赤黒

使用される。

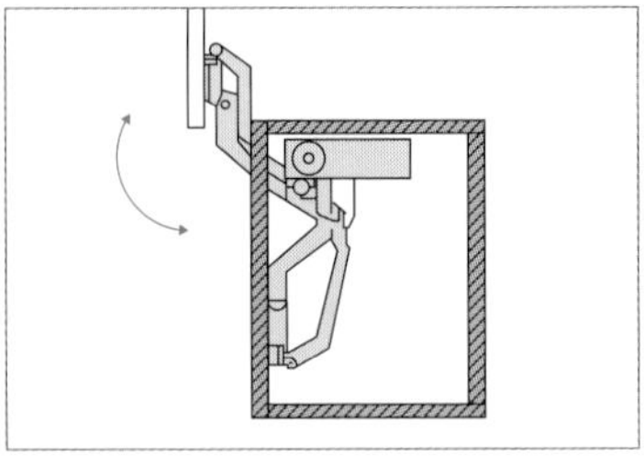

リフトアップドア
扉をほぼ垂直に上げて開くもの。吊戸棚や戸棚の上段に使用する。収納動作の邪魔にならないという利点がある。

リムーバー
既存の塗膜を剥離するための溶剤のこと。特に、鋼材をさびから保護していたものを塗り替える際などに用いる。アルカリ系や酸系のものなどがある。

レストチェア
⇒休息イス

レッグジョイント金物
れっぐじょいんとかなもの

テーブルの甲板と脚を取り付ける金物のこと。脚と脚の間にある横の幕板がなくても、しっかりと固定させることができる。

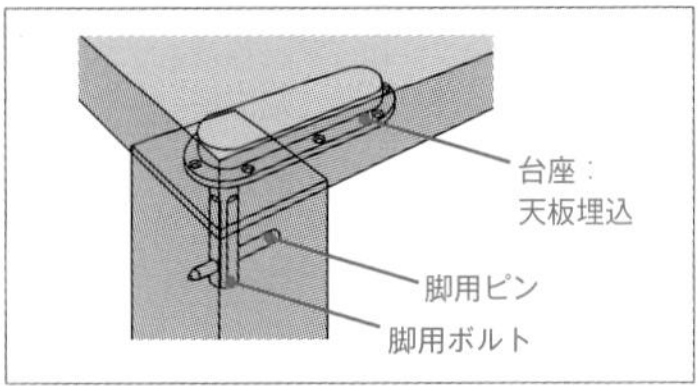

> **豆知識 レッグジョイント金物の登場**
>
> 脚をテーブルに取り付ける際に、ネジ込み式の金物しかなかった時代は、耐久性に問題があって、ぐらつきが出たりもした。しかし、レッグジョイント金物の登場によって、丸脚や角脚、楕円脚など、どのような形状の脚にも取り付けられ、肘掛け椅子がテーブルにぴったりと収まるようになった。

レバーラッチ
吊戸などの扉裏の下に付ける金物のこと。レバーを下げると扉を開くことができ、扉を閉めると自動でロックされる。地震などで扉が不意に開くのを防ぐことが可能。

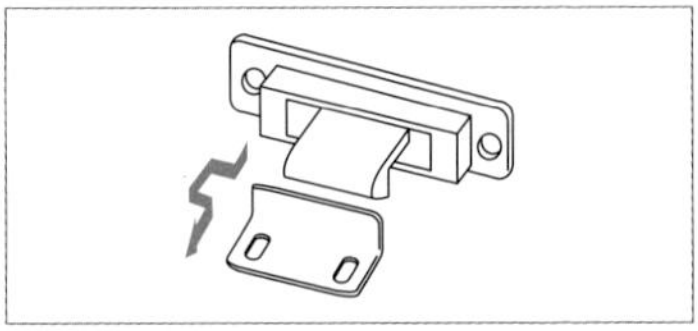

ローボード
⇒サイドボード

ロールドア
シャッターのような細い溝の付いた扉が付いたもの。扉は左右、もしくは上部にロール状に巻き取られる。

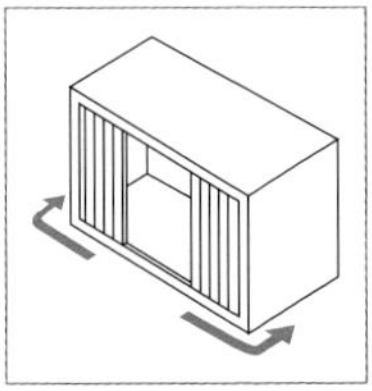

ロッキング金物
ろっきんぐかなもの

バネの弾力によって、イスの座と背を前後に揺り動かす金物のこと。主にオフィスチェアなどに使用される。休息の姿勢で固定できるものもある。

ロッキングチェア
脚の下にゆるやかにカーブした板を取り付け、前後に揺り動かすことができる休息用のイスのこと。揺りイスともいう。

わ

ワークトップ
⇒カウンタートップ

ワードローブ
衣服を収納する箱物家具のこと。または、個人の持ち衣装のことを指す。たいていは、洋服を吊るして収納する家具として用いられる。

和家具
わかぐ

和室に用いられる家具調度品の総称。伝統的な工法による家具が多い。箪笥を中心に、卓袱台（ちゃぶだい）、衣服掛けの衣桁、屏風、肘載せの脇息などがある。

脇卓子
わきたくし

⇒サイドテーブル

ワゴン

車輪が付いた荷台のこと。配膳用をサービスワゴン、ダイニングワゴンなどという。その他か、お茶のサービス用のティーワゴン、小テーブルを兼ねたテーブルワゴンなどがある。

和箪笥

わだんす

日本の伝統的な箪笥類の総称。種類が多く、衣装箪笥、茶箪笥、隠し鍵付きのからくり箪笥、車輪の付いた車箪笥、階段状の階段箪笥、薬の生薬を入れた百味箪笥などがある

和箪笥の産地

わだんすのさんち

桐箪笥は加茂桐箪笥(新潟)、春日部桐箪笥(埼玉)、紀州箪笥(和歌山)などがあり、欅箪笥は岩谷堂箪笥(岩手)、仙台箪笥(宮城)、二本松箪笥(福島)などがある。

Part 2
インテリアと建築の基本

16

寝装・寝具

あ

ウォーターベッド
マットレスに水の袋を入れたベッドのこと。水の浮力が体圧を均等に分散して、凸凹に保ったまま、人体の各部を同じ力で支えることで、快適な睡眠が得られる。ヒーターを内蔵しているものが多い。

羽毛布団
うもうふとん

主に水鳥の羽毛を使用した寝具。羽毛は空気を多量に含むため、かさ高性に富み、他素材の布団に比べて軽量。保温性、吸湿・発散性が高い。

エアーマットレス
空気を入れて厚みや硬さを調節する寝具。空気が体圧を分散するため、同じ部位に圧力がかかることによる血行障害が起こりにくいとも言われる。

エキストラベッド
仮設ベッドのこと。ホテルなどで宿泊人数が増えた際に設置される。移動、収納しやすい折畳み式とソファベッドのタイプに分けられる。⇒**コンバーティブルベッド**

か

キャノピー
ベッドの上に設ける覆いのこと。ベッド四隅に柱を立てて覆い被せるタイプや、天井から吊るすタイプなどがある。天蓋とも呼ばれる。

高密度連続スプリング
こうみつどれんぞくすぷりんぐ

マットレスのスプリングのひとつ。連続する鋼硬線のバネにより体圧をより分散させる。

コンバーティブルベッド
ソファとして使用できるソファベッドのこと。カウチベッド、エキストラベッドもこの種のベッドに含まれる。コンバーティブルとは、「形を変えられる」という意味がある。

コンフォーターケース
ベッド用の掛布団カバーのこと。コンフォーターと呼ばれる、主に羽毛が入った薄めの掛布団を入れる。

さ

シングルクッション
ベッドのスタイルのひとつ。マットレスを弾性のない非弾性ボトム(床座)で支えるタイプである。ダブルクッションと区別した呼び名。(下図参照)⇒**ダブルクッション**

スリーピングリネン
ベット、マットレス、敷き布団などの寝具やベッドシーツなどの寝装をいう。洋式(ベッド)のみならず、和式(布団)の寝装も含む。

ベッドの各部名称

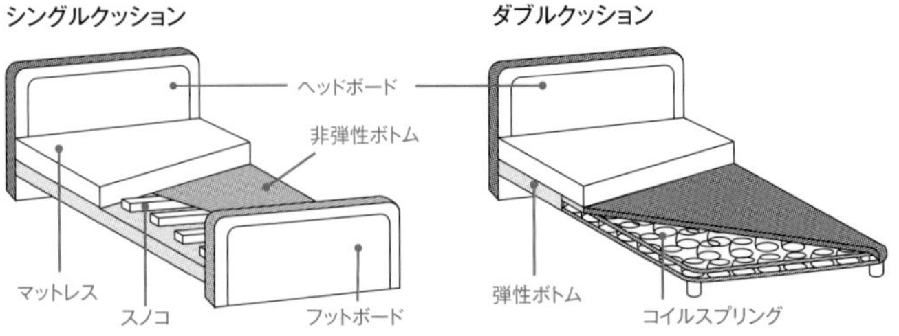

た

ダブルクッション
ベッドのスタイルのひとつ。マットレスを弾性のあるボトム(床座)で支えるタイプである。マットレスの上にマットレスが載っているような外観で、ホテルなどでよく見られる。(前頁図参照)⇒**シングルクッション**

> **豆知識　快適な睡眠環境とは?**
> 
> 快適な睡眠をとるには光と音を遮断し、寝床内環境(温度、湿度)を整えることが重要である。寝具は保温性と吸湿性、放湿性がよいものを選び、季節や室温に応じて寝具の組合わせを適宜替えよう。

な

ノンレム睡眠
のんれむすいみん
深い眠りの状態に入った睡眠段階のこと。入眠直後から3時間で脳の疲労をとってから、その後90分間隔でレム睡眠と交互に繰り返される。副交感神経が優位な状態にあり、成長ホルモンの分泌や免疫増強作用などが見られる。非レム睡眠ともいう。⇒**レム睡眠**

は

ベッドスプレッド
ベッドカバーのこと。主に装飾的な目的で使われ、埃よけや冬場の保温の役割も兼ねる。カバーの掛け方によってスタイルが分かれている。1枚の布で覆うスロータイプや、ホテルなどではベッドの寸法に合わせて仕立てたフィッテッドタイプが多い。(下図参照)

ベッドパッド
マットレスとシーツの間に敷く薄い布団のこと。寝心地を向上させて、マットレスの持ちをよくするために用いられる。就寝時に出る汗や湿気を吸収するので、丸洗いできて乾きやすいものが望ましい。

ベッドフレーム
ボトム(底部)、ヘッドボード、フットボード、サイドレールなどの部材で構成される、マットレスを乗せる台のこと。

ヘッドボード
ベッドの頭側にある、立上がりの付いたフレームのこと。多様なデザインや素材がある。枕止めや背もたれ、収納が付いたものなど、実用的な役目もある。足元側の立上がりはフットボードという。ヘッドボードだけが付いているベッドを「ハリウッドスタイル」、ヘッドボードとフットボードの両方が

ベッドの種類と大きさの目安

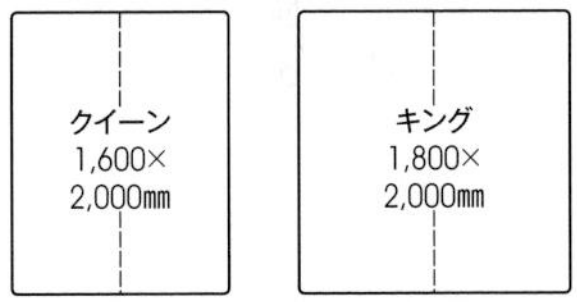

ベッドスプレッドの納め方によるスタイルの分類

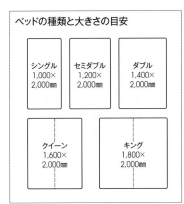

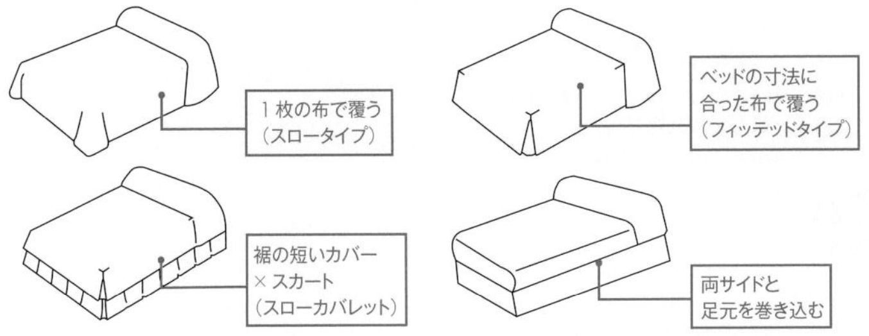

付いているベッドを「ヨーロピアンスタイル」と呼ぶ。

ベッドメイキング

シーツを挟み込む、毛布を掛け直す、枕カバーを取り替えるなどベッドの環境を整えること。

ベッドリネン

ベッド周りに使用するファブリックス一式のこと。シーツ、ベッドパッド、ベッドスプレッド、ピローケースなどがある。

ポケットコイル

代表的なマットレススプリングのひとつ。円筒形の袋に包まれた独立のコイルスプリングによって、体圧をその場で吸収するため、横揺れや振動が全体に伝わりにくいものである。ボンネルスプリングよりも一般的にバネ数が多く、耐久性に優れている。⇒**ボンネルスプリング**

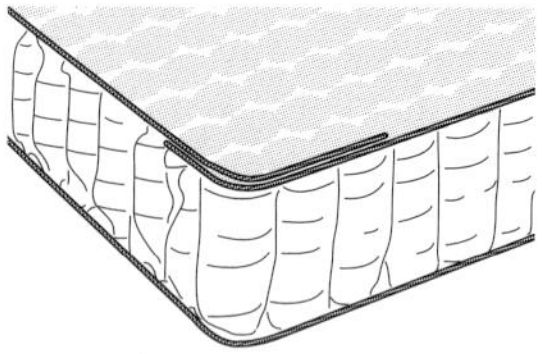

不織布の袋に包んだ独立したバネにより、点で支えるもの。

ボンネルスプリング

代表的なマットレススプリングのひとつ。中央部がくびれており、螺旋状に巻いたコイルスプリングを全体に配列して連結したものである。適度な硬さがあって、体を面で支える。ポケットコイルに比べて、体へのフィット感はないが、汗や湿気を逃しやすく、通気性がよい。⇒**ポケットコイル**

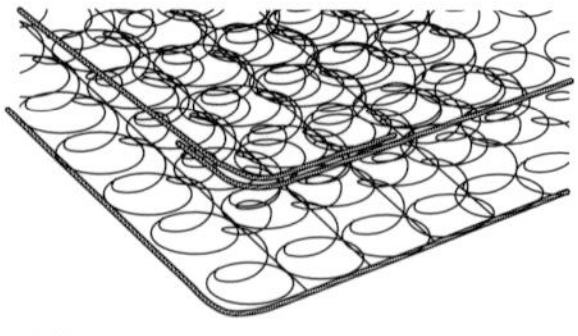

連結したバネのしっかりした弾力面で支える。最も一般的なもの。

ま

マットレス

ベッド用の弾力のある厚い敷物のこと。3層構造になっており、ベッドの寝心地や耐久性はマットレスの内部構造によって決まる。一番上は体を受け止める柔らかい層、中間は体を支持する固めの層、一番下はスプリング層となっている。身体の凹凸にフィットして、正しい寝姿勢を保ちながら体圧分散性に優れているものがよい。布団の下に敷く布団用マットレスもある。

マットレスの基本構造

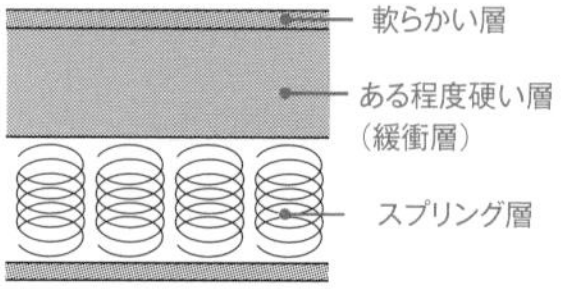

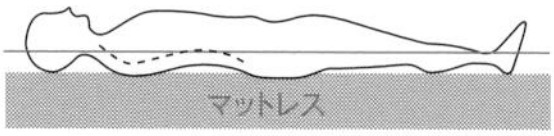

立姿勢と同じように体の凹凸を支えるほどよい硬さを選ぶ。

ら

レム睡眠

れむすいみん

体が眠っていて、脳が活動している状態のこと。速い眼球運動（Rapid Eye Movement-REM）を伴って、夢を見ていることが多い。脳は覚醒に近い浅い眠りとなっており、このときに起きると目覚めがよい。⇒**ノンレム睡眠**

17 ファブリックス

あ

アクリル
合成樹脂による化学繊維のひとつ。寸法の安定性、染色性、耐候性、軽さに優れたものである。ウールに似た感触で、インテリアファブリックス(インテリア繊維製品)に最もよく使用されている。

麻(リネン)
あさ

天然繊維のひとつ。麻の茎や葉から採取されるものである。通気性、吸湿性に優れている。その反面、しわや縮みが生じやすいという難点がある。

アセテート
半合成繊維のひとつ。木材パルプのセルロースと酢酸が原料である。光沢があって滑らか、かつ丈夫で縮みにくい。シンナーなどに溶ける性質をしている。衣料用などで利用されることが多い。

甘撚
あまより

紡績するときは、1メートル当たり数千の撚りが掛かるが、その回数の少ないもの。メリヤス糸のような柔らかい糸で弱く撚られるため、弱撚とも呼ばれる。他方、撚る回数が多く、コシやシャリ感のある糸でつくられたものは駒撚(強撚)という。

編物
あみもの

糸を素材として布をつくる方法のひとつ。平らに編まれた平編み(一般的にメリヤス編みという)は、表と裏の編目が異なる。その他に、編地の裏表がないゴム編、平編の横の列が1列ごとに表目と裏目で形成されるパール編がある。

アラミド繊維
あらみどせんい

ポリアラミドを主成分とする高分子化合の繊維のこと。引っ張りの強さ、強靭性、耐熱性に優れている。ロープ、防弾衣類、織物、不織布に用いられる。

アンダーフェルト
カーペットの下に敷くフェルトのこと。カーペットの敷き込み工事(グリッパー工法)の際に、歩行時のクッション性や吸音性を高めるために用いられる。床に部分的に弱い接着剤を塗って、アンダーフェルトが動かないようにする。⇒**カーペット**

インテリアファブリックス
建物内で、平面状に物を覆う製品の総称。カーテン、カーペット、クロス類などのテキスタイル(織物)を指す。編物やフェルトなどの布類、織物、紙を用いたものなど、種類が多い。

ウール(毛)
動物の毛を利用した繊維のこと。吸湿性、保温性、通気性、伸縮性、染色性に優れており、しわになりにくい。その反面、縮みやすく、虫も付きやすいというデメリットがある。主に羊の毛が使用される。

SR加工
えすあーるかこう

合成樹脂に親水性を与えて繊維に塗布し、汚れを着きにくくしたり、落ちやすくしたりした加工のこと。ソイルレリーズ加工ともいう。(298頁図参照)

SH加工
えすえいち加工

特殊な断面の糸を用い、光の反射効果で汚れを目立たなくする加工。主に、衣類に用いられる。ソイルハイド加工ともいう。

SG加工
えすじーかこう

フッ素樹脂で繊維表面の凸凹面を覆い、汚れを付きにくくする加工のこと。ただし、静電気が発生しやすくなるというデメリットがある。主に衣類に用いられる。ソイルガード加工ともいう。

NIF
えぬあいえふ

⇒**日本インテリア協会**

エンブロイダリーレース
布に透かし模様を刺繍してつくられたレースの総称。刺繍レースのことである。編みレースと比較して、デザインの自由度が高く、立体感のある豪華な表現が可能となる。

エンボス加工
えんぼすかこう
凹凸の型で布面に圧力を掛けて図柄を付ける加工。

オーバーロック加工
おーばーろっくかこう
カーペットの縁を二重縫いにして、縁がほつれないようにする縫い代始末のひとつ。オーバーロックミシンを用いる。サージングともいう。

オパール加工
おぱーるかこう
複合繊維による布地に、レースのような透かし模様をつくる加工のこと。さまざまな形にプリントして、薬品で部分的に繊維を溶かして透明効果を出す。

織りの三原組織
おりのさんげんそしき
織物における平織、斜文織、朱子織のこと。いずれも経糸と緯糸を交差させる。

織物
おりもの
糸を経緯に組み合わせて組織させた布のこと。平織(オーガンジー、タフタなど)、斜文織(ギャバジン、デニムなど)、朱子織(サテンなど)、パイル織(モケット、ビロード、別珍、コーデュロイ)などがある。

か

化学繊維
かがくせんい
石油、石炭、天然ガス、木材、石綿などから、人工的につくられた細い糸状のもの。レーヨンなどの再生繊維と、アクリルやポリエステルなどの合成繊維、アセテートなどの半合成繊維がある。

絡織
からみおり
経糸を互いに絡ませたものに緯糸を織り込んで、隙間をもたせた織り方のこと。糸と糸の間に透かし目があるので、衣類の場合は真夏の素材になる場合が多い。紗(しゃ)、絽(ろ)、羅(ら)の3種類がある。紗は表と裏の表面が異なって見えたり、角度によって微妙に色が変わったりする。

絡織の3種類

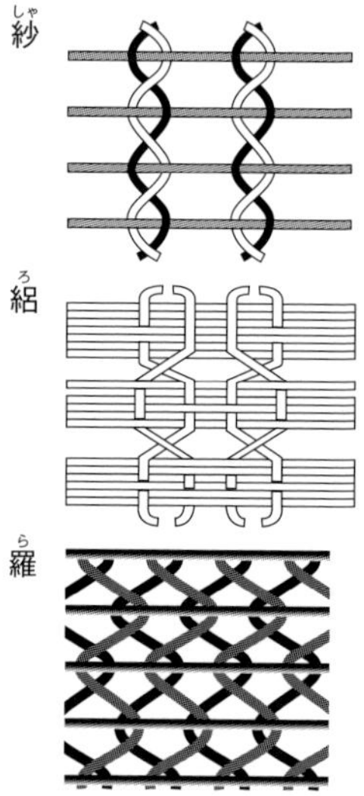

絹(シルク)
きぬ
蚕の繭から採取する繊維。光沢があり、肌触りがよい。保温性、保湿性、発散性に優れる。熱に弱く、縮みやすい。

織りの三原組織

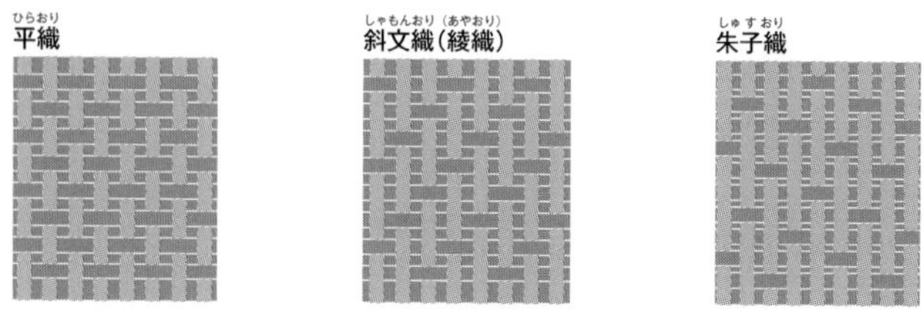

キュプラ
化学繊維における再生繊維のひとつ。綿花の残繊維(コットンリンター)が原料。絹のような光沢があって滑らかで、吸湿性に優れ、丈夫である。その反面、縮みやすい素材でもある。

キルティング加工
きるてぃんぐかこう

布の間に、綿などのクッション材を挟んで、ミシンで縫い合わせる加工のこと。保温性と装飾性を兼ねており、ベッドカバーや壁飾り、クッションなど、大きな物から小物まで活用範囲が広い。人気のハワイアンキルトなどを趣味にする人もいる。

金属蒸着加工
きんぞくじょうちゃくかこう

熱を用いて、布地に金属(主にアルミニウム)の蒸気を付着させる加工のこと。遮光性や断熱性の効果がある。生地裏に施したカーテンなど、遮光性を求められる研究室や教室、住宅の寝室などに使用される。

コーティング加工
こーてぃんぐかこう

各種塗料(合成樹脂塗料)を塗布して皮膜すること。光沢やぬめり感が出て、撥水性や強度も高まる。二次加工が可能な場合もある。水分が染み込みにくいため、汚れを取り除きやすい。ホテルや飲食店などのテーブルリネンには、この加工が施されたファブリックが多用されている。

コーデュロイ
縦にうねが並ぶ、パイル織りの綿織物のこと。ビロードの一種。厚地にパイルの緯糸をカットして毛羽立たせる。保温性、耐久性に優れており、イスの張り地にも用いられる。コール天とも呼ばれる。

さ

再生繊維
さいせいせんい

化学繊維のひとつ。木材パルプや綿のくずなどを薬品で溶かして、細長い糸状の繊維に再生させたもので、レーヨンやキュプラなどがある。吸湿性、染色性に優れている。その反面、耐久性、寸法安定性に難があるので、他の繊維と混紡させて用いることが多い。

サージング
⇒オーバーロック加工

三原組織
さんげんそしき

⇒織りの三原組織

サンフォライズ加工
さんふぉらいずかこう

縮みなどの変形を抑えるよう綿やレーヨンなどを加工すること。織物を機械で縮ませた状態にして蒸気処理を行う。製造過程において、緯に伸ばされる織物をあらかじめ経に圧縮しておく。

斜文織
しゃもんおり

経糸か緯糸の浮きが斜めに連続していて、うね模様となる織り方のこと。デニム、ギャバジン、サージなどがある。綾織ともいう。⇒織りの三原組織

シャワーカーテン
浴室の浴槽内やシャワー室において、シャワーの水が外に飛び散らないために設けられるカーテン。浴槽と体の洗い場が別々になっていない場合に用いられる。主な素材には、ナイロンが使われることが多い。

樹脂加工
じゅしかこう

繊維に合成樹脂を塗布して、熱で固定させること。防縮性、防しわ性を付加したり、コシや光沢を出したりすることができる。遮光性のあるラミネート加工(ウレタンフォームの膜を布の裏地に接着させる)や、コーティング加工などがある。

朱子織
しゅすおり

経糸と緯糸の交差を一定の間隔で長く浮かせた織り方のこと。サテンや緞子などの高級布地で使われる。柔らかくて光沢感が出る反面、摩擦や引っ掛かりには弱い。⇒織りの三原組織

シルケット加工
しるけっとかこう

綿などを水酸化ナトリウム溶液に浸したあと、水洗いして絹のような光沢を出す加工のこと。染色前に行なって、染色性を高める。吸湿性や形状安定性がある。マーセライズ加工ともいう。

ステープル
綿や麻、ウールなど天然繊維の短い繊維のこと。糸として使用することができない長さである。そのため、数本を束ねながら絡ませ、細く長くし、撚りをかけて糸にする。

染料
せんりょう

水や油に溶ける、色をもった物質のこと。天然染料と合成染料がある。天然染料には、植物の根や葉からつくられるものがある。繊維を染めた場合は、繊維の内部にまで浸透して色が付く。顔料に比べて粒子が小さく、色調や発色が繊細に仕上がることが多い。

豆知識 洗濯方法を示すマーク

衣類には洗濯方法について、JISの「取扱い絵表示」を付ける。これも、家庭用品品質表示法の繊維製品品質表示規定で取り付けが決められている。

取り扱い絵表示の例

ソイルガード加工
そいるがーどかこう

⇒SG加工

ソイルハイド加工
そいるはいどかこう

⇒SH加工

ソイルレリーズ加工
そいるれりーずかこう

⇒SR加工

た

耐候堅牢度
たいこうけんろうど

繊維などの工業製品が、太陽光、温度、湿度、雨などの自然環境にどのくらい耐えられるかを示すもの。強さの度合いを示す。製品を劣化させる因子には、光、熱、水がある。具体的には、太陽光による変色、熱による伸縮、水による分解や結露などで、素材が使えなくなってしまう。

帯電防止加工
たいでんぼうしかこう

アニオン系の帯電防止剤を繊維に混入させて、静電気を防ぐ加工のこと。静電気の発生による人体への不快感や汚れの吸着を防ぐ効果がある。火花放電による引火や爆発を防ぐことができる。

タペット織機
たぺっとしょっき

最も単純な織機で、高速で、安価なものである。単純な三原組織の大部分が、この方式で織られる。カムとタペット（カムに接触して、その運動を伝える装置）によって、綜絖（そうこう）を上下運動させる。

チンツ加工
ちんつかこう

布生地に光沢を出す加工のこと。綿や人絹などの平織物に、ロウや厚糊を用いて高熱を掛け、カレンダーロールの間を通して、生地表面に圧力を加えて摩擦を掛け、強い光沢を付与する。

DG加工
でぃーじーかこう

綿やポリエステル混綿の織物を、ローラーで平滑にして艶を出す加工のこと。

テキスタイル

カーペットやラグなどの厚手の生地、フェルトや編物などの布地。クロス類も含まれる。本来は織物そのもののを意味する。

デニール

フィラメント糸の太さを表す単位のこと。9,000メートルで重さ1グラムのものを1デニールとし、平米単位の重さを計算する。デニールの数が少なくなるほど、糸が細くなることを意味する。

天然繊維
てんねんせんい

自然、天然産物からできた繊維の総称。植物や動物、鉱物から採取する。コットン（綿）、シルク（絹）、ウール（毛）、リネン（麻）などの種類がある。

ドビー織機
どびーしょっき

ストライプ、チェック、無地などの単純な柄に使用される織機のこと。綜絖（そうこう）枚数はタペット織機より多く、緯入れごとに引き上げるべき綜絖を指示した紋栓図を作成する。さらに複雑な模様のときは、ジャカード織機を使用する。

トリコット

ニット編機で編んだ編物において、細いうねがある経メリヤスの平編のこと。伸縮性があって、ほつれにくいので、イスの張り地などに用いる。本来は編物すべてのことを意味する。

ドレーパリー（ドレープカーテン）
透過性の低い厚手の織物を用いたカーテンのこと。多様な織柄のジャカード織と、単調なチェックやストライプ、無地などのドビー織のものが多い。遮光、遮音、断熱、視線の遮断、保温の効果、装飾性の効果がある。

な

ナイロン
ポリアミド系合成繊維のこと。摩擦強度が高く、弾力性、軽さ、染色性、防虫などに優れている。その反面、日光や熱に弱く、帯電性が強いために吸湿性にも難点がある。撥水加工を施してシャワーカーテンなどに多用される。

捺染
なっせん

主に布地に図柄模様を染め付けるプリントのこと。スクリーンを用いる手捺染（てなっせん）、輪転機ローラーを用いる機械捺染、転写やプリントを圧縮過熱する転写捺染がある。

難燃カーテン
なんねんかーてん

燃えにくい性質のカーテンのこと。アクリル系やポリクラール、ポリ塩化ビニル繊維のもの、難燃剤を混入して紡糸した難燃ポリエステルや難燃ポリノジック、布地を難燃液に浸して処理した綿やレーヨンなどがある。

難燃加工
なんねんかこう

難燃剤の混入や塗布によって、火が付きにくく、燃え広がりにくい布地にする加工のこと。アクリル繊維は製品を加工しにくいので、原料の段階で難燃処理を行う。

2次加工
にじかこう

あらかじめ加工されたものを、改めて加工すること。プリントや刺繍、しわ加工など、さまざまなものがある。

日本インテリア協会
にほんいんてりあきょうかい

一般社団法人日本インテリア協会。略称はNIF。カーテン、カーペット、壁紙、ブラインドなどを扱うメーカーが集まり、インテリアファブリックに関わる機能性表示マークや資格の発行、見本市の運営などを行っている。

は

パイピング
布の端をくるむ始末のこと。強度をもたせ、型くずれを防止する。縁取りなどデザインとして家具や装飾などにも用いられることもある。玉縁（たまぶち）ともいう。

撥水加工
はっすいかこう

糸を撥水材でコーティングする加工のこと。水滴を球状に弾くと同時に汚れも弾くので、防汚加工にもなる。テーブルクロスなどに使用される。

抜染
ばっせん

捺染のひとつ。直接染料で染めた無地の染物に漂白作用がある抜染糊を使って模様を捺染することで、模様のところの染料が漂白される。その後、白い部分に別の染料を使用して捺染して、別の色に染める。抜染めともいう。

半合成繊維
はんごうせいせんい

天然高分子を化学反応によって性質の異なる高分子とし、これを紡糸（ぼうし）することでつくられる人工繊維のこと。アセチルセルロースを主原料とする、アセテートが代表的な繊維である。アセテートは主に衣料用に用いられる。

番手
ばんて

紡績した糸の太さの単位である。一定の重量に対して長さがいくつあるかを表す。番手の数が大きくなるほど、糸は細くなる。綿番手、麻番手などがある。

平織
ひらおり

経糸と緯糸を交互に浮き沈みさせる単純な織り方のこと。⇒**織りの三原組織**

ビロード
フィラメント糸のパイル織物のひとつ。先を切り揃えた短い羽毛状の糸が密生したものである。元々は絹織物で、ステータスシンボルであった。特に緯糸をカットして羽毛をつくったものは別珍（べっちん）という。保温性に優れ、イスの張り地としても使用される。ベルベットともいう。

ファブリックスの5大要素
ふぁぶりっくすのごだいようそ

ファブリックスが製品化されていく5段階のこと。繊維(素材)→紡糸・紡績→組織→着色→仕上げ・二次加工の順に行なわれる。

フィラメント
ふぃらめんと

絹などの細長い繊維のこと。1本の繊維が長く連続しているため、紡績せずに糸にすることができる。天然繊維では絹糸、化学繊維ではナイロンやレーヨンがある。

フィルム転写
ふぃるむてんしゃ

デジタル画像を染料インクで転写紙に出力して、生地と転写紙を重ね合わせ、熱と圧力を加えながら印刷すること。スピーディーにプリント生地を制作することができる。綿やポリエステルの生地などでも可能で、洗濯性にも優れている。

フェルト
ふぇると

羊毛などの動物の毛を圧縮してつくられる高密度の生地のこと。保温性があって弾力性に富む。建物の吸音・断熱用にも使用され、カーペットの下敷きとして多用される。

不織布
ふしょくふ

繊維を紡いだり、織ったり、編んだりせずに、繊維を機械的、科学的に絡み合わせてつくられる布地のこと。ニードルパンチカーペットなどに用いられる。

不燃カーテン
ふねんかーてん

特にガラス繊維によるカーテンのこと。燃えないことの他に、溶けない、煙が出ないといった特徴があるものもある。

プリーツ加工
ぷりーつかこう

布地をひだ状にする形付け加工のこと。合成繊維、半合成繊維は熱を加えて固定する。熱と樹脂で折り目をつける。

ブロケード織
ぶろけーどおり

経糸か緯糸に他の糸を加えて、柄を浮き立たせる織りのこと。元々は絹織物の手法だったが、現在では綿や化繊、合繊などでも織られている。

豆知識 ブロケード織の起源

ブロケード織は元はチャイナ服の生地で、朱子織(サテン)に龍や梅などチャイナ風の模様を浮織りにした絹織物だった。日本では、緞子(どんす)や金襴(きんらん)などがそ相当する。

フロック加工
ふろっくかこう

短い繊維を植毛する加工のこと。布全体、または部分的に立体的な図柄として施す。ファブリックの表面に、短い繊維を接着剤で植えつける。

別珍
べっちん

⇒ビロード

防炎加工
ぼうえんかこう

燃えやすい繊維を、防炎剤によって燃えにくく改良する加工のこと。アミン系のリン酸化合物やアンチモン化合物の難燃剤を繊維に浸して防炎性能を付加する。後処理加工が可能。カーテンや壁紙に多用され、公共建築物や大規模のマンションの内装にも使用される。(次々頁図参照)

防汚加工
ぼうおかこう

繊維に汚れを付きにくくする加工の総称。撥水加工、SR加工、帯電防止加工などの種類がある。(次々頁図参照)

防菌·防カビ加工
ぼうきん·ぼうかびかこう

洗濯時やスプレーなどで、抗菌剤やカビの発生を抑える加工剤を含ませる加工のこと。製造過程の紡糸時などに加工する場合もある。病院などの医療の場で多用されている。

紡糸
ぼうし

原料から細い糸状の繊維をつくること。糸を紡ぐ工程である。

防縮加工
ぼうしゅくかこう

繊維の縮みを防ぐ加工。織りの工程で機械的に施すサンフォライズ加工、綿を化学的に処理して光沢を出し縮みを防ぐシルケット加工、ウールの縮みを化学邸処理で防ぐシュランク加工などの種類がある。

紡績
ぼうせき
綿や麻、羊毛などの短繊維を平行に集めて細長く引き伸ばし、撚りを掛けて糸にする工程のこと。

防虫加工
ぼうちゅうかこう
殺虫剤を繊維に含ませる加工のこと。特に虫が付きやすい羊毛織物に施す。

ポリエステル
合成繊維で最もよく生産される熱硬化性樹脂のこと。綿のような風合いが出ている。速乾性があって摩擦強度に優れ、日光にも強く、しわになりにくい。その反面、汚れが落ちにくく、吸湿性、帯電性に難がある。レースカーテンに最適である。

ポリクラール
ポリ塩化ビニル系を共重合させた合成繊維のこと。カーテン、カーペットなど、難燃性が必要なものに使用される。適度な保湿性もある。

ポリプロピレン
丈夫で軽量、アルカリ性に対する耐薬品性のある、安価な合成繊維。その反面、耐熱性、吸湿性、染色性に難がある。ニードルパンチカーペットなどの不織布などに使用される。

ボンディング加工
ぼんでぃんぐかこう
2種類の異なった生地を貼り合わせて、1枚の布に加工すること。異なる素材を合わせることができるので、応用範囲は広い。裏地に不織布やウレタンフォームなどを接着すれば、保温効果もある。

ま

綿(コットン)
めん
種子綿毛が原料の植物天然繊維のひとつ。吸湿性、耐久性、染色性、洗濯堅牢度に優れており、手触りがよい。その反面、縮み、しわ、カビ、日光による黄変などの難点がある。

モアレ
織物に施した杢目や波状模様のこと。織物の表面にプレス機で凸凹模様を加熱型付けして、不規則な模様を付ける。こうした加工はモアレ加工と呼ばれる。

モケット
パイル織のひとつ。経緯糸の化学繊維などの基布に、ウールや絹糸などのパイル糸を織り込み、毛羽立て糸とした経パイル織物である。イスの張り地や乗り物の座席張り地など、公共用にも使用される。緻密な織りのため、耐久性がある。

模様染め
もようぞめ
布地に、部分的に色柄を付ける着色のこと。プリント、または捺染という。着色には染料や顔料が用いられる。

ら

ラッセル
編物のひとつ。ラッセル編機で編まれる経編であり、主にインテリアに使用される。レースやチュールなど、目の透いた柄表現に適している。

ラミネート加工
らみねーとかこう
ウレタンやフィルムを接着加工したもの。完全遮光カーテンとして使用される。金属蒸着加工よりも遮光性が高い。

リップル加工
りっぷるかこう
薬品処理で繊維を収縮させて、縞状や波状の凸凹を施した布地のこと。さらりとした肌触りで、清涼感がある。サッカーともいう。なお、リップルとは「さざ波」を意味する。

レース
透過性の高い編物のこと。調光の役目をするカーテン生地もこれを指す。経編のラッセルレースが主流である。多様な柄のジャカード編や、刺繍を施すエンブロイダリーレースなど、バリエーションが多い。

レーヨン
木材パルプを主原料としたセルロース系の再生繊維のこと。吸湿性、染色性に優れており、他の繊維にもなじみやすいという利点がある。その反面、摩擦に弱くて、縮みやしわが出やすい。ドレープカーテンに多用されている。

ろうけつ染め

ろうけつぞめ

一定の温度に溶かしたロウを生地に染み込ませること。その部分を抜染することによって、柄を表現することができる。また、固まったロウにひびが入ることで、特徴的な図柄にすることもできる。

わ

ワッシャー加工

わっしゃーかこう

布地を機械にかけて、自然なしわを付けて、風合いを出す加工のこと。始めから洗濯後のようなしわを付けることができる。

ファブリックスに関わる主な品質表示ラベル

防炎加工

消防庁登録者番号
防炎
登録確認機関名
公益財団法人 日本防炎協会
洗濯をした場合は要防炎処理
[PET100%] 処理 年 月

燃えやすい繊維を燃えにくく改良した防炎品であることを示す。日本防炎協会が交付。

遮光

[濃い青]
遮光

遮光率99.4%以上の遮光性能があることを示す。1〜3級がある。

防汚性（ソイルレリーズ）

SR
防汚性

ほこりや汚れが付きにくく、洗濯で汚れが落ちやすいことを示す。

抗菌防臭加工

[青]
SEK

制菌加工を施し、抗菌試験に合格したことを示す。

ウォッシャブル

[パステル系青]
ウォッシャブル

家庭用洗濯機で丸洗いできることを示す。

グリーン購入法適合品

[緑]
g
グリーン購入法適合品
インテリアファブリックス
性能評価協議会

製品やサービスを購入する際、環境を考慮して環境への負荷が少ないものを選んで購入するグリーン購入法適合品であることを示す。

ホルムアルデヒド対策

[青]
ホルムアルデヒド
対策品
F☆☆☆☆
インテリアファブリックス
性能評価協議会
http://www.interior-seino.gr.jp

建築基準法シックハウス対策のホルムアルデヒドに関する等級区分及びその表示記号に準じた基準を示す。ホルムアルデヒド放散に応じ、3つの等級（F☆☆、F☆☆☆、F☆☆☆☆）に区分されている。

防炎

[赤]
防炎

消防法に基づく防炎性試験に合格または「繊維製品品質表示規定」に基づく難燃性能を有することを示す。日本インテリア協会が交付。

ウィンドウトリートメント

あ

アコーディオンカーテン
間仕切りに使用するカーテンのこと。左右方向にアコーディオン式に畳む構造となっている。住宅用の幅が狭いものから、業務用の大型のものまである。近年は、間仕切りの提案が増えているため、需要は減りつつある。

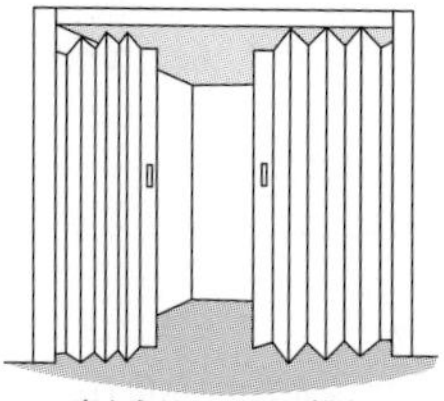

ウィンドウトリートメント
窓周りの装飾や、日射の調光、視線の遮断などに用いられるものの総称。主に室内の構成要素となり、カーテンやブラインドなどがある。

ウエイトテープ
レースやシアーカーテンなどの裾に均等に重さを加えることで、すっきりした美しさを生み出すためのパーツ。鉛玉などの金属を鎖状にして布で包んだものである。そのまま洗濯できる場合が多い。

ウォッシャブルカーテン
家庭用洗濯機で洗濯しても、寸法や色の変化が規定以内にとどまる性質をもったカーテン。一般社団法人日本インテリア協会(NIF)により規格が定められている。⇒ファブリックスに関わる主な品質表示ラベル参照

裏付きカーテン
うらつきかーてん

裏地付きカーテンのこと。遮光カーテンの効果がある。プリントなどの薄手の布地に裏地を付けてボリュームを出したり、遮光の布地以外の表地に遮光裏地を付けたりする。洗濯時の収縮率が、表地と裏地で同じなら

カーテン各部の名称

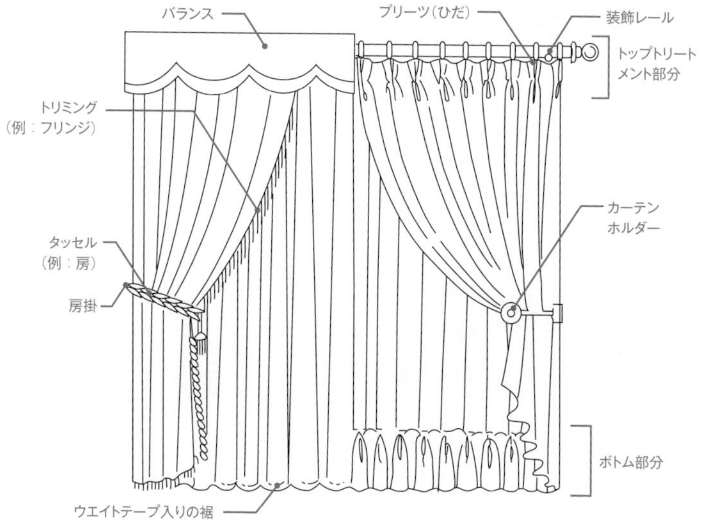

ば扱いやすい。

オーガンジー

薄くて軽い平織物のこと。目が粗くて透けるほどである。化学処理を施すことでハリが出る。素材は、絹、綿、ポリエステルなどである。光沢があるものも多い。

オーストリアンシェード

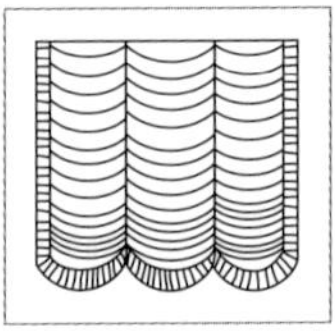

上下に昇降する日除けのローマシェードのひとつ。布地全体の横方向にひだが出るよう、数カ所に分けて細かいタックを入れたもの。使用される布地の量が多くて、豪華なイメージとなる。⇒**ローマンシェード**

か

カーテンバトン

カーテンを左右に開閉するために、カーテンレールに付ける棒状や、紐状の操作部分のこと。カーテンを直接触らずに開閉することができる。カーテンの高さがある場合には、バトンを使ったほうが便利である。

カーテンホルダー

カーテンアクセサリーのひとつ。開いたカーテンを束ねるときに、布そのものを引っ掛けるために用いられる装飾的な金物である。

カーテンレール

窓の上方付近に付けられる器具のこと。カーテンを吊って、開閉させるものである。機能性レールと装飾レールに分けられる。レールが1本のシングルタイプと、2本のダブルタイプが多く使われる。窓装以外にも、間仕切りや、医療機関のベッド周りなど、利用範囲が広い。

カフェカーテン

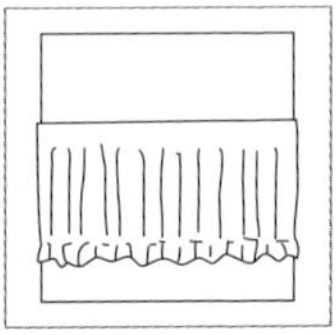

窓枠の内側にある突っ張ったポール(テンションポール)に、短い薄手のカーテンを付けるスタイルのこと。窓枠の正面にポールを取り付けて、装飾的なキャップを見せる場合もある。幅が比較的小さい腰窓に採用されることが多い。ギャザーやフリルをあしらったり、トリミングを楽しんだり、上下2段にしたりすることができる。

機能レール

きのうれーる

実用的な機能を重視し、装飾性のないシンプルで一般的なカーテンレールのこと。レール本体だけでなく、ランナーなど数種類のパーツで構成される。

機能レールの用途と形状

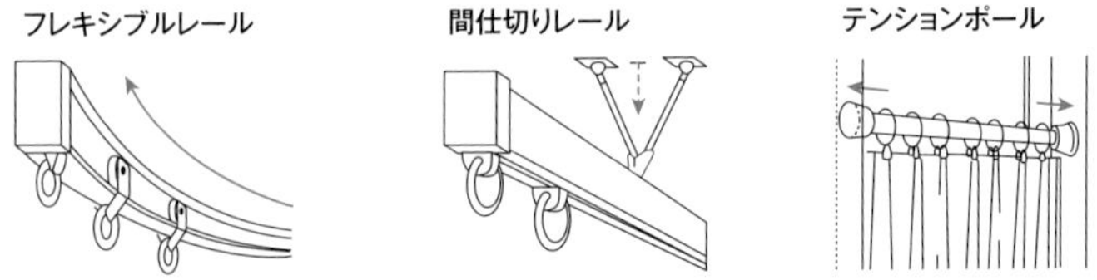

コーナー窓や出窓に形状を合わせて用いる。曲げが容易。

天井に設けてカーテンを吊り、開閉して空間を仕切る。

窓枠の両側で突っ張る棒。長さの調節が可能。

カーテンに施すひだ(プリーツ)の種類

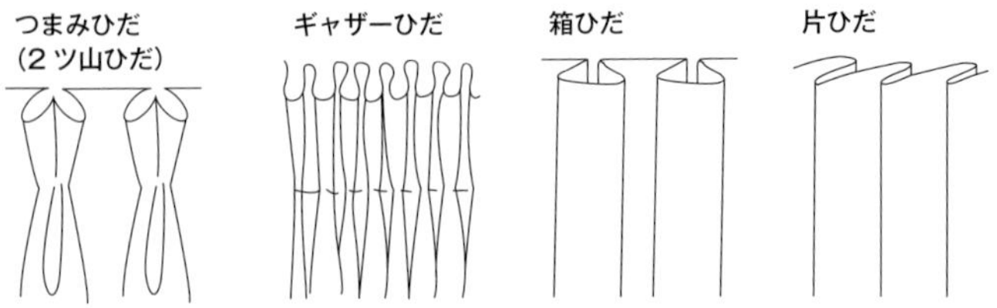

ギャザー（ギャザーひだ）
カーテン上部のひだのひとつ。布地を垂直方向に細かく寄せていくものである。高さは、小さいものから2段のものまである。専用のギャザーテープを使用して縮め縫いされる。ひだの数は通常より多めとなる。

クロスオーバーカーテン
左右2枚のカーテン上部を交差させて固定するカーテンスタイルのこと。単純な両開きよりも装飾性が高い。

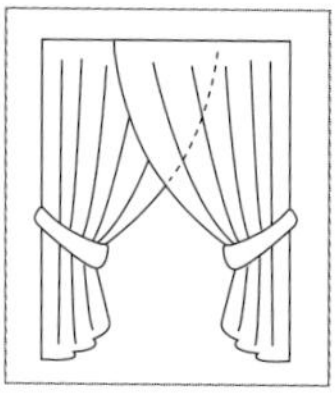

ケースメント
ドレープとレースの中間的なもの。シアーカーテンよりも太い糸で粗く織ったものが中心で、絡み織りなどがある。薄手のドレープカーテンと同じくらいのボリューム感があるので、1枚で使用することもある。

さ

シアーカーテン
透光性のある薄い織物によるカーテンのこと。平織のボイルやオーガンジー、ジョーゼットなどの種類がある。ドレープカーテンと組み合わせることも多い。

仕上がり丈
しあがりたけ

使用するカーテンの仕上がり寸法における丈（長さ）の寸法のこと。腰窓の場合は窓枠の外側から15～20センチほど加えて、掃出し窓の場合は床から1～2センチほど短く引いた程度とする場合が多い。また、レースとドレープの二重吊りの場合は、レースの丈をドレープよりも1～2センチほど短く仕上げて、裾からレースが見えないようにする。（306頁図参照）

仕上がり幅
しあがりはば

使用するカーテンの仕上がり寸法における幅の寸法のこと。窓にカーテンレールをしつらえるときは、窓枠外側に5～10センチほど余裕をもたせてレールの長さを決めることが多いので、レールの幅が必然的にカーテンの仕上幅となる。（306頁図参照）

シャープシェード
上下に昇降する日除けのローマシェードのひとつ。フラットな布地の横方向にバーを仕込み、縦方向に吊糸を仕込んで、上下に開閉させる。シンプルで直線的なイメージなので、モダンで和風なインテリアなどにも使用される。

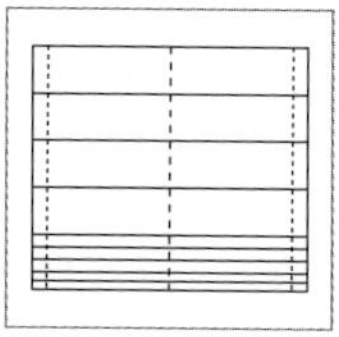

遮音カーテン
しゃおんかーてん

室内外の騒音を軽減する機能がある厚手のカーテンのこと。高音域には有効だが、低音域には効果を発揮しづらいとされている。100パーセント遮音することは不可能である。

遮光カーテン
しゃこうかーてん

窓からの光を遮るために、アルミ粉末がコーティングされたカーテンのこと。ドレープカーテンの裏地や芯地に黒幕や黒糸を用いたり、裏地に合成樹脂のラミネートが加工されたりする。遮光1級、2級、3級などの等級がある。

正面付け
しょうめんづけ

カーテンを閉めたときにレールを隠すことができる取り付け方。窓枠の上部に、正面からカーテンレールのブラケットをビス留めする。ダブルレールの場合は、部屋内側のドレープカーテンを閉めるときは、Bフックの採用によってレールが見えなくなる。ただし、ガラス面側のレースカーテンは、Aフックで、閉めてもレールが隠れないことが多い。
⇒フック

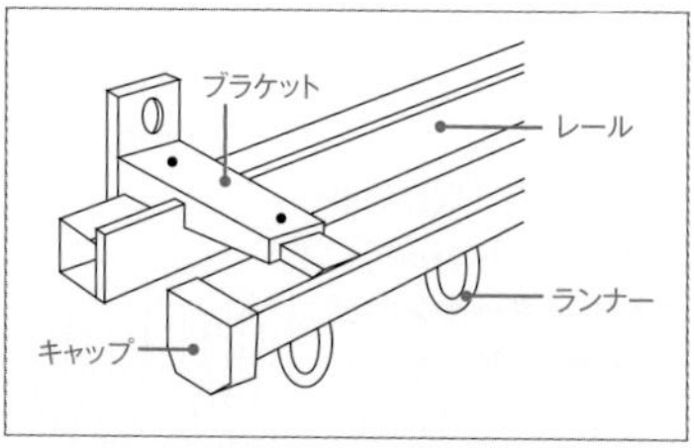

ジョーゼット
強く糸で撚りを掛けた織物のこと。表面に細やかなしわがある。薄くて軽いだけでなく、しわになりにくく、ゆったりとしたひだができる。柔らかいイメージになるので、舞台の幕などにも使用される。

スカラップカーテン

裾に丸い膨みをもたせ、カーテンの中央を短めのアーチ状にして、ガラス面を見えるようにしたスタイルカーテンのこと。裾を波のようにM型にする場合もある。フリルやフレンジを付ければ、装飾性のあるデザインにすることができる。

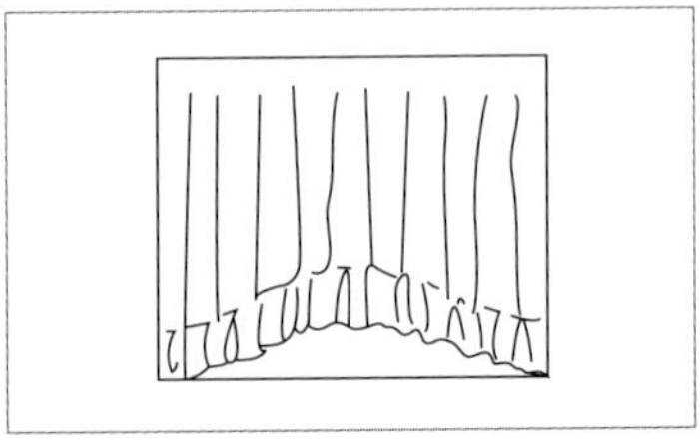

スタイルカーテン

インテリアを美しく仕上げるために、装飾性を重視したカーテンのこと。プリーツの寄せ方やタッセルのまとめ方、裾や縁の装飾などに工夫が施されている。

スパン糸

すぱんいと

コットン、リネン、ウールなど短い繊維を撚り合わせた繊維のこと。毛羽がありソフトな風合いで、布なじみがよいのが特徴。紡績糸ともいう。

スラット

薄くて細長い羽根板のこと。住宅用ブラインドのスラットは、15ミリまたは25ミリ幅が一般的で、素材はアルミや木製が主流。

スワッグ＆テール

カーテンの吊元を覆うバランスのデザインのひとつ。装飾のため、もしくは光の漏れを軽減するために用いられる。バランスの中央は、水平に畳んだ生地の中心あたりが、自然に垂れ下がって膨らみがあり、左右の端には馬の尻尾のような生地が垂直方向に長めに垂れている。クラシカルで高級感が出るものである。（次頁図参照）

セパレートカーテン

スタイルカーテンのひとつ。幅の細いカーテンで数本に分割して、それぞれを絞ってまとめるスタイルである。

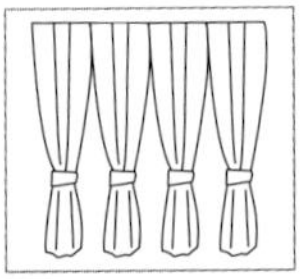

センタークロスカーテン

スタイルカーテンのひとつ。両開きのカーテンを吊元の中央のランナーで合わせて固定するものである。

装飾レール（装飾ポール）

そうしょくれーる（そうしょくぽーる）

装飾目的で、隠さずに表に露出させる、デザイン性のあるカーテンレールのこと。レール本体や左右のキャップ、ランナー自体にも、さまざまな素材や色のデザインが揃っている。

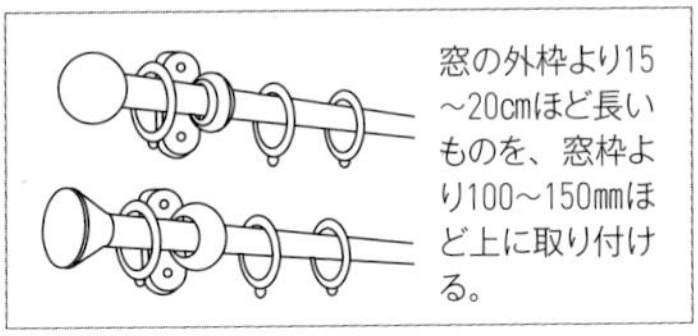
窓の外枠より15～20cmほど長いものを、窓枠より100～150mmほど上に取り付ける。

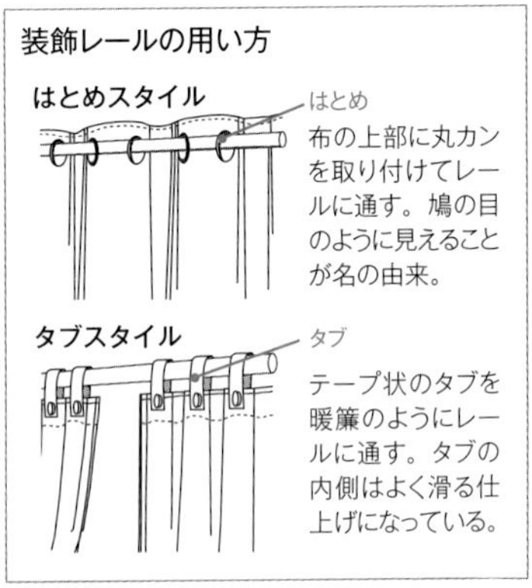
装飾レールの用い方
はとめスタイル
はとめ
布の上部に丸カンを取り付けてレールに通す。鳩の目のように見えることが名の由来。
タブスタイル
タブ
テープ状のタブを暖簾のようにレールに通す。タブの内側はよく滑る仕上げになっている。

た

タッセル

カーテンを束ねておく紐のこと。布地やチェーンや革などの種類が豊富で、装飾のアクセントにもなる。また、クリスタルや羽毛など高級なものもある。

縦型ブラインド

たてがたぶらいんど

⇒バーチカルブラインド

ダブルシェード

ローマンシェードのひとつで、厚手ドレープと薄手で透過性のあるシアー２枚を重ねて装着するスタイルのこと。

つまみひだ
カーテンのひだのひとつ。ひだを2つ縫い付けていく。布地は1.5倍ほど使用するだけで済むため、ボリューム感が少なくなる。2ツ山ひだとも呼ばれる。

天井付け
てんじょうづけ

カーテンレールとカーテンの取り付け方のひとつ。カーテンボックスの内部天井、室内の天井部分、出窓内の天井部分などに取り付ける場合に用いられる。下方からレールが見えるが、カーテンボックスで隠れている限りは、上からほこりが溜まりにくいという利点もある。Aフックを用いる。

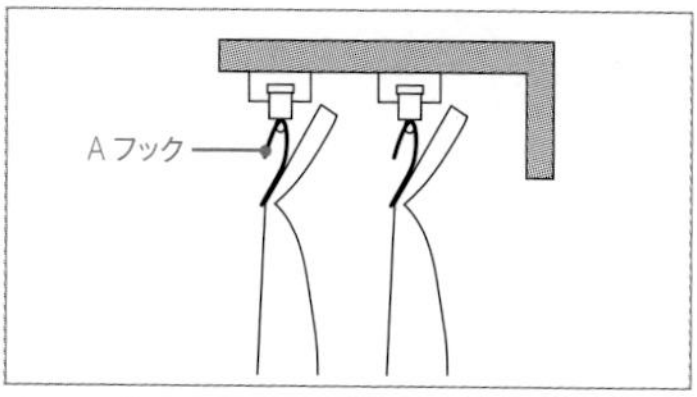

トップトリートメント
カーテンの吊元に取り付けられた上飾りのこと。カーテンレールを覆うバランスや、柔らかくて装飾的なスワッグ＆テールなどの種類がある。（下図参照）

トリミング
主にカーテンなどの裾や縁部分を装飾するために、縫い込んだり、付けたりするアクセサリー的な要素のこと。フレンジやブレード、ビーズなどがある。トリムともいう。

トリム
⇒トリミング

ドレーパリー
厚手の装飾用生地のこと。カーテン、イス張地、ベッドスプレッドなどに用いられる。ドレープカーテンと同じ意味で使われることが多い。

ドレープカーテン
透過性の低い厚手の織物を用いたカーテンのこと。遮光、吸音、保温、視線の遮断などの機能がある。多彩な色柄のものがあるので、室内の飾り付けに重宝される。

> **豆知識** ゴブレット グラスに似たひだ
>
> 
>
> カーテンのひだの中には、三つ山などのひだをとらない「ゴブレットひだ」というものがある。これは、1タックの中に綿などを詰めることで筒状に膨らみをもたせたスタイル。形がゴブレットグラスに似ていることから命名された。

は

バーチカルブラインド
窓装飾のブラインドのひとつ。縦方向に吊ったルーバー（羽根）を、回転させたり左右にスライドさせたりして光の入り方を調整するものである。スクリューロッドが内蔵されたコントロールユニットで操作する。羽根の幅が80ミリや100ミリなどの種類がある。1羽根ごとに、厚地の素材と薄地の素材を交互に配したり、数本ごとに色を変えたりするなど、変化させることができる。縦型ブラインドともいう。

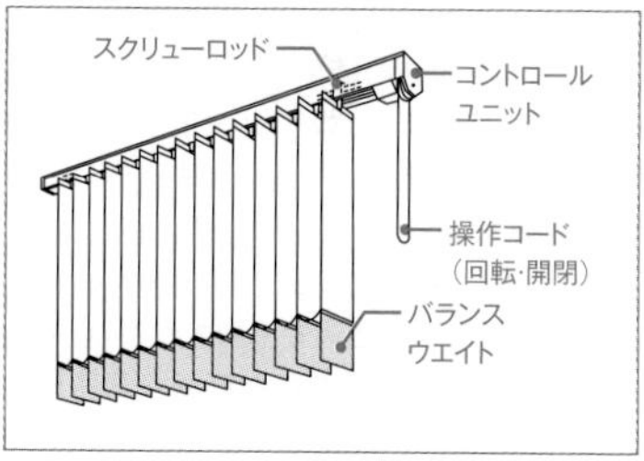

トップトリートメントのスタイル例

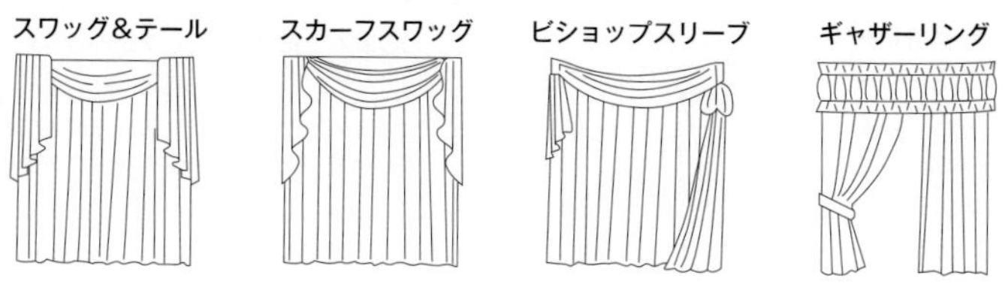

ハイギャザー

裾のあしらいを工夫したスタイルカーテンのひとつである。ボトムの裾に長めのギャザーを施す。

箱ひだ

はこひだ

カーテンのひだのひとつ。ひだの厚みを出さずに、折り込んで縫い付ける。2.5〜3倍の布地を使用する必要があるが、カーテンレールの取り付け部に寸法の余裕がないときには便利である。

ハニカムスクリーン

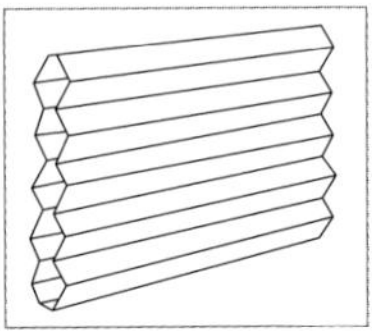

窓装飾のスクリーンのひとつ。六角形の蜂の巣構造(ハニカム)にした不織布でつくられている。折り畳んで上下に昇降させる。ハニカム内に空気層ができるため、断熱や保温効果がある。

パネルスクリーン

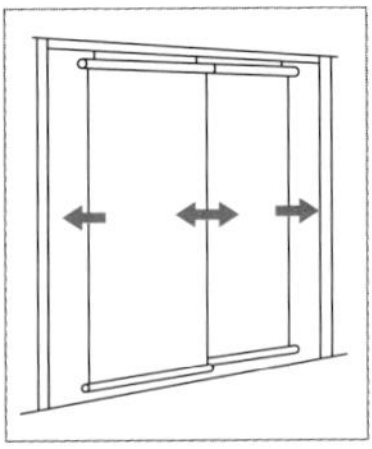

窓装飾のスクリーンのひとつ。窓の上部からハリのあるフラットな布地を吊り下げ、左右の端にあるカーテンバトンや操作紐で、横方向にスライドさせて開閉するもの。折り畳むものではないので、布地の柄をそのままの状態で見せることができる。間仕切りとしても利用されるが、その場合は生地の裏表を向ける方向に配慮すること。

バランス

カーテンの吊元を覆って装飾するもの。カーテン上部からの光の漏れを軽減する効果もある。シンプルで直線的な箱型から、クラシカルで装飾性の高いスタイルまで、さまざまなデザインのものがある。

バランスレール

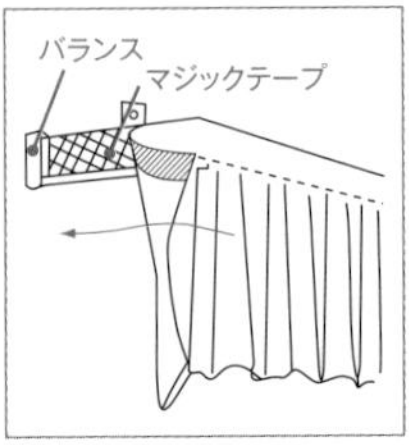

バランスを取り付ける専用レールのこと。カーテンレールの手前(室内寄り)に、カーテンの吊元を覆うようにして設置する。マジックテープで正面からバランスを止められる構造となっている。

バルーンシェード

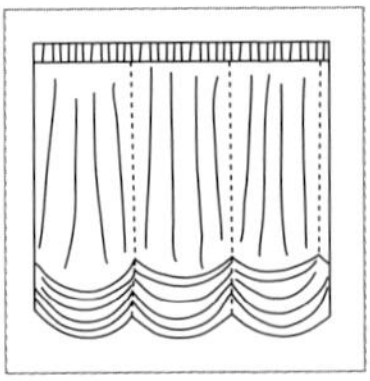

上下に昇降する日除けのローマシェードのひとつ。柔らかい布地が用いられ、裾部分が数カ所、円弧上に膨らんで、上部へと折り畳まれるものである。昇降させるために、紐を下に下ろすと、布地の下部が水平に真っすぐとなる。裾にフリルやフレンジを付けることもある。

ピーコックシェード

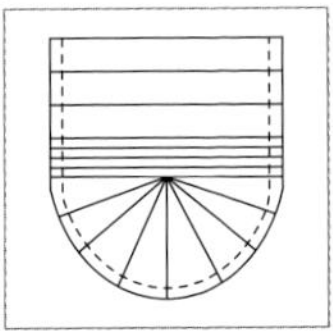

上下に昇降する日除けのローマシェードのひとつ。裾を扇形に広げながら上部を畳み上げていくものである。名称は、孔雀の羽がイメージされたことに由来する。⇒**ローマンシェード**

房掛

ふさかけ

タッセル(カーテンを束ねるもの)を留める小さめの金物のこと。窓額縁付近に取り付けられる。木製や真鍮製のものもある。

フック

カーテン上部に取り付けられる小さめのパーツのこと。カーテンレールのランナーに引っ掛けるために用いられる。単純な金物だけでなく、高さ調整可能な樹脂製のアジャスターフックなどもある。カーテンを天井付けにするか、正面付けにするかで、Aフックや Bフックなど、形が異なる。

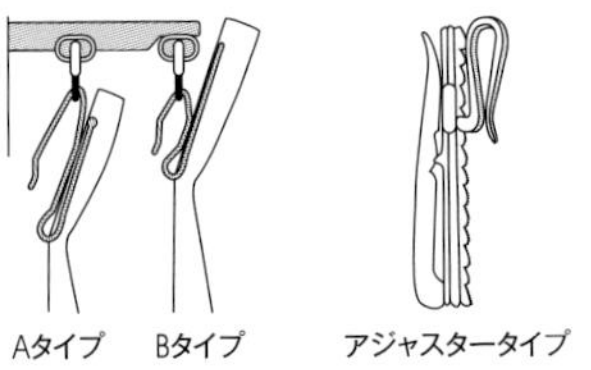

カーテンレールを露出させ、天井付けに適するAタイプと、壁付けに適するBタイプ、高さ調整ができるアジャスタータイプがある。

ブラインド

羽根(スラットやルーバー)を動かすことで

開閉するウィンドウトリートメントのこと。全体を閉じていても、羽根の回転で角度調節することで採光できるのが特徴。

プリーツ

一般的にはヒダのことをいう。カーテンでは、布地の上部を寄せてつくるヒダを指す。

プリーツスクリーン

窓装飾のスクリーンのひとつ。プリーツ加工を施した不織布を蛇腹状に上下に昇降、開閉させるものである。障子紙の風合いのある生地もあるため、和風のイメージに使用されることが多い。生地が1種類のシングルタイプと、上下2種類のツインタイプがある。

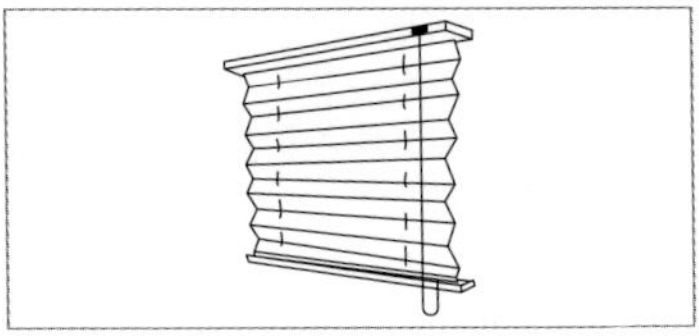

プレーンシェード

上下に昇降する日除けのローマンシェードのひとつ。ローマンシェードの最も基本形で、フラットな布地の上下をバーで押さえて、数本の吊糸が仕込まれている。シンプルな形状なので、布地のイメージによって、インテリアのイメージに大きな変化が出る。

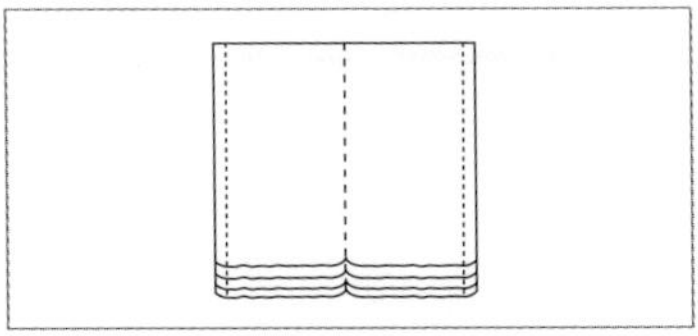

ベネシャンブラインド

窓装飾のブラインドのひとつ。水平方向のスラット(羽根)を水平に回転させたり、上下に昇降させたりして、光の入り方を調節するものである。コードなどで操作される。アルミなどの硬質な素材を用いることが多い。羽根の高さは15ミリや25ミリなどで、比較的細くてシャープなイメージとなる。最近では、心材をレザータッチの素材で包んだものや、布で包んで柔らかいイメージのものが出てきている。横型ブラインドともいう。

ボイル

密度の粗い平織物のこと。強く撚った細めの糸を用いる。薄手で軽く、透けている感があり、シアーカーテン用として多用されている。さらっとした肌触りである。ブラウスにも使われる。

防炎カーテン
ぼうえんかーてん

ガラス繊維などの燃えにくい素材を使用、または燃えにくい加工を施して、防炎性能を高めたカーテン。火災による被害の軽減が期待できる。ただし、防炎性能とは「燃えにくい」性能であり、「燃えない」というわけではない。⇒ファブリックスに関わる主な品質表示ラベル参照

紡績糸
ぼうせきいと

⇒スパン糸

ボックスバランス

カーテンの吊元を覆うシンプルな箱型のバランスのことである。

ボトム

カーテンの下部や裾のこと。カーテンを美しく見せるには裾の処理やデザインが大切となる。ボイルのシアーカーテンのボトムは、通常の三つ折にするよりも、ウエイトテープですっきりさせたほうがよい。また、

ベネシャンブラインドの各部名称

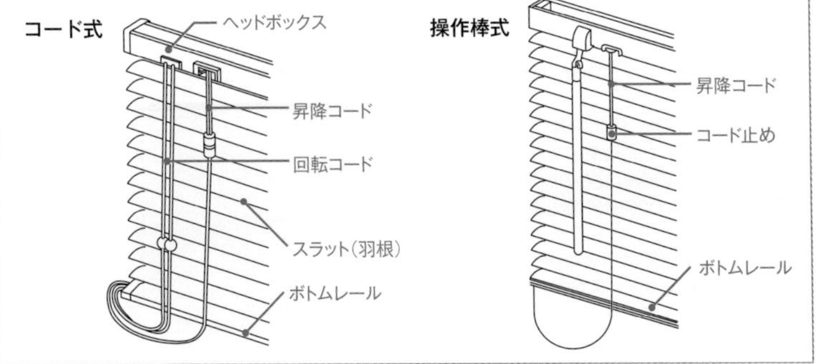

ドレープ地の下部を別の布に切り替えるなど、さまざまなデザインが考えられる。

ま

ムースシェード

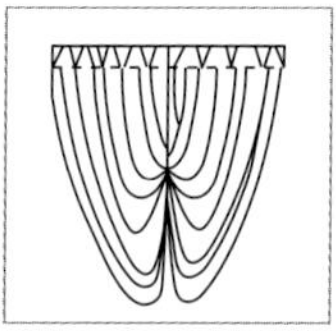

上下に昇降する日除けのローマンシェードのひとつ。中央部分を吊紐で引き上げていくものである。センタープルアップとも呼ばれる。⇒**ローマンシェード**

や

要尺

ようじゃく

窓装飾をひとつ使った製品をつくるために必要な布の長さのこと。布地自体の大きさ、柄の大きさ、無地にするか柄にするかなどによって、必要な長さが異なる。

横型ブラインド

よこがたぶらいんど

⇒**ベネシャンブラインド**

ら

ランナー

カーテンレール本体の下部に入っている小さめのパーツのこと。カーテンを取り付ける際に、カーテンのフックを引っ掛けるものである。レールの水平方向に端から端まで滑って移動させることができる。カーテンの隙間が開かないようにするマグネットランナーなど、数種類の使い分けが可能。

リバーシブルカーテン

両面を表面として使えるように縫製したカーテンのこと。

リピート

布地の柄の繰返し寸法のこと。ひとつの柄のデザインの大きさや窓の大きさによって、要尺が変わってくる。布地をジョイントして柄を合わせるときに、必要な要素となる。リピートが大きくなると布地に無駄が出やすい。

要尺の計算例

窓枠の高さ 2,000 ㎜の場合

2,000 ㎜(窓枠の高さ)
＋　400 ㎜(上下の折返し分)
－　20 ㎜(床と裾の間隔)
＝　2,380 ㎜(必要な丈)

2,380 ㎜(必要な丈)×4 幅(カット数)
＝　9,520 ㎜(要尺)

m 単位に置き換えて少数点以下を切り上げるので、
つまり 1m 幅の布地 9.6m が要尺となる。

必要幅数の計算例

窓枠実寸法 1,800 ㎜。両開き、2 ツ山ひだのカーテンの場合

1,800㎜(仕上がり幅)
×　2(ひだ倍率)
＋　400㎜(左右の折返し分)
＝　4,000㎜(必要な幅)

幅1,000㎜(1m)の布地を使う場合は
4,000㎜÷1,000㎜=4幅(カット数)
の布地が必要となる。

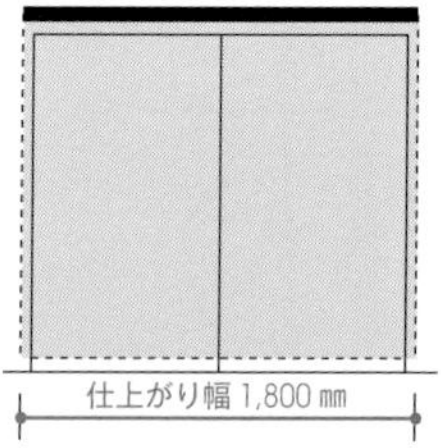

リボントップ
フックやランナーの代わりに、カーテンの上部を生地でリボン状に結ぶスタイル。

豆知識　カーテンの吊るし方

フックやランナーの代わりに、カーテンの上部を生地でリボン状に結んで装飾レールに吊るすリボントップスタイルは、タブスタイル（302頁参照）よりもフェミニンな印象である。

ルーバー
縦型ブラインドの羽根のこと。素材はアルミやガラス繊維、ファブリック製などで、幅にバリエーションがある。ルーバーとは、ブラインドの羽根を意味することが多い。

ローマンシェード
日除けに用いられる窓装飾のひとつ。布を蛇腹状に上部へと折り畳んでいく昇降タイプのものである。シンプルな直線的なイメージから装飾的なイメージまで、幅広いタイプのものがある。

豆知識　布地のコーディネート

ローマンシェードの布地はカーテンと同じものを使うので、種類が豊富。インテリアコーディネートのポイントにもなる。

ロールスクリーン
窓装飾のスクリーンのひとつ。最も平面的なタイプである。布地をローラーパイプに巻き、上下させて開閉するもの。伸縮性の少ない布地が使われる。コードやチェーンなどで操作されるが、途中で止めたり、ワンタッチで一気に上げたりするものなどの種類がある。

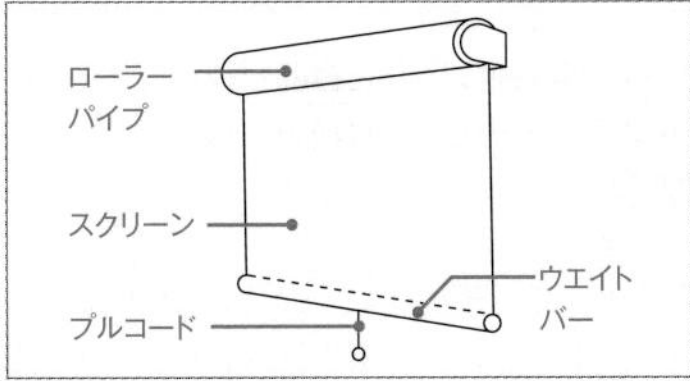

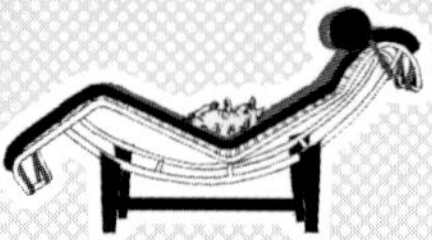

インテリアアクセサリー

あ

アート紙
あーとし

印刷用紙のひとつ。上質紙を原紙として、塗工液を片面に塗った高級紙である。光沢があって平滑度が高いため、印刷の再現性がよいとされる。写真版印刷などによく用いられる。

アクアリウム
熱帯魚や淡水魚、水草などを観賞用に飼育・栽培する水槽などを含む、飼育設備のこと。

有田焼
ありたやき

佐賀県有田町周辺で製造される磁器のこと。白い素地に、華やかで繊細な絵付けに特徴がある。日本でいちばん古い磁器とされており、一般的には「柿右衛門様式」「鍋島藩窯様式」「古伊万里様式」の3つの様式に分類される。伊万里港から各地へ積み出されていたため、伊万里（いまり）とも呼ばれる。

伊万里焼
いまりやき

⇒**有田焼き**

インテリアオーナメント
美術工芸品（絵画、写真、彫刻）やインテリアグリーン、雑貨、小物などの室内装飾品のこと。空間にアクセントを与えて、部屋の演出性を高める。

> **豆知識　インテリアとしてのミラーの活用**
>
> 
>
> ミラー（鏡）も効果的なインテリアオーナメントのひとつ。部屋に入る光を拡散させて、空間をより明るく、より広く見せる効果がある。

インテリアグリーン
鉢植えなどの観葉植物のこと。室内を自然に近い状態にすることを目的として置かれる。（次頁図参照）⇒**インテリアオーナメント**

インテリアデコレーション
室内を総合的に装飾すること。専門知識に基づいて、内装仕上げ、家具、照明、カーテン、調度品などを選択して、飾り付けながら全体を構成、演出する。

> **豆知識　アートの飾り方**
>
> 
>
> 絵や写真を選ぶ際は、部屋で使われているカラーが１色でも入ったものにすると、空間になじみやすくなる。壁に飾るときは、どこから眺めるかを意識して、目線の高さに合わせて考えてみよう。

エアープランツ
土を必要としない観葉植物のこと。パイナップル科チランジア属の着生植物の総称。本来岩や木などに付着して育ち、空気中の水分や養分を葉の表面から吸収して生長する。

越前焼
えちぜんやき

福井県丹生郡越前町中心で焼かれた陶磁器のこと。平安末期に誕生した日本六古窯のひとつ。無釉の「焼締め」が基本である。高温で焼成される際に、茶褐色の地肌となり、その上に薪の灰が降りかかって溶ける、緑色の自然釉の肌合いに特徴がある。日常雑器が中心。⇒**六古窯**

エッチング
版画の技法のひとつ。銅版を防食剤で一面にコーティングし、その上をニードル（針）で彫って線描し、酸に浸して腐食させて凹版とする。凹版画の最も一般的な技法である。レンブラントの作品が有名。⇒**版画**

折敷
おしき

檜の片木（へぎ）でつくった縁付きの盆のこと。白木のものは神事や儀式に用いられ、漆塗りのものは懐石の器を配する膳などに使用される。足の付いたものもあり、足付、足打（あしうち）と呼ばれる。⇒**懐石道具**

オフセット印刷
おふせっといんさつ

印刷方式のひとつ。インキを版面からブランケットと呼ばれるゴム上に転写して用紙に印刷する間接的な印刷方法である。平版印刷で、他の方式よりも多彩なイメージを表現することができる。商業印刷では主流となっている。

織部焼
おりべやき

岐阜県(美濃国)で焼かれる焼きもので、斬新で奇抜ともいえる形や色づかい、緑釉が特徴。桃山時代の大名で茶人でもあった古田織部が好んだことから名付けられた。

か

懐石道具
かいせきどうぐ

茶事に出される懐石料理で用いる道具のこと。折敷、両椀、煮物椀など塗り物の「家具」、向付、焼物鉢、漬物鉢など鉢の類の「器物」、銚子、徳利などの「酒器」がある。これらに箸を含めたものを指す。料理の名前がそのまま道具の名称になっており、調理法や出す順番などの食事礼法が決められている。(次頁図参照)

カクテルグラス

カクテルを飲むためのグラスである。ボウルが逆三角形のものが多く、基本形であり脚がついている。

掛軸
かけじく

書や画を紙に貼って表装して、床の間などの壁に掛けて鑑賞するもの。表装に仕立てることを表具といい、専門の表具師や経師屋が行う。日本の室内装飾、特に茶室の茶席の主題の中心であり、重要な役割を果たす。掛幅(かけふく)、軸、幅ともいう。(次々頁図参照)

カトラリー

ナイフやスプーン、フォークなどの食卓用金物の総称。一般的な素材として、ステンレス

インテリアグリーンの代表種

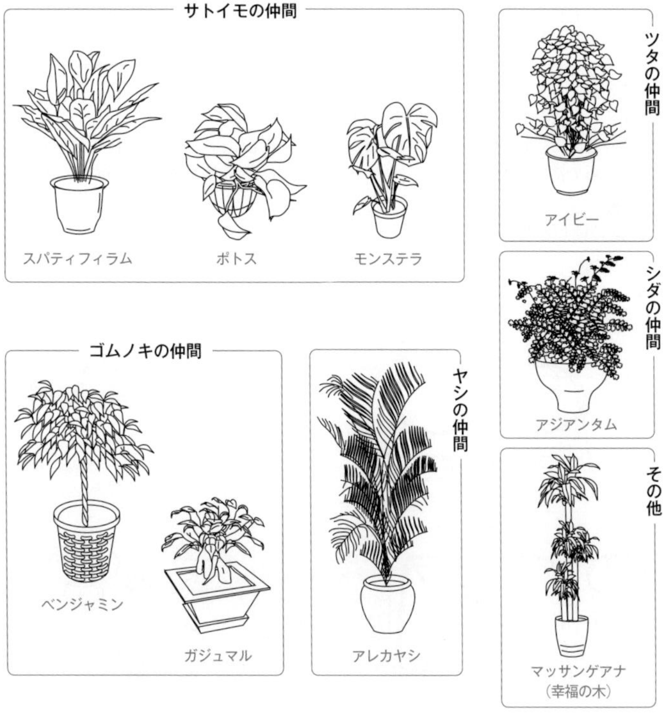

スチールが定着している。洋食器においては本来純銀製が最上とされている。

キャセロール

蓋つきの厚手鍋のこと。調理したまま、食卓に並べることもある。

キャンバスのサイズ

油彩で使用されるキャンバスの大きさのこと。F（figure：人物）、P（paysage：風景）、M（marine：海景）、S（square：正方形）という規格があり、号数で表される。国によって寸法に誤差がある。

キャンバスの規格

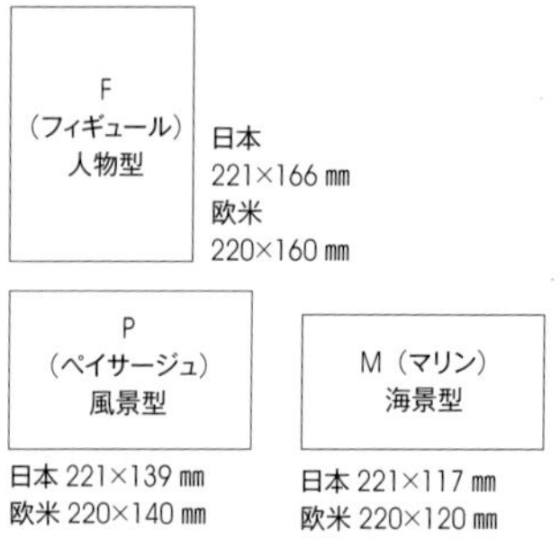

以上のサイズが代表的。

清水焼

きよみずやき

京もの指定工芸品のひとつ。正式名称は「京焼・清水焼」である。京都府で生産された陶磁器はまとめて清水焼と呼ばれる。決まった技法や様式はなく、さまざまな種類の焼き物がある。ほとんどが手作りで、多品種少量生産が特徴である。

蒟醤塗り

きんまぬり

漆の加飾技法のこと。素地に文様を線彫りして、その凹みに色漆を埋めて研ぎ、磨き仕上げる。タイ・ミャンマーが主産地で、近世以降、日本に輸入された。江戸末期に香川漆芸の先駆者、玉楮象谷（たまかじぞうこく）が独自の技法を創案し、現代では香川の特産である漆器の呼称のひとつとなっている。

豆知識 **陶器と磁器**

陶器と磁器の大きな違いは、材料と最終の焼成温度の違いにある。材料の違いから、土もの（陶器）、石もの（磁器）とも呼ばれる。

陶器と磁器の違い

	原料	焼成温度	吸水性	特徴
陶器	粘土	1,200～1,300℃	あり	厚手。茶～黄色、白色、黒色。
磁器	陶石の粉末	1,300～1,400℃	なし	薄手。白色。叩くと金属音がする。

九谷焼

くたにやき

石川県山中町九谷が発祥の磁器のこと。能美市、金沢市、小松市、加賀市で生産されて

懐石道具の種類と名称

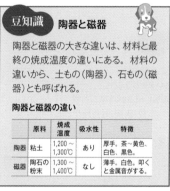

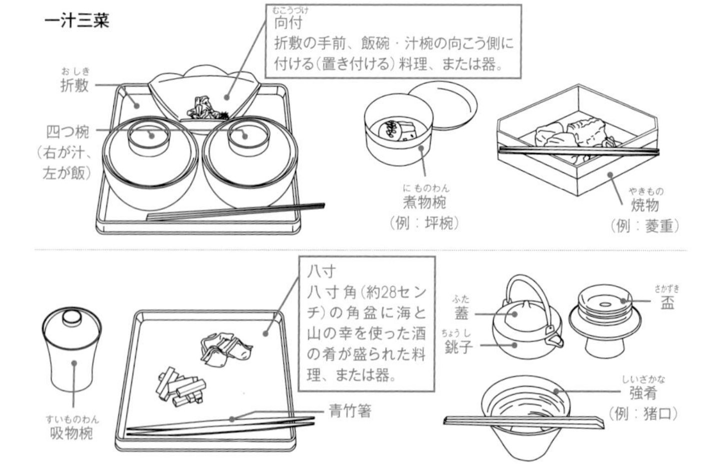

いる。「呉須（ごす）」と呼ばれる藍青色で線描きされる。「九谷五彩」という赤、黄、緑、紫、紺青の5色の和絵具を厚く盛り上げて塗る彩法である。

グラビア印刷
ぐらびあいんさつ

凹版印刷のひとつ。版の溝の大きさ、深さを変化させることで、インキの量を変えて微細な濃淡を表現する。高精度な再現性を生かして、写真画像の印刷に用いられる。オフセット印刷と並ぶ主要な印刷方式である。

クラフトデザイン
手加工によって生産される工芸デザインのこと。木や金属、陶磁器、織物や木工品など、さまざまな素材が対象となる。

クリスタルガラス
水晶のように透明なガラスのこと。成分によって酸化鉛が多い「鉛クリスタルガラス」と、酸化カリが多い「ボヘミアンクリスタルガラス」の2種類がある。高品位で、屈折率・透明度が高く、美しい輝き、澄んだ音色が特徴である。高級ガラス食器、グラス類、シャンデリアや工芸品などに用いられる。

工芸
こうげい

技術や技法を駆使して、手作りで生活道具などをつくること。実用性と機能性、美的価値を備えたものである。「用の美」ともいわれ、使い込むことでさらに質が高まる。工芸品ともいう。

後藤塗り
ごとうぬり

明治時代に後藤太平が考案した香川漆器のひとつ。下地付けをせずに、直接素地に漆をすり込んだり、塗ったりして完成させる。乾かないうちに、指で表面をなでて、独特の「おどり」という斑紋を付ける。最初は暗い朱色だが、使っていくうちに光沢のある鮮やかな朱色に変化する。

ゴブレット
脚がついている大型グラスのもので、水やソフトドリンクなどの用途に使う。

コラージュ
写真、印刷物、映像など、さまざまに組み合わせて切り貼りするという、現代絵画の技法のひとつ。フランス語で「糊付け」を意味する。

コンポート
脚付きの盛り皿のこと。ガラス、陶器、銀製などがある。

さ

信楽焼
しがらきやき

日本六古窯のひとつ。滋賀県甲賀郡信楽町を中心につくられる伝統陶器である。表面は温かみのある赤褐色が多く、ビードロ釉と呼ばれる、自然釉が掛かったものもある。一般的に、狸の置物が代名詞のような存在になっている。⇒六古窯

漆器
しっき

下地（素地）となる木や紙に漆を塗り重ねた器物のこと。東アジアで発展した工芸品である。漆器の加飾技法としては、蒔絵、沈金、螺鈿、拭き漆、彫漆、堆朱、蒟醤などがある。英語では漆器のことを「japan」と呼ぶ。

掛軸の各部名称

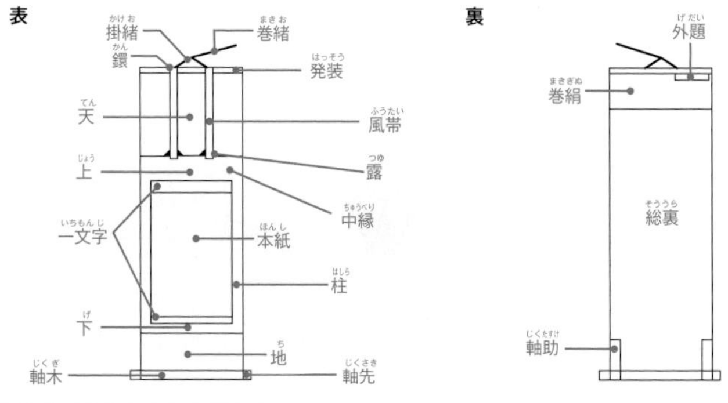

春慶塗り
しゅんけいぬり
岐阜の飛騨春慶という漆器が主となる漆塗法のひとつ。木地を黄や赤に着色し、透き漆と呼ばれる透明の漆を上塗りする。木肌の素朴な美しさをそのまま生かすのが特徴である。

シルクスクリーン
版画技法「孔版」のひとつ。絹や合成繊維のスクリーンを枠に張り、皮膜されていない部分のスクリーンの編目にインクを通過させて、紙に刷り込む方法である。インクが厚く刷られ、明確な色彩表現が可能となる。アンディ・ウォーホルなどがアートの手法として取り入れた。⇒**版画**

ステンシル
版画技法「孔版」のひとつ。文字や模様の部分を切り抜いた型紙の孔の部分から、インクなどを紙に付ける技法である。

ステンドグラス
着色ガラスを鉛の枠で組み合わせて、さまざまな模様や画像などを表したもの。ゴシック様式の特徴のひとつで、教会の窓などに用いられてきた。

セーヴル焼
せーゔるやき
フランスを代表する磁器のこと。1756年に、パリとヴェルサイユの間にあるセーヴルに開窯された王立窯である。高い芸術性、名画のような絵柄は王侯貴族や国賓たちを魅了し、宮廷文化における富と権力の象徴として発展していった。豊かな彩色を駆使したセーヴルのブルーは「王者の青」、ピンク色は「ローズポンパドール」と呼ばれる。

瀬戸焼
せとやき
愛知県瀬戸市周辺でつくられる焼き物の総称。日本六古窯のひとつである。日本最大の焼き物の産地で、陶磁器を指す総称として、瀬戸物が一般的となった。旧来の鎌倉以来の伝統を伝える陶器を「本業焼」、磁器を「新製焼」と区別して呼ぶ。⇒**六古窯**

主な茶道具の名称と用途

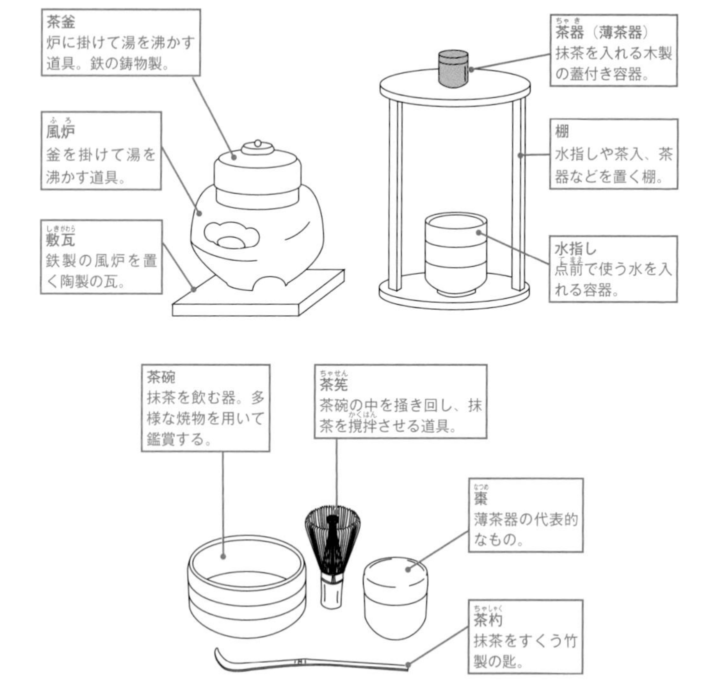

た

台盤
だいばん

平安時代、貴族住宅で用いられた食卓のひとつ。形は主に長方形で4つ脚が付いた机状をしている。黒や朱の漆塗りで、蒔絵や螺鈿が施されたものもある。

タペストリー
麻、ウール、絹などを用いて、風景などを鮮やかな糸で織り出したつづれ織のこと。室内装飾として壁掛けに用いられる。ゴブラン織とも呼ばれる。

タンブラー
水やソフトドリンクなどを飲むシリンダー形のグラスのことである。一般的にはコップと呼ばれるもの。

茶道具
ちゃどうぐ（さどうぐ）

茶道で用いられる道具の総称。掛軸、花入れなどの茶席に飾るもの、茶釜、風炉、茶碗、茶筅、茶杓などの茶を点てるもの、棚物や菓子器、懐石道具など、さまざまな道具がある。（前頁図参照）⇒**主な茶道具の名称と用途**

豆知識　茶碗の各部名称

茶碗の各部分の呼び方を覚えると、鑑賞の楽しみが広がる。たとえば、「高台」などは茶碗によって個性が違うので注目したい。

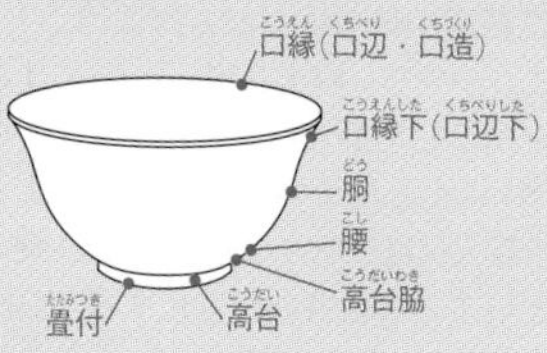

茶の湯
ちゃのゆ

室町時代後期に千利休により考案された喫茶様式である。四畳半以下の茶室において主人が趣向を凝らして客人をもてなす。

彫漆
ちょうしつ

元来中国で盛んに見られた、漆の加飾技法のひとつ。厚く塗り重ねた色漆の層に文様を浮彫りにして、漆の断層を表わしたものである。単色の漆の色によって、堆朱（ついしゅ）、堆黒、堆黄などがある。

沈金
ちんきん

漆の代表的な加飾技法のひとつ。室町時代に中国から日本に伝来した。沈金刀で漆の表面を線彫りし、彫り跡に金箔を付着させて文様をつくる。特に輪島塗でよく使われる技法である。

堆朱
ついしゅ

⇒彫漆

テーブルウェア
食卓で用いるテーブルリネン（布製品）や食器類、カトラリーなど、さまざまな用品の総称。

テーブルクロス
テーブルを覆うように掛ける布地のこと。装飾的な目的以外に、食器が直接テーブルに当たる音を吸収して、テーブルに傷や汚れが付着するのを防ぐために用いられる。なお、等級があって、最も格式が高いのは、細い麻で織られた「白の無地」や、「ダマスク織」である。

豆知識　最高級のテーブルクロス

極細の麻の白糸で柄を織るダマスクス織が最も格式が高い。特に、アイルランド産のアイリッシュリネンは最高級とされ、公的な晩餐会などで用いられる。

テーブルナプキン
食事中に衣服を汚さない、または口元や指先の汚れを拭くために用いられる。寸法は用途によって異なる。50センチ角以上のサイズが正式とされるが、一般的には40～45センチ角を汎用する場合が多い。

テーブルランナー
テーブルの中央に渡す帯状の布のこと。装飾目的で用いられ、テーブルクロスやランチョンマットなどと併用することも多い。

テーブルリネン
食卓のセッティングに用いるテーブルクロスやテーブルナプキン、ランチョンマット、テーブルランナーなど、布製品のテーブルウェアのこと。

テフロン加工
てふろんかこう

フッ素樹脂コーティングのこと。「テフロン」は開発・製造したデュポン社の商標名である。日用品、フライパンなどの調理器具や、傘などの繊維製品など、さまざまな表面加工で使用されている。汚れが落ちやすいなどの特性があり、繊維製品に施すと、撥水性や防汚性も高まる。

テラリウム
小型の観葉植物などを寄植えして、密閉されたガラス器や小口のガラス瓶などの中で育てて観賞すること。

デルフト陶器
でるふとうき

オランダ・デルフトで製作された陶器のこと。17世紀に中国磁器や日本の伊万里焼などに影響を受け開窯した。白地に「デルフト・ブルー」と呼ばれる青色の絵柄に特徴がある。

テンペラ画
てんぺらが

主に卵黄を主媒剤に、乳化作用のある物質を固着材として混ぜた絵具や、その技法のこと。油絵具が発明されるまで、西洋画の主流を占めていた。

ドイリー
卓上の花瓶敷きなどに用いられる小型の敷物のこと。円形でレース編みや刺繍の付いたものが多い。

常滑焼
とこなめやき

愛知県常滑市、知多半島内で焼かれる陶器のこと。日本六古窯のひとつ。常滑は港に近く、良質な粘土と豊富な燃料に恵まれた土地で、平安時代にはすでに日本を代表する陶器の産地となっていた。原料に含まれている鉄分を赤く発色させるのが特徴である。堅く焼き締めたオレンジ色の朱泥の急須が代表的。⇒**六古窯**

トップクロス
テーブルクロスを2重掛けしたときの上にあるクロスのこと。テーブルクロスとは異なるサイズのクロスを重ねて、そのトップにあることからトップクロスと呼ばれる。

砥部焼
とべやき

陶石の産地、愛媛県砥部町を中心につくられる焼き物のこと。18世紀に大洲藩の庇護を受けて発展した。白磁に透き通った藍で描かれた模様、厚手の素朴な形と堅牢な材質が持ち味である。

ドローイング
ペン、鉛筆、木炭、パステルなどを用いて、物体の形体や明暗などを平面に描画すること。あるいはその作品を指す。デッサン、素描ともいう。

な

日本画
にほんが

墨や岩絵具などの天然絵具を用いて、膠(にかわ)を接着材として描く、伝統的な日本絵画のこと。「日本画」という名称は、明治以降西洋から伝えられた油彩画と区別するために生まれた。

は

ハイドロカルチャー
土を使わない水栽培のひとつ。ハイドロボールという石を、底に孔のない容器に入れて栽培する。害虫を寄せ付けないため、室内で育てやすい。

萩焼
はぎやき

山口県萩市一帯で焼かれる陶器のこと。焼き締まりが少ない陶土を用いるため、土の風合いを生かした柔らかで素朴な味わいの作風が多い。土と釉薬の収縮の違いによって生じる貫入(ひび)から水分が浸透し、使い込むことによって色合いが変化する「七化け」が特徴である。高台に切込みを入れる意匠もある。日本三大茶器のひとつとされ、茶人に人気が高い。

パステル
固形絵具のひとつ。粉末顔料に白粘土を加えた粉末を、アラビアゴムなどで練り固めて棒状にしたもの。固着力が弱いため、完成後はフィキサチーフなどで粉を定着させる。パステルを使って描いたはをパステル画と呼び、近代ではドガの作品が有名である。ドローイングでも用いられる。⇒**ドローイング**

版画
はんが
木や金属などの版に絵や模様を施し、インクを付けて写したもの。凸版(木版画など)、凹版(銅版画など)、平版(リトグラフなど)、孔版(シルクスクリーンなど)の4種類に分類される。

備前焼
びぜんやき
岡山県備前市中心で焼かれた陶器のこと。伊部地区で盛んで、「伊部(いんべ)焼」とも呼ばれる。日本六古窯において最も歴史が古い。釉薬を使わずに堅く焼き締める「酸化焔焼成」、土味を生かした赤茶褐色に特徴がある。⇒**六古窯**

屏風
びょうぶ
人目や風を遮り部屋を区切る目的のもので、大きさ、形状、用途により多くの種類がある。

ブランデーグラス
本体が膨らみ、口がすぼまったチューリップ形の脚付き大型グラス。手でブランデーを温め香りを立たせるための形状。

拭き漆塗り
ふきうるしぬり
木目の美しさを引き出す日本古来の漆の仕上げ技法のこと。生漆を木地に摺り込んで余分な漆を拭きとって乾燥させる作業を何度も繰り返し、艶を出す。

フルクロス
テーブルが完全に隠れるテーブルクロスのこと。

風炉
ふろ
茶道具のひとつで、茶釜で湯を沸かすための道具のこと。5月初め頃から10月末頃まで、夏の炉として使用される。(312頁図参照)

フロッタージュ
シュールレアリスム(超現実主義)で用いられる技法のこと。表面に凹凸のある物質を紙に乗せて、その上を鉛筆などでこすって模様をつくる。マックス・エルンストが創始者である。「フロッタージュ」とはフランス語で「こする」を意味する。

ヘッシャンクロス
黄麻など粗く織った麻布。椅子の下張りとして用いる。

ボーンチャイナ
18世紀頃にロンドンで発明された軟質磁器のこと。骨灰(牛などの骨)と磁土を混ぜて低温で焼いたものである。半透明乳白色で、彩色がしやすいという特徴がある。ウェッジウッドが有名。骨灰磁器とも呼ばれる。

ポスター
掲示するために制作された、大型の紙片のこと。広告や宣伝媒体で、同一のものが大量に制作される。印刷版としては主にオフセット版が多く、その他グラビア版、原色版、石版、シルクスクリーン版が用いられる。

代表的な版画の技法

凸版(とっぱん)

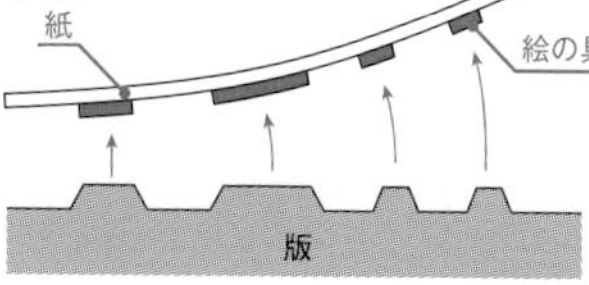

版の凸部に絵の具を付けて紙に写し取る。

凹版(おうはん)

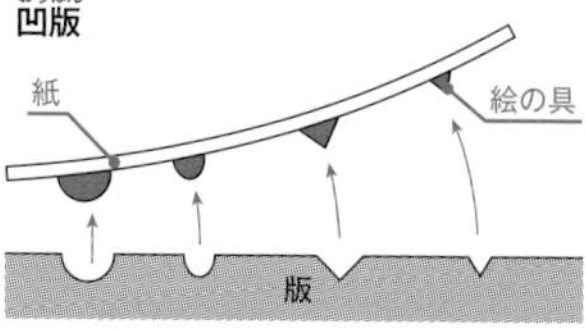

版の凹部に絵の具を詰めて紙に写し取る。

平版(へいはん)

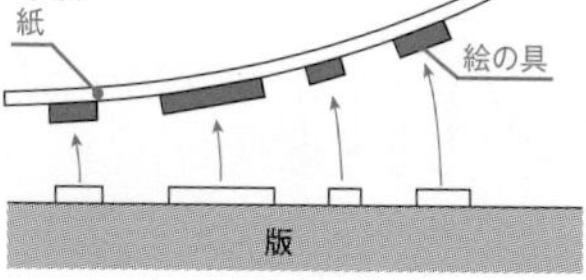

凹凸のない版に絵の具を付けて紙に写し取る。

孔版(こうはん)

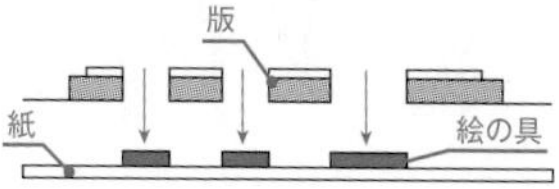

孔を開けた型紙(版)の上から絵の具を塗って紙に写し取る。

ボルスター
円筒形のクッションや枕のこと。比較的しっかりした中材を入れて、背当てや肘置きとしても使用する。ソファーやベッドの枕元に装飾的に置かれることが多い。

ま

マイセン磁器
まいせんじき
ドイツのマイセン地方で生産された磁器のこと。中国や日本の磁器の模倣を経て、1709年に欧州で最初の硬質磁器が焼成された。翌年には、王立磁器製作所がドイツ東部マイセンの地に開窯し、今日に至るまで高品質の装飾磁器として不動の地位を得ている。1723年から、交差した2本の剣のトレードマークが用いられている。

蒔絵
まきえ
漆の代表的な加飾技法のひとつ。筆を用いて漆で模様を描き、漆が乾く前に金箔や銀粉・螺鈿などを蒔き付け、塗面に固着させて磨く。日本で独自に発展した技法である。

益子焼
ましこやき
江戸時代末期、栃木県益子で開窯された陶器のこと。当初は、黒羽藩の指定窯とされ、主に日用品が製作されていた。明治以降、人間国宝の濱田庄司によって「民芸運動」の理念に基づいた益子焼民芸品がつくられるようになった。

マジョリカ陶器
まじょりかとうき
イタリアを代表する錫釉色絵陶器の総称。スペインからマヨルカ島を経由してイタリアに輸入され、イタリアのファエンツァ周辺が主力産地となった。白地に色鮮やかな色彩や流麗な描線に特徴がある。マヨルカ焼ともいう。

美濃焼
みのやき
岐阜県東農地方の一部で製作される陶磁器の総称。美濃焼には、織部、志野、黄瀬戸など代表的な焼きものがある。

モビール
アメリカの彫刻家、アレクサンダー・カルダーが創始した立体造形作品のこと。バランスをとって、針金に薄い金属片などを吊るし、機械ではなく空気の流れで回転して動くしくみとなっている。インテリアや知育玩具としても使用される。

や

油彩画
ゆさいが
顔料と乾性油などによる油絵具で描かれた絵画のこと。主にキャンバス（帆布）に筆で描かれる。油絵、油画ともいう。

洋食器のテーブルセッティングの例

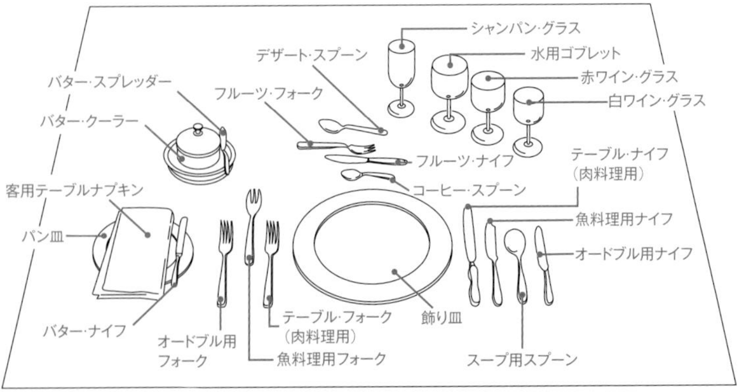

洋食器
ようしょっき

西洋料理の食事に用いる食器の総称。和食では用いないカトラリー、皿やグラス類など食器全般を指す。（前頁図参照）

> **豆知識　代表的な陶器メーカー**
>
> 
>
> 西欧各国には名陶器メーカーがあるので覚えておこう。
> - ●イタリア……リチャードジノリ
> - ●ドイツ……マイセン
> - ●イギリス……ウェッジウッド
> - ●デンマーク……ロイヤルコペンハーゲン

四つ椀
よつわん

懐石で用いられる道具のうち、「飯椀」と「汁椀」の一式のこと。飯椀に汁椀を重ね、さらにふたを重ねると四つ重ねとなるので、「四重椀」とも呼ばれる。または、懐石道具である「飯椀」、「汁椀」、「煮物椀」、「小吸い物椀」の塗椀一式を指す。⇒懐石道具

ら

螺鈿
らでん

漆の加飾技法のひとつ。夜光貝やアワビ貝の真珠質の部分を一定の厚さに揃えて、漆器の表面に象嵌や紋様を貼付して表したものである。

ランチョンマット

食事の際に、それぞれの食器やカトラリーを置くために、テーブルに個別に敷くマットのこと。布、プラスチック、木、紙や籐などいろいろな素材がある。テーブルクロスに比べて、カジュアルな演出ができる。ランチョンマットは和製英語であり、海外ではプレイスマット、テーブルマットと呼ばれる。

リトグラフ

版画の技法のひとつ。水と油の反発を利用して平らな版で刷る。平版で印刷できるため、ペンや筆など日常の道具で描くことができる。細かな描写でもそのまま刷ったり、多色に刷ったりすることも可能である。

六古窯
ろっこよう

日本古来の代表的な陶磁器窯のこと。中世（平安時代の末期から鎌倉時代）に始まり、現代まで続いている六つの窯の総称である。信楽、備前、丹波、越前、瀬戸、常滑の窯場。

わ

和紙
わし

日本古来の製法の紙漉き手法でつくられた紙のこと。主要な材料はコウゾ、ミツマタ、ガンピで、産地や製造法によってさまざまな種類がある。3大和紙産地は「越前和紙」「美濃紙」「土佐和紙」である。

輪島塗り
わじまぬり

石川県輪島でつくられる漆器のこと。下地に独特の工法を用いており、壊れやすい部分に布を着せる「布着せ」、地の粉（珪藻土）を使い下地を固めていく「地付け」を経て、丈夫ではげにくい堅牢な漆器がつくられる。沈金、蒔絵など、装飾技法にも特徴がある。

侘び茶
わびちゃ

茶の湯の一様式のこと。村田珠光が始め、武野紹鴎を経て、千利休が大成した。儀式的な形や豪奢な道具を排して、簡素静寂で茶と向き合う者の精神を重視した。四畳半以下の茶室を用いて、「一期一会」の茶をもてなす。

Part 3
インテリアビジネス
20

インテリアビジネス

あ

AIDAモデル
あいだーもでる
消費者が消費行動を起こすまでの心理的プロセスを示す理論のこと。1898年にエルモ・ルイスによって発表された。注意(Attention)、興味(Interest)、欲求(Desire)、行動(Action)のプロセスの略称である。なお、AIDAモデルに確信(Conviction)の過程を加えたAIDCAモデル(1925年にエドワード・ストロングによって提唱)、さらに満足(Satisfaction)を加えたAIDCASモデルがある。

AIDMAモデル
あいどまーもでる
消費者が消費行動を起こすまでの心理的プロセスを示す理論のこと。ローランド・ホールによって提唱された。AIDAモデルに記憶(Memory)を加えたものである。「注意させ、興味を抱かせ、欲しがらせ、心に刻みつかせ、買わせる」ように意図した、最も有効な広告の心理理論として採用されている。

アドバタイジング
advertising
広告活動全般のこと。⇒広告

アフターフォロー
⇒追跡調査

アローアンス
allowance
メーカーなどが自社製品販売のために、販売業者に対して行う販売促進活動のこと。要請した特定の拡販努力に対しては、報酬として現金を提供する。陳列アローアンス、広告宣伝アローアンス、売上高アローアンスなどがある。

EOS
いーおーえす
Electronic Ordering Systemの略。オンライン受発注システムのこと。発注企業(小売業者など)と受注企業(卸売業者やメーカーなど)の間に、電話系メディアやPOS、専用VANなどのオンラインの通信回路を設けて、自動的に仕入れを受発注するシステムである。電子式自動受発注システムともいう。

イエスバット話法
いえすばっとわほう
顧客と対話する際に、相手に不快感を与えないために用いられる話法のこと。相手の主張を認めながら、自分の意見を聞き入れてもらえるようにやりとりを行う。

イニシャルコスト
初期に掛かる費用や投資のこと。住宅にお

AIDAモデル
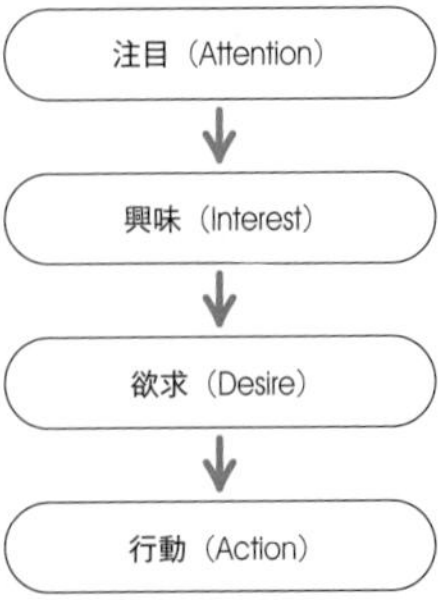

AIDMAモデル
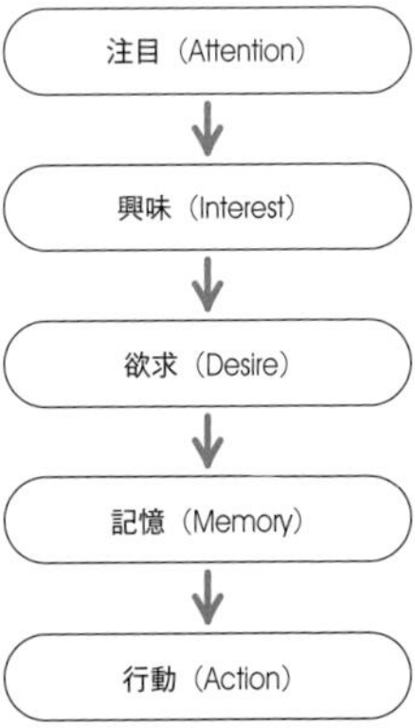

いては、設備機器などを購入する際に、基準費用のひとつとして用いられる。⇒**ランニングコスト**

イメージスケール

多様なイメージを客観的に分析、分類するための座標のこと。インテリアのイメージスケールでは、人間が物を見たときのイメージを「軽い」(LIGHT)、「重い」(HEAVY)、「暖かい」(WARM)、「冷たい」(COOL)の4つに分類して、2軸上で表現される。横軸を「暖冷感」(WARM − COOL)、縦軸を「軽重感」(HEAVY − LIGHT)として、その交点を0(ゼロ)とする。(下図参照)

イメージターゲット

目標とする顧客のモデル像や理想とする顧客層のこと。

イメージボード

イメージを画像や素材をつかって伝えるボード。

インテリアエレメント

室内空間を構成する要素のこと。床、壁、天井などの内装材に加え、家具、照明、カーテン、カーペット、絵画などのアートや装飾品(インテリアアクセサリー)も含まれる。

インテリアコーディネーター

快適な住空間を目指して、適切な提案や助言を行う専門家のこと。インテリア計画や商品選択のアドバイスなどを行う。インテリア(家具、ファブリックス、照明器具、住宅設備など)についての幅広い商品知識がある。その職能は、消費者に対して、商品の選択やインテリアの総合的な構成などについて、適切な助言や提案を行うことである。

インテリア情報

いんてりあじょうほう

インテリアコーディネートを行うために必要な情報のこと。情報には以下の3種類がある。⇒**基礎情報、実務情報、個別情報**

インテリアデザイナー

建物内部の空間を総合的に企画、設計、計画、装飾する専門家のこと。主に店舗や商業施設などを扱う。こうした資格が実際に存在するわけではないので、インテリアコーディネーターやインテリアプランナーなどと明確に区別することはできない。

インテリアプランナー

インテリア計画において、企画、設計、工事監

イメージスケールの例

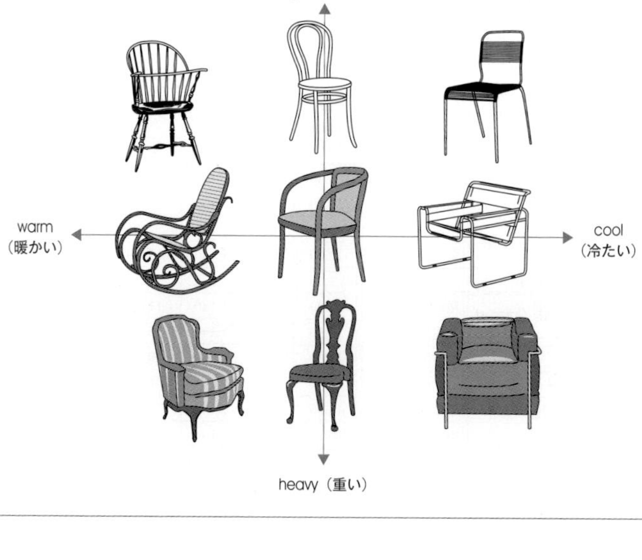

理などを行う専門家のこと。国土交通省所管の財団法人建築技術教育普及センターによる試験に合格して登録を受けた資格者である。

インテリジェンス
intelligence

意思決定や問題解決に役立つようにデータを整理し、分析し精査した情報のこと。

インフォメーション
information

目的に役立つよう分析する前の情報資料。

> **豆知識 インボイス**
>
> 
>
> 商品を出荷する際、売り主から販売先に商品名や数量、価格などが記載された出荷明細書などの通知書を送る。これをインボイスという。

内訳明細書
うちわけめいさいしょ

見積書に添付されるインテリア関連の工事種別をまとめた工事費の明細書のこと。

上澄吸収価格政策
うわずみきゅうしゅうかかくせいさく

⇒初期高価格政策、スキミングプライス

ABC分析
えーびーしーぶんせき analysis control method

売上構成の分析や在庫管理の手法のひとつ。パレート図を作成して、カテゴリーをA、B、Cのグループに分類したものである。売上構成を分析する場合、総売上の70パーセントを占める商品群をA、総売上の80パーセントを占める商品群からAを引いた群をB、すべての商品群からAとBを引いた残りをCとして、貢献度の高いAグループを重点的に販売しようとする。たとえば、ABC分析の結果、売り場を構成する商品の20パーセントが総売上の80パーセントを占める20-80の原則などがある。⇒パレート図

内訳明細書とチェックポイントの例

工事名称　1F 内装改修工事　　　**内　訳　明　細　書**　　　平成○年×月△日

見積番号　20080514-1727

No.	項　目	仕様・摘要	数 量	単位	単価	金額	備考
	8. 内装工事						
1	クロス工事		00	式		230,580	
2	床張替工事		00	式		92,856	
3	襖工事		1.00	式		32,820	
4	荷物移動費		1.00	式		72,000	
5	運搬雑費		1.00	式		36,000	
	小　計					464,256	
	8.1. クロス工事						
1	和室２　天井	量産品	10.00	㎡	1,140	11,400	
2	和室２　壁	量産品	23.00	㎡	1,140	26,220	
3	洗面所　天井	量産品	2.00	㎡	1,140	2,280	
4	洗面所　壁	量産品	12.00	㎡	1,140	13,680	
5	トイレ　天井	量産品	1.50	㎡	1,140	1,710	
6	トイレ　壁	量産品	10.00	㎡	1,140	11,400	
7	キッチン　天井	量産品	13.50	㎡	1,140	15,390	
8	キッチン　壁	量産品	25.50	㎡	1,140	29,070	
9	玄関・廊下　天井	量産品	8.50	㎡	1,140	9,690	
10	玄関・廊下　壁	量産品	44.00	㎡	1,140	50,160	
11	洋室　天井	量産品	10.00	㎡	1,140	11,400	

6/13

工事種別を記載し、種別単位の合計を記載する

量産品とは、一般的に1,000円/㎡のもの。この単価は材工共単価

必要数量はロス率を加えて算出している

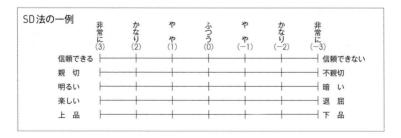

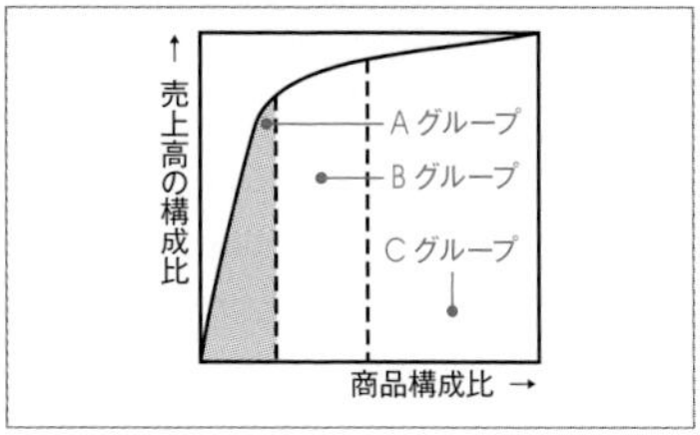

SD法
えすでぃほう

Semantic Differential scale methodの略。内容を客観的、定量的に測定するイメージ測定法のこと。アメリカの心理学者オズグッドらによって考察されたものである。「良い」と「悪い」、「早い」と「遅い」などの対になる形容詞を両極にとって、その間をスケール化によって点数化し、加重平均値を算出する方法で、商品や企業などのイメージ調査に用いられる。尺度構成法、語意段階測定法ともいう。

エレメントボード
インテリアに使うエレメントのマテリアル（素材）をまとめたボード。

OCR
おーしーあーる

Optical Character Recognitionの略。光学的文字認識装置のこと。光学的なパターン認識方法において、POS用値札などの特定のマークを読み取って、データを自動入力するものである。JIS規格では、OCR入力用の文字は自然字体に近いBフォントが採用されている。郵便番号の読取りなどにも使われている。

OJT
おーじぇいてぃ

On the Job Trainingの略。日常業務や現場実習をさせながら、仕事に必要な知識や技能を身につけさせる現場教育訓練のこと。⇒OFF-JT

オーダーエントリーシステム
order entry system

受注情報をリアルタイムで把握、在庫照合して、出荷配送まで自動的に行うシステム、または注文者が商品の注文や予約をすること。リアルタイム受発注システム、OESともいう。

オープン価格
おーぷんかかく

商品の標準小売価格などの指示価格を廃止して、小売販売の段階で自由に設定される価格のこと。二重価格表示をなくす狙いがある。

オピニオンリーダー
opinion leader

世論の形成に大きな影響力がある団体や人物のこと。こうしたところからの情報伝達や働き掛けは、販売促進やイメージ形成を行う際に効果的である。

OFF-JT
おふじぇいてぃ

Off the Job Trainingの略。仕事を離れて、知識や技能を身に付けさせる教育訓練のこと。研修会や通信教育、留学などがある。⇒OJT

オンラインシステム
on line system

端末装置が中央処理装置と直結されて、リアルタイムで処理されるしくみのこと。銀行の預貯金、JRや航空機の座席予約システムなどがある。

か

開放型チャネル政策
かいほうがたちゃねるせいさく

商品が生産者から消費者に至る流通経路に対する方策のひとつ。特定の条件を付けたり、区別したりせず、取引を希望する多くの卸売業者や小売業者を利用、活用し、多くの

SD法の一例

	非常に(3)	かなり(2)	やや(1)	ふつう(0)	やや(−1)	かなり(−2)	非常に(−3)	
信頼できる								信頼できない
親　切								不親切
明るい								暗　い
楽しい								退　屈
上　品								下　品

消費者に商品が到達することで、市場占有率の拡大を意図した販売経路政策である。生産者側からのチャネル管理はほとんど行わない。英語では intensive distribution channel policy と表す。

買回り品
かいまわりひん

消費者が複数の店で比較、検討したうえで、購入を決意する消費材のこと。日用品とは異なり、一般に流行している婦人服や装身具など、個性があって嗜好に大きく左右されるものである。⇒**最寄り品**

カウンセリング
counseling

ヒヤリングや事前調査で得た情報を整理して具体化し、依頼主が思い描く空間をつくりあげること。

価格協定
かかくきょうてい

市場の独占や安定した価格の維持を目的として、同業の複数の企業がそれぞれの自社製品の販売価格を協定すること。特別な場合を除いて、独占的な価格が形成されやすいので、独占禁止法によって規制されている。

価格政策
かかくせいさく

製品やサービスの価格を決定、変更する政策のこと。マッカーシーの4Pにおけるマーケティング戦略の基本政策のひとつ。価格政策は価格の決定と管理に分けられるが、消費者の評価、需要、コスト、競争、法的規制などの要因によって価格が決まる。

寡占
かせん

少数の大企業によって、市場のシェアが支配されている独占形態のこと。寡占企業の製品価格によって、他社も同額に設定せざるを得なくなり、価格決定の自由度が低くなる。

割賦販売
かっぷはんばい

2カ月以上の期間に渡り、かつ3回以上に分割して、購入者が代金を支払うことを条件に、政令で定められた指定商品を販売すること。割賦販売法によって、販売条件の明示、契約書名の交付、クーリングオフの告知、販売業者による契約解除、損害賠償などに関して規制がされている。

カテゴリーキラー
category killer

カテゴリーとは、同じ性質のものが属すべき範囲、範ちゅうのこと。カテゴリーキラーはディスカウントストアの1形態であり、特定の商品カテゴリーに専門化した豊富な品揃えで、低価格販売を行う大型専門店のこと。

カラーチップ

色の見本帳。幅広い色のニュアンスが揃うので、クライアントをイメージを共有したりインテリアの配色を検討したりする際に役立つ。

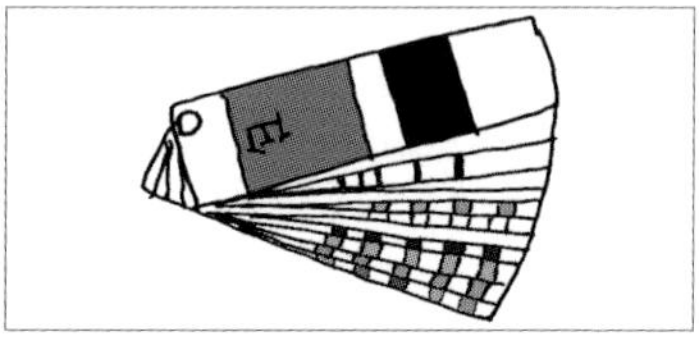

カルテル
kartell

同業者や業界団体の内部において、自由競争を避けるために、共同で価格や生産数量、販売地域、取引先などを協定する行為のこと。不当な取引制限、競争制限の行為として、独占禁止法で禁止されている。

慣習価格政策
かんしゅうかかくせいさく

値上げ、値下げを行うことのない、慣習的に定められている価格のこと。長期間に渡ってすべてのメーカーの価格が一定で、消費者に定着している製品がこれに当たる。

キャッチセールス
catch sales

街頭で通行人を呼び止めてアンケートなどを装い、商品やサービスのセールスを行うこと。消費者を保護するために、営業所で契約を行なっても、訪問販売法によって契約日から8日間以内であればクーリングオフができるという規定が定められている。

クーリングオフ
cooling off

無条件契約解除のこと。訪問販売、キャッチセールス、割賦販売などにおいて、業者の営業所以外の場所で売買契約を行なった場合、契約書を受け取った日から8日以内であれば書面によって契約解除することができる制度である。連鎖販売取引(マルチ商法)の場合は、20日間であれば、電話などでも契約を解除できる。2022年より、書面による他、電磁的記録でも通知を行えるようになった。

クライアント

顧客、依頼者のこと。製品やサービスの提供を受け取る人や組織を指す。

クライアントインタビュー

顧客（クライアント）と面談して、インテリア計画に必要な情報を収集すること。向かい合って対話する形式が基本となる。お互いの表情を交えながら、顧客情報やニーズ、顧客の潜在的な意識や要望を調査する。

クレーム処理

くれーむしょり

消費者からのクレームに対応して、問題を解決すること。クレームには否定的な印象があるが、消費者の要望が見えてくる場合もある。こうした情報を有益に活用することで、顧客離れを防ぐことができる。

契約

けいやく

相方の「申込み」と「承諾」の意思表示により成立するもの。民法によって、契約時における当事者の立場は平等で、契約の内容や形式などは自由であるが、双方に拘束力を持つ法律行為である。一般的に、契約書はその成立を証するものであるが、契約成立の要件ではない。また、瑕疵担保責任やクーリングオフの規定などによって、契約を解除できる。

契約自由の原則

けいやくじゆうのげんそく

契約の締結、契約相手の選択、契約内容などを自由に決定することができるという原則のこと。公序良俗に違反する内容や強行法規に反する場合は制限される。契約時に一方的に決定されるものではなく、疑義が生じたり、要望があったりした場合には、協議を行うことができるというもの。

KJ法

けーじぇいほう

川喜田二郎によって提唱された、定性的分析の手法のこと。多種多様な情報や事柄を、簡潔な文章にまとめてカードに記入し、いくつかの共通する属性やイメージでまとめてグループをつくる。このグループ間の関係を分析、統合した図を作成し、そこから文章化して解決すべき問題の所在、形態を明らかにしていく。

下代

げだい

商品の仕入れ価格、または卸価格のこと。

広告

こうこく

商品やサービスの品質、特性、企業のイメージや情報を伝達する有料形態の販売促進活動のこと。一般的に、広告の目標には、広告に対する消費者の反応を段階的に分けたダグマー理論が用いられる。

> **豆知識　ポップの効果**
>
> 
>
> 広告ではよくポップ（POP）が用いられる。これはビジュアルプレゼンテーションのひとつで、小売店の屋外のサイン、ポスター、パネル、ショーカード、店内のディスプレイなどで使用される。視覚的に訴えることで、顧客の購買意欲を刺激し、購買決定に結び付けることができる。

公正競争規約

こうせいきょうそうきやく

消費者の利益を保護するために、事業者などが商品の表示や景品類について自主的に規制するルールのこと。商品やサービスの正しい情報を提供することで、過大な景品類の提供を避けるという目的がある。消費者庁長官や公正取引委員会の認定を受ける。

公正取引委員会

こうせいとりひきいいんかい

独占禁止法を運用するために設置された機関のこと。国の行政機関には、省庁以外に「行政委員会」と呼ばれる合議制の機関があるが、公正取引委員会はこれに該当する。国の行政組織上は内閣府の外局として位置付けられている。

公正マーク

こうせいまーく

公正競争規約に基づいた基準に適合したことを示すマークのこと。事業者や事業者団体が自主的に設定したものである。

コーポラティブチェーン（コーペラティブチェーン）

cooperative chain

同一業種の小売店が独立性を保ちながら、有力な小売店が主宰するチェーン組織に参加して、仕入れや広告などの販売促進活動の共同化を図るもの。小売店主宰共同組合という。

コーポレートアイデンティティ
corporate identity

企業の独自性確立のために、ビジュアルアイデンティティなどの視覚的な表現を統一して、企業イメージを総合的に表現、形成する戦略のこと。CIと略称される。

コーポレートシチズン
corporate citizen

文化支援や地域社会への貢献などで、市民の一員として企業が役割や責任を果たそうとする思想のこと。

顧客志向
こきゃくしこう

顧客のニーズに適った製品づくりを行ない、顧客の満足度を高めることで利益を得る活動のこと。

顧客情報
こきゃくじょうほう

顧客に提案や助言をするために必要となる情報のこと。住所、氏名、年齢、家族構成、趣味、現住居の築年数、平面図などの基本的な属性情報に加えて、顧客の要望、価値観、予算、購買力などの情報を収集したものである。

国民生活センター
こくみんせいかつせんたー

消費者被害を防ぐために、国民生活に関する情報の提供や調査研究を行う独立行政法人のこと。「消費者基本法」に基づいて、国や全国の消費生活センターなどと連携し、情報収集、相談業務、裁判外紛争解決手続きなどを実施している。

コストコントロール
原価管理のこと。予算が確定してから、実際に仕事を行う間に、社会状況や天候などの環境の変化によって、原価が変動することもある。

コストプラス法
こすとぷらすほう

コスト志向型の価格政策のひとつ。製造原価や仕入れ原価に、一定率または一定額のマージンを加えて販売価格とする方法である。この方法は価格設定が簡単なため、利潤が安定して各社の価格がほぼ同じ水準となる。このように価格競争を回避するというメリットがあるが、その反面消費者よりも企業側の立場が優先されることになる。英語ではcost plus approachと表す。

コストプランニング
提示された予算や推定予算内で、企画や設計から、コーディネート、施工、家具・照明などの商品購入費用に至るまで、条件に合うように見積りを計画する。

個別情報
こべつじょうほう

顧客情報や契約、工程などの情報。

コミュニケーション
言葉や動作、文章、視覚的な表現などを通して、情報を伝えたり、理解してもらったりする相互の行為のこと。聞き取る能力と伝える能力の両方が必要となる。

コラボレーション
複数の人や団体が協力、共同して、制作する行為のこと。それによって得られた成果や成果物を指す場合もある。

コンサルティング業務
こんさるてぃんぐぎょうむ

専門知識を活用して、顧客の要望を把握し、提案や助言を行う業務のこと。業務内容には、顧客情報の収集、プランニング（計画）、アフターフォローなどがある。

コンシューマリズム
消費者が自らの利益を優先させる消費者主義、またはその運動のこと。不当な値上げ、不当表示、欠陥商品などに対して行なわれる。

コンセプト
企画や計画を行う際の基盤となる概念や考え方のこと。

さ

再販売価格維持制度
さいはんばいかかくいじせいど

メーカーが小売販売業者に対して、自社商品の小売（再販）価格を指示する制度のこと。取引条件を強制することは禁止されているが、書籍などの著作物や医薬品の一部では、独占禁止法の特例でメーカー側が価格を決めることができる。

定めなき事項
さだめなきじこう

契約書内に記載のないことが生じた場合は協議と合意をもって進めると明記された、契約書上の事項。

散布図
さんぷず
複数のデータ特性などをグラフ化して、相互関係などを分析するためのもの。

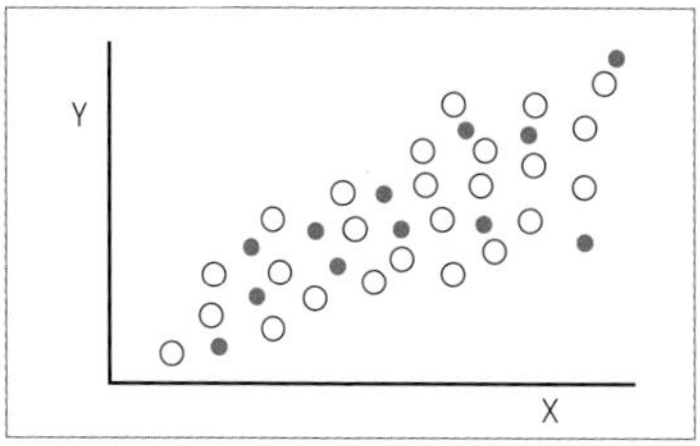

ジェネリックブランド
generic brand
大型量販店などにおいて、無商標、ノーブランドもしくは無印にした商品のこと。コストを節約するために、低価格で商品を提供する。

市場細分化戦略
しじょうさいぶんかせんりゃく
市場の特性に応じて、それぞれの市場に合った商品を展開するという戦略のこと。顧客の所得、地域、嗜好、年齢、職業など、販売に影響を与える要因を考慮に入れて、市場を細分化することで、多様な顧客のニーズに応えるものである。マーケットセグメンテーションともいう。

実務情報
じつむじょうほう
商品や業界、技術に関する実務的な情報。

CIF
シフ
輸出に関する梱包費、海上保険料、輸出通関費などのこと。港に貨物を荷揚げするまでの費用を指す。その後に掛かる費用(輸入関税、通関手数料、国内郵送費など)は含まれない。

社会志向マーケティング
しゃかいしこうまーけてぃんぐ
社会や福祉に貢献することが、成長にもつながるという理念に基づいて行なわれる企業活動のこと。ソーシャルマーケティングともいう。

尺度構成法
しゃくどこうせいほう
⇒SD法

住宅ローンアドバイザー
じゅうたくろーんあどばいざー
住宅購入者の収入や将来設計に応じて、住宅ローンを無理なく返済するための計画を提案する専門家のこと。民間資格で、一般社団法人金融検定協会、一般財団法人住宅金融普及協会(国土交通省所管)が、それぞれ主催、認定している。

使用者責任
しようしゃせきにん
事業者の従業員が業務遂行上、第三者(顧客など)に損害を加えた場合に、事業者が負わなければならない賠償責任のこと。

仕様書
しようしょ
設計図書のひとつで、図面上に表記されない事項をまとめたもの。個別の建材、設備、製品の性能、機能、形状、メーカー名、施工方法、施工業者、特記事項などが記載される。

上代
じょうだい
商品の標準小売価格のこと。

消費者プレミアム
しょうひしゃぷれみあむ
消費者に景品を提供する販売促進の方法のひとつ。パッケージに景品を付けたパックオン、応募した人や店頭で配る景品、景品引換えのクーポン券などがある。

消費者保護条例
しょうひしゃほごじょうれい
消費者を保護するための条例のこと。都道府県や市町村などの地方自治体によって制定される。

消費生活アドバイザー
しょうひせいかつあどばいざー
消費者と企業、行政などとの「架け橋」として、消費者の苦情や相談などに対して迅速かつ適切なアドバイスを行う者。消費者の意見や消費者動向を的確に把握して、商品・サービスなどの開発、改善に反映させるなどの業務がある。経済産業省認定の資格者。

消費生活センター
しょうひせいかつせんたー
商品やサービスなど、消費生活全般に関する苦情や問合わせ、消費者の相談業務を行う行政機関のこと。全国の地方公共団体によって運営されている。

消費生活用製品安全法
しょうひせいかつようせいひんあんぜんほう
消費生活用製品の安全性を確保するために、事業者の自主的な活動を促進し、一般消費者の利益を保護する法律のこと。

商標
しょうひょう

メーカーや販売業者が自社の製品であることを示す、文字、図形、記号、またはこれらを組み合わせたもの。競争企業の製品と区別するために用いられる。製品本来の機能を示したり、高級や信頼性のイメージを象徴したり、ブランドロイヤリティの確立による固有市場を確保したりするために活用される。メーカーによるナショナルブランド、流通業者によるプライベートブランドがある。一般的に英語ではtrade markというが、マーケティングではbrandといわれる。

> **豆知識　情報の収集と蓄積**
>
> 新聞、雑誌などの文献情報を集めたペーパーファイルの情報を切り抜いて蓄積することをクリッピング、蓄積した情報を要約して抄録（抜書き）する方法をアブストラクトという。これらには情報を整理、記録、保管するという目的がある。

初期高価格政策
しょきこうかかくせいさく

市場の上層にいる消費者を対象にした価格政策のこと。新製品の導入期に高い価格を設定し、高価格であることで商品のイメージアップにつなげる。一般的に、高額商品や耐久消費財に適している。上澄吸収価格政策、スキミングプライスともいう。

初期低価格政策
しょきていかかくせいさく

市場のシェアを多く占めるために行なわれる価格政策のこと。新商品の導入期に、相対的に低い価格を設定し、大量の商品を速やかに市場へ浸透させる。市場を確立するための重要な政策ではあるが、リスクも大きい。浸透価格政策、ペネトレーションプライスともいう。

人的販売
じんてきはんばい

販売員が主体となって行う販売促進活動のこと。販売員が顧客と直接接客して販売するという双方向的コミュニケーションで、購買に結び付けやすい。パーソナルセーリングともいう。

浸透価格政策
しんとうかかくせいさく

⇒初期低価格政策

スキミングプライス
skimming price

⇒初期高価格政策

ストアブランド
store brand

小売業者が独自に付けた商品や商標のこと。SBと略すこともある。⇒プライベートブランド

請求書
せいきゅうしょ

各費用や報酬の請求を記した書面。契約書記載の期日や納品が完了した後に作成する。

製品計画
せいひんけいかく

メーカーの製品開発から廃棄に至る一連の計画のこと。製品に関する市場調査、アイデア収集から、新製品の開発、既存製品の改良、新用途の開発、廃棄に加え、製品の多角化、多様化、単純化、パッケージング、ブランディングなどまでが含まれる。英語ではproduct planningと表す。

製品ライフサイクル
せいひんらいふさいくる

市場における製品の寿命のこと。一般的に、導入期、成長期、成熟期、衰退期の4段階のプロセスで表される。利益曲線は販売曲線より一段先行し、成熟期においては売上高のピークに対して利潤は横ばい、もしくは下降する、という特徴がある。衰退期には需要が減退の一途を辿り、損益分岐点を明らかにしたあとに、廃棄のタイミングが図られる。英語ではproduct life cycleと表す。

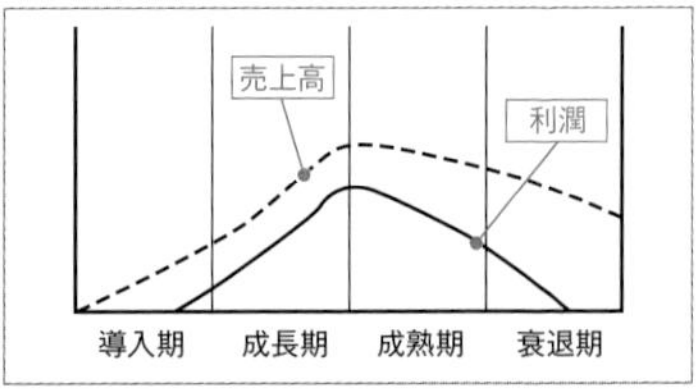

セールスプロモーション
sales promotion

広告、パブリシティ、人的販売を補完し、見込客に対して、商品やサービスへの需要や欲望が強くなるように仕向けるマーケティング活動のこと。メーカーは消費者を対象としたコンシューマープロモーションと、販売者

を対象としたディーラープロモーションを行う。SPと略すこともある。

選択的チャネル方式
せんたくてきちゃねるほうしき
メーカーなどが基準、取引条件に適合する流通業者を適宜に選択して、特定の流通業者のみと取引を行う販売経路政策のこと。メーカーがある程度、流通へのチャネル管理を行うことで、販売の効率化と自社の影響力を高めることができる。英語ではselective distribution channel policyと表す。⇒**流行チャネル**

専売的チャネル政策
せんばいてきちゃねるせいさく
一定の地域において、特定の流通業者のみに自社製品の専売権を与える代わりに、当該流通業者は他社製品を扱わないという排他的取引契約を結ぶ販売流通政策のこと。生産者側が流通への強力なチャネル管理を行う。独占的チャネル政策、排他的チャネル政策ともいう。英語ではexclusive distribution policyと表す。

ソーシャルマーケティング
social marketing
⇒**社会志向マーケティング**

損益分岐点
そんえきぶんきてん
総収入(売上高)と総費用(原価・経費)が一致する損益ゼロを示す採算点のこと。総収入が損益分岐点以上であれば利益が生じ、分岐点以下であれば損失が生じる。

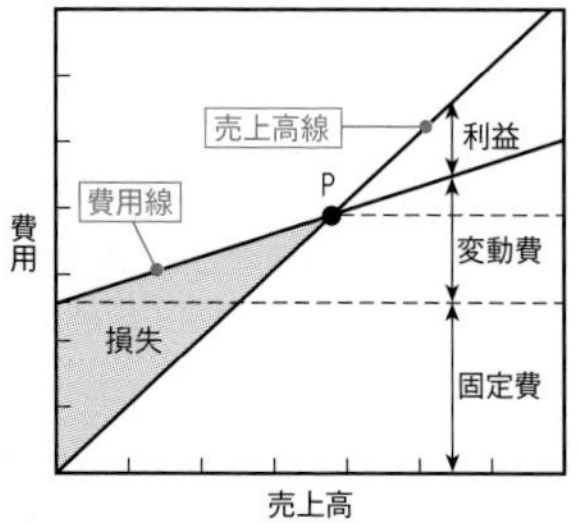

P点が損益分岐点を示す。

た

ダイレクトマーケティング
direct marketing
生産者から直接消費者に販売するという最短の流通チャネルのこと。自家製の商品を販売する製造小売形態だけでなく、メーカー販売員による訪問販売や直販ルートの通信販売などもこの形態に該当する。⇒**流通チャネル**

ダグマーモデル
DAGMAR model
R・コーレイによって提唱された、広告の効果測定基準のこと。広告に対する消費者の反応を、未知、認知、理解、確信、行動の各段階に分けて広告目標を設定。そのうえで、どのような効果があるかを測定する。

チェーンストア
chain store
単一資本で、11店舗以上の直営店舗をもつ小売業や飲食業のこと。経営形態によって、レギュラーチェーン、コーポラティブチェーン、ボランタリーチェーン、フランチャイズチェーンなどに分類される。

追跡調査
ついせきちょうさ
継続的にその後の状態を調査すること。アフターフォローともいう。

豆知識　業務終了後の調査

物品の納品や工事が完了するとインテリアコーディネーターの業務は終了となるが、依頼者はこれから長く住んでいくことになる。提案したように快適に暮らせているか、不具合や問題がないか、これらを定期的に調査し、不具合があった場合には迅速に対応しなければならない。

ツーウェイコミュニケーション
一方向ではなく、双方向(two way)に情報伝達を行うこと。

通信販売
つうしんはんばい
電話、郵便、口座振込などで申込みを受けて、指定商品などを販売すること。訪問販売法によって、誇大広告の禁止、申込み代金の受領通知の規制などがあるが、クーリングオフは適用されない。

データ
data
情報を収集して、保存した状態のこと。

ディーラーコンテスト
dealer contest
販売業者に対するセールスプロモーションのひとつ。メーカーなどが販売業者を対象に競技会を行ない、表彰したり、賞金を与えたりすることで、自社製品に対する販売意欲を増進させる。売上高、陳列、接客技術、POPなどのコンテストがある。

ディーラープレミアム
dealer premium
販売業者に対するセールスプロモーションのひとつ。メーカーなどが販売業者に対して、旅行に招待したり、特別報奨金(現金プレミアム)や景品を与えたりすることで、販売意欲を増進させる。

ディーラーヘルプス
dealer helps
販売業者に対するセールスプロモーションのひとつ。メーカーなどが自社製品の販売促進を図るために、販売店の経営診断、情報提供、教育・訓練、マネキン派遣、店舗改善資金援助など、さまざまな販売店援助を行う。

定性的分析
ていせいてきぶんせき
相対的に数量化できない情報を質的に分析すること。客観的分析と主観的分析に分かれる。代表的な手法にはKJ法や特性要因図、関連樹木法などがある。

定量的分析
ていりょうてきぶんせき
情報が数字で表現されているかどうかとは無関係に、相対的に数量化して分析すること。客観性をもつことが多いとされている。

手付金
てつけきん
契約時に支払われる購入代金の一部のこと。マンションなどの不動産においては、代金の1割から2割が一般的である。

デベロッパー
特に大規模な再開発事業、都市開発、リゾート開発事業やオフィスの建設、マンション建設・分譲などを行う不動産業者のこと。

テリトリー制
一定地域内において、特定の流通業者だけに自社製品を限定販売する販路政策のこと。専売的チャネル政策などがある。自由価格競争を妨げることから、独占禁止法で制限されている。

デリバリー
delivery
工場からの出荷、搬送、物件への搬入までの過程のこと。業者ごとに取り決めがあるので、依頼時には必ず確認する。

電子式自動受発注システム
でんししきじどうじゅはっちゅうしすてむ
⇒EOS

特性要因図
とくせいよういんず
さまざまな要因やプロセスを解明するために用いられる定性的分析のひとつ。魚の骨に似た形状の図で表される。

独占禁止法
どくせんきんしほう
公正かつ自由な競争を確保するために、私的独占、不当な取引の制限、不公平な取引方法の各行為を禁止する法律のこと。一般消費者の利益を確保するとともに、経済の健全な発展を図ることを目的として、公正取引委員会が設置されている。

特定商取引に関する法律
とくていしょうとりひきにかんするほうりつ
2001年に訪問販売等に関する法律を改正してつくられた法律のこと。マルチ商法の規制強化、モニター・内職商法、インターネット通販への規制などが新たに盛り込まれた。

トレーディングスタンプ
trading stamps
消費者プレミアムとしてのセールスプロモーションのひとつ。消費者の購入金額に応じて発行され、貯まった数量に応じて景品と交換できるクーポン付きの点数券である。

トレードマーク
trade mark
商標法による審査を受けて、独占的使用権を与えられた登録商標のこと。商標権は10年間で、それ以降は更新登録で延長される。
⇒商標

な

ナショナルブランド
national brand
全国的に知名度のあるメーカーの商品、商標のこと。小売業にとって知名度の高いナショナルブランド製品は販売しやすい。その反面、メーカーの仕入れや販売条件など、流通支配の影響を受けやすくなる。NBと略される。

2次データ
にじでーた

対象から直接収集された1次データをまとめたもの。これらは、報告書や一般刊行印刷物、データベースなどに整理される。既存データ、加工データとも呼ばれる。

ニュースリリース
news release

パブリシティ向けに、企業がマスコミ関係者に配布する自社情報の広報印刷物のこと。経営方針、新製品やサービス、展示会や発表会などの広報に用いられる。

ネガティブ·オプション
negative option

注文していない商品を一方的に送り付けて代金の請求を行う商法のこと。送り付けられた人が返品の通知をしないと、購入の意思があると見なされることに付け込んだものである。送り付け商法ともいう。

ノンバーバルコミュニケーション
non-verbal communication

⇒非言語コミュニケーション

豆知識　ノベルティとは

大きな集客を見込んだ広告のひとつ。社名など広告主を表示し無料で配布する景品広告で、社名入りのティッシュペーパーや文房具などがある。

は

パーソナルセーリング
personal selling

⇒人的売買

ハウスオーガン
house organ

企業のイメージアップや販売促進効果を目的として、定期的に発行する刊行物のこと。従業員や家族を対象にした社内報と、顧客や取引先を対象とした社外PR誌がある。

パブリシティ
publicity

特定の企業や製品に関する情報のうち、新聞、雑誌、ラジオ、テレビなどのマスメディアの判断で採用される情報のこと。広告とは異なり、原則的に企業の費用は掛からず、受け手の信頼性は高い。抵抗も少なくて、販売促進の効果は大きいとされている。

パレート図
ぱれーとず

同じ属性のものをまとめてグラフ化したもの。それぞれを多い順に累積、比較することで分布状態を整理し、その要因を明らかにする。ABC分析図とも呼ばれる。

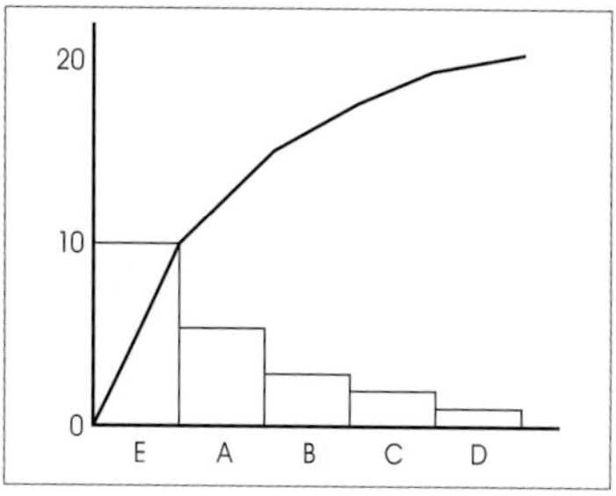

VAN
ばん

付加価値通信網のこと。電話回線や公衆通信網を借用して、広域の閉じたネットワークをつくり、情報を符号、画像、音声などで交換したり、情報を蓄積したり、複数に同報したり付加価値の高いサービスを提供する。特に流通業界で用いられているものは流通VANという。value added networkの略。

販売促進
はんばいそくしん

マッカーシーの4Pにおけるマーケティング戦略の構成要素のひとつ。広告宣伝、人的販売、セールスプロモーション、パブリシティ、口コミなどを通じ販売活動を行う。

非言語コミュニケーション
ひげんごこみゅにけーしょん

コミュニケーションの手段のひとつ。言語(バーバル)によらない表情、視線、しぐさ、身だしなみ、声のトーンなどによって、情報を伝達したり、理解させたりすることである。ノンバーバルコミュニケーションともいう。なお、対義語はバーバルコミュニケーションで、言語による説明、文章などによる伝達、理解のことを意味する。

ビジネスマインド
仕事において必要とされる意識のこと。依頼者は、インテリアコーディネーターという専門家に仕事をお願いしている。そのため、仕事を遂行する際は、仕事への考え方、モチベーション、情熱、使命感などをもって、依頼内容に応えなければならない。

ビジュアルプレゼンテーション

イラストや映像などで「視覚的」に情報をまとめて提案するプレゼンテーション手法のひとつ。⇒**プレゼンテーションボード**

> **豆知識　設計図書を3次元で表現**
>
> 
>
> インテリアコーディネーターは、提案する空間を依頼者に理解してもらう必要がある。ただし、設計図書は文字や2次元で表現されるため、一般の顧客はなかなか理解できない。そこで、インテリア空間の仕上がり、目線、動線などをわかりやすくするために、空間を立体的(3次元)で表現する。これによって、顧客が完成図をイメージしやすくなるのだ。

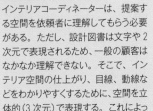

ヒヤリング

hearing

顧客の要望の概略を把握する事前調査。

標本調査

ひょうほんちょうさ

調査対象となる母集団の中から、一部を抽出、調査する方式のこと。このとき抽出された調査対象を標本(サンプル)という。標本の特性から、母集団の特性を推定することができる。標本は意図的に指定する場合と無作為に抽出する場合がある。

フィランソロピー

⇒**メセナ**

フェースシート

アンケート調査における、性別や年齢、職業などの個人属性にまつわる質問項目のこと。アンケートなどの分析、集計においては分析軸となる情報である。

フェーストゥフェース

face to face

相手と直接向かい合い、表情を交えながら対話するコミュニケーションのこと。

不公正取引

ふこうせいとりひき

公正な競争を阻害するおそれのある取引行為形態のこと。私的独占、不当な取引制限と並んで、独占禁止法で禁止されている。取引拒絶、差別対価、差別的取扱、不当廉売、抱合わせ販売等の取引強制、排他条件付き取引など、さまざまな禁止取引行為がある。

プッシュ戦略

ぷっしゅせんりゃく

メーカーによる流通販売業者に対するセールスプロモーションのこと。卸売業者、小売業者に対するディーラーヘルプスやアローアンス、リテールサポートなど、さまざまな支援や援助によって、メーカーは自社製品の販売促進を目指す。

不当表示

ふとうひょうじ

公正な販売競争を阻害するおそれのある広告、商品のラベル、包装、説明書などの表示のこと。虚偽や誇張、あるいは誤認させるような紛らわしい表現を用いて消費者を不当に誘い込むものである。

プライベートブランド

private brand

スーパーなどの大手小売業者が独自に付けた商標、商品のこと。OEM(委託生産)による商品が多い。PBと略すこともある。

フランチャイズチェーン

franchise chain

チェーンストアのひとつ。主宰者(フランチャイザー)が加盟店(フランチャイジー)に対して、自己の商号、商標を使用させて同一性のイメージで事業を行う権利を与える。それとともに、各種ノウハウなどの経営に関する指導を行い、商品やサービスの独占的販売権を与える。その代わりに、加盟料や手数料をとり、主宰者の強力な指導のもとで管理される。⇒**チェーンストア**

ブランド

⇒**商標**

プル戦略

ぷるせんりゃく

メーカーによる消費者に対するセールスプロモーションのひとつ。消費者に向けて大量広告や購買意欲を刺激するサンプリング、プレミアム、店頭でのデモンストレーションなどを行なって関心を引き付ける。商品やブランド知名度を高めることで、自社ブランド商品の大量指名買いを促す戦略である。

ブレーンストーミング

会議方式のひとつ。集団で自由にアイデアや意見を出し合う技法のこと。互いに影響し合って多数のアイデアや発想を引き出して、統一意見や新しい視点を抽出することができる。なお、付箋などにアイデアを書き、共通項目を見つけてグループ化していくKJ法(文化人類学者、川喜田二郎が考案した手法)とともに行なわれることが多い。

不陸
ふろく

凸凹していて、水平でない状態のこと。

プロジェクト情報
ぷろじぇくとじょうほう

特定の顧客や業務に関する1次情報のこと。顧客情報、商品情報、工事情報、見積書や契約書、領収書などの文書を含む実務情報がある。

ペネトレーションプライス
penetration price

⇒初期低価格政策

訪問販売
ほうもんはんばい

特定商取引法で定められた訪問販売のこと。営業所外での指定商品の販売の他、施設での指定サービスの提供、ゴルフ会員権などの権利売買、路上で勧誘するキャッチセールス、営業所に誘い出すアポイントメントセールスなどがある。購入者が損害を受けることを防止するため、訪問販売法で規制されている。

訪問販売等に関する法律
ほうもんはんばいとうにかんするほうりつ

訪問販売、通信販売、電話勧誘販売などの無店舗販売が適正かつ公正に行なわれるよう制定された法律のこと。いわゆるマルチ商法(連鎖販売取引)、エステや英会話などの前払い式サービス(特定継続的役務提供)も対象となる。誇大広告の禁止や特定事項の表示義務などが定められている。

ポートフォリオ
portfolio

作品や実例集のこと。コンサルティング業務に役立つ。

ホームインプルーブメントセンター
home improvement center

DIY商品や住宅建材、修繕用品、ガーデニング用品などの住関連商品を専門に取り扱うセルフサービスの複合的店舗のこと。ホームセンターともいう。

POSシステム
ぽすしすてむ

販売時点情報管理システムのこと。売り場のレジスターから収集した販売情報に基づいて、売上動向、購買分析、商品管理、顧客管理などを分析したり、伝票作成からデータ記録に至る事務処理の省力化を図ったりする。小売業の総合情報システムとして普及している。point of sales systemの略。

ボランタリーチェーン
voluntary chain

同一業種の小売店が独立性を保ちながら、卸売業者が主宰するチェーン組織に加入して、仕入れや広告などの販売促進の共同化を行う任意連鎖店のこと。特に小売店が主宰するものは、コーポラティブチェーンという。⇒チェーンストア

ま

マーケットセグメンテーション
market segmentation

⇒市場細分化戦略

マーケティングミックス
marketing mix

市場の需要に効果的に働きかけるうえで、マッカーシーの4P(製品計画、価格政策、流通政策、販売促進)のツールを組み合わせたり、選定を行なったりすること。

訪問販売における4つの禁止行為

1	売買契約等の締結について勧誘を行う際、または締結後、申込みの撤回(契約の解除)を妨げるために、事実と違うことを告げること。
2	売買契約等の締結について勧誘を行う際、または締結後、申込みの撤回(契約の解除)を妨げるために、故意に事実を告げないこと。
3	売買契約等の締結について勧誘を行う際、または締結後、申込みの撤回(契約の解除)を妨げるために、脅して困惑させること。
4	勧誘目的を告げない誘引方法(いわゆるキャッチセールスやアポイントメントセールスと同様の方法)により誘引した消費者に対して、公衆の出入りする場所以外のところで、売買契約などの締結の勧誘を行うこと。

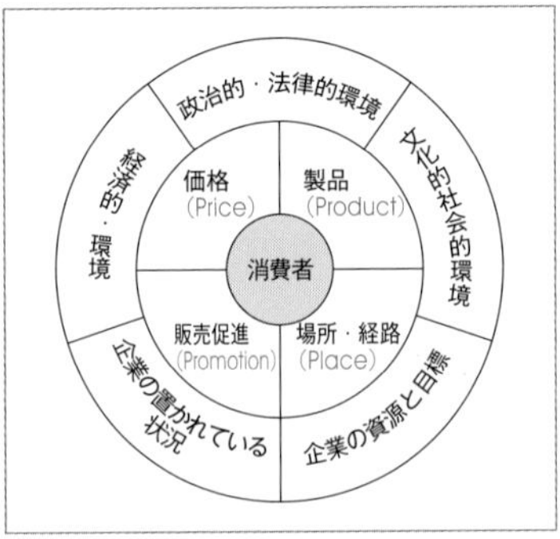

マーチャンダイジング
merchandising
市場調査を参考にしながら、科学的な手法のもとに売れる商品をつくること。または、販売流通業者において商品開発や商品仕入れ、商品の展示、陳列など、一連の商品化計画を指す。商品、場所、価格、数量、時期の適正な計画と管理が重要な課題となる。

前払い式特定取引
まえばらいしきとくていとりひき
商品の提供前に、代金を全額、または一部を2カ月以上の期間に渡って、3回以上に分割して受領する取引のこと。冠婚葬祭互助会の取引などで用いられる。

マズローの欲求段階説
まずろーのよっきゅうだんかいせつ
人間の欲求には段階があり、低次元の段階の充足を経て、次の高次元の欲求が顕著化するという心理学者マズローの学説。その欲求には、低次元から生理的欲求、安全欲求、所属と愛の欲求、尊敬の欲求、自己実現の欲求の5段階がある。

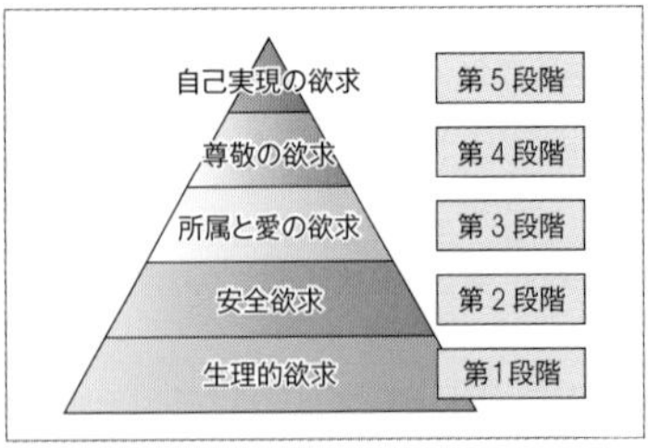

マッカーシーの4P
E・J・マッカーシーによって提唱された理論。消費者の欲求を充足させるには、製品(product)、価格(price)、場所・流通(place、distribution)、販売促進(promotion)という4つの課題(4P)がある。

マニュアル
手引書、手順書のこと。取扱説明書とマニュアルが一緒になっていることもある。

名声価格政策
めいせいかかくせいさく
ブランド品などに高価格を付けることで、消費者の満足感を得ること意図した価格政策のこと。品質やグレードの良さと結び付けて、消費者がそれらを消費、利用することで、自分の地位やイメージが高くなったかのように思わせる。

豆知識　メセナとは?

国家や企業が社会的、文化的貢献として行う、文化や文芸、芸術活動に対する支援活動をメセナという。これは「企業は社会や文化に貢献する存在である」という考え方に基づく。また、社会志向をコンセプトとする企業が行う社会貢献の活動をフィランソロピーという。

メンテナンス
維持管理のために、点検、修理、整備などを行うこと。

メンテナンスコスト
メンテナンス(維持管理)に掛かる費用。

木工事
もっこうじ
大工工事の一種で木材の加工、造作工事などのこと。大工工事を指す場合もある。

最寄り品
もよりひん
食料品や日用品などの生活必需品のこと。消耗性が強く、購買頻度が高いものである。品質と価格のみで評価され、比較、検討には時間を掛けずに、手近な最寄りの店で購入する商品群を指す。⇒**買回り品**

や

約款
やっかん
定型化、標準化できる契約の条項を定めた文書のこと。たとえば、建設工事では不十分な契約内容によって紛争が起こりやすいが、こうした事態を避けるために工事請負契約約款が作成される。設計や監理業務契約についての契約約款もある。

ら

ライフスタイル
Life(ライフ:生活)とStyle(スタイル:様式)を合わせた生活様式のこと。暮らしそのものであるとともに、趣味、嗜好、考え方なども含めた広義のものである。

ライフスタイル調査
らいふすたいるちょうさ
暮らし方や生き方などの具体的な顧客情報を調査すること。たとえば、家族それぞれの、朝から晩までの生活様式や、来客の頻度、持ち物、趣味などを把握する。

ランダムサンプリング
random sampling
標本調査のうち、無作為に抽出した標本(サンプル)を調査することで、母集団の特性を推定する無作為標本抽出法のこと。推定精度が高いため、全数調査よりも広く実施されている。

ランニングコスト
運用・管理費用のこと。設備類は、家具類と違って、電気、水道、ガスなどを日々使用するために運用費用が掛かる。初期投資のイニシャルとランニングの両方を比較し、どちらが得か損かを検討する。⇒**イニシャルコスト**

留置権
りゅうちけん
修理やクリーニングなどのために、商品を預かった場合、代金が支払われるまでは、商品を引き渡さず、留置することができる権利のこと。商品の管理者には注意義務があるため、目的物を管理することを要求されるだけでなく、目的物を勝手に使用したり、貸したり、売ったりすることができない。

流通政策
りゅうつうせいさく
マッカーシーの4Pにおける、マーケティング戦略の基本政策のひとつ。流通チャネルの長短、流通チャネルの広狭、物的流通などの要因によって設定される。

インテリア関連工事種別の例

工事種別	主な内容
仮設工事	足場・養生・清掃・残材処分費など
防水工事	屋内防水費
大工工事	大工工事、型枠工事、造作工事費など
石工事	石材加工、石積み(張り)工事費など
左官工事	左官工事、モルタル工事など(珪藻土などの塗壁は左官工事)。 材工共の費用
建具工事	木製建具(室内建具、襖、障子、取り付け工事費)
ガラス工事	ガラスの加工と取り付け工事費
タイル工事	タイルの張付け、取り付け工事費など
塗装工事	塗料、塗材などを工作物に吹き付ける、塗るなどの材料費と工賃
内装仕上げ工事 インテリア工事 天井工事	壁貼り内装間仕切り工事、床仕上げ工事(ビニル床タイル、カーペット、ウッドカーペットなど)、畳工事(畳を用いて建築物の床仕上げを行う工事)、襖工事(襖を用いて建築物の間仕切りなどを行う工事)、家具工事、防音工事などの内装工事、床仕上げ工事など。材工共の費用
電気工事	送配電線工事、引込み線工事、照明設備工事費及び スイッチ・コンセント取り付け費など
衛生・設備工事	浴室、トイレ、キッチン設備本体費、設備費やそれに伴う給排水などの配管工事費、換気・空調・冷房設備工事などの本体費と取り付け費など
カーテン工事	生地代、カーテン縫製費やカーテンレールなどの取り付け費

※工事種別に関しては、建設業は、国土交通省の許認可事業である。取り扱う工事は、建設業法で定められた28区分に分けられ、工事ごとにまとめる場合もある。そのため、工事ごとに請負業者が違い、運搬費などが工事ごとにかかる場合がある

流通チャネル

りゅうつうちゃねる

商品がメーカーから消費者に流通する経路のこと。長さを基準にする分類と、幅を基準にする分類に類型化できる。前者には、ダイレクトマーケティングなどの「メーカー→消費者」、小売店直結方式などの「メーカー→小売業→消費者」、伝統的な流通形態の「メーカー→卸売業→小売業→消費者」などがある。後者には、開放的チャネル、選択的チャネル、専属的チャネルの3つがある。

レギュラーチェーン

regular chain

単一資本で、11以上の店舗が同一会社によって直接経営、管理される小売業態のこと。単にチェーンストア、またはコーポレートチェーンとも呼ばれる。

連鎖販売

れんさはんばい

ある商品やサービスの再販売をする人を勧誘することで利益が得られる販売システムのこと。連鎖販売におけるクーリングオフは20日以内。マルチ商法とも呼ばれる。

Part 3
インテリアビジネス

21 表現技法

あ

R
あーる
円の半径や円弧の寸法を記入する場合に用いられる記号。

アイソメ図（アイソメトリック図）
あいそめず（あいそめとりっくず）
立方体を描くときに、3本の軸が120度で交わるように描かれた図のこと。それぞれの線は同一の比率なので、空間全体の見え方が自然である。等角投影図ともいう。

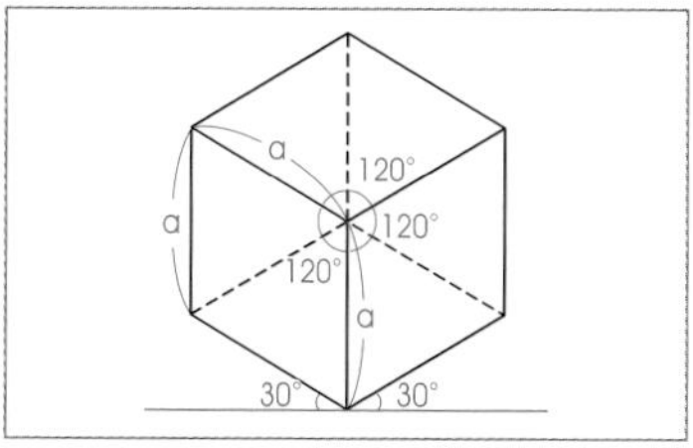

アイデアスケッチ
⇒ラフスケッチ

アクソメ図（アクソノメトリック図）
あくそめず（あくそのめとりっくず）
各面を垂直に持ち上げた状態で描かれた図。縮尺通りに描くと、高さが強調されて不自然な見え方になる。そのため、実際の自然な見え方に近づけるため、高さ方向の縮尺を8割程度に縮める。不等角投影図ともいう。

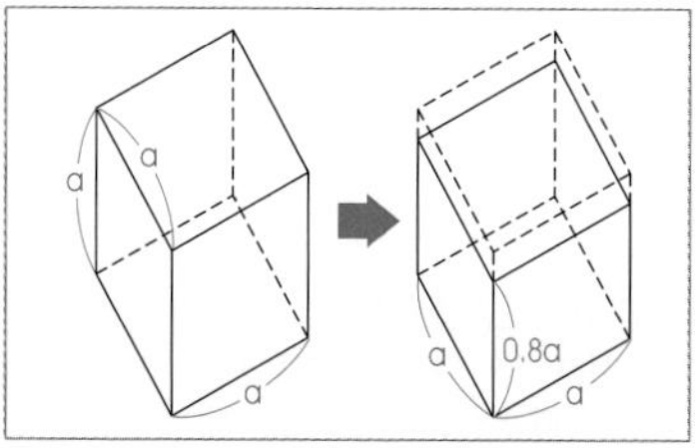

意匠図
いしょうず
建物の間取り、デザイン、仕様関係を表した図面のこと。特記仕様書、仕上げ表、面積表、配置図、平面図、立面図、断面図、矩計図、展開図、天井伏図、各種詳細図、建具表、各種ディテール（納まり）、家具什器、サイン関係、昇降機関係、外構図などがある。

1消点図法（1消点透視図法）
いちしょうてんずほう（いちしょうてんとうしずほう）
消点がひとつの透視図法のこと。奥行方向に焦点を合わせて、視点と焦点を結ぶ線に平行なものは、すべて消点に集まるようにする。室内空間などを描く際に用いられる。平行透視図法ともいう。

イメージ
心に思い浮かべる姿や情景、心象、形象のこと。目の前にない対象を、直観的、具体的に思い描く。

イメージスケッチ
全体な概念が固まっていない段階で、基本的な概念を考えるために描くスケッチのこと。

イラストレーションボード
さまざまな用途（水彩紙やカラーペーパーなど）に適した用紙の裏に、厚紙（板紙）を貼り合わせたもの。

インスタントレタリング
文字などを転写、印刷した乾式のフィルムのこと。紙以外の素材にも転写可能で、デザイン、製図、建築模型など、さまざまな場面で用いられる。

ウォークスルー
ディスプレイ上に表現された立体図面において、あたかも自分が歩きながら周りを見ているように感じさせる表現方法のこと。

内法高
うちのりだか
敷居の上面から鴨居の下面までの寸法。

エスキス
大まかな構図や色彩の配置を把握するために描かれる小さな下絵のこと。設計やデザインの準備で用いられる。

エレベーション
建物の垂直面の外観を示す立面図。

エレメントボード
インテリア計画において、必要な要素(エレメント)をボードで表現したもの。

オブジェ
事物、物体、対象などのこと。主に美術用語として用いられる。

か

階高
かいだか

ある階の床仕上げ面から、その直上階の床仕上げ面までの高さのこと。天井高とは違うので注意。⇒**天井高**

家具図
かぐず

家具の形状や仕上げ材、金物など描いて、置き家具や造付け家具(ビルトイン)などの詳細を示したもの。置き家具の場合は、投影法の第三角法によって、平面図や正面図、側面図が描かれる。造付け家具やキッチンの設備などが建築と一体になっている場合は、平面図と断面図を記入するが、詳細図を描く場合もある。

隠れ線
かくれせん

外から見えない部分を示す線のこと。図面には破線で描く。

矩計図
かなばかりず

建物の断面図の縮尺を大きくして、断面形状・構造体の位置・下地と仕上げ材の関係、高さ関係の寸法の詳細を表したもの。縮尺は、1/30や1/20などで描かれる。屋根、外壁、内部、基礎などの下地や仕上げ、材料、構法など建物の仕様を知るために参考とする図面。

カバリエ図
かばりえず

斜投影図のひとつ。幅、高さ、奥行きの比率を1:1:1となるように描く。

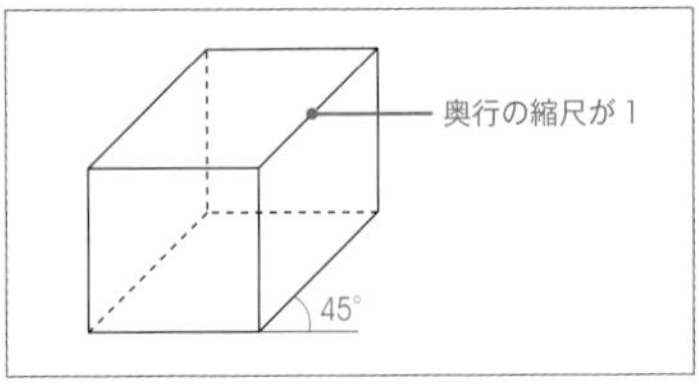

基準線
きじゅんせん

図面を描くときに、寸法や位置などの基準となる線のこと。

基礎伏図
きそふせず

建物の基礎の種類、配置、大きさなどを表した図面のこと。

基本計画
きほんけいかく

コンセプトづくり、計画に関する調査、検討、建築基準法や関連法令など諸条件の整理や検討、計画スケジュールの検討など、実施前に行なわれる計画のこと。

基本設計図
きほんせっけいず

設計の初期段階で、施主に対してプランを提案したり、打合わせをしたりするために、作成される基本的な図面のこと。縮尺100分の1の各階平面図、立面図、仕上げ表などがある。

CAD
きゃど

Computer Aided Designの略。コンピュータ上で作図をするために使用される専用ソフトのこと。作成した図面はデータとして残されるため、再利用が可能で、修正にも手間がかからない。メールなどで作成データを送信することもできる。相手がCADソフトをもっていなくても、PDF形式に変換すれば閲覧ソフトで見ることができる。

キャビネット図
きゃびねっとず

斜投影図のひとつ。幅、高さ、奥行きの比率を1:1:0.5となるように描く。

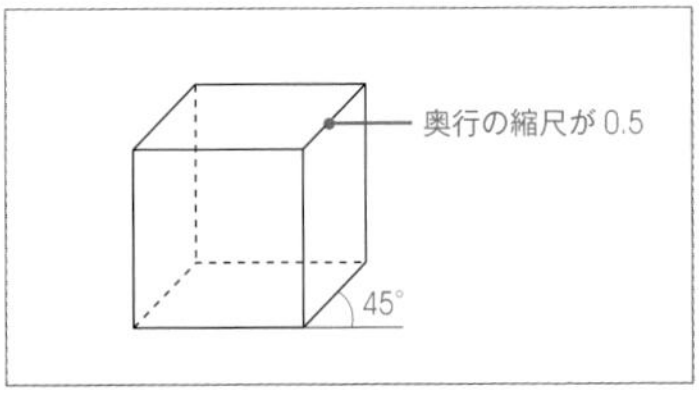

給排水衛生設備図
きゅうはいすいえいせいせつびず

給水管、排水管、ガス管がどのように配置されているかを表すもの。給排水設備記号を用いて記入される。

給排水設備記号
きゅうはいすいせつびきごう

設計図面に給排水設備などを表す記号のこと。(下表参照)

鏡像投影法
きょうぞうとうえいほう

投影の座標面を水平面に平行に置き、鏡に映る対象物の像を描く手法のこと。天井伏図はこの方法で描かれる。

共通仕様書
きょうつうしようしょ

対象となる、すべての建築工事に共通する仕様を定めたもの。

原図
げんず

最初に書かれた図面のこと。トレーシングペーパーに墨や鉛筆で直接描いた複写原紙になる。

建築製図通則
けんちくせいずつうそく

JIS規格で規定された、製図についての決まり。建築製図の図面配置や組合わせの表現などの原則が定められている。

勾配
こうばい

傾斜や傾斜角度のこと。

コンテ
映画、アニメ、テレビドラマ、CM、ミュージックビデオなどにおいて、撮影前に用意される、映像の設計図となるイラストによる表のこと。

さ

材料表示記号
ざいりょうひょうじきごう

設計図面に使用されている材料を表す記号のこと。

3消点図法(3消点透視図法)
さんしょうてんずほう(さんしょうてんとうしずほう)

縦、横、高さの3方向の線が交わり、V1、V2、V3という3つの消点がある透視図法のこと。高層ビルの外観を描くときに用いられる。斜透視図法ともいう。

三面図
さんめんず

製図で用いられる正投影図法のひとつ。通常は、正面、平面、側面の三面図で構成される。

仕上げ表
しあげひょう

各部屋の床、壁、天井の仕上げ、材料、品名、厚みなどを部屋ごとに示したもの。表の形式に決まりはないが、読みやすく簡潔なものがよい。

CG
しーじー

computer graphicsの略。コンピュータ上で描き出される画像のこと。ディスプレイ上に、色彩や光、素材感の緻密な表現を映し出せる。動画で空間の見え方をシミュレーションしたり、バーチャルリアリティを表現したりすることができる。コンピュータグラフィックスという。

軸測投影図
じくそくとうえいず

透視図と同じように、図面(アイソメトリック図など)を立体的に表現するときに使われる表現方法のこと。

実施設計
じっしせっけい

実際の見積りや工事に使われる図面を作成する作業のこと。素材や構造まで細かく書き込まれる、プロ向けの図面である。

実施設計図
じっしせっけいず

建物を施工するための図面のこと。施工者に工事の内容や方法を指示するために作成される。

代表的な給排水設備記号

記号	名称
—·——·—	給水管(上水)
——┼——	給湯送り管
————	排水管
- - - - - - -	通気管
—G——G—	ガス供給管
├○——	散水栓
—[M]—	量水器
¤	水栓(カラン)
◉	洗浄弁
⊥△	シャワー

実線
じっせん

製図に用いられる切れ目のない線のこと。外形線、断面線、寸法線などがある。(次頁表参照)

シミュレーション
検討したり、訓練したりするために、複雑な事象やシステムを定式化して行う模擬実験のこと。

尺度
しゃくど

物の長さを測る道具、または寸法のこと。

斜投影図
しゃとうえいず

透視図法のひとつ。ある一面を真正面から見た通りに描いて、奥行きを45度の角度で描く投影法である。

斜透視図法
しゃとうしずほう

⇒3消点図法(3消点透視図法)

縮尺
しゅくしゃく

図面は実際の大きさより小さく描かれるが、その縮小の割合を表したもの。

詳細図
しょうさいず

建具枠や壁と天井の取合い、設備の設置方法などを、詳しく指示する図のこと。必要な大きさに拡大して描かれる。

消点(VP)
しょうてん(ぶいぴー)

縦、横、高さの線が1カ所に交わる点のこと。2次元の紙に3次元の空間を表現するものである。奥行の線が1点に集まる。英語ではVanishing Pointと書く。

姿図
すがたず

建物の外観を描いた立面図、家具の外観などを示した図のこと。

スケール
製図の際に用いられる物差し、または縮尺のこと。縮尺定規のひとつ。3つの面の両側に、異なる縮尺の目盛り(合計6種類)が刻まれているものは三角スケールと呼ぶ。縮尺のことも表す。

スケッチパース
手描きのパースのこと。プレゼンテーションなどで、わかりやすいパースを描いて説明すると、顧客とのコミュニケーションが円滑になり、効果的である。

スタディ模型
すたでぃもけい

建築設計を行う際に、設計内容を確認するためにつくられる簡易模型のこと。

スナップ
CADの機能。特定の線・点・位置・角度に吸引されるように正確な位置に図形を配置することが出来る機能。

図面
ずめん

物の機能や構造、配置を描いた図のこと。

図面表示記号
ずめんひょうじきごう

図面を作成する際に使用する記号。

3D
すりーでぃ

three-dimensionalの略。三次元のこと。または、それを疑似的に表現する立体写真、立体映画のこと。

寸法線
すんぽうせん

対象物の寸法を記入するために引かれる線のこと。対象物の長さや角度を測定することができる。(次頁表参照)

寸法値
すんぽうち

寸法そのものの値のこと。

寸法の表し方

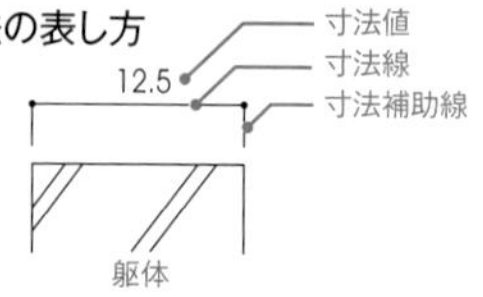

寸法補助記号
すんぽうほじょきごう

寸法値を表す際に用いられる記号のこと。半径はR、直径はφなどで表される。
(次頁表参照)

寸法補助線
すんぽうほじょせん

寸法を示したい位置から引き出される線のこと。

製作誤差
せいさくごさ

構成材を製作する際に、設計の寸法である製作寸法と、実際に製作された構成材の実寸法との差のこと。

製作寸法
せいさくすんぽう
実際に仕上がる幅と総丈のこと。納まりや誤差などを見込んで作られる寸法。

製作面
せいさくめん
製作の際に寸法を規定する面のこと。

製図
せいず
器具を用いて、図面を描く作業のこと。

製図総則
せいずそうそく
日本産業規格(JIS)によって定められた規則のこと。線の種類や描き方などが定められている。

正投影図法
せいとうえいずほう
立体を平面上に表す方法のこと。物の形状を正確に表すことができる。第一角法と第三角法がある。日本ではJISによって、第三角法を使用するよう規定されているが、ヨーロッパなどでは第一角法を使うことが多い。ISOでは両方が採用されている。⇒第一角法、第三角法

セクションパース
断面透視図のこと。

施工図
せこうず
設計図書(図面や仕様書)に基づいて施工する際に、必要な材質、形状、寸法を表示した詳細な図面のこと。

設計
せっけい
建築物や工業製品などをつくる際に、仕様や設計図、設計図書などを明示すること。建築士の責任において作成される。

設計図
せっけいず
設計者の意図する設計内容を、施行者や製造者に伝えるために用いれる図面。規則に基づいて作図される。

設計図書
せっけいとしょ
建築物や工作物を製造したり、敷地の工事などを行う際に、必要とされる図面、仕様書、その他書類などのこと。

設計プロセス
せっけいぷろせす
建築する際に、最初の基本計画から基本設

寸法補助記号と表記の仕方

寸法補助記号	意味	図面上での表記例
φ	直径	直径 30 ㎜ → φ 30
R(大文字)	半径	半径 10 ㎜ → R10
@	ピッチ	450 ㎜ピッチ → @ 450
t(小文字)	厚み	厚み 5 ㎜ → t 5
c(小文字)	面取り	面取り 15 ㎜ → c15
□	四角(正方形)	450 ㎜× 450 ㎜の正方形 → 450 □

製図における線の種類

継続形式による種類	
実線	――――――――
破線	- - - - - - - - - -
一点鎖線	―・―・―・―・―

太さによる種類	
細線	―――――――― (細)
中線	―――――――― (中)
太線	―――――――― (太)

	実線	破線	一点鎖線	意味
細線	寸法線 寸法補助線 引出し線 ハッチング 特殊な用途に用いる線	隠れ線	中心線 基準線 切断線	そこにないもの
中線	外形線	隠れ線	想定線	そこにあるもの
太線	断面線			切ったところ

計、そして実施設計に至るまでのプロセスのこと。

切断線
せつだんせん

断面図を描く場合に、切断位置を対応する図に表すための線のこと。

設備図の表示記号
せつびずのひょうじきごう

設計図面に設備図などを表すための記号のこと。(下表参照)

想像線
そうぞうせん

存在していない対象物などを便宜上描く際に用いる線のこと。対象物が移動したり、変化したりしたあとを想定して描かれる場合もある。

た

第一角法
だいいちかくほう

第1象限の空間に立体を置いて投影する手法のこと。

第三角法
だいさんかくほう

第3象限の空間に立体を置いて投影する手法のこと。

建具表
たてぐひょう

建具表示記号、建具の姿図、取り付け位置、材料、金物、鍵、仕上げなどを記載したもの。特に現場に合わせてつくる場合は、寸法、材料、塗装、金物、ガラスなど、使用するものを明確にする必要がある。

断面詳細図
だんめんしょうさいず

建物の最も主要な部分を切断して、詳細に断面を表した図のこと。矩計図もそのひとつである。

断面図
だんめんず

物の見えない部分を示すために、その部分を切断したと仮定して切断部の形状を示す図のこと。

断面線
だんめんせん

対象物の切断面を示す線のこと。対象物の切断位置などを表す。

中心線
ちゅうしんせん

対象物の中心を表す一点鎖線のこと。

鳥瞰図
ちょうかんず

地図の技法、図法のひとつ。高い位置から斜めに見下ろしたような図である。建物や山などが立体的に描かれる。俯瞰図、パノラマ図ともいう。

ディメンション
幅、奥行、高さのこと。

展開図
てんかいず

室内の中央に立ったときに、四方に見える壁面の形状を描いたもの。描き方の基本は、北側壁面から時計回りで、東面、南面、西面の順に描いていく。平面図では読み取ることができない高さの寸法や開口部の形状、コンセントやスイッチの位置、壁の仕上げなどについても描き込む。

電気設備記号
でんきせつびきごう

設計図面に電気設備などを表すための記号のこと。(下表参照)

電気設備図
でんきせつびず

照明器具、スイッチ、インターホン、コンセントなどの位置を示した図面のこと。照明器具とスイッチのつながり、点灯と消灯をどのように行うかなどの配線を表す。各配置は、

代表的な電気設備記号

○	一般の天井灯
⊖	コードペンダント
◎	はとめ
▭○▭	蛍光灯
⦿	コンセント
$\bullet_3$	3路スイッチ
⊗	換気扇
■	配電盤
◪	分電盤
――――	天井隠蔽配線
--------	露出配線
⋚	受電点

電気設備記号を用いて記入される。

天井高
てんじょうだか

床仕上げ面から天井仕上げ面までの高さのこと。階高(かいだか)とは異なるので注意。

⇒階高

天井伏図
てんじょうふせず

天井の仕上げ面を表した図面のこと。仮に床に鏡を敷いたとして、その場合に映し出される天井面を平面図と同じ向きで描いたものである。空調や照明の取り付け位置、カーテンボックスや仕上げ材などが描かれる。

投影図
とうえいず

3次元立体物を2次元平面図に写した図のこと。

等角投影図
とうかくとうえいず

⇒アイソメ図

透視図
とうしず

遠近法を使って建物を立体的に表現した図のこと。パースペクティブ(パース)の訳語である。

特記仕様書
とっきしようしょ

個別の建築工事に特有の仕様であり、特定の材料や施工方法、設備機器、メーカーの指定などを記したもの。

> **豆知識　共通仕様書よりも優先**
>
> 
>
> 特記仕様書は、仕様書に記される共通事項以外を記載するものだが、共通仕様書の記載よりも効力がある。

トレーシングペーパー
透かして複写するために用いられる薄い半透明の紙のこと。

トレース
すでにあるものをなぞること。

な

2消点図法(2消点透視図法)
にしょうてんずほう(にしょうてんとうしずほう)

V1、V2という2つの消点がある透視図法。住宅の外観や室内の隅部を描くときに用いられる。有角透視図法ともいう。

軒高
のきだか

地盤面から軒桁の上端までの寸法のこと。軒先までの高さではないので注意。

は

φ(パイ)
丸い物の直径寸法。ファイともいう。

パースガイド
あらかじめ消点が設定された、床、壁、天井にグリット(格子)を引いた透視図定規のようなシートのこと。空間を立体的に表現することができる。正確さは欠けるが、複雑な図法を用いなくても描くことができるので、実用性は高い。

パースペクティブ(パース)
遠近法を使って、建物を立体的に表現したもの。遠近法ともいう。

> **豆知識　近くの物は大きく**
>
> 
>
> 遠近法は、絵画や作図の技法のひとつで、ルネサンス期に確立された。近くの物は大きく、遠くの物は小さく描いて遠近感をもたせる。

バーチャルリアリティ(VR)
ばーちゃるりありてぃ(ぶいあーる)

コンピュータグラフィックスや音響効果を組み合わせて、人工的に現実感をつくりだす技術のこと。

配置図
はいちず

敷地と建物の位置関係を示す図のこと。

破線
はせん

等間隔に切れ目の入った線のこと。隠れ線に使われる。(339頁図参照)

破断線
はだんせん

仮に対象物の一部分を取り除いたとした場合に、境界を表す線のこと。

ハッチング
細い実線を規則的に並べたもの。

ピッチ
一定間隔で並んでいる物の1単位の距離のこと。

表示記号
ひょうじきごう

図面を作成する際に使用される記号のこと。(下表参照)

伏図
ふせず

建物を上から見下ろした状態が記載された図面のこと。主に構造図に用いられ、天井伏図、屋根伏図、小屋伏図、床伏図などがある。

不等角投影図
ふとうかくとうえいず

⇒アクソメ図

フライバイ
ディスプレイ上で、設計された空間を飛びまわって、さまざまな角度からの眺めをシミュレーションする表現方法のこと。

プレゼンテーション
情報伝達手段のひとつ。顧客に対し、資料を使って理解、納得してもらうための行為を指す。略してプレゼンともいう。

プレゼンテーションツール
プレゼンテーションの際に用いる道具のこと。PowerPointやKeynoteのソフトウエアなどを指す。

プレゼンテーションボード
プレゼンテーションの際に用いられる、資料をわかりやすくまとめたボードのこと。

平行透視図法
へいこうとうしずほう

⇒1消点図法(1消点透視図法)

平面詳細図
へいめんしょうさいず

平面図では表現できない細かい部分を表記した図面のこと。縮尺は30分の1、または20分の1を使う。

平面図
へいめんず

建築やインテリアの図面において、最も基本となる図面のこと。床から1,000ミリくらいの高さのところで、建築物を水平に切り取って、真上から見た状態を図面化したものである。

平面表示記号
へいめんひょうじきごう

平面図において、建具や開口部の形状などを表す記号のこと。(下表参照)

ま

メートル法
めーとるほう

長さの単位であるメートル(m)を基準とした単位系のこと。18世紀の末期に、度量衡の単位を国際的に統一するために、フランスで規定された。

平面表示記号

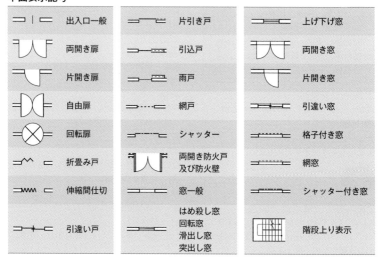

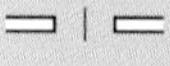	出入口一般		片引き戸	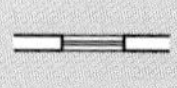	上げ下げ窓
	両開き扉		引込戸		両開き窓
	片開き扉	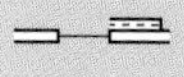	雨戸	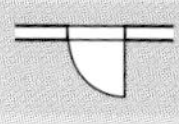	片開き窓
	自由扉		網戸	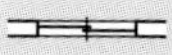	引違い窓
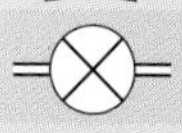	回転扉		シャッター	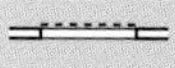	格子付き窓
	折畳み戸		両開き防火戸 及び防火壁		網窓
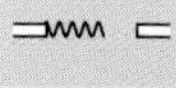	伸縮間仕切		窓一般		シャッター付き窓
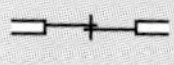	引違い戸		はめ殺し窓 回転窓 滑出し窓 突出し窓	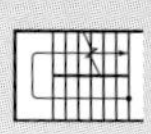	階段上り表示

目地
めじ
石やタイルなどの面材を張る際に、剥離や割れ、欠けを防止するために部材の間を目地剤で埋めた線状の部分のこと。また、同一部材の面において、区画するように施された筋のことも指す。面のデザイン性に大きく関わる要素である。

面
めん
木材角形断面の出隅角を、保護や装飾の目的で削り取って加工したもの。

面積表
めんせきひょう
建築物の面積を算出して一覧表にしたもの。配置図や1階平面図に入れる。

模型
もけい
実際の建築物を計画したり、建設したりするときに、説明や検討のためにつくられる模型のこと。

モックアップ
外見を実物そっくりに似せた原寸の模型のこと。

モデリング
模型（モデル）を組み立てること。

元図
もとず
原図のもとになる図面や図のこと。

や

屋根伏図
やねふせず
真上から見て、屋根を平面図のように仕上げた図面のこと。屋根形状や屋根勾配などが示される。

床高
ゆかだか
直下の地盤面から床仕上げ上面までの距離のこと。

床伏図
ゆかふせず
床組の構造を平面図のように仕上げた図面のこと。梁、根太などの配置が表示される。2階の床伏図の場合、2階の床板の下から1階の天井板の上までの構造が示される。

ら

ラジオシティ
物体に反射した間接光の影響をを計算し表現する方法。リアルな表現が可能だが計算時間がかかる。

ラフスケッチ
大まかなスケッチや概略図のこと。

立面図
りつめんず
直立投影面上の投影図のこと。建築物外観の側面に、東西南北を表示する。

レイトレーシング
レンダリングの一種。視点に届く光の軌跡を追って物体の色を計算する方法。

レイヤー
CADの図面作成で用いられる仮想的な透明のフィルムのこと。図面を描くときに、複数の透明のフィルムを重ねてひとつの図面をつくる。

レンダリング
3次元グラフィックスで、物体や図形に関する情報を計算によって画像化すること。視点の位置、光源の数や位置、種類、物体の形状や頂点の座標、材質を考慮して陰面消去や陰影付けなどを行なって画像を作成する。

わ

ワイヤーフレーム
3Dモデルで立体形状を表す時、面を使わず頂点と線で表現した形状。針金で立体を作ったイメージ。

Part 3
インテリアビジネス

22 業務

あ

相見積もり
あいみつもり
数社の業者に同条件で見積もりを依頼すること。価格や内容等を比較でき、適切な判断がしやすい。あいみつと呼ぶこともある。

アフターフォロー
顧客に提供した商品について、定期的に使用感や満足度など状況を確認をすること。

印紙税
いんしぜい
金銭を授受するような契約文書に課税される税金のこと。契約文書作成者に納税義務がある。ただし、契約は2者以上で交わされるため、契約者双方に課されることになる。たとえば、住宅の売買契約書や住宅ローンの契約書などを交わすには、事業者と消費者（生活者）双方が負担し、収入印紙購入を貼り付けて契約書に双方の印鑑を押して納税する。

インテリアコーディネートフィー
インテリアコーディネーターへの報酬（対価）のこと。業務への労務、時間、経験などに対して支払われる。報酬額は、経験に基づいてランクを設け、日当や時給などから算出される。

請負契約
うけおいけいやく
発注者がある業務の完成を受注者に依頼し、完成後に発注者が受注者へ報酬を支払う契約。また、その契約内容を文書にしたものを請負契約書という。

内金
うちきん
購入代金のうち、代金の一部として先に支払う金銭のこと。たとえば、マンション購入などで複数回の支払いとなる際に、その一部として中間に支払うものである。中間金とも呼ばれる。

豆知識　内金と手付金の違い

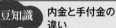

手付金は、内金と違って、法律的な性質をもつ金銭で、以下のようなものがある。①解約手付:契約の解約手法は、売主と購入者では異なる。売主は手付金の倍額を返すこと（手付金倍返し）で解約することができ、購入者は手付金を放棄すること（手付流し）で解約が可能になる。②証約手付:契約の成立を証明するもの。③違約手付：契約当事者の一方が契約違反をした場合は、違約金として充当される。①②③いずれの場合も、契約完了時には代金の一部として充当される。

か

家具の保管業務
かぐのほかんぎょうむ
住まいながらの工事や引越し時、一時的に家具を温湿度管理の行き届いた倉庫で預かる業務をいう。保管には業者の紹介や手配が必要になる。

管理費
かんりひ
主に現場での管理に関する費用のこと。現場に出る回数、必要工数、日当、時給などから算出する。

基本コーディネート
きほんこーでぃねーと
インテリアスタイルに合わせ、コンサルティングから、内装仕上げ材や建具、設備機器などの選定、必要図面の作成までの業務を指す。

業務委託契約書
ぎょうむいたくけいやくしょ
業務の一部、またはすべてを委託するために、委託者と受託者の間で締結する契約書類のこと。

グループリビング
比較的健康な高齢者が同じ家に住み、自発的に助け合って生活する暮らし方。個々の個室と一緒に使用するリビング・台所・風呂などは共有になる。

ケア付き高齢者向け住宅
けあつきこうれいしゃむけじゅうたく
バリアフリーに対応した高齢者にとって住みやすい賃貸住宅。

契約書
けいやくしょ
業務範囲、費用、期間などを明記した書類のこと。サービス内容について双方で合意するために作成される。

工事(業務)完了書
こうじ(ぎょうむ)かんりょうしょ
工事(業務)の完了を証明する書類のこと。工事(業務)の完了は、注文者が確認することで完結する。実際に工事が完了したら、注文者に報告するが、工事の内容を確認してもらったあとに完了書に署名捺印をもらう。

工事請負契約書
こうじうけおいけいやくしょ
建物が完成したら、行なった仕事に対して報酬対価を受け取るという内容の契約書のこと。ただし、目的物の建物に瑕疵や損傷、不備があった場合、請負者に補修や損害賠償の支払い責任が生じる。

工事種別
こうじしゅべつ
建設業法で定められた29区分のうちインテリアに関連する工事。内装仕上げ工事、電気工事、衛生・設備工事などある。

高齢者ケア対応型マンション
こうれいしゃけあたいおうがたまんしょん
高齢者の安心を支えるサービスを提供するバリアフリーの住宅。フロントサービス、見守りサービス、などサービスが充実している。

個別設計
こべつせっけい
決まった間取りに応じてではなく、顧客からの個別要求に基づき、一から設計や建築手配を行うこと。造作家具の設計なども含まれる。

さ

サービス付き高齢者向け住宅
さーびすつきこうれいしゃむけじゅうたく
介護不要な高齢者や介護度の低い高齢者のための住宅。介護施設職員による見守りサービス・生活相談サービスなどを受けられる。

債務不履行責任
さいむふりこうせきにん
契約の当事者である債務者が、自分の責任で契約上の義務を果たさなかった場合に、債務者がその損害を賠償すること。なお、債権者から損害賠償を請求された場合、債務者は自分に責任がないことを立証しないと、その責任を負うことになる。

質感
しつかん
色彩や形態と並ぶ造形要素のひとつ。材質感のことであり、テクスチャーともいう。

シニア住宅
しにあじゅうたく
民間事業者によって販売・運営されるバリアフリーの分譲住宅。自立あるいは要支援状態の高齢者を受け入れ、高齢者が安心して楽しく暮らせる。

住宅設備機器工事
じゅうたくせつびききこうじ
住宅における浴室やトイレ、キッチンなど設備を設置する工事のこと。

消費者物価指数
しょうひしゃぶっかしすう
消費者が購入する各種の消費やサービスの小売価格の変動を調査・算出した経済指標のこと。Consumer Price Indexの略。「CPI」とも呼ばれる。

人工知能
じんこうちのう
AI(Artificial Intelligence)の略。言語の理解や推論、問題解決などの知的行動を、人間に代わってコンピュータに行わせる技術のこと。

生活支援ハウス
せいかつしえんはうす
主に自治体が運営する自立型の高齢者向け福祉施設。住まい、生活相談、緊急時の対応、娯楽や地域住民との交流などのサービスを受けることが出来る。

積算
せきさん
工事に関する材料、労務、経費など、想定される費用を拾い出して積み上げる業務のこと。

た

手間単価
てまたんか
工事の人工代（人件費）のこと。一日にかかる職人の日当を指す。工事内容や場所、時間帯によって決まる。

取り回し工事
とりまわしこうじ
一般的には機械設備の配線取り付け工事を指す。干渉物があってストレートに配線できない場合は、電線にストレスをかけないよう工夫が必要。

な

納品書
のうひんしょ
取引先や指定先に、発注品が納入されたことを報告する書類のこと。納品先が作成するものである。

は

発注書（注文書）
はっちゅうしょ（ちゅうもんしょ）
各商品を手配して取引を交わす際に用いられる書類のこと。見積内容や仕様などが決まって、依頼者の合意が得られたあとに作成される。品名、数量、金額、納期、支払い期限などを記載する。

必要図書
ひつようとしょ
インテリアコーディネートを実現、施工するために必要な図書（図面や書類）のこと。カラースキーム、家具計画図、照明計画図、造作家具図、仕上げ表、展開図、三面図、パースなどがある。

保証書
ほしょうしょ
購入した製品に欠陥や不備などがあれば、製品の交換、修理などの対応を行うことや、その期間などを記載した書類のこと。家電製品、キッチン、ユニットバスなどの設備などに添付されている。

ま

見積書
みつもりしょ
項目ごとに業務についての費用を分類し、その内訳をリストにした書類のこと。コーディネート費用、各種エレメントの仕様や購入費、人件費、諸経費（交通費、雑費）などの項目がある。なお、見積書にはいくつかの種類（材工込み見積、材工別見積、概算見積、営業用見積、契約用見積、実行用見積、入札用見積、部位別見積、工事別見積など）がある。

や

有償契約
ゆうしょうけいやく
金銭的な給付を行う契約のこと。対義語は無償契約で、贈与したり、無償で物品を貸し借りしたりすることを指す。一般的なビジネスにおける契約は、すべて有償契約である。

ら

ライフステージ
人の発達の段階である乳幼児・幼児期・学童期・思春期・青年期壮年期・老年期に社会的環境を関連付けて、総合的に捉える考え方である。

ロス率
ろすりつ
見積りを行う際に、実際の施工数量よりも多めにした分の比率のこと。特に、壁紙、ファブリック、カーテン、床材などは、施工時に切落としや柄合わせなどで、原寸よりも少し多めに準備しておく必要がある。

覚えておきたい人名&作品名

あ

アルバー・アアルト

フィンランド生まれの建築家、都市計画家、デザイナー(1898〜1976)。建築から家具、日用品のデザイン、絵画などまで、多岐に渡る活動を行なっている。パイオミのサナトリウム、パイミオ・チェアなどを発表した。

パイミオ・チェア　1930〜31年

成形合板。モダンデザインを木で表現。

アルネ・ヤコブセン

デンマーク生まれの建築家、デザイナー(1902〜1971)。ユダヤ人で、スカンジナビア・モダン様式の代表的な人物のひとり。アント・チェア、エッグチェア、スワンチェア、AJランプなどを発表した。

アント・チェア　1952年

パイプ+成型合板。形状が蟻（アント）と似ている。3本脚。

エッグチェア　1958年

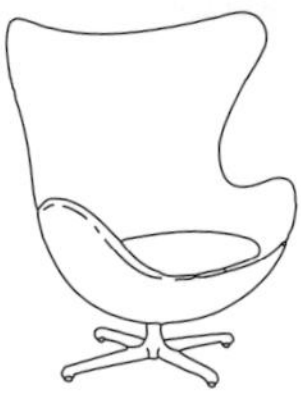

ウレタンモールディング。SASロイヤルホテルのためにデザインされた。

アントニ・ガウディ

スペイン生まれの建築家(1852〜1926)。19世紀から20世紀、モデルニスモ(アール・ヌーボー)期のバルセロナを中心に活動した。1883年に、サグラダ・ファミリア聖堂の主任建築家に任命され、この建築の設計に40年以上を費やした。サグラダ・ファミリア(聖家族教会)、グエル公園、ミラ邸(カサミラ)などの作品は、ユネスコの世界遺産に登録されている。

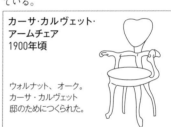

カーサ・カルヴェット・アームチェア　1900年頃

ウォルナット、オーク。カーサ・カルヴェット邸のためにつくられた。

アントニン・レーモンド

旧帝国ホテル建設のため、フランク・ロイド・ライトと来日。のちに日本にレーモンド設計事務所を設立。日本建築の発展に影響と功績を残した。

イサム・ノグチ

アメリカ・ロサンゼルス生まれの彫刻家、インテリアデザイナー、造園家・作庭家(1904〜1988)。日系アメリカ人で、日本名は野口勇である。父が慶應義塾大学教授の野口米次郎、母はアメリカの作家で教師のレオニー・ギルモア。

イサム・ノグチの照明　1950年代

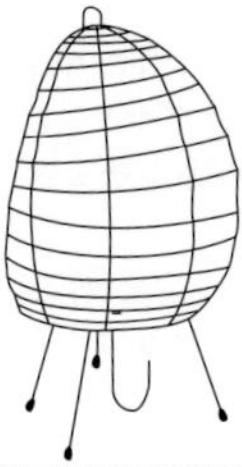

光の彫刻「AKARI」シリーズ。和紙、竹、鉄製ワイヤーの脚を持つ。

池辺陽
いけべきよし

東京帝国大学（現東京大学）卒業、坂倉建築研究所を経て東京大学教授へ。住宅建築の工業化に取組む。「立体最小限住宅」を発表。

磯崎新
いそざきあらた

ポスト・モダンの代表的な建築家。世界の建築、芸術・文化においても知名度の高い日本人建築家のひとり。代表作は京都コンサートホール（1995年開館）。

ヴァルター・グロピウス
ドイツ生まれの建築家（1883-1969）。近代建築家の四大巨匠のひとり。モダニズムを代表する人物で、バウハウス初代校長に就任し美術と建築に関する総合的な教育を目指す。

ヴィコ・マジストレッティ
イタリア・ミラノ生まれの建築家、家具、照明デザイナー（1920～2006）。ミラノ工科大学建築学部卒。一体成形構造のイス、セレーネチェアの考案者として有名である。主にカッシーナ社の家具を手掛け、12点もの作品がニューヨーク近代美術館の永久展示品となっている。

セリーネ　1966～69年

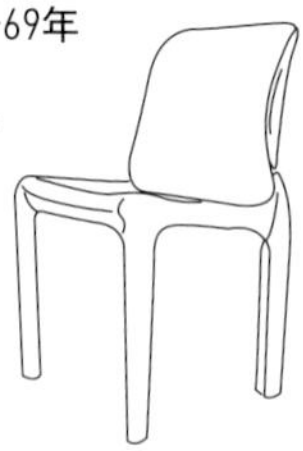

合成樹脂（FRP）。一体成形。

ウィリアム・モリス
イギリス生まれのイギリスの詩人、デザイナー（1834～1896）。「モダンデザインの父」と呼ばれ、多方面で大きな業績を残した。アーツ・アンド・クラフツという造形運動の中心人物である。

ヴェルナー・パントン
デンマーク王立芸術アカデミー卒業。家具デザイナー。アルネ・ヤコブセンに師事。代表作はFRP一体型のパントンチェア。

エーロ・サーリネン
フィンランド・ヘルシンキ生まれの、アメリカで活躍した建築家、プロダクト・デザイナー（1910～1961）。イエール大学で建築を学び、多くの建築物や家具を手掛けた。コンクリート・シェル構造（流れるような曲面のスタイル）の建築で一世を風靡した。20世紀のアメリカを代表する巨匠である。代表作には、ジョン・F・ケネディ国際空港のTWAターミナルビル、チューリップチェアなどがある。

チューリップチェア　1956年

アルミ鋳物＋FRP。1本脚の構造。

エクトール・ギマール
フランス・リヨン生まれの建築家（1867～1942）。アール・ヌーボーの代表的な作家である。パリ装飾芸術学校、パリ芸術学校で学ぶ。代表作にパリ地下鉄駅舎群、アンベール・ド・ロマン音楽堂など。鉄骨造の有機的で独創的な作品が多い。1938年にアメリカへ渡って、ニューヨークで没した。

エットレ・ソットサス
オーストリア・インスブルック生まれ。イタリアの建築家、インダストリアルデザイナー（1917～2007）。デザインコンサルタントとして、オリベッティとフリーランス契約し、タイプライターやオフィス家具のデザインを行なった。ポータブルタイプライター「ヴァレンタイン」は、ニューヨーク近代美術館のコレクションとなっている。家具では、革新的で自由な表現のカールトンが各国美術館に所蔵されている。

カールトン　1981年

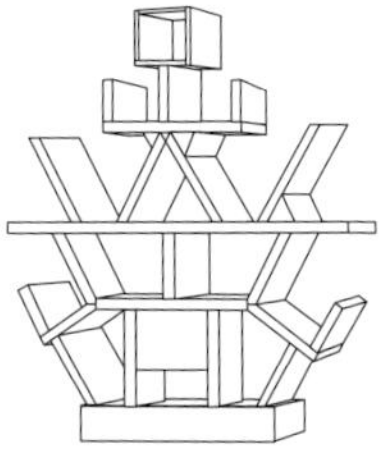

エミール・ガレ
フランス・ロレーヌ地方ナンシー生まれ（1846～1904）。アール・ヌーボーを代表する、ガラス工芸家、陶器・家具のデザイナー、アートディレクター、企業経営者である。ドイツのヴァイマルに留学して、マイゼンタールのブルグン・シュヴェーラー社のガラス工場で、ガラス製造の技術を習得する。1878年、パリ万国博覧会に出品して受賞。その後、1889年のパリ万博に大量の作品を出品し、複数部門で受賞、装飾工芸家として国際的な評価を得た。

オーギュスト・ペレ

ベルギー・ブリュッセル生まれの建築家（1874〜1954）。20世紀のフランスで活躍した。コンクリート造という新しい技術によって、芸術的な表現を追求し、「コンクリートの父」と呼ばれる。

大谷幸夫

おおたにさちお

東京都生まれの建築家、都市計画家（1924〜2013）。東京大学工学部建築学科卒業、東京大学都市工学科名誉教授。丹下健三の片腕として、広島平和記念資料館の設計を手伝う。「住宅は中庭のあるのが基本」という考えに基づいて、京都国際会館、東京大学法学部4号館・文学部3号館などを手掛けた。

か

カール・ブルーノ・マットソン

スウェーデン生まれの家具デザイナー（1907〜1988）。曲木の技術でつくられたEvaは人間工学を追求したイスで、スタイリッシュなデザインに仕上がっている。

Eva　1934年

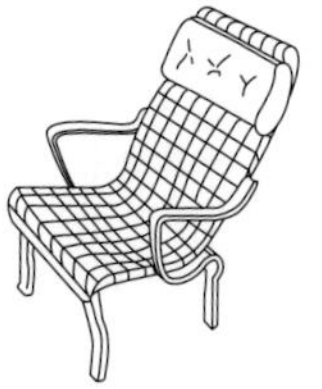

曲げ木（積層成型技術）、麻ベルト。麻ベルト編を座面に使用。

片山東熊

かたやまとうくま

山口県萩市生まれの建築家（1854〜1917）。工部大学校（現・東京大学工学部建築学科）の建築学科第1期生で、宮内省で赤坂離宮などの宮廷建築に多く関わった。職務として県庁や博物館、宮内省の諸施設に携わった他、公務の合間に貴族の私邸を中心に設計。ジョサイア・コンドルの最初の弟子。

菊竹清訓

きくたけきよのり

福岡県久留米市生まれの建築家（1928〜2011）。早稲田大学理工学部建築学科卒業。早稲田大学理工学部講師、千葉工業大学教授、早稲田大学理工学総合研究センター客員教授を歴任。2000年にユーゴスラヴィア・ビエンナーレにて「今世紀を創った世界建築家100人」に選ばれる。

スカイハウス　1958年

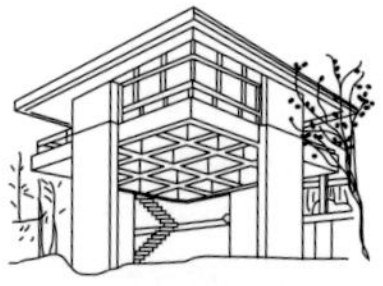

1辺約10メートルの正方形のワンルームは4本の柱で支えられて空中に浮いている。

グスタフ・クリムト

オーストリア・ウィーン出身の画家（1862〜1918）。ユディット、接吻などの作品が有名である。ウィーン分離派初代会長。

蔵田周忠

くらたちかただ

山口県萩生まれの建築家（1895〜1966）。分離派建築会に参加しており、建築史関係の著作が多い人物である。東京都市大学教授に就任してからは、後進を指導した。

倉俣史朗

くらまたしろう

東京都生まれのインテリアデザイナー（1934〜1991）。空間デザイン、家具デザインの分野において、60年代始めから90年代にかけて、世界的に傑出した作品を製作した。Kシリーズ（オバQ）という、白い1枚の布に包まれたランプが有名である。

ミス・ブランチ　1988年

アクリル＋アルミ。透明アクリルに花を埋め込んだ作品。

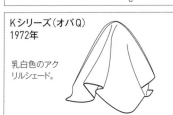

Kシリーズ（オバQ）
1972年

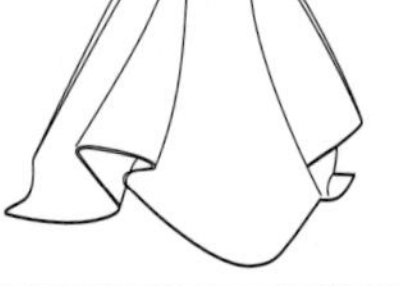

乳白色のアクリルシェード。

黒川紀章
くろかわきしょう

世界的に活躍した日本のポスト・モダンの建築家。美術館や博物館を中心に多くの建築を手がける。東大大学院時代から若き天才建築家と呼ばれた。

剣持勇
けんもちいさむ

東京都生まれのインテリアデザイナー(1912～1971)。千葉大学工学部デザイン学科卒。経済産業省工芸指導所に入り、来日していた建築家のブルーノ・タウトに師事。イスに求められる機能性の研究を行ない、積み重ね可能な「スタッキング・チェア(スタッキング・スツール)、ラタンチェアなどの作品で知られる。これらは、日本の家具としては初めて、ニューヨーク近代美術館(MOMA)の永久収蔵品になる。

KMチェア
1960年

太民籐（φ15㎜以上の太い籐)。ジャパニーズモダン。

コーレ·クリント
デンマーク出身の建築家(1888～1954)。北欧の近代家具デザインの父とされている。王立芸術アカデミー家具科の初代教授を務める。家具の分野に人間工学を持ち込んだ人物である。折笠シェードの発表者としても有名。

折笠シェード
1944年

プラスチックシートを手で織り上げている。別名はフルーツランプ。

今和次郎
こんわじろう

東京美術学校卒。早大教授。建築学者，風俗学者。農村住居の改善設計など民家研究に携わる。現実風俗を研究する考現学、生活学を提唱。

さ

坂倉準三
さかくらじゅんぞう

岐阜県羽島市生まれの建築家(1901～1969)。ル・コルビュジェに師事してモダニズム建築を実践した人物である。1937年のパリ万国博覧会で、日本館の設計を手掛け、海外でも高い評価を受けた。その他、神奈川県立近代美術館鎌倉館本館、岡本太郎邸などを設計した。

ジオ·ポンティ
イタリア・ミラノ生まれの建築家、インダストリアルデザイナー、家具デザイナー(1981～1979)。ミラノ工科大学卒。1928年にデザイン雑誌Domusを創刊し、国内外のデザイン界に大きな影響を与える。1923年から1930年まで、リチャードジノリ社のアートデレクターとして活躍した。1957年には、籐張りイスのスーパーレジェーラをデザインしている。

スーパーレジェーラ
1951年

トネリコ＋籐。超軽量。

シャルロット·ペリアン
フランスの建築家、デザイナー(1903～1999)。ル・コルビュジェのアトリエに入り、前川國男、坂倉準三と机を並べる。代表作はペリアンチェア。

ジョージ·ナカシマ
アメリカ・ワシントン州生まれの家具デザイナー、建築家(1905～1990)。日本名は中島勝寿(かつとし)という。ワシントン大学で建築学を学び、その後ハーバード大学大学院を経て、マサチューセッツ工科大学(MIT)に移籍した。2脚の片持ち梁であるコノイドチェアの考案者として有名である。2008年には、香川県高松市牟礼町にジョージナカシマ記念館が開設された。

ラウンジアーム　1962年

木材。
ハンドクラフト的。

ジョサイア・コンドル

イギリス・ロンドン生まれの建築家（1852〜1920）。お雇い外国人として来日して、鹿鳴館、岩崎邸、三菱一号館などの建物を設計した。また、工部大学校（現・東京大学工学部建築学科）の教授として、辰野金吾ら創成期の日本人建築家を育成。明治以後の日本建築界の基礎を築いた。

清家清

せいけきよし

東京美術学校，東京工大卒。東京工大，東京芸大の教授を歴任。九州工業大学記念講堂、軽井沢プリンスホテル新館などを設計。

曾禰達蔵

そねたつぞう

東京生まれの建築家（1853〜1937）。東京大学建築学科卒。同郷の辰野金吾とともにジョサイア・コンドルのもとで建築を学んだ、日本人建築家の第1期生である。丸の内の三菱オフィス街の基礎を築く。のちに後輩の中條精一郎（1868〜1936）と設計事務所を開設した。慶応義塾大学図書館などの建築物が有名である。

た

辰野金吾

たつのきんご

佐賀県生まれの建築家（1854〜1919）。東京大学工学部卒。帝国大学工科大学学長、建築学会会長を務める。大学では後進の指導にも励み、伊東忠太、長野宇平治、武田五一、中條精一郎、塚本靖、野口孫市、大沢三之助、関野貞らの人材を輩出した。

谷口吉郎

たにぐちよしろう

石川県金沢市生まれの建築家（1904〜1979）。東京工業大学の教壇に立ち、多くの後進を指導。帝国劇場の設計者、庭園研究者、博物館明治村の初代館長としても知られる。

丹下健三

たんげけんぞう

東京帝国大学（現・東京大学）工学部建築科卒業後、前川國男事務所に入所。磯崎新、黒川紀章、槇文彦 、谷口吉生 などの世界的建築家を育成した。

チャールズ・オーモンド・イームズ・ジュニア

アメリカ・ミズーリ州生まれの建築家、映像作家（1907〜1978）。ワシントン大学で建築を学び、妻のレイ・イームズとともに、積層合板やプラスチック、金属などの素材を用いた家具を製作した。プライウッド、サイドチェア、ワイヤーメッシュチェア、ラウンジチェアなど、ハーマンミラー社から数々の名作を生み出した。

ラウンジチェアとオットマン　1956年

成型合板＋本革張り。オットマン（足載せ用ソファ）付き。

チャールズ・レニー・マッキントッシュ

スコットランド・グラスゴー生まれの建築家、家具デザイナー、室内装飾家（1868〜1928）。「空間構成を完璧ならしめるためには家具が必要である」という理論に基づいて、家具デザインを行った。高くて細い背もたれのイスのヒルハウス（ラダーバックチェア）の製作者である。

アーガイル　1897年

アッシュ材。アール・ヌーボー、ハイバックチェア。

長大作

ちょうだいさく

中国（満州）生まれの家具デザイナー（1921

〜）。東京美術学校建築学科卒業。坂倉準三建築研究所に入所し、建築設計・家具デザインを担当する。成型合板の布張りでつくられたザ・低座椅子が代表作である。

ザ・低座椅子　1960年

成形合板。布張り。脚部は畳を痛めないよう接地面が水平。

土浦亀城
つちうらかめき

東京帝国大学（現東京大学）卒業。フランク・ロイド・ライトの事務所タリアセンで学ぶ。帰国後建てた自邸は白塗りの外観でモダンデザインの作品。

豊口克平
とよぐちかっぺい

秋田県生まれのインダストリアルデザイナー（1905〜1991）。千葉大学卒、武蔵野美大教授。蔵田周忠らの型而工房に参加した。商工省工芸指導所に入って、家具の標準化を研究。戦後は、通産省工業技術院意匠部長を経て、桑沢デザイン研究所の教授に就任。カメラや顕微鏡のデザインでも知られる。

な

新居猛
にいたけし

徳島生まれの家具デザイナー（1920〜2007）。徳島で木工技術を学び、建具や家具を製作した。1970年作成のニーチェアは、スチールパイプの脚で、背と座はキャンパス地でつくられている。軽くて丈夫な折畳み式のものである。ニューヨーク近代美術館の永久コレクションになった。

ニーチェアX　1970年

キャンパス＋パイプ＋木。折畳みが可能。

西山卯三
にしやまうぞう

大阪府大阪市此花区生まれの建築学者、建築家、都市計画家（1911〜1994）。京都大学建築学科卒。「食寝分離」を提唱して、このスタイルを住宅計画に応用した。のちに京都大学教授となり、後進の育成にも努めた。

は

浜口ミホ
はまぐちみほ

東京女子高等師範学校（現お茶の水女子大学）卒業。前川國男に師事。日本住宅公団のステンレスの流しをデザイン。

ハリー・ベルトイア

イタリア生まれのデザイナー（1915〜1978）。アメリカ、デトロイトのカス工科大学で宝飾デザインや絵画制作を学ぶ。1943年に、イームズ夫妻とプライウッドの成型合板の加工技術を共同開発した。その後、ノール社で格子状のワイヤーを3次元局面に加工したダイヤモンドチェアシリーズのダイヤモンドチェアやベルトイアサイドチェアを発表し、世界で大絶賛される。晩年はイスのデザインから遠ざかり、彫刻家、音響作家として活躍した。

ダイヤモンドチェア　1952年

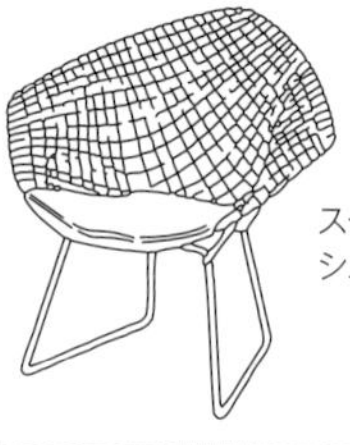

スチールメッシュ。シェル構造。

ハンス・コレー

スイス・チューリッヒ生まれのデザイナー、美術商（1906〜1991）。すべてアルミ製の丸い穴の空いているイスのランディは、軽さ、丈夫、耐候性などが備わっている。

ランディ　1939年

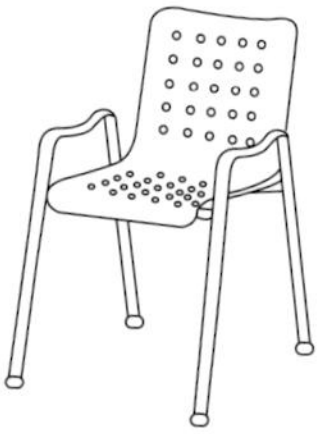

アルミプレス加工。スタッキング可能。屋外使用。

ハンス・ヨルゲンセン・ウェグナー

デンマーク生まれの家具デザイナー（1914

〜2007)。生涯に500種類以上のイス(ピーコックチェア、ザ・チェア、Yチェア、ヴァレットチェアなど)をデザインして、20世紀の北欧デザイン界に多大な影響を与えた。ニューヨーク近代美術館など世界の美術館にコレクションされている。

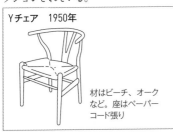

Yチェア　1950年

材はビーチ、オークなど。座はペーパーコード張り

ビクトル・オルタ
ベルギー生まれの建築家(1861〜1947)。初めてアール・ヌーボー様式を建築に取り入れた人物とされている。ゲント芸術学校でドローイング、織物、建築を学んだが、パリ、モンマルトルに移り住んでインテリアデザイナーになる。その後、ベルギーに戻って、ブリュッセルの美術学校に入学し、優秀な成績で卒業。アール・ヌーボー建築の名作であるタッセル邸(植物をモチーフとした有機的な曲線形状を鋳鉄でつくりあげて内装装飾とした)を建築した。

フィリップ・スタルク
フランス・パリ生まれのデザイナー(1949〜)。建築、インテリア、家具、食器、出版物、インダストリアルデザインなどの多岐の分野で活躍している。ピエール・カルダンのアート・ディレクターを経て独立し、UBIK社を設立。その後、アメリカにスタルク・プロダクト社を設立している。

藤井厚二
ふじいこうじ

東京帝国大学(現東京大学)卒業、竹中工務店入社。のちに京都帝国大学(現京都大学)教授。自邸を実験住宅として建築し研究。第5番目の聴竹居は独自の環境工学により工夫がされている。

フランク・ロイド・ライト
アメリカ・ウィスコンシン州生まれの建築家(1867〜1959)。19歳でシカゴに移り、ルイス・サリバンとダンクマール・アドラーが共同設立した事務所に入所。1888年以降、ほとんどの住宅設計を任された。独立後は「有機的建築論」に基づいた建築(カウフマン邸、タリアセンなど)を手掛ける。ル・コルビュジエ、ミース・ファン・デル・ローエとともに、「近代建築の三大巨匠」と呼ばれる。

タリアセン1ミニ
1911年

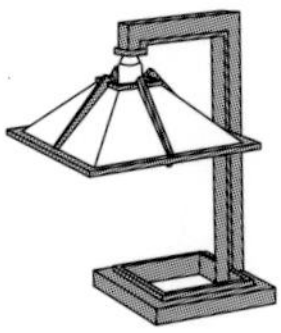

チェリー材の塗装仕上げ。和紙調アクリルのシェード。

ブルーノ・タウト
ドイツ・東プロイセン・ケーニヒスベルク生まれの建築家、都市計画家(1880〜1938)。表現主義の代表的な作品が有名である。ライプツィヒ国際建築博覧会での鉄のモニュメント、ドイツ工作連盟ケルン展でのガラス・パヴィリオン(グラスハウス)などがある。1933年5月に、日本インターナショナル建築会に招待されて日本を訪れた。桂離宮に魅了されたひとり。

ヘリット・トーマス・リートフェルト
オランダ・ユトレヒト生まれの建築家、デザイナー(1888〜1964)。家具職人の父のもとで修業し、自分で家具工場を始めた。1918年に、モンドリアンらとともにデ・ステイルという芸術運動に参加。デザイナーとしては赤と青のイスやジグザグ・チェア、建築家としてはシュレーダー邸(世界遺産にも登録されている)が有名である。

レッドアンドブルーチェア　1918年

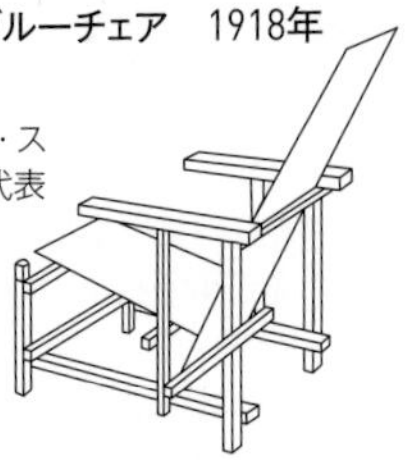

ビーチ材。デ・スティル運動の代表作品。

ヘルマン・ムテジウム
ドイツ生まれの建築家(1861〜1927)。ドイツ工作連盟の中心人物である。明治時代に日本に赴任し、建築技師として官庁集中計画に参加した。法務省赤煉瓦棟が代表作。

ポール・ヘニングセン
デンマーク生まれの建築家、照明デザイナー(1894〜1967)。スカンジナビアモダンを代表するデザイナーでバウハウスの創設に参加している。ルイスホールセン社と開発したPHランプは、世界的に有名。

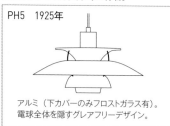

PH5　1925年

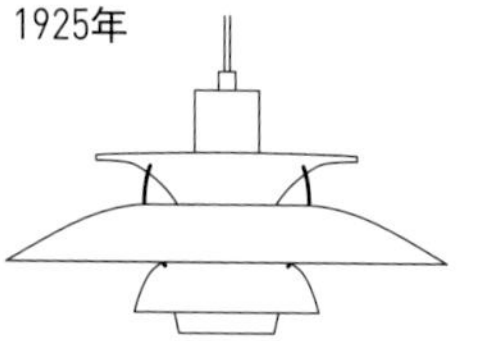

アルミ（下カバーのみフロストガラス有）。
電球全体を隠すグレアフリーデザイン。

アンティチョーク　1958年

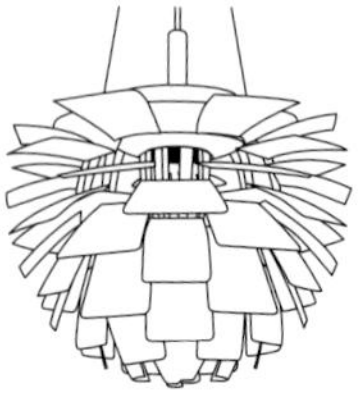

鋼に塗装仕上げ。わずかにカーブした
羽根が72枚使われている。

堀口捨己
ほりぐちすてみ

岐阜県本巣郡席田村生まれの建築家（1895〜1984）。東京帝国大学建築学科卒業。同大学院で近代建築史を専攻し、分離派建築会の運動を興す。のちに日本の数寄屋造に美を見出し、茶室や日本庭園の研究などを行なった。歌人でもあった。

ま

前川國男
まえかわくにお

新潟市生まれの建築家（1905〜1986）。東京大学工学部建築学科卒。ル・コルビュジェ、アントニン・レーモンドのもとで学び、第2次世界大戦後の日本建築界をリードした人物である。東京文化会館、神奈川県立音楽堂・図書館、京都会館などの建築物が有名。

増沢洵
ますざわまこと

東京帝国大学（現東京大学）卒業後、アントニン・レーモンドに師事。東大講師。代表作は吹抜けのある家-最小限住居（自邸）。

マリオ・ベリーニ

イタリア・ミラノ生まれの建築家、家具デザイナー（1935〜）。ミラノ工科大学で建築を学び、オリベッティにデザイン顧問として招かれて成功を収める。カッシーナ社、B&Bイタリア、ヴィトラなどの家具をデザインした。イタリアのインダストリアルデザイン界の巨匠と呼ばれている。日本では、東京・五反田にある東京デザインセンターを設計した。

キャブチェア　1977年

スチール＋革。
スチールの骨に
革を着せる構造。

マルセル・ブロイヤー

ハンガリー生まれの建築家、家具デザイナー（1902〜1981）。モダニズムの作風で知られている。バウハウスで学び、のちに同校の教官（マイスター）となる。自転車からアイデアを考案して、スチールパイプを使った家具（ワシリーチェア、チェスカチェアなど）を製作。その後、アメリカへ渡って、ハーバード大学教授となった。

ワシリーチェア　1925年

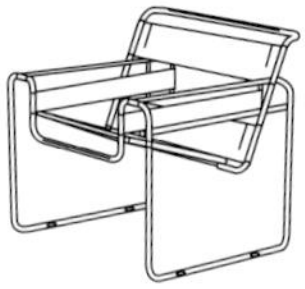

皮革＋スチールパイプ。鋼管イス。

チェスカチェア　1928年

スチールパイプ。
カンティレバー構造。

ミカエル・トーネット

ドイツ生まれの家具デザイナー、実業家（1796〜1871）。曲木技術の発明者で、オーストリア・ウィーンに工場を設立して、大量生産を確立した。トーネット社の創業者である。

No.14　1859年

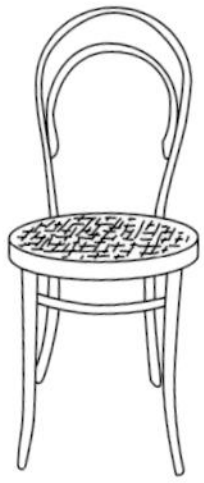

曲木（ブナ木）。パーツ生産（量産化）。

ミケーレ・デ・ルッキ

イタリアの建築家、プロダクトデザイナー。フィレンツェ大学卒業。インテリアブランド「メンフィスミラノ」デザイナーとして活躍。代表作はファーストチェア。

や

柳宗理

やなぎそうり

東京生まれのプロダクトデザイナー（1915～2011）。金沢美術工芸大学客員教授。本名は柳宗理（やなぎむねみち）、実父は柳宗悦である。第11回ミラノ・トリエンナーレでバタフライ・スツール、白磁土瓶が金賞を受賞し、世界中で活躍した。ユニークな形態と意外な実用性を兼ね備えた作品が多い。玩具のデザイン、オブジェなども手掛ける。

バタフライスツール　1954年

成型合板。蝶が羽を広げたようなデザイン。

柳宗悦

やなぎむねよし

東京生まれの思想家、美学者、宗教哲学者（1889～1961）。東京大学卒（宗教哲学専攻）。生活に即した民芸品に注目して「用の美」を唱えて、民藝運動を起こした人物である。

山口文象

やまぐちぶんぞう

東京浅草生まれの建築家（1902～1978）。東工大附属高卒。近代日本建築運動のリーダーの1人で、和風建築の名手であった。

ヨーゼフ・ホフマン

チェコ生まれのオーストリアの建築家（1870～1956）。ワーグナーの門下生である。四角い幾何学的な建築が特徴で、ブリュッセルに建てたストックレー邸が代表作。

吉田五十八

よしだいそや

東京生まれの建築家（1894～1974）。東京芸術大学卒。和風の意匠である数寄屋建築を独自に近代化した人物である。東京芸術大学で教壇に立ち、多くの後進を育てた。

吉村順三

よしむらじゅんぞう

東京美術学校（現東京藝術大学）を卒業後、アントニン・レーモンドに師事。日本の伝統的技術とモダニズムが融合した住宅を造り上げる。

ら

リチャード・ザッパー

ドイツ・ミュンヘン生まれの工業デザイナー、プロダクトデザイナー（1932～2015）。

ティチオ　1972年

鋼に塗装仕上げ。ニューヨーク近代美術館（MOMA）パーマネントコレクション。

ルイ・マジョレル

フランスのアール・ヌーボーの家具デザイナー。1900年のパリ万博で食堂や寝室のインテリア「睡蓮」を発表し絶賛される。

ル・コルビュジェ

スイス生まれのフランス人建築家（1887～1965）。建築の専門的な大学教育を受けていないが、オーギュスト・ペレの事務所やペーター・ベーレンスの事務所で建築を学び、世界的な建築家となる。ピロティ、サヴォア邸、ユニテ・ダビタシオン、屋上庭園、シェーズロングなどが有名である。フランク・ロイド・ライト、ミース・ファン・デル・ローエとともに、「近代建築の三大巨匠」として知られている。

シェーズ・ロング　1928年

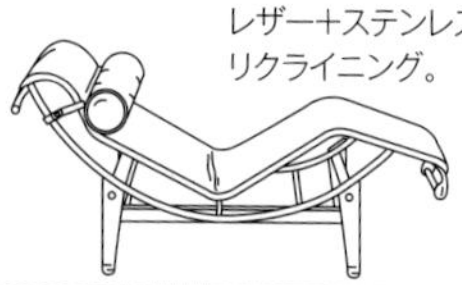

レザー+ステンレスパイプ。リクライニング。

ルイス・サリヴァン

アメリカ生まれの建築家(1856〜1924)。シカゴ派を代表する1人である。

ルートヴィヒ・ミース・ファン・デル・ローエ

ドイツ生まれの建築家(1886〜1969)。20世紀のモダニズム建築を代表する人物。バウハウスの3代目校長になるもナチス弾圧によりアメリカへ亡命。イリノイ工科大学で教鞭をとりながら、クラウン・ホールなど同大学のキャンパス計画を手掛けた。代表作にファンズワース邸、シーグラムビルなど。

バルセロナチェア　1929年

フラットバー。X形に組み合わされた脚部が特徴的。

わ

ワシリー・カンディンスキー

ロシア生まれ。人の内面など目に見えないものを表現する抽象絵画の創始者とされる。ドイツの造形学校バウハウスで教鞭をとる。

渡辺力

わたなべりき

東京生まれのデザイナー(1911〜2013)。東京帝国大学(現東京大学)農学部林学科専科終了。1957年、籐でできたトリイスツールがミラノトリエンナーレ金賞を受賞。正面から見た姿が鳥居に似ていることから名付けられた。

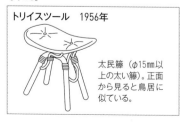

トリイスツール　1956年

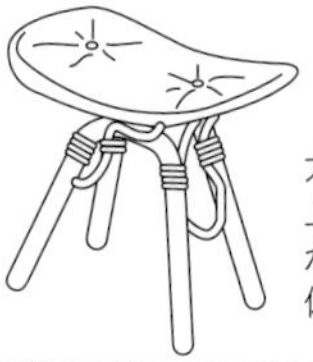

太民籐(φ15mm以上の太い籐)。正面から見ると鳥居に似ている。

覚えておきたいマーク&ラベル一覧

	マーク	名称	主な対象	概要
品質		JAS マーク（じゃすまーく）Japanese Agricultural Standard mark	合板、集成材、フローリングなど	日本農林規格等に関する法律（JAS 法）に基づくマーク。品質（品位、成分、性能など）に関する JAS 規格（一般 JAS 規格）を満たす食品や林産物など、日本農林規格に適合することが認定された製品に付けられる。
品質		JIS マーク（じすまーく）Japanese Industrial Standard mark	鉱工業製品や同品の製造工場	経済産業省所管の産業標準化法（JIS 法）に基づくマーク。日本産業規格に合格した鉱工業製品に付けられる。製品の種類、型式、形状、寸法、構造、装備、品質、等級、成分、性能、耐久度、安全度などの事項について、全国的に統一、単純化することによって、品質の改善、生産性の向上や、生産、流通、消費の合理化を図ることを目的としている。
品質		G マーク（じーまーく）good design mark	家庭用品、事務用品など、特に選定された製品	公益財団法人日本デザイン振興会が運営するマーク。家庭用品、事務用品などの製品に付けられる。デザイン、機能性、安全性、品質などの優れた製品が選定される。［色：赤と白］
品質		BL マーク（びーえるまーく）Better Living mark	住宅部品	一般財団法人ベターリビングが認定するマーク。品質、性能などに優れた住宅部品に付けられる。住生活水準の向上と消費者保護の推進を目的とした「優良住宅部品認定制度」による。通常「BL 部品」ともいう。認定部品には瑕疵保証と損害賠償の BL 保険が付いていて、施工瑕疵による賠償もカバーされる。
住設		PSC マーク（ぴーえすしーまーく）Product Safety of Consumer Products mark、PSC mark	特別特定製品（乳幼児用ベッド、浴槽用温水循環器など）、特定製品（家庭用の圧力なべ、石油給湯機、石油ストーブなど）	経済産業省所管の消費生活用製品安全法に基づくマーク。消費者に危害を及ぼすおそれが多い製品について、国の定めた技術基準に適合していることを証明する。対象製品は「特定製品」と「特別特定製品」の 2 種類。特定製品は事業者の自己検査・確認が必要で、特別特定製品は第三者機関の検査を受けることが義務付けられている。

	マーク	名称	主な対象	概要
住設	PSE PSE	PSE マーク（ぴーえすいーまーく）Product Safety, Electrical Appliance & Materials	電気用品	経済産業省所管の電気用品安全法に基づくマーク。漏電などの検査によって、安全性が確認された電気製品に取得表示が義務付けられる。電気用品による危険や障害の発生を防止することを目的としている。
住設	PS LPG PS LPG	PSLPG マーク（ぴーえすえるぴーじーまーく）Product Safety of Liquefied Petroleum Gas Equipment and Appliances	調整器、カセットガスこんろ、瞬間湯沸器、ガス栓、ガス漏れ警報器など	経済産業省所管の液化石油ガス法に基づくマーク。液化石油ガス（LP ガス）器具等の製造や販売を規制する。消費者の生命や身体に特に危害を及ぼすおそれの強い製品に付けられる。LP ガス用の器具などのうち 13 品目については、国の定めた技術上の基準に適合した旨の PSLPG マークがないと販売することができない。
住設	PS TG PS TG	PSTG マーク（ぴーえすてぃじーまーく）Product Safety of Town Gas Equipment and Appliances	ガス瞬間湯沸器、ガスストーブ、ガスバーナー付き風呂釜、ガス風呂バーナーなど	経済産業省所管のガス事業法に基づくマーク。消費者の生命や身体に特に危害をおよぼすおそれの強い製品に付けられる。都市ガス用の器具のうち 4 品目については、国の定めた技術上の基準に適合した旨の PSTG マークがないと販売することができない。
繊装	®	C マーク（しーまーく）	カーペット	日本カーペット工業組合が制定するマーク。カーペットに必要な品質を 15 項目に渡って検査して、品質合格したものに付けられる。
繊装	制電	制電マーク（せいでんまーく）	繊維商品	一般社団法人日本インテリア協会（NIF）が認証するマーク。帯電防止の性能基準を満たすカーペットに付けられる。[色：緑と白]
繊装	防ダニ加工 統一マーク	防ダニ加工マーク（ぼうだにかこうまーく）	繊維商品	インテリアファブリックス性能評価協議会による、防ダニ加工製品の統一マーク。防ダニ効果試験基準に達していると認定された製品に付けられる。

	マーク	名称	主な対象	概要
繊装	消防庁登録者番号 防炎 登録確認機関名 公益財団法人 日本防炎協会	防炎ラベル （ぼうえんらべる）	カーペット、カーテンなど	公益財団法人日本防炎協会が交付するラベル。防炎物品として認定された証に付けられる。消防法令に基づく。カーテン、じゅうたんなどの完成品に付けられる「物品ラベル」のこと。
	事業所番号 防炎製品 （公財）日本防炎協会	防炎製品ラベル （ぼうえんせいひんらべる）	寝具など	公益財団法人日本防炎協会が交付するラベル。加工される直前の寝具、衣服などの材料に付けられる「材料ラベル」のこと。責任の所在を明確にするため、事業所番号などを記入することになっている。
	遮光	遮光マーク	カーテン、ブラインド	一般社団法人日本インテリア協会(NIF)が商標登録。遮光率 99.40%以上の遮光性を有するカーテン用生地及び縫製カーテン、布製ブラインド用生地及び布製ブラインドに表示。
	グリーン購入法適合品 インテリアファブリックス 産業活性化協議会	グリーン購入法適合品マーク （ぐりーんこうにゅうほうてきごうひんまーく）	カーペット、カーテン、布団	製品やサービスを購入する際、環境を考慮して環境への負荷が少ないものを選んで購入するグリーン購入法適合品であることを示す。
家具	伝	伝統工芸マーク （でんとうこうげいまーく）	伝統工芸品	経済産業大臣が指定するマーク。伝統的工芸品の表示、その他の宣伝について統一したイメージで消費者にアピールするために付けられる。
製品	CP	CP マーク （しーぴーまーく） Crime Prevention	防犯建物部品	防犯性能の高い建物部品の開発・普及に関する官民合同会議によって制定された共通標章。防犯性能が高いと認定された商品・部品に付けられる。 ［色：緑］

	マーク	名称	主な対象	概要
製品		SG マーク（えすじーまーく）	乳幼児のベッド、2段ベット、食器棚、住宅用スプリングマットレス、レンジ台付き収納庫など	一般財団法人製品安全協会が安全を保証するマーク。認定基準に適合した対象製品にのみ表示・販売される。1億円を限度とする対人賠償保険も付いている。[色：緑と黒]
		EI マーク（いーあいまーく）	断熱サッシ、硬質ウレタン、グラスウール、ロックウールなどの断熱材	一般社団法人日本建材・住宅設備産業協会が運用するマーク。協会が第三者認証機関として、断熱材の熱性能を保証できる製品にマークを付与する。これまでの優良断熱建材認定制度（DK 制度）に代わり、2013 年 4 月より新たに優良断熱材認証制度（EI 制度）と進化した。
壁装		RAL マーク（らるまーく）	壁紙	ドイツの壁紙メーカー 14 社による「壁紙品質保証協会」と、「ドイツ商品安全・表示協会」（RAL）が協力、作成した品質審査規定のマーク。特にホルムアルデヒドなどの化学物質や重金属・可塑剤などについて厳しい規制を設けている。
		SV マーク（えすぶいまーく）Standard Valu	壁紙	壁紙工業会加盟会社が、安心して使える壁紙を提供することを目的に制定した壁紙の自主規格。品質や安全性を保障するために、JIS や RAL などの壁紙の品質基準を参考とする。
		ISM マーク（いずむまーく）Interior Safety Material	壁紙	一般社団法人日本壁装協会が所管するマーク。健康や環境に配慮した壁紙に付けられる。
環境		省エネ性マーク（しょうえねせいまーく）	エアコン、冷蔵庫、テレビ、照明器具、電気便座、ストーブなど	エネルギー消費機器の省エネ性能を示すマーク。JIS に基づき、家電製品やガス石油機器などが国の定める目標値をどれくらい達成しているかを表示する。対象製品は、エアコン、冷蔵庫、テレビ、照明器具、電気便座、ストーブなど。[色（左）：緑と白] 省エネ性能の優れた製品（省エネ基準達成率 100 パーセント以上）[色（右）：白とオレンジ] 未達成（100 パーセント未満）

	マーク	名称	主な対象	概要
環境		エコマーク（えこまーく）	生活用品、繊維製品、OA機器など	公益財団法人日本環境協会が実施するマーク。エコマーク事業実施要領に基づき、環境保全に役立つと認められた商品に付けられる。
		ブルーエンジェルマーク（ぶるーえんじぇるまーく）The Blue Angel	エコ製品	ドイツで世界に先駆けて導入された、エコラベル制度。審査は、ドイツ連邦環境庁、ドイツ品質保証・ラベル協会（RAL）などが行う。国による法令上の根拠はない。
		グリーンマーク（ぐりーんまーく）	紙製品	公益財団法人古紙再生促進センターが制定したマーク。古紙を再利用した紙製品（雑誌、学習ノート、コピー用紙など）に付けられる。
		R マーク（あーるまーく）	紙製品	「3R 活動推進フォーラム」の前身である「ごみ減量化推進国民会議」によって定められたマーク。再生紙の利用促進と普及啓発が目的。古紙パルプがどのくらい配合されているかがひと目でわかる。
		非木材紙マーク（ひもくざいしまーく）	紙（非木材）製品	NPO 法人非木材グリーン協会が運営するマーク。協会が安定供給や品質面で十分に満足できると判断した、非木材パルプを使用した紙や紙製品、加工品などに付けられる。
		国際エネルギースタープログラムマーク（こくさいえねるぎーすたーぷろぐらむまーく）	電気製品	オフィス機器の国際的省エネルギー制度に基づくマーク。製品の稼働、スリープ、オフ時の消費電力などについて、省エネ性能の優れた上位 25 パーセントの製品が適合となるように基準が設定されている。

	マーク	名称	主な対象	概要
建物		環境・エネルギー優良建築物マーク（かんきょう・えねるぎーゆうりょうけんちくぶつまーく）	事務所、店舗、ホテル旅館、病院、学校、飲食店など	一般財団法人建築環境・省エネルギー機構が運営するマーク。室内環境水準を確保したうえで、一定水準以上の省エネルギー性能を有する建築物に付けられる。
		環境共生住宅認定マーク（かんきょうきょうせいじゅうたくにんていまーく）Environment/Energy Excellent Architecture Certification Mark System	住宅	一般財団法人建築環境・省エネルギー機構が運営するマーク。「地球環境の保全」「周辺環境との親和性」「居住環境の健康・快適正」を包括した「環境共生住宅」を認定する制度。環境共生における必須要件を満たし、さらに自由に発想した環境共生に資する技術や設計の工夫の提案をしている住宅に表示される。
		住宅性能評価表示（じゅうたくせいのうひょうかひょうじ）	住宅	新築住宅の性能を表示するマーク。住宅の品質確保の促進等に関する法律（住宅品確法）に基づく。設計段階で評価を行う「設計住宅性能評価書」と、建設段階で評価を行う「建設住宅性能評価書」の2種類がある。
		既存住宅性能評価表示（きそんじゅうたくせいのうひょうかひょうじ）	住宅	既存住宅（中古住宅）の性能を表示するマーク。住宅の品質確保の促進等に関する法律（住宅品確法）に基づく。現況と性能を評価し、建物の劣化状況、不具合などを総合的に検査判定する。
		建築物の省エネ性能ラベル（けんちくぶつのしょうえねせいのうらべる）	住宅（住戸、住棟）、非住宅、複合建築物	エネルギー消費性能と断熱性能を表示。住宅やオフィス等の買い手、借り手の省エネ性能への関心を高めることで、省エネ性能が高い住宅や建築物の供給を促進する目的。2024年4月より施行。

INDEX 索引

あ

え

お

か

き

く

け

こ

さ

し

す

せ

そ

た

ち

つ

て

と

な

に

ぬ

ね

の

は

ひ

ふ

へ

ほ

ま

み

む

め

も

や

ゆ

よ

ら

り

る

インテリアコーディネーターの仕事

インテリアコーディネーターとは、家づくりやリフォームを検討しているお客様に対して、美しく、安全・快適・機能的な住空間を提案する専門家です。インテリアを美しくまとめるセンスにあわせて、住まい手の視点に立った生活デザインの提案力が求められます。たとえば、個人住宅のコーディネートの依頼が来てから完了するまでの流れは、大まかに以下のようになっています。

お仕事START!

初打合せ（クライアントインタビュー）
↓

お客様（住まい手）の家族構成や好み、要望、予算などの基本的な情報を収集する。

プレゼンテーション
↓

プランニングボードや素材のサンプルボードを用いて、具体的に内装材や家具、色彩計画、住宅設備などを提案する。

提案への承認を得る
↓

お客様の要望に沿うようにプレゼンテーションを数回行ない、お客様に了承してもらう。この際に、工事費などの見積金額も提示して、具体的な仕様を決定する。

施工開始・納品チェック
↓

家具などの搬入時や施工の要所には現場へ赴き、きちんと納品されているかを確認する。

引渡し
↓

施工やスタイリングが完了した住宅をお客様へと引き渡す。

アフターフォロー

住み始めてからの不具合や新たな要望もあるので、引渡しをした後もお客様との関係は続いていく。

このほか、ハウスメーカーが販売する住宅のモデル（モデルハウス）のインテリアコーディネートも主な仕事のひとつです。

監修者　町田ひろ子（まちだ・ひろこ）

武蔵野美術大学産業デザイン科を卒業後、スイスで5年間家具デザインを研究。1975年にアメリカ・ボストンへ渡り、「ニューイングランド・スクール・オブ・アート・アンド・デザイン」環境デザイン科を卒業。'77年に帰国し、日本で初めて「インテリアコーディネーター」のキャリアを提唱。'78年に「町田ひろ子インテリアコーディネーターアカデミー」を設立。'85年「学校法人町田学園」設立。現在、全国6校のアカデミー校長として、教育活動に努めている。また、一級建築士事務所・株式会社町田ひろ子アカデミーの代表取締役として、インテリア・プロダクトデザイン・環境デザインと幅広いジャンルのプロジェクトを500件以上手掛けている。

著　者　町田ひろ子インテリアコーディネーターアカデミー講師陣

町田瑞穂ドロテア
（まちだ・みずほ・どろてあ）
一級建築士。

石澤郁子（いしざわ・いくこ）
インテリアコーディネーター・照明コンサルタント。

井上保彦（いのうえ・やすひこ）
一級建築士。

来馬輝順（くるば・てるのぶ）
一級建築士。

菅原孝則（すがわら・たかのり）
一級建築士。

高野晃子（たかの・あきこ）
インテリアコーディネーター。

塚部彰（つかべ・あきら）
一級建築士。

林眞理子（はやし・まりこ）
インテリアコーディネーター・二級建築士。

深澤組個（ふかざわ・くみこ）
インテリアコーディネーター・二級建築士・カラーコーディネーター。

前田久美子（まえだ・くみこ）
インテリアコーディネーター・二級建築士・カラーコーディネーター。

松代泰彦（まつしろ・やすひこ）
一級建築士。

吉岡令子（よしおか・れいこ）
一級建築士。

参考書籍

『インテリアコーディネーターハンドブック　技術編』『インテリアコーディネーターハンドブック　販売編』社団法人インテリア産業協会産業能率大学出版部／『図解インテリアコーディネーター用語辞典［改訂版］』（尾上孝一・大廣保行・加藤力著）井上書院／『建築大辞典』彰国社

小社刊の参考書籍

キーワードで学ぶ・世界で一番やさしいシリーズ

『01　木造住宅』（関谷真一）／『106　RC・S造設計編』（佐藤秀・SH建築事務所）／『07　建築設備』（山田浩幸）／『08　建築材料』（area045「建築材料」編纂チーム）／『12　建築基準法』（谷村広一）／『14　建築用語』／『15　インテリア』（和田浩一／富樫優子／小川ゆかり）／『16　照明』（安齋哲）／『30　茶室設計』（桐浴邦夫）

超図解
インテリア用語辞典

2024年3月15日　初版第1刷発行

監修・著者
町田ひろ子インテリアコーディネーター
アカデミー

発行者
三輪 浩之

発行所
株式会社エクスナレッジ
〒106-0032　東京都港区六本木7-2-26
https://www.xknowledge.co.jp

問合せ先
編集　Tel：03-3403-1381　Fax：03-3403-1345
Mail：info@xknowledge.co.jp
販売　Tel：03-3403-1321　Fax：03-3403-1829

無断転載の禁止
本誌掲載記事（本文、図表、イラスト等）を当社および著作権者の承諾なしに無断で転載（翻訳、複写、データベースへの入力、インターネットでの掲載等）することを禁じます。